Grob

Einführung in die Investitionsrechnung

Einführung in die Investitionsrechnung

Eine Fallstudiengeschichte

von

Prof. Dr. Heinz Lothar Grob

5., vollständig überarbeitete und erweiterte Auflage

Verlag Franz Vahlen München

VERLAG
VAHLEN
MÜNCHEN
www.vahlen.de

ISBN 3-8006-3276-4

Wilhelmstraße 9, 80801 München
Textverarbeitung und Layout: Carmen Sicking
Druck und Bindung: Druckhaus „Thomas Müntzer" GmbH
Neustädter Str. 1–4, 99947 Bad Langensalza
Gedruckt auf säurefreiem, alterungsbeständigem Papier
(hergestellt aus chlorfrei gebleichtem Zellstoff)

Für Renate,
Florian und Julia

Vorwort

Das Treffen langfristiger Entscheidungen gehört zu den existenzbestimmenden Aufgaben der Unternehmensführung. Die methodische Unterstützung dieser Entscheidungen ist evident. In der hier vorgelegten Einführung werden zunächst die wichtigsten formelorientierten Methoden der Investitionsrechnung dargestellt. In Konkurrenz zu diesen „Klassikern" wird ein tabellenorientiertes Konzept präsentiert: der VOFI – ein Akronym für den Terminus technicus vollständiger Finanzplan. Die vollständige Finanzplanung wurde bereits 1962 von MATTHIAS HEISTER in die Betriebswirtschaftslehre eingeführt. Trotz kritischer Einwendungen von Vertretern der klassischen Investitionstheorie wurde das Konzept weiterentwickelt und durch Softwareunterstützung praktikabel gemacht.

Der Begriff vollständige Finanzplanung führt häufig zu Missverständnissen. Das Attribut „vollständig" assoziiert zum einen eine zeitlich totale Betrachtung der finanzwirtschaftlichen Vorgänge einer Unternehmung und zum anderen eine sachlich totale Erfassung sämtlicher monetärer Aktivitäten des Investors. Da die finanzielle Sphäre einer Unternehmung unteilbar und eine zeitlich totale Planung unrealistisch erscheint, ist eine vollständige Finanzplanung für einzelne Investitionsprojekte von vornherein undenkbar. Deshalb wird in der Literatur manchmal auch von der *sog.* vollständigen Finanzplanung gesprochen. Allerdings ist der Begriff *vollständig* anders gemeint. Während bei den klassischen Methoden der Investitionsrechnung die Finanzierung *implizit* Berücksichtigung findet, wird sie bei der vollständigen Finanzplanung *explizit* – also *vollständig* – modelliert. Begrifflich klarer wäre es durchaus, nicht von einer vollständigen, sondern von einer expliziten Finanzplanung – also von EXFI – zu sprechen. Doch wegen der begrifflichen Griffigkeit bleiben wir bei VOFI.

Mithilfe von VOFI gelingt es, die versteckten (impliziten) Prämissen der klassischen Methoden zu explizieren. Dass die Explikationsfunktion nur ein Sekundärziel für den Einsatz von VOFI darstellt, liegt auf der Hand. Primär wird das Ziel verfolgt, VOFI zu einem Instrument des Investitionscontrollings zu gestalten, um mehrperiodige – insbesondere langfristige – Entscheidungen zu unterstützen. Zur Vermeidung eines Methodenbruchs im Investitionscontrolling wird gezeigt, dass VOFI auch für die Investitionskontrolle verwendet werden kann.

In der fünften Auflage des vorliegenden Buches ist die methodische Grundlage von VOFI weiter ausgebaut worden. Außerdem wird VOFI mit Capital Asset Pricing Model (CAPM) gekoppelt. Zusätzlich werden konkurrierende Möglichkeiten zur Einbeziehung von Eigenkapitalkosten in den VOFI dargestellt. Ferner wurden Erweiterungen bei der Einbeziehung von Ertragsteuern vorgenommen. Zu welchen Ergebnissen die intensiv geführte Diskussion um die Reform der Unternehmenssteuer auch immer führen wird – mit VOFI dürften alle Neuerungen abbildbar sein.

Das vorliegende Buch ist als Fallstudien*geschichte* konzipiert worden. Fallstudien*sammlungen*, wie beispielsweise die Harvard-Cases, enthalten lose aneinander gereihte Fälle, in denen ausgewählte betriebswirtschaftliche Probleme behandelt werden. Dagegen ist unter einer Fallstudiengeschichte eine betriebswirtschaftliche Story zu verstehen, bei der das Ziel verfolgt wird, den Leser mithilfe dramaturgisch verknüpfter Fortsetzungsgeschichten in ein größeres Theoriegebiet einzuführen. Die Folgen der Fallstudiengeschichte sind in eine traditionelle Gliederung eingebettet worden, um das Gesamtsystem der Wissensdomäne Investitionsrechnung transparent zu machen.

Im Laufe der Fallstudiengeschichte werden die Ausgangsdaten grundsätzlich beibehalten. Dies hat den Vorteil, dass Leser mit einem guten Zahlengedächtnis Wiedererkennungseffekte erleben werden. Bei Berechnungsexperimenten ist es häufig angenehm zu wissen, welche Zahl herauskommen muss.

Die Fallstudiengeschichte zur Einführung in die Investitionsrechnung richtet sich an Studierende der Wirtschaftswissenschaften sowie an Praktiker, die sich mit Methoden des Investitionscontrollings auseinander setzen wollen. Die Folgen 1 bis 34 sowie die Folge 53 dürften sich für das Bachelorstudium eignen, während die restlichen Folgen im Rahmen des Masterstudiums verwendet werden könnten.

Die Fallstudiengeschichte enthält zum teil freche Dialoge zwischen den Akteuren. Der Ton ist locker, der Inhalt ist ernst, *das Formale bleibt formal*. Zu jeder Folge ist eine Reihe von Fragen zur Selbstkontrolle formuliert worden. Wichtige Begriffe der Investitionsrechnung sind in dem im Anhang aufgeführten Glossar enthalten.

Zur Ergänzung des Buches ist ein Portal eingerichtet worden, das unter

www.VOFI-Portal.de

aufrufbar ist. Dort stehen weitere Informationen sowie Excel-Spreadsheets zu einer Vielzahl von Folgen der Fallstudiengeschichte und eine Freestyle Learning Unit zum Download zur Verfügung.

Bei der Fertigstellung der neuen Auflage hat mich ein engagiert arbeitendes Team unterstützt. Bedanken möchte ich mich für zahlreiche lebhaft geführte Diskussionen mit meinen Mitarbeitern. Herrn Dipl.-Wirt. Inform. Jan Hermans, Herrn MScBM Nico Albrecht, Herrn Dipl.-Wirt. Inform. Sascha Austrup und Herrn Herrn Dipl.-Wirt. Inform. Klaus Altfeld möchte ich hier hervorheben. Bei Herrn Dipl.-Wirt. Inform. Stefan Große Böckmann bedanke ich mich für die Einrichtung des VOFI-Portals. Christoph Bielefeld danke ich für die tatkräftige Mitarbeit bei der Standardisierung der im Portal veröffentlichten Excel-Spreadsheets sowie für die Mitarbeit beim Stichwortverzeichnis. Jörg Howein und Steffani Ungerath sage ich Dank für die Erstellung der Grafiken und für die Unterstützung bei den Literaturrecherchen. Mein ganz besonders herzlicher Dank gilt Carmen Sicking für die professionelle Textverarbeitung und für die hervorragende Gestaltung des Layouts, aber auch für die sorgfältige Erstellung des Stichwortverzeichnisses und nicht zuletzt für das akribische Korrekturlesen. Und nicht zu vergessen: Dank an meine ungezählten Studenten an der Westfälischen Wilhelms-Universität Münster und an den Verwaltungs- und Wirtschaftsakademien in Bielefeld und Münster für zahlreiche bohrende Fragen und konstruktive Verbesserungsvorschläge. Last but not least: Dem Lektor des Vahlen-Verlags, Herrn Dipl.-Vw. Dieter Sobotka, gilt mein Dank für die langjährige gute Zusammenarbeit.

Zum Schluss dieses Vorworts noch etwas Persönliches: Wesentliche Teile des vorliegenden Buches habe ich im Urlaub geschrieben – auf sonnigen Terrassen in Südfrankreich und Tunesien, in einem gemütlichen Ferienhaus in Dänemark und in einem friesisch-kühlen Domizil auf Sylt. Ich hoffe, dass sich die gute Atmosphäre dieser schönen Arbeitsplätze in der Fallstudiengeschichte wieder findet. Ich wünsche Ihnen viel Erfolg, aber auch ein bisschen Spaß beim Durcharbeiten der Fallstudiengeschichte und bei der Nutzung des VOFI-Portals.

Münster, im August 2006 *Heinz Lothar Grob*

Inhaltsverzeichnis

Verzeichnis der Folgen

1 Grundlegendes

Die Fallstudiengeschichte, über die hier zu berichten ist, spielt in einer mittelständischen Unternehmung, in der gerade eine wichtige Investitionsentscheidung getroffen werden soll. Der Firmeninhaber hatte die Geschäftsführung und damit auch die Entscheidungen über Investitionen einem gewissen Herrn Y übertragen. Wichtigster Gesprächspartner von Y ist der für das Controlling zuständige Dr. X, der übrigens an der Uni MS studiert und dissertiert hat. Die dritte Hauptrolle – ein Student[1] der Betriebswirtschaftslehre namens St., der in den Semesterferien als Praktikant in der Fallstudienunternehmung arbeitet – ist wie folgt zu charakterisieren: St. ist jung und voller Neugier. Er tüftelt gern und liebt seinen PC und insbesondere das Tabellenkalkulationsprogramm Microsoft Excel. Er ist froh darüber, mit Herrn Dr. X einen Praktiker mit theoretischem Know-how kennen gelernt zu haben und geradezu glücklich, wenn dieser ihn hin und wieder mit einer interessanten betriebswirtschaftlichen Aufgabe betraut. Wenn Sie wollen, können Sie die Rolle dieses überaus sympathischen Studenten übernehmen, verehrter Leser!

Die Fallstudiengeschichte spielt irgendwann in der näheren Zukunft, in der auch mittelständische Unternehmen routinemäßig moderne Verfahren der Investitionsrechnung zur Beurteilung von Investitionsprojekten einsetzen. Da die Zeit nicht kalendermäßig konkretisiert werden soll, ist ganz allgemein von den Zeitpunkten t=0 bis t=h die Rede, wobei t=0 der Investitionszeitpunkt und t=h der Planungshorizont ist.[2] Das Ende der Nutzungsdauer des zu betrachtenden Investitionsprojekts sei mit t=n definiert, wobei grundsätzlich gilt: $n \leq h$. Die Länge einer Periode beträgt jeweils ein Jahr. Der Zeitindex t kennzeichnet das Ende des Jahres t. Sämtliche Zahlungen, die im Laufe des Jahres t anfallen, werden also auf den 31.12. des Jahres t bezogen. Der Index t=0 ist der Beginn des ersten Jahres. Formal gesehen ist dies gleichzeitig das Ende der vor dem Investitionsbeginn

---

[1] Das Wort „Student“ wird hier – ebenso wie ähnlich beschaffene Bezeichnungen (z. B. Leser) – als Gattungsbegriff verwendet. Die Schreibweise StudentIn (LeserIn) bzw. er/sie, ihn/sie, einem/einer, dieser/diese, man/frau (besser: sie/er, sie/ihn, …, frau/man) wird bewusst vermieden.

[2] Aufgrund dieser allgemeinen Notation bleibt die Aufgabenstellung der Fallstudie ständig aktuell.

liegenden Periode. Zwischen dem Ende des alten und dem Beginn des neuen Jahres liegt eine logische Sekunde.

Bevor es mit der Fallstudiengeschichte „losgeht“, werden zur theoretischen Fundierung einige begriffliche Grundlagen der Investitionsrechnung gelegt. Dabei ist zunächst zu klären, was unter einer Investition zu verstehen ist und wie die Entscheidungssituation charakterisiert werden kann. Anschließend wird eine Einordnung der relevanten betriebswirtschaftlichen Fragestellungen in das Controlling vorgenommen.

1.1 Begriffliche Grundlagen

Im allgemeinen Sprachgebrauch wird unter dem Begriff „Investition“ verstanden, Zeit, Gefühle und/oder Geld zu „opfern“, um einen Vorteil zu erlangen oder aber – entweder freiwillig oder zur Vermeidung von Nachteilen – eine Pflicht[1] zu erfüllen. Mit dem Begriff Investition kann aber auch die Ausstattung der Unternehmung mit mehrjährig nutzbaren Wirtschaftsgütern gemeint sein. Dieser Tatbestand erinnert zumindest „die Lateiner“ an die Herkunft des Begriffs: Investieren (lat.: *investire*) bedeutet „Einkleiden“[2] . Eine Einkleidung muss finanziert werden – nicht nur mit eigenen, sondern durchaus auch mit fremden Mitteln.

Zur begrifflichen Präzisierung für die Betriebswirtschaftslehre sind – analog zum allgemeinen Sprachgebrauch – zwei Varianten des Investitionsbegriffs herauszustellen:[3]

- Bei der ersten Variante wird unter Investition das Opfern knapper finanzieller Mittel in Form von Eigenen Mitteln[4] verstanden, um langfristig investitionstheoretische Ziele zu erreichen. Regelmäßig ist damit verbunden, dass im Investitionszeitpunkt gleichzeitig auch Sicherheit geopfert wird, die in der Zukunft wiedererlangt werden soll.
- Die zweite Variante beinhaltet die Verwendung eigener und fremder finanzieller Mittel zur „Einkleidung“ einer Unternehmung mit Investi-

---

[1] z. B. die Durchführung von Öko-Investitionen

[2] Der lateinische Begriff *investire* meint in seiner ursprünglichen Bedeutung die *Einkleidung des Bischofs*.

[3] Weitere Überlegungen zum Investitionsbegriff finden sich z. B. bei Adam, D. (2000), S. 4 ff., Kruschwitz, L. (2005), S. 2 ff., Schneider, D. (1992), S. 7-13.

[4] In Vorwegnahme der neuen (!) Rechtschreibreform wollen wir das Attribut „eigene“ im Zusammenhang mit finanziellen Mitteln als Terminus technicus groß schreiben.

tionsobjekten. Jeder Investitionsvorgang ist bei dieser Betrachtung uno actu mit finanzwirtschaftlichen Aktivitäten verbunden, die sowohl das Eigen- als auch das Fremdkapital betreffen können. Investition und Finanzierung werden deshalb als „zwei Seiten einer Medaille" angesehen. Auch bei der zweiten Variante ist die Zielorientierung sowie die Überlegung bezüglich des Opfer(n)s von Sicherheit von Bedeutung. Der Unterschied zur ersten Variante besteht allein darin, dass neben der Verwendung von Eigenen Mitteln auch der Einsatz von Fremdkapital betrachtet wird.

Anzumerken ist, dass der Anschaffungsvorgang eines langfristig nutzbaren Wirtschaftsguts als *Investition* bezeichnet wird, während das Vorhaben als Investitions*projekt* und das zu beschaffende Wirtschaftsgut als Investitions*objekt* definiert wird.

Zur Klassifizierung unterschiedlicher Investitionsarten sind Sachinvestitionen von immateriellen Investitionen und von Finanzinvestitionen zu unterscheiden. Die Aktivierungsfähigkeit der Anschaffungs- oder Herstellungskosten des Investitionsobjekts ist kein notwendiges Abgrenzungskriterium für eine Investition.

Neben der Sachinvestition in Form der Anschaffung eines physischen Investitionsobjekts ist also auch eine langfristig orientierte Maßnahme immaterieller Art, bei der finanzielle Mittel eingesetzt werden, als Investition zu bezeichnen. Als Beispiel sei eine langfristig orientierte Werbekampagne genannt. Außerdem sind auch langfristige Geldanlagen als Investitionen anzusehen, und zwar als Finanzinvestitionen. In diesem Fall ist sowohl die eine als auch die andere „Seite der Medaille" finanzwirtschaftlich geprägt.

Bei der Sachinvestition ist es üblich, zwischen Erweiterungs- und Ersatzinvestitionen sowie einer Mischung von beiden zu unterscheiden. Bei einer Erweiterungsinvestition steht die *Bewertung* der Kapazitätserhöhung im Mittelpunkt der Investitionsrechnung. Bei einer (reinen) Ersatzinvestition wird eine alte durch eine neue Anlage verdrängt, ohne dass (streng genommen) mit der Investition ein Kapazitätserweiterungseffekt verbunden ist. Das Motiv für Ersatzinvestitionen ist häufig ein Rationalisierungsvorhaben, bei dem die Relation zwischen dem (konstanten) Output zum Input verbessert werden soll. Der in der Praxis am häufigsten auftretende Fall dürfte ein Mischtyp sein, bei dem eine alte durch eine funktionsgleiche neue Anlage ersetzt wird, die sowohl eine höhere Produktivität als auch eine größere Kapazität aufweist. In der folgenden Abbildung sind die hier klassifizierten Investitionsarten zusammengestellt worden.

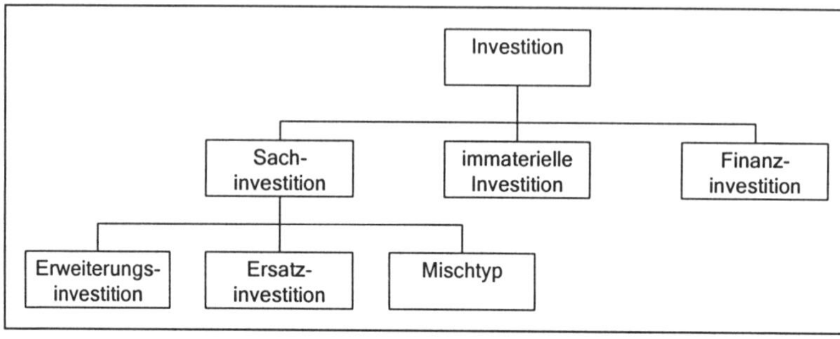

Abb. 1: Klassifizierung von Investitionen

Die Unterscheidung zwischen den Investitionsarten ist zum einen für die Verfahren der Genehmigung von Investitionen in der Praxis wichtig und zum anderen für die Anwendung theoretischer Konzepte. Beispielsweise existiert in der Investitionsrechnung ein spezieller Ansatz zur Optimierung von Ersatzinvestitionen.

Investition und Finanzierung wurden als „zwei Seiten einer Medaille" bezeichnet. Nachdem die „Investitionsseite" begrifflich bestimmt wurde, soll nun kurz auf die Finanzierung, also die andere Seite der Medaille, eingegangen werden. Unter Finanzierung ist die Ausstattung der Unternehmung mit Geld- und Kapitalmitteln sowie die Disposition über diese Mittel zu verstehen. Während Geldmittel kurzfristig zu disponieren sind, ist die Entscheidung über den Einsatz von Kapitalmitteln langfristiger Natur. Eine Klassifizierung der Finanzierung geht aus Abb. 2 hervor.

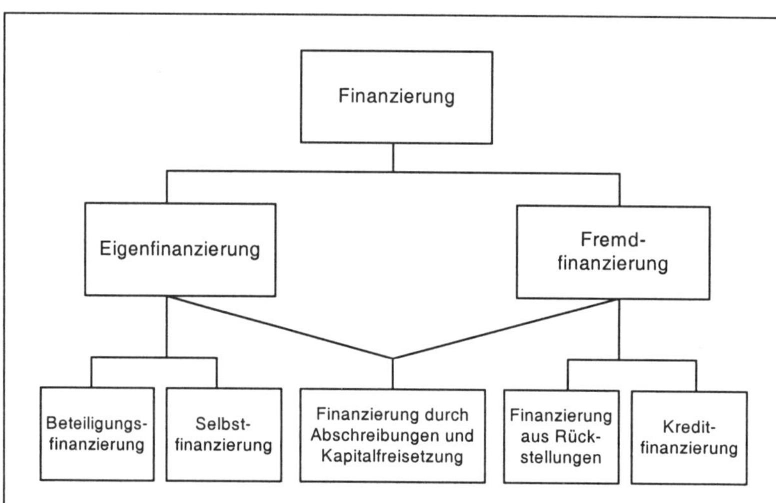

Abb. 2: Klassifizierung der Finanzierung[1]

[1] Röder, K. (2000), S. 9.

Für die Investitionsrechnung ist die Unterscheidung zwischen Eigen- und Fremdfinanzierung relevant. Während Fremdfinanzierung vorrangig mit Krediten vorgenommen wird, erfolgt Eigenfinanzierung durch den Einsatz eigener liquider Mittel für das Investitionsvorhaben. Eigene Mittel werden in der Investitionsrechnung auch als Eigenkapital bezeichnet. Indes darf dieser Terminus nicht mit der gleichnamigen Bilanzposition[1] verwechselt werden. Der Begriff Eigenkapital stellt somit ein Homonym dar, das entweder finanz- oder bilanzmäßig zu konkretisieren ist. Im Rahmen dieser Einführung wird vom finanzwirtschaftlichen Begriff ausgegangen.

1.2 Die Entscheidungssituation

Eine Investitionsentscheidung ist stets eine Entscheidung unter Unsicherheit, da es ökonomisch nicht sinnvoll ist, sämtliche mit dem Investitionsvorhaben verbundenen Entscheidungskonsequenzen vertraglich festzulegen, um Sicherheit zu erlangen. Zudem ist zu bedenken, dass selbst eindeutig formulierte Verträge, die auf dem Papier „Sicherheit garantieren", nur so gut sind wie der Vertragspartner sein wird – und dessen zukünftige Existenz ist manchmal auch nicht sicher.

Da also jede Investitionsentscheidung unter Unsicherheit zu treffen ist, sollte alles getan werden, um die Entscheidungssituation transparent zu machen. Strukturierung erhöht die Transparenz. Ein wichtiges entscheidungstheoretisches Modell zur Strukturierung einstufiger Entscheidungen stellt die Entscheidungsmatrix dar. Bei einstufigen Entscheidungen wird lediglich eine Anfangsentscheidung getroffen, ohne dabei die möglichen Konsequenzen weiterer Entscheidungen (z. B. Ausbau der in t=0 errichteten Kapazität) zu berücksichtigen. Dagegen werden im Fall mehrstufiger Entscheidungen bei der Anfangsentscheidung auch die Konsequenzen bedingter Folgeentscheidungen ins Kalkül einbezogen.

Eine Entscheidungsmatrix ist als Totalkalkül konzipiert, in dem die Entscheidungsmöglichkeiten explizit aufgeführt werden. Als Beispiel sind die sich gegenseitig ausschließenden Alternativen „Anschaffung einer Maschine" und – falls die Maschine nicht angeschafft wird – „Anlage der eigenen liquiden Mittel bei der Bank" zu nennen. Beim Totalkalkül wird die Wertsteigerung der Unternehmung entweder durch die eine oder durch die andere Alternative quantifiziert. Dagegen wird beim Differenzkalkül

[1] Aus bilanzieller Sicht stimmen in der ersten Phase der Gründung einer Unternehmung Eigene Mittel und Eigenkapital überein.

der Mehrwert der Sachinvestition gegenüber der Finanzinvestition errechnet und der Sachinvestition zugeordnet. Bei dieser Betrachtung ist bei der Sachinvestition auch der entgehende Gewinn der als Opportunität bezeichneten Finanzinvestition zu berücksichtigen. Der entgehende Gewinn wird auch als Opportunitätskosten bezeichnet.

Widmen wir uns bei der Gelegenheit kurz zwei sprachlichen Stolpersteinen. In der betriebswirtschaftlichen Literatur wird eine Entscheidungs*möglichkeit* überwiegend als Entscheidungs*alternative* bezeichnet. Im allgemeinen Sprachgebrauch ist mit einer Alternative stets eine konkurrierende („andere") Möglichkeit gemeint, z. B. „alternatives Leben" oder „alternatives Denken". Eine Investitionsalternative bezeichnet indes nicht irgendein *anderes* Investitionsvorhaben, sondern genau *das* zu betrachtende Projekt. Da nicht die Absicht besteht, diese Begriffswelt der Betriebswirtschaftslehre zu verändern, wollen wir (trotz des hier vorgetragenen Protestes) den Begriff Investitionsalternative beibehalten – wohl wissend, dass z. B. Germanisten über uns lächeln.

Ebenso problematisch ist der Begriff *Opportunitä*t. Unter einer Opportunität wird in der Betriebswirtschaftslehre die „nächstgünstige Gelegenheit" verstanden. Wenn also ein Investitionsvorhaben mit seiner Opportunität (z. B. einer Geldanlage der zur Verfügung stehenden Eigenen Mittel) verglichen wird, dann müsste wegen des Begriffs *„nächst*günstig" gefordert werden, dass die Investition der Opportunität stets überlegen ist.[1] Dass dies nicht wirklich gemeint ist, liegt auf der Hand. Warum sollte überhaupt gerechnet werden, wenn die Rangfolge der konkurrierenden Alternativen bereits feststeht. Wir wollen deshalb unter Opportunität einfach nur die konkurrierende Alternative (in dem Moment haben wir bereits die nicht unproblematische Verwendung des Begriffs Alternative internalisiert) verstehen.[2]

Aus den Überlegungen zum Totalkalkül folgt, dass eine Entscheidungsmatrix mindestens zwei Entscheidungsalternativen beinhaltet. Im einfachsten Fall, der durch genau zwei Entscheidungsmöglichkeiten und zwei denkbare Szenarien[3] charakterisiert ist, sieht die Matrix so aus:

---

[1] In einigen Literaturquellen wird Opportunität auch als die „günstige Gelegenheit" angesehen. Dabei bleibt die Frage offen, was mit *günstig* gemeint ist.

[2] Nicht nur in der Betriebswirtschaftslehre ist der Begriff Opportunität verwirrend, sondern auch in der Rechtswissenschaft. Dort versteht man unter dem Opportunitätsprinzip einen Strafrechtsgrundsatz, der die Verfolgung einer Straftat in das Ermessen der Staatsanwaltschaft stellt. Die Verwendung falscher Begriffe in der Betriebswirtschaftslehre ist zum Glück kein relevantes Delikt, das unter das Opportunitätsprinzip fällt. Dies nur am Rande.

[3] Gemeint sind Zukunftssituationen bzw. zukünftige Umweltsituationen.

	S_1 w_1	S_2 w_2
A_1	E_{11}	E_{12}
A_2	E_{22}	E_{22}

Legende: A_i Entscheidungsalternative i
S_j Szenario j
w_j subjektive Wahrscheinlichkeit für den Eintritt des Szenarios S_j
E_{ij} Entscheidungskonsequenz der Alternative i bei Eintritt des Szenarios j

Abb. 3: Entscheidungsmatrix

Falls *kein* Eigenkapital eingesetzt wird, stellt A_2 die Unterlassensalternative dar. Auch ist daran zu denken, dass mit A_2 eine explizit definierte konkurrierende *Sach*investition gemeint sein kann. In diesem Fall gesellt sich regelmäßig noch A_3 hinzu, unter der die Anlage der Eigenen Mittel zu verstehen ist. Aber wir wollten ja hier nur den einfachsten Fall darstellen.

Wenn in den folgenden Kapiteln Entscheidungen für nur *eine* Zukunftssituation errechnet und diskutiert werden, dann soll damit keineswegs der Eindruck vermittelt werden, es handele sich um Entscheidungen unter Sicherheit. Vielmehr sind die Aktivitäten (z. B. die Errechnung eines Zielwerts) lediglich als Ausschnitt einer umfassenderen Lösung eines Entscheidungsproblems anzusehen, bei dem letztlich auch unsichere Vorhersagen berücksichtigt werden. Ein weiteres – und keineswegs letztes – Mal sei gesagt: *Investitionsentscheidungen sind stets Entscheidungen unter Unsicherheit.*

Nach diesen grundlegenden Ausführungen über Investitionsentscheidungen ist nun auf typische Fragestellungen der Investitionsrechnung einzugehen. Üblicherweise wird das Entscheidungsfeld einer Unternehmung auf das betrachtete Investitionsobjekt eingegrenzt. In diesem Fall sind nicht sämtliche in der Unternehmung anfallenden Zahlungen relevant, sondern nur diejenigen, die mit der Investition zusammenhängen. Diese Eingrenzung des Entscheidungsfeldes im Rahnen eines investitionstheoretischen Modells führt zu sog. Partialentscheidungen – im Gegensatz zu unternehmensweiten Entscheidungen im Rahmen eines Totalkalküls. Partialentscheidungen werden regelmäßig in Entscheidungen über einzelne Investitionsobjekte und in Entscheidungen über konkurrierende explizit definierte Objekte gegliedert.

In unserer Fallstudiengeschichte wird zunächst von einer Partialentscheidung ausgegangen. Erst in einer späteren Folge wird das Entscheidungsfeld erweitert, sodass Totalanalysen gefragt sind.

1.3 Einordnung des Entscheidungsproblems in das Controlling

Insbesondere in Lehrbüchern – manchmal auch in der Praxis – wird häufig gefragt, was unter Controlling zu verstehen ist. Diese Frage stellen wir nicht. Wir fragen also nicht, was Controlling *ist*, sondern vielmehr, was Controlling *sein soll*. Bei der Aufgabe, Controlling zu definieren, wird deshalb nicht etwa von etymologischen Überlegungen und empirischen Befunden ausgegangen, sondern allein davon, welche Aufgaben durch das Controlling wahrgenommen werden sollen. Unser wissenschaftlicher Standpunkt ist also normativ und gestaltungsorientiert.

In der Literatur wurde herausgearbeitet, dass Controlling der Rationalitätssicherung der Unternehmensführung dient.[1,2] Zu diesem Zweck ist ein Controlling*system* als Teil des Informations- und Kommunikationssystems einer Unternehmung[3] zu gestalten und zu nutzen. Die Systemgestaltung umfasst die Entwicklung, Betreuung und Anpassung einer Infrastruktur für die Planung und Kontrolle.[4] Konsequenterweise gehört zu den systemnutzenden Aufgaben die Durchführung von Planung und Kontrolle.

---

[1] Vgl. Weber, J., Schäffer, U. (1999), S. 731-747.

[2] In älteren Ansätzen zum Controlling wird häufig die Koordinationsfunktion als Hauptfunktion angesehen. Dies spiegelt sich in der Controllingdefinition von HORVÁTH wider. Er versteht unter Controlling ein „Subsystem der Führung, das Planung und Kontrolle sowie Informationsversorgung systembildend und systemkoppelnd ergebnisorientiert koordiniert und so die Adaption und Koordination des Gesamtsystems unterstützt". Horváth, P. (2006), S. 134. Das Führungssubsystem Controlling wird also zusammen mit Planung, Kontrolle, Informationsversorgung und noch weiteren in der Definition von HORVÁTH *nicht* enthaltenen Führungsaufgaben – z. B. Mitarbeiterführung und Repräsentation – als gleichrangig eingestuft.

[3] Vgl. Grob, H. L., Reepmeyer, J.-A., Bensberg, F. (2004), S. 6-10.

[4] Aus den hier vorgetragenen Überlegungen resultiert, dass im Kurrikulum betriebswirtschaftlicher Lehrveranstaltungen auch solche Veranstaltungen, die unter einem anderen Etikett angekündigt werden, dem Controlling zuzuordnen sind. Zu denken ist an Vorlesungen mit den Bezeichnungen Planung, Entscheidungstheorie, Entscheidungsunterstützungssysteme und last but not least Investitionsrechnung. Die Lehrveranstaltung Kosten- und Leistungsrechnung bietet dagegen „nur" Basisinformationen für das Controlling, da im Mittelpunkt des Controllings – wie oben ausgeführt wurde – die Frage steht, wie Kosten- und Leistungsinformationen für Entscheidungs- und Kontrollzwecke verwendbar sind. Diese Überlegungen gelten in abgeschwächter Form auch für Vorlesungen zum externen Rechnungswesen.

Während unter Planung die Vorbereitung von Entscheidungen zu verstehen ist, geht es bei der Kontrolle um die Aufdeckung und Interpretation von Abweichungen zwischen den geplanten und den effektiven Zielwerten. Planung und Kontrolle unterstützen sowohl das operative als auch das strategische Management. Entsprechend ist vom operativen und strategischen Controlling die Rede. Während beim operativen Controlling das Tagesgeschäft einer Unternehmung im Mittelpunkt steht, geht es beim strategischen Controlling um deren langfristige generelle Ausrichtung – etwas aggressiver auch als *Stoß*richtung bezeichnet. Investitionsentscheidungen – selbst wenn es sich „nur" um Ersatzinvestitionen handelt – sollten wegen der existenziellen Bedeutung für die Unternehmung dem strategischen Controlling zugerechnet werden.

Die hier dargelegte Controllingdefinition wirft Fragen zur Abgrenzung gegenüber der Informationsversorgung auf. Die Informationsversorgung wird nicht als eigenständige Funktion angesehen, da sie einen elementaren Teil der Planungs- und Kontrollfunktion darstellt. Auch der häufig verwendete Begriff Steuerung stellt keine weitere Aufgabe des Controllings[1] dar, sondern soll als prozessorientierte Durchführung von Planung und Kontrolle aufgefasst werden.

Nach diesen generellen Überlegungen zur Definition von Controlling wird es einfach, Investitionscontrolling zu spezifizieren. Dieses Teilgebiet des Controllings dient der Rationalitätssicherung der Unternehmensführung beim Treffen von Investitionsentscheidungen. Das zu gestaltende System hat Daten und Instrumente bereitzustellen, mit denen die Vorteilhaftigkeit von Investitionen zu bestimmen ist.

Nach der funktionsorientierten Erörterung des Controllings ist abschließend auf die Frage der Institutionalisierung – also der organisatorischen Verankerung in der Unternehmung – einzugehen. Controllingaufgaben können nicht nur von der Organisationseinheit Controlling, die häufig als (hierarchisch relativ hoch angesiedelte) Stabsstelle eingerichtet wird, sondern auch von Fachabteilungen im Rahmen des Self-Controllings wahrgenommen werden.

In unserer Fallstudienunternehmung spielen sämtliche Komponenten des hier dargelegten Controllingbegriffs sowie seiner Spezifizierung in Form des Investitionscontrollings eine Rolle. Am Ende der Fallstudiengeschichte wird sich zeigen, dass die Akteure ein einheitliches Instrumentarium für die Planung und Kontrolle von Investitionsobjekten entwickelt und aufgrund steigender Ansprüche ständig angepasst haben. Das Verhältnis von Y zu Dr. X spiegelt die Beziehung zwischen der

---

[1] Da der Begriff Controlling – ähnlich wie Marketing – „eingedeutscht" (was für ein schreckliches Wort!) wurde, heißt es tatsächlich *des Controllings*.

Unternehmensführung und der Organisationseinheit Controlling wider. Dr. X – unterstützt von St. – bemüht sich also um die Rationalitätssicherung von Y. Dass diese Rollenverteilung auch psychologische Effekte zur Folge hat, wird sich zeigen und auch durch einige Zwischen- und Randbemerkungen kommentiert.

1.4 Initialisierung

Und nun zum augenblicklichen Geschehen in unserer Fallstudiengeschichte. In der zweiten Hälfte des Jahres, dessen Ende eine logische Sekunde vor t=0 liegt, erreichte den Geschäftsführer unserer Fallstudienunternehmung, Herrn Y, die folgende Stellungnahme zu einem Investitionsantrag aus dem Marketingbereich. Das Projekt war vom Kostenrechner K. betreut worden. Bitte, lesen Sie selbst!

Sehr geehrter Herr Y,

die Marketingabteilung hat die Anschaffung einer Maschine des Typs DY11 zur Herstellung des Produkts 47X beantragt. Aufgrund von Vorverhandlungen unserer Einkaufsabteilung mit dem Maschinenhersteller belaufen sich die Anschaffungskosten auf 18.000 €[1]*+ MwSt. Die Leistungen und Kosten repräsentieren die durchschnittliche Produktions- und Absatzsituation in der Mitte der Nutzungsdauer von insgesamt fünf Jahren. Zu diesem Zweck wurde der Absatzpreis des herzustellenden Produkts sowie die variablen Herstellkosten der mittleren Periode zur Bewertung der Produktions- und Absatzmengen verwendet.*

Aus der beigefügten Investitionsrechnung geht hervor, dass es sich um eine durchaus vorteilhafte Investition handelt. Wir bitten deshalb, die Anschaffung des Investitionsobjekts DY11 zu genehmigen.

Mit freundlichen Grüßen
K.

[1] Ein Hinweis für Leser, die üblicherweise mit größeren Beträgen umgehen: Die absolute Höhe der Anschaffungsauszahlung sowie der Einzahlungsüberschüsse ist bewusst so niedrig gewählt worden, um den Rechenaufwand beim Nachvollziehen der Beispiele in Grenzen zu halten. Wen beispielsweise eine Anschaffungsauszahlung von nur 18.000 € nicht genügend zum Nachdenken und Experimenticren motivieren sollte, der möge die relevanten Werte einfach mit 10 oder 100 oder 1.000 multiplizieren.

Investitionsrechnung für die Anlage DY11	
Daten	
Anschaffungsauszahlung	*18.000 €*
Fälligkeit der Anschaffungsauszahlung	*t=0*
Inbetriebnahme bzw. Markteintritt	*t=0*
Nutzungsdauer	*5 Jahre*
Liquidationsüberschuss	*2.365 €*
durchschnittliche Kosten zur Wartung und Inspektion der Anlage	*10.000 €*
durchschnittlicher Absatzpreis des herzustellenden Produkts	*121,00 €*
durchschnittliche variable Herstellkosten des Produkts	*48,80 €*
durchschnittlicher Absatz pro Jahr	*206 Stck.*
Kalkulationszinsfuß (vgl. frühere Anträge)	*10 %*

Gewinnvergleichsrechnung		
Leistungen		*24.926 €*
– variable Kosten		*10.053 €*
– fixe Kosten (außer Kapitaldienst)		*10.000 €*
– Kapitaldienst		
Kalkulatorische Abschreibungen	*3.127 €*	
Kalkulatorische Zinsen	*1.175 €*	*4.302 €*
Kalkulatorischer Gewinn		***571 €***

Y verstand die Investitionsrechnung nicht und rief deshalb Dr. X zu sich und bat um Erläuterung.

Dies ist der Beginn einer beinahe unendlichen Fallstudiengeschichte!

Kontrollfragen

Erörtern Sie das Zeitkonzept investitionstheoretischer Modelle!

Definieren Sie den Begriff Investition zum einen im Hinblick auf den Eigenkapitaleinsatz und zum anderen in Bezug auf den Einsatz von Eigen- *und* Fremdkapital!

Erörtern Sie Unterschiede und Gemeinsamkeiten von Sachinvestitionen, immateriellen Investitionen und Finanzinvestitionen!

Definieren Sie den Begriff Finanzierung und klassifizieren Sie ihn!

Inwiefern können Investition und Finanzierung als „zwei Seiten einer Medaille“ bezeichnet werden?

Schildern Sie den Aufbau einer Entscheidungsmatrix zur Vorbereitung von Investitionsentscheidungen!

Setzen Sie sich mit den Begriffen Entscheidungsalternative und Opportunität kritisch auseinander!

Erläutern Sie den rationalitätsorientierten Controllingbegriff!

Erörtern Sie systemgestaltende und systemnutzende Aufgaben des Controllings!

Diskutieren Sie Aufgabeninhalte des Investitionscontrollings!

2 Klassische Investitionsrechnung

Zur Beurteilung des monetären Vorteils einer Investition steht eine Vielzahl klassischer Methoden zur Verfügung. Diese werden in statische und dynamische Ansätze untergliedert. In beiden Kategorien spielt der Kalkulationszinsfuß zur Ermittlung der den Zielwert beeinflussenden Kapitalkosten und -erträge eine zentrale Rolle. In der hier dokumentierten Fallstudiengeschichte wird der Weg von statischen zu dynamischen Methoden der Investitionsrechnung beschrieben. Während die statischen Ansätze von einer einperiodigen Betrachtung ausgehen, weisen die dynamischen ein mehrperiodiges Zeitkonzept auf.

Die statischen Methoden gelten in der Literatur und in der Praxis als leicht handhabbar und gut überschaubar. Sämtliche monetären Entscheidungskonsequenzen einer Investition werden für nur ein Jahr in Form von Durchschnittsgrößen dargestellt. Als statische Methode wird die Gewinnvergleichsrechnung eingesetzt, wenn einer Investition nicht nur Kosten, sondern auch Leistungen (Erlöse) zugerechnet werden können. Die Gewinnvergleichsrechnung wird hier ausführlich dargestellt. Auf weitere statische Methoden (z. B. Kostenvergleichsrechnung) ist anschließend kurz einzugehen.

Bei der Darstellung der klassischen dynamischen Methoden wird von einer „Mutterformel" ausgegangen – der Formel zur Ermittlung des Gegenwartswerts, bei dem der Bezugszeitpunkt nicht etwa die *Gegenwart* ist, sondern ein beliebiger Zeitpunkt, der in der Vergangenheit, Gegenwart oder Zukunft liegen kann. Sämtliche Formeln der dynamischen Investitionsrechnung lassen sich aus der Formel zur Berechnung des Gegenwartswerts unmittelbar ableiten. Eine Ausnahme existiert beim End- und beim Anfangswertkonzept. Als Spezialmodell der klassischen Investitionsrechnung wird das Capital Asset Pricing Model (CAPM) herausgestellt. Dabei wird den Eigenkapitalkosten als Bestandteil des Kalkulationszinsfußes besondere Aufmerksamkeit gewidmet.

2.1 Statische Methoden

Folge 1

Gewinnvergleichsrechnung

Einfach und trotzdem voller Geheimnisse[1]

1 Zielwertbestimmung bei der Gewinnvergleichsrechnung

Die Gewinnvergleichsrechnung[2] stellt eine in der Praxis weit verbreitete Methode der statischen Investitionsrechnung dar. Ihr Zielwert ist der Kalkulatorische Gewinn der sog. repräsentativen Periode. Als repräsentativ wird die mittlere Periode angesehen. Bei einer Nutzungsdauer von fünf Jahren handelt es sich also um das dritte Jahr des Planungszeitraums.[3] Die in dieser Periode anfallenden Kalkulatorischen Zinsen stellen – ebenso wie die anderen Elemente der Zielfunktion – die repräsentativen Durchschnittsgrößen dar. Das Attribut *kalkulatorisch* weist darauf hin, dass der Gewinn nicht nur um Pagatorische, also tatsächlich zu zahlende Sollzinsen, sondern auch um die entgehenden Zinsen bei einer Anlage der Eigenen Mittel gemindert wird. Dieser entgehende Gewinn wird als Opportunitätszinsen[4] bezeichnet. Sie resultieren aus dem „Opfer" der Eigenen Mittel für die Investition.

Der Kalkulatorische Gewinn des repräsentativen Jahres ist wie folgt definiert:

---

[1] Die Geheimnisse können erst dann gelüftet werden, wenn in die vollständige Finanzplanung, in deren Mittelpunkt das Controllinginstrument VOFI steht, eingeführt worden ist. Wir bitten um etwas Geduld.

[2] Vgl. Adam, D. (2000), S. 105-108, Blohm, H., Lüder, K., Schaefer, C. (2006), S. 134 f., Grob, H. L. (1989), S. 164-169, Grob, H. L. (1995), S. 892-895, Kruschwitz, L. (2005), S. 31-37, Perridon, L., Steiner, M. (2004), S. 39-58.

[3] ‚Und wenn die Nutzungsdauer geradzahlig ist', werden Sie, verehrter Leser, gefragt haben. Vgl. hierzu Grob, H. L. (1995), S. 892-895. Hier wird gezeigt, dass nicht eine repräsentative Periode, sondern ein repräsentativer Zielwert systematisch ermittelt wird. Der Zielwert resultiert aus zwei Halbjahresbetrachtung vor und nach dem mittleren Zeitpunkt.

[4] Spezialbegriff von Opportunitätskosten

Leistungen
– variable Kosten
– operative fixe Kosten (außer Abschreibungen
= operatives Ergebnis (vor Abschreibungen)
– Kapitaldienst
– Kalkulatorische Abschreibungen
= operatives Ergebnis
– Kalkulatorische Zinsen
= Kalkulatorischer Gewinn

Abb. 1-1: Staffel zur Ermittlung des Kalkulatorischen Gewinns

Für die dem Investitionsobjekt DY11 zuzurechnenden Leistungen und die variablen sowie die operativen fixen Kosten (vor Abschreibungen) wurden die für die Gewinnvergleichsrechnung benötigten Daten der mittleren („repräsentativen") Periode in Form von Durchschnittsgrößen wie folgt zusammengestellt:[1]

Leistungen	206 · 121,00 =	24926 €
variable Kosten	206 · 48,80 =	10053 €
operative fixe Kosten		10000 €

Der Kapitaldienst, der aus Abschreibungen und Kalkulatorischen Zinsen besteht, wird bei der statischen Investitionsrechnung so berechnet, wie es in der Kostenrechnung üblicherweise praktiziert wird. Die entsprechende Formel lautet:

$$A = \frac{a_0 - L_n}{n}$$

Symbole

A	Abschreibungen
a_0	Anschaffungsauszahlung
L_n	Liquidationsüberschuss (Restbuchwert in t=n)
n	Abschreibungsdauer

Die Differenz zwischen den Anschaffungsauszahlungen und dem Restbuchwert in Höhe des Liquidationsüberschusses stellt den zeitlich totalen Werteverzehr des Investitionsobjekts dar, der gleichmäßig („linear") auf die Abschreibungsdauer zu verteilen ist.

[1] Vgl. die auf S. 11 dargestellte Datensituation.

Zur Ermittlung der Kalkulatorischen Abschreibungen sind folgende Daten erhoben worden:

- Die Anschaffungsauszahlung beträgt 18.000 €.
- Am Ende der Nutzungsdauer wird mit einem Liquidationsüberschuss von 2.365 € gerechnet.
- Die Abschreibungsdauer stimmt mit der Nutzungsdauer von fünf Jahren überein.

Die Kalkulatorischen Abschreibungen pro Jahr A – und somit auch die des mittleren Jahres t=3 – betragen:

$$A = \frac{18000 - 2365}{5} = 3127 \text{ [€/Jahr]}$$

bzw. $A_{t=3} = 3127$ [€][1]

Zur Bestimmung der Kalkulatorischen Zinsen ist die durchschnittliche Kapitalbindung mit dem Kalkulationszinsfuß zu multiplizieren. Der Kalkulationszinsfuß wird häufig aufgrund der (irrealen) Annahme, Soll- und Habenzinsfuß seien wegen eines vollkommenen Kapitalmarktes identisch, einheitlich festgesetzt. Er ist aber auch für den realistischen Fall eines unvollkommenen Kapitalmarkts unter Verwendung eines gewogenen arithmetischen Mittels mit unterschiedlich hohen Sätzen für den Sollzinsfuß und den Opportunitätskostensatz fixierbar. Die Formel für diesen auf Jahresbasis festgelegten Mischzinsfuß[2] lautet:

$$i = \frac{i_S \cdot FK + i_O \cdot EK}{FK + EK}$$

Symbole

i	Kalkulationszinsfuß
i_S	Sollzinsfuß
i_O	Opportunitätskostensatz
EK	Eigenkapital (Eigene Mittel)
FK	Fremdkapital

Der Mischzinsfuß ergibt sich also aus dem Verhältnis der Kapitalkosten zum Gesamtkapital, das zur Finanzierung der Anschaffungsauszahlung erforderlich ist. Das im Gesamtkapital enthaltene Fremdkapital umfasst die für die Investition aufzunehmenden Kredite. Unter dem Eigenkapital sind

[1] Bitte achten Sie auf die unterschiedlichen Dimensionen.

[2] Vgl. Schneider, E. (1973), S. 68 f.

die eigenen für die Investition einzusetzenden liquiden Mittel zu verstehen. Dies ist der für investive Zwecke verfügbar gemachte Geldbestand, dessen Höhe nicht nur durch das Tagesgeschäft, sondern z. B. auch durch Desinvestitionen oder Einlagen aus Beteiligungen beeinflusst werden kann.

Schon jetzt sind Zweifel anzumelden, ob ein Mischzinsfuß, der auf der Basis einjähriger Daten ermittelt wird, den Kalkulationszinsfuß für ein mehrjähriges Planungsproblem richtig repräsentieren kann. Dies gilt auch für den Fall, dass das mehrjährige Planungsproblem einjährig in Form eines statischen Modells abgebildet wird.[1]

Bezüglich der Kapitalbindung wird unterstellt, die Tilgung erfolge jährlich, und zwar stets am Ende des Jahres („postnumerando"). Hieraus resultiert ein treppenförmiger („diskreter") zeitlicher Verlauf der Kapitalbindung. Im Investitionszeitpunkt ist die Kapitalbindung mit der Anschaffungsauszahlung der Investition identisch, da Mittelverwendung und Mittelherkunft übereinstimmen. Wie aber verläuft die Kapitalbindung während der Nutzungsdauer? Zur Vereinfachung gehen wir von einer vollständigen Fremdfinanzierung aus, da in diesem Fall die Kapitalbindung mit dem jeweiligen Kreditbestand übereinstimmt.[2] Bezüglich der Tilgung des Kredits wird unterstellt, dass diese jeweils am Ende eines Jahres in Höhe der Abschreibungen vorgenommen wird, wobei üblicherweise lineare Abschreibungen unterstellt werden.[3] Neben dieser regelmäßigen jährlichen Tilgung impliziert das Modell noch eine Sondertilgung am Ende der Nutzungsdauer in Höhe des Liquidationsüberschusses. Je höher die Sondertilgung ausfällt, desto niedriger ist natürlich die jährliche Tilgung.

Der diskrete („treppenförmige") Verlauf der Kapitalbindung im Zeitablauf wird im Folgenden dargestellt:

---

1 Die Problematik des Kalkulationszinsfußes als Parameter der klassischen dynamischen Investitionsrechnung wird uns weiter *verfolgen*.

2 Bei vollständiger Eigenfinanzierung oder bei einer Mischfinanzierung sind Fonds anzunehmen, in denen die Kapitalbildung wiedergegeben wird. Vgl. Grob, H. L. (1989), S. 169-174.

3 Dass die Prämisse linearer Abschreibungen nicht notwendig ist, wird herausgestellt bei Grob, H. L. (1989), S. 178 ff.

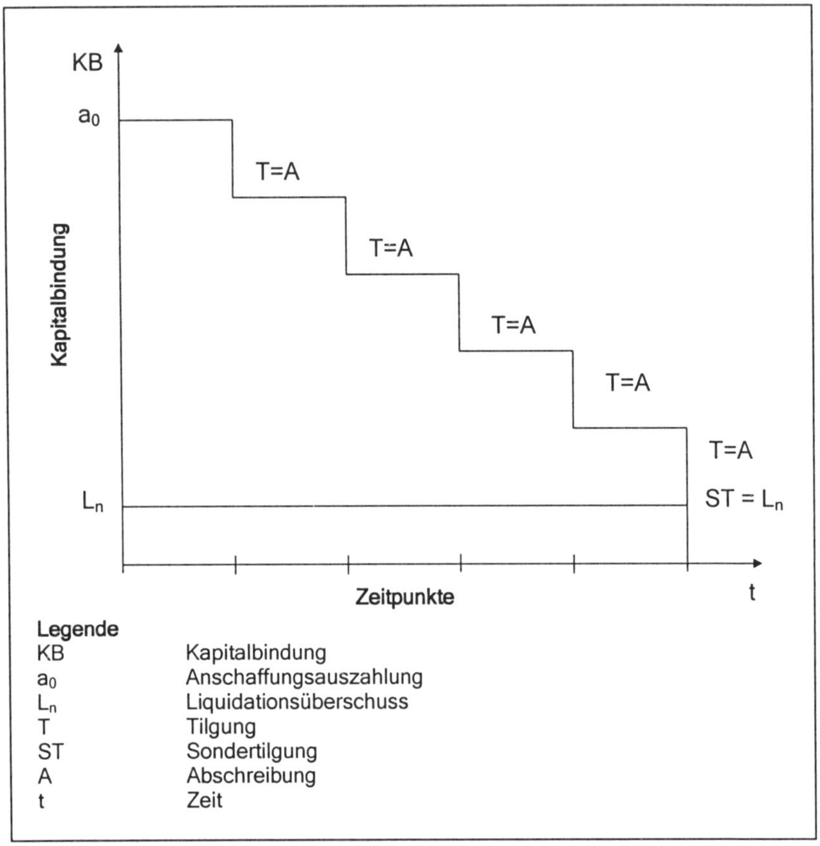

Abb. 1-2: Entwicklung der Kapitalbindung

Die durchschnittliche Kapitalbindung ergibt sich als arithmetisches Mittel des anfangs gebundenen Kapitals und des eine logische Sekunde vor dem Ende der Nutzungsdauer vorhandenen Kapitals, das durch den entsprechenden Restbuchwert ausgedrückt werden kann, da eine jährliche Tilgung in Höhe der Abschreibungen angenommen wird.[1] Während das anfangs gebundene Kapital mit der Anschaffungsauszahlung identisch ist, setzt sich der Restbuchwert vor der Liquidation der Anlage aus der noch zu tätigenden letzten Jahresabschreibung („normale Tilgung") und aus dem Liquidationsüberschuss („Sondertilgung") zusammen.

Zur grafischen Ermittlung der durchschnittlichen Kapitalbindung sind die Anschaffungsauszahlung in t=0 und der Kreditbestand, der vor der normalen Tilgung und der Sondertilgung besteht, linear zu verbinden. Das reprä-

---

[1] Am Ende der logischen Sekunde (geht das überhaupt?) ist die Anlage liquidiert und der Restbuchwert gleich null.

sentative Jahr kann durch eine Halbierung der Nutzungsdauer gefunden werden. Im Fall einer ungeraden Nutzungsdauer ist das mittlere Jahr durch die Halbjahre links und rechts von t=n/2 identifizierbar.

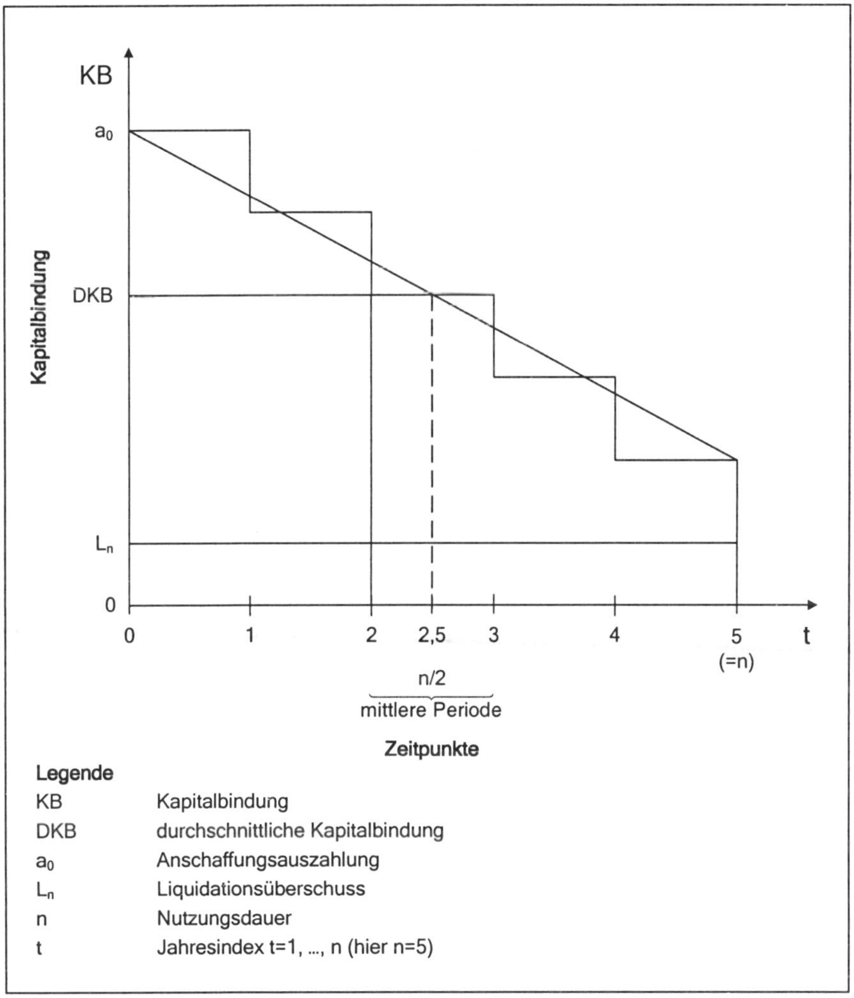

Abb. 1-3: Entwicklung der Kapitalbindung

Die Formel zur Bestimmung der durchschnittlichen Kalkulatorischen Zinsen, die sich aus der Multiplikation der durchschnittlichen Kapitalbindung mit dem Kalkulationszinsfuß ergeben, lautet somit:

$$Z = \frac{a_0 + \frac{a_0 - L_n}{n} + L_n}{2} \cdot i$$

Symbole

Z	Kalkulatorische Zinsen	a_0	Anschaffungsauszahlung
L_n	Liquidationsüberschuss (Restbuchwert in t=n)	n	Nutzungsdauer
		i	Kalkulationszinsfuß

Nun ist auf die Daten der Investition DY11 einzugehen. Die Entwicklung des Restbuchwerts geht aus dem folgenden Abschreibungsplan hervor:

		€
Buchwert in t=0 (Anschaffungsauszahlung)		**18.000**
– Abschreibung	in t=1	3.127
Restbuchwert	in t=1	14.873
– Abschreibung	in t=2	3.127
Restbuchwert	in t=2	**11.746**
– Abschreibung	in t=3	3.127
Restbuchwert	in t=3	8.619
– Abschreibung	in t=4	3.127
Restbuchwert	in t=4	**5.492**
– Abschreibung	in t=5	3.127
Restbuchwert	in t=5 *vor* Liquidation	2.365
– Ausbuchung	in t=5	2.365
Restbuchwert	in t=5 *nach* Liquidation	0

Abb. 1-4: Abschreibungsplan für DY11

Aus Abb. 1-4 ist ersichtlich, dass der zur Ermittlung der durchschnittlichen Kalkulatorischen Zinsen benötigte Buchwert in t=0 18.000 € beträgt und sich der Restbuchwert vor der letzten Abschreibung und vor der Liquidation auf 5.492 € beläuft. Der Restbuchwert in t=2 (also der am Ende des zweiten und zu Beginn des dritten Jahres) kann auch wie folgt bestimmt werden:

$$\frac{18000+5492}{2}=11746\ [€]$$ [1]

[1] Die durchschnittlichen Kalkulatorischen Zinsen mit der Dimension €/Jahr sind gleichzeitig die periodenindividuellen Zinsen in der mittleren Periode (n+1)/2. Voraussetzung ist jedoch, dass die mittlere Periode ganzzahlig ist. Dies ist der Fall, wenn die Nutzungsdauer eine ungerade Zahl ist. In unserer Fallstudiengeschichte ist die mittlere Periode das dritte Jahr. Die Kalkulatorischen Zinsen resultieren aus der Kapitalbindung zu Beginn des dritten Jahres. Wegen der Annahme „Tilgung = lineare Abschreibung“ stimmt diese Kapitalbindung mit dem Restbuchwert in t=2 überein.

Die durchschnittlichen Kalkulatorischen Zinsen Z ergeben sich wie folgt:

$$Z = \frac{18000 + 5492}{2} \cdot 0{,}1 = 11746 \cdot 0{,}1 = 1175 \text{ [€]}$$

Aufgrund der oben dargelegten Überlegungen kann die Formel zur Bestimmung des Zielwerts der statischen Gewinnvergleichsrechnung zusammenfassend wie folgt notiert werden:

$$G = L - K_v - K_f^{op} - \underbrace{\frac{a_0 - L_n}{n}}_{\substack{\text{kalkulatorische} \\ \text{Abschreibungen}}} - \underbrace{\frac{a_0 + \frac{a_0 - L_n}{n} + L_n}{2} \cdot i}_{\substack{\text{kalkulatorische Zinsen} \\ \text{bei diskretem Verlauf} \\ \text{der Kapitalbindung}}}$$

Symbole

G	Gewinn	a_0	Anschaffungsauszahlung
L	Leistungen	L_n	Liquidationsüberschuss
K_v	variable Kosten	n	Abschreibungsdauer
K_f^{op}	operative fixe Kosten	i	Kalkulationszinsfuß

Unter Verwendung der für DY11 erhobenen Daten ergibt sich:

$$G = 24926 - 10053 - 10000 - \frac{18000 - 2365}{5} - \frac{18000 + \frac{18000 - 2365}{5} + 2365}{2} \cdot 0{,}1$$
$$= 571$$

Der Gewinn stellt eine kalkulatorische Größe dar, weil die kalkulatorischen Zinsen auch die Zinsen auf das Eigenkapital enthalten. Das Ergebnis stimmt mit dem in der Einführung ausgewiesenen Zielwert[1] überein.

Da der Zielwert der Gewinnvergleichsrechnung positiv ist, wird die Durchführung der Investition DY11 empfohlen. Formal lautet die Regel:

Investiere, wenn $G > 0$.

„Warum wird der Gewinn mit null verglichen?", fragte Y. Dr. X hatte die Antwort parat und führte aus, dass der Gewinn das Ergebnis eines Differenzkalküls sei. Er stelle eine kalkulatorische Größe dar, die auch die Opportunitätszinsen als negative Komponente enthalte. Dies ginge aus der Verzinsung der gesamten Anschaffungsauszahlung hervor, die mit Fremd- und Eigenkapital finanziert worden sei. Bevor Y eine entsprechende Frage stellen konnte, fügte Dr. X hinzu, dass die Zu-

[1] Vgl. S. 11.

sammensetzung des Kapitals unerheblich sei, weil der Kalkulationszinsfuß konstant ist.

2 Eine Spezialfrage: Stetige versus diskrete Tilgung

Nach einer Studie der Formel zur Bestimmung des Kalkulatorischen Gewinns stellte sich der Praktikant St. die folgende Frage: „Wie hoch wäre die Kapitalbindung, wenn nicht am *Ende* eines jeden Jahres, sondern täglich – streng genommen: momentan – getilgt würde?"

In dem von St. angesprochenen Fall ist von einem stetigen Kapitalbindungsverlauf zu sprechen.

Bei einer stetig verlaufenden Kapitalbindung lautet die Formel zur Ermittlung der Kalkulatorischen Zinsen:

$$Z = \frac{a_0 + L_n}{2} \cdot i$$

Im Fall einer stetigen Tilgung verläuft die entsprechende Kapitalbindung unterhalb der für den diskreten Fall gültigen Funktion. Die durchschnittliche Kapitalbindung bei stetiger Tilgung ist im Vergleich zur jährlichen Tilgung um die Hälfte dieses Tilgungsbetrages niedriger. Der Zusammenhang zwischen stetigem und diskretem Kapitalbindungsverlauf wird in Abb. 1-5 dargestellt.

Da in der Investitionsrechnung üblicherweise unterstellt wird, dass sämtliche Zahlungsvorgänge erst am Ende des Jahres abgewickelt werden, ist es aus Gründen der Prämissenkonsistenz sinnvoll, den Kapitalbindungsverlauf in diskreten Schritten darzustellen. Der diskrete Fall wird somit als der modelltheoretisch relevante Fall angesehen.

Nachzutragen ist, dass St. von Y den Auftrag bekam, ein Excel-Spreadsheet zur statischen Gewinnvergleichsrechnung zu erarbeiten. Y hatte vor, durch Berechnungsexperimente die Zusammenhänge zwischen den Parametern der statischen Gewinnvergleichsrechnung (noch) transparent(er) zu machen.[1]

---

[1] Bitte denken Sie daran, verehrter Leser, dass *Sie* (vermutlich) die Rolle des St. übernommen haben.

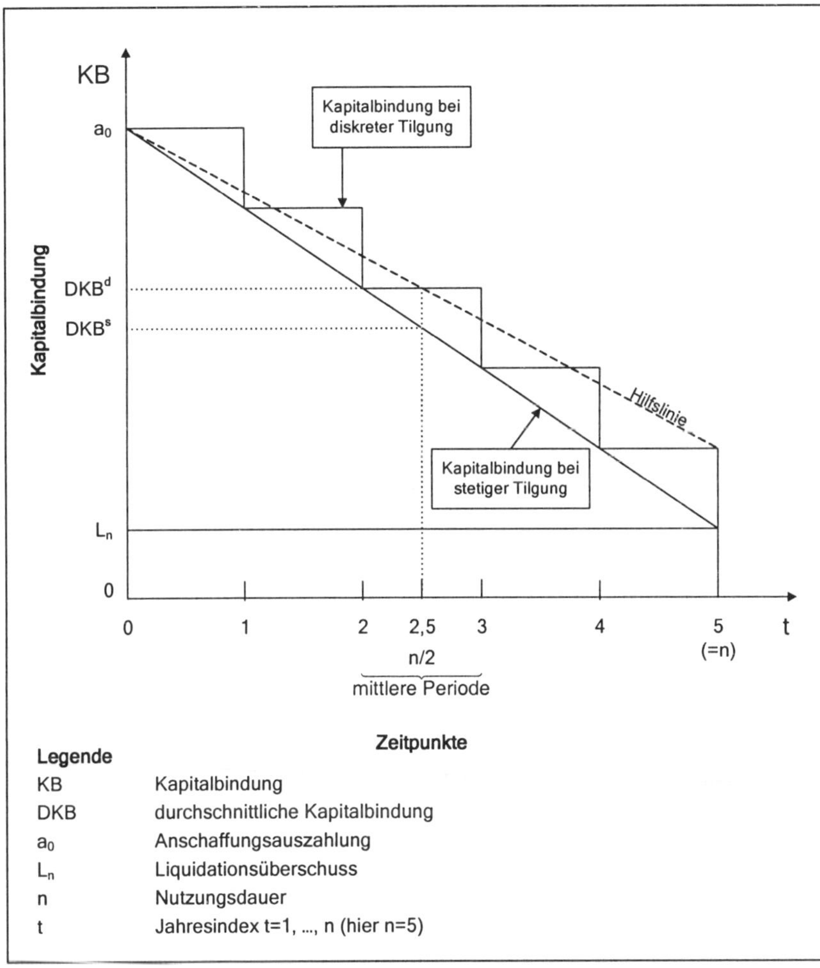

Abb. 1-5: Entwicklung der Kapitalbindung bei diskreter und stetiger Tilgung

Kontrollfragen

Definieren Sie die Begriffe Kapitaldienst, Kalkulatorische Abschreibungen, Kalkulatorische Zinsen und Kalkulationszinsfuß!

Definieren Sie den Zielwert der statischen Gewinnvergleichsrechnung!

Warum stellt der Zielwert der Gewinnvergleichsrechnung eine kalkulatorische und keine pagatorische Größe dar?

Definieren und erörtern Sie die Formel zur Bestimmung der Kalkulatorischen Abschreibungen und der durchschnittlichen Kalkulatorischen Zinsen!

Erörtern Sie die Kapitalbindung im Zeitablauf sowie die durchschnittliche Kapitalbindung! Ändert sich die durchschnittliche Kapitalbindung, wenn anstelle einer jährlichen Tilgung eine stetige Tilgung unterstellt wird?

Warum wird der Liquidationsüberschuss bei der Ermittlung der Abschreibungen abgezogen, während er bei der Bestimmung der Kalkulatorischen Zinsen addiert wird?

Erörtern Sie den Zusammenhang zwischen der Kapitalbindung im Zeitablauf und dem Restbuchwert des anzuschaffenden Wirtschaftsguts!

Unter dem Kapitaldienst ist aus kostenrechnerischer Sicht die Summe von Kalkulatorischen Abschreibungen und Kalkulatorischen Zinsen zu verstehen, während aus Finanzierungssicht der Kapitaldienst die Summe von Tilgung und Zinsen ist. Erörtern Sie den Zusammenhang zwischen der kostenrechnerischen und der finanzwirtschaftlichen Definition bei der statischen Gewinnvergleichsrechnung!

Der Verlauf der Kapitalbindung ist in der unten stehenden Grafik dargestellt worden. Ergänzen Sie die Grafik um relevante Symbole! Kennzeichnen Sie die Funktionen!

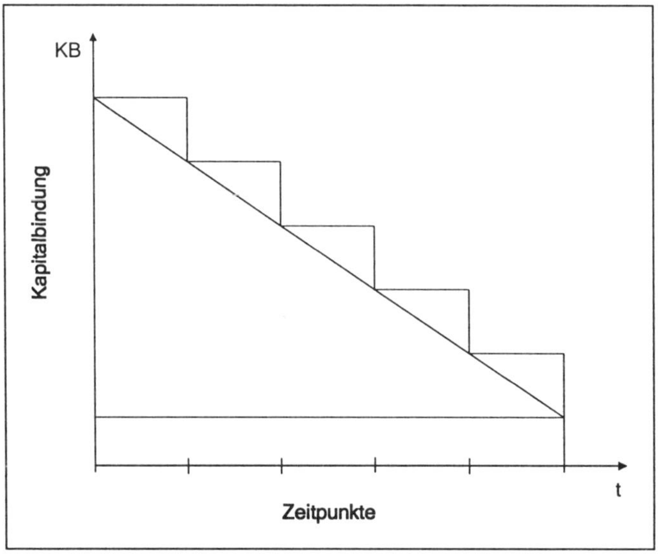

Abb. 1-6: Entwicklung der Kapitalbindung

Erörtern Sie die Ermittlung einer durchschnittlichen Kapitalbindung für den Fall, dass der Liquidationsüberschuss negativ ist!

Folge 2

Kostenvergleichsrechnung

Ein Konzept, das ohne Leistungen auskommt

Wenn es nicht möglich ist, einer Investition *Leistungen* zuzurechnen, mutiert die Gewinnvergleichsrechnung zu einer Kostenvergleichsrechnung, deren Zielwert wie folgt definiert ist:

$$K = K_v + K_f^{op} + \frac{a_0 - L_n}{n} + \frac{a_0 + \frac{a_0 - L_n}{n} + L_n}{2} \cdot i$$

Y warf eine kritische Frage auf: „Der Zielwert der Gewinnvergleichsrechnung ist zu maximieren – das ist klar. Aber wie lautet eine entsprechende Vorschrift bei der Kostenvergleichsrechnung? Wenn der Zielwert minimiert werden soll, dann ist ein Ergebnis von null, bei dem also *keine* Kosten anfallen, stets am günstigsten – also wäre Nichtstun stets die bessere Alternative."

Dr. X dachte sofort an eine Öko-Investition. Würde sie nicht gesetzlich erzwungen, so könnte sie wohl aufgrund der Kostenvergleichsrechnung und der Zielwertüberlegungen von Y nie zustande kommen. Würde sie auch ohne gesetzlichen Zwang durchgeführt, dann doch wohl deshalb, weil sie einen Nutzen zur Folge hat, der höher ist als der Nutzenentgang durch das Kostenniveau. Aber welche Nutzen-Kosten-Relation soll gewählt werden? Praktikabel ist die Lösung, für die zu untersuchende Alternativen aufgrund ihrer Nutzeneinschätzung ein maximal akzeptiertes Kostenniveau vorzugeben.

An Y gerichtet sagte Dr. X: „Bei der Kostenvergleichsrechnung brauchen wir ein spezifisches Entscheidungskriterium."[1] Dieses lautet:

---

[1] Y wollte sagen, dass man ja auch einen Vergleich kostenverschiedener Investitionsalternativen durchführen könne, bei denen die Leistungen gleich sind. In diesem Fall würde diejenige Alternative gewählt, die das geringste Kostenniveau aufweist. Doch in letzter Sekunde biss er sich auf die Lippen und behielt seine Überlegung für sich. Schließlich ging es ja hier um den Fall einer *einzelnen Investition*, die ausschließlich mit einer Geldanlage der Eigenen Mittel konkurriert. Er hoffte, irgendwann einmal bei der Erörterung konkurrierender, explizit definierter Investitionen auf seine Überlegung zurückkommen zu können.

Investiere, wenn $K \leq K_{max}$

Symbol

K_{max} maximal akzeptiertes Kostenniveau

Das Entscheidungskriterium ist wie folgt interpretierbar: Bei K_{max} ist der Nutzen des Investitionsobjekts standardmäßig gleich null. Jeder Wert links von K_{max} führt zu einem positiven Nutzen. Im einfachsten Fall kann die Nutzenfunktion in Abhängigkeit von der Kostenhöhe dargestellt werden. Bitte denken Sie daran, dass hier der Fall einer einzelnen Investition behandelt wird; diese konkurriert lediglich mit der Anlage der Eigenen Mittel.

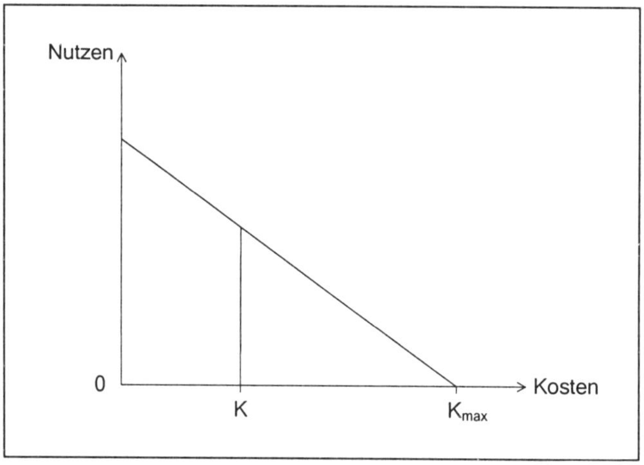

Abb. 2-1: Nutzentheoretische Interpretation des Kriteriums der Kostenvergleichsrechnung

Kontrollfragen

Definieren Sie den Zielwert der Kostenvergleichsrechnung!

In welchem Zusammenhang steht der Zielwert der Kostenvergleichsrechnung zu dem der Gewinnvergleichsrechnung?

Diskutieren Sie das Entscheidungskriterium der Kostenvergleichsrechnung! Fundieren Sie es aufgrund einer nutzentheoretischen Überlegung!

Folge 3

Rentabilitätsvergleichsrechnung

besser: Gesamtkapitalrentabilitätsvergleichsrechnung

Während bei der Kosten- im Vergleich zur Gewinnvergleichsrechnung *eine* Einflussgröße – die Leistung – wegfällt, kommt bei der Rentabilitätsvergleichsrechnung (RVR)[1] in der Formel zur Berechnung der Rentabilität r_{GK} eine Größe hinzu: die durchschnittliche Kapitalbindung. Hier soll ausschließlich auf den modelltheoretisch relevanten Fall einer (diskreten) Tilgung[2] am jeweiligen Jahresende eingegangen werden.

Der Zielwert der Rentabilitätsvergleichsrechnung lautet:

$$r_{GK} = \frac{G + i \cdot GK}{GK}$$

Symbole

r_{GK}	statische Gesamtkapitalrentabilität
G	Gewinn
i	Kalkulationszinsfuß
GK	Gesamtkapital

Hinter dem Ausdruck G verbirgt sich der Kalkulatorische Gewinn. Für GK ist die durchschnittliche Kapitalbindung bei diskreter Tilgung DKB^d einzusetzen, da r_{GK} für das mittlere Jahr bestimmt wird.[3]

Der Ökonom Dr. X wies gleich darauf hin: „Die durchschnittliche Kapitalbindung brauchen wir nicht etwa neu zu berechnen. Wir haben sie zur Bestimmung der Kalkulatorischen Zinsen bereits ermittelt.“

Bei Verwendung der statischen Rentabilitätsvergleichsrechnung ist eine Investition dann vorteilhaft, wenn die Gesamtkapitalrentabilität größer ist als der Kalkulationszinsfuß.

Unter Verwendung der Daten[4] für DY11 ergibt sich die folgende Entscheidungsempfehlung:

---

[1] Eigentlich: Gesamtkapitalrentabilitätsvergleichsrechnung (also GKRVR).

[2] Vgl. S. 22.

[3] Es sei daran erinnert, dass die durchschnittliche Kapitalbindung mit der Kapitalbindung zu Beginn des mittleren Jahres übereinstimmt.

[4] Vgl. S. 20 f.

Investiere, da $r_{GK} = \frac{571 + 0{,}1 \cdot 11746}{11746} = 0{,}15 > 0{,}1$

„Warum wird denn im Zähler die Größe i · GK dem Gewinn hinzugerechnet?“, wollte Y wissen.

Zur Formulierung der nicht uninteressanten Frage formulierte Dr. X einen Ansatz, in dem der Zähler der Rentabilitätsvergleichsrechnung durch Berücksichtigung des Kalkulationszinsfußes in Form eines statischen Mischzinsfußes differenzierter geschrieben wird. Der Mischzinsfuß lautet bekanntlich:[1]

$$i = \frac{i_S \cdot FK + i_O \cdot EK}{FK + EK}$$

In der r_{GK}-Formel ist GK durch FK + EK zu ersetzen. Der Zähler der Formel, in der zur Verdeutlichung anstelle von G das Symbol G^{kalk} eingesetzt wird, lautet in ausführlicher Schreibweise:

$$G^{kalk} + i \cdot GK = G^{kalk} + \frac{i_S \cdot FK + i_O \cdot EK}{FK + EK} \cdot (FK + EK)$$

Dieser Ausdruck kann wie folgt vereinfacht werden:

$$G^{kalk} + i \cdot GK = G^{kalk} + i_S \cdot FK + i_O \cdot EK$$

$G^{kalk} + i_O \cdot EK$ ist nichts anderes als der Pagatorische Gewinn G^{pag}. Folglich ist der Kalkulatorische Gewinn die Differenz wischen dem Pagatorischen Gewinn und den Opportunitätszinsen:

$$G^{kalk} = G^{pag} - i_O \cdot EK$$

Somit gilt:

$$G^{kalk} + i \cdot GK = G^{pag} + i_S \cdot FK$$

Der durch die Umstellung gewonnene Ausdruck $G^{pag} + i_S \cdot FK$ stellt die Wertschöpfung dar, die durch den Einsatz von Eigen- und Fremdkapital mutmaßlich erwirtschaftet wird. Dem Eigenkapital ist die Residualgröße G^{pag} zuzurechnen, während das Fremdkapital die vertragsmäßig vereinbarten Sollzinsen verursacht, sodass letztlich folgende Äquivalenz gilt:

$$r_{GK} = \frac{G^{kalk} + i \cdot GK}{GK} = \frac{G^{pag} + i_S \cdot FK}{FK + EK}$$

---

1 Vgl. S. 16.

Y war wohl recht zufrieden mit der Antwort. Deshalb legte er nach und wollte den Zusammenhang zwischen der Rentabilitäts- und der Gewinnvergleichsrechnung erläutert haben. Dr. X freute sich über das theoretische Interesse seines ansonsten praktisch veranlagten Vorgesetzten – indes: Warum sollten sich theoretische und praktische Interessen ausschließen?

Zur Darstellung des Zusammenhangs zwischen der Rentabilitäts- und der Gewinnvergleichsrechnung ist zunächst das Entscheidungskriterium der Rentabilitätsvergleichsrechnung zu formulieren. Es lautet:

Investiere, wenn $r_{GK} > i$

Unter Berücksichtigung der oben dargestellten Äquivalenz kann auch geschrieben werden:

Investiere, wenn

$$\frac{G^{pag} + i_S \cdot FK}{FK + EK} > \frac{i_S \cdot FK + i_O \cdot EK}{EK + FK}$$

Dieser Ausdruck kann wie folgt verkürzt werden:

$G^{pag} + i_S \cdot FK > i_S \cdot FK + i_O \cdot EK$

Hieraus folgt:

$G^{pag} - i_O \cdot EK > 0$

Also – investiere, wenn der Kalkulatorische Gewinn positiv ist:

$G^{kalk} > 0$

Zwischen der statischen Rentabilitäts- und der Gewinnvergleichsrechnung besteht somit Konsistenz („Äquivalenz“).

Kontrollfragen

Definieren Sie den Zielwert der Rentabilitätsvergleichsrechnung!

Welcher Zusammenhang besteht zwischen dem Kalkulatorischen und dem Pagatorischen Gewinn?

Interpretieren Sie den Zähler der Rentabilitätsvergleichsrechnung!

Entwickeln Sie aus dem Entscheidungskriterium der Rentabilitätsvergleichsrechnung das Entscheidungskriterium der Gewinnvergleichsrechnung!

Folge 4

Die Pay-off-Periode und ihre (vernichtende) Interpretation

Man muss nicht alles machen!

In der Literatur[1] wird vorgeschlagen, aus den Daten der Gewinnvergleichsrechnung eine Pay-off-Periode zu ermitteln, die zum Ausdruck bringen soll, am Ende welchen Jahres sich die Investition amortisiert hat. Die Anschaffungsauszahlung sei zu diesem Zweck durch den in der Gewinnvergleichsrechnung ermittelten Gewinn vor Abzug der Abschreibungen zu dividieren. Das Ergebnis – ggf. aufgerundet[2] – wird als Pay-off-Periode deklariert.

Bevor sich Y mit dem Vorschlag der Literatur anfreunden konnte, bremste Dr. X diesen mit einem vernichtenden Urteil:

„Der Versuch, mithilfe eines einperiodigen Verfahrens eine Aussage über einen Zeitpunkt in einem mehrperiodigen Betrachtungszeitraum machen zu wollen, ist a priori zum Scheitern verurteilt."

Y, dem dies zu dogmatisch klang, blickte fragend.

Dr. X antwortete – natürlich nicht mit einem *Blick*, sondern in verbaler Form: „Der im statischen Modell errechnete Zielwert geht von Durchschnittsgrößen aus. Sicherlich ist denkbar, dass die Leistungen und Kosten – bis auf die Kalkulatorische Zinsen – periodisch konstant sein können. Die Kalkulatorischen Zinsen *sinken* jedoch im Zeitablauf, da die Kapitalbindung[3] von Jahr zu Jahr abnimmt. Durch das Sinken der Kalkulatorischen Zinsen nimmt wegen der Konstanz aller übrigen Einflussgrößen der Gewinn im Zeitablauf zu. Diese Überlegungen werden ignoriert, wenn mithilfe des Gewinns der statischen Gewinnvergleichsrechnung, der bekanntlich ausschließlich für das mittlere Jahr gültig ist, eine Pay-off-Periode ermittelt wird."

Dr. X hatte noch einen weiteren Gedanken, der jedoch ein bisschen polemisch klang: „Wie kann man im Rahmen eines einperiodigen Verfahrens

---

[1] Vgl. z. B. Perridon, L., Steiner, M. (2004), S. 54.

[2] Nicht etwa kaufmännisch – also ab 0,5 – sondern bei jeder von null verschiedenen Nachkommastelle.

[3] Vgl. S. 18.

überhaupt danach fragen, in *welcher* Periode der Pay-off-Zeitpunkt der Investition liegt?!“

Seit dieser intensiven Diskussion waren sich Dr. X und Y darüber einig, niemals mehr eine Pay-off-Periode auf Basis eines statischen Modells ermitteln zu wollen. Wie lange wird es wohl dauern, bis sich dieser schlichte Gedanke herumgesprochen haben wird?

Kontrollfragen

Begründen Sie, warum es nicht sinnvoll ist, im Rahmen der statischen Investitionsrechnung eine Pay-off-Periode zu ermitteln! Gehen Sie dabei insbesondere auf den Verlauf der Kapitalbindung in Abhängigkeit von der Zeit ein!

Warum sinkt der Gewinn im Zeitablauf bei einer dynamisch interpretierten Gewinnvergleichsrechnung?

Folge 5

Konkurrierende Investitionsprojekte

Doch nicht so einfach?

Angenommen, für mehrere konkurrierende Investitionen[1] seien im Rahmen statischer Gewinnvergleichsrechnungen die Zielwerte ermittelt worden. Können die Projekte aufgrund ihrer Gewinne in eine sinnvolle Rangfolge gebracht werden?

Dr. X entgegnete spontan: „Warum brauchen wir eine Rangfolge? Es reicht doch, zu wissen, welches Vorhaben das beste ist.“

Y ärgerte sich zwar über sich selbst, sagte aber selbstbewusst, dass der Kern seiner Frage noch nicht beantwortet worden sei.

Hier ist die inhaltliche Entgegnung von Dr. X: „Dass es bei gleichen Nutzungsdauern der konkurrierenden Investition *kein* Problem gibt, ist offensichtlich, da die Gewinne unmittelbar vergleichbar sind. Interessant ist jedoch der Fall *ungleicher* Nutzungsdauern. Da bei jeder Investitionsalternative der Zielwert des jeweils mittleren Jahres ermittelt wird, ist eine Gegenüberstellung der Ergebnisse nicht sinnvoll. Zu klären ist, wie in diesem Fall eine Vergleichsmöglichkeit hergestellt werden kann. Sollen etwa zeitliche Ergänzungsinvestitionen eingeführt werden? Soll mit Durchschnittsgrößen gerechnet werden? Oder soll durch Auf- bzw. Abzinsung eine einheitliche zeitliche Mitte erzeugt werden?“

Y resümierte: „Die statischen Methoden, deren Image es ist, einfach zu sein, sind doch nicht so einfach. Sie stecken voller Geheimnisse.“

---

[1] Der Fall konkurrierender Investitionen wird in der Literatur auch als Wahlproblem bezeichnet. Indes ist dieser Begriff nicht zutreffend, da auch bei einer Entscheidung über eine einzelne Investition wegen der Konkurrenz mit der Opportunität eine Wahlmöglichkeit gegeben ist. Vgl. z. B. Kern, W. (1974), S. 32 oder Lücke, W. (1991), S. 409 f. Eigentlich müsste es heißen: konkurrierende explizit definierte Investitionsprojekte. Die Explikation hat zum Inhalt, dass die Zahlungsfolge für jedes Investitionsprojekt einzeln dargestellt wird. Trotz dieser Überlegung soll im Folgenden zur Vereinfachung von konkurrierenden Investitionen gesprochen werden.

Folge 6

Schwachstellen der statischen Methoden

Aufbruch in die Dynamik

Dr. X hatte Interesse daran, sich über die Inhalte der Vorlesung Investitionsrechnung zu informieren und kam darüber mit seinem Praktikanten St. in ein Gespräch, das hier auszugsweise wiedergegeben wird.

„Statische Verfahren, von denen gesagt wird, sie seien einfach zu handhaben, haben wir natürlich auch in der Vorlesung zur Investitionsrechnung kennen gelernt. Unsere Professoren machen wohl lieber kompliziertere Themen. Deshalb haben wir uns auf die dynamischen Methoden[1] der Investitionsrechnung konzentriert."

Dr. X, dessen Studienabschluss tatsächlich schon mehr als zwei Dekaden zurücklag, horchte bei dem Wort dynamisch auf (dynamisch hört sich immer gut an, dachte er) und fragte seinen Praktikanten: „Stellen Sie sich vor, ich sei Ihr Prüfer und würde Sie nun mündlich examinieren! Meine Frage an Sie lautet: Worin liegt der Unterschied zwischen einem statischen und einem dynamischen Verfahren der Investitionsrechnung?"

St., der natürlich erkannte, dass Dr. X seinen Informationsstand über die Grundlagen der Investitionsrechnung auf diese Weise auffrischen wollte, machte das Spielchen mit und referierte:

„Bei statischen Methoden wird mit durchschnittlichen Leistungen und Kosten gerechnet. Bei dynamischen Methoden werden wegen der Mehrperiodigkeit Ein- und Auszahlungen angesetzt."

Dr. X unterbrach: „Denkbar ist, dass – bis auf den Kapitaldienst – Kosten und Auszahlungen sowie Leistungen und Einzahlungen zeitlich und betragsmäßig übereinstimmen. So ist z. B. vorstellbar, dass der bewertete Materialverbrauch und die Bezahlung der entsprechenden Rechnung in den gleichen Abrechnungszeitraum fallen. Der Unterschied, anstelle mit Ein- und Auszahlungen mit Leistungen und Kosten zu rechnen, erscheint mir deshalb nicht so gravierend!"

---

[1] Vgl. u. a. Blohm, H., Lüder, K., Schaefer, C. (2006), S. 142 f., S. 148 f., Grob, H. L. (1989), S. 165-174, Grob, H. L. (1995), S. 892, Kruschwitz, L. (2005), S. 42 f., Perridon, L., Steiner, M. (2004), S. 56.

St., der derartige Unterbrechungen von seinen Profs gewohnt war, die sogar in mündlichen Prüfungen lieber selbst redeten als zuzuhören, nickte und führte weiter aus: „Es ist richtig, dass zwischen Leistungen und Einzahlungen bzw. Kosten und Auszahlungen Identität denkbar ist. Der Unterschied liegt dann ausschließlich auf der begrifflichen Ebene. Denken Sie bitte aber auch an die Anschaffungsauszahlung. Diese fällt im Investitionszeitpunkt an. Der Kapitaldienst wird hierfür während der gesamten Laufzeit des Wirtschaftsguts als Kosten verrechnet."

St. fuhr fort: „Als wesentliches Strukturmerkmal der Modellierung ist herauszustellen, dass statische Methoden der Investitionsrechnung von einer einperiodigen Betrachtung ausgehen, für die eine Gewinn- bzw. eine Rentabilitätsvergleichsrechnung oder – bei Konstanz oder Ausklammerung der Leistungen – eine Kostenvergleichsrechnung durchgeführt wird. Bei dynamischen Methoden werden dagegen die monetären Konsequenzen periodenindividuell erfasst und mithilfe finanzmathematischer Methoden weiterverarbeitet."

Dr. X ahnte, dass die Ausführungen seines „Prüflings" korrekt waren und sprach deshalb ein kurzes Lob aus. Dann fragte er weiter: „Inwiefern ist denn eine Wirtschaftlichkeitsrechnung für ein Investitionsobjekt, das eine Nutzungsdauer von mehr als einem Jahr umfasst, als einperiodig zu bezeichnen? Wird etwa die gesamte Nutzungsdauer für die neue Anlage als eine Periode, also als Totalperiode, angesehen?"

„Nein, bei statischen Investitionsrechnungen wird regelmäßig nur ein Jahr betrachtet."

Dr. X folgerte: „Deshalb ist dieses Jahr als repräsentativ für den gesamten Zeitraum der tatsächlichen Nutzung anzusehen – und repräsentativ ist das mittlere Jahr. Wegen des Sinkens der Kapitalbindung im Zeitablauf nehmen die Kalkulatorischen Zinsen von Jahr zu Jahr ab. Im mittleren Jahr weisen sie einen Wert auf, der als repräsentativ anzusehen ist. Schließlich ist der Wert eine Durchschnittsgröße. Auch die anderen der Investition zugerechneten Entscheidungskonsequenzen stellen Durchschnittsgrößen dar. Bei den linearen Abschreibungen ist das von vornherein klar. Rechnerisch problematisch kann dagegen die Ermittlung der Kosten und Leistungen (ohne Kapitaldienst) sein, wenn sie im Zeitablauf schwanken. In diesem Fall muss der repräsentative Wert für das repräsentative Jahr finanzmathematisch exakt bestimmt werden."

„Richtig!", entgegnete der Prüfling (!) und stellte – nachdem er dies selbst bemerkt hatte – ganz rasch dem erfahrenen Praktiker die grundlegende Frage: „Was ist eigentlich so verwerflich daran, wenn bei der Beurteilung einer Investition Durchschnittsgrößen betrachtet werden?"

„Von Durchschnittsgrößen wird gesagt, sie seien einfacher zu prognostizieren als periodenindividuelle Daten. Dies wird wohl vor allem von denjenigen behauptet, deren Prognose im Zeitablauf kontrolliert wird. Eine reine Schutzbehauptung! Bei jedem periodenspezifischen Wert, der von dem prognostizierten Durchschnitt bzw. von dem im Zeitablauf rollierenden Durchschnittswert abweicht, könnte der Kontrollierte auf die zukünftige Datenentwicklung verweisen und sagen: ‚Warte, schon balde[1] gleichen sich negative und positive Abweichungen vom Durchschnitt aus!' Im Extremfall kann der prognostizierte Durchschnittswert erst am Ende des Planungszeitraums überprüft werden – und dann ist es regelmäßig zu spät, um in den Ablauf eingreifen zu können."

Unaufhaltsam fuhr er fort: „Skepsis ist geboten, wenn die durchschnittliche Nachfrage mit dem Durchschnittspreis minus den durchschnittlichen Kosten multipliziert wird und dann auch noch ein Durchschnittszinsfuß und eine durchschnittliche Kapitalbindung angesetzt werden!"

Dr. X hörte gar nicht mehr auf und ereiferte sich geradezu. Mit erhobener Stimme fuhr er fort: „Wie gesagt[2], müssten bei Anwendung der statischen Verfahren periodenspezifisch schwankende Kosten und Leistungen (ohne Kapitaldienst) finanzmathematisch exakt in Durchschnittswerte transformiert werden. Das kann geradezu tragisch sein!"

„Warum tragisch?"

„Weil zur Überführung von periodenindividuellen Werten in einen äquivalenten Durchschnittswert finanzmathematisches Know-how zur Rentenrechnung erforderlich ist – und das ist bei Durchschnittsfanatikern häufig nicht vorhanden."

Über eine weitere Tragik waren sich Dr. X und St. einig: „Verdichtung [von Informationen] heißt Vernichtung!" Gleichwohl waren sich beide darüber im Klaren, dass diese Aussage im Angesicht von Datenbankkonzepten, in denen jederzeit wieder detailliert Daten aufrufbar sind, nicht stimmt. So ist das nun mal mit Parolen!

Dann stellte St. die für die aktuelle Investitionsrechnung wichtige Frage: „Sind bei der Investition DY11 die Überschüsse der Leistungen über die

---

1 Dr. X liebt Goethe.

2 „Wie gesagt" wird von vielen Menschen (insbesondere Fußballspielern) im Rahmen von Interviews gesagt, obwohl sie es nie gesagt haben. Vielleicht spekulieren sie auch darauf, dass der Fernsehzuschauer meint, das gesendete Interview sei nur ein kleiner Ausschnitt, in dem viel mehr gesagt worden ist. Wie auch immer – in unserem Fall liegt der Fall anders: Dr. X hatte es wirklich gesagt. Vgl. S. 34.

variablen und die operativen fixen Kosten konstant?“ Dr. X fiel es wie Schuppen von den Augen: „Nein! Am Anfang haben wir Anlaufschwierigkeiten. In der Mitte der Nutzungsdauer erhoffen wir ein ‚goldenes‘ Jahr. Und dann läuft das Produkt allmählich aus. Nicht die mit der durchschnittlichen Produktions- bzw. Absatzmenge multiplizierten Preise und variablen Auszahlungen des mittleren Jahres, sondern die für die gesamte Nutzungsdauer ‚repräsentativen‘ Ein- und Auszahlungen hätten in der Gewinnvergleichsrechnung angesetzt werden müssen, und zwar für die mittlere Periode, also für das dritte Jahr der Nutzungsdauer.

Damit war klar, dass die statische Gewinnvergleichsrechnung in der Fallstudienunternehmung offensichtlich fehlerhaft gehandhabt wurde.[1] Zum Trost: Die Formel ist richtig – „nur“ die zugewiesenen Daten sind falsch.

Das Fazit von Dr. X lautete: „Die durchschnittlichen Leistungen und die durchschnittlichen variablen Kosten könnten zwar unter Verwendung von Formeln der Rentenrechnung finanzmathematisch exakt ermittelt werden[2] – indes sollte, wenn schon periodenindividuelle Daten zu prognostizieren sind, mit dynamischen Methoden gearbeitet werden.“

Nach diesem als furchtbar fruchtbar empfundenen Gespräch erteilte Dr. X seinem Praktikanten den Auftrag, die periodenindividuellen Prognosewerte für die Investition DY11 zu erfragen, um auf dieser Datenbasis dynamische Methoden der Investitionsrechnung einsetzen zu können. Bei der Erteilung dieses Auftrags kam sich Dr. X recht dynamisch vor.

Kontrollfragen

Charakterisieren Sie die statischen Methoden der Investitionsrechnung!

Wie ist der Begriff „periodenindividuell“ im Rahmen einer Investitionsrechnung zu verstehen?

Erläutern Sie das Zeitkonzept der statischen Gewinnvergleichsrechnung!

Skizzieren Sie die wichtigsten Unterschiede zwischen statischen und dynamischen Methoden der Investitionsrechnung!

Warum ist das Arbeiten mit Durchschnittsdaten in Bezug auf die Kontrolle betriebswirtschaftlich problematisch?

---

[1] Gemeint ist die auf S. 11 abgebildete Dokumentation, der man die Fehlerhaftigkeit nicht ansehen kann.

[2] Dieser Vorgang wird demonstriert, sobald das finanzmathematische Instrumentarium eingeführt worden ist.

2.2 Klassische dynamische Methoden

Folge 7

Das Zurechnungsproblem

Ein Problem von genereller Bedeutung

1 Die Zurechnungsmethode

Einem Investitionsobjekt sind diejenigen Zahlungen zuzurechnen, die von ihm verursacht werden. Dem Verursachungsprinzip – einem „heiligen Prinzip" der Betriebswirtschaftslehre[1] – ist eine Zurechnungs*methode* an die Seite zu stellen. Diese Methode wird auch als Differenzkalkül bezeichnet. Ihr liegt das in den Wirtschaftswissenschaften gepflegte marginal-analytische Denken zugrunde, das in der Differenzialrechnung seinen Höhepunkt findet. So lassen sich mithilfe der Differenzialrechnung die Grenzkosten einer streng genommen infinitesimal kleinen Änderung der Produktionsmenge durch Anwendung von Ableitungsregeln bestimmen. Das Differenzkalkül setzt dagegen einen schrittweise durchzuführenden Alternativenvergleich voraus, hinter dem letztlich ein Totalkalkül mit den Originalwerten der Entscheidungsalternativen steht.[2]

Wie ist das Zurechnungsproblem praktisch zu handhaben? Durch Gegenüberstellung der Entscheidungskonsequenzen ergibt sich die Konsequenz derjenigen Variablen, die für die Zielwertänderung verantwortlich ist.[3]

---

1 ... eigentlich sogar jeder Wissenschaft, in der es um die Aufdeckung von Kausalzusammenhängen geht.

2 Ausnahmsweise sei ein Vorgriff erlaubt. Eine inhaltliche Verdeutlichung des Differenz- und Totalkalküls geht aus Abb. 7-2, S. 40 hervor.

3 Wenn also z. B. die Kosten bei einer Produktionsmenge von 100 Einheiten denjenigen Kosten gegenübergestellt werden, die bei einer Produktionsmenge von 101 Einheiten anfallen würden, dann stellt die Kostendifferenz die sog. Grenzkosten der 101. Produktionseinheit dar. Streng genommen sollte man jedoch nur dann von Grenzkosten sprechen, wenn die Mengenänderung infinitesimal klein ist. In diesem Fall sind sie als Differenzialquotient – einem vornehm aussehenden Bruch – definiert. Ob diese als Grenzkosten bezeichneten zusätzlichen Kosten einer Produktionseinheit unabhängig vom Produktionsniveau und somit konstant sind, bedarf einer weiteren Analyse. Diese Überlegungen aus der Kostentheorie sind natürlich auch in der Investitionstheorie analog gültig.

Die Zahlungsfolge einer Investition kann entweder unter Verwendung eines Differenzkalküls unmittelbar geschätzt oder auf Basis eines Mit-ohne-Vergleichs im Rahmen eines Totalkalküls errechnet werden. In Abb. 7-1 wird der Zusammenhang zwischen Total- und Differenzkalkül deutlich gemacht.

t	Totalkalkül		Differenzkalkül
	Unternehmung *mit* Investition („Mit-Fall")	Unternehmung *ohne* Investition („Ohne-Fall")	Zahlungsfolge der Investition
. . . n			

Abb. 7-1: Total- und Differenzkalkül

Die einem Investitionsobjekt verursachungsgerecht zurechenbaren Zahlungen sind ermittelbar, indem das Entscheidungsfeld „Unternehmung *mit* der Investition" dem Entscheidungsfeld „Unternehmung *ohne* die Investition" gegenübergestellt wird. Da wir jedoch nicht in der Lage sind – bzw. weil es ökonomisch zu aufwendig wäre –, bei jedem Entscheidungsproblem mindestens zwei Bewertungen der Gesamtunternehmung durchzuführen, ist eine Partialisierung[1] des Entscheidungsfeldes sinnvoll. Die beiden zu untersuchenden Alternativen heißen dann „Entscheidungsfeld mit der Investition" und „Entscheidungsfeld ohne die Investition". Trotz der leichteren Nachvollziehbarkeit des Totalkalküls besteht in der klassischen Investitionsrechnung grundsätzlich der Wunsch, mit Differenzkalkülen zu arbeiten.

2 Beispiel

Dass die verursachungsgerechte Ermittlung der Zahlungsfolge einer Investition nicht immer trivial ist, soll durch das folgende (skurril anmutende) „klassische" Beispiel[2] verdeutlicht werden:

Angenommen, in einem Kraftwerk sei die Hauptsicherung herausgesprungen und der Werksleiter bemühe sich um einen sofortigen Ersatz. Indes bestehe der Controller darauf, dass für die zu beschaffende Sicherung ein

---

1 Wichtig ist, dass durch die Partialisierung des Entscheidungsfeldes keine Synergie- und Spill-over-Effekte vernachlässigt werden.

2 Vgl. Schneider, D. (1975), S. 267 sowie Grob, H. L. (1989), S. 25 f.

Investitionsantrag zu stellen ist, da es sich schließlich um ein langfristiges Wirtschaftsgut handele, dessen Nutzungsdauer zwischen vier und fünf Jahren liege. Außerdem seien alle Eigenschaften einer Investition erfüllt.[1]

Wir gehen davon aus, dass der Werksleiter vom Controller einige Ungereimtheiten gewöhnt ist und unterstellen, dass er zur Vermeidung nutzloser Diskussionen die folgenden relevanten Daten erhebt.

Auszahlung für eine Hauptsicherung:	1 € (!)

Für den Prognosezeitraum von einem Jahr sind die folgenden Daten prognostiziert worden:

Auszahlung, wenn der Betrieb still steht:	5 Mio. €
Auszahlung, wenn der Betrieb läuft:	8 Mio. €
Einzahlung, wenn der Betrieb läuft	20 Mio. €

Die einfach klingende Aufgabe lautet: Ermitteln Sie die verursachungsgerecht zuzurechnende Zahlungsfolge des Investitionsobjekts „Hauptsicherung“!

Mit einer gewissen „gedanklichen Akrobatik“ kommt man (vielleicht) zu folgendem Ergebnis:

Die Einzahlung von 20 Mio. fällt bei Stillstand weg. Dieser Betrag wird als entgehender Gewinn bezeichnet. Es ergibt sich jedoch bei den Auszahlungen eine Einsparung von 8 – 5 = 3 Mio. [€], wenn das Kraftwerk still steht. Der entgehende Gewinn von 20 Mio. € ist somit um die Ersparnis von 3 Mio. € zu reduzieren. Dieser Betrag von 17 Mio. € ist der zusätzliche Verlust bei Stillstand. Er stellt somit den zusätzlichen Gewinn bei Fortführung dar.

Die Zahlungsfolge für das betrachtete Jahr lautet deshalb

–1 [€], 17 Mio. [€].

Eine einfachere Möglichkeit zur Bestimmung der Zahlungsfolge bietet das Differenzkalkül, bei dem die Datensituationen des Mit-Falls und des Ohne-Falls[2] gegenüberzustellen sind. Die Differenz ist derjenigen Variablen zuzurechnen, die im Fokus der Investitionsrechnung steht. In unserem Fall ist es die Anschaffung der Hauptsicherung. Das Ergebnis des Differenzkalküls liefert die Zahlungsfolge, die dem Investitionsobjekt verursachungsgerecht zuzurechnen ist. Für den hier zu betrachtenden Fall sind die Daten in der folgenden Tabelle ausgewiesen worden:

---

1 Vgl. S. 1.

2 Auf Wunsch kann auch von With- und Without-Fällen geredet werden.

t	Totalkalkül		Differenzkalkül
	Unternehmung *mit* Investition („Mit-Fall")	Unternehmung *ohne* Investition („Ohne-Fall")	Zahlungsfolge der Investition
0	–1 €	–	–1 €
1	20 – 8 = 12 Mio. €	–5 Mio. €	12 – (–5) = 17 Mio. €

Abb. 7-2: Ermittlung der Zahlungsfolge einer Investition als Ergebnis eines Differenzkalküls

Konsequenterweise ist der aus den Differenzgrößen ermittelte Zielwert ebenfalls eine Differenz.

Die Zahlungsfolge signalisiert, dass sich die Investition in hohem Maße lohnt (das hätte man ohne Datenerhebung sagen können!). Es drängt sich die Frage auf, ob daraus der *Wert* der dringend zu beschaffenden Hauptsicherung zu ersehen ist. Nein! Bei der Hauptsicherung handelt es sich um ein ubiquitäres Gut. Deshalb liegt kein Engpass bei der Beschaffung vor. Wenn die Hauptsicherung z. B. beim Hauslieferanten nicht verfügbar ist, dann würde das gleiche Produkt bei einer anderen Firma eingekauft. Würden durch den Lieferantenwechsel beispielsweise Transaktionskosten von 10 Cent entstehen, dann wäre der Wert der bei der Firma A zu beschaffenden Hauptsicherung neben den Pagatorischen Kosten von 1 € zusätzlich 10 Cent (und nicht etwa 1 € + 17 Mio. €). Eine Ausweitung der Entscheidungsmatrix um konkurrierende Alternativen, die unterschiedliche Beschaffungen der Hauptsicherung zum Gegenstand haben, böte die Möglichkeit, den Wert der Hauptsicherung im Vergleich zu ihrer Opportunität (das ist nicht etwa der Verzicht auf Beschaffung, sondern die Realisierung einer alternativen Beschaffung) zu bestimmen. Bei der in Abb. 7-2 dargestellten Ermittlung der Zahlungsfolge und ihres daraus zu ermittelnden Zielwerts geht es also allein um ein Maß für die *Dringlichkeit* einer Investition und nicht deren Wert.

Kontrollfragen

Charakterisieren Sie das Zurechnungsproblem in der Investitionsrechnung!

Diskutieren Sie das Zurechnungsproblem auf der Basis theoretischer Überlegungen!

Erörtern Sie eine Methode zur Ermittlung der einer Investition zuzurechnenden Zahlungen!

Wie wird die Zahlungsfolge auf Basis des Differenzkalküls ermittelt?

Folge 8

Das Prognoseproblem

Viel Praktisches und wenig Theoretisches

1 Konzeptionelles

Das Problem der Prognose zukünftiger Ein- und Auszahlungen ist so groß, dass manche potenziellen Investoren schon bei der Datenermittlung ihr Investitionsvorhaben am liebsten aufgeben würden. Allerdings sollte – so meinte Dr. X – niemals *pauschal* über das Prognoseproblem geurteilt („gejammert") werden. Differenzierte Töne sind angebracht. Wonach differenziert? Nach den Elementen, aus denen sich die Zahlungsfolge einer Investition[1] zusammensetzt. Dies sind die Anschaffungsauszahlung des Investitionsobjekts sowie die zu erwartenden Ein- und Auszahlungen im Laufe seiner Nutzungsdauer einschließlich des Einzahlungsüberschusses aus der Liquidation des Objekts am Ende seiner Laufzeit. Die zukünftigen Ein- und Auszahlungen können auch als Cashflows vor Zinsen oder als operative Einzahlungsüberschüsse bezeichnet werden. Die Anschaffungsauszahlung und die eben angesprochenen operativen Einzahlungsüberschüsse werden in der Zahlungsfolge[2] der Investition zusammengefasst.

---

[1] Auf die Prognose der Finanzierungsseite – „der anderen Seite der Medaille" – ist noch zurückzukommen.

[2] Erstens heißt es wirklich Zahlungs*folge* und nicht etwa Zahlungs*reihe*, da die Nähe zur Finanzmathematik als Verpflichtung angesehen werden sollte, den Begriff Folge und nicht etwa Reihe zu verwenden. Unter dem finanzmathematischen Begriff *Folge* wird eine endliche oder unendliche Darstellung von Zahlen verstanden, wobei jedem Element ein Indexelement (hier: t) zugeordnet ist. Der finanzmathematische Begriff *Reihe* ist dagegen als Summe von Gliedern einer arithmetischen Folge definiert. Vgl. z. B. Grob, H. L., Everding, D. (1992), S. 6, S. 10. Zweitens sollte es unbedingt heißen „Zahlungsfolge *der Investition*" – gemeint ist die „*eine* (genauer: obere) Seite der Medaille". Zur Investitionsseite gehören ausschließlich die Daten aus dem zukünftigen operativen Geschäft – nicht aber Finanzierungsdaten, wie z. B. Fremdkapitalzinsen. Reinvestitionserträge sind der Investition – und nicht der Finanzierung – zuzurechnen. Von theoretischem Interesse ist, zusätzlich zur Zahlungsfolge der Investition auch die Zahlungsfolge der Finanzierung zu ermitteln. Falls Sie sich für diesen theoretischen Aspekt interessieren, sollten Sie das Excel-Spreadsheet „Die beiden Seiten der Medaille" studieren, nachdem Sie sich mit dem ab S. 104 einzuführenden VOFI vertraut gemacht haben.

Bei der Anschaffungsauszahlung kann manchmal aufgrund von Vorverträgen, Angebotsvergleichen oder dem Einschalten von Generalunternehmungen das Risiko einer Fehlprognose in engen Grenzen gehalten werden. Weitaus schwieriger ist es schon, die zukünftigen Einzahlungen zu prognostizieren, da diese vom gesamten Marketingmix, von der Entwicklung des Nachfragepotenzials und -volumens und nicht zuletzt von den Aktivitäten der Konkurrenz abhängig sind. Die von der Beschäftigung der neuen Anlage abhängigen Auszahlungen korrelieren häufig – wenn auch nicht in konstantem Verhältnis – mit den Einzahlungen. Darüber hinaus ist an die von der Produktionsmenge unabhängigen Auszahlungen zu denken. Auch sie sind mit Prognoserisiken belastet. Nicht zuletzt die Vorhersage des Einzahlungsüberschusses aus der Liquidation der Anlage ist problematisch – allein schon deshalb, weil der Liquidationszeitpunkt am weitesten in der Zukunft liegt. Schwierig ist auch die Prognose der Auszahlungen für die Entsorgung der Anlage – besonders in ökologisch-sensiblen Fällen. Weniger problematisch dürfte die Schätzung der Einzahlungen aus der Liquidation sein. Im Zweifel werden sie mit null angesetzt.

Was kann generell zur Handhabung des Prognoseproblems getan werden? Relativ wenig. Das Problem ist nur durch akribisch gründliche praktische Arbeit zu entschärfen. Der Beitrag der Theorie ist – abgesehen von einer methodischen Fundierung der Marktforschung sowie durch einige statistische Methoden (z. B. Regressionsanalyse) – relativ gering.

2 Die Befragung

Zur Erhebung periodenindividueller Prognosewerte[1] für das Investitionsprojekt DY11 wandte sich der Praktikant zuerst an den *Einkaufsleiter*, um einige Auskünfte über die anzuschaffende Maschine zu bekommen. Dieser bestätigte die Höhe der Anschaffungsauszahlung von 18.000 €. „Einschließlich Mehrwertsteuer?“, fragte der Praktikant und erntete totale Entrüstung bei seinem Gegenüber wegen dieser unqualifizierten Frage.

„Ich brauche Ihnen als Student der Wirtschaftswissenschaften ja wohl nicht zu sagen, dass die auf die Maschine zu entrichtende Umsatzsteuer im Rahmen des Vorsteuerabzuges sofort bei der dem Finanzamt einzureichenden Umsatzsteuererklärung geltend gemacht wird und daher als durchlaufender Posten für die Investitionsrechnung irrelevant ist!“

[1] Zur Datenbeschaffung vgl. Blohm, H., Lüder, K., Schaefer, C. (2006), S. 134 ff., S. 144 ff., Kruschwitz, L. (2005), S. 32 ff., Perridon, L., Steiner, M. (2004), S. 39 ff., S. 49 ff.

Der Praktikant beeilte sich zu nicken und erkundigte sich rasch nach den Leistungsdaten der Maschine. Nun erfuhr er viel Irrelevantes, das nichts mit der Ermittlung der durch die Anschaffung von DY11 verursachten Zahlungen zu tun hatte. Abschließend bestätigte der Einkaufsleiter den Lieferzeitpunkt t=0. Ab diesem Zeitpunkt sei die Maschine betriebsfähig. Wegen der hervorragenden technischen Qualität der Anlage werde selbst nach fünf Jahren intensiver Nutzung noch eine Liquidationseinzahlung (in der Literatur häufig als Restverkaufserlös[1] bezeichnet) von 2.365 € erwartet. Auszahlungen für die Entsorgung der Maschine fallen nicht an.

Dann wandte sich der Praktikant dem *Kostenrechner* zu, der die statische Investitionsrechnung durchgeführt hatte. Im Mittelpunkt des Gesprächs stand die Frage, welche Kosten beim Einsatz der Maschine relevant sind. Da im Rechnungswesen der Fallstudienunternehmung bereits vor einigen Jahren die Deckungsbeitragsrechnung eingeführt worden ist, hatte er die Gesamtkosten nach ihrer Beschäftigungsabhängigkeit in variable und fixe Kosten untergliedert. Die zahlungswirksamen operativen fixen Kosten von 10.000 € pro Jahr resultieren aus einem noch abzuschließenden Wartungsvertrag. Was man der Durchschnittsgröße natürlich nicht ansieht: Die Zahlungen sind tatsächlich in jedem Jahr in gleicher Höhe zu entrichten.

Dann stellte St. dem Kostenrechner eine kritische Frage:

„In Ihrer statischen Investitionsrechnung haben Sie die variablen Kosten pro Stück angesetzt, die im dritten Jahr der Nutzung erwartet werden. Ist das repräsentativ?“

„Natürlich! Bedenken Sie, dass die Steigerungsrate für die variablen Kosten konstant ist. Deshalb genügt es, die Kosten in der mittleren Periode anzusetzen.“[2]

Der Praktikant St. bezweifelte die Richtigkeit des Ansatzes. Gleichzeitig wurde ihm deutlich, dass der Kostenrechner aus Eigennutz dagegen war, seine Investitionsrechnung *zu* verständlich zu gestalten. Für ihn war die Einfachheit kein Zeichen von hoher Qualität, sondern ein Gefahrenmoment für seine Karriere. Er wollte Controller werden.

Dann erfuhr St., dass die Jahreskapazität von DY11 in den ersten drei Jahren 400 und in den letzten beiden Jahren 300 Stück betrage, also im

---

[1] Mit Restverkaufserlös ist der Verkaufserlös des Restes der Maschine (ökonomisch gesehen: des restlichen Nutzenpotenzials) gemeint. Hier werden die Termini Liquidationseinzahlung bzw. -auszahlung bzw. -überschuss verwendet.

[2] Der Betrag kam wie folgt zustande: 48,80 [€/Stck.] · 206 [Stck.] = 10053 [€]. Lieber Leser, Sie wissen mittlerweile, dass der Ansatz falsch ist („im Ansatz falsch“).

Durchschnitt 360 Stück. Der von der Marketingleitung genannte durchschnittliche Absatz von 206 Stück führe zu einer Auslastung von nur 57 %, das sei zwar wenig, aber wegen der starken Nachfrageschwankungen im Zeitablauf unvermeidlich.

Nun wies St. darauf hin, dass für eine dynamische Investitionsrechnung keine Kosten, sondern Auszahlungen benötigt würden, da diese mittelbar (d. h. über die Änderungen der Finanz- und Kreditbestände) zu Zinszahlungen führen. Der Kostenrechner rechtfertigte seinen Ansatz mit dem Hinweis, dass sämtliche Kostenarten - bis auf den Kapitaldienst – praktisch sofort Auszahlungen zur Folge hätten. Die gleiche Bedingung gelte auch für die Beziehung zwischen Leistungen und Einzahlungen.

Die letzte Frage galt dem Kalkulationszinsfuß: „Warum 10 %?" Bei der vergangenheitsorientierten Antwort, dass in der Unternehmung *schon immer* 10 % angesetzt worden sei, dachte der Praktikant: ‚Mit dem würde ich niemals Auto fahren! Der guckt ja beim Fahren nicht nach vorn, sondern in den Rückspiegel!'

Das Gespräch mit dem *Marketingleiter* begann damit, dass dieser größten Wert darauf legte, dass das Investitionsprojekt eigentlich nicht „Anschaffung der Maschine vom Typ DY11" genannt werden sollte, sondern „Einführung des Produkts 47X", denn die Anschaffung der Maschine sei schließlich nur Mittel zum Zweck. St. dachte, dass dies eine verkürzte Denkweise sei, denn der Absatz des Produkts sei schließlich Mittel zum Zweck des Geldverdienens.

Das weitere Gespräch drehte sich um die Preis- und Nachfrageentwicklung für das neue Produkt bis t=5. Den Einführungspreis, der für das erste Jahr gültig ist, hatte der Marketingleiter aufgrund umfangreicher Marktanalysen auf 100 € pro Stück festgelegt. Für den weiteren Verlauf des Lebenszyklus des neuen Produkts wurde der Preis jährlich um den gleichen Steigerungssatz erhöht, der auch für die variablen Kosten prognostiziert worden ist. Der Praktikant bezweifelte zwar die Qualität der dargelegten Heuristik zur Preisentwicklung, behielt seine Zweifel jedoch für sich. Der Marketingleiter wies abschließend darauf hin, dass auf der Basis seiner Preisstrategie die Nachfrageentwicklung[1] für das neue Produkt geschätzt worden ist. Abb. 8-1 enthält eine grafische Darstellung zur Entwicklung von 47X.

[1] Für Marketingleiter wird dies übrigens als Lebenszykluskurve bezeichnet.

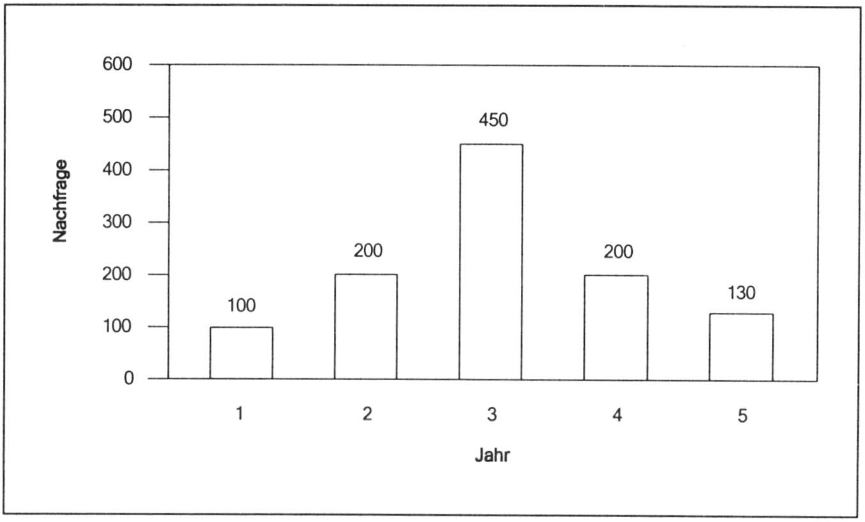

Abb. 8-1: Lebenszyklus für das Produkt 47X

Dem Praktikanten St. war aufgefallen, dass die Kapazität in t=3 um 50 Einheiten zu niedrig ist, um die Nachfrage von 450 Stück zu befriedigen. Deshalb fragte er den Marketingleiter: „Könnte eine Emanzipation der Produktion vom Absatz sinnvoll sein?"

Zum ersten Mal hatte er den Marketingleiter, der starke Ausdrücke liebte, durch einen klangvollen betriebswirtschaftlichen Begriff beeindruckt. St. genoss den anerkennenden Blick eine kurze Kunstpause lang und erklärte dann: „Anders ausgedrückt: Ist es möglich, freie Kapazität zur Lagerproduktion zu nutzen?" Jetzt verstand der Marketingleiter die Frage und sagte: „Eine Lagerhaltung ist aus technischen Gründen leider nicht möglich."

Beim Hinausgehen sagte der Marketingleiter mit gesenkter Stimme. „Dem Kostenrechner müsste das Handwerk gelegt werden! Er soll bei seiner Kostenrechnung bleiben und sich nicht um Investitionsrechnungen kümmern, von denen er nichts versteht. Ich weiß zwar nicht, *was* er falsch macht, aber ich glaube daran, *dass* er was falsch macht! Er macht alles viel zu kompliziert. Und ich weiß leider nicht, wie es einfacher geht."

Nach den hier auszugsweise wiedergegebenen Gesprächen stellte der Praktikant St. die relevanten Daten in einem Kurzbericht zusammen. Noch kürzer als der Kurzbericht ist die abschließend aufgeführte Tabelle, aus der die Zahlungsfolge des Investitionsobjekts DY11 respektive – dem Marketingleiter zuliebe – des Produkts 47X ersichtlich ist.

3 Kurzbericht[1]

Das Investitionsobjekt – eine Maschine des Typs DY11 zur Herstellung des Produkts 47X – kann zu einem Preis von 18.000 € beschafft werden.[2] Die Zahlung ist in t=0 fällig. Zu diesem Zeitpunkt ist DY11 voll einsatzfähig. Bei der Investitionsrechnung ist eine Nutzungsdauer der Maschine von fünf Jahren zugrunde zu legen. Am Ende der Nutzungsdauer ist mit einer Einzahlung durch Wiederverkauf der Anlage in Höhe von 2.365 € zu rechnen.

Für das auf der Maschine herzustellende Produkt liegen folgende Daten vor: Die mit der Produktion verbundenen Auszahlungen für Materialverbrauch, Fertigungslöhne und Energieverbrauch betragen 40 €/Stck. Dieser Betrag ist für t=1 gültig. Es wird eine jährliche Kostenerhöhung um jeweils 10 % der variablen Stückkosten des Vorjahres erwartet. Der für t=1 geplante Absatzpreis beträgt 100 €/Stck. Für die weitere Entwicklung ist von einer jährlichen Preiserhöhung um jeweils 10 % vom Preis des Vorjahres auszugehen.

Für den Zeitraum der Nutzung des Investitionsobjekts ist folgende Nachfrageentwicklung prognostiziert worden:

Jahr	1	2	3	4	5
Nachfrage [Stck.]	100	200	450	200	130

Abb. 8-2: Prognostizierte Nachfrageentwicklung

Die Kapazität beträgt in den ersten drei Jahren 400 Stck./Jahr. Im vierten und fünften Jahr sinkt sie auf 300 Stck./Jahr. Eine Lagerhaltung der Produkte ist aus technischen Gründen nicht möglich.

Während der gesamten Nutzungsdauer fallen gleich bleibende Auszahlungen für die Wartung der Anlage in Höhe von 10.000 € pro Jahr an. Der Wartungsvertrag ist noch nicht abgeschlossen worden.

Bezüglich der Leistungen und Kosten gelten folgende Annahmen:

- sämtliche Leistungen führen im gleichen Jahr zu Einzahlungen,
- sämtliche Kosten (außer Abschreibungen) führen im gleichen Jahr zu Auszahlungen,

---

[1] Die Zahlungsfolge der Investition ist Bestandteil des Demo-Falls, der dazu verwendet wird, die Methodenvielfalt der Investitionsrechnung zu demonstrieren.

[2] Anmerkung zur Vermeidung von Anfangsschwierigkeiten: Die Anschaffungsauszahlung beträgt 18.000 €, die Anfangs*zahlung* als erstes Element der *Zahlungs*folge beläuft sich auf –18.000 €. Sie ist Bestandteil der *Zahlungs*folge. Okay?

– zur rechentechnischen Vereinfachung sind die laufenden Ein- und Auszahlungen auf das jeweilige *Jahresende* zu beziehen.

In Abb. 8-3 ist die Ermittlung der Zahlungsfolge des Investitionsprojekts dargestellt worden.

Zeitpunkt	0	1	2	3	4	5
Daten des Investitionsobjekts						
Anschaffungsauszahlung [GE]	18.000					
Einzahlung bei Liquidation [GE]						2.365
Auszahlung bei Liquidation [GE]						0
Liquidationsüberschuss [GE]						2.365
Kapazität [ME]		400	400	400	300	300
Absatzdaten						
Nachfrage [ME]		100	200	450	200	130
Absatzmenge [ME]		100	200	400	200	130
Absatzpreis/Stck. [GE/ME]		100	110	121	133,10	146,41
Einzahlungen durch Marktleistungen [GE]		10.000	22.000	48.400	26.620	19.033
Produktionsdaten						
Produktionsmenge [ME]		100	200	400	200	130
variable Auszahlungen/Stck. [GE/ME]		40	44	48,40	53,24	58,56
variable Auszahlungen [GE]		4.000	8.800	19.360	10.648	7.613
konstante Auszahlungen [GE]		10.000	10.000	10.000	10.000	10.000
Zahlungsfolge der Investition	**–18.000**	**–4.000**	**3.200**	**19.040**	**5.972**	**3.785**

Abb. 8-3: Zahlungsfolge des Investitionsprojekts DY11

Nach der Ermittlung der Zahlungsfolge der Investition DY11 wurde der Praktikant St. gebeten, ein Excel-Spreadsheet zu entwickeln. Er hatte schon selbst daran gedacht und konnte es deshalb gleich präsentieren. Selbstverständlich hatte er differenzierte Wachstumsraten für den Preis sowie für die variablen und die fixen Auszahlungen vorgesehen, um einen möglichst universellen Ansatz zu ermöglichen.

Kontrollfragen

Charakterisieren Sie das Prognoseproblem in der Investitionsrechnung!

Über das Prognoseproblem sollte nicht pauschal „gejammert“, sondern differenziert geurteilt werden. Die Frage ist: Wie?

Erörtern Sie Möglichkeiten zur Handhabung des Prognoseproblems!

Erörtern Sie an einem Beispiel, wie der Informationsbedarf zur Durchführung einer Investitionsrechnung gedeckt werden kann!

Warum sollte der Begriff „Zahlungsreihe“ durch „Zahlungsfolge“ ersetzt werden?

Warum sollte nicht nur „Zahlungsfolge“, sondern „Zahlungsfolge der Investition“ gesagt werden?

Erläutern Sie den Zusammenhang zwischen Einzahlungen und Leistungen sowie Auszahlungen und Kosten!

Erläutern Sie das Zeitkonzept der Zahlungsfolge einer Investition!

Warum sind die Abschreibungen in den Daten zur Bestimmung der Zahlungsfolge einer Investition nicht enthalten?

Erörtern Sie die Ermittlung der Zahlungsfolge der Investition!

Warum kann die Zahlungsfolge der Investition als „die Spitze des Eisberges“ einer Investitionsrechnung bezeichnet werden?

Unter welchen Bedingungen ist die Schätzung der Kapazitätsentwicklung eines Investitionsobjekts bei der Ermittlung der Zahlungsfolge von Bedeutung?

Stellen Sie eine Entscheidung über eine Produktinnovation als Investitionsentscheidung dar!

In der oben dargestellten Datensituation wird davon ausgegangen, dass die Produkte nicht lagerfähig sind. Heben Sie diese Prämisse auf und überlegen Sie, wie die Zahlungsfolge der Sachinvestition zu modifizieren ist!

Stellen Sie sich vor, die Nachfrage sei durch eine Werbekampagne zu vergrößern. Erörtern Sie die Entscheidungssituation! Welche Modifikationen müssten an der Tabelle zur Ermittlung der Zahlungsfolge der Investition durchgeführt werden?

Angenommen, bei einem größeren Investitionsprojekt würde sich beispielsweise der bauliche Teil als mehrjährig erweisen. Welche Modifikationen müssten in der Tabelle zur Ermittlung der Zahlungsfolge des Investitionsprojekts vorgenommen werden?

Stellen Sie sich vor, für die erste Phase der Nutzungsdauer eines Investitionsobjekts könnten monatliche Prognosen durchgeführt werden. Erörtern Sie Vorschläge zur Berücksichtigung des höheren zeitlichen Detaillierungsgrades!

Folge 9

Darstellung klassischer dynamischer Methoden

Schlichte finanzmathematische
Formeln mach(t)en Karriere

1 Aufgabenstellung

Dr. X legte dem Geschäftsleiter Y seinen Kurzbericht[1] zur Berechnung des monetären Vorteils der Anlage DY11 vor und eröffnete damit die Möglichkeit, die Entscheidung über die Anschaffung der Anlage auf der Grundlage dynamischer Methoden zu treffen. Zu diesem Zweck war die dokumentierte Zahlungsfolge der Investition zu finanzwirtschaftlichen Zielwerten zu verdichten. Y bat seinen Experten Dr. X „alle Register zu ziehen". Dr. X nahm sich vor, möglichst viele der hauptsächlich aus der Finanzmathematik stammenden Methoden einzusetzen. Noch im Hinausgehen murmelte er mit glänzenden Augen vor sich hin: „Gegenwartswert, Kapitalwert, Endwert, Annuität, Interner Zinsfuß, Pay-off-Periode ...".[2] Indes ist bei all diesen Methoden der Kalkulationszinsfuß von zentraler Bedeutung.

Nachdem sich Dr. X mit der problematischen Rolle des Kalkulationszinsfußes in der klassischen dynamischen Investitionsrechnung vertraut gemacht hatte, kam er mit Herrn Y zu einer „Krisensitzung" zusammen. Aufgrund der zahlreichen kontroversen Meinungen über die Aufgaben des Kalkulationszinsfußes empfanden sie ein gewisses Unbehagen bezüglich dieses für die Investitionsrechnung so wichtigen Parameters. „Sollen wir überhaupt die Vorteilhaftigkeit der Investition DY11 unter Verwendung eines Kalkulationszinsfußes berechnen, obwohl wir uns inhaltlich damit noch nicht gründlich auseinander gesetzt haben?", fragte Y.

Dr. X hatte plötzlich den simplen Gedanken, erst einmal durch eine schrittweise Veränderung des Kalkulationszinsfußes dessen Wirkung auf die Entscheidung sichtbar zu machen. Das Problem war damit natürlich nicht als gelöst zu betrachten – die Lösung war lediglich vertagt worden.

---

[1] Vgl. S. 46.

[2] Vgl. u. a. Adam, D. (2000), S. 118-158, Blohm, H., Lüder, K., Schaefer, C. (2006), S. 51 f., S. 70 ff., S. 76 f., S. 84 ff., Grob, H. L., Everding, D. (1992), S. 68-85, Hax, H. (1993), S. 12-23, S. 31 f., Kruschwitz, L. (2005), S. 66-71, Perridon, L., Steiner, M. (2004), S. 61-68, Schulte, K.-W. (1986).

Aber vielleicht erwies sich die Fixierung der Höhe des Kalkulationszinsfußes bei einem besseren Informationsstand als nicht so gravierend.

Bei der Darstellung von Berechnungsbeispielen entschied sich Dr. X für einen Kalkulationszinsfuß von 10 %. Für seinen Geschäftsleiter hatte er den (betriebswirtschaftlich schwachen) Hinweis parat, 10 % habe man „immer schon“[1] – auch in der Kostenrechnung – als Kalkulationszinsfuß angesetzt, um die Kapitalkosten[2] zu errechnen. Abschließend sei gesagt, dass zur Finanzierung der Investition DY11 Eigene Mittel in Höhe von 9.000 € zur Verfügung gestellt worden sind. Der restliche Finanzbedarf in Höhe von 9.000 € ist fremd zu finanzieren.

2 Darstellung der Ergebnisse der einzelnen Verfahren

2.1 Der Gegenwartswert

Definition des Zielwerts

Der Gegenwartswert[3] G_{t*} der Zahlungsfolge einer Sachinvestition ist die Summe aller auf einen einheitlichen Bezugszeitpunkt t* auf- bzw. abgezinsten Zahlungen. G_{t*} errechnet sich wie folgt:

$$G_{t*} = \sum_{t=0}^{n} d_t \cdot q^{t*-t}$$

Symbole[4]

G_{t*}	Gegenwartswert in t*
d_t	Einzahlungsüberschuss in t
e_t	Einzahlungen in t
a_t	Auszahlungen in t
t	Jahresindex
i	Kalkulationszinsfuß
q	Zinsfaktor 1+i

1 ‚Konservative Menschen wie Herr Y lassen sich gerne durch das Etikett *immer schon* überzeugen‘, dachte Dr. X.

2 An Kapitalerträge hatte er noch nicht gedacht.

3 Mit dem Begriff „Gegenwart“ ist nicht der aktuelle Zeitpunkt, sondern jeder beliebige Zeitpunkt gemeint – unabhängig davon, ob er in der Zukunft, Vergangenheit oder Gegenwart liegt.

4 Das Symbolverzeichnis gilt für sämtliche der im Folgenden darzustellenden Methoden. Neue Symbole werden lokal erklärt.

Berechnungsbeispiele

Beispielsweise ist der Gegenwartswert in Bezug auf t*=3 wie folgt zu berechnen:

$$G_{t^*=3} = -18000 \cdot 1{,}331 - 4000 \cdot 1{,}21 + 3200 \cdot 1{,}1 + \\ + 19040 + 5972 \cdot 1{,}1^{-1} + 3785 \cdot 1{,}21^{-1} = 2319\ [€]$$

$$G_{t^*=3} = -18000 \cdot 1{,}1^{3-0} - 4000 \cdot 1{,}1^{3-1} + 3200 \cdot 1{,}1^{3-2} + \\ + 19040 \cdot 1{,}1^{3-3} + 5972 \cdot 1{,}1^{3-4} + 3785 \cdot 1{,}1^{3-5} = 2319[€]$$

Der Gegenwartswert in Bezug auf t*=5 wird wie folgt bestimmt:

$$G_{t^*=5} = -18000 \cdot 1{,}6105 - 4000 \cdot 1{,}4641 + 3200 \cdot 1{,}331 \\ + 19040 \cdot 1{,}21 + 5972 \cdot 1{,}1 + 3785 = 2806\ [€]$$

$$G_{t^*=5} = -18000 \cdot 1{,}1^{5-0} - 4000 \cdot 1{,}1^{5-1} + 3200 \cdot 1{,}1^{5-2} + \\ + 19040 \cdot 1{,}1^{5-3} + 5972 \cdot 1{,}1^{5-4} + 3785 \cdot 1{,}1^{5-5} = 2806[€]$$

Das gleiche Ergebnis lässt sich errechnen, indem der Gegenwartswert in Bezug auf t*=3 um zwei Jahre aufgezinst wird:

$$G_5 = G_3 \cdot (1 + i)^2 = 2319 \cdot 1{,}21 = 2806\ [€]$$

Grafische Darstellung ausgewählter Gegenwartswertfunktionen

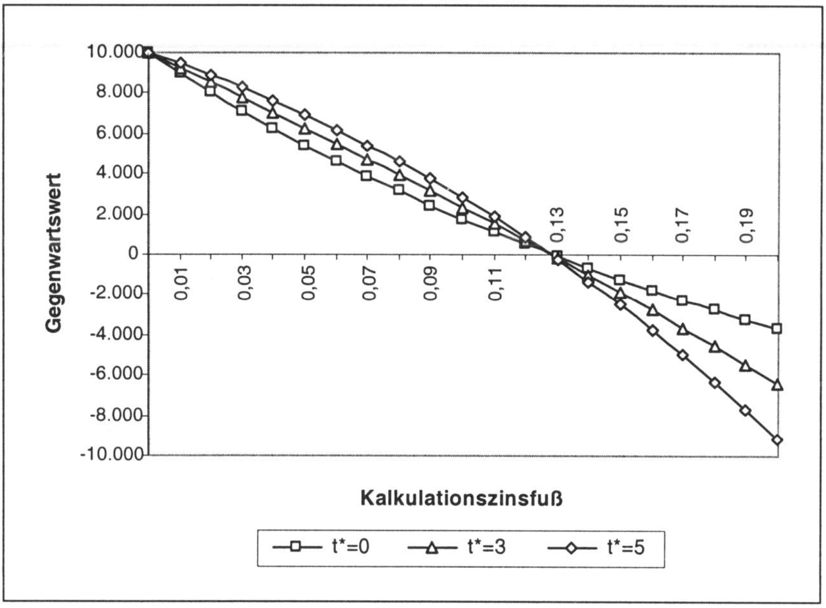

Abb. 9-1: Gegenwartswerte in Bezug auf verschiedene Zeitpunkte in Abhängigkeit vom Kalkulationszinsfuß

Sämtliche Gegenwartswertfunktionen schneiden die Abszisse bei einem Kalkulationszinsfuß von 12,8 %.

Entscheidungskriterium

Die Investition ist vorteilhaft, wenn ihr Gegenwartswert in Bezug auf t* positiv ist.[1]

Bedingte Entscheidungsempfehlung

Investiere, wenn der Kalkulationszinsfuß niedriger als 12,8 % ist, denn dann sind sämtliche Gegenwartswerte G_{t*} (für alle t*) positiv.

2.2 Der Kapitalwert

Definition des Zielwerts

Der Kapitalwert einer Investition ist der Gegenwartswert in Bezug auf t*=0. Die Formel zur Bestimmung des Kapitalwerts ist wie folgt definiert:

$$C = -a_0 + \sum_{t=1}^{n} d_t \cdot q^{-t}$$

Symbole

C Kapitalwert

a_0 Anschaffungsauszahlung

Berechnungsbeispiel für i = 0,1

$$C = -18000 - 4000 \cdot 1{,}1^{-1} + 3200 \cdot 1{,}1^{-2} + 19040 \cdot 1{,}1^{-3} + 5972 \cdot 1{,}1^{-4} + 3785 \cdot 1{,}1^{-5} = 1742\ [€]$$ [2]

---

[1] Folglich ist die Investition unvorteilhaft, wenn der Gegenwartswert in Bezug auf t* negativ ist. Indifferenz besteht, wenn der Zielwert gleich null ist. – Auf diese als selbstverständlich anzusehenden Aussagen wird bei den weiteren Zielwertvergleichen verzichtet.

[2] Wenn Sie sich dieses Rechenergebnis merken, verehrter Leser, dann haben Sie es beim Durcharbeiten dieses Buches leichter. Also: C(i=0,1) = 1742 [€]. Wegen der grundsätzlich unverändert bleibenden Datensituation des Demo-Falls kommt dieses Ergebnis in diesem Buch insgesamt 43-mal vor.

Grafische Darstellung der Kapitalwertfunktion

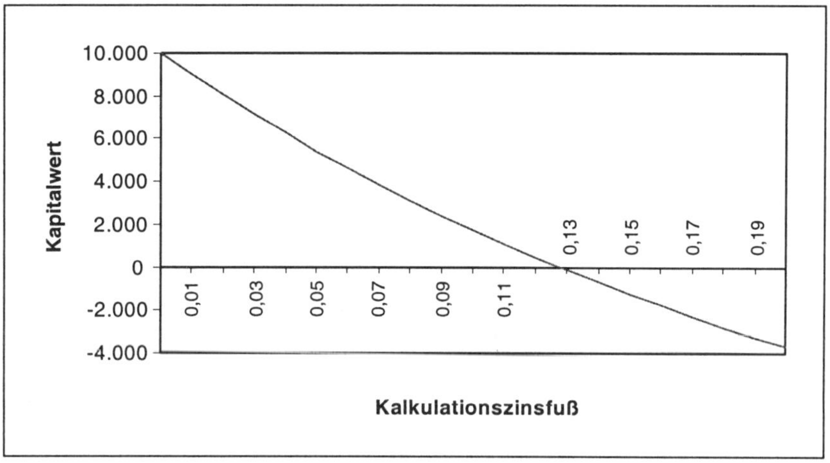

Abb. 9-2: Kapitalwertfunktion in Abhängigkeit vom Kalkulationszinsfuß

Die Kapitalwertfunktion schneidet die Abszisse bei einem Kalkulationszinsfuß von 12,8 %.

Entscheidungskriterium

Die Investition ist vorteilhaft, wenn ihr Kapitalwert positiv ist.

Bedingte Entscheidungsempfehlung

Investiere, wenn der Kalkulationszinsfuß niedriger als 12,8 % ist, denn dann ist der Kapitalwert positiv.

2.3 Zusätzlicher Endwert sowie Endwerte von Investition und Opportunität

Definition der Zielwerte

Der Zusätzliche Endwert verdichtet die Zahlungsfolge der Investition als Ergebnis eines Differenzkalküls.[1] Dagegen stellen der Endwert der Inves-

[1] Vgl. Folge 7, S. 37.

tition[1] und der Endwert der Opportunität die Verdichtung des „Mit"-Falls bzw. des „Ohne"-Falls im Rahmen eines Totalkalküls dar. Die Differenz der beiden Zielwerte führt natürlich zum gleichen Ergebnis wie die unmittelbare Ermittlung des Zusätzlichen Endwerts einer Investition.

Die Formel zur Bestimmung des Zusätzlichen Endwerts im Rahmen des Differenzkalküls lautet:

$$\Delta EW = -a_0 \cdot q^n + \sum_{t=1}^{n} d_t \cdot q^{n-t}$$

Symbol

ΔEW Zusätzlicher Endwert[2]

Die Formeln für das *Totalkalkül* lauten:

$$EW^M = -FK_0 \cdot q^n + \sum_{t=1}^{n} d_t \cdot q^{n-t}$$

Symbole

EW^M Endwert der Investition („Mit"-Fall)

FK_0 Fremdkapital in t=0

$$EW^O = EK \cdot q^n$$

Symbole

EW^O Endwert der Opportunität („Ohne"-Fall)

EK Eigenkapital (Eigene Mittel)

Unter Verwendung der Zielwerte des Totalkalküls kann der Zusätzliche Endwert wie folgt bestimmt werden:

$$\Delta EW = EW^M - EW^O$$

---

[1] Natürlich stellt auch die Anlage der Eigenen Mittel eine Investition dar. Indes ist mit dem Endwert der Investition das betrachtete Objekt gemeint. Im vorliegenden Fall, bei dem das Objekt DY11 im Mittelpunkt der Betrachtung steht, handelt es sich um eine Sachinvestition. Investitionsrechnungen können aber auch für Finanzinvestitionen durchgeführt werden, wobei dann die Opportunität durchaus eine Sachinvestition sein kann. Die Zielwerte Endwert der (betrachteten) Investition und Endwert der Opportunität weisen also einen generischen Charakter auf.

[2] Der Zusammenhang zwischen dem Zusätzlichen Endwert, dem Kapitalwert bzw. dem Gegenwartswert zum Zeitpunkt t*=n geht aus der folgenden Formel hervor:

$$\Delta EW = -a_0 \cdot q^n + \sum_{t=1}^{n} d_t \cdot q^{n-t} = (-a_0 + \sum_{t=1}^{n} d_t \cdot q^{-t}) \cdot q^n = C \cdot q^n = \sum_{t=0}^{n} d_t \cdot q^{n-t} = G_{t*=n}$$

Berechnungsbeispiel für i = 0,1

– Differenzkalkül

$$\Delta EW = -18000 \cdot 1{,}1^5 - 4000 \cdot 1{,}1^4 + 3200 \cdot 1{,}1^3 + 19040 \cdot 1{,}1^2 + 5972 \cdot 1{,}1 + 3785 = 2806 \text{ [€]}$$

– Totalkalkül

$$EW^M = (-18000 + 9000) \cdot 1{,}1^5 - 4000 \cdot 1{,}1^4 + 3200 \cdot 1{,}1^3 + 19040 \cdot 1{,}1^2 + 5972 \cdot 1{,}1 + 3785 = 17301 \text{ [€]}$$

$$EW^O = 9000 \cdot 1{,}1^5 = 14495 \text{ [€]}$$

$$\Delta EW = 17301 - 14495 = 2806 \text{ [€]}$$

Grafische Darstellung der Endwertfunktionen

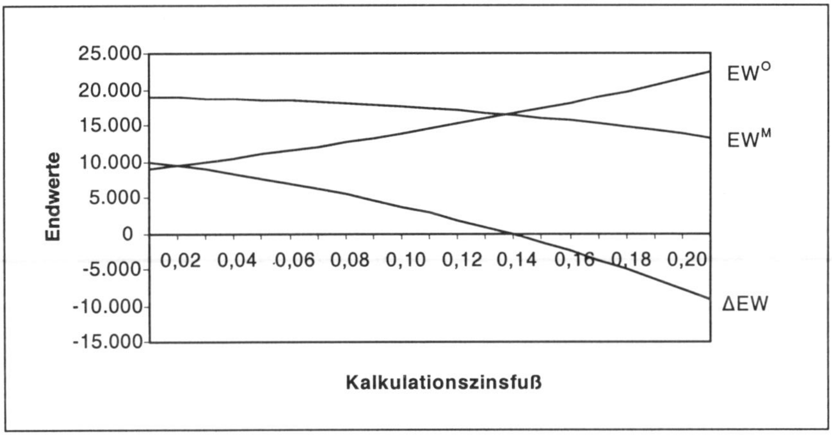

Abb. 9-3: Endwertfunktionen in Abhängigkeit vom Kalkulationszinsfuß

Die ΔEW-Funktion schneidet die Abszisse bei einem Kalkulationszinsfuß von 12,8 %. Bei diesem Kalkulationszinsfuß gilt: $EW^M = EW^O$.

Entscheidungskriterium

– Differenzkalkül

Investiere, wenn der Zusätzliche Endwert der Investition ΔEW positiv ist.

– Totalkalkül

Investiere, wenn der Endwert der Investition EW^M größer ist als der Endwert der Opportunität EW^O.

Bedingte Entscheidungsempfehlung

Die Investition ist durchzuführen, wenn der Kalkulationszinsfuß niedriger als 12,8 % ist, da der Zusätzliche Endwert in diesem Fall positiv ist. Analog gilt: Der Endwert der Investition ist größer als der Endwert der Opportunität.

2.4 Zusätzlicher Anfangswert sowie Anfangswerte von Investition und Opportunität

Definition des Zielwerts

Der Zusätzliche Anfangswert einer Investition ist analog zum Zusätzlichen Endwert definiert. Der Zusätzliche Anfangswert ist der Gegenwartswert in Bezug auf t*=0 und somit identisch mit dem Kapitalwert. Indes führt seine Definition zu zwei weiteren Zielwerten, die im Rahmen des Totalkalküls relevant sind: dem Anfangswert der Investition und dem der Opportunität.

Die Zielwerte des Anfangswertkonzepts sind wie folgt definiert:[1]

$$\Delta AW = -a_0 + \sum_{t=1}^{n} d_t \cdot q^{-t}$$

$$AW^M = (-a_0 + EK) + \sum_{t=1}^{n} d_t \cdot q^{-t} = -FK_0 + \sum_{t=1}^{n} d_t \cdot q^{-t}$$

$$AW^O = EW^O \cdot q^{-n} = EK \cdot q^n \cdot q^{-n} = EK$$

Symbole

ΔAW	Zusätzlicher Anfangswert
AW^M	Anfangswert der Investition („Mit"-Fall)
EK	Eigenkapital (Eigene Mittel)
FK_0	Fremdkapital in t=0
AW^O	Anfangswert der Opportunität („Ohne"-Fall)

Unter Verwendung der Zielwerte des Totalkalküls kann der Zusätzliche Anfangswert wie folgt bestimmt werden:

$$\Delta AW = AW^M - AW^O$$

[1] AW^M und AW^O sind durch Abzinsung der Endwerte auf t=0 ermittelt worden.

Berechnungsbeispiel für i=0,1

– Differenzkalkül

$$\Delta AW = -18000 - 4000 \cdot 1{,}1^{-1} + 3200 \cdot 1{,}1^{-2} + 19040 \cdot 1{,}1^{-3} + 5972 \cdot 1{,}1^{-4} + 3785 \cdot 1{,}1^{-5} = 1742\ [€]$$

– Totalkalkül

$$AW^M = -9000 - 4000 \cdot 1{,}1^{-1} + 3200 \cdot 1{,}1^{-2} + 19040 \cdot 1{,}1^{-3} + 5972 \cdot 1{,}1^{-4} + 3785 \cdot 1{,}1^{-5} = 10742\ [€]$$

$$AW^O = EK = 9000\ [€]$$

$$\Delta AW = 10742 - 9000 = 1742\ [€]$$

Grafische Darstellung der Anfangswertfunktionen

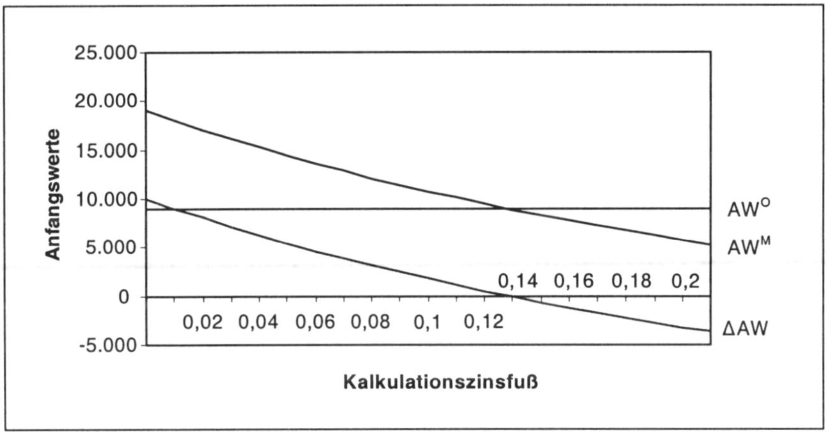

Abb. 9-4: Anfangswertfunktionen in Abhängigkeit vom Kalkulationszinsfuß

Die ΔAW-Funktion schneidet die Abszisse bei einem Kalkulationszinsfuß von 12,8 %. Bei diesem Kalkulationszinsfuß ist $AW^M = AW^O$.

Entscheidungskriterium

– Differenzkalkül

Investiere, wenn der Zusätzliche Anfangswert ΔAW positiv ist.

– Totalkalkül

Investiere, wenn der Anfangswert der Sachinvestition AW^M größer ist als der Anfangswert der Opportunität – das sind die in t=0 vorhandenen Eigenen Mittel („Eigenkapital“).

Bedingte Entscheidungsempfehlung

Die Investition ist durchzuführen, wenn der Kalkulationszinsfuß niedriger als 12,8 % ist, da dann der Zusätzliche Anfangswert positiv ist. Analog gilt: Die Investition ist durchzuführen, da der Anfangswert der Investition bei i < 12,8 % größer ist als die in t=0 vorhandenen Eigenen Mittel.

2.5 Die Annuität

Definition des Zielwerts

Unter der Annuität a einer Investition ist eine Folge gleicher Zielwerte zu verstehen, deren Anzahl im Allgemeinen[1] gleich der Nutzungsdauer der Investition ist und deren auf t=0 diskontierter Wert mit dem Kapitalwert der Investition übereinstimmt. Die Folge gleicher Zielwerte beginnt in t=1.

Berechnet wird die Annuität durch eine finanzmathematisch exakte Verteilung des Kapitalwerts auf die Nutzungsdauer des Investitionsprojekts. Zu diesem Zweck ist der Kapitalwert mit dem Annuitätenfaktor[2] zu multiplizieren:

$$a = C \cdot ANF_{n,i}$$

$$ANF_{n,i} = \frac{i \cdot (1+i)^n}{(1+i)^n - 1}$$

Symbole

a	Annuität
C	Kapitalwert
$ANF_{n,i}$	Annuitätenfaktor

[1] Es geht also auch anders ...

[2] Der Annuitätenfaktor wird in der Literatur auch als Wiedergewinnungsfaktor oder als reziproker Rentenbarwertfaktor bezeichnet.

Berechnungsbeispiel mit i = 0,1

Der Kapitalwert beträgt im dargestellten Beispiel 1.742 €. Anschließend ist seine finanzmathematisch exakte Verteilung auf die Nutzungsdauer der Investition durch dessen Multiplikation mit dem Annuitätenfaktor vorzunehmen:[1,2]

$$ANF_{5;0,1} = \frac{0{,}1 \cdot 1{,}1^5}{1{,}1^5 - 1} = 0{,}26380$$

$$a = 1742 \cdot 0{,}26380 = 460 \text{ [€/Jahr]}$$

Grafische Darstellung der Annuitätenfunktion

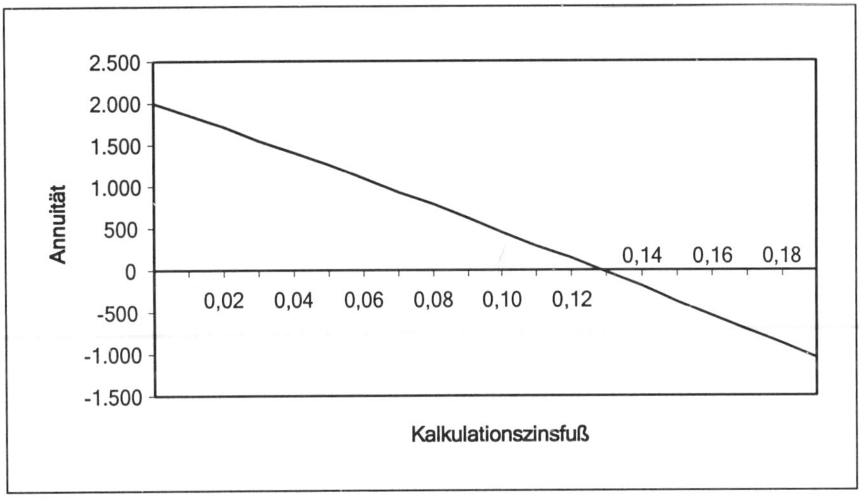

Abb. 9-5: Annuität in Abhängigkeit vom Kalkulationszinsfuß

Die Annuitätenfunktion in Abhängigkeit vom Kalkulationszinsfuß schneidet die Abszisse bei einem Kalkulationszinsfuß von 12,8 %.

Entscheidungskriterium

Die Investition ist vorteilhaft, wenn ihre Annuität positiv ist.

---

1 Bei finanzmathematischen Faktoren wird hier stets mit einer Genauigkeit von fünf Stellen nach dem Komma gerechnet werden. Aus diesem Grund ist die fünfte Nachkommastelle (obwohl sie gleich null ist) explizit ausgewiesen worden.

2 Eine Tabelle der Annuitätenfaktor sowie weiterer finanzmathematischer Faktoren befindet sich im Anhang.

Bedingte Entscheidungsempfehlung

Investiere, wenn der Kalkulationszinsfuß niedriger als 12,8 % ist, denn dann ist die Annuität positiv.

2.6 Der Interne Zinsfuß[1]

Definition des Zielwerts

Der Interne Zinsfuß stellt eine Gesamtkapitalrentabilität unter Berücksichtigung mehrperiodiger Daten dar.[2] Formal ist der Interne Zinsfuß r als derjenige Kalkulationszinsfuß definiert, bei dem der Kapitalwert gleich null ist. Wegen der Dimensionslosigkeit der Kennzahl lassen sich beliebige Zeit-, Objekt- und Soll-Ist-Vergleiche durchführen. So könnte beispielsweise der Interne Zinsfuß einer Investition, die in Euro abgerechnet wird, mit dem Internen Zinsfuß einer in US-Dollar kalkulierten Investition unmittelbar verglichen werden.

In Abhängigkeit von der mathematischen Eigenschaft der Zahlungsfolge der Investition können nicht nur einwertige, sondern auch mehrwertige oder nicht-reellwertige Lösungen auftreten. Eine einwertige Lösung liegt dann vor, wenn die Kapitalwertfunktion genau einen Schnittpunkt mit der i-Achse aufweist. In diesem Fall müssen die folgenden beiden Bedingungen erfüllt sein:

1. Die Zahlungsfolge weist einen und nur einen Vorzeichenwechsel auf. In diesem Fall ist höchstens ein Schnittpunkt mit der Abszisse gegeben.
2. Bei i=0 weist der Kapitalwert einen positiven Wert auf. In diesem Fall ist mindestens ein Schnittpunkt mit der Abszisse gegeben.

Sind beide Bedingungen erfüllt, so ist genau ein Schnittpunkt – und damit eine einwertige Lösung – gegeben.

Da die Zahlungsfolge des Investitionsprojekts DY11 durch einen und nur einen Vorzeichenwechsel gekennzeichnet ist *und* der Kapitalwert bei i=0

---

[1] Bereits an dieser Stelle ist darauf hinzuweisen, dass die Interne Zinsfußmethode implizite Prämissen aufweist, die zu einem verzerrten Ergebnis führen. Hierauf ist bei der inhaltlichen Interpretation der Methode noch ausführlich zurückzukommen. Verbringen Sie deshalb bitte nicht zu viel Zeit mit dem Internen Zinsfuß! Der berühmte Klassiker, der auch unter dem Namen Discounted Cashflow (DCF)-Rendite auftritt, stellt ein *enfant terrible* der Investitionsrechnung dar, auf das später noch näher einzugehen ist.

[2] Zur einperiodigen Gesamtkapitalrentabilität vgl. S. 27.

positiv ist[1], sind sowohl die 1. als auch die 2. Bedingung erfüllt. Somit existiert für die Zahlungsfolge von DY11 ein einwertiger Interner Zinsfuß.

Berechnung

Allgemein lautet die Bedingung:

$$r := i, \text{ wenn gilt: } C = -a_0 + \sum_{t=1}^{n} d_t (1+i)^{-t} \overset{!}{=} 0$$

Wegen $n > 3$ ist r durch einen iterativ ablaufenden Suchprozess zu ermitteln.[2] Hierbei ist i so lange zu variieren, bis der Kapitalwert unter Berücksichtigung einer tolerierten Abweichung ungefähr null ist. Im Folgenden wird dargestellt, wie der Interne Zinsfuß mithilfe des Verfahrens der Intervallschachtelung sukzessiv eingegrenzt werden kann. Für die Zwischenergebnisse werden die Werte von i unter i_1, i_2 und i_3 erfasst. Der Suchvorgang läuft in folgenden Schritten ab:

1. Lege einen beliebigen Kalkulationszinsfuß i fest.
2. Berechne den Kapitalwert der Kapitalwertfunktion für den Kalkulationszinsfuß i: C(i).
3. Prüfe den Kapitalwert
   (a) $C(i) = 0$: i ist der Interne Zinsfuß r.
   (b) $C(i) > 0$: i ist der neue Wert von i_1. Hat i_2 bereits einen Wert, fahre fort mit Schritt 4. Ansonsten wiederhole Schritt 2 mit einem größeren i.
   (c) $C(i) < 0$: i ist der neue Wert von i_2. Hat i_1 bereits einen Wert, fahre fort mit Schritt 4. Ansonsten wiederhole Schritt 2 mit einem kleineren i.
4. Zerlege das Intervall $[i_1, i_2]$ in die Intervalle $[i_1, i_3]$ und $[i_3, i_2]$, wobei $i_3 = (i_1 + i_2)/2$ gilt.
5. Prüfe die folgenden Fälle:
   (a) $C(i_3) = 0$: i_3 ist der Interne Zinsfuß r.

---

1 Genauer: C(i=0) = 9997 [€].

2 Für $n < 3$ kann auch der Interne Zinsfuß durch analytisches Auflösen der Gleichung in unkomplizierter Form bestimmt werden. Wer für n=3 eine analytische Lösung präferiert, möge seinen Neigungen nachgehen.

(b) $C(i_3) < 0$: Ist die Differenz zwischen i_3 und i_1 größer der gegebenen Genauigkeit, wiederhole Schritt 4 mit dem Intervall $[i_1, i_3]$. Ansonsten ist i_3 als Interner Zinsfuß r anzusehen.

(c) $C(i_3) > 0$: Ist die Differenz zwischen i_2 und i_3 größer der gegebenen Genauigkeit, wiederhole Schritt 4 mit dem Intervall $[i_3, i_2]$. Ansonsten ist i_3 als Interner Zinsfuß r anzusehen.

Die nachstehende Tabelle zeigt das Suchprotokoll. Der Interne Zinsfuß soll hier mit drei Nachkommastellen ermittelt werden. Die gewünschte Genauigkeit wird durch die Abweichung zwischen i_3 und i_1 gemessen. Die maximale Abweichung soll kleiner als 0,002 sein.

Intervallgrenzen			Werte der Kapitalwertfunktion			Abweichung	Bemerkung
i_1	i_2	i_3	$C(i_1)$	$C(i_2)$	$C(i_3)$		
0,100	0,150	0,125	1.742	–1.243	174	0,025	ersetze i_1 durch i_3
0,125	0,150	0,138	174	–1.243	–581	0,013	ersetze i_2 durch i_3
0,125	0,138	0,132	174	–581	–237	0,007	ersetze i_2 durch i_3
0,125	0,132	0,129	174	–237	–62	0,004	ersetze i_2 durch i_3
0,125	0,129	0,127	174	–62	55	0,002	ersetze i_1 durch i_3
0,127	0,129	0,128	55	–62	–4	0,001	Genauigkeit erreicht

Abb. 9-6: Suchprotokoll zur Ermittlung des Internen Zinsfußes

Die Kapitalwertfunktion schneidet die Abszisse bei einem Kalkulationszinsfuß von 12,8 % (vgl. Abb. 9-7).

Entscheidungskriterium

Die Investition ist vorteilhaft, wenn ihr Interner Zinsfuß r größer ist als der Kalkulationszinsfuß i.

Das Kriterium gilt – wie oben ausgeführt – ausschließlich für den eingangs definierten Investitionstyp, der durch einen einzigen Vorzeichenwechsel und einen positiven Kapitalwert bei i=0 gekennzeichnet ist.

Bedingte Entscheidungsempfehlung

Investiere, wenn der Interne Zinsfuß von 12,8 % größer ist als der Kalkulationszinsfuß.

Grafische Darstellung

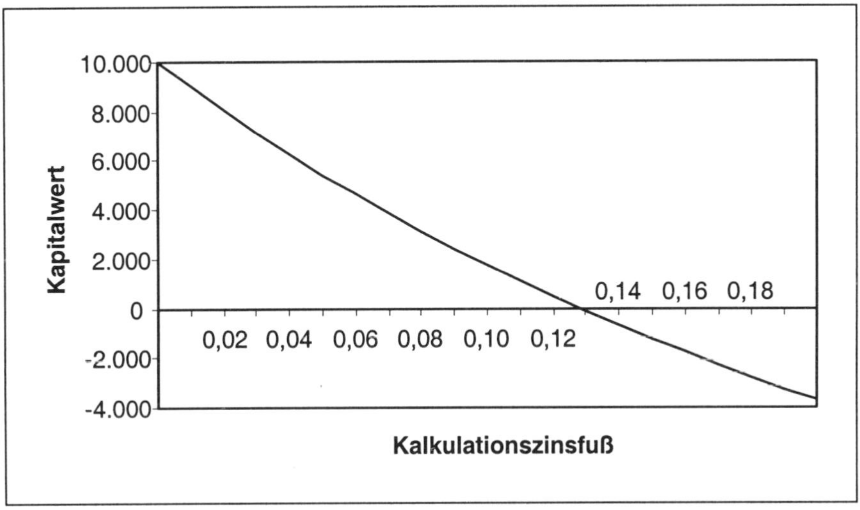

Abb. 9-7: Kapitalwertfunktion in Abhängigkeit vom Kalkulationszinsfuß

2.7 Die Pay-off-Periode

Definition des Zielwerts

Die Pay-off-Periode t_p ist diejenige Periode, in der der Kapitalwert in Abhängigkeit von t erstmalig gleich null oder positiv ist. Analog könnte beispielsweise auch eine dem Kapitalwert „verwandte“[1] Größe, wie z. B. der Zusätzliche Endwert, als Kriterium verwendet werden.

Formal ist die Pay-off-Periode wie folgt zu bestimmen:

$t := t_p$, wenn erstmalig gilt:

$$C(t) = -a_0 + \sum_{\tau=1}^{t} d_\tau \cdot q^{-\tau} \geq 0$$

[1] Das „Verwandtschaftsverhältnis“ begründet sich aus der Abstammung vom Gegenwartswert, der Mutterformel der klassischen dynamischen Methoden der Investitionsrechnung.

Berechnungsbeispiel mit i=0,1

t	$-a_0$	$+\sum_{\tau=1}^{t} d_\tau \cdot q^{-\tau}$	< = >	0	Bemerkung
1	–18.000	–3.636	<	0	
2	–18.000	–991	<	0	
3	–18.000	13.314	<	0	
4	–18.000	17.393	<	0	
5	–18.000	19.743	>	0	erstmalig C > 0

Abb. 9-8: Sukzessive Berechnung der Pay-off-Periode t_p

t_p ist das 5. Jahr, da der Kapitalwert am Ende dieses Jahres erstmalig positiv ist.

Grafische Darstellung der Pay-off-Periode

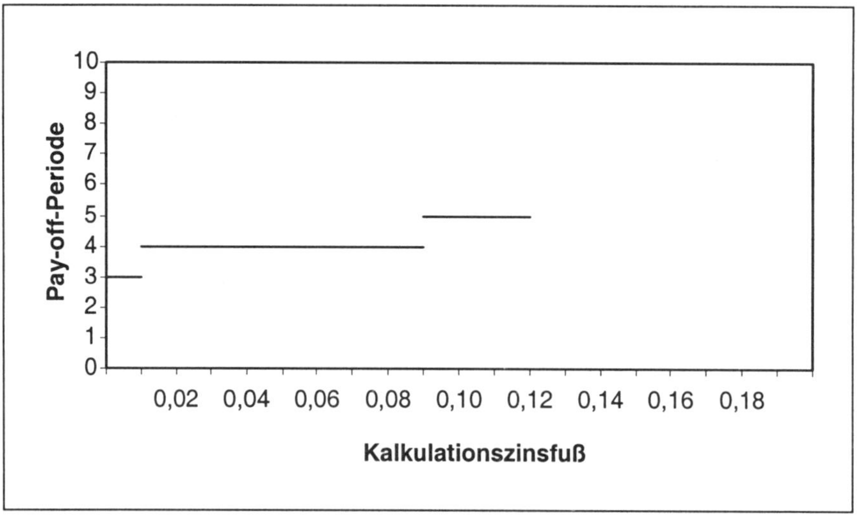

Abb. 9-9: Pay-off-Periode in Abhängigkeit vom Kalkulationszinsfuß

Eine parametrische Variation des Kalkulationszinsfußes i zeigt, dass die Pay-off-Periode von DY11 mit wachsendem Kalkulationszinsfuß größer wird. Ist der effektive Kalkulationszinsfuß größer oder gleich dem kritischen Kalkulationszinsfuß von i_{krit}=12,8 %, so ist eine Pay-off-Periode von vornherein nicht realisierbar, da der Kapitalwert nicht positiv ist.

Das Ergebnis der Pay-off-Methode kann *nicht* als Entscheidungskriterium verwendet werden, da die Pay-off-Periode keinen eigenen entscheidungsrelevanten Zielwert darstellt. Die Pay-off-Periode ist deshalb lediglich als Zusatzinformation anzusehen.

3 Theoretische Folgerungen

3.1 Einflusslosigkeit der Höhe der Eigenen Mittel auf die klassischen Zielwerte

Bei einem einheitlichen Kalkulationszinsfuß i ist die Höhe der Eigenen Mittel („Eigenkapital") EK für die Investitionsentscheidung nicht relevant. Dies geht bereits aus den Formeln der klassischen Methoden (z. B. aus der Kapitalwertformel) hervor, in denen der Parameter EK gar nicht erst enthalten ist. Der inhaltliche Grund hierfür ist, dass es zielindifferent ist, ob durch Reinvestitionen Erträge erwirtschaftet werden oder durch Tilgung von Krediten Sollzinsen eingespart werden – der Kalkulationszinsfuß ist schließlich einheitlich.

Die Einflusslosigkeit der Eigenen Mittel auf die Entscheidung lässt sich durch die unten stehende Grafik anschaulich darstellen. Aus ihr geht hervor, dass die Schnittpunkte der EW^M-Funktion mit der EW^O-Funktion unabhängig von der Höhe der Eigenen Mittel sind. Links vom Schnittpunkt liegt die EW^M-Funktion stets oberhalb der zugehörigen EW^O-Funktion. In jedem Fall liegt ein einheitlicher kritischer Kalkulationszinsfuß in Höhe des Internen Zinsfußes vor, der in unserem Demo-Beispiel 12,8 % beträgt. Analoge Überlegungen gelten bezüglich des Anfangswertkonzepts.

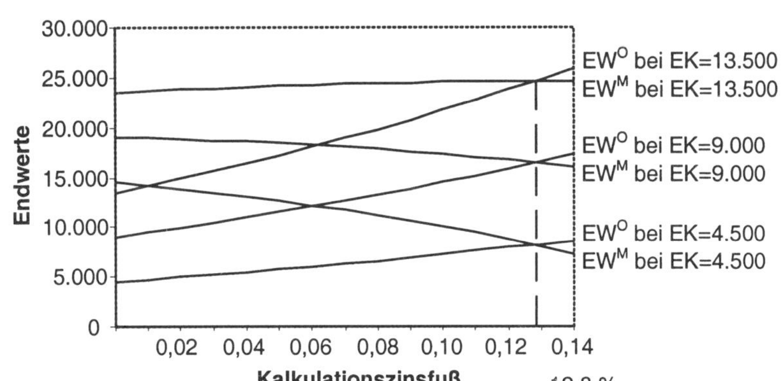

Abb. 9-10: Endwerte bei Variation des Einsatzes Eigener Mittel

3.2 Einfluss des Kalkulationszinsfußes

Für den hier erörterten Fall der Bestimmung der Vorteilhaftigkeit einer Sachinvestition, die mit der Geldanlage der Eigenen Mittel konkurriert, werden nun für sämtliche Methoden, die der Entscheidungsunterstützung dienen[1], die Zielwerte in Abhängigkeit vom Kalkulationszinsfuß dargestellt:

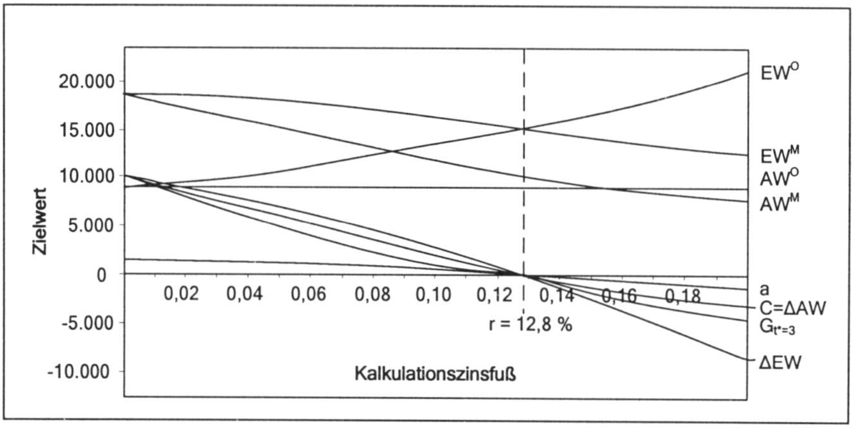

Abb. 9-11: Zielwerte in Abhängigkeit vom Kalkulationszinsfuß

Sämtliche klassischen dynamische entscheidungsorientierte Methoden können bei gegebenem Kalkulationszinsfuß zur gleichen Entscheidungsempfehlung führen. Ist der Kalkulationszinsfuß kleiner als der Interne Zinsfuß r, der den kritischen Kalkulationszinsfuß darstellt, ist die Investition vorteilhaft. Ist er größer, gilt das Gegenteil. Entscheidungsindifferenz besteht also bei i=r. Bei den Zielwerten Kapitalwert, Annuität, Zusätzlicher Endwert sowie dem Endwert der Sachinvestition im Vergleich zur Opportunität sowie dem Anfangswert der Sachinvestition gegenüber dem eingesetzten Eigenkapital ist ein Blick auf die Ordinate erforderlich. Dagegen ist bei der Internen Zinsfußmethode die Betrachtung der Abszisse relevant.

3.3 Entwicklung eines Excel-Spreadsheets

Dr. X, der stets bemüht war, seinem Praktikanten St. interessante Aufgaben zu erteilen, kam auf die Idee, zur rechnerischen Fundierung von Inves-

[1] Die Pay-off-Methode gehört also nicht zum Kanon der zu untersuchenden Methoden.

titionsentscheidungen ein Spreadsheet entwickeln zu lassen.[1] Dies war die erste praktische Excel-Aufgabe für St., der im vergangenen Semester seine Credit Points zum Modul „Einführung in die Wirtschaftsinformatik“ erhalten hat und sich nun darauf freute, zumindest seine Excel-Kenntnisse in der Praxis anwenden können.

Es war – vorerst – die letzte Aufgabe, die St. als Praktikant erledigen durfte. Die schöne Zeit der Semesterferien neigte sich dem Ende zu, und die schöne Vorlesungszeit[2] kündigte sich an.

3.4 Offene Fragen

Bei der Analyse der Ergebnisse stellte Y fest, dass die Höhe des Kalkulationszinsfußes von zentraler Bedeutung ist. Die entscheidende Frage lautet: Ist der Kalkulationszinsfuß kleiner als 12,8 %?

Konsequenterweise rückte der Kalkulationszinsfuß in den Mittelpunkt des praktischen und des theoretischen Interesses.[3] Von welchen Faktoren wird er beeinflusst? Wie ist er zu ermitteln? Wir werden hierauf ausführlich eingehen.

Neben dem Kalkulationszinsfuß interessierte sich Y auch für die inhaltliche Interpretation der einzelnen Zielwerte. Was hat man sich z. B. unter dem Kapitalwert, was unter der Annuität und was unter der Pay-off-Periode vorzustellen? Welche ökonomischen Implikationen enthält der Interne Zinsfuß? Fragen über Fragen. Keine soll hier unbeantwortet bleiben. Allerdings können die Antworten erst zu gegebener Zeit erarbeitet werden, anders ausgedrückt: ab der Folge 16.

Der Marketingleiter hatte übrigens „nur“ die *praktische* Frage, ob die Investition endlich genehmigt worden sei. Indes musste er sich noch etwas gedulden.

---

[1] Lieber Leser, bitte denken Sie daran, diese Aufgabe bei Gelegenheit zu erledigen, falls Sie die Rolle des St. übernommen haben sollten. Falls Sie keine Zeit dazu haben oder auch aus anderen Gründen nicht dazu kommen, können Sie sich die Excel-Spreadsheets aus dem zu diesem Buch erschienenen Portal downloaden, um den einen oder anderen Blick hineinzuwerfen.

[2] Der Begriff Vorlesungszeit war eigentlich immer schon überholt. Schließlich geht es nicht nur um Vorlesungen, sondern auch um Übungen, Seminare und Kolloquien. Der treffendste Begriff ist wohl „vorwiegend fremd gesteuertes Lernen“. Dieser Begriff lässt Raum für den Ansatz des selbst gesteuerten Lernens, das jederzeit möglich ist.

[3] Eine Besonderheit der Fallstudiengeschichte ist darin zu sehen, dass man sich primär für theoretische und erst sekundär für praktische Fragen interessiert.

Kontrollfragen

Definieren Sie den Gegenwartswert zum Zeitpunkt t*! Wie verlaufen die Gegenwartswertfunktionen unabhängig vom Bezugszeitpunkt t* in Abhängigkeit vom Kalkulationszinsfuß? Wie lautet das Entscheidungskriterium?

Definieren Sie den Kapitalwert! Wie verläuft die Kapitalwertfunktion in Abhängigkeit vom Kalkulationszinsfuß? Wie lautet das Entscheidungskriterium?

Was ist unter dem Endwert der Investition, dem Endwert der Opportunität und dem Zusätzlichen Endwert zu verstehen? Wie verlaufen die Endwertfunktionen? An welcher Stelle schneiden sich welche Funktionen? Wo schneidet die Funktion des Zusätzlichen Endwerts die Abszisse, auf der der Kalkulationszinsfuß variiert wird? Wie lauten die Entscheidungskriterien beim Endwertkonzept?

Wie verlaufen die Endwertfunktionen bei einer Variation der Eigenen Mittel?

Welcher Zusammenhang besteht zwischen den Zielwerten Gegenwartswert zum Zeitpunkt t*=0 und t*=n, Kapitalwert und Zusätzlichem Endwert?

Wie verlaufen die Anfangswertfunktionen bei einer Variation des Kalkulationszinsfußes?

Welcher Zusammenhang besteht zwischen dem Zusätzlichen Anfangswert und dem Kapitalwert?

Was versteht man unter der Annuität? Wie lautet das Vorteilhaftigkeitskriterium bei Verwendung der Annuität?

Stellen Sie den Zusammenhang zwischen dem Annuitätenfaktor und dem Rentenbarwertfaktor dar!

Warum führt eine Investitionsrechnung nach der Kapitalwert- und der Annuitätenmethode stets zur gleichen Empfehlung?

Definieren Sie den Internen Zinsfuß! Erläutern Sie das Entscheidungskriterium!

Wie wird der Interne Zinsfuß rechnerisch bestimmt? Erörtern Sie die Lösungsqualitäten von Internen Zinsfüßen und gehen Sie dabei darauf ein, unter welchen Bedingungen die Lösung eindeutig ist! Überprüfen Sie, ob der Interne Zinsfuß für die Investition DY11 eindeutig ist!

Erörtern Sie die iterative Bestimmung des Internen Zinsfußes!

Versuchen Sie, den Internen Zinsfuß für folgende Zahlungsfolgen einer Investition zu berechnen. Sie ahnen sicherlich, dass unter den Zahlungsfolgen auch solche enthalten sind, bei denen mehrwertige Interne Zinsfüße und auch eine nicht reellwertige Lösung gegeben sind.

Investition	a_0	d_1	d_2
1	–20.000	30.000	5.000
2	–10.000	10.500	1.000
3	–20.000	44.000	–24.170
4	–10.000	20.000	–20.000

Abb. 9-12: Zahlungsfolgen von Investitionen

Erörtern Sie die Berechnung der kapitalwertorientierten Pay-off-Periode!

Warum liegt die Pay-off-Periode nicht irgendwo im Laufe eines Jahres?

Stellen Sie die Pay-off-Periode in Abhängigkeit vom Kalkulationszinsfuß grafisch dar und erläutern Sie die Grafik!

Warum stellt die Pay-off-Periode lediglich eine Zusatzinformation dar und keine Information, die für Entscheidungszwecke relevant ist?

Was ist unter einer bedingten Entscheidungsempfehlung zu verstehen? Formulieren Sie ein Beispiel unter Verwendung des noch nicht eindeutig festliegenden Kalkulationszinsfußes!

Diskutieren Sie die Rolle des Kalkulationszinsfußes für den Fall einer Investition, die mit der Anlage Eigener Mittel konkurriert!

Diskutieren Sie den Vorteil, ein Spreadsheet in einen Ein- und Ausgabeteil zu untergliedern. Erörtern Sie auch eine Kompromisslösung!

Welche Eingabedaten werden benötigt, mit denen die Zielwerte der klassischen dynamischen Investitionsrechnung bestimmt werden sollen?

Welche Möglichkeiten bieten die in Microsoft Excel integrierten finanzmathematischen Funktionen, den Zielwert der klassischen dynamischen Investitionsrechnung auszurechnen?

Wie funktioniert die Zielwertsuche in Microsoft Excel?

Folge 10

Investitionsrechnung auf Basis der Rentenrechnung

Ein Fall für Anhänger finanzmathematischer Vereinfachungen

1 Fragestellung

In der Praxis kommt es häufig vor, dass die monetäre Seite eines Investitionsobjekts, dessen Vorteile durch die klassischen dynamischen Methoden berechnet werden sollen, durch folgende vier Parameter[1] beschrieben wird:

1. Anschaffungsauszahlung a_0
2. durchschnittlicher jährlicher Einzahlungsüberschuss d^* ohne Liquidationsüberschuss
3. Liquidationsüberschuss L_n
4. Nutzungsdauer n

Bei den darzustellenden Ansätzen ist es unerheblich, aufgrund welcher Überlegungen der konstante Kalkulationszinsfuß zustande gekommen ist. Auf dieses Thema ist ja noch zurückzukommen.

Der durchschnittliche jährliche Einzahlungsüberschuss d^* wird häufig dann geschätzt, wenn zunächst eine grobe Analyse durchgeführt werden soll. Denkbar ist aber auch, zur vereinfachenden Präsentation der Daten die konstanten durchschnittlichen Einzahlungsüberschüsse aus periodenindividuellen Daten finanzmathematisch exakt zu errechnen. Hierbei wird die Zahlungsfolge der Investition, die aus periodenindividuellen Beträgen besteht, in eine solche transformiert, die neben der Anschaffungsauszahlung und dem Liquidationsüberschuss n gleich hohe Einzahlungsüberschüsse enthält. Das Ergebnis der Transformation wird als äquivalente Zahlungsfolge der Investition bezeichnet.

---

[1] Denkbar ist auch, einen Drei-Parameter-Fall darzustellen, in dem der Liquidationsüberschuss in den durchschnittlichen jährlichen Einzahlungsüberschüssen anteilig enthalten ist. In diesem Fall ist der Parameter d „sternlos“ darzustellen.

Zur Verdichtung der vier Parameter werden finanzmathematische Formeln der Rentenrechnung verwendet, da hiermit Rechenvereinfachungen verbunden sind. Langwierige Additionen werden durch (kurzweilige) Multiplikationen ersetzt. Seit der Einführung von Personal Computern hat dieses Argument natürlich praktisch keine Bedeutung mehr.

In unserer Fallstudienunternehmung wollte man bei der Dokumentation der Investitionsrechnung für die Anlage DY11 nicht auf die Möglichkeit verzichten, Investitionen durch vier Parameter darzustellen. Deshalb versenkte sich Dr. X in die Welt der Finanzmathematik und tauchte erst wieder auf, als er Wiedergewinnungsfaktoren, Rentenbarwertfaktoren und Rentenendwertfaktoren fest in der Hand hielt.[1]

2 Berechnung der äquivalenten Zahlungsfolge

Da das Vorteilhaftigkeitskriterium für Investitionsentscheidungen unabhängig von der Berechnungsmethode ist, soll im Folgenden ausschließlich die rechnerische Behandlung[2] beschrieben werden.

Aus einer beliebig verlaufenden Zahlungsfolge $-a_0$, $d_1^*, \ldots, d_n^* + L_n$ lässt sich eine Zahlungsfolge mit einer Anschaffungsauszahlung a_0 und n gleich hohen Einzahlungsüberschüssen d^* sowie einem Liquidationsüberschuss L_n mithilfe der folgenden nach d^* aufzulösenden Gleichung ermitteln:

$$-a_0 + \sum_{t=1}^{n} d_t^* \cdot q^{-t} + L_n \cdot q^{-n} = -a_0 + d^* \cdot RBF_{n,i} + L_n \cdot q^{-n}$$

Da die Höhe der Anschaffungsauszahlung a_0 sowie der Liquidationsüberschuss in t=n bei der Bestimmung von d^* *nicht* relevant ist, kann die Gleichung wie folgt vereinfacht werden:

---

[1] Vgl. u. a. Blohm, H., Lüder, K., Schaefer, C. (2006), S. 50 f., S. 70 f., Bosch, K. (2002), Grob, H. L. (1989), S. 117 ff., Kobelt, H., Schulte, P. (1999), S. 111-128, Kruschwitz, L. (2005), S. 73-76, Perridon, L., Steiner, M. (2004), S. 58 f.

[2] In der Literatur zur Investitionsrechnung werden häufig sog. Verfahrensvereinfachungen dargestellt, bei denen die Zinsen entweder nur in einfacher Form berücksichtigt oder gar völlig vernachlässigt werden. Die Existenz solcher Ansätze wird in dieser Einführung in die Investitionsrechnung bewusst ignoriert. Sollten Sie, lieber Leser, irgendwann einmal in der Praxis derartigen verfälschenden Vereinfachungen begegnen, werden Sie stark genug sein, sie mit konstruktiv-kritischen Argumenten abzulehnen. Wer Zinsen in der Investitionsrechnung vernachlässigt, gilt als Ignorant (auch gegenüber den Bemühungen der Währungshüter, die Konjunktur durch Leitzinspolitik zu beeinflussen).

$$\sum_{t=1}^{n} d_t^* \cdot q^{-t} = d^* \cdot RBF_{n,i}$$

Das Produkt von durchschnittlichem Einzahlungsüberschuss d^* und Rentenbarwertfaktor $RBF_{n,i}$ stellt den Ertragswert[1] der Investition ohne Liquidationsüberschuss dar. Eine Umstellung der Ausgangsgleichung nach d^* ergibt folgenden Ausdruck:[2]

$$d^* = \frac{\sum_{t=1}^{n} d_t^* \cdot q^{-t}}{RBF_{n,i}} = \sum_{t=1}^{n} d_t^* \cdot q^{-t} \cdot ANF_{n,i}$$

Unter Berücksichtigung der Daten der Investition DY11 beläuft sich der periodisch gleich bleibende Einzahlungsüberschuss auf 4.821 € pro Jahr. Die vier Parameter[3] lauten somit:

$$a_0 = 18000,\ d^* = 4821,\ L_n = 2365,\ n = 5$$

3 Verdichtung der äquivalenten Zahlungsfolge zu finanzwirtschaftlichen Zielwerten

3.1 Kapital- und Endwertberechnung

Der Kapitalwert der äquivalenten Zahlungsfolge der Investition ist unter Verwendung des Rentenbarwertfaktors wie folgt zu berechnen:

$$C = -a_0 + d^* \cdot RBF_{n,i} + L_n \cdot q^{-n}$$

Für die Datensituation des Demo-Falls ergibt sich der Kapitalwert wie folgt:

$$C = -18000 + 4821 \cdot 3{,}79079 + 2365 \cdot 1{,}1^{-5} = 1742\ [€]$$

Der Endwert der Investition (EW^M) lässt sich unter Verwendung des Rentenendwertfaktors $REF_{n,i}$ bestimmen:

$$EW^M = -FK_0 \cdot q^n + d^* \cdot REF_{n,i} + L_n$$

---

[1] Der Ertragswert stellt die Differenz zwischen dem Kapitalwert und der Anschaffungsauszahlung dar.

[2] Der Rentenbarwertfaktor $RBF_{n,i}$ ist bekanntlich der reziproke Annuitätenfaktor $ANF_{n,i}$.

[3] Bei einer Drei-Parameter-Darstellung, bei der der Liquidationsüberschuss in Höhe von 2.365 € anteilsmäßig auf alle Perioden verteilt wird, errechnet sich ein durchschnittlicher jährlicher Einzahlungsüberschuss von 5.208 €.

Der Rentenendwertfaktor $REF_{n,i}$ ist nichts anderes als der auf n aufgezinste Rentenbarwertfaktor, also:

$$REF_{n,i} = RBF_{n,i} \cdot q^n = \frac{q^n - 1}{i \cdot q^n} \cdot q^n = \frac{q^n - 1}{i}$$

Der Endwert der Investition EW^M ist wie folgt zu bestimmen:

$$EW^M = (-18000 + 9000) \cdot 1{,}1^5 + 4821 \cdot 6{,}10510 + 2365 = 17301 \text{ [€]}$$

Der Endwert der Opportunität EW^O beläuft sich auf

$$EW^O = 9000 \cdot 1{,}1^5 = 14495 \text{ [€]}$$

Der Zusätzliche Endwert ΔEW kann entweder durch Aufzinsen des Kapitalwerts auf den Endzeitpunkt oder durch die Differenz von EW^M und EW^O bestimmt werden.

3.2 Berechnung der Annuität

Im Unterschied zur oben dargestellten äquivalenten Zahlungsfolge ist die Annuität eine Folge gleich hoher Zielwerte, die in t=1 beginnt und in t=n endet. Liegen bereits konstante Einzahlungsüberschüsse d^* für die gesamte Nutzungsdauer vor, so ist zur Ermittlung der Annuität die Anschaffungsauszahlung a_0 abzüglich des Liquidationsüberschusses unter Berücksichtigung des Zinseszinseffektes auf die Nutzungsdauer der Investition zu verteilen und von d^* abzuziehen. Zu diesem Zweck ist der auf t=0 diskontierte totale Werteverzehr mit dem Annuitätenfaktor zu multiplizieren. Dieses Produkt wird als Kapitaldienst c bezeichnet. Aus kostenrechnerischer Sicht stellt der Kapitaldienst die Summe von Abschreibungen und Kalkulatorischen Zinsen dar; aus finanzwirtschaftlicher Sicht wird als Kapitaldienst die Summe von Tilgungen und Fremdkapitalzinsen bezeichnet.

$$c = (a_0 - L_n \cdot q^{-n}) \cdot ANF_{n,i}$$

$$c = (18000 - 2365 \cdot 1{,}1^{-5}) \cdot 0{,}26380 = 4361 \text{ [€/Jahr]}$$

Die Annuität errechnet sich im Fall einer äquivalenten Zahlungsfolge folgendermaßen:

$$a = d^* - c$$

$$a = 4821 - 4361 = 460 \text{ [€/Jahr]}$$

3.3 Berechnung des Internen Zinsfußes

Der Interne Zinsfuß r eines Investitionsprojekts lässt sich bei einer Zahlungsfolge, die aus konstanten Einzahlungsüberschüssen besteht, mithilfe der Tabelle der Rentenbarwertfaktoren approximativ bestimmen. Die Ausgangsgleichung lautet:

$$r{:=}i,\ \text{wenn gilt: } C\,(i{=}r) = -a_0 + d^* \cdot RBF_{n,i} + L_n(1+i)^{-n} \overset{!}{=} 0$$

Durch Umformung der Gleichung ergibt sich der kritische Rentenbarwertfaktor:

$$RBF^{krit}_{n,i\approx r} = \frac{a_0 - L_n(1+i)^{-n}}{d^*}$$

Bei n=5 und i=0,1 beträgt er:

$$RBF^{krit}_{5;0,1} = \frac{18000 - 2365 \cdot 1{,}1^{-5}}{4821} = 3{,}42916$$

Da die Laufzeit mit n=5 angegeben ist, kann mithilfe einer Tabelle der Rentenbarwertfaktoren der Interne Zinsfuß approximativ bestimmt werden:

n \ i ($RBF_{n,i}$)	0,11	0,12	0,13	0,14	0,15
5	3,69590	3,60478	3,51723	**3,43308**	3,35216

Abb. 10-1: Auszug aus der Tabelle der Rentenbarwertfaktoren[1]

Der Rentenbarwertfaktor für n=5 und i=0,14 beläuft sich auf 3,43308 und liegt hinreichend genau beim *kritischen* Rentenbarwertfaktor von 3,42916. Somit ist der Interne Zinsfuß rd. 14 %.[2]

[1] Die Tabelle befindet sich im Anhang dieses Buches.

[2] Vielleicht ist Ihnen, verehrter Leser, aufgefallen, dass zur Ermittlung des Internen Zinsfußes der Kalkulationszinsfuß i = 0,1 bei der Abzinsung des Liquidationsüberschusses verwendet worden ist. Nahe liegend ist der Gedanke, die Bestimmung des kritischen Rentenbarwertfaktors noch einmal durchzuführen, und zwar mit dem gerade gewonnenen Internen Zinsfuß. Nur dann, wenn sich der ursprüngliche Interne Zinsfuß nicht ändert, kann die Rechnung akzeptiert werden. Ansonsten müsste ein iterativer Suchprozess gestartet werden. Es sei an den Hinweis erinnert, mit dem problematischen Internen Zinsfuß nicht zu viel Zeit zu verbringen.

3.4 Berechnung der Pay-off-Periode

Zur Ermittlung der Pay-off-Periode t_p ist im Fall konstanter Einzahlungsüberschüsse der Jahresindex t so lange zu erhöhen, bis der Kapitalwert zum ersten Mal null oder positiv ist:

$t_p = t$, wenn erstmalig gilt:

$$C(t) = -a_0 + d^* \cdot RBF_{t,i} + L_n \cdot q^{-n} \geq 0$$

Eine Alternative zum Suchverfahren ist die Bestimmung von t_p aufgrund einer Umstellung der obigen Ungleichung nach $RBF_{t,i}$ und Verwendung einer Tabelle mit Rentenbarwertfaktoren. Der kritische Rentenbarwertfaktor ist der gerade noch zulässige Wert von $RBF_{t,i}$, der die folgende Bedingung erfüllt:

$$RBF_{t,i} \geq \frac{a_0 - L_n \cdot q^{-n}}{d^*}$$

Für die Daten des Fallbeispiels ergibt sich der oben bereits bestimmte kritische Rentenbarwertfaktor von 3,42916. Nun ist in der Tabelle der Rentenbarwertfaktoren unter dem Kalkulationszinsfuß i=0,1 diejenige Laufzeit von t zu suchen, bei der erstmalig der Rentenbarwertfaktor von 3,45622 erreicht bzw. überschritten wird.[1] Dies ist – wie aus Abb. 10-2 hervorgeht – bei t=5 der Fall. Die Pay-off-Periode t_p beträgt somit fünf Jahre.

t	i=0,1
1	0,90909
2	1,73554
3	2,48685
4	3,16986
5	**3,79079**
6	4,35526

Abb. 10-2: Auszug aus der Tabelle der Rentenbarwertfaktoren

[1] Die Fragestellung weicht also von der approximativen Bestimmung des Internen Zinsfußes ab. Eine zeitliche Approximation ist als nicht konsistent anzusehen, da die Einzahlungsüberschüsse bei den klassischen Methoden der Investitionsrechnung stets auf das Ende eines Jahres bezogen werden. Diese pragmatisch motivierte Prämissenwahl ermöglicht eine einfache (jahresbezogene) Anwendung der Zinseszinsrechnung.

4 Quintessenz

Zunächst ist festzustellen, dass wegen der äquivalenten Umformung der Zahlungsfolge bei der Kapitalwert-, Endwert- und Annuitätenmethode die gleichen Ergebnisse herauskommen (müssen), die sich auch bei der Originalzahlungsfolge mit periodenindividuellen Einzahlungsüberschüssen ergeben.

Interessant – so fand Y – sei die Berechnung des Internen Zinsfußes, vor allem aber das Ergebnis. Er erbebte in einem Wechselbad kritischer und unkritischer Überlegungen.

Warum weicht der Interne Zinsfuß der Originalzahlungsfolge von dem der äquivalenten Zahlungsfolge ab? Das war die kritische Frage!

Und nun zum unkritischen Teil. Y dachte doch wahrhaftig, er habe in Bezug auf die Bestimmung des Internen Zinsfußes das Ei des Kolumbus entdeckt. Schließlich gibt es für den Fall, dass der kritische Rentenbarwertfaktor positiv ist, keine Berechnungsprobleme. Mehrwertige oder gar nicht-reellwertige Lösungen können also gar nicht erst auftreten.

Doch dann wurde Y wieder kritischer. ‚Die Divergenz[1] muss an einer unausgesprochenen Prämisse liegen', dachte er. Sicher ist die Bildung einer äquivalenten Zahlungsfolge und die anschließende Errechnung ihres Internen Zinsfußes nicht sinnvoll. Aber warum? Für die Antwort war Y noch nicht reif genug.[2]

Auch bezüglich der Pay-off-Periode kann es Besonderheiten geben. Je nachdem, ob die Originalzahlungsfolge oder die ihr äquivalente Folge der Berechnung zugrunde gelegt wird, können sich Abweichungen ergeben. Dies war Y unmittelbar klar, denn durch die „Gleichmacherei" der Einzahlungsüberschüsse werden beispielsweise Anfangsverluste, die den Amortisationszeitraum verlängern, mit später anfallenden positiven Überschüssen finanzmathematisch exakt verrechnet. Damit steht fest, dass die Ermittlung einer Pay-off-Periode für eine äquivalent gemachte Zahlungsfolge a

[1] Bei der Originalzahlungsfolge war ein Interner Zinsfuß von 12,8 % errechnet worden; bei der äquivalenten Zahlungsfolge beträgt er 14 %.

[2] Vorverweise sind zwar didaktisch unerwünscht – da es hier jedoch nicht um Didaktik geht, sondern um Effektivität („Die richtigen Dinge tun!"), sei ein Verweis erlaubt: In Folge 23 (S. 167 ff.) wird die Lösung präsentiert. Bevor Sie sich damit auseinander setzen, sollten Sie jedoch noch einige Vorbereitungen treffen, d. h. die nächsten Folgen durcharbeiten. Bitte warten Sie ab – oder besser: lesen Sie weiter!

priori nicht sinnvoll ist. Akzeptabel ist sie nur dann, wenn die Elemente der Zahlungsfolge von vornherein gleich sind.

Aufgrund unausgesprochener, also geheimnisumwitterter, versteckter („impliziter") Prämissen zur Bildung einer äquivalenten Zahlungsfolge war offensichtlich nur die Verdichtung zum Kapitalwert, zum End- und Anfangswert sowie zur Annuität erlaubt.

Nachzutragen ist, dass am Montagmorgen Y überraschend in das Arbeitszimmer von Dr. X kam und ihm voller Stolz seine computergestützt erzeugten Tabellen mit Faktoren der Rentenrechnung präsentierte.[1] Er hatte am Wochenende die Chance wahrgenommen, mit seinem PC-besessenen Sohn F. zu kommunizieren, der in der Erstellung finanzmathematischer Tabellen eine nette Programmieraufgabe sah.

Dr. X sagte distanziert: „Personal Computer jederzeit zur Verfügung zu haben und Annuitätenfaktoren, Rentenbarwert- und -endwertfaktoren zu tabellieren – das ist *abiotop*!" Er sagte es allerdings erst, als Y wieder sein Zimmer verlassen hatte. Übrigens hatte Dr. X mit seiner Tochter J. die TV-Sendung *Sesamstraße* gesehen und dort das faszinierende selbst erklärende Wort *abiotop* aufgeschnappt.

Kontrollfragen

Definieren Sie den Begriff des äquivalenten Einzahlungsüberschusses für den Vier-Parameter-Fall! Nennen Sie zuvor die „vier Parameter"!

Erläutern Sie die Ermittlung des äquivalenten Einzahlungsüberschusses für den Vier-Parameter-Fall!

Welcher Zusammenhang besteht zwischen dem Rentenbarwertfaktor und dem Annuitätenfaktor?

Welcher Zusammenhang besteht zwischen dem Rentenendwert- und dem Annuitätenfaktor?

Warum führen Kapitalwert-, Endwert- und Annuitätenmethode unabhängig davon, ob mit der Originalzahlungsfolge oder ihrem Äquivalent gearbeitet wird, zu den gleichen Entscheidungsempfehlungen und zu identischen Zielwerten?

Welcher Zusammenhang besteht zwischen der Annuität und dem Kapitaldienst? Wie wird der Kapitaldienst berechnet?

Erläutern Sie die Schritte zur Bestimmung des Internen Zinsfußes unter Verwendung einer Tabelle finanzmathematischer Faktoren!

---

[1] Das Tabellenwerk, das zum Handwerkszeug der Klassiker zählt, ist im Anhang dokumentiert worden.

Führt eine äquivalent gemachte Zahlungsfolge zu demjenigen Internen Zinsfuß, der bei der Originalzahlungsfolge der Investition ermittelbar ist?

Erläutern Sie die Schritte zur Bestimmung der Pay-off-Periode unter Verwendung einer Tabelle mit finanzmathematischen Faktoren!

Warum ist die Bestimmung der Pay-off-Periode bei einer äquivalent gemachten Zahlungsfolge von vornherein nicht sinnvoll?

Zur Bestimmung der Pay-off-Periode im Fall konstanter Einzahlungsüberschüsse heißt es „Der kritische Rentenbarwertfaktor ist der gerade noch zulässige Wert von $RBF_{t,i}$, der die folgende Bedingung erfüllt:

$RBF_{t,i} \geq a_0 / d$."

Warum wäre es inkorrekt, ein geringfügiges Unterschreiten als kritischen Rentenbarwertfaktor zu akzeptieren?

Berechnen Sie für die unten stehende Zahlungsfolge einer Investition die äquivalente Zahlungsfolge:

Zeitpunkt	0	1	2	3
Zahlung [€]	–100.000	50.000	70.000	20.000

Abb. 10-3: Zahlungsfolge der Investition

Da der Liquidationsüberschuss im Einzahlungsüberschuss enthalten ist, liegt ein Drei-Parameter-Fall vor. Bestimmen Sie für diesen Fall den Kapitalwert, den Zusätzlichen Endwert, die Annuität und den Internen Zinsfuß! Verwenden Sie einen Kalkulationszinsfuß von 8 %!

Folge 11

Ermittlung äquivalenter Zahlungsfolgen

Und noch einmal
die statische Gewinnvergleichsrechnung
– diesmal mit konsistenten Daten

1 Transformation periodenindividueller Prognosewerte[1]

Für die statische Gewinnvergleichsrechnung wird eine äquivalente Zahlungsfolge benötigt, in der die Parameter Anschaffungsauszahlung, konstanter Einzahlungsüberschuss, Liquidationsüberschuss und Nutzungsdauer enthalten sind. Diese Ausprägung eines klassischen Modells der Investitionsrechnung wurde hier als Vier-Parameter-Fall bezeichnet.[2] Die Parameter sind in der folgenden Tabelle aufgeführt worden:

Daten	
Anschaffungsauszahlung	18.000 €
Überschuss der Leistungen über die Kosten (ohne Kapitaldienst)	4.821 €/Jahr[3]
Liquidationsüberschuss	2.365 €
Nutzungsdauer	5 Jahre

Abb. 11-1: Die vier Parameter der statischen Gewinnvergleichsrechnung

Der Zielwert der statischen Gewinnvergleichsrechnung lässt sich nun unter Verwendung eines Kalkulationszinsfußes von 10 % berechnen.

---

[1] Aus didaktischer Perspektive lautet das Ziel, den Zusammenhang zwischen einer periodenindividuellen („dynamischen") und einer einperiodigen („statischen") Betrachtung zu verdeutlichen. Um es noch klarer zu sagen: Nicht ein pragmatisches, sondern nur ein didaktisches Ziel wird in dieser Folge angestrebt.

[2] Vgl. Folge 10, S. 70.

[3] Der Betrag wurde in Folge 10 auf S. 72 berechnet.

2 Ermittlung des Zielwerts der statischen Gewinnvergleichsrechnung

Der Zielwert der statischen Gewinnvergleichsrechnung beträgt:

$$G = 4821 - \frac{18000 - 2365}{5} - \frac{18000 + \frac{18000 - 2365}{5} + 2365}{2} \cdot 0{,}1 = 519{,}40$$

Da G > 0 ist, ist die Realisierung des Investitionsvorhabens auf Basis der statischen Gewinnvergleichsrechnung empfehlenswert.

Der Kostenrechner war erstaunt, dass es doch tatsächlich gelungen ist, trotz periodenindividueller Daten eine statische Methode zu benutzen. Für den pragmatisch denkenden Marketingleiter war es nur wichtig, dass sein neues Produkt 47X positiv beurteilt wird. Dass der Zielwert aufgrund der finanzmathematisch exakten Rechnung von 571,00 auf 519,40 € gesunken ist, war für ihn nicht relevant. Der Praktikant St. dachte, ‚Das wäre mal eine schöne Klausuraufgabe!' Y überlegte, dass die positive Entscheidungsempfehlung keine Änderung der Entscheidung aufweist und deshalb nicht relevant ist. Nur Dr. X grübelte – wenn auch vergeblich – darüber nach, welcher Zusammenhang zwischen dem finanzmathematisch exakt ermittelten Gewinn der statischen Methode und dem Ergebnis der dynamischen Annuitätenmethode besteht. Tatsächlich wird die Differenz zwischen dem Gewinn der statischen Investitionsrechnung und der Annuität in der Literatur als Fehler der statischen Methode bezeichnet. Dr. X ahnte vielleicht, dass es ein Fehler der Literatur ist, dieses zu behaupten. Er muss sich – ebenso wie Sie, verehrter Leser – noch etwas gedulden, um die aufgeworfene Frage zu klären.[1,2]

---

[1] Genauer: bis Folge 18. Es ist zu hoffen, dass der Wunsch nach einer Einführung in VOFI als einer Alternative zur klassischen Investitionsrechnung nachhaltig steigt. :-)

[2] St. erhielt von Y den Auftrag, sein Spreadsheet zur statischen Gewinnvergleichsrechnung so anzupassen, dass auch die Eingabe einer beliebigen Zahlungsfolge der Investition möglich ist, die dann in finanzmathematisch exakte Durchschnittswerte umgerechnet wird. Der Praktikant war zu höflich, auf die mangelnde Relevanz dieser Arbeit hinzuweisen – schließlich sollte in der Fallstudienunternehmung eigentlich nie mehr wieder die statische Investitionsrechnung durchgeführt werden. Natürlich machte er es dennoch.

Kontrollfragen

Welche Daten sind für eine statische Gewinnvergleichsrechnung erforderlich?

Skizzieren Sie die Schritte, eine Zahlungsfolge mit n periodenindividuellen Einzahlungsüberschüssen und einem Liquidationsüberschuss am Ende der Nutzungsdauer so zu ermitteln, dass eine Berechnung des Gewinns der statischen Gewinnvergleichsrechnung möglich ist!

Unter welcher Voraussetzung ist eine solche Transformation erlaubt?

Kommt bei der Gewinnvergleichsrechnung der gleiche Zielwert heraus wie bei der Annuitätenmethode?

Folge 12

Die vielen Rollen des Kalkulationszinsfußes

Eine wahrlich schillernde Größe

1 Kritische Analyse

Eigentlich hätte die Rolle des Kalkulationszinsfußes schon in der ersten Folge, in deren Mittelpunkt die statische Gewinnvergleichsrechnung stand, kritisch untersucht werden müssen. Nachdem jedoch deutlich wurde, dass ein einperiodiger Ansatz bei einem mehrperiodigen Entscheidungsproblem von vornherein eine viel zu geringe Abbildungsgenauigkeit aufweist, hat es sich in diesem Zusammenhang nicht gelohnt, den Kalkulationszinsfuß ernst zu nehmen. Vor dem Hintergrund der problematisch erscheinenden Kapitalbindungsfunktion wurde der Kalkulationszinsfuß als eher harmlose Größe eingestuft, die sowieso in der Kostenrechnung der Unternehmung verwendet wird und dort schon eine lange Tradition aufweist. Sein „wahres Gesicht" zeigt er erst bei dynamischen Analysen, bei denen es darum geht, die zu unterschiedlichen Zeitpunkten anfallenden Zahlungen auf einen einheitlichen Zeitpunkt zu beziehen.

Bei der Behandlung der dynamischen Methoden wurde die Problematik des Kalkulationszinsfußes bewusst ausgeklammert, da dieser noch nicht endgültig fixiert worden ist. Folglich waren bisher auch nur bedingte Entscheidungsempfehlungen möglich. Nun geht es um seine Interpretation im Rahmen klassischer Methoden. Dort stellt er üblicherweise[1] einen pauschal vorzugebenden zeitlich konstanten Parameter dar, der zum Auf- bzw. Abzinsen zukünftiger Zahlungen verwendet wird.

Bei einem Kalkulationszinsfuß von 10 % ist eine Einzahlung von 110 €, die am Ende des ersten Jahres erfolgt, am Anfang des Jahres 100 € wert. Aus finanzmathematischer Sicht sieht dies so aus:

$$W_0 = e_1 \cdot (1 + i)^{-1}$$

Symbole

W_0 Wert der zukünftigen Einzahlung e_1 in t=0

e_1 Einzahlung in t=1

i Kalkulationszinsfuß

---

[1] Zeitlich variierende Kalkulationszinsfüße werden z. B. bei HAX im Zusammenhang mit der Kapitalwertmethode dargestellt. Vgl. Hax, H. (1993), S. 14.

Allgemein gültiger in Bezug auf die Zeit lautet die Formel:

$W_0 = e_t \cdot (1 + i)^{-t}$

Symbol

t Jahresindex

Offensichtlich ist, dass das in t=0 aus der Einzahlung resultierende Kapital in Höhe von 100 € bei einem Zinsfuß von 10 % nach fünf Jahren auf 161,05 € angewachsen ist. Dieses als natürlich empfundene Ergebnis resultiert aus einer Aufzinsung. Konsequenterweise beträgt der Wert des Kapitals[1] in t=0 unter den gleichen Bedingungen 100 €. Die Abzinsung („Diskontierung“) des in t=5 vorhandenen Kapitals auf den Zeitpunkt t=0 erfolgt durch Anwendung der oben dargestellten Formel zur Bestimmung von W_0.

Unproblematisch ist die Interpretation des Kalkulationszinsfußes als Marktzinsfuß, wenn es sich bei dem Projekt ausschließlich um *eine* Anlagenform bzw. ausschließlich um *einen* Kredit handelt. Bei einer Sachinvestition ist jedoch damit zu rechnen, dass im Laufe der Nutzungsdauer sowohl Kredite als auch die Anlagen frei werdender Mittel auftreten. Zur Vergleichbarkeit konkurrierender Sachinvestitionen kann es außerdem erforderlich sein, aktuelle bzw. zukünftige Ergänzungsinvestitionen zu berücksichtigen. Aktuelle Ergänzungsinvestitionen sind dann anzusetzen, wenn die zur Verfügung gestellten Eigenen Mittel von einem Investitionsvorhaben nicht vollständig ausgenutzt werden; vom verbleibenden Rest ist dann eine aktuelle Ergänzungsinvestition zu bilden, über deren Verzinsung Anahmen zu treffen sind. Zukünftige Ergänzungsinvestitionen müssen berücksichtigt werden, wenn die Nutzungsdauer der konkurrierenden Alternativen ungleich sind. Also wird durch den Ansatz zukünftiger Ergänzungsinvestitionen ein übereinstimmender Planungszeitraum festgelegt. Für derartige Supplemente müssen Rentabilitäten angesetzt werden, die im Kalkulationszinsfuß repräsentiert werden.

Es kommt noch schlimmer: Zur Optimierung der Nutzungsdauer ist zu unterstellen, dass die Anfangsinvestition einmalig, beliebig oft – manchmal sogar unendlich oft – wiederholt wird. Auch für diese Folgeinvestitionen sind Rentabilitäten zu schätzen, die ein Bestandteil des Kalkulationszinsfußes sind.

Nicht zu vergessen ist die Rentabilität der Opportunität. Gefragt wird letztlich, ob die Sachinvestition vorteilhafter ist als die Opportunität. Die

[1] Aha, daher kommt der Begriff Kapitalwert.

Opportunitätskosten sind deshalb ebenfalls im Kalkulationszinsfuß zu berücksichtigen.

Die Problematik liegt auf der Hand: Sämtliche Sollzinsfüße für Kredite, Habenzinsfüße für Geldanlagen, Rentabilitätskennzahlen für Reinvestitionen, aktuelle und zukünftige Ergänzungsinvestitionen sowie Folgeinvestitionen und nicht zuletzt der Opportunitätskostensatz sollen durch einen einzigen Zinsfuß repräsentiert werden: den Kalkulationszinsfuß.

Die Klassiker der Investitionstheorie hatten sich die Antwort leicht gemacht. Sie unterstellten einen vollkommenen Kapitalmarkt ohne finanzielle Beschränkungen. Unter dieser Prämisse entspricht die Höhe des Sollzinsfußes automatisch der des Habenzinsfußes.[1] An die Renditen von weiteren Investitionen haben die Klassiker wohl nicht gedacht.

Da jedoch der Kapitalmarkt unvollkommen ist, muss es sich beim Kalkulationszinsfuß um einen gewogenen Durchschnitt aller oben genannten Zinsfüße und Renditegrößen handeln. Selbst wenn dieser Parameter bestimmt werden könnte, wäre wegen der unterschiedlichen Höhe des Kalkulationszinsfußes im Zeitablauf nur das Endergebnis der Investitionsrechnung interpretierbar. Die zeitbezogenen Zwischengrößen würden nicht konsistent abgebildet.

Ein erster Schritt in die richtige Richtung ist sicherlich die Verwendung eines Mischzinsfußes als Kalkulationszinsfuß, der bekanntlich wie folgt definiert ist:

$$i = \frac{i_S \cdot FK + i_O \cdot EK}{FK + EK}$$

Symbole

i	Kalkulationszinsfuß
i_S	Sollzinsfuß
i_O	Opportunitätskostensatz
EK	Eigenkapital (Eigene Mittel)
FK	Fremdkapital

Eine Modifikation um eine Vielzahl von Krediten mit unterschiedlichen Sollzinsfüßen sowie ein Bündel von Anlagemöglichkeiten zu unterschiedlichen Habenzinsfüßen ist leicht möglich. Obwohl für die mit der Investition zusammenhängenden Finanz- und Kreditbestände der Eigenen Mittel spezifische Konditionen angenommen worden sind, werden diese bei den

[1] Dr. X dachte: ‚Die armen Banken! Womit sollen sie in diesem Fall ihre schönen Gebäude und ihre 14 bis 15 Monatsgehälter finanzieren?!'

klassischen dynamischen Methoden nicht genutzt. Die auf der rechten Seite der Bestimmungsgleichung des Mischzinsfußes dargestellten Zinsfüße erleiden ein „Sunk Cost-Schicksal" – sie gehen unter. Wer an dieser Stelle mit dem Kalkulationszinsfuß und seiner Überforderung Mitleid empfindet, möge ruhig bleiben. Bemitleidenswert ist eher die von ihm berührte Investitionsrechnung sowie die Controller, die sie anwenden.

Indes – es kommt noch viel schlimmer, denn der Kalkulationszinsfuß soll noch mehr leisten. In ihm soll die inflationäre Entwicklung erfasst werden, die sich in Form von Preissteigerung bei den Input- und Outputfaktoren äußert, die mit der Investition in Zusammenhang stehen.[1] Durch eine Unterscheidung zwischen dem realen[2] und dem nominellen[3] Zinsfuß sollen die formalen Voraussetzungen geschaffen werden, um inflationsbereinigte Zielwerte zu erzeugen.[4] Gegen diesen Ansatz ist vehement zu protestieren. Eine Investitionsrechnung sollte – selbst, wenn die Inflation galoppiert – ausschließlich nominelle Größen verarbeiten. Schließlich sind nur solche Rechnungen gut nachvollziehbar, die nominelle Daten beinhalten. Außerdem sind Kontrollrechnungen nur auf Basis nomineller Rechengrößen möglich. Durchaus kann eine Umrechnung in einen beliebig definierten Warenkorb zur anschaulicheren Interpretation des Zielwerts vorgenommen werden. Beispielsweise ließe sich berechnen, wie viele Standardgüter (z. B. Hamburger) durch den inflationsaufgeblähten Zielwert finanziert werden können. Bei den Standardgütern ist selbstverständlich deren inflationäre Entwicklung im Zeitablauf zu beachten.

Der Kalkulationszinsfuß – und nun kommt eine weitere Überforderung – wird häufig auch dazu benutzt, das Risiko einer Investition „angemessener" berücksichtigen zu wollen. Eine Erhöhung des Kalkulationszinsfußes würde auf den ersten Blick die unliebsame Möglichkeit einer zukünftigen Steigerung des Sollzinsfußes quantifizieren. Aber was ist mit höheren Renditen bei den Re-, Ergänzungs- und Folgeinvestitionen? Falls ein konstant bleibendes Verhältnis der Zinssätze unterstellt wird, würde eine Erhöhung des Kalkulationszinsfußes zwangsläufig eine Vergrößerung von Renditechancen bei den oben genannten Investitionen implizieren. Und genau das Gegenteil – nämlich Risiken zielwertmindernd einzukalkulieren

---

[1] Vgl. Grob, H. L. (2004).

[2] Vgl. Ross, St. A., Westerfield, R. W., Jaffe, J. F. (2005), S. 198.

[3] Vgl. Jonas, M. (1995), S. 87, Günther, T. (1997), S. 140, Herter, R. N. (1994), S. 52, Copeland, T., Koller, T., Murrin, J. (2002), S. 195, Mandl, G., Rabel, K. (1997), S. 209.

[4] Vgl. Busse von Colbe, W., Laßmann, G. (1990), S. 83.

– war mit der Erhöhung des Kalkulationszinsfußes intendiert. Besonders herauszustellen ist die Idee, im Kalkulationszinsfuß das risikobewusste Anlageverhalten der Eigenkapitalgeber („Shareholder“) zum Ausdruck zu bringen. Die Diskussion um diesen sog. risikoadjustierten Kalkulationszinsfuß steht im Mittelpunkt der nächsten Folge.

Kontrollfragen

Definieren Sie den Begriff Kalkulationszinsfuß!

Erörtern Sie die Rolle eines Zinsfußes bei der Auf- und Abzinsung von Zahlungen!

Welche im Zusammenhang mit einem Investitionsobjekt auftretenden Zinsfüße werden durch den Kalkulationszinsfuß repräsentiert?

Nehmen Sie zu der „Problemlösung“ der Klassiker, die mit der Prämisse eines vollkommenen Kapitalmarkts gearbeitet haben, kritisch Stellung!

Warum sollten Investitionsrechnungen stets mit nominellen Größen vorgenommen werden? Wie könnte die Umrechnung des (nominellen) Endwerts in eine reale Größe vorgenommen werden?

Nehmen Sie zu der Möglichkeit kritisch Stellung, das Risiko einer Investition im Kalkulationszinsfuß auszudrücken!

Folge 13

Ermittlung des Kalkulationszinsfußes für das Capital Asset Pricing Model (CAPM)

Der Kalkulationszinsfuß im Aufschwung

1 Einstieg in CAPM

Das Capital Asset Pricing Model (CAPM)[1] bietet – so meinte Y – einen interessanten Beitrag zur Theorie des Kalkulationszinsfußes. Dr. X griff den Gedanken auf und versuchte, einen Einstieg zu liefern.

Im Mittelpunkt von CAPM steht die Ermittlung des Eigenkapitalkostensatzes unter Berücksichtigung des Risikoverhaltens der Eigenkapitalgeber börsennotierter Unternehmungen. Dieser Eigenkapitalkostensatz ist Bestandteil des Kalkulationszinsfußes, der zur Diskontierung der Zahlungsfolge eines Bewertungsobjekts benötigt wird.

Schon frühzeitig wurde vorgeschlagen[2], CAPM auch bei der Bewertung des monetären Vorteils von Investitionsobjekten zu verwenden. Hierbei ist von einer Analogie der Risikosituation zwischen einem Investitionsobjekt und einer bestimmten Aktie bzw. Klasse von Aktien auszugehen. Folglich ist dieser Ansatz in erster Linie für börsennotierte Unternehmungen entwickelt worden. Die Eigenkapitalkosten enthalten einen Ausgleich für das sog. systematische Risiko, unter dem das Marktrisiko aus der Sicht der Aktionäre zu verstehen ist. Zum systematischen Risiko zählen beispielsweise Veränderungen im Bereich der Politik. Das systematische Risiko ist nur ein Teil des Gesamtrisikos einer Investition.

Bei der Darstellung von CAPM ist zwischen dem (einfachen) Fall der vollständigen Eigenfinanzierung und dem (umfassenderen) Fall der Mischfinanzierung zu unterscheiden. Natürlich fangen wir mit dem einfacheren Fall an.

---

1 Vgl. Schneider, D. (1992), S. 511-523, Schneider, D. (1998), Spalte 1477 f., Adam, D. (2000), S. 358 ff., Kruschwitz, L. (2004), S. 169-236, Kruschwitz, L. (2005), S. 377-382, Schmidt, R. H., Terberger, E. (1999), S. 343-366.

2 Vgl. Schmidt, R. H., Terberger, E. (1999), S. 370.

2 Vollständige Eigenfinanzierung

Bei vollständiger Eigenfinanzierung wird im CAPM als Kalkulationszinsfuß der Eigenkapitalkostensatz angesetzt, in dem das Risikoverhalten der Eigenkapitalgeber zum Ausdruck kommt. Bereits die Wahl der Symbolik signalisiert Besonderheiten gegenüber dem herkömmlichen Kalkulationszinsfuß. Aus dem „klassischen“ Symbol i wird unter der Bedingung einer vollständigen Eigenfinanzierung μ_i, wobei der Index i nichts mit der klassischen Bezeichnung für den Kalkulationszinsfuß zu tun hat, sondern das Investitionsobjekt identifiziert.

Die Nutzung des griechischen Buchstabens μ besagt, dass der Kalkulationszinsfuß den Erwartungswert einer Wahrscheinlichkeitsverteilung darstellt, der bei der Ermittlung des Zielwerts einer Investition als Eigenkapitalkostensatz r_{EK} verwendet wird. Im Index i zeigt sich, dass der Kalkulationszinsfuß nicht für sämtliche Investitionen einer Unternehmung, sondern objektspezifisch festgelegt wird – also könnte auch μ_{DY11} geschrieben werden. Die objektspezifische Betrachtung ermöglicht beispielsweise, dass Immobilieninvestitionen als risikoärmer eingestuft werden als Engagements in Hightech-Objekte. Wenn nur *ein* Objekt betrachtet wird, erübrigt sich der Index i bzw. DY11. Zur Vereinfachung der Schreibweise wird im Folgenden auf die Notation des Index verzichtet.

Bei vollständiger Eigenfinanzierung ist der Kalkulationszinsfuß μ wie folgt definiert:

$$r_{EK} = \mu = i_f + (\mu_M - i_f) \cdot \beta$$

Symbole

r_{EK}, μ	Eigenkapitalkostensatz
i_f	risikofreier Zinssatz
μ_M	Marktrendite
β	Beta-Faktor für eine bestimmte Investition

Der Eigenkapitalkostensatz setzt sich offensichtlich aus einem Sockelbetrag in Höhe eines risikofreien Zinssatzes i_f und einem projektabhängigen Risikoaufschlag $(\mu_M - i_f) \cdot \beta$ zusammen.

Die einzelnen Einflussgrößen von r_{EK} sollen nun kurz erläutert werden:

- Die Marktrendite μ_M stellt die erwartete Rendite des gesamten Anlagenportefeuilles dar.[1] Sie ist als Erwartungswert definiert.
- Der risikofreie Zinssatz i_f stellt beispielsweise die Rendite eines Bundesschatzbriefes dar. Seine Interpretation ist so problemlos wie der Bundesschatzbrief selbst.[2]
- Der Beta-Faktors β ist eine Kennzahl zur Normierung des systematischen Risikos, das das allgemeine wirtschaftliche Risiko quantifiziert.

Auf die Interpretation des Beta-Faktors ist nun näher einzugehen. Durch eine Umstellung der Bestimmungsgleichung von μ (= r_{EK}) kann gezeigt werden, dass β eine Beziehungskennzahl darstellt, in der zwei Risikomargen zueinander ins Verhältnis gesetzt werden. Der Quotient quantifiziert die Relation zwischen der objektspezifischen und der marktspezifischen Marge:

$$\beta = \frac{\mu - i_f}{\mu_M - i_f}$$

Um zu zeigen, wie der Beta-Faktor zu berechnen ist, ist die μ-Gleichung so umzustellen, dass β die Steigung einer von μ_M abhängigen Funktion ausdrückt:

$$\mu = (1 - \beta) \cdot i_f + \beta \cdot \mu_M$$

Zur Ermittlung der Höhe des Beta-Faktors ist die zu beurteilende Investition in eine Risikokategorie einzuordnen, die durch eine bestimmte Aktie oder eine Klasse von Aktien repräsentiert wird. Dann wird unter Verwendung vergangenheitsbezogener Daten eine Vielzahl von Wertepaaren zusammengestellt, bestehend aus der Rendite der ausgewählten Aktie(n) und der Marktrendite (z. B. dem DAX). Diese μ-μ_M-Wertepaare ergeben üblicherweise eine Punktwolke (vgl. Abb. 13-1):

---

[1] Hierzu sagt KRUSCHWITZ: „Stellen Sie sich darunter näherungsweise die Rendite vor, die jemand erzielt, der alle Aktien in dem Mischverhältnis erwirbt, wie diese in einem Aktienindex vertreten sind.“ Er weist darauf hin, dass die erwartete Rendite des Deutschen Aktienindex (DAX) stellvertretend als Rendite des Marktportefeuilles angesetzt werden kann. Kruschwitz, L. (2005), S. 380.

[2] Dabei wird vereinfachend unterstellt, dass der Bund seinen Verpflichtungen aus den aufgenommenen Krediten mit Sicherheit nachkommt. Gleichwohl wird von einer *„quasi“* sicheren Anlage gesprochen.

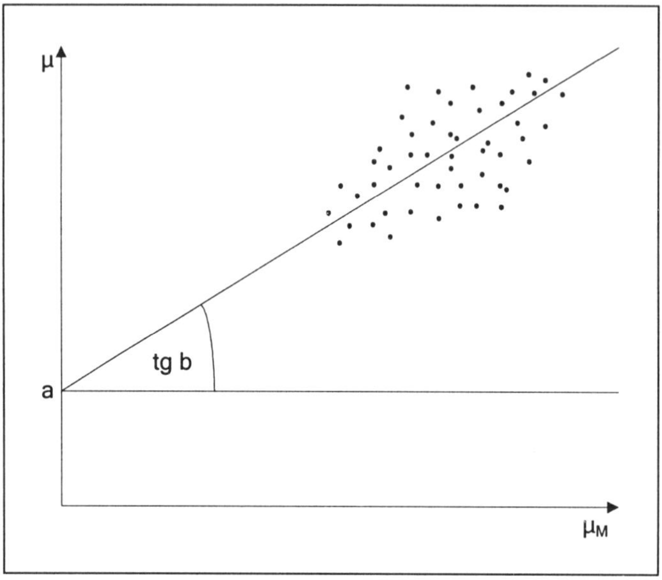

Abb. 13-1: Korrelation zwischen der Rendite einer Aktie und der Marktrendite

Durch die Punktwolke ist eine Regressionsgerade der Form

$\mu = a + b \cdot \mu_M$

zu legen, deren Steigung b die Korrelation zwischen μ und μ_M quantifiziert.

In der oben dargestellten μ-Funktion in Abhängigkeit von μ_M wird offensichtlich der Beta-Faktor durch die in der Regressionsgeraden ermittelten Steigung b angegeben. Die Ordinate a ist durch den Term

$a = (1 - \beta) \cdot i_f$

definiert. Auf einen Blick:

$$\mu = \underbrace{(1-\beta) \cdot i_f}_{a} + \underbrace{\beta \cdot \mu_M}_{b \cdot \mu_M}$$

Die Gleichungen zur Ermittlung des Ordinatenabstandes a und der Steigung b lauten (bekanntlich):[1]

[1] i übernimmt nun die Rolle eines Laufindex.

$$a = \frac{\sum_{i=1}^{n} \mu_{M_i}^2 \sum_{i=1}^{n} \mu_i - \sum_{i=1}^{n} \mu_{M_i} \sum_{i=1}^{n} \mu_{M_i} \cdot \mu_i}{n \sum_{i=1}^{n} \mu_{M_i}^2 - \left(\sum_{i=1}^{n} \mu_{M_i} \right)^2}$$

$$b = \frac{n \sum_{i=1}^{n} \mu_{M_i} \cdot \mu_i - \sum_{i=1}^{n} \mu_{M_i} \sum_{i=1}^{n} \mu_i}{n \sum_{i=1}^{n} \mu_{M_i}^2 - \left(\sum_{i=1}^{n} \mu_{M_i} \right)^2}$$

Eigentlich ist ja nur b zu bestimmen, denn wenn b vorliegt, kann a aufgrund der oben stehenden Formel $a = (1 - \beta) \cdot i_f$ errechnet werden. Der Beta-Faktor kann aber auch unter Verwendung der Kovarianz, in der die Abhängigkeit zwischen dem Renditeverlauf der betrachteten Aktie und dem Verlauf der Marktrendite zum Ausdruck kommt, wie folgt bestimmt werden:

$$b = \frac{\text{cov}(\mu, \mu_M)}{\sigma_M^2} = \frac{\frac{1}{n} \sum_{i=1}^{n} (\mu_i - \bar{\mu}) \cdot (\mu_{M_i} - \bar{\mu}_M)}{\frac{1}{n} \sum_{i=1}^{n} (\mu_{M_i} - \bar{\mu}_M)^2} = \beta$$

Die Berechnung von Beta-Faktoren gehört mittlerweile zum Tagesgeschäft von Aktienanalytikern. So werden beispielsweise im Börsenteil von Wirtschaftszeitungen die Beta-Faktoren einzelner Aktien veröffentlicht. Auch in Microsoft Excel sind die benötigten Funktionsvorschriften verfügbar und laden zu Berechnungsexperimenten ein.[1]

Y's fragender Blick nach der Äquivalenz der beiden oben dargestellten Ansätze motivierte Dr. X zu einem Identitätsbeweis, der am Ende dieser Folge dokumentiert worden ist.[2]

2 Mischfinanzierung

Im Fall einer Mischfinanzierung ist beim CAPM als Kalkulationszinsfuß der Weighted Average Cost of Capital (WACC) anzusetzen. Dieser ist wie folgt definiert:

---

1 Vgl. Erner, C. (2005).

2 Vgl. S. 94 f.

$$\text{WACC} = r_{EK} \cdot \frac{EK}{EK+FK} + r_{FK} \cdot (1-s) \cdot \frac{FK}{EK+FK} = \frac{r_{EK} \cdot EK + r_{FK} \cdot (1-s) \cdot FK}{EK+FK}$$

Symbole

r_{EK}	Eigenkapitalkostensatz
EK	Eigenkapital (Eigene Mittel)
FK	Fremdkapital
r_{FK}	Fremdkapitalzinsfuß (Sollzinsfuß)
s	Ertragsteuersatz

Im Folgenden wird r_{EK} durch μ ersetzt.

Im Vergleich zum klassischen Mischzinsfuß werden beim WACC auch die Ertragsteuern auf die Fremdkapitalzinsen berücksichtigt.

„Warum nur auf die Fremdkapitalzinsen und nicht auf die Opportunitätskosten?“

„Weil die Opportunitätskosten lediglich eine kalkulatorische Größe darstellen, die nicht versteuert wird. Steuern fallen vielmehr beim Eigenkapitalgeber an.“

„Aha!“ Y hatte schon an den Fall einer Steuerhinterziehung gedacht.

Dann kam eine weitere kritische Anmerkung. „WACC ist ja einperiodig!“

„Richtig! Wenn wir allerdings dies nicht akzeptieren, brauchen wir uns mit CAPM gar nicht weiter zu beschäftigen.“

„Okay! Vorläufig akzeptiert.“[1]

Im Mittelpunkt von CAPM steht also die Ermittlung des im WACC enthaltenen Eigenkapitalkostensatzes μ auf der Grundlage der Risikoeinschätzung der Eigenkapitalgeber. Indes sollte μ im WACC nicht ohne den Verschuldungsgrad FK/EK berechnet werden, denn die Shareholder gehen davon aus, dass sich mit steigendem Verschuldungsgrad ihr Risiko erhöht – trotz Basel II. Deshalb erwarten sie einen monetären Ausgleich. Unter Berücksichtigung der Kapitalstruktur – also des Verschuldungsgrades – ist der WACC wie folgt zu formulieren:

$$\text{WACC} = \frac{r_{EK}(V) \cdot EK + (1-s) \cdot i_S \cdot FK}{EK+FK} \qquad \text{mit } V = \frac{FK}{EK}$$

[1] Die Einschränkung sollte auch von Ihnen, verehrter Leser, akzeptiert werden, damit Sie motiviert sind, weiterzulesen.

Symbole

V Verschuldungsgrad[1]

$r_{EK}(V)$ Eigenkapitalkostensatz unter Berücksichtigung des Verschuldungsgrades

Die Bestimmungsgleichung des Eigenkapitalkostensatzes unter Berücksichtigung des aus dem Verschuldungsgrad resultierenden Risikos lautet:

$$r_{EK}(V) = \underbrace{i_f + (\mu_M - i_f) \cdot \beta}_{\substack{\text{Eigenkapitalkosten} \\ \text{bei vollständiger} \\ \text{Eigenfinanzierung}}} + \underbrace{(\mu_M - i_f) \cdot \beta \cdot (1-s) \cdot \frac{FK}{EK}}_{\text{Korrekturposten}}$$

Nun kann der WACC für den Fall, dass nicht nur mit Eigenkapital, sondern auch mit Fremdkapital – und zwar mit verschiedenen Krediten (j=1,…,m) – finanziert wird, ausführlich formuliert werden:

$$WACC = \frac{\overbrace{i_f + (\mu_M - i_f) \cdot \beta + (\mu_M - i_f) \cdot \beta \cdot (1-s) \cdot \frac{FK}{EK}}^{\text{Eigenkapital-kostensatz}} + \sum_{j=1}^{m} \overbrace{i_{s_j}}^{\text{Fremdkapital-kostensatz}} \cdot FK_j}{EK + \sum_{j=1}^{m} FK_j}$$

Offenbar umfasst die obige WACC-Formel, die für eine Mischfinanzierung aufgestellt worden ist, auch den Fall der Eigenfinanzierung, denn wenn alle FK_j gleich null sind, dann ergibt sich die eingangs formulierte Gleichung zur Ermittlung von r_{EK}.[2]

Der Zusammenhang zwischen dem Beta-Faktor, dem risikoadjustierten Kalkulationszinsfuß und der Gesamtkapitalrentabilität wird in Abb. 13-2 verdeutlicht. Aus der Zeichnung geht hervor, dass die Marge zwischen der Gesamtkapitalrentabilität und dem risikoadjustierten Kalkulationszinsfuß positiv ist. Bei einem β von 1 stimmt der Kalkulationszinsfuß mit der Marktrendite μ_M überein.[3]

---

[1] Der Begriff Verschuldungsgrad ist irreführend – denkt man z. B. an eine Analogie zum Beschäftigungsgrad, der einen Anteilswert darstellt. Besser wäre es daher, von Verschuldungskoeffizient zu sprechen. Üblich ist aber der Begriff Verschuldungsgrad. Er wird auch hier als Terminus technicus beibehalten.

[2] Vgl. S. 88.

[3] Vgl. hierzu die Formel auf S. 88.

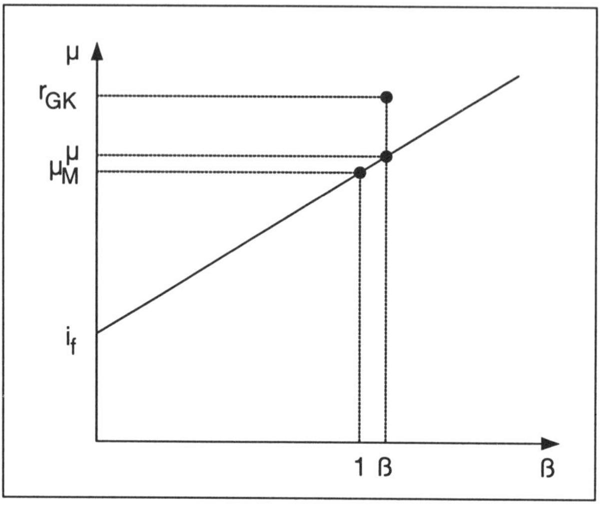

Abb. 13-2: CAPM-Wertpapierlinie

„Und was ist, wenn EK gleich null ist?“, fragte Z, der bislang schweigend zugehört hatte.

„Denken Sie daran, dass CAPM für börsennotierte Unternehmungen gemacht worden ist.“

Z war es nicht einmal peinlich, die Frage gestellt zu haben. Warum auch?

3 Identitätsbeweis

Nachzutragen ist noch, dass die Ermittlung des Beta-Faktors bei Verwendung der Regressionsanalyse sowie durch Berücksichtigung der Kovarianz zu identischen Ergebnissen führt.

$$b = \frac{\frac{1}{n}\sum_{i=1}^{n}(\mu_i - \bar{\mu}) \cdot (\mu_{M_i} - \bar{\mu}_M)}{\frac{1}{n}\sum_{i=1}^{n}(\mu_{M_i} - \bar{\mu}_M)^2}$$

Ausmultiplizieren der Terme oben und unten

$$b = \frac{\frac{1}{n}\sum_{i=1}^{n}(\mu_i \cdot \mu_{M_i} - \mu_i \cdot \bar{\mu}_M - \bar{\mu} \cdot \mu_{M_i} + \bar{\mu} \cdot \bar{\mu}_M)}{\frac{1}{n}\sum_{i=1}^{n}(\mu_{M_i}^2 - 2 \cdot \mu_{M_i} \cdot \bar{\mu}_M + \bar{\mu}_M^2)}$$

Aufspalten der Summen oben und unten

$$b=\frac{\frac{1}{n}\left(\sum_{i=1}^{n}\mu_i\cdot\mu_{M_i}-\sum_{i=1}^{n}\mu_i\cdot\bar{\mu}_M-\sum_{i=1}^{n}\bar{\mu}\cdot\mu_{M_i}+\sum_{i=1}^{n}\bar{\mu}\cdot\bar{\mu}_M\right)}{\frac{1}{n}\left(\sum_{i=1}^{n}\mu_{M_i}^2-\sum_{i=1}^{n}2\cdot\mu_{M_i}\cdot\bar{\mu}_M+\sum_{i=1}^{n}\bar{\mu}_M^2\right)}$$

Vorziehen der Konstanten bzw. Ersetzen der aufsummierten

Konstanten durch Faktoren

$$b=\frac{\frac{1}{n}\left(\sum_{i=1}^{n}\mu_i\cdot\mu_{M_i}-\bar{\mu}_M\sum_{i=1}^{n}\mu_i-\bar{\mu}\sum_{i=1}^{n}\mu_{M_i}+n\cdot\bar{\mu}\cdot\bar{\mu}_M\right)}{\frac{1}{n}\left(\sum_{i=1}^{n}\mu_{M_i}^2-2\cdot\bar{\mu}_M\sum_{i=1}^{n}\mu_{M_i}+n\cdot\bar{\mu}_M^2\right)}$$

Ersetzen der summierten Werte durch den n-fachen Mittelwert

$$b=\frac{\frac{1}{n}\left(\sum_{i=1}^{n}\mu_i\cdot\mu_{M_i}-n\cdot\bar{\mu}\cdot\bar{\mu}_M-n\cdot\bar{\mu}\cdot\bar{\mu}_M+n\cdot\bar{\mu}\cdot\bar{\mu}_M\right)}{\frac{1}{n}\left(\sum_{i=1}^{n}\mu_{M_i}^2-2\cdot\bar{\mu}_M\cdot n\cdot\bar{\mu}_M+n\cdot\bar{\mu}_M^2\right)}$$

Zusammenfassen identischer Terme

$$b=\frac{\frac{1}{n}\left(\sum_{i=1}^{n}\mu_i\cdot\mu_{M_i}-n\cdot\bar{\mu}\cdot\bar{\mu}_M\right)}{\frac{1}{n}\left(\sum_{i=1}^{n}\mu_{M_i}^2-2\cdot n\cdot\bar{\mu}_M^2+n\cdot\bar{\mu}_M^2\right)}$$

Auflösen der Klammer oben, Zusammenfassen unten

$$b=\frac{\frac{1}{n}\sum_{i=1}^{n}\mu_i\cdot\mu_{M_i}-\bar{\mu}\cdot\bar{\mu}_M}{\frac{1}{n}\left(\sum_{i=1}^{n}\mu_{M_i}^2-n\cdot\bar{\mu}_M^2\right)}$$

Auflösen der Klammer unten

$$b=\frac{\frac{1}{n}\sum_{i=1}^{n}\mu_i\cdot\mu_{M_i}-\bar{\mu}\cdot\bar{\mu}_M}{\frac{1}{n}\sum_{i=1}^{n}\mu_{M_i}^2-\bar{\mu}_M^2}$$

Erweiterung des Bruchs mit n^2

$$b=\frac{n\sum_{i=1}^{n}\mu_i\cdot\mu_{M_i}-n^2\cdot\bar{\mu}\cdot\bar{\mu}_M}{n\sum_{i=1}^{n}\mu_{M_i}^2-n^2\cdot\bar{\mu}_M^2}$$

Ersetzen von n^2 durch nn

$$b=\frac{n\sum_{i=1}^{n}\mu_{M_i}\cdot\mu_i-n\cdot\bar{\mu}\cdot n\cdot\bar{\mu}_M}{n\sum_{i=1}^{n}\mu_{M_i}^2-n\cdot\bar{\mu}_M\cdot n\cdot\bar{\mu}_M}$$

Ersetzen der n-fachen Mittelwerte durch aufsummierte Werte

$$b=\frac{n\sum_{i=1}^{n}\mu_{M_i}\cdot\mu_i-\sum_{i=1}^{n}\mu_{M_i}\cdot\sum_{i=1}^{n}\mu_i}{n\sum_{i=1}^{n}\mu_{M_i}^2-\sum_{i=1}^{n}\mu_{M_i}\cdot\sum_{i=1}^{n}\mu_{M_i}}$$

Zusammenfassung der Summen unten

$$b=\frac{n\sum_{i=1}^{n}\mu_{M_i}\cdot\mu_i-\sum_{i=1}^{n}\mu_{M_i}\cdot\sum_{i=1}^{n}\mu_i}{n\sum_{i=1}^{n}\mu_{M_i}^2-\left(\sum_{i=1}^{n}\mu_{M_i}\right)^2}$$

□

Kontrollfragen

Welcher Zusammenhang besteht zwischen Kalkulationszinsfuß, Mischzinsfuß und Weighted Average Cost of Capital (WACC)?

Von welchen Einflussgrößen hängt der Kalkulationszinsfuß im Rahmen von CAPM ab? Stellen Sie die folgende Formel nach Belieben um und interpretieren Sie die jeweiligen Aussagen: $r_{EK}=\mu=i_f+(\mu_M-i_f)\cdot\beta$

Interpretieren Sie den Beta-Faktor!

Was versteht man unter einem systematischen Risiko?

Schildern Sie, wie der Beta-Faktor mithilfe der Regressionsanalyse bestimmt werden kann!

Folge 14

Entscheidungen auf der Basis von CAPM

Die Klassik wird modifiziert

1 Das Entscheidungskriterium

Y drängte: „Dann lassen Sie uns mal eben die Kapitalwertmethode unter Verwendung des oben formulierten WACC anwenden. Die Entscheidung auf der Basis von CAPM ist – sofern die Prämissen akzeptiert werden – außerordentlich einfach. Die Entscheidungsregel für den hier zu unterstellenden Fall einer vollkommenen Eigenfinanzierung lautet:

Investiere, wenn die Investition unter Verwendung des risikoadjustierten Kalkulationszinsfußes μ_i einen positiven Kapitalwert aufweist.

2 Demo-Beispiel

Für das Demo-Beispiel wurde angenommen, die Investition DY11 hätte – verglichen mit einem Aktienpaket, von dem ein gleiches Risiko unterstellt wird – einen Beta-Faktor von 1,1. Als Rendite für die sichere Anlagemöglichkeit orientierte man sich an langfristigen Bundesanleihen und ging von $i_f = 0{,}04 \mathrel{\hat{=}} 4\ \%$ aus. Die Rendite des Marktportefeuilles sei 10 %. Zunächst einmal ist μ, der Eigenkapitalkostensatz, der als Kalkulationszinsfuß anzusetzen ist, zu berechnen:

$$\mu = 0{,}04 + (0{,}10 - 0{,}04) \cdot 1{,}1 = 0{,}106$$

Der Kapitalwert beträgt 1.351 €. Offensichtlich lohnt sich die Durchführung von DY11 auch nach der Internen Zinsfußmethode, da ihr Interner Zinsfuß von 12,8 % größer ist als der risikoadjustierte Kalkulationszinsfuß von 10,6 %.

Eine Divergenz aufgrund der unterschiedlichen impliziten Prämissen der beiden klassischen Methoden der Investitionsrechnung kann es nicht geben, da es sich um eine Entscheidung über eine einzelne Investition handelt.

Kontrollfragen

Wie wird der Kapitalwert im Rahmen von CAPM berechnet? Unterstellen Sie dabei vollständige Eigenfinanzierung!

Nehmen wir an, als Entscheidungskriterium würde immer noch der Interne Zinsfuß herangezogen. Erörtern Sie die Vorteilhaftigkeitsbestimmung auf der Basis von CAPM! Unterstellen Sie dabei vollständige Eigenfinanzierung.

Erläutern Sie die Ermittlung einer Investitionsempfehlung auf Basis der Internen Zinsfußmethode im Rahmen von CAPM!

Erläutern Sie die Ermittlung des Kapitalwerts einer Investition im Rahmen von CAPM!

Folge 15

Konkurrierende Investitionsprojekte

Eine reale Konkurrenz für DY11

1 Das Problem

Angenommen, DY11 würde nicht mit einer Geldanlage der Eigenen Mittel konkurrieren, sondern mit der Sachinvestition DY12. Dann träte die Frage auf, ob die klassischen dynamischen Methoden in gleicher Form verwendet werden können wie bei der Beurteilung einer einzelnen Investition.

Die Antwortet lautet: Ja. Tatsächlich wird ein Vorteil darin gesehen, dass die klassischen Methoden ohne Modifikationen auch im Fall konkurrierender Investitionsprojekte zur Bestimmung der Rangfolge angewandt werden können. „Man muss sich also keine Besonderheiten merken", meinte Z und fand das gut.

Der Kapitalwert von DY12 ist deshalb „wie gehabt" zu ermitteln und mit dem von DY11 zu vergleichen. Bei den anderen Methoden zur Entscheidungsunterstützung, also der Annuitäten-, der Endwert- und der Internen Zinsfußmethode kann analog vorgegangen werden. Allerdings ist darauf zu achten, dass bei der Bestimmung der Annuität und natürlich auch bei der Endwertermittlung identische Planungszeiträume für die konkurrierenden Investitionsprojekte vorliegen müssen. Da die Pay-off-Periode nicht zur Entscheidungsunterstützung akzeptiert wurde, kommt sie zur Bestimmung einer Rangfolge per se nicht infrage.

2 Zahlenbeispiel

Für DY11 ist die Zahlungsfolge schon lange bekannt; für DY12 wurde sie soeben ermittelt:

Jahr	0	1	2
Zahlung [€]	–10.000	8.000	5.000

Abb. 15-1: Zahlungsfolge von DY12

Als Kalkulationszinsfuß ist auch hier ein Satz von 10 % zu verwenden. Darauf hingewiesen sei, dass beim Endwertkonzept für beide Projekte der gleiche Endzeitpunkt t=5 definiert wird, um die Vergleichbarkeit zu gewährleisten. Bei der Berechnung der Annuität wird mit einer identischen Laufzeit von fünf Jahren gerechnet.

	DY11	DY12	vorteilhafte Investition
Kapitalwert	1.742 €	1.405 €	DY11
Endwert der Investition in t=5	17.301 €	16.757 €	DY11
Zusätzlicher Endwert der Investition in t=5	2.806 €	2.263 €	DY11
Annuität	460 €/Jahr	371 €/Jahr	DY11
Interner Zinsfuß	12,8 %	21,2 %	**DY12**
Pay-off-Zeit	5 Jahre	2 Jahre	

Abb. 15-2: Vergleich der Investitionen DY11 und DY12

Aus der obigen Tabelle ist eine kleine Überraschung herauslesbar. Offensichtlich hängt der Vorteil der Investition DY11 gegenüber seinem explizit definierten Konkurrenten DY12 von der Wahl der Methode ab. Bei Verwendung der Internen Zinsfußmethode wird nämlich DY12 zur Realisierung vorgeschlagen, während aufgrund der Ergebnisse sämtlicher anderer Methoden DY11 bevorzugt wird. Wird der Vorteil, keine Besonderheiten beachten zu müssen, durch versteckte Prämissen erkauft? Wir werden der Frage nachgehen. Als Erstes werden wir den Methodenvergleich am Beispiel der Kapitalwertfunktion grafisch interpretieren.

3 Methodenvergleich

Im Folgenden werden die Kapitalwertfunktionen für die zwei konkurrierenden Investitionsprojekte A und B in Abb. 15-3 wiedergegeben.

In der Abbildung können mehrere kritische Kalkulationszinsfüße abgelesen werden:

Zum einen sind es die beiden kritischen Größen r_A und r_B, die die (berühmten) Internen Zinsfüße der konkurrierenden Investitionsobjekte darstellen; zum anderen ist es der Schnittpunkt der beiden Kapitalwertfunktionen (i_{krit}), der den (nicht so berühmten) kritischen Kalkulationszinsfuß wiedergibt, bei dem Gleichheit der Kapitalwerte der beiden Investitionen besteht.

Offenbar ist das Attribut „kritisch“ jeweils in Bezug auf eine bestimmte Referenzgröße zu konkretisieren.

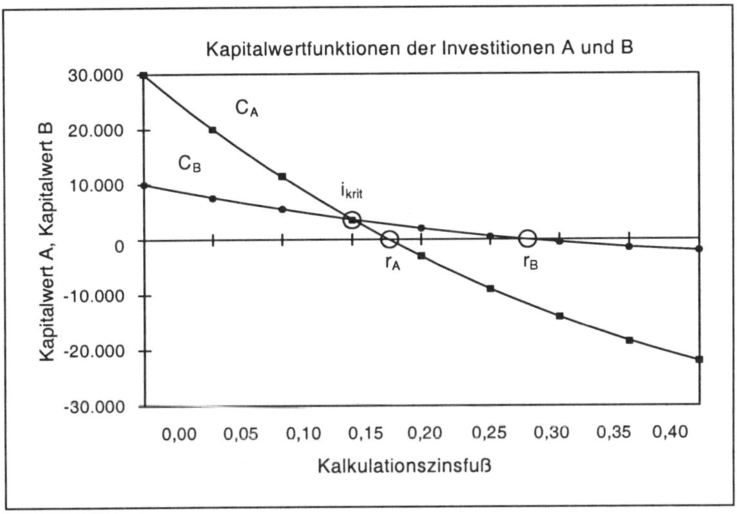

Abb. 15-3: Kapitalwertfunktionen konkurrierender Investitionen

Nun kommt es darauf an, die in der Grafik implizit vorhandenen „mehr als 1.000 Worte“ zu explizieren. Vielleicht reichen aber auch weniger. Was will uns die Grafik sagen?[1]

Nach der Internen Zinsfußmethode ist die Investition B der Investition A vorzuziehen, da der Interne Zinsfuß von B größer ist als der von A. Bei einer Entscheidung nach der Kapitalwertmethode kommt es offensichtlich darauf an, ob der in der Investitionsrechnung zu verwendende Kalkulationszinsfuß größer oder kleiner ist als i_{krit}. Denkbar ist auch, dass Gleichheit besteht. Bei einem Kalkulationszinsfuß, der kleiner als i_{krit} ist, sollte die Investition A des Konkurrenten B vorgezogen werden. In diesem Fall existiert offensichtlich eine Divergenz zwischen den Entscheidungsempfehlungen der Kapitalwertmethode und der Internen Zinsfußmethode. Auch dann, wenn der Kalkulationszinsfuß gleich i_{krit} ist, existieren unterschiedliche Aussagen der beiden Methoden. Während bei Anwendung der Kapitalwertmethode in Bezug auf die Auswahl der besseren Alternative Indifferenz besteht, ist nach der Internen Zinsfußmethode B gegenüber A eindeutig zu bevorzugen. Eine Harmoniebeziehung zwischen der Internen Zinsfußmethode und der Kapitalwertmethode liegt also nur dann vor, wenn der Kalkulationszinsfuß größer als i_{krit} ist.

1 Bildinterpretationen sind sicherlich manchmal ein leidiges Thema. Doch hier geht es nicht um „den Mann im Goldhelm“, von dem man früher mal gedacht hat, er sei von Rembrandt. Hier geht es vielmehr um die Interpretation einer Grafik mit Kapitalwerten und die ist zeitlich stabiler als die des „Mannes im Goldhelm“.

Nicht ablesbar sind die Gründe für die divergierenden Entscheidungsempfehlungen. Wir kommen darauf zurück, sobald wir uns in das im nächsten Kapitel darzustellende Controllinginstrument, mit dem auch Explikationen durchgeführt werden können, eingearbeitet haben.

Kontrollfragen

Stellen Sie die Kapitalwertfunktionen von DY11 und DY12 grafisch dar und interpretieren Sie diese!

Entwickeln Sie eine grafische Darstellung, in der die Kapitalwertfunktion der Investition A stets oberhalb der Kapitalwertfunktion von Investition B liegt! Interpretieren Sie die Grafik!

Decken Sie den Text unter Abb. 15-3 mit einem Blatt Papier zu und erläutern Sie die Grafik!

Bei der folgenden Grafik fehlen die Achsen- und Funktionsbezeichnungen. Ergänzen Sie diese!

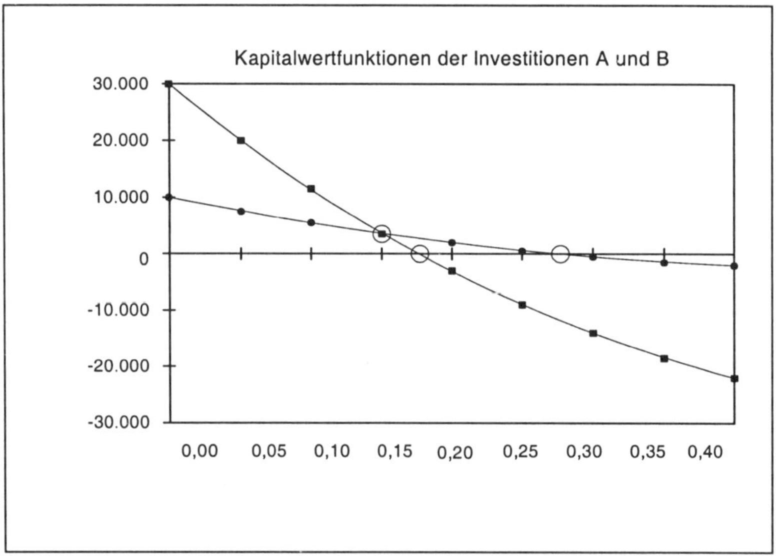

Abb. 15-4: Kapitalwertfunktionen konkurrierender Investitionen

3 Investitionsrechnung mit VOFI

Im Mittelpunkt klassischer Methoden der Investitionsrechnung stehen Formeln zur Berechnung von Zielwerten. Der Übergang von der formel- zur finanzplanorientierten Investitionsrechnung ist als Paradigmenwechsel anzusehen („von der Formel zur Tabelle“). Dieser wird seit einigen Jahren nicht nur in der Theorie, sondern – nicht zuletzt durch die starke Verbreitung von Tabellenkalkulationsverfahren – auch in der Praxis vollzogen.

Im Mittelpunkt der folgenden Ausführungen zur finanzplanorientierten Investitionsrechnung, die als vollständige Finanzplanung bezeichnet wird, steht der VOFI – ein standardisierter Finanzplan. Im ersten Teil dieses Kapitels werden die Grundlagen des Konzepts allgemein und anhand von Demo-Beispielen vorgestellt; im zweiten Teil wird VOFI zur Interpretation der klassischen Methoden und insbesondere zur Entlarvung ihrer impliziten Prämissen eingesetzt. Das im Vorwort gegebene Versprechen, durch VOFI eine „Explikation der Implikationen“ herbeizuführen, wird dann erfüllt. Durch die Explizierung werden nicht nur die Zielwerte der klassischen Methoden verdeutlicht, sondern auch die impliziten Prämissen des exogen vorzugebenden Kalkulationszinsfußes aufgedeckt.

Durch die Explikation der Zielwerte wird eine Brücke zwischen der Investitionstheorie und der Investitionsrechnung geschlagen. Während in der Investitionstheorie Entnahme-, Vermögens- und Wohlstandsziele im Vordergrund stehen, wird in der Investitionsrechnung beispielsweise das Ziel Maximierung des Kapitalwerts verwendet. Der Zusammenhang zwischen den theorie- und rechnungsorientierten Zielen wird durch VOFI erhellt. Zur Interpretation des Kalkulationszinsfußes werden zunächst die Implikationen eines konstanten Zinsfußes dargelegt. Anschließend wird gezeigt, wie unter Verwendung von VOFI theoretisch richtige Kalkulationszinsfüße, die periodenindividuell zu definieren sind, abgeleitet werden können.

Der dritte Teil dieses Kapitels enthält den Vorschlag, VOFI als Instrument des Investitionscontrollings einzusetzen. Dabei wird im Anschluss an den Ansatz zur Bestimmung von Vermögenswerten und Entnahmen eine Reihe weiterer VOFI-Kennzahlen – insbesondere die VOFI-Eigen- und die VOFI-Gesamtkapitalrentabilität – hergeleitet.

3.1 Einführung in VOFI

Folge 16

VOFI – Eine finanzplanorientierte Alternative zur klassischen Investitionsrechnung

Erste Begegnung mit VOFI

1 Kurzbeschreibung des Konzepts

Die vollständige Finanzplanung, in deren Mittelpunkt der VOFI steht, ist als Alternative zur klassischen Investitionsrechnung konzipiert worden. Im VOFI – einem Akronym für den Terminus technicus vollständiger Finanzplan[1] – werden sämtliche einem Investitionsobjekt verursachungsgerecht zurechenbaren monetären Konsequenzen tabellarisch erfasst. Dem VOFI kommen zwei Funktionen zu. Zum einen dient VOFI der Explikation impliziter Prämissen der klassischen Methoden der Investitionsrechnung und zum anderen fungiert VOFI als Controllinginstrument zur Unterstützung von Investitionsentscheidungen und -kontrollen.

VOFI als universelles Instrument zur Verdichtung monetärer Entscheidungskonsequenzen kann nicht nur für langfristige, sondern auch für kurzfristige Entscheidungen eingesetzt werden. Bei langfristigen Vorhaben ist insbesondere an Investitions- und Finanzierungsprojekte zu denken, während als kurzfristiger Ansatz beispielsweise das Kampagnenmanagement[2] als Instrument des Marketingcontrollings zu nennen ist.

Die Elemente von VOFI umfassen originäre und derivative Daten. Die originären Daten stellen die der Investition zurechenbaren Zahlungen dar. Hierzu zählt auch der Einsatz Eigener Mittel. Weitere Finanzierungs- sowie die Steuerzahlungen sind dagegen grundsätzlich derivative Daten. Sie

---

[1] Der Begriff „vollständiger Finanzplan" wurde zu Ehren von MATTHIAS HEISTER beibehalten; vgl. Heister, M. (1962), S. 45.

Zum Konzept einer finanzplanorientierten Investitionsrechnung vgl. u. a. Grob, H. L. (1984), S. 16-23, Grob, H. L. (1989), Adam, D. (2000), S. 120-132, Gans, H., Looss, W., Zickler, D. (1977), S. 25 ff., Schneider, D. (1992), S. 67-74, Kruschwitz, L. (2005), S. 49 ff., Schulte, K.-W. (1986), S. 45, Degener, T. (1986), S. 112.

[2] Vgl. Manthey, V. (2006).

werden nicht exogen vorgegeben, sondern aus der Datenbasis abgeleitet.[1] Gleiches gilt für Re- und Ergänzungsinvestitionen, sofern bei denen der Rückfluss pauschal berechnet wird. Zur Ermittlung der derivativen Zahlungen sind die Werte von Parametern (z. B. Zins- und Steuersätze), rechtliche Bedingungen (z. B. Abschreibungsmodalitäten) sowie die relevanten Berechnungsvorschriften vorzugeben. Aus der Verknüpfung der originären Daten mit den Parametern zur Generierung der derivativen Zahlungen resultiert die Modellstruktur von VOFI.

Gegenüber den klassischen Verfahren, in deren Mittelpunkt finanzmathematische Formeln stehen, weist VOFI einige Besonderheiten auf:

- Die Zahlungsfolge der Investition enthält ausschließlich die monetären Entscheidungskonsequenzen der *betrachteten* Alternative, also keine Opportunitätskosten oder Einsparungen gegenüber einer Vergleichsalternative. Für jede Entscheidungsalternative (z. B. für den Mit-Fall und für den Ohne-Fall) ist deshalb grundsätzlich ein eigener VOFI aufzustellen.
- Anstelle eines pauschalen Kalkulationszinsfußes werden Marktzinssätze verwendet, die aus der Konditionenvielfalt auf dem Finanzierungssektor resultieren. Außerdem werden Renditen von Re-, Ergänzungs- und Folgeinvestitionen angesetzt. Der Opportunitätskostensatz stellt grundsätzlich die Verzinsung der konkurrierenden Alternative dar. Denkbar ist auch, als Opportunitätskostensatz einen Eigenkapitalkostensatz zu verwenden.

Die wesentlichen Charaktereigenschaften von VOFI sind seine *Einfachheit* und seiner *Ausbaufähigkeit*. Im einfachsten Fall wird ein deterministisches Simulationsmodell abgebildet, in dem die Finanz- und Kreditbestände im Zeitablauf fortgeschrieben werden. Das Modell kann unter Verwendung der Linearen Programmierung zu einem Optimierungsmodell ausgebaut werden. Auch eine Weiterentwicklung des deterministischen zu einem stochastischen Simulationsmodell ist möglich.

Bei der Vorstellung des Grundkonzepts von VOFI ist von folgenden Annahmen auszugehen:

- Das Entscheidungsproblem sieht die Wahl zwischen einer Sachinvestition und einer Finanzinvestition in Form einer Anlage der Eigenen Mittel vor.

---

[1] Während Ertragsteuern (z. B. die Einkommensteuer) derivative Zahlungen darstellen, sind Kostensteuern (z. B. die Kfz-Steuer) als originäre Zahlungen in der Zahlungsfolge enthalten.

- Als investitionstheoretisches Ziel ist Endwertmaximierung vorgesehen.
- Die Nutzungsdauer der Investition wird exogen festgelegt.
- Zur Bemessung der Ertragsteuern wird von einem einheitlichen Ertragsteuersatz ausgegangen.
- Der Algorithmus der Zielwertbestimmung verläuft periodisch-sukzessiv. Hierbei kommt VOFI der Rang eines Ermittlungsmodells zu. Eine Garantie für ein Optimum kann also nicht gegeben werden.
- Die Fortschreibung der Bestandsgrößen erfolgt im Jahresrhythmus.
- Der VOFI ist als deterministisches („einwertiges") Simulationsmodell zu formulieren.

Nun ist das Zeitkonzept von VOFI näher zu erörtern. Die Finanz- und Kreditbestände werden in einem Zeitraum, der von t=0* bis t=n aufgespannt ist, durch Bewegungsgrößen (z. B. Einzahlungsüberschüsse, Kreditaufnahmen, Zinsen) Jahr für Jahr fortgeschrieben. In t=0* wird der einer Investition zugeordnete Bestand an Eigenen Mitteln ausgewiesen. Dieser Zeitpunkt liegt eine logische Sekunde vor t=0, in dem die in t=0* vorhandene Bestandsgröße an Eigenen Mitteln zur Finanzierung der Investition eingesetzt (bewegt, geopfert) wird.[1] Mit dem Zeitpunkt t=n ist das Ende der Nutzungsdauer der betrachteten Investition definiert. Beim Ausbau von VOFI wird gezeigt, dass der Planungszeitraum über die Nutzungsdauer einer Investition hinaus bis zum Planungshorizont t=h ausdehnbar ist. Eine solche Modifikation des Zeitkonzepts ist beispielsweise dann erforderlich, wenn mehrere Investitionen mit unterschiedlichen Laufzeiten zu vergleichen sind.

Die betriebswirtschaftliche Problematik von VOFI liegt in der Zurechnung von Finanzierungsvorgängen auf die betrachtete Investition.[2] Wegen der

---

[1] Wenn mit t=0* z. B. der 31.12. des Jahres 2007 gemeint ist, dann stellt t=0 den 1.1. des Jahres 2008 dar.

[2] Eine *ablehnende Haltung* gegenüber dem Konzept der vollständigen Finanzplanung nimmt Altrogge, G. (1996), S. 41 ein: „Es ist .. nicht richtig, dass die so einfach konzipierten vollständigen Finanzpläne die der klassischen Investitionstheorie nachgesagten gravierenden Fehler auch nur teilweise vermeiden ..." Eine *skeptische Haltung* in Bezug auf die Verbreitung der vollständigen Finanzplanung in der Praxis (nicht in Bezug auf die Konzeption) nimmt SCHWINN ein, der sich wie folgt äußert: „Die Konzeption vollständiger Finanzpläne ist nach Ansicht ihrer Befürworter in der Lage, die Schwächen der klassischen Methoden der Wirtschaftlichkeitsrechnung, insbesondere die impliziten Prämissen, zu analysieren und offen zu legen. Ob mit dieser Offenlegung jedoch das verfolgte Ziel erreicht wird, die klassischen Methoden durch die Konzeption der vollständigen

Unteilbarkeit der finanziellen Sphäre einer Unternehmung ist eine Zurechnung von Finanzierungsmaßnahmen auf einzelne Investitionsobjekte streng genommen nicht möglich. Theoretisch korrekt wäre eine Totalplanung, auf deren Grundlage sämtliche Investitions- und Finanzierungsvorgänge der Unternehmung simultan optimiert werden. Da aber eine derartige Planung wegen der hohen Transaktionskosten praktisch nicht sinnvoll ist, wird hier mit der Hypothese gearbeitet, zur Finanzierung einer Investition könnten Eigene Mittel und spezielle Kredite zugerechnet werden. Für den Fall, dass diese Zurechnungshypothese nicht akzeptiert wird, besteht die Möglichkeit einer vergröberten Abbildung der Finanzierungsseite. Im Extremfall ist mit einem einheitlichen Zinsfuß zu arbeiten. Auch in diesem Fall wird eine höhere Transparenz der Entscheidungssituation geschaffen und dem Kriterium der Einfachheit entsprochen.

Die Zurechenbarkeit von Finanzierungsvorgängen auf die betrachtete Investition und insbesondere die Spaltung der Zinsfüße und die damit verbundene Zurechnung auf Finanz- und Kreditbestände lässt sich nicht nur planungs-, sondern auch organisationstheoretisch begründen. Dabei ist von der Vorstellung eines Konzerns mit Organisationseinheiten auszugehen, die für ihre Investitionen selbst verantwortlich sind („Investment Center“). Für das im VOFI abgebildete Investitionsprojekt ist also eine bestimmte Organisationseinheit („der Antragsteller“) zuständig. Zur Finanzierung seines Vorhabens kann er von der Zentrale mit Dotationskapital ausgestattet werden. Dieses Kapital – gemeint ist das im VOFI enthaltene Eigenkapital – wird ihm zum Opportunitätskostensatz zur Verfügung gestellt. Dieser Verrechnungspreis kann an den Renditeansprüchen der Anteilseigner orientiert werden. Darüber hinausgehender Finanzbedarf wird zu einem Verrechnungssatz der Zentrale gedeckt, der sich nach den Marktzinsfüßen für Kredite richtet. Sobald im Rahmen des Investitions*projektes* der Cashflow hoch genug ist, um Reinvestitionen durchzuführen, wird diese Maßnahme realisiert – selbst wenn auf Unternehmensebene Kredite zurückgezahlt werden. Für die Bestimmung der Erträge dürften regelmäßig pauschale Annahmen anzusetzen sein. Sofern der Sollzinsfuß höher als der Reinvestitionssatz ist, wird die verantwortliche Organisationseinheit danach streben, Kredite möglichst früh zu tilgen, um in die Phase der Reinvestitionen zu kommen. Das mit VOFI verbundene Fond-Denken vermit-

Finanzplanung langfristig zu verdrängen, darf bezweifelt werden.“ Schwinn, R. (1996), S. 1055. Eine *positive Einstellung* gegenüber der vollständigen Finanzplanung findet sich bei Adam, D. (2000), S. 118 f. Er weist darauf hin, dass die klassischen Verfahren unter bestimmten Verhältnissen auf dem Kapitalmarkt „Sonderfälle eines VoFis sind“ und stellt heraus, dass ein VOFI von „universelleren Bedingungen als die .. klassischen Verfahren“ ausgehe.

telt dem für die Investition Verantwortlichen ein Gefühl der Selbstständigkeit, das vergleichbar ist mit erwerbswirtschaftlichen Aktivitäten autonomer Unternehmungen. Diese Aussage gilt insbesondere dann, wenn zusätzlich zur Investitionsplanung auch eine permanente Investitionskontrolle unter Verwendung von VOFI durchgeführt wird.

2 Die drei Schichten von VOFI

2.1 Eingabeschicht

In der Eingabeschicht sind die originären Zahlungen zu fixieren. Außerdem sind die Parameter vorzugeben, die zur Abbildung der derivativen Zahlungen benötigt werden. Bei dem in der Eingabeschicht festzulegenden Konkretisierungsgrad kann bei sämtlichen Modellsegmenten zwischen den Ausprägungen „niedrig“ und „hoch“ unterschieden werden. Diese Klassifizierung führt zu einer Vielzahl von Gestaltungsmöglichkeiten von VOFI:

Konkretisierungsgrad / Modellsegmente	niedrig	hoch
Zahlungsfolge	1	2
Eigenkapitaldispositionen	3	4
Fremdkapitaldispositionen	5	6
Re- und Ergänzungsinvestitionen	7	8
Ertragsteuern	9	10

Abb. 16-1: Gestaltungsmöglichkeiten von VOFI

Die *Zahlungsfolge* der Investition enthält die nach dem Verursachungsprinzip zurechenbare Anschaffungsauszahlung der Investition sowie die zeitlich folgenden Überschüsse der Einzahlungen über die Auszahlungen. Die im VOFI auszuweisende Zahlungsfolge ist das Ergebnis einer Prognose- bzw. Planungsrechnung, die den „Mit-Fall“[1] des Totalkalküls wiedergibt. Die Einzahlungsüberschüsse werden auch als Cashflows vor Zinsen oder als operative Cashflows bezeichnet.

Die Zahlungsfolge der Investition kann mit *niedrigem* oder *hohem* Konkretisierungsgrad ermittelt werden. Im ersten Fall ist die Zahlungsfolge unmittelbar in den VOFI einzugeben. Im zweiten Fall ist sie durch Zusatzrechnungen gekennzeichnet, in der die relevanten Auszahlungen analog zu

---

[1] Vgl. S. 40.

dem in der Kostenrechnung gebräuchlichen Betriebsabrechnungsbogen klassifizierbar sind.

Unter *Eigenkapitaldispositionen* sind Maßnahmen bezüglich des Einsatzes („Opferns") in t=0, der Einlage in t=1,...,n sowie der Entnahme in t=0,...,n der Eigenen Mittel zu verstehen. Geopfert wird der im Anfangszeitpunkt t=0* vorhandene Bestand an Eigenen Mitteln. Buchhalterisch gesehen ist dies ein Geldbestand („Kassenbestand"), der z. B. aufgrund von Beteiligungsfinanzierungen oder durch Erlöse beim Verkauf von Anlagevermögen aktuell aufgestockt worden sein kann. Während des Planungszeitraums ist die Zuführung zusätzlicher Eigener Mittel in Form von Einlagen möglich. Subventionen sind in gleicher Weise rechentechnisch zu behandeln. Entnahmen bzw. Ausschüttungen stellen Zahlungen an Anteilseigner dar. Von Entnahmen ist zu sprechen, wenn finanzielle Mittel in die Privatsphäre des Unternehmers überführt werden. Der Begriff Ausschüttung bezieht sich auf Kapitalgesellschaften und betrifft insbesondere Dividendenzahlungen an die Aktionäre. Ausschüttungen lassen sich auch als Eigenkapitalkosten interpretieren. Bei einem niedrigen Konkretisierungsgrad können die Eigenkapitaldispositionen unmittelbar eingegeben werden. Dagegen verlangt die Kalkulation von Eigenkapitalkosten (z. B. auf Basis von CAPM = Capital Asset Pricing Model) einen hohen Konkretisierungsgrad.

Fremdkapitaldispositionen können im VOFI mit beliebiger Genauigkeit modelliert werden. Die Berücksichtigung einer Konditionenvielfalt auf dem Finanzierungssektor ist als hoher Konkretisierungsgrad anzusehen. Hierbei können unterschiedliche Fazilitäten für Kreditaufnahmen und Tilgungen sowie von Zinszahlungen berücksichtigt werden. Abbildbar sind beispielsweise Kredite mit endfälliger Tilgung, Annuitätenkredite, Ratenkredite, Kredite mit Tilgungsaufschub sowie Kontokorrentkredite. Wegen seiner Flexibilität wird dem Kontokorrentkredit bei der periodisch-sukzessiven Zielwertberechnung die Rolle zugewiesen, im Fall eines Finanzbedarfs für die Bildung des finanziellen Gleichgewichts zu sorgen.

Bei einem niedrigen Konkretisierungsgrad kann zwischen mehreren Zinsfußvarianten unterschieden werden. Bei der ersten Variante wird zwischen einem Soll- und einem Habenzinsfuß differenziert. Eine dreifache Spaltung des Zinsfußes sieht eine eigenständige Vorgabe des Opportunitäts- bzw. Eigenkapitalkostensatzes vor. Bei jeder dieser Varianten können die Zinsfüße im Zeitablauf konstant oder variabel sein. Im einfachsten Fall wird ein einheitlicher Kalkulationszinsfuß unterstellt. Diesem Ansatz liegt die (wirklichkeitsfremde) Prämisse zugrunde, dass sämtliche Zinsfüße gleich sind bzw. die (realitätsnähere) vergröbernde Annahme, dass die Investition mit einem konstanten Mischzinsfuß zu „kalkulieren" ist. Die Variante eines einheitlichen Zinsfußes dient insbesondere der Explikation impliziter Prämissen klassischer Verfahren der Investitionsrechnung.

Die Einbeziehung von *Re- und Ergänzungsinvestitionen* in die Investitionsrechnung ist aus entscheidungslogischen Gründen zwingend, da bei der Vorteilhaftigkeitsbestimmung der Anfangsinvestition *sämtliche* Entscheidungskonsequenzen zu berücksichtigen sind. Somit geht es um die Entscheidungskonsequenzen des gesamten Investitions- und Finanzierungsbündels. Bei einem hohen Konkretisierungsgrad sind die Entscheidungskonsequenzen dieser Vorhaben explizit auszuweisen. Denkbar ist auch, dass die Zahlungsfolge einer bestimmten Reinvestition in den VOFI integriert wird. Als standardmäßige Reinvestitionen sind Geldanlagen mit einer Laufzeit von einem Jahr anzusetzen. Für diese derivativ zu erzeugenden Finanzinvestitionen sind Finanzbestände fortzuschreiben. Bei einem niedrigen Konkretisierungsgrad werden die Zahlungen ausschließlich derivativ ermittelt. Sie haben – analog zum Kontokorrentkredit – die Aufgabe, für ein liquiditätsmäßiges Gleichgewicht zu jedem Periodenstichtag zu sorgen.

Die *Ertragsteuern* werden bei einem hohen Konkretisierungsgrad durch einen steuerartenspezifischen Ansatz ermittelt. Bei einem niedrigen Konkretisierungsgrad werden sie durch Verwendung eines Ertragsteuersatzes pauschal bestimmt. Der Ertragsteuersatz repräsentiert die Steuersätze sämtlicher für die Investition relevanten Steuerarten (z. B. Einkommensteuer, Gewerbesteuer).

2.2 Modellschicht

2.2.1 Überblick

Unter einem Modell ist das Ergebnis eines Konstruktionsprozesses[1] zu verstehen, der eine Explikation subjektiv wahrgenommener Zusammenhänge von Elementen eines Systems zum Inhalt hat. Im Modell eines VOFIs sind zu diesem Zweck unter Verwendung einer Modellierungssprache die mit einer Investition zusammenhängenden operativen, finanzwirtschaftlichen und steuerlichen Einflüsse auf die Finanz- und Kreditbestände abzubilden. In der Modellschicht werden die Daten der oben erörterten Eingabeschicht mathematisch verknüpft und zu Zielwerten verdichtet. Zu diesem Zweck ist ein zielabhängig zu konzipierendes System von Definitions-, Differenzen- und Bedingungsgleichungen sowie Kontrollstrukturen zu formulieren. Generell ist zwischen den Zielwerten End- und Anfangs-

[1] Vgl. vom Brocke, J. (2003), S. 12-20.

wert sowie Entnahmen bzw. Ausschüttungen zu unterscheiden. Darüber hinaus ist eine Kombination von Vermögens- und Entnahmezielen, die in der Literatur als Wohlstandsziel bezeichnet wird, abbildbar. Bei der Einführung in das Grundkonzept wird – wie bereits dargelegt wurde – ausschließlich auf die Ermittlung des Endwerts im Rahmen eines periodisch-sukzessiv ablaufenden Algorithmus eingegangen. Dieses Grundkonzept kann – wie nun zu zeigen ist –, in unterschiedlichen Formalisierungsgraden abgebildet werden.

2.2.2 Darstellungsarten des Grundkonzepts von VOFI

Nicht-formale Darstellung

Der Endwert einer Investition ist als der „natürliche Zielwert" des VOFIs zu bezeichnen, da dieser immer dann ermittelt wird, wenn keine zusätzlichen Zielvorschriften (z. B. bezüglich der Berechnung von Ausschüttungen) zu berücksichtigen sind. Der Endwert der Investition ist der Saldo zwischen den Finanz- und Kreditbeständen am Ende des Planungshorizonts.

Der Endwert der Opportunität wird im Allgemeinen formelmäßig bestimmt. Selbstverständlich kann eine Ermittlung auch im Rahmen eines VOFIs vorgenommen werden. Formelmäßig lässt sich für den Fall eines periodisch-konstanten Opportunitätskostensatzes der Endwert der Opportunität wie folgt errechnen:

$$EW^{O} = EK \cdot (1 + i_{O})^{n}$$

Symbole

EW^{O}	Endwert der Opportunität
EK	Eigenkapital (Eigene Mittel)
i_{O}	Opportunitätskostensatz
n	Anlagedauer

Die Differenz zwischen den Endwerten der Investition und der Opportunität wird – analog zur klassischen Investitionsrechnung – als Zusätzlicher Endwert bezeichnet.

Die Verdichtung der Daten eines VOFIs zur Ermittlung des Endwerts der Investition läuft standardmäßig wie folgt ab: Ausgehend von der Zahlungsfolge der Investition ist zu prüfen, ob zur Herstellung eines finanziellen Gleichgewichts Kreditdispositionen und/oder Reinvestitionen in Form von Finanzanlagen vorzunehmen sind. Hierbei sind sämtliche durch die finanziellen Maßnahmen ausgelösten Zinszahlungen zu berücksichtigen. Diese finanziellen Dispositionen führen zu einem Finanzierungssaldo von null, der zum Ausdruck bringt, dass am Ende der betrachteten Periode die Summe der Einzahlungen gleich der Summe der Auszahlungen ist. Der Finanzierungssaldo von null signalisiert also ein liquiditätsmäßiges Gleichgewicht.

Die Schrittfolge beim Füllen eines VOFIs mit Daten soll nun am Beispiel eines zweifach gespaltenen Zinsfußes erläutert werden. Bei einer Konditionenvielfalt auf dem Finanzierungssektor sowie bei explizit vorzugebenden Reinvestitionen sind zusätzliche fallbezogene Überlegungen zur Rangfolge der Kredite bzw. der Reinvestitionen anzustellen. Auf den Fall der Konditionenvielfalt ist bei der semi-formalen Darstellung zurückzukommen.

Die Vorgehensweise[1] zur Ermittlung des Endwerts ist im Grundkonzept durch folgende Schritte gekennzeichnet:

1. Übernahme der ggf. in einer Nebenrechnung detailliert ermittelten Zahlungsfolge der Investition in den VOFI.[2]
2. Vorgabe des Einsatzes der zur Verfügung gestellten Eigenen Mittel.
3. Berechnung des zur Finanzierung der Anschaffungsauszahlung aufzunehmenden Kreditbetrages bzw. der Anlage überschüssiger liquider Mittel, um in t=0 einen Finanzierungssaldo von null[3] zu erreichen.[4]
4. Notieren des Kreditbestands bzw. des Finanzbestands[5] im unteren Teil des VOFIs als Bestandsgröße.
5. Berechnen der Zinsen für t=1 vom Bestand in t=0.
6. Ermitteln der Ertragsteuerzahlung.
7. Disponieren, ob der Kredit getilgt oder erweitert werden muss und/ oder ob die Reinvestition durchgeführt werden kann und/oder ob der Finanzbestand aufzulösen ist. Bei dieser finanziellen Disposition ist

---

[1] Die Beschreibung eines Zahlenbeispiels ist auf S. 127 f. dokumentiert worden.

[2] Diese Zahlungsfolge wird im Hinblick auf die umfangreichen Nebenrechnungen auch als die „Spitze des Eisbergs“ bezeichnet.

[3] Der Finanzierungssaldo von null wurde von Studierenden auf den Namen „didaktische Zeile“ getauft. Keineswegs ist diese Zeile überflüssig. Programmierfehler im Algorithmus äußern sich häufig im Finanzierungssaldo. Wenn dieser nicht gleich null ist, beginnt die Fehlersuche.

[4] Die Zwischensumme, die sich vor der Disposition ergibt, wird auch als vorläufiger Finanzierungssaldo VFS bezeichnet.

[5] Falls die Eigenen Mittel größer sind als die Anschaffungsauszahlung.

darauf abzuzielen, dass in t=1 ein Finanzierungssaldo von null erreicht wird.

Der Prozess ist periodisch-sukzessiv bis zum Ende der Nutzungsdauer der Investition fortzusetzen. Das Tabellenwerk, das sich aus dem VOFI und seinen Nebenrechnungen zusammensetzt, wird auch als VOFI-System[1] bezeichnet, das im Folgenden schematisch dargestellt wird:

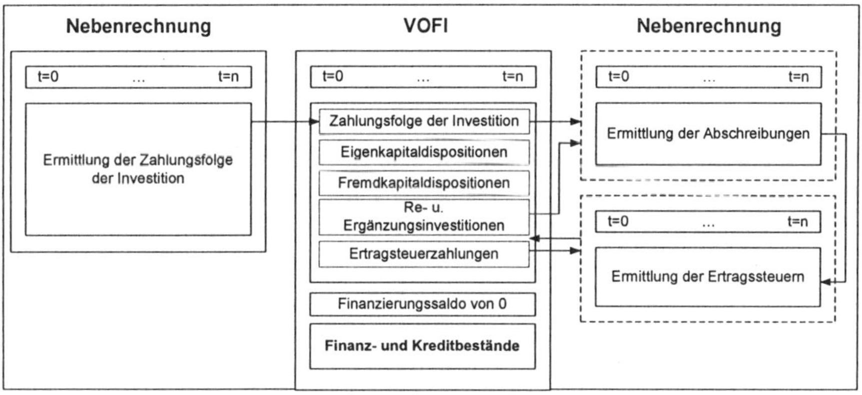

Abb. 16-2: Der Datenzusammenhang zwischen dem VOFI und seinen Nebenrechnungsmodulen

Die Beurteilung der Vorteilhaftigkeit einer Investition im Vergleich zu einer Anlage der Eigenen Mittel zum Opportunitätskostensatz erfolgt analog zum klassischen Endwertkonzept. Das Kriterium für den Fall einer Entscheidung über eine einzelne Investition lautet beim Totalkalkül deshalb wie folgt: Investiere, wenn der Endwert der Investition größer ist als der Endwert der Opportunität. Beim Differenzkalkül lautet das Kriterium: Investiere, wenn der Zusätzliche Endwert der Investition positiv ist.

Bei diesen formalen Kriterien wird von qualitativen Aspekten abstrahiert. Auch das Risiko bleibt bei diesem Grundmodell noch unberücksichtigt. Selbstverständlich ist bei einer Ausweitung des VOFIs hierauf noch im Detail zurückzukommen.

Semi-formale Darstellung

Im Mittelpunkt der folgenden Ausführungen steht erneut der Prozess zur Ermittlung des Endwerts. Als methodische Grundlage zur Darstellung von Prozessmodellen wird hier ARIS (Architektur Integrierter Informationssysteme) verwendet, ein Konzept, das bei der Systemanalyse und -gestal-

[1] Vgl. Schultz, M. B. (2005), insbes. S. 156.

tung vielfach eingesetzt wird. Ein zentraler Bestandteil von ARIS ist die Prozesssicht, in der die Sichten auf Daten, Funktionen und die Organisation zusammengeführt werden. Zur Modellierung von Prozessen werden Ereignisgesteuerte Prozessketten (EPK) verwendet. Diese bieten die Möglichkeit einer standardisierten grafischen Darstellung von Abläufen in einem Informationssystem. Dagegen wird hier ein Prozessmodell präsentiert, in dem ein *Algorithmus* zur Zielwertermittlung abgebildet wird.[1] Das Ergebnis der semi-formalen Darstellung kann als Ausgangspunkt einer prozeduralen Programmierung verwendet werden.

In einer EPK werden Ereignisse und Funktionen als Bestandteile eines Prozesses modelliert. Jede Funktion wird durch ein Ereignis – ggf. auch durch mehrere Ereignisse – ausgelöst. Die Beendigung einer Funktion verursacht mindestens ein neues Ereignis. Differenziertere Prozessverläufe werden durch die Einbeziehung von Konnektoren ermöglicht. Hiermit können parallele oder alternative Abläufe modelliert werden. Zu unterscheiden ist zwischen Ausgangs- und Eingangskonnektoren. Während Ausgangskonnektoren den Kontrollfluss aufspalten, führen Eingangskonnektoren mehrere Teilprozesse wieder zusammen. Zur Bewahrung der Übersichtlichkeit werden Prozessschnittstellen definiert, in denen auf separat dargestellte Prozesse verwiesen wird. Der Einsatz verfeinerter Funktionen dient der besseren Lesbarkeit der EPK. Bei der Darstellung eines Prozessmodells werden die in Abb. 16-3 aufgeführten Symbole verwendet:

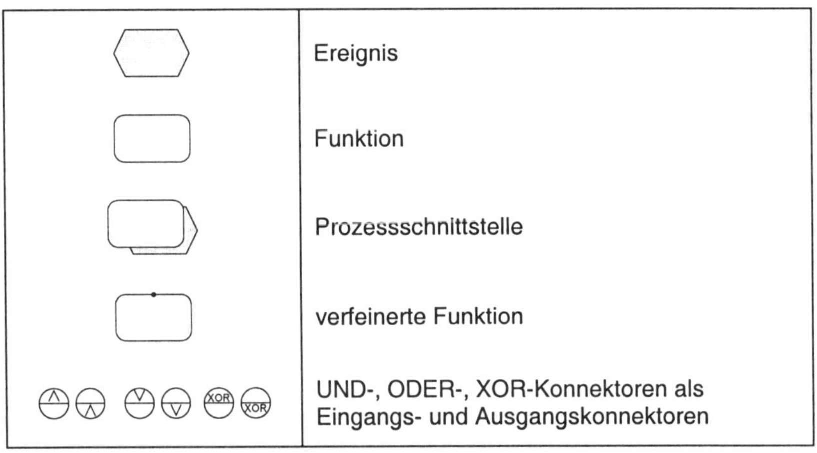

Abb. 16-3: Symbole einer Ereignisgesteuerten Prozesskette

[1] Dem Abschnitt über die semi-formale Darstellung des VOFI-Algorithmus liegt der folgende Beitrag zugrunde: Grob, H. L., Austrup, S. (2003).

Der Gesamtprozess zur Ermittlung der Vorteilhaftigkeit einer Investition kann in die Phasen „Daten erfassen", „Endwertbestimmung mit VOFI" und „Handlungsempfehlung aussprechen" unterteilt werden. Während die erste und letzte Phase jeweils aus einem gleichnamigen Teilprozess bestehen, enthält die mittlere Phase mehrere im Zeitablauf durchzuführende Teilprozesse (vgl. Abb. 16-4).

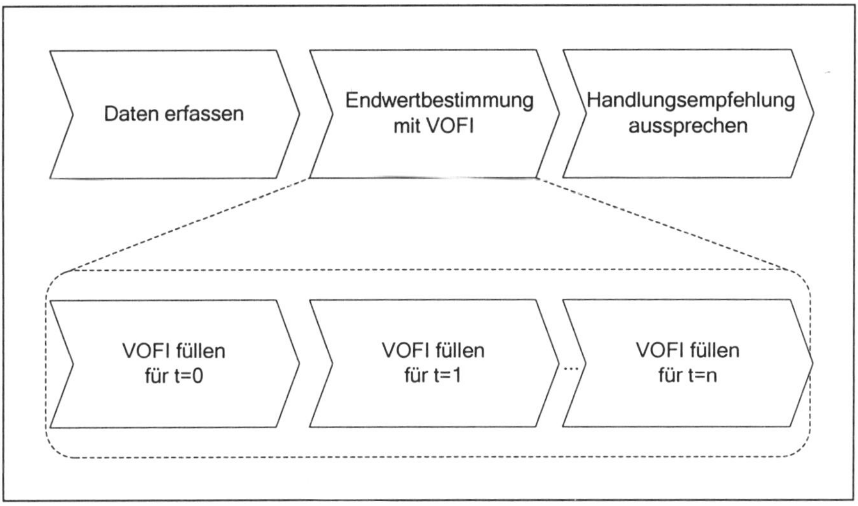

Abb. 16-4: VOFI-Teilprozesse

Bevor mit dem Aufstellen des VOFIs begonnen werden kann, müssen die Rahmendaten durch den Teilprozess „Daten erfassen" (vgl. Abb. 16-5) ermittelt werden. Hierzu zählen

- die für das Investitionsobjekt zur Verfügung stehenden liquiden Mittel,
- die Nutzungsdauer des Investitionsobjekts,
- die prognostizierte Zahlungsfolge,
- die in Anspruch zu nehmenden Kredite und deren Konditionen sowie
- die erwarteten Reinvestitionsalternativen.

Diese Rahmendaten können grundsätzlich unabhängig voneinander erhoben werden. Lediglich die Nutzungsdauer sollte vor der Ermittlung der Zahlungsfolge sowie der Kredit- und Reinvestitionsvarianten bekannt sein, da diese den Umfang der Prognose sowie die realisierbaren Konditionen beeinflusst.

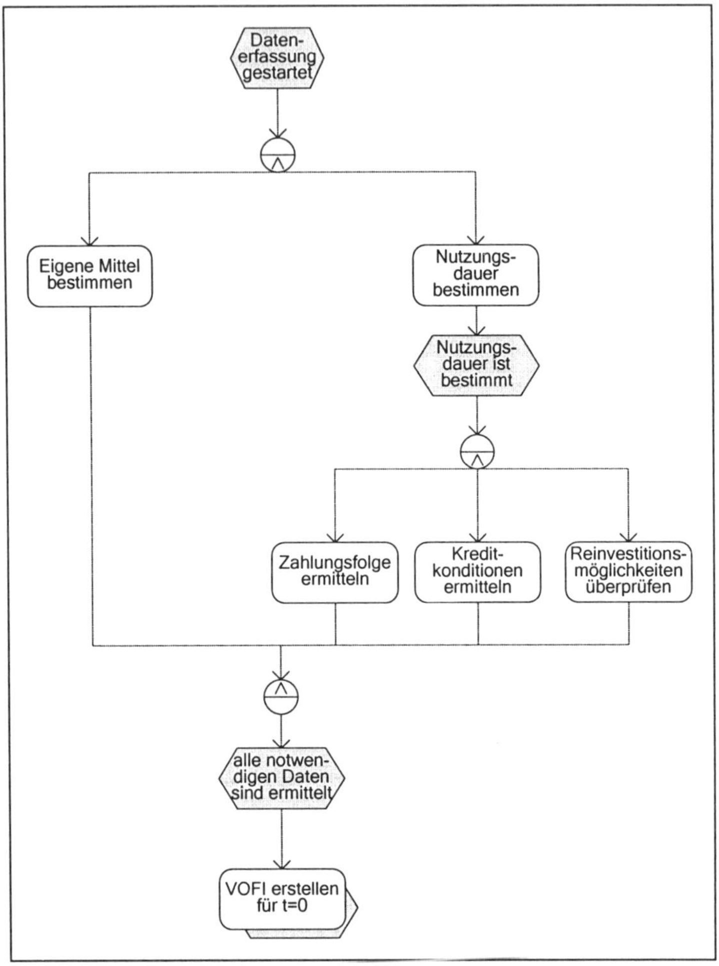

Abb. 16-5: Teilprozess „Daten erfassen“

Nach der Bestimmung der Ausgangsdaten ist der VOFI zur Ermittlung des Endwerts der Investition aufzustellen. Wegen der besonderen Gegebenheiten im Investitionszeitpunkt t=0 muss ein eigenständiger Teilprozess „VOFI füllen für t=0“ erarbeitet werden. Anschließend ist der Teilprozess „VOFI füllen für t=1,...,n“ in Abhängigkeit von der Anzahl der zu betrachtenden Jahre der Nutzungsdauer n-mal zu durchlaufen.

Im Zeitpunkt t=0 wird die Anschaffungsauszahlung finanziert, die ganz oder teilweise durch die verfügbaren Eigenen Mittel gedeckt wird. Diese Informationen werden zusammen mit den weiteren Werten der Zahlungsfolge in ein leeres VOFI-Tableau eingetragen. Der *vorläufige Finanzie-*

rungssaldo (VFS)[1] zeigt, ob zur Deckung der Anschaffungsauszahlung ein Kredit aufgenommen werden muss. Falls die Eigenen Mittel die Anschaffungsauszahlung übersteigen, sind die überschüssigen finanziellen Ressourcen in eine aktuelle Ergänzungsinvestition zu transformieren. Der Finanz- oder Kreditbestand ist anschließend in der entsprechenden Zeile des VOFIs auszugeben (vgl. Abb. 16-6). Für jeden der nachfolgenden Zeitpunkte ist das Vorgehen identisch. Der Teilprozess „VOFI füllen für t=1,...,n" wird in Abb. 16-7 dargestellt.

Bevor Überlegungen zur Finanzierung oder zu Reinvestitionen angestellt werden können, müssen die Kredit- und/oder Guthabenzinsen errechnet sowie eventuell vertraglich vereinbarte Tilgungen des aktuellen Jahres eingetragen werden. Anschließend werden in einer Nebenrechnung die Steuerzahlungen errechnet und ebenfalls im VOFI festgehalten. Die Höhe des vorläufigen Finanzierungssaldos (VFS) bestimmt das weitere Vorgehen. Falls der VFS negativ ist, werden zusätzliche liquide Mittel benötigt, die entweder durch die Aufnahme eines Kredits und/oder durch das aus einer Reinvestition resultierende Guthaben aufgebracht werden können. Bei einem positiven Finanzierungssaldo können Kredite getilgt werden und/oder überschüssige Mittel angelegt werden. Erst wenn der Finanzierungssaldo den Wert Null annimmt, ist mit den Berechnungen für die Folgeperiode zu beginnen.

Sobald das Ende der Nutzungsdauer erreicht ist, liegt als Zielwert der Endwert der Investition vor. Dieser ist für die Formulierung der Entscheidungsempfehlung relevant.

---

[1] Vgl. S. 112, Fn. 4.

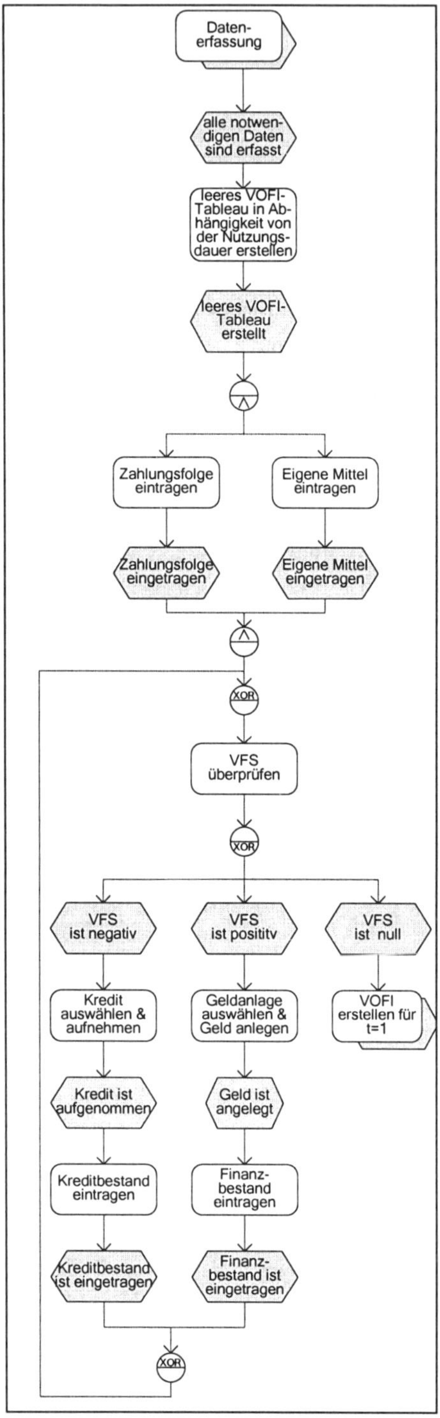

Abb. 16-6: Teilprozess „VOFI füllen für t=0“

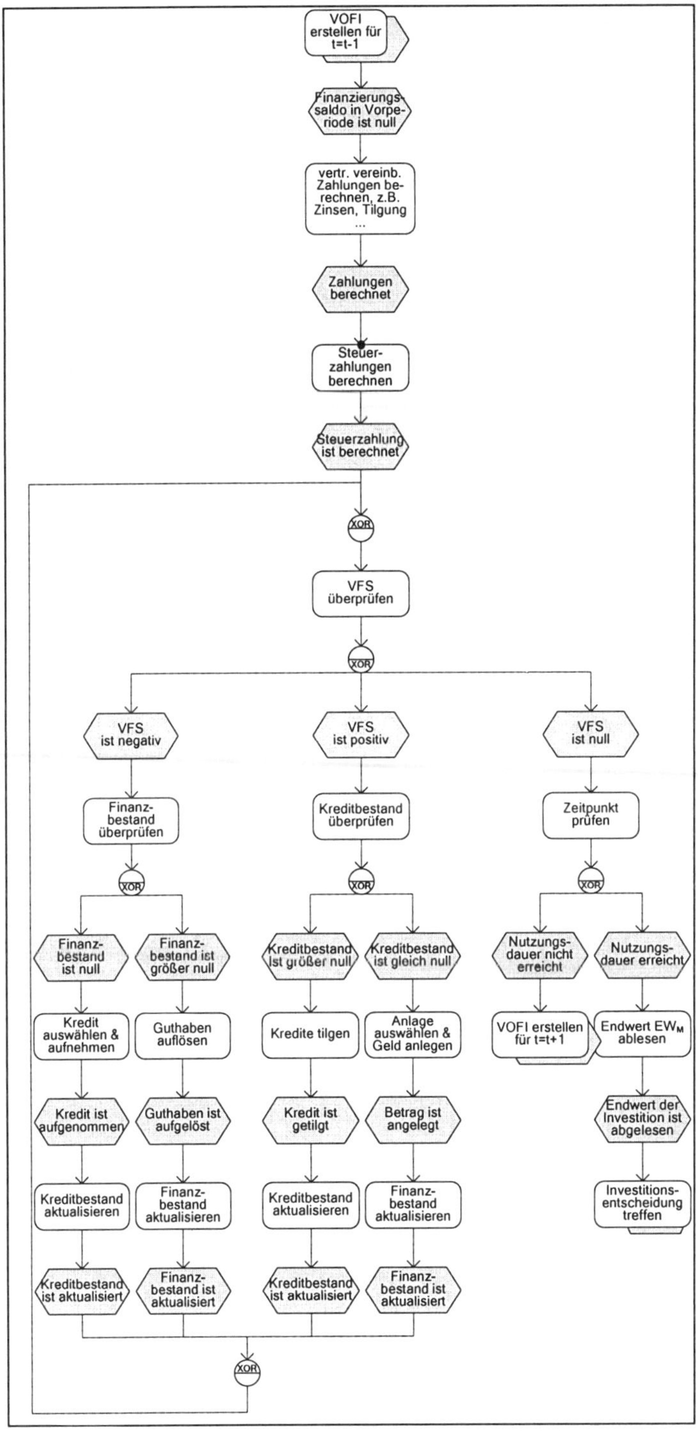

Abb. 16-7: Teilprozess „VOFI füllen für t=1,…,n“

Als Vergleichsgröße ist der Endwert der Opportunität zu berechnen. Auf Basis des Endwertvergleichs wird ausschließlich eine Empfehlung für die Investitionsentscheidung formuliert (Teilprozess „Entscheidungsempfehlung aussprechen“, vgl. Abb. 16-8):

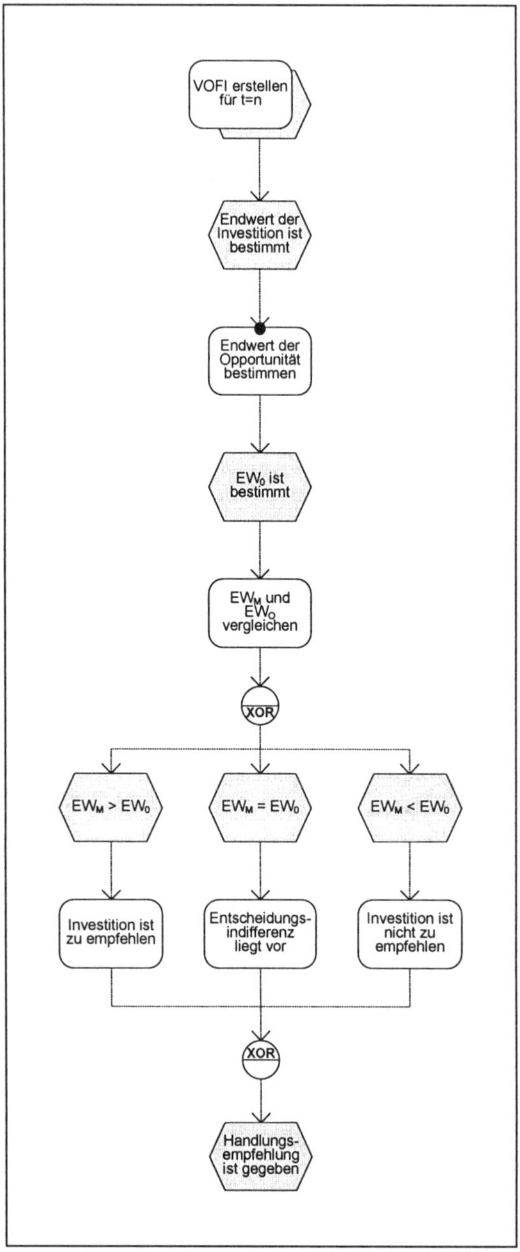

Abb. 16-8: Teilprozess „Entscheidungsempfehlung aussprechen“

Formale Darstellung

Zur formalen Darstellung des Algorithmus zur Bestimmung des Endwerts einer Investition wird nun das mathematische Modell eines VOFIs auszugsweise dargestellt. Als Beispiel wird vom Fall einer Konditionenvielfalt auf dem Finanzierungssektor ausgegangen, bei dem neben dem Kontokorrentkredit auch ein weiterer Kredit („Spezialkredit") disponiert wird.

Das Prinzip der Entscheidungsregel wird nun am Beispiel eines Kontokorrentkredits erörtert. Dieser wird zur Herstellung eines Finanzierungssaldos von null unter bestimmten Bedingungen ausgeweitet. Für die Zeitpunkte t=1,...,n lautet die Regel für die *Aufnahme* eines Kontokorrentkredits:

wenn Cashflow vor Zinsen
– Entnahme
+ Einlage
+ Aufnahme des Spezialkredits
– Tilgung des Spezialkredits
– Sollzinsen des Spezialkredits
– Sollzinsen des Kontokorrentkredits
+ Rückfluss aufgrund der Reinvestition
+ Erträge der Reinvestition
– Steuerzahlung
+ Steuererstattung
+ Habenzinsen der Standardanlage
< 0

dann Aufnahme eines Kontokorrentkredits =
– Cashflow vor Zinsen
+ Entnahme
– Einlage
– Aufnahme des Spezialkredits
+ Tilgung des Spezialkredits
+ Sollzinsen des Spezialkredits
+ Sollzinsen des Kontokorrentkredits
– Rückfluss aufgrund der Reinvestition
– Erträge der Reinvestition
+ Steuerzahlung
– Steuererstattung
– Habenzinsen der Standardanlage

sonst Aufnahme des Kontokorrentkredits = 0.

Der *Bestand* des Kontokorrentkredits in t=1,...,n ist wie folgt zu bestimmen.

Bestand des Kontokorrentkredits in t =
Bestand des Kontokorrentkredits in t–1
+ Aufnahme des Kontokorrentkredits in t
– Tilgung des Kontokorrentkredits in t

Analog zu der oben beschriebenen Regel bezüglich der Ausweitung eines Kontokorrentkredits sind Regeln bezüglich der Tilgung des Kontokorrentkredits in t=1,...,n sowie für die Disposition der Reinvestitionen und Fortschreibungsregeln für weitere Kredite zu formulieren. Außerdem sind Formeln für die Ermittlung der Steuerzahlungen zu definieren.

2.3 Präsentationsschicht

Zur inhaltlichen Gestaltung der Präsentationsschicht ist zunächst ein konzeptionelles Schema für die Ausgabe des VOFIs vorzustellen (vgl. Abb. 16-9).

Die für den VOFI relevanten Bewegungsgrößen werden oberhalb des Finanzierungssaldos von null dargestellt. Im unteren Teil des VOFIs stehen die Bestandsgrößen und die Bestandssalden. Der Bestandsaldo im Zeitpunkt t=n ist der Endwert der Investition.

Bezüglich der in t=0 ausgewiesenen Position des Einsatzes Eigener Mittel, die eine Bewegungsgröße darstellt, ist eine betragsgleiche Bestandsgröße in t=0* vorhanden. Diese Größe wird in der standardmäßigen Darstellung eines VOFIs (vgl. Abb. 16-10) eingespart.

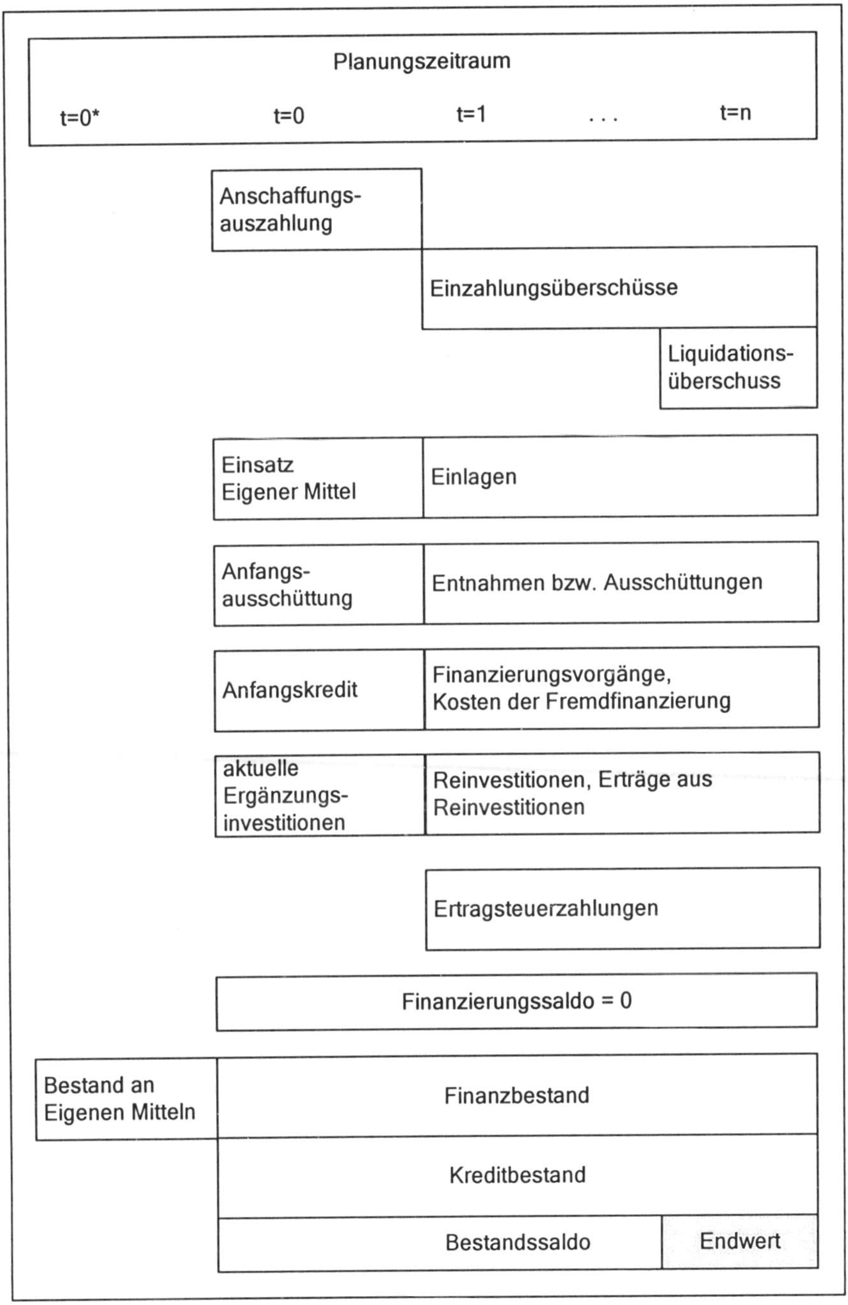

Abb. 16-9: Konzeptionelles Schema von VOFI

Die Umsetzung des konzeptionellen Schemas führt zu der unten stehenden VOFI-Tabelle, die unabhängig vom Konkretisierungsgrad einzelner Modellsegmente ist. Unterschiede aufgrund des Konkretisierungsgrades bei den Segmenten Zahlungsfolge, Eigenkapitaldispositionen und Ertragsteuern zeigen sich in den Nebenrechnungen zum VOFI.

Zeitpunkt	0	. . .	n
Zahlungsfolge der Investition			
Eigene Mittel			
+ Einsatz			
– Entnahme			
+ Einlage			
Kredit			
+ Aufnahme			
– Tilgung			
– Sollzinsen			
Reinvestition			
– Anlage			
+ Rückfluss			
+ Ertrag			
Ertragsteuern			
– Steuerzahlung			
+ Steuererstattung			
Finanzierungssaldo	0	. . .	0
Bestandsgrößen			
Finanzbestand			
Kreditbestand			
Bestandssaldo			

Abb. 16-10: VOFI der Investition („Standard“)

Zur differenzierteren Darstellung der Finanzierungsseite („Konditionenvielfalt“) ist eine entsprechend erweiterte Variante zu definieren, bei der z. B. Kredite mit Raten-, End- und Annuitätentilgung vorgesehen werden könnte.

3 Computerunterstützung

VOFI ist dafür prädestiniert, mithilfe von Tabellenkalkulationsverfahren (z. B. Microsoft Excel) auf Personal Computern implementiert zu werden. Hierbei werden aufgrund von Verknüpfungen mit den Eingabedaten der VOFI sowie seine Nebenrechnungen (z. B. Ermittlung der Ertragsteuerzahlungen) in getrennten Arbeitsblättern einer Excel-Datei dargestellt. Jedes Element der Matrix ist zellenweise ansteuerbar. Bei der Formeleingabe können auch Funktionen (z. B. zur Berechnung des Maximums oder Minimums einer Menge von Zahlen) sowie relationale und logische Ausdrücke verarbeitet werden. Der besondere Vorteil von Tabellenkalkulationsverfahren liegt in der einfachen Entwicklung der Arbeitsblätter und ihrer relativ leichten Anpassbarkeit an geänderte Anforderungen. Auch ist die Erzeugung von Grafiken leicht möglich. Das Erweitern der Tabelle um zusätzliche Spalten und/oder Zeilen sowie das Generieren von Untertabellen ist allerdings nur dann unproblematisch, wenn lediglich arithmetische Verknüpfungen vorgesehen sind. Sobald Modifikationen erforderlich werden, bei denen Fallunterscheidungen und logische Verknüpfungen relevant sind, ist der Änderungsaufwand und -erfolg von der Qualifikation des Anwenders abhängig.

Deshalb weist trotz der hohen Funktionalität von Tabellenkalkulationsverfahren der Einsatz von Standardsoftware spezifische Vorteile auf. Aus diesem Grund ist die Entwicklung eines ausführbaren VOFI-Programms, das durch ein hohes Maß an Anpassbarkeit gekennzeichnet ist, von erheblicher praktischer Bedeutung. Neuere Entwicklungen in der Informatik erlauben es, auf Grundlage von Grafiken durch Verwendung des Konzepts Model Driven Architecture (MDA) Quellcode zu erzeugen. Auf diese Art und Weise können für beliebige Varianten des Grundkonzepts von VOFI ausführbare Programme generiert werden.[1]

Kontrollfragen

Beschreiben Sie die wichtigsten Merkmale von VOFI! Erörtern Sie dabei Vorteile des Paradigmenwechsels von der formel- zur finanzplanorientierten Investitionsrechnung!

Welche Zeilen eines VOFIs sind der Investitionsseite und welche der Finanzierungsseite zuzuordnen? Interpretieren Sie das geflügelte Wort „Investition und Finanzierung sind zwei Seiten einer Medaille“ unter Verwendung von VOFI!

Beschreiben Sie den Aufbau eines VOFIs!

Setzen Sie sich mit der Zurechnungsprämisse der Finanzierung beim VOFI kritisch auseinander!

---

[1] Vgl. Dewanto, B. L. (2006), Grob, H. L., Bensberg, F., Dewanto, B. L. (2005).

Erörtern Sie den Algorithmus zur Zielwertbestimmung im VOFI am Beispiel des Endwertkonzepts in nicht-formaler, semi-formaler und formaler Form!

Erörtern Sie die Eingabe-, Modell- und Präsentationsschicht von VOFI!

Welche Unterschiede bestehen zwischen VOFI und den klassischen dynamischen Methoden der Investitionsrechnung?

Nach welchen Kriterien lassen sich VOFIs klassifizieren?

Wo ist der Endwert der Investition im VOFI ablesbar?

Wann werden die Ertragsteuern für den VOFI berechnet?

Diskutieren Sie Möglichkeiten der Softwareunterstützung durch VOFI!

Folge 17

Demo-Fall zur Einführung in VOFI

Auch einfache Konzepte leben von Beispielen

In dem nun darzustellenden Demo-Fall, bei dem zur Vereinfachung des Einstiegs auf den Ansatz von Ertragsteuern zu verzichten ist, wird angenommen, dass das Unternehmen zur Finanzierung der Investition DY11 neben den Eigenen Mitteln in Höhe von 9.000 € auf das folgende Kreditangebot[1] zurückgreifen kann:

Merkmal	Kondition
Höchstbetrag (Nennwert)	5.000 €
Laufzeit	2 Jahre
Tilgung	am Ende der Laufzeit
Zinsfuß	6 % pro Jahr, nachschüssig
Disagio	10 %

Abb. 17-1: Konditionen des Kredits mit endfälliger Tilgung

Das Darlehen ist nur zum Zeitpunkt t=0 aufnehmbar. Ansonsten kann zu jedem Zeitpunkt ein Kontokorrentkredit zu einem Zinsfuß von 13 % in Anspruch genommen werden.

Reinvestitionen in Form von Finanzanlagen mit einjähriger Laufzeit rentieren sich zu 8 %. Die Höhe der Reinvestitionen ist nicht restriktiv, ihr Rückfluss beliebig. Für die Opportunität wird die gleiche Renditeerwartung angenommen.

Im Folgenden wird erörtert, wie der Endwert der Investition periodisch-sukzessiv zu berechnen ist. Hierzu sollten die Daten im VOFI (vgl. Abb. 17-2, S. 129) nachvollzogen werden.[2]

---

1 Die an eine Hochzinsphase erinnernden Kreditkonditionen sind nicht zeitgemäß. So weist beispielsweise im Juni 2006 ein Kredit mit Endtilgung bei zweijähriger Laufzeit einen Effektivzinsfuß von ca. 4,8 % auf. Durch den übertrieben hohen Ansatz der Zinssätze in unserer Fallstudiengeschichte wird die relative Bedeutung der für die Investitionsrechnung generell wichtigen Zinsen unterstrichen.

2 Was halten Sie davon, sich den Text von Ihrem (Lebens)Partner interaktiv vorlesen zu lassen, während Sie mit dem Stift in der Hand die Daten im VOFI nachvollziehen? Mit „interaktiven Vorlesen“ ist gemeint, dass der Zuhörer die Vorlesung jederzeit unterbrechen darf.

Nachdem die Zahlungsfolge und der Eigenkapitaleinsatz von 9.000 € in den VOFI übernommen worden sind, ist zu prüfen, welche Kreditverträge zur Finanzierung der Anschaffungsauszahlung in t=0 abzuschließen sind.

Zur Finanzierung der Anschaffungsauszahlung wird ein Kredit mit Endtilgung aufgenommen. Die Einzahlung aus dem Kredit ist um das Disagio zu mindern. Die Kreditaufnahme ist in t=0 als Bewegungsgröße zu notieren. Das Disagio wird unter der Position „Sollzinsen" ausgewiesen. Der Nominalwert des Kredits wird als Bestandsgröße im unteren Teil des VOFIs eingetragen. Der Kredit mit Endtilgung führt zu zukünftigen Zahlungen, die bereits jetzt festliegen. So können die jährlich konstanten Zinszahlungen in Höhe von 300 € für die Jahre t=1 bis t=2 sowie der einmalige Tilgungsbetrag von 5.000 € in t=2 schon jetzt in den VOFI eingetragen werden. Um einen Finanzierungssaldo von null zu erreichen, ist der vorläufige Finanzierungssaldo (VFS) zu errechnen. Er beläuft sich auf –18000 + 9000 + 4500 = 4500 [€]. In dieser Höhe ist der Kontokorrentkredit in Anspruch zu nehmen. Die Bewegungsgröße ist unter der Position „Kontokorrentkredit – Aufnahme" zu notieren; der entsprechende Kreditbestand steht im unteren Teil des VOFIs. Der Bestandssaldo beträgt nach diesen finanzwirtschaftlichen Maßnahmen –9.500 €.

Der Stand des Kontokorrentkredits von 4.500 € ist die Basis zur Ermittlung der in t=1 zu entrichtenden Sollzinsen in Höhe von 585 €. Im nächsten Schritt ist der Finanzbedarf für diesen Zeitpunkt zu bestimmen. Er resultiert aus dem negativen Cashflow unter Berücksichtigung der Zinsen von 4.885 €. Dieser Betrag stellt den vorläufigen Finanzierungssaldo in t=1 dar. Um genau diesen Betrag wird der Kontokorrentkredit erweitert, sodass der (endgültige) Finanzierungssaldo gleich null wird. Der neue Stand des Kontokorrentkredits beträgt 9.385 €. Aus diesem Bestand resultieren für den Zeitpunkt t=2 Sollzinsen in Höhe von 1.220 €. Aufgrund des Einzahlungsüberschusses, der um die Sollzinsen in Höhe von 1.520 € und die Tilgung in Höhe von 5.000 € zu reduzieren ist, ergibt sich in t=2 ein Finanzbedarf („vorläufiger Finanzierungssaldo") von 3.320 €. Dieser wird durch eine erneute Ausweitung des Kontokorrentkredits gedeckt. Der Kontokorrentkredit weist nunmehr einen Bestand von 12.705 € auf. Die hieraus resultierenden Sollzinsen betragen 1.652 €. Wegen des relativ hohen Einzahlungsüberschusses in t=3, der zunächst um die Sollzinsen zu reduzieren ist, ergibt sich ein vorläufiger Finanzierungssaldo, der für die vollständige Tilgung des Kontokorrentkredits und für Reinvestitionen in Höhe von 4.683 € verwendet wird. Die Reinvestitionen führen in t=4 zu einem Ertrag von 375 €. Zusammen mit dem Cashflow vor Zinsen in Höhe von 5.972 € ergibt sich eine Anlage von 6.347 €, die den Finanzbestand auf 11.030 € anwachsen lässt. Die Verzinsung dieses Bestandes führt zu

Erträgen von 882 €, sodass unter Berücksichtigung des Einzahlungsüberschusses in t=5 eine Reinvestition von 4.667 € durchzuführen ist. Diese Reinvestition führt zu einem Finanzbestand von 15.697 €. Dies ist – da der Kreditbestand null ist – der Endwert der Investition.

Zeitpunkt	0	1	2	3	4	5
Zahlungsfolge der Investition	–18.000	–4.000	3.200	19.040	5.972	3.785
Eigene Mittel	9.000					
Kredit mit Endtilgung						
+ Aufnahme	5.000					
– Tilgung			5.000			
– Sollzinsen (inkl. Disagio)	500	300	300			
Kontokorrentkredit						
+ Aufnahme	4.500	4.885	3.320			
– Tilgung				12.705		
– Sollzinsen		585	1.220	1.652		
Reinvestition						
– Anlage				4.683	6.347	4.667
+ Rückfluss						
+ Ertrag					375	882
Finanzierungssaldo	0	0	0	0	0	0
Bestandsgrößen						
Finanzbestand				4.683	11.030	15.697
Kreditbestände						
Kredit mit Endtilgung	5.000	5.000				
Kontokorrentkredit	4.500	9.385	12.705			
Bestandssaldo	–9.500	–14.385	–12.705	4.683	11.030	15.697

Abb. 17-2: VOFI der Sachinvestition unter Berücksichtigung von Konditionenvielfalt auf dem Finanzierungssektor

Der Endwert der Opportunität wird nun formelmäßig bestimmt:

$EW^O = 9000 \cdot 1{,}08^5 = 13224$ [€].

Selbstverständlich kann EW^O auch in einem VOFI ermittelt werden. Wie aus Abb. 17-3 hervorgeht, enthält der VOFI der Opportunität keine explizit formulierte Zahlungsfolge, da die Opportunität einen Finanzierungsvorgang („Geldanlage“) darstellt. Die erzielten Zinsen, die jährlich in Höhe des Opportunitätskostensatzes wachsen, werden regelmäßig angelegt und führen – zusammen mit dem anfangs eingesetzten Anfangsbestand – zum Endwert der Opportunität in Höhe von 13.224 €.

Zeitpunkt	0	1	2	3	4	5
Eigene Mittel	9.000					
Geldanlage						
– Anlage	9.000	720	778	840	907	980
+ Rückfluss						
+ Habenzinsen		720	778	840	907	980
Finanzierungssaldo	0	0	0	0	0	0
Finanzbestand	9.000	9.720	10.498	11.337	12.244	13.224

Abb. 17-3: VOFI der Opportunität

Kontrollfragen

Charakterisieren Sie Kredite aufgrund ihrer Konditionen und überlegen Sie, wie diese im VOFI darzustellen sind!

Stellen Sie sich vor, der endfällige Kredit wäre erst nach fünf Jahren fällig! Ermitteln Sie für diesen Fall den Endwert der Investition!

Erörtern Sie den Algorithmus zur Endwertbestimmung unter Verwendung des in Abb. 17-2 dargestellten VOFIs!

Welcher Unterschied besteht zwischen dem VOFI der Investition und dem der Opportunität?

3.2 VOFI als Explikationsinstrument[1]

3.2.1 Implikationen der statischen Methoden

Folge 18

Interpretation des Zielwerts der Gewinnvergleichsrechnung

Eine späte Rehabilitation

1 Vorbemerkungen

Dr. X las in seiner Freizeit klassische Literatur – auch zur Investitionstheorie. Zwar trennten ihn Welten von den Klassikern, aber gerade dies war der reizvolle Grund, sich mit ihr – der anderen Welt – zu beschäftigen. Die klassischen Methoden der Investitionstheorie kamen ihm wie die Götter der griechischen Sagenwelt vor. Die Erdmutter Gäa verglich er mit dem Gegenwartswert, einer Formel, aus der die bekannteren Zielwerte Kapitalwert, Annuität, Interner Zinsfuß und Pay-off-Periode, aber auch der spätgeborene Zusätzliche Endwert, hervorgesprossen sind. Lediglich die statische Gewinnvergleichsrechnung wurde als Außenseiter dieses Götterkabinetts angesehen.

Tatsächlich wird in der Literatur zur Investitionstheorie der Zielwert der statischen Gewinnvergleichsrechnung im Vergleich zur Annuität als inexakt angesehen – so z. B. vom „Klassiker" ERICH SCHNEIDER, dessen Urteil lautet: „Man darf .. nicht vergessen, dass die Methode nicht korrekt ist." Und weiter unten: „Wie groß der Unterschied zwischen dem korrekten und dem nach der approximativen Annuitätsmethode[2] berechneten Wert ist, hängt vom Zinsfuß und der Investitionsdauer ab."[3] Von besonderer Brisanz ist, dass die als inkorrekt apostrophierte statische Gewinnvergleichsrechnung „Ingenieursformel" genannt wird.[4]

---

1 Zur Rechtfertigung der Begriffe in der Gliederung ist zu sagen, dass wir explizieren, um Implikationen aufzudecken, die dann Interpretationen ermöglichen.

2 Der Begriff „approximative Annuitätsmethode" stellt ein (vermutlich ironisch gemeintes) Synonym zu Begriff „statische Gewinnvergleichsrechnung" dar.

3 Schneider, E. (1973), S. 30.

4 Eine Formel, die zu nicht korrekten Ergebnissen führt und mit dem ehrenhaften Berufsstand „Ingenieur" in Verbindung gebracht wird, ist als Affront anzusehen. Warum eigentlich hat sich der Bund Deutscher Ingenieure (BDI) mit dieser Anschuldigung nie befasst?

Immer wieder wurde von Epigonen des Pioniers ERICH SCHNEIDER bestätigt, dass der Durchschnittsgewinn der statischen Methode nur approximativ richtig sei. Einer behauptete, die Annuität sei stets höher, ein anderer sagte, sie sei stets niedriger und ein dritter behauptete, die Wahrheit „läge in der Mitte".[1] Ohne über diese Frage, wo denn die „Mitte" sei, länger nachzudenken, analysierte Dr. X die impliziten und expliziten Prämissen der statischen Gewinnvergleichsrechnung und kam dabei zu einem Ergebnis, das zu einer posthumen Rehabilitation der statischen Gewinnvergleichsrechnung führen sollte.

2 Interpretationsmöglichkeit durch VOFI

Zu Beginn der Analyse ist die (sicherlich überraschende) Behauptung aufzustellen, dass die statische Gewinnvergleichsrechnung dynamisch[2] interpretiert werden kann. Dies ist möglich, da die Prämissen über die Kalkulatorischen Zinsen von vornherein dynamisch formuliert worden sind. Insofern ist von einer dynamisierbaren statischen Methode zu sprechen.

Bei den Abschreibungen und den Einzahlungsüberschüssen sind die Durchschnittswerte per se[3] bzw. per Prämisse[4] mit den periodenspezifischen Daten identisch. In der Literatur[5] wird ferner die Annahme herausgestellt, dass die Abschreibungsbeträge mit der Tilgung des Kredits zur Finanzierung der Anschaffungsauszahlung übereinstimmen.[6] Dies ist of-

[1] Mit einer Quantifizierung des Unterschieds beschäftigte sich eine Reihe von Autoren. Nach Däumler, K.-D. (2003), S. 315 *wächst* die Differenz mit steigendem Zinsfuß und/oder steigender Nutzungsdauer progressiv, nach Lücke, W. (1991), S. 12 sowie nach Keun, F., Wiesc, O. (1977), S. 169 jedoch degressiv. Schulte, K.-W. (1986), S. 87 führt zu dieser Kontroverse aus: „Keine der beiden Seiten hat Recht; die Wahrheit liegt – wie so oft – in der Mitte. Die relative Abweichung nimmt nämlich zunächst progressiv zu, geht – für praktisch kaum denkbare Konstellationen von i und n – in ein degressives Wachstum über und nähert sich einem Grenzwert von ... 50 %". Däumler, K.-D. (2003), S. 139 unterscheidet sogar zwischen „sehr ungenau" und „weniger ungenau" (!).

[2] Vgl. Grob, H. L. (1989), S. 165-185.

[3] Lineare Abschreibungen.

[4] Die äquivalenten Einzahlungsüberschüsse sollen als periodenindividuelle Elemente der Zahlungsfolge der Investition angenommen werden.

[5] Vgl. u. a. Biergans, E. (1973), S. 90.

[6] Die Prämisse, die Tilgung erfolge in Höhe der Abschreibung, ist entgegen weit verbreiteter Auffassung nicht zwingend. Sämtliche Aussagen gelten bei beliebiger Tilgung und auch bei beliebiger Finanzierung der Anschaffungsauszahlung, also auch dann, wenn vollständige Eigenfinanzierung vorliegt. Der Grund dafür ist der konstante Kalkulationszinsfuß. Vgl. Grob, H. L. (1989), S. 178 ff.

fensichtlich nur dann möglich, wenn vollständige Fremdfinanzierung vorliegt. Bei vollständiger Eigenfinanzierung kann natürlich von Tilgung keine Rede sein. Gleichwohl kann auch dieser Fall – und ebenso der Fall einer Mischfinanzierung – sinnvoll interpretiert werden.[1] Um nicht zu viele Probleme auf einmal lösen zu müssen, sei hier unterstellt, die Investition würde tatsächlich vollständig mit Fremdkapital finanziert. Diese Annahme hat den Vorteil der leichteren Nachvollziehbarkeit. Wegen des Ansatzes eines konstanten Kalkulationszinsfußes werden die dynamisierten Zielwerte und somit die Vorteilhaftigkeit der Investition per se nicht beeinflusst. Abb. 18-1 liefert einen Überblick über den Zusammenhang zwischen den Variablen der statischen und der dynamisierten statischen Gewinnvergleichsrechnung.

Parameter der statischen Gewinnvergleichsrechnung	Parameter der dynamisierten Gewinnvergleichsrechnung	Kommentar
d	$d_1 = ... = d_n$	Prämisse, dass der Einzahlungsüberschuss von t=1 bis t=n konstant ist.
A	$A_1 = ... = A_n$	lineare Abschreibung
	$A_1 = T_1$ . . . $A_n = T_n$	Tilgung in Höhe der Abschreibung
L_n	T_s	Sondertilgung in Höhe des Liquidationsüberschusses
i	i	Klassische Annahme über die Konstanz des Kalkulationszinsfußes

Abb. 18-1: Parameterzusammenhang bei statischer und dynamischer Betrachtung

Der Gewinn steigt im Zeitablauf, da wegen der jährlichen Tilgung die Kapitalbindung von Jahr zu Jahr niedriger wird und dadurch weniger Kalkulatorische Zinsen anfallen. Der jährliche Zinsrückgang ist – da die anderen Werte konstant sind – identisch mit dem jährlichen Gewinnanstieg. Dieser Sachverhalt kann durch die folgende Formel zum Ausdruck gebracht werden:

[1] Vgl. Grob, H. L. (1989), S. 169-174.

$$G_t = \underbrace{d - \frac{a_0 - L_n}{n} - \frac{a_0 + \frac{a_0 - L_n}{n} + L_n}{2} \cdot i}_{\text{1. Term}} + \underbrace{\left(t - \frac{n+1}{2}\right) \cdot \frac{a_0 - L_n}{n} \cdot i}_{\text{2. Term}} \quad \forall\, t=1,\ldots,n$$

Der erste Term enthält die bekannte Formel der statischen Gewinnvergleichsrechnung. Der zweite Term stellt die Korrektur des Gewinns des mittleren Jahres dar – die repräsentative Periode. Auf den zweiten Term ist nun näher einzugehen.

Die Kapitalbindung geht Jahr für Jahr um die Höhe der Tilgung (= Abschreibung) zurück. In jedem Jahr steigt dadurch der Gewinn um die Zinsen auf die Tilgung, also um:

$$\Delta G = \frac{a_0 - L_n}{n} \cdot i$$

ΔG ist mit dem Faktor [t – (n+1)/2] zu multiplizieren, um die im zweiten Term ausgedrückte periodenspezifische Gewinnkorrektur zu quantifizieren. Im Demo-Fall ist bei t=1 der Faktor –2, bei t=2 beträgt er –1, im dritten (hier: im mittleren) Jahr ist er null. Danach steigt er auf 1 und 2.

Nach diesen Überlegungen kann unter Berücksichtigung der Daten von DY11 die Gewinnentwicklung im Zeitablauf berechnet werden. Die aus der Folge 11 zu übernehmenden Daten lauten:

$a_0 = -18.000$; $d = 4.821$; $L_n = 2.365$; $i = 0,1$; $n = 5$

Unter Verwendung dieser Daten wurde bei der Gewinnvergleichsrechnung als Zielwert der mittleren Periode ein Betrag von 519,40 € bestimmt. Die Gewinnentwicklung vor und nach dieser Periode geht aus der folgenden Tabelle hervor. Die Gewinnfolge steigt um jährlich 312,70 €. Dies ist bekanntlich die Zinsdifferenz (z. B. 1800 – 1487,30 = 312,70), die mit der Entnahmedifferenz (z. B. 206,70 – (–106) = 312,70) übereinstimmt.

t	1. Term	2. Term	G_t
1	519,40	–625,40	**–106,00**
2	519,40	–312,70	**206,70**
3	519,40	0	**519,40**
4	519,40	312,70	**832,10**
5	519,40	625,40	**1.144,80**

Abb. 18-2: Gewinnentwicklung im Zeitablauf

Die in Abb. 18-2 ausgewiesenen Zielwerte sind als entnahmefähige Gewinne[1] interpretierbar, bei denen das auf den Planungshorizont aufgezinste Eigenkapital erhalten bleibt. Hiermit ist gemeint, dass der Endwert der Investition unter Berücksichtigung von Entnahmen genauso hoch ist wie der Endwert der Opportunität ohne Entnahmen. Der negative Gewinn in t=1 ist als Einlage anzusetzen, während die Gewinne für t=2 bis t=5 als Entnahmen in den VOFI einzubeziehen sind. Ins Auge springt der Gewinn der mittleren Periode t=3 in Höhe von 519,40 €. Dies genau ist *der* Zielwert, der durch die statische Gewinnvergleichsrechnung ermittelt wurde.

Zeitpunkt	0	1	2	3	4	5
Zahlungsfolge der Investition	**–18.000,00**	**4.821,00**	**4.821,00**	**4.821,00**	**4.821,00**	**4.821,00** **+ 2.365,00** 7.186,00
Eigene Mittel						
+ Einsatz	**0**					
– Entnahme			**206,70**	**519,40**	**832,10**	**1.144,80**
+ Einlage		**106,00**				
Kredit						
+ Aufnahme	18.000,00					
– Tilgung normal		3.127,00	3.127,00	3.127,00	3.127,00	3.127,00
– Sondertilgung						2.365,00
– Sollzinsen		1.800,00	1.487,30	1.174,60	861,90	549,20
Finanzierungssaldo	0	0	0	0	0	0
Kreditbestand	18.000,00	14.873,00	11.746,00	8.619,00	5.492,00	0

Abb. 18-3: VOFI zur Interpretation des Gewinns der statischen Gewinnvergleichsrechnung

3 Äquivalenzbedingung

Nach der Auseinandersetzung mit dem Zielwert der statischen Gewinnvergleichsrechnung ist deutlich geworden, dass durch eine einfache Zusatzrechnung, die die Ermittlung einer im Zeitablauf arithmetisch steigenden Gewinnfolge zum Inhalt hat, eine Erweiterung der dynamischen Methoden um die durch dynamische Elemente modifizierte Gewinnvergleichsrechnung möglich ist. Die Gewinnfolge der dynamisierten Gewinnvergleichsrechnung ist äquivalent zur Annuität. Deshalb lassen sich die dynamisierten Gewinne wie folgt in die Annuität umrechnen, wobei die

[1] ... auch als „ökonomischer" Gewinn bezeichnet. Vgl. Schneider, D. (1992), S. 218 ff.

auf t=0 abgezinste Gewinnfolge der dynamisierten Gewinnvergleichsrechnung nichts anderes ist als der Kapitalwert:

$$a = \left(\sum_{t=1}^{n} G_t \cdot q^{-t} \right) \cdot ANF_{n,i} = C \cdot ANF_{n,i}$$

Symbole

a	Annuität
G_t	dynamisierter Gewinn der statischen Gewinnvergleichsrechnung
q	Zinsfaktor 1 + i
i	Kalkulationszinsfuß
$ANF_{n,i}$	Annuitätenfaktor
C	Kapitalwert

Unter Verwendung der Daten der Investition DY11 ergeben sich folgende Zielwerte:[1]

$$a = (-106 \cdot 1{,}1^{-1} + 206{,}70 \cdot 1{,}1^{-2} + 519{,}40 \cdot 1{,}1^{-3} + 832{,}10 \cdot 1{,}1^{-4}$$
$$+ 1144{,}80 \cdot 1{,}1^{-5}) \cdot 0{,}26380 = 1742 \cdot 0{,}26380 = 460 \text{ [€/Jahr]}$$

Zurück zu den zahlreichen Missverständnissen um die statische Gewinnvergleichsrechnung.

Während die Annuität eine konstante Entnahme im Zeitablauf impliziert, liefert die statische Gewinnvergleichsrechnung die Entnahmemöglichkeit im mittleren Jahr und die dynamisierte Form der statischen Gewinnvergleichsrechnung eine Folge steigender Entnahmemöglichkeiten, die der jährlich konstanten Entnahme in Höhe der Annuität *äquivalent* ist. Die dynamisierte statische Gewinnvergleichsrechnung und die (von vornherein dynamische) Annuität sind deshalb als ranggleiche Methoden der klassischen Investitionsrechnung anzusehen. Die statische Gewinnvergleichsrechnung liefert also nicht etwa – wie in der Literatur seit Jahrzehnten behauptet wird[2] – gegenüber der Annuität ein inexaktes Ergebnis. Man muss ihren Zielwert nur richtig interpretieren.

---

[1] „Aber der Kapitalwert ist doch als Differenzgröße interpretiert worden, bei der der Mehrwert der Investition gegenüber der Opportunität quantifiziert wird!" – „Der Gewinn der Gewinnvergleichsrechnung ist ebenso ein Mehrwert wie der Kapitalwert! Schließlich sind ja in den Kalkulatorischen Zinsen auch die Opportunitätszinsen enthalten. Der Gewinn der Gewinnvergleichsrechnung ist – wie bereits dargelegt – also kein Pagatorischer, sondern ein Kalkulatorischer Gewinn." – Wer sagte wohl was?

[2] Vgl. u. a. Schneider, E. (1973), S. 30, Däumler, K.-D. (2003), S. 109, Schulte, K.-W. (1986), S. 87.

Trotz der hier dargelegten Überlegungen soll der Gewinnvergleichsrechnung nicht zu neuem Ruhm verholfen werden, schließlich sind die Prämissen dieser Modellrechnung bezüglich der Finanzierungsseite und des Entnahmeverhaltens außerordentlich eng. Letztlich ging es um Gerechtigkeit gegenüber einer von vielen Autoren abschätzig behandelten Methode – und nicht zuletzt um die Rolle, die VOFI bei der Rehabilitation einer diskriminierten Methode spielte. Erfreulich ist die Explikation auch für unsere Ingenieure: ihre Formel liefert tatsächlich korrekte Ergebnisse.

Kontrollfragen

Definieren Sie die Zielfunktion der statischen Gewinnvergleichsrechnung!

Inwiefern sind in der statischen Gewinnvergleichsrechnung die Voraussetzungen für eine dynamische Interpretation gegeben? Gehen Sie dabei auf jeden der für die Gewinnermittlung relevanten Parameter ein!

Erörtern Sie die Zielfunktion der dynamisierten Gewinnvergleichsrechnung, die wie folgt lautet:

$$G_t = \underbrace{d - \frac{a_0 - L_n}{n} - \frac{a_0 + \frac{a_0 - L_n}{n} + L_n}{2} \cdot i}_{\text{1. Term}} + \underbrace{\left(t - \frac{n+1}{2}\right) \cdot \frac{a_0 - L_n}{n} \cdot i}_{\text{2. Term}} \qquad \forall \quad t=1,\ldots,n$$

Warum stellt die Gewinnentwicklung eine arithmetische Folge dar?

Angenommen, für die statische Gewinnvergleichsrechnung seien folgende Daten ermittelt worden:

$a_0 = 20.000$ €	$n = 4$ Jahre
EK = 20.000 €	$L_n = 4.000$ €
d = 6.000 €/Jahr	i = 8 %

Ermitteln Sie den Zielwert der statischen Gewinnvergleichsrechnung! Machen Sie ihn in einem VOFI transparent! Da die Investition vollständig mit Eigenkapital zu finanzieren ist, sollte auch ein VOFI für die Opportunität erstellt werden! Dass es sich bei dieser Aufgabe um eine geradzahlige Nutzungsdauer handelt, sollte von Ihnen als Herausforderung angesehen werden.

Welcher Zusammenhang besteht zwischen der Gewinnfolge der dynamisierten Gewinnvergleichsrechnung und der Annuität?

3.2.2 Implikationen der klassischen dynamischen Methoden

Folge 19

Interpretation des Kapitalwerts

Die vielen Gesichter des Kapitalwerts

1 Formelorientierte Interpretation

Trotz der motivierend klingenden Informationen über den Einsatz von VOFI bei Investitionsentscheidungen widmete sich Y weiterhin den Ergebnissen der klassischen dynamischen Methoden der Investitionsrechnung. Schon immer erregte der Kapitalwert[1] sein besonderes Interesse. Deshalb stellte der mit den Methoden der Investitionsrechnung weder theoretisch noch praktisch vertraute Y „seinem" Herrn Dr. X die einfache Frage: „Was hat man sich unter dem Kapitalwert vorzustellen?"

Dr. X machte es sich einfach. Unverzüglich schrieb er die Kapitalwertformel auf:

$$C = -a_0 + \sum_{t=1}^{n} d_t \cdot q^{-t}$$

Natürlich definierte er die einzelnen Symbole: „a_0 ist die Anschaffungsauszahlung. Die d_t's sind die Einzahlungsüberschüsse der Jahre 1 bis n. In d_n steckt übrigens der Liquidationsüberschuss aus der Veräußerung des Wirtschaftsguts am Ende seiner Nutzungsdauer. Und q^{-t} ist der Faktor, mit dem der Einzahlungsüberschuss in t auf den Zeitpunkt Null, den Betrachtungszeitpunkt, abgezinst wird."

Y schob den „Formelkram" – so sagte er tatsächlich – zur Seite und forderte eine anschaulichere Erklärung. Dr. X – weiterhin unentwegt auf die Formel blickend – stellte diese wie folgt um:

$$C = \sum_{t=1}^{n} d_t \cdot q^{-t} - a_0$$

---

[1] Vgl. hierzu auch Blohm, H., Lüder, K., Schaefer, C. (2006), S. 50 f., Grob, H. L. (1989), S. 105 ff., Kruschwitz, L. (2005), S. 12 f., S. 64, Perridon, L., Steiner, M. (2004), S. 61 f., S. 89 f.

Dann definierte er verbal: „Der Kapitalwert ist die Differenz zwischen den auf den Betrachtungszeitpunkt abgezinsten Einzahlungsüberschüssen der Jahre 1 bis n und der Anschaffungsauszahlung. Anders ausgedrückt: Der Kapitalwert ist die Differenz zwischen dem Ertragswert und der Anschaffungsauszahlung." Ferner wies er daraufhin, dass der Ertragswert nicht assoziieren dürfe, dass es sich hierbei um abgezinste Erträge handelt, die mit Einzahlungen übereinstimmen. Das Symbol d_t stellt ja schließlich auch den Einzahlungs*überschuss* dar.

Y schien nach der Umstellung der Kapitalwertformel zur Erklärung des Kapitalwerts immer noch unzufrieden zu sein. Deshalb machte Dr. X weiter. Nach einer Aufspaltung von d_t in $e_t - a_t$ und einer abermaligen Umstellung entwickelte er die unten stehende Formel:

$$C = \sum_{t=1}^{n} e_t \cdot q^{-t} - \sum_{t=0}^{n} a_t \cdot q^{-t}$$

Symbole

e_t Einzahlung in t

a_t Auszahlung in t

Gemäß dieser Formel ist der Kapitalwert als Differenz zwischen dem Barwert der Einzahlungen und dem Barwert der Auszahlungen definiert.

Zur Demonstration eines Beispiels hatte Dr. X die oben besprochenen Kenngrößen für DY11 ermittelt und aufgelistet:

Kapitalwert	= 1742 [€]
Kapitalwert	= Ertragswert – Anschaffungsauszahlung = 19742 – 18000 = 1742 [€]
Kapitalwert	= Barwert der Einzahlungen – Barwert der Auszahlungen[1] = 95104 – 93362 = 1742 [€]

Abb. 19-1: Ergebnisse alternativer Kapitalwertberechnungen – Teil 1

Y beachtete die Ergebnisse nicht wirklich. Er wollte weiter interpretieren (lassen).

„In der Formel ist unter Garantie noch mehr enthalten. Ich kann es nur nicht ohne weiteres erkennen! Ich als investitionstheoretischer Laie habe nämlich folgende Vorstellung: Wer in ein Investitionsprojekt Geld steckt,

[1] Die Daten zur Ermittlung der Barwerte wurden in Abb. 8-3, S. 47 ausgewiesen.

will am Ende der Laufzeit des Engagements wissen, ob es sich gelohnt hat. Das ist dann der Fall, wenn durch das Projekt mehr Geld verdient wurde, als wenn das Kapital der Bank anvertraut worden wäre. Ist der Kapitalwert auch so ein Mehrbetrag? Geht das eigentlich aus der Formel hervor?“

Dr. X, der erstaunt zur Kenntnis nahm, dass sich hinter der trivialen Vorstellung des investitionstheoretischen Laien nichts anderes als das Differenzkalkül beim Endwertkonzept verbirgt, antwortete: „Tatsächlich, der Kapitalwert stellt eine Differenz dar! Der Kapitalwert ist derjenige Mehrbetrag, den die Investition gegenüber der Geldanlage der für die Investition verfügbar gemachten Mittel erwirtschaftet. Allerdings wird der Mehrbetrag im Gegensatz zu dem von Ihnen angesprochenen Endwertkonzept nicht auf den Endzeitpunkt, sondern auf den Anfangszeitpunkt der Nutzungsdauer des Investitionsobjekts bezogen.“

„Dann lassen Sie uns das Anfangswertkonzept diskutieren!“, forderte Y.

Dr. X entwickelte daraufhin das nun darzustellende Anfangswertkonzept. Bei Verwendung eines einheitlichen Kalkulationszinsfußes können die Endwerte in Form liquider Mittel, die bei Durchführung der Investition (EW^M) bzw. der Opportunität (EW^O) anfallen, in die entsprechenden Anfangswerte überführt werden. Diese werden mit AW^M und AW^O bezeichnet. Die Formeln lauten:

$$AW^M = EW^M \cdot q^{-n}$$

$$AW^O = EW^O \cdot q^{-n}$$

Die Differenz zwischen dem Anfangswert der Investition und dem Anfangswert der Opportunität analog zum Endwertkonzept ist als Zusätzlicher Anfangswert ΔAW definiert.

$$\Delta AW = AW^M - AW^O$$

Y unterbrach: „AW^M kann ich mir als den auf t=0 abgezinsten Endwert der Investition gut vorstellen. Aber was verbirgt sich hinter AW^O?“

Dr. X verkniff sich ein Lächeln – es hätte sonst mit dem Attribut „überlegen“ belegt werden können – und erklärte:

„Der Wert der Opportunität im Anfangswertkonzept AW^O ist nichts anderes als die in t=0 vorhandenen Eigenen Mittel, denn:

$$AW^O = EW^O \cdot q^{-n} = (EK \cdot q^n) \cdot q^{-n} = EK\text{“}$$

Nun waren die Diskutanten so weit, den Zusammenhang zwischen ΔAW und dem berühmten großen C zu erkennen. Zu diesem Zweck wurde ΔAW

unter Verwendung der Formel zur Ermittlung von EW^M ausführlich formuliert:

$$\Delta AW = \underbrace{\left[\overbrace{(-a_0 + EK) \cdot q^n + \sum_{t=1}^{n} d_t \cdot q^{n-t}}^{EW^M} \right] \cdot q^{-n}}_{AW^M} - \underbrace{EK}_{AW^O}$$

Mit einem Blick[1] ist erkennbar, dass der Zusätzliche Anfangswert ΔAW mit dem Kapitalwert C identisch ist:

$$\Delta AW = -a_0 + \sum_{t=1}^{n} d_t \cdot q^{-t} = C$$

Obwohl auch Y die Identität erkannt hatte, „fragte“ er: „Würden Sie diese Interpretation des Kapitalwerts im Rahmen des End- und Anfangswertkonzepts bitte durch ein Beispiel verständlicher machen, Herr X?“[2]

Dr. X präsentierte daraufhin die finanzwirtschaftlichen Daten des betrachteten Investitionsvorhabens.[3] Bezüglich der Finanzierung sei daran erinnert, dass die Anschaffungsauszahlung zu 50 % mit Eigenen Mitteln finanziert werden soll. Als Kalkulationszinsfuß, der sämtliche Zinsfüße zu repräsentieren hat, ist 10 % anzusetzen.

Der Endwert der Opportunität beträgt:

$EW^O = 9000 \cdot 1{,}1^5 = 14495$ [€]

Wegen des einheitlichen Kalkulationszinsfußes können nun die Anfangswerte der Investition und der Opportunität durch Abzinsen der entsprechenden Endwerte bestimmt werden. Die Differenz der Anfangswerte, also der Zusätzliche Anfangswert, ist – wie bereits allgemein gezeigt wurde – nichts anderes als der Kapitalwert.

$AW^M = EW^M \cdot q^{-n} = 17301 \cdot 1{,}1^{-5} = 10742$ [€]

$AW^O = EW^O \cdot q^{-n} = 14495 \cdot 1{,}1^{-5} = 9000$ [€]

$C = AW^M - AW^O = 10742 - 9000 = 1742$ [€]

---

1 Über die in Zehntelsekunden zu messende *Dauer* des Blickes sei nichts gesagt.

2 Wenn er besonders autoritär sein wollte, ließ er regelmäßig den Titel weg.

3 Die Daten wurden bereits in Abb. 8-3, S. 47 dokumentiert.

Selbstverständlich ist es auch möglich, zur Bestimmung des Kapitalwerts den Zusätzlichen Endwert als Differenz zwischen dem Endwert der Investition und dem der Opportunität auf den Zeitpunkt t=0 abzuzinsen:

$$C = (EW^M - EW^O) \cdot q^{-n} = (17301 - 14495) \cdot 1{,}1^{-5} = 2806 \cdot 1{,}1^{-5}$$
$$= 1742\ [€]$$

2 Inhaltliche Interpretation

Y, dessen Interpretationsdurst immer noch nicht gelöscht war, stellte nun folgende Überlegung an: „Der Kapitalwert ist der auf den Anfangszeitpunkt der Investition bezogene Betrag, der über die eingesetzten liquiden Mittel hinaus erzielt wird. Also müsste man ihn doch wohl zu Konsumzwecken entnehmen können. Interpretieren wir den Kapitalwert also mal als Entnahme!“

Um die Kapitalwertinterpretation im Kontext der Entnahmefähigkeit zu veranschaulichen, stellten Herr Y und Dr. X *gemeinsam* einen VOFI auf, der in Abb. 19-2 wiedergegeben wird.

Zeitpunkt	0	1	2	3	4	5
Zahlungsfolge der Investition	–18.000	–4.000	3.200	19.040	5.972	3.785
Eigene Mittel						
+ Einsatz	9.000					
– Entnahme	**1.742**					
Kredit						
+ Aufnahme	10.742	5.074				
– Tilgung			1.618	14.198		
– Sollzinsen		1.074	1.582	1.420		
Reinvestition						
– Anlage				3.422	6.314	4.759
+ Rückfluss						
+ Ertrag					342	974
Finanzierungssaldo	0	0	0	0	0	0
Bestandsgrößen						
Finanzbestand				3.422	9.736	14.495
Kreditbestand	10.742	15.816	14.198			
Bestandssaldo	–10.742	–15.816	–14.198	3.422	9.736	**14.495**

Legende: Sollzinsfuß = **10 %** Habenzinsfuß = **10 %**

Abb. 19-2: VOFI für DY11; Interpretation des Kapitalwerts

Aus dem VOFI geht hervor, dass bei einer Entnahme in t=0 in Höhe des Kapitalwerts von 1.742 € der Endwert der Investition mit dem der Opportunität identisch ist. Dieser betrug bekanntlich 14.495 €.

Die Erreichung eines Zielwerts in Höhe des Endwerts der Opportunität kann – analog zum ökonomischen Gewinn[1] – als ökonomische Eigenkapitalerhaltung[2] bezeichnet werden. Konkret handelt es sich um die Erwirtschaftung eines Äquivalents für die im Investitionszeitpunkt geopferten Eigenen Mittel. Dieses Äquivalent ist nichts anderes als der Endwert der Opportunität EW^O.

Als der Geschäftsleiter den VOFI sah, überblickte er – obwohl nach eigener noch nicht widerrufener Aussage „investitionstheoretischer Laie" – auf Anhieb den Zusammenhang zwischen den originären Daten der Zahlungsfolge, den derivativen Zahlungen, die aus finanzwirtschaftlichen Dispositionen resultieren, und dem Zielwert. Den Erfolg schrieb er weder seinem Gesprächspartner Dr. X noch sich selbst zu, sondern dem VOFI – eine ziemlich rigorose (aber aus Sicht des VOFIs erfreuliche) Lösung eines Zurechnungsproblems.[3]

Am Rande sei bemerkt, dass Dr. X in einem streng vertraulichen Gespräch gebeten wurde, die entnahmebezogene Interpretation des Kapitalwerts vor dem Unternehmensinhaber geheim zu halten, da zu befürchten sei, dass dieser sonst ausgerechnet immer dann, wenn gerade investiert worden ist, Konsumbedürfnisse verspüren könnte.

---

1 Vgl. Schneider, D. (1992), S. 218 ff.

2 Im Gegensatz hierzu ist von nomineller Eigenkapitalerhaltung zu sprechen, wenn lediglich das in t=0 eingesetzte Eigenkapital am Planungshorizont verfügbar ist. Zur Kapitalerhaltung vgl. Wöhe, G. (2005), S. 1072 f. Während bei WÖHE von realer (materieller) Kapitalerhaltung dann gesprochen wird, wenn die Kaufkraft des Endkapitals einer Wirtschaftsperiode gleich der Kaufkraft des Anfangskapitals dieser Periode ist, wird hier das Anwachsen des Anfangskapitals in Höhe des Opportunitätszinsfußes als Referenzgröße unterstellt. Ob dieser Zinsfuß auch gleichzeitig die unveränderte Kaufkraft garantiert, sei dahingestellt.

3 Y und Dr. X baten St. darum, neben seinem Studium einen VOFI mit einer Entnahmemöglichkeit für den Fall eines einheitlichen Zinsfußes als Excel-Spreadsheet zu entwickeln. Sie gingen davon aus, dass derart interessante Aufgaben nicht zu einer Verlängerung, sondern eher zur Verkürzung der Studienzeit beitragen.

Kontrollfragen

Definieren Sie die Begriffe Kapitalwert, Ertragswert und den Barwert der Ein- und Auszahlungen formelmäßig!

Interpretieren Sie das Anfangswertkonzept in Analogie zum Endwertkonzept!

Inwiefern ist der Kapitalwert ein *spezieller* Zusätzlicher Anfangswert?

Interpretieren Sie den Kapitalwert formelmäßig und inhaltlich als Entnahmemöglichkeit! Wie ist der Kapitalwert in einen VOFI einzubeziehen?

Angenommen, der Endwert einer Investition sei berechnet worden. Welche Daten benötigen Sie, um den Kapitalwert der Investition zu bestimmen?

Inwiefern erfüllt der Kapitalwert als entnahmefähiger Betrag die Bedingung einer Eigenkapitalerhaltung? Wie ist die Eigenkapitalerhaltung definiert?

Folge 20

Interpretation des Endwerts

Der natürliche Zielwert

Der Endwert der Investition wurde als natürlicher Zielwert bezeichnet, der im VOFI aufgrund der periodisch-sukzessiven Planung automatisch errechnet wird. Dr. X fragte, ob dennoch Informationsbedarf bezüglich seiner Interpretation bestehen würde. Ein kurzes Nicken von Y signalisierte, dass die Antwort kurz ausfallen soll. Dies wird nun versucht.

Der Endwert, der in der Literatur auch als Vermögensendwert bezeichnet wird, ist bei Verwendung des Standardansatzes von VOFI der Bestand an liquiden Mitteln am Planungshorizont – also ein spezieller Vermögenswert. Wenn der Kredit am Ende der Nutzungsdauer der Investition noch nicht (vollständig) zurückgezahlt ist, ist der Endwert der Saldo von Finanz- und Kreditbestand.

Indes kann der VOFI auch um die Entwicklung des Sachvermögens erweitert werden. Beispielsweise können Restbuchwerte oder auch andere Wertansätze (z. B. Marktwerte) für das Investitionsobjekt in den VOFI integriert werden. Der entsprechende Wert ist dann am Planungshorizont zusätzlich zum Finanzbestand (ggf. abzüglich Kreditbestand) zu berücksichtigen.

Im vorliegenden Beispiel wird unterstellt, dass der Zugang des Anlagevermögens in Höhe von 18.000 € über eine Nutzungsdauer von fünf Jahren linear abgeschrieben wird. Der VOFI ist Abb. 20-1 dargestellt worden.

Falls jenseits des Planungshorizonts weitere Einzahlungsüberschüsse zu erwarten sind, sollten diese mit ihrem Ertragswert am Planungshorizont angesetzt werden. Hierbei dürfte ein einheitlicher Zinsfuß akzeptabel sein.

Abschließend fragte Y, ob denn nicht so ein Endwert auch entnahmeorientiert interpretiert werden könne. Die Antwort liegt auf der Hand: Nahe liegend ist dies beim Zusätzlichen Endwert. Wenn dieser in t=n entnommen wird, dann ist der Endwert der Investition identisch mit dem der Opportunität. Das ist so selbstverständlich, dass man dies nicht einmal unbedingt sagen musste.

Zeitpunkt	0	1	2	3	4	5
Zahlungsfolge der Investition	–18.000	–4.000	3.200	19.040	5.972	3.785
Eigene Mittel	9.000					
Kredit						
+ Aufnahme	9.000	4.900				
– Tilgung			1.810	12.090		
– Sollzinsen		900	1.390	1.209		
Reinvestition						
– Anlage				5.741	6.546	5.014
+ Rückfluss						
+ Ertrag					574	1.229
Finanzierungssaldo	0	0	0	0	0	0
Bestandsgrößen						
Finanzbestand				5.741	12.287	17.301
Kreditbestand	9.000	13.900	12.090			
Finanzvermögen	–9.000	–13.900	–12.090	5.741	12.287	17.301
Sachvermögen	18.000	14.400	10.800	7.200	3.600	
Gesamtvermögen	**9.000**	**500**	**–1.290**	**12.941**	**15.887**	**17.301**

Legende: Sollzinsfuß = **10 %** Habenzinsfuß = **10 %**

Abb. 20-1: VOFI für DY11; Endwertberechnung

Kontrollfragen

Interpretieren Sie den formelmäßig zu bestimmenden Endwert mithilfe eines VOFIs!

Wie ist der Endwert zu bestimmen, wenn neben den liquiden Mitteln auch das Sachanlagevermögen in den Zielwert einzubeziehen ist?

Wie ist der Endwert zu bestimmen, wenn jenseits des Planungshorizonts Einzahlungsüberschüsse erwartet werden?

Folge 21

Interpretation der Annuität

Eine nahe Verwandte des Kapitalwerts

1 Der Zielwert

Kurz nach den Diskussionen über den Kapitalwert und den Endwert rief Y, der sich gestern noch als „investitionstheoretischen Laien" bezeichnet hatte, Dr. X zu sich und hielt ihm, dem Experten (!), einen Kurzvortrag über die Interpretation der Annuität. „Die Annuität einer Investition wird bekanntlich rechnerisch dadurch bestimmt, dass der Kapitalwert mit dem Annuitätenfaktor multipliziert wird. Aus dem Rechenergebnis mit der Dimension [GE] wird nun eine Zielgröße mit der Dimension [GE/ZE], wobei die Zeiteinheit („ZE") das *Jahr* ist."

„Dann muss der reziproke Annuitätenfaktor, also der Rentenbarwertfaktor, die Dimension ZE aufweisen", ergänzte Dr. X. Y, der lieber selbst reden wollte, unterbrach Dr. X: „Wegen der engen finanzmathematischen Verwandtschaft[1] zwischen dem Kapitalwert und der Annuität dürfte klar sein, dass die Annuität als diejenige jährlich gleiche Entnahme interpretiert werden kann, die zu übereinstimmenden Endwerten von Investition und Opportunität führt!"[2]

„Dies kann sehr anschaulich durch einen VOFI demonstriert werden", sagte Dr. X und holte den folgenden VOFI aus seiner Tasche hervor (vgl. Abb. 21-1). Auch *er* hatte sich über Nacht mit der Interpretation der Annuität[3] beschäftigt.

---

[1] Der umgangssprachliche Begriff der „engen finanzmathematischen Verwandtschaft" soll bedeuten, dass zwischen zwei Variablen, hier C und a, eine lineare Beziehung besteht. Letztlich resultiert das „Verwandtschaftsverhältnis" aus der gemeinsamen Abstimmung von Kapitalwert und Annuität von der Mutterformel namens Gegenwartswert.

[2] Zur Erinnerung: Die Annuität von DY11 beträgt 460 €/Jahr.

[3] Zur Interpretation der Annuität unter Berücksichtigung des gebundenen Kapitals vgl. Perridon, L., Steiner, M. (2004), S. 67 f., vgl. weiterhin Blohm, H., Lüder, K., Schaefer, C. (2006), S. 70 ff., Grob, H. L. (1989), S. 117 ff., Kruschwitz, L. (2005), S. 89 f.

Zeitpunkt	0	1	2	3	4	5
Zahlungsfolge der Investition	–18.000	–4.000	3.200	19.040	5.972	3.785
Eigene Mittel						
+ Einsatz	9.000					
– Entnahme		**460**	**460**	**460**	**460**	**460**
Kredit						
+ Aufnahme	9.000	5.360				
– Tilgung			1.304	13.055		
– Sollzinsen		900	1.436	1.306		
Reinvestition						
– Anlage				4.220	5.934	4.341
+ Rückfluss						
+ Ertrag					422	1.015
Finanzierungssaldo	0	0	0	0	0	0
Bestandsgrößen						
Finanzbestand				4.220	10.154	14.495
Kreditbestand	9.000	14.360	13.055			
Bestandssaldo	–9.000	–14.360	–13.055	4.220	10.154	**14.495**

Legende: Sollzinsfuß = **10 %** Habenzinsfuß = **10 %**

Abb. 21-1: VOFI für DY11; Interpretation der Annuität

Wie aus Abb. 21-1 ersichtlich ist, stimmt der Finanzbestand in t=n (also EW^M) mit dem bei Realisierung der Opportunität (EW^O) in Höhe von 14.495 € überein, wenn jährlich ab t=1 ein Betrag in Höhe der Annuität von 460 [GE/ZE] entnommen wird.

2 Der Annuitätenfaktor[1]

Nachdem die Interpretation des Zielwerts wirklich unproblematisch war, widmete sich Y dem Annuitätenfaktor. Er sagte sich: „Wenn der *Zielwert* interpretierbar ist, dann muss auch jedes Element, das diesen Zielwert beeinflusst, nachvollziehbar zu erklären sein.“

[1] Dieser Abschnitt wurde nur für Liebhaber finanzmathematischer Faktoren geschrieben. :-)

Y fuhr fort: „Wer keine finanzmathematischen Kenntnisse hat, der wundert sich, dass beispielsweise bei n=5 und i=0,1 der Annuitätenfaktor 0,26380 ist und nicht 0,2, also 1/5 (allgemein: 1/n) beträgt. Er möge den Annuitätenfaktor[1] aufspalten in

$$ANF_{n,i} = \frac{1}{n} + k$$

Dies schafft Klarheit für Interpretationen."

Dr. X fing den Ball auf und rechnete vor: „Bei einem Kapitalwert von 1.742 € und einem Annuitätenfaktor von 0,26380 ergibt sich folgender Ansatz zur differenzierten Ermittlung der Annuität a:

$$a = 1742 \cdot 0{,}2 + 1742 \cdot 0{,}06380 = 348 + 111 \approx 460 \text{ [€/Jahr]"}$$

Allgemein kann also geschrieben werden:

$$a = C \cdot ANF_{n,i} = C \cdot \left(\frac{1}{n} + k \right) = \frac{C}{n} + C \cdot k$$

Der erste Term ist der Kapitalwert pro Jahr; der zweite Term stellt den monetären Ausgleich dafür dar, dass die Entnahmen nicht zu Beginn vorgenommen werden, sondern gleichmäßig während der gesamten Nutzungsdauer der Investition. Hierbei handelt es sich um die Zinsersparnis pro Jahr, die aus der geänderten Entnahmefolge resultiert. Sie soll im Folgenden mit Δz bezeichnet werden. k ist somit der finanzmathematische Korrekturfaktor, mit dem der Kapitalwert C multipliziert werden muss, um die Zinsersparnis pro Jahr Δz zu quantifizieren:

$$\Delta z = C \cdot k$$

Eine Umstellung der unter Verwendung von Δz geschriebenen Formel

$$a = \frac{C}{n} + \Delta z$$

ergibt:

$$\Delta z = a - \frac{C}{n}$$

Dr. X, dem die Variable Δz nicht aus dem Kopf ging, fing zu experimentieren an. Er nahm sich vor, Δz mithilfe von VOFI zu „verifizieren". Zu-

---

[1] $ANF_{n,i} = \frac{i \cdot q^n}{q^n - 1}$

nächst zog er für sämtliche Jahre der Nutzungsdauer die Sollzinsen aus dem VOFI zur Interpretation des Kapitalwerts[1] heraus und saldierte sie mit den Habenzinsen:

$$1074 + 1582 + 1420 - 342 - 974 = 2760 \text{ [€]}$$

Dann betrachtete er den VOFI zur Interpretation der Annuität.[2] Die entsprechend zu saldierenden Soll- und Habenzinsen im Planungszeitraum betragen:

$$900 + 1436 + 1306 - 422 - 1015 = 2205 \text{ [€]}$$

Wenn also anstelle einer Entnahme in t=0 in Höhe des Kapitalwerts jährlich von t=1 bis t=n ein Betrag in Höhe der Annuität entnommen wird, dann beträgt die zeitlich totale Zinsersparnis ΔZ:

$$\Delta Z = 2760 - 2205 = 555 \text{ [€]}$$

Als Y per Zufall seinem Experten Dr. X über die Schulter schaute, fragte sich dieser gerade, was er da wohl errechnet habe. Y schaltete sich ungefragt ein: „Ist doch klar! Δz hat die Dimension [€/Jahr]. Folglich muss die für den gesamten Zeitraum von fünf Jahren gültige Zinsersparnis noch durch 5 dividiert werden. Und dies ist das Produkt von Kapitalwert und Zinsanteil im Annuitätenfaktor, also

$$\Delta z = \frac{\Delta Z}{n} = C \cdot k$$

bzw. die Differenz zwischen der Annuität und dem Kapitalwert pro Jahr

$$\Delta z = a - \frac{C}{n}$$

In Zahlen:

$$\Delta z = \frac{555}{5} = 1742 \cdot 0{,}0638 = 460 - \frac{1742}{5} = 111 \text{ [€/Jahr]}$$

So einfach ist das! Die finanzmathematisch ermittelten zusätzlichen Zinsen pro Jahr Δz sind somit nichts anderes als die aus den entsprechenden VOFIs ablesbaren und durch die Nutzungsdauer zu dividierenden Zinsen, wenn nicht einmalig zu Beginn („Kapitalwertkonzept"), sondern von t=1 bis t=n jährlich in gleicher Höhe Entnahmen vorgenommen werden („Annuitätenkonzept"). Die Formel zur Ermittlung von Δz unter Verwendung der Daten des VOFIs lautet deshalb:

---

[1] Vgl. Abb. 19-2, S. 142.

[2] Vgl. Abb. 21-1.

$$\Delta z = \frac{\sum_{t=1}^{n} Z_t^C - \sum_{t=1}^{n} Z_t^a}{n}$$

Symbole

Z_t^C Zinsen bei Entnahme des Kapitalwerts

Z_t^a Zinsen bei jährlicher Entnahme der Annuität

Dr. X überlegte: ‚Jetzt haben wir mithilfe von VOFI sogar den Annuitätenfaktor interpretiert. Eigentlich brauchen wir ihn gar nicht mehr, wenn wir ausschließlich mit VOFI arbeiten, denn die Annuität kann schließlich mit der Zielwertsuche von Microsoft Excel iterativ bestimmt werden.‘

Kontrollfragen

Interpretieren Sie die Annuität mithilfe von VOFI!

Zeigen Sie, dass auch der Annuitätenfaktor unter Verwendung von VOFI interpretiert werden kann! Interpretieren Sie die Aufspaltung des Annuitätenfaktors in die Komponenten 1/n und k!

Erläutern Sie, warum $C \cdot ANF_{n,i} - \frac{C}{n}$ die Zinsdifferenz pro Jahr angibt!

Untersuchen Sie den Einfluss des Kalkulationszinsfußes auf die Zinsdifferenz pro Jahr Δz! Inwiefern ändert sich Δz, wenn die Laufzeit im Annuitätenfaktor vergrößert wird? Begründen Sie Ihre Antwort verbal!

Welcher Zusammenhang besteht zwischen den Größen ΔZ und C unter Berücksichtigung von k? Es sei daran erinnert, dass ΔZ die totale Zinsdifferenz darstellt, wenn anstelle einer Entnahme in t=0 in Höhe des Kapitalwerts jährlich von t=1 bis t=n ein Betrag in Höhe der Annuität entnommen wird. k ergibt sich aus einer Aufspaltung des Annuitätenfaktors, wobei gilt:

$$k = ANF_{n,i} - \frac{1}{n}$$

Folge 22

Interpretation des Internen Zinsfußes

Ein Folge, die Sie unbedingt lesen sollten!

1 Vorbemerkung

Rentabilitätsmaße sind wegen ihrer Griffigkeit – sie drücken eine relativ komplexe Datensituation in einer einzigen Kennzahl aus – im Controlling außerordentlich beliebt. Sie lassen Zeit-, Objekt- und Soll-Ist-Vergleiche zu. „Vergleichen ist schließlich die wichtigste Grundrechenart des Controllers.“[1] Eine weltweit verbreitete Rentabilitätskennzahl ist der Interne Zinsfuß.[2] Indes fällt auf, dass es neben dem Internen Zinsfuß, der übrigens auch unter den Namen DCF-Rendite[3] und Cashflow-ROI[4] auftritt, eine Vielzahl konkurrierender Rentabilitätskennzahlen[5] gibt, wie z. B. die Initialverzinsung[6], die Baldwin-Verzinsung[7] oder den realen Zinsfuß[8]. Die Tatsache, dass es verschiedenartige Rentabilitätsmaße gibt, ist als Indizienbeweis zu werten, dass die Unzufriedenheit von Wissenschaftlern und Praktikern mit dem Internen Zinsfuß schon früh vorhanden war.

Die Kontroverse um die Implikationen der Internen Zinsfußmethode ist (hoffentlich) unvergessen. In einer Reihe von Streitgesprächen wurde herausgearbeitet, dass die Interne Zinsfußmethode implizit unterstellt, freiwerdende Mittel würden zum Internen Zinsfuß angelegt. Außerdem wird automatisch angenommen, der zwischenzeitlich entstehende Kapitalbedarf

---

[1] Der Ausspruch stammt von Dietrich Börner.

[2] Vgl. u. a. Altrogge, G. (1996), S. 311-319, Biergans, E. (1973), S. 241 ff., Grob, H. L. (1989), S. 129-165, Haberstock, L., Dellmann, K. (1971), S. 206, Hax, H. (1993), S. 15-24, Henke, M. (1973), S. 177, Kruschwitz, L. (2005), S. 106-117, Priewasser, E. (1972), S. 36, Schneider, E. (1973), S. 318, Schulte, K.-W. (1986), S. 90 ff.

[3] DCF = Discounted Cashflow; zu weiteren Begriffen vgl. Altrogge, G. (1996), S. 314.

[4] Vgl. Grob, H. L., Bensberg, F. (2005), S. 169 ff., Stelter, D. (1999), S. 233-237.

[5] Vgl. Hoberg, P. (1984), S. 1309-1314.

[6] Vgl. Hax, H. (1993), S. 24 ff.

[7] Vgl. Baldwin, R. H. (1959), S. 98-104.

[8] Vgl. Henke, M. (1973), S. 177-198, Allerkamp, F. (1983), S. 52 ff., Blohm, H., Lüder, K., Schaefer, C. (2006), S. 99 f.

würde zum Internen Zinsfuß gedeckt. Wenn beispielsweise eine Investition außerordentlich vorteilhaft und ihr Interner Zinsfuß ungewöhnlich hoch ist, dann hängt das durchaus auch damit zusammen, dass sich die mit der Investition verbundenen Reinvestitionen zum gleichen (relativ hohen) Internen Zinsfuß rentieren – eine Annahme, die von keinem Entscheidungsträger gewollt sein dürfte.

Dieses für die Interne Zinsfußmethode eigentlich vernichtende Ergebnis veranlasste KRUSCHWITZ[1], seine Ausführungen zum Internen Zinsfuß mit dem Satz anzukündigen: „Ein Kapitel, das Sie eigentlich nicht lesen sollten!“ Da sich die nun zu präsentierende Folge auch an diejenigen richtet, die einen Internen Zinsfuß immer noch anwenden und natürlich an diejenigen, die gerne implizite Prämissen explizieren, lautet hier das Geleitwort: „Ein Folge, die Sie unbedingt lesen sollten!“

Zurück zur Fallstudie: In unserer Fallstudienunternehmung arbeitete ein Betriebswirt mit Namen Z, der vor längerer Zeit sein Studium absolviert und sich seitdem nie wieder mit der Investitionstheorie auseinander gesetzt hat. Als darüber gesprochen wurde, die Rendite des Investitionsobjekts DY11 zu berechnen, versuchte er, den Geschäftsleiter davon zu überzeugen, den weltweit bekannten Internen Zinsfuß als Vorteilhaftigkeitsmaß zu akzeptieren. Er war, seitdem er zum ersten Mal dem Internen Zinsfuß begegnet war, von ihm fasziniert, ohne ihn genau durchschaut zu haben. Typisch für gewisse Faszinationen. Verstärkt wurde seine Einstellung durch einen Blick in die „Hit-Parade“ der in der Praxis verwendeten dynamischen Methoden zur Investitionsrechnung, in der der Interne Zinsfuß lange Zeit auf Platz 1 stand. Dies überzeugte Z endgültig, der übrigens nur solche Bücher las, die auf der Bestsellerliste ganz oben stehen. Er bedrängte deshalb Herrn Y, die Interne Zinsfußmethode zur Entscheidungsunterstützung zu verwenden.

Dr. X schaltete sich ein und berichtete Y von der langjährigen Kontroverse um den Internen Zinsfuß. Er erzählte von betriebswirtschaftlichen Streitgesprächen[2], die spannender seien als manche Romane, die auf der Bestsellerliste ganz oben stehen. Das für die Interne Zinsfußmethode niederschmetternde Ergebnis dieser historischen Kontroverse stelle „herrschende Lehre“ dar. Seit dem Aufdecken der impliziten Reinvestitions- und Finanzierungsprämisse sei der Interne Zinsfuß gebrandmarkt. Wer

---

1 Kruschwitz, L. (2005), S. 106 f.

2 Vgl. die Auseinandersetzung zwischen Hosterbach, E. (1970), Hosterbach, E. (1972 a), Hosterbach, E. (1972 b), Haberstock, L. (1971) und Haberstock, L. (1972). Der Ursprung der Kontroverse ist in den Beiträgen von Boulding, K. E. (1936), S. 196 ff. und Wright, C. A. (1936), S. 436 ff. zu sehen.

z. B. ein Immobilienangebot unter Verwendung des Internen Zinsfußes unterbreitet, läuft Gefahr, einen Prozess heraufzubeschwören.

Y zeigte sich irritiert und verlangte deshalb von Dr. X eine Explizierung der impliziten Reinvestitions- und Finanzierungsprämisse der Internen Zinsfußmethode mithilfe von VOFI.

2 Fallunterscheidungen

2.1 Mischfinanzierung

2.1.1 Explizierung durch VOFI

Der Interne Zinsfuß einer Investition ist bekanntlich derjenige Kalkulationszinsfuß, bei dem der Kapitalwert der Investition gleich null ist. Im vorliegenden Demo-Fall beträgt der mit größerer Genauigkeit berechnete Interne Zinsfuß 12,7936 %.

Die implizite Reinvestitions- und Finanzierungsprämisse der Internen Zinsfußmethode besagt, dass sich die Finanz- und Kreditbestände, die dem Investitionsprojekt zugerechnet werden, zum Internen Zinsfuß verzinsen. Der Opportunitätskostensatz für die anderweitige Verwendung der Eigenen Mittel ist unabhängig davon. Im Demo-Fall ist eine Rendite von 8 % veranschlagt worden. Wegen der Finanzierung mit eigenen und fremden Mitteln ist bei der zu behandelnden Fallstudie eine Mischfinanzierung gegeben. Dieser Fall soll zunächst behandelt werden.

Zur Finanzierung der Anschaffungsauszahlung unterstellte Dr. X einen Kredit mit endfälliger Tilgung und endfälliger Zinszahlung: einen Zero-Bond-Kredit. Bei diesem Kredit sind die Zinsen ausschließlich der Anschaffungsauszahlung zuzurechnen.[1] Die Zinsen werden laufend kreditiert. Deshalb beträgt die Tilgung im Zeitpunkt t=5 insgesamt 16.431 €. Dies ist gleichzeitig auch der in t=5 erreichte Endwert. In Abb. 22-1 wird diese Situation wiedergegeben.

[1] Aufgrund dieser Bedingung kann der Interne Zinsfuß mit der noch später zu entwickelnden VOFI-Gesamtkapitalrentabilität verglichen werden.

Zeitpunkt	0	1	2	3	4	5
Zahlungsfolge der Investition	–18.000	–4.000	3.200	19.040	5.972	3.785
Eigene Mittel	9.000					
Zero-Bond-Kredit						
+ Aufnahme	**9.000**	**1.151**	**1.299**	**1.465**	**1.652**	**1.864**
– Tilgung						**16.431**
– Sollzinsen		**1.151**	**1.299**	**1.465**	**1.652**	**1.864**
Kontokorrentkredit						
+ Aufnahme		4.000				
– Tilgung			2.688	1.312		
– Sollzinsen			512	168		
Reinvestition						
– Anlage				17.560	8.219	
+ Rückfluss						9.348
+ Ertrag					2.247	3.298
Finanzierungssaldo	0	0	0	0	0	0
Bestandsgrößen						
Finanzbestand				17.560	25.779	16.431
Kreditbestände						
Zero-Bond-Kredit	9.000	10.151	11.450	12.915	14.567	–
Kontokorrentkredit		4.000	1.312			
Bestandssaldo	–9.000	–14.151	–12.762	4.645	11.212	**16.431**

Legende: Sollzinsfuß = **12,7936 %** Habenzinsfuß = **12,7936 %**

Abb. 22-1: VOFI für DY11; Interpretation des Internen Zinsfußes
Fall 1: Mischfinanzierung

Der Endwert der Investition beträgt 16.431 €. Dieses Ergebnis sagt zunächst einmal nichts. Zinsen wir aber den Zielwert unter Ansatz des Internen Zinsfußes auf den Investitionszeitpunkt ab, dann ergibt sich als Anfangswert der Investition ein Betrag, der uns bekannt vorkommt:

$AW^M = 16431 \cdot 1{,}127936^{-5} = 9000$ [€]

Bei dem Betrag von 9.000 € handelt es sich um den Anfangswert der Opportunität, der nichts anderes ist als die anfangs eingesetzten Eigenen Mittel. Nun dürfte uns auch der Zusammenhang zwischen dem abgezinsten Endwert und der Definition des Internen Zinsfußes noch besser einleuchten: Wenn der Anfangswert der Investition mit dem Anfangswert der Opportunität übereinstimmt, dann ist der Zusätzliche Anfangswert gleich null. Und der Zusätzliche Anfangswert stimmt in diesem Fall mit dem Kapitalwert überein. Und ein „Kapitalwert von null" war schließlich das Kriterium zur Definition des Internen Zinsfußes.

Nach diesen Ausführungen des Dr. X wandte Y ein: „Ihr Beweis überzeugt mich nicht! Sie haben ja genau das hineingesteckt, was sie nachher wieder herausgeholt haben! Das ist wohl ein Zaubertrick[1]!" (Er meinte die zwischenzeitliche periodisch-sukzessive Aufzinsung mit r = 12,7936 % im VOFI zur Ermittlung des Endwerts und die Abzinsung mit dem gleichen Zinssatz zur Ermittlung des Anfangswerts.)

Dr. X verwahrte sich gegen den Vorwurf: „Erstens ist dies kein Beweis – meine Aufgabe besteht nur darin, eine in der Literatur als herrschende Lehre geltende Aussage[2] transparent zu machen."

„Und zweitens?"

„Zweitens ist es kein fauler Trick. Setzen Sie doch einfach mal anstelle des Internen Zinsfußes von 12,7936 % beispielsweise 12 % im VOFI ein und zinsen den Endwert mit eben diesen 12 % ab!"

„Das interessiert mich, und zwar sofort!"

Da kein PC mit dem Excel-VOFI verfügbar war, zog Y ein leeres VOFI-Formular aus der Tasche. Innerhalb von 12 Minuten[3] hatte Dr. X einen Endwert von 16.698 € heraus.

Der nächste Schritt war, diesen Endwert auf den Zeitpunkt t=0 abzuzinsen. Hier das für Dr. X erfreuliche Ergebnis:

$AW^M = 16698 \cdot 1{,}12^{-5} = 9475$ [€]

„... also ungleich 9.000, sodass der Zusätzliche Anfangswert respektive der Kapitalwert ungleich null sind." ‚Es war also kein fauler Zaubertrick', dachte Y, sagte aber nur: „Okay."

---

1 Im Sinne von „fauler Trick".

2 ... dass die Interne Zinsfußmethode implizit unterstellt, freiwerdende Mittel würden zum Internen Zinsfuß angelegt und der zwischenzeitlich entstehende Kapitalbedarf würde zum Internen Zinsfuß gedeckt.

3 Dies ist die Sollvorgabezeit für einfache VOFI-Aufgaben mit vorgegebenem Formular in Klausuren des Bachelorstudiums. Im Masterstudium würde vermutlich ein bisschen mehr Zeit anberaumt. :-)

2.1.2 Weitergehende Interpretationen

Nun wandten sich die beiden wieder den impliziten Prämissen der Internen Zinsfußmethode zu. Y präsentierte eine neue Erkenntnis: „Die Absurdität der impliziten Reinvestitions- und Finanzierungsprämisse wird besonders deutlich, wenn ein willkürlich ausgewählter Einzahlungsüberschuss der Zahlungsfolge um einen beliebigen Betrag erhöht würde. Mit dieser Erhöhung würde nicht nur ein Anstieg des Internen Zinsfußes verbunden sein, ...“

„... was verständlich ist ...“

„... sondern auch ein entsprechendes Klettern der Soll- und Habenzinsfüße.“

„... was völlig unverständlich ist. – Was hat eine Erhöhung des Umsatzes mit der Höhe des Soll- und des Habenzinssatzes zu tun?!“

Dr. X fuhr fort: „Noch absurder wäre, wenn sich das letzte Element der Zahlungsfolge ändern würde. Da dieses im Endzeitpunkt anfällt, löst es doch keinerlei Aufzinsungseffekt aus – gleichwohl würden sich der Interne Zinsfuß und damit Soll- und Habenzinsen prämissenkonform ändern.“

Für die Reinvestitions- und Finanzierungsvorgänge bei Durchführung der Investition gilt also, dass diese implizit zum Internen Zinsfuß abgewickelt werden. Welche Annahme gilt aber bezüglich der Anlage der Eigenen Mittel? – Nicht etwa die gleiche, sondern vielmehr eine Verzinsung zum Opportunitätskostensatz! Während sich Reinvestitionen zum Internen Zinsfuß rentieren, verzinst sich die Opportunität nur zum exogen vorzugebenden Opportunitätskostensatz, der in unserem Fall mit 8 % angenommen wurde. Eine Annahmeninkonsistenz (von Dr. X als „Zinsfußschizophrenie“ bezeichnet) wird deutlich. Die verbal formulierten Überlegungen sollen nun formalisiert werden. Wie oben dargelegt, ist der aus dem Endwert errechenbare Anfangswert der Investition gleich dem Eigenkapital:

$$AW^M = EW^M \cdot (1 + r)^{-n} = EK$$

Umgestellt nach EW^M ergibt sich:

$$EW^M = EK \cdot (1 + r)^n$$

r kann somit als Eigenkapitalrentabilität bezeichnet werden, die das durchschnittliche Anwachsen des Eigenkapitals EK auf den Endwert EW^M im Laufe von n Jahren quantifiziert.[1]

---

[1] Auch diese Aussage zeugt von einer gewissen Vorahnung. Schließlich ist die VOFI-Eigenkapitalrentabilität von Dr. X noch nicht erfunden worden. Dies wird erst in einer späteren Folge der Fall sein.

Der Endwert der Opportunität ist unter Berücksichtigung des Opportunitätskostensatzes i_O wie folgt definiert:

$EW^O = EK \cdot (1 + i_O)^n$

Das Entscheidungskriterium lautet:

Investiere, wenn $EW^M > EW^O$ bzw.

wenn $EK \cdot (1 + r)^n > EK \cdot (1 + i_O)^n$

Nach einigen Vereinfachungen lautet das Entscheidungskriterium für den hier erörterten Fall einer Mischfinanzierung:

Investiere, wenn $r > i_O$.

bzw. unter Verwendung der Daten unseres Falls:

Investiere, da 12,7936 % > 8 %.

Y wandte ein, dass der Interne Zinsfuß doch üblicherweise mit dem Kalkulationszinsfuß und nicht mit dem Opportunitätskostensatz verglichen werden müsse. Außerdem sei der Interne Zinsfuß von Geburt her eine Gesamtkapitalrentabilität, da die Höhe des Eigenkapitals bei seiner Ermittlung unerheblich ist. Dr. X schien auf dieses Argument gewartet zu haben und zog einen Beweis aus der Tasche:[1]

Zu beweisen war, dass die Gesamtkapitalrentabilität gleich der Eigenkapitalrentabilität ist ($g_{GK} = g_{EK}$), wenn die Gesamtkapitalrentabilität mit dem Sollzinsfuß übereinstimmt ($g_{GK} = i_S$). In der letztgenannten Gleichsetzung spiegelt sich die implizite Prämisse der Internen Zinsfußmethode wider.

Bevor die Schritte im Einzelnen demonstriert werden, sollen kurz folgende **Symbole** eingeführt werden:

g_{GK} Gesamtkapitalrentabilität
i_S Sollzinsfuß des Anfangskredits
g_{EK} Eigenkapitalrentabilität

Die Gesamtkapitalrentabilität g_{GK} ist wie folgt definiert:[2]

---

[1] Lieber Leser, da die in diesem Beweis verwendeten Formeln erst in Folge 40 eingeführt werden, empfiehlt es sich beim ersten Lesen, die nächsten Zeilen zu überspringen, um sie ggf. nach dem Durcharbeiten der 40. Folge wieder aufzunehmen. Wer der Auffassung ist, Bücher seien linear abzuarbeiten, der meint sicherlich nur Kriminal- oder Liebesromane oder auch Dissertationen ;-).

[2] In diesem Buch wird die Formel erst später hergeleitet, in der ZfB erfolgte dies allerdings schon seit langer Zeit. Vgl. Grob, H. L. (1990 b).

$$g_{GK} = \sqrt[n]{\frac{EW^M - EK + FK \cdot (1+i_S)^n - FK + a_0}{a_0}} - 1$$

Darin stellt der Term EW^M – EK den Pagatorischen Totalgewinn dar, während der Ausdruck $FK \cdot (1 + i_S)^n - FK$ die Fremdkapitalzinsen auf den Anfangskredit mit endfälliger Tilgung und zwischenzeitlicher Kreditierung der Zinsen wiedergibt.

Wegen der Annahme $g_{GK} = i_S$ und da $EK + FK = a_0$ kann geschrieben werden:

$$g_{GK} = \sqrt[n]{\frac{EW^M - EK + FK \cdot (1+g_{GK})^n - FK + EK + FK}{EK + FK}} - 1$$

Der Ausdruck vereinfacht sich wie folgt:

$$g_{GK} = \sqrt[n]{\frac{EW^M + FK \cdot (1+g_{GK})^n}{EK + FK}} - 1$$

$$\Leftrightarrow (1+g_{GK})^n = \frac{EW^M + FK \cdot (1+g_{GK})^n}{EK + FK}$$

$$\Leftrightarrow EK \cdot (1+g_{GK})^n + FK \cdot (1+g_{GK})^n = EW^M + FK \cdot (1+g_{GK})^n$$

$$\Leftrightarrow EK \cdot (1+g_{GK})^n = EW^M$$

$$\Leftrightarrow g_{GK} = \sqrt[n]{\frac{EW^M}{EK}} - 1 = g_{EK}$$

„Quod erat demonstrandum“, murmelte Y anerkennend.

Nach dieser Auseinandersetzung mit dem Internen Zinsfuß meinte Z, der bisher stillschweigend wie eine implizite Prämisse zugehört hatte, dass die Ungenauigkeit des Internen Zinsfußes sicherlich vernachlässigbar sei. Dabei bezog er sich auf D. SCHNEIDER, der trotz bestechender mehrseitiger Kritik am Internen Zinsfuß zu dem versöhnlich klingenden Fazit gekommen sei: „Nur solange man eine grobe, vereinfachende Analyse für ausreichend hält, lässt sich ... der Interne Zinsfuß verwenden.“[1]

Y – nunmehr überzeugter Gegner des Internen Zinsfußes – konterte: „Wenn die Attribute *grob* und *vereinfachend* durch den Begriff *falsch* ersetzt würden – denn der Ansatz eines Soll- und Habenzinsfußes in Höhe

[1] Schneider, D. (1975), S. 217.

des Internen Zinsfußes *ist* falsch! –, dann führt eine konsequente Begriffssubstitution zu der Aussage: ‚Nur solange man eine *falsche* Analyse für ausreichend hält, lässt sich der Interne Zinsfuß verwenden'."

Dr. X: „Ihr Zitat, Herr Z, stammt aus der 1975 erschienenen Auflage des Buches Investition und Finanzierung von D. SCHNEIDER. In der aktuellen Auflage ist das ‚versöhnlich klingende Fazit' nicht mehr enthalten."[1]

Der Rest war Schweigen.

2.2 Vollständige Eigenfinanzierung

Die Konstruktion vollständige Eigenfinanzierung ist einfacher strukturiert als der oben behandelte Fall der Mischfinanzierung. Ein Zero-Bond-Kredit ist bei vollständiger Eigenfinanzierung natürlich nicht als Modellkonstrukt erforderlich, da zur Finanzierung der Anschaffungsauszahlung kein Fremdkapital aufzunehmen ist. Als Folgekredite zur Finanzierung des zwischenzeitlichen Bedarfs wird ein Kontokorrentkredit aufgenommen, der prämissengemäß einen Sollzinsfuß in Höhe des Internen Zinsfußes aufweist. Das Gleiche gilt bezüglich der Verzinsung der Reinvestitionen.

Einfach ist der Fall auch deswegen, da unumstritten ist, dass bei vollständiger Eigenfinanzierung die Gesamtkapitalrentabilität mit der Eigenkapitalrentabilität übereinstimmt. Dies zeigt sich beispielsweise bei der statischen Gesamtkapitalrentabilität, die wie folgt definiert ist:

$$g_{GK} = \frac{G + i_S \cdot FK}{EK + FK}$$

Wenn FK = 0, dann gilt:

$$g_{GK} = \frac{G}{EK} = g_{EK}$$

Symbole

g_{GK} Gesamtkapitalrentabilität

g_{EK} Eigenkapitalrentabilität

Zur Vervollständigung der Dokumentation des Falls einer vollständigen Eigenfinanzierung ist nun der entsprechende VOFI darzustellen.[2]

---

[1] Schneider, D. (1992).

[2] Dass die beiden VOFI-Rentabilitäten gleich dem Internen Zinsfuß sind, sollten Sie selbst überprüfen, nachdem Sie die Folge 40 und 41 durchgearbeitet haben.

Zeitpunkt	0	1	2	3	4	5
Zahlungsfolge der Investition	–18.000	–4.000	3.200	19.040	5.972	3.785
Eigene Mittel	18.000					
Kontokorrentkredit						
+ Aufnahme						
– Tilgung		4.000				
– Sollzinsen			2.688	1.312		
Reinvestition			512	168		
– Anlage				17.560	8.219	7.083
+ Rückfluss						
+ Ertrag					2.247	3.298
Finanzierungssaldo	0	0	0	0	0	0
Bestandsgrößen						
Finanzbestand				17.560	25.779	32.862
Kreditbestand		4.000	1.312			
Bestandssaldo	0	–4.000	–1.312	17.560	25.779	32.862

Legende: Sollzinsfuß = **12,7936 %** Habenzinsfuß = **12,7936 %**

Abb. 22-2: VOFI für den „With-Fall“ zur Bestimmung der relevanten Sollzinsen bei der VOFI-Gesamt- bzw. -Eigenkapitalrentabilität

Der Endwert der Opportunität – dies dürfte nicht verwundern – beträgt:

$EW^O = 18000 \cdot 1{,}127936^5 = 32862$ [€]

2.3 Vollständige Fremdfinanzierung

Einen Tag später fragte Z seinen Kollegen Dr. X mit süffisantem Lächeln: „Wie würden Sie eigentlich die Reinvestitions- und Finanzierungsprämisse der Internen Zinsfußmethode in einem VOFI darstellen, wenn das Investitionsobjekt vollständig mit Fremdkapital finanziert wird?“ Dann ergänzte er seine herausfordernde Frage – sprudelnd wie ein Wasserfall – mit folgenden Hinweisen: „Wenn zur Finanzierung einer Investition kein Eigenkapital vorhanden ist, dann ist der Anfangswert der Opportunität gleich null. Da der Interne Zinsfuß derjenige Kalkulationszinsfuß ist, bei dem der Kapitalwert der Investition gleich null ist und der Kapitalwert als Differenz der Anfangswerte von Investition und Opportunität definiert ist, muss der Anfangswert der Investition ebenfalls gleich null sein. Der ist aber nur dann gleich null, wenn der Endwert der Investition gleich null ist.

Wie aber kann – wenn alle eben erwähnten Endwerte gleich null sind – in diesem Fall das Kriterium ‚Investiere, wenn der Interne Zinsfuß größer ist als der Kalkulationszinsfuß' aus dem Endwertkonzept hergeleitet werden?"[1]

Dr. X guckte etwas verdutzt.

„Soll ich meine Frage wiederholen?", fragte Z, auf dessen Gesicht allmählich das süffisante Lächeln in ein elitäres überglitt.

Dr. X antwortete cool: „Nein danke! Schon verstanden! Sie meinen also,

wenn EK = 0, dann ist auch $AW^O = AW^M = EW^M = 0$."

Z (mit eingefroren wirkendem Lächeln aufgrund der enormen Auffassungsfähigkeit von Dr. X): „„... tja, und wie kommen Sie nun auf das Kriterium: Investiere, wenn $r > i$?"

Dr. X entwickelte – aus dem Stand – den im Folgenden dokumentierten Vorschlag:

Der Fall der vollständigen Fremdfinanzierung verlangt eine andere modellmäßige Interpretation als der Fall der Mischfinanzierung, der mit dem Fall der vollständigen Eigenfinanzierung konzeptionell übereinstimmt. Für die vollständige Fremdfinanzierung wird nun ein dreiphasiges Vorgehensmodell präsentiert.

In der ersten Phase ist der auf Basis des Internen Zinsfußes ermittelte Endwert der Investition bei Annahme einer vollständigen Eigenfinanzierung zu bestimmen. Dieser Zielwert sei mit EW^{M*} bezeichnet. Die Formel lautet:

$$EW^{M*} = a_0 \cdot (1 + r)^n$$

In der zweiten Phase ist der Kreditbestand im Endzeitpunkt t=n für den im Investitionszeitpunkt t=0 aufzunehmenden Kredit in Höhe der Anschaffungsauszahlung a_0 zu berechnen. Dieser Kredit sei im Folgenden als Anfangskredit bezeichnet. Bei diesem Kredit werden auch die Zinsen kreditiert und zusammen mit dem Tilgungsbetrag in t=n zurückgezahlt. Es handelt sich also um einen Zero-Bond-Kredit.

$$FK_n = a_0 \cdot (1 + i_S)^n$$

---

[1] Frage an den geschätzten Leser: Haben Sie den letzten Abschnitt auch schnell genug gelesen, um die Situation, in der sich nun Dr. X befindet, realitätsnah einschätzen zu können?

Symbol

FK_n Rückzahlung des Fremdkapitals im Zeitpunkt n einschließlich der kreditierten Zinsen

In der dritten Phase ist EW^M zu bestimmen:

$$EW^M = EW^{M*} - FK_n$$

Nun wird gezeigt, wie das bekannte Vorteilhaftigkeitskriterium der Internen Zinsfußmethode auch bei vollständiger Fremdfinanzierung aus dem Endwertkonzept abzuleiten ist.

Das Endwertkriterium lautet in diesem Fall:

Investiere, wenn $EW^M > 0$ bzw.

wenn $EW^{M*} > FK_n$

Unter Verwendung der jeweiligen rechten Seiten der Gleichungen zur Ermittlung von EW^{M*}und FK_n ergibt sich folgendes Kriterium:

Investiere, wenn $a_0 \cdot (1 + r)^n > a_0 \cdot (1 + i_S)^n$

Offensichtlich ist das bekannte Kriterium der Internen Zinsfußmethode mit dem Endwertkriterium konsistent, wenn als Kalkulationszinsfuß der Sollzinsfuß angenommen wird:

Investiere, wenn $r > i_S$

An dieser Stelle kamen Dr. X einige Zweifel. Schließlich wird doch der Interne Zinsfuß mit dem Kalkulationszinsfuß verglichen.[1] Und dieser stimmt trotz vollständiger Fremdfinanzierung nicht immer mit dem Sollzinsfuß überein. Man möge daran denken, dass der Kalkulationszinsfuß auch die Rendite der Reinvestitionen beinhaltet. Diese sind aber aufgrund der klassischen impliziten Prämissen gleich mit dem Internen Zinsfuß r. Ein irgendwie geartetes gewogenes arithmetisches Mittel von i_s und r ist aber kleiner als r, sofern die oben stehende Bedingung $r > i_s$ gilt. Also bleibt die Investitionsempfehlung gleich. Dies kann durch folgenden Ansatz gezeigt werden:

$$r > i = i_S \cdot \alpha + r \cdot (1 - \alpha)$$

---

[1] Weiterführende Überlegungen finden sich bei Grob, H. L. (1989), S. 135-145 und insbesondere S. 142 f. Dabei wird der Kalkulationszinsfuß nicht als exogen gegeben, sondern aufgrund der Finanzierungs- und Reinvestitionsprämisse als vom Internen Zinsfuß abhängig herausgestellt.

Symbole

α Anteilswert des Sollzinsfußes des Anfangskredits als Teil des Kalkulationszinsfußes i

$1-\alpha$ Anteilswert der übrigen Einflussgrößen (z. B. Reinvestition) auf den Kalkulationszinsfuß i

Die Ausgangsformel ist wie folgt umzuformen:

$$r - r \cdot (1-\alpha) > i_S \cdot \alpha$$

$$r - r + r \cdot \alpha > i_S \cdot \alpha$$

$$r \cdot \alpha > i_S \cdot \alpha$$

$$r > i_S$$

Die Empfehlungen „Investiere, wenn $r > i_S$“ und „Investiere, wenn $r > i$“ sind somit aufgrund der impliziten Prämissen der Internen Zinsfußmethode äquivalent.

Durch ein Zahlenbeispiel mit dem oben bestimmten Internen Zinsfuß von 12,7936 % und einem Sollzinsfuß von 10 % soll der Zusammenhang kurz veranschaulicht[1] werden:

$$EW^{M*} = 18000 \cdot (1 + 0{,}127936)^5 = 32862 \text{ [€]}$$

$$FK_5 = 18000 \cdot (1 + 0{,}10)^5 = 28989 \text{ [€]}$$

$$EW^M = 32862 - 28989 = 3873 \text{ [€]}$$

Aufgrund des Endwertkriteriums lautet die Empfehlung:

Investiere, da $EW^M = 3873 > 0$ bzw.

da $EW^{M*} = 32862 > FK_n = 28989$

Aus einer (Ver-)Kürzung des endwertbezogenen Kriteriums

Investiere, da $18000 \cdot (1 + 0{,}127936)^5 > 18000 \cdot (1 + 0{,}10)^5$

ergibt sich: Investiere, da 12,7936 % > 10 %

Z (nach Luft schnappend): „Können Sie mir den Zusammenhang mal in einem VOFI nachweisen?“ Für Dr. X war dies eine Kleinigkeit. Für Sie mittlerweile auch, verehrter Leser?

In den unten stehenden VOFI (vgl. Abb. 22-3) wurde der Anfangskredit mit einem Sollzinsfuß, der als Kalkulationszinsfuß verwendet wird, inte-

[1] Bitte überspringen Sie das Zahlenbeispiel, wenn die allgemeine Herleitung schon anschaulich genug war.

griert. Es zeigt sich, dass in t=5 ein Bestandssaldo ausgewiesen wird, der auch wie folgt formelmäßig berechnet werden kann:

$$EW^M = a_0 \cdot [(1+r)^n - (1+i_S)^n]$$

$$EW^M = 18000 \cdot (1{,}127936^5 - 1{,}1^5) = 3873 \; [€]$$

Zeitpunkt	0	1	2	3	4	5
Zahlungsfolge der Investition	–18.000	–4.000	3.200	19.040	5.972	3.785
Eigene Mittel	0					
Anfangskredit						
(„Zero-Bond-Kredit")						
+ Aufnahme	**18.000**	**1.800**	**1.980**	**2.178**	**2.396**	**2.635**
– Tilgung						**28.989**
– Sollzinsen		**1.800**	**1.980**	**2.178**	**2.396**	**2.635**
Kontokorrentkredit						
+ Aufnahme		4.000				
– Tilgung			2.688	1.312		
– Sollzinsen			512	168		
Reinvestition						
– Anlage				17.561	8.218	
+ Rückfluss						21.908
+ Ertrag					2.246	3.298
Finanzierungssaldo	0	0	0	0	0	0
Bestandsgrößen						
Finanzbestand				17.561	25.779	3.873
Kreditbestände						
Anfangskredit	18.000	19.800	21.780	23.958	26.354	
Kontokorrentkredit		4.000	1.312			
Bestandssaldo	–18.000	–23.800	–23.092	–6.397	–575	**3.873**

Legende: Sollzinsfuß des Anfangskredits = **10 %**
Sollzinsfuß des Kontokorrentkredits = **12,7936 %**
Habenzinsfuß der Reinvestition = **12,7936 %**

Abb. 22-3: VOFI für DY11
Interpretation des Internen Zinsfußes
Fall 2: Vollständige Fremdfinanzierung

Kontrollfragen

Machen Sie die implizite Reinvestitions- und Finanzierungsprämisse der Internen Zinsfußmethode für den Fall der Mischfinanzierung im VOFI transparent!

Wie hoch ist der Anfangswert einer Investition, wenn in einem VOFI für den Soll- und Habenzinsfuß der Interne Zinsfuß angesetzt wird und der sich dann ergebende Endwert unter Verwendung dieses Internen Zinsfußes auf den Anfangszeitpunkt abgezinst wird? Wie hoch wäre der Anfangswert der Investition, wenn Auf- und Abzinsung mit einem anderen als dem Internen Zinsfuß vorgenommen würden?

Entwickeln Sie für den Fall einer Mischfinanzierung aus einem Endwertvergleich einen Rentabilitätsvergleich, bei dem der Interne Zinsfuß dem Opportunitätskostensatz gegenübergestellt wird!

Welche Änderungen ergeben sich bezüglich der Interpretation des Internen Zinsfußes, wenn das Investitionsobjekt vollständig eigenfinanziert wird?

Welche Änderungen ergeben sich bezüglich der Interpretation des Internen Zinsfußes, wenn das Investitionsobjekt vollständig fremdfinanziert wird?

Wie hoch sind der Anfangswert der Investition und der Opportunität sowie der Endwert der Investition, wenn eine Investition vollständig mit Fremdkapital finanziert wird und bezüglich der Reinvestitions- und Finanzierungsprämisse für zwischenzeitliche Dispositionen eine Verzinsung zum Internen Zinsfuß angenommen wird?

Angenommen, für die Finanzierung der Anschaffungsauszahlung sei als Zinsfuß i_S anzusetzen. Wie kann der Vorteil der Investition bestimmt werden, wenn die impliziten Prämissen der Internen Zinsfußmethode bezüglich der Reinvestitionen und der zwischenzeitlichen Finanzierungen Gültigkeit haben?

Entwickeln Sie aus dem Endwertvergleich das klassische Kriterium der Internen Zinsfußmethode für den Fall einer vollständigen Fremdfinanzierung!

Zeigen Sie, ob der Sollzinsfuß zur Finanzierung der Anschaffungsauszahlung im Fall vollständiger Fremdfinanzierung der richtige Kalkulationszinsfuß ist!

Folge 23

Interpretation des Internen Zinsfußes bei konstanten Einzahlungsüberschüssen

Konstanz der Einzahlungsüberschüsse
– das ... Ei des Kolumbus?

1 Fragestellung

Obwohl die ablehnende Einstellung gegenüber der Internen Zinsfußmethode aufgrund der explizierten impliziten Prämissen eindeutig ist, wollen wir nun eine noch nicht beantwortete Frage von Y bearbeiten, bei der es um die Mehrdeutigkeit des Internen Zinsfußes geht. In Folge 10, S. 76 kam Y zu dem Ergebnis, er habe in Bezug auf die Bestimmung des Internen Zinsfußes das *Ei des Kolumbus* entdeckt, da es für den Fall, dass der kritische Rentenbarwertfaktor positiv ist, keine Berechnungsprobleme gibt.[1] Mehrwertige oder gar nicht-reellwertige Lösungen können dann gar nicht erst auftreten.

2 Aufdeckung der impliziten Prämissen

Der erste Rechenschritt zur Aufdeckung der impliziten Prämissen beinhaltet die Transformation der beliebig verlaufenden Zahlungsfolge in eine solche mit gleichen Einzahlungsüberschüssen. Diese Transformation impliziert eine Folge fiktiver Finanzierungsvorgänge.

Im zweiten Schritt, in dem für die äquivalente Zahlungsfolge der Endwert bestimmt worden ist, wird der approximativ ermittelte Interne Zinsfuß als Rendite für Reinvestitionen und als Effektivzinsfuß für zwischenzeitliche Kredite verwendet (vgl. Abb. 23-1). Der mithilfe der Tabelle der Rentenbarwertfaktoren ermittelte Interne Zinsfuß betrug 14 %. Zur besseren Kontrolle ist er mit einer höheren Genauigkeit anzusetzen; das Ergebnis lautet r = 13,7211 %.

---

[1] Es sei daran erinnert, dass der Interne Zinsfuß einer Zahlungsfolge, die durch konstante Einzahlungsüberschüsse gekennzeichnet ist, stets zu einer eindeutigen Lösung führt, falls der kritische Rentenbarwertfaktor positiv ist. Der Interne Zinsfuß wird hierbei mithilfe einer Tabelle von Rentenbarwertfaktoren approximativ bestimmt.

In der Vergangenheit hatte Y fantasievoll die Begriffe „Transformationskredit“ und „Transformationsanlage“ eingeführt – Termini, die in keinem Bankenlehrbuch stehen. Sie stellen nur temporär zu verwendende Arbeitsbegriffe dar. Diese beiden Finanzierungsmaßnahmen spiegeln einen Teil der impliziten Prämissen bei der approximativen Bestimmung des Internen Zinsfußes wider. Der VOFI zur Abbildung der Implikationen enthält die Transformationskredite und -anlagen, die zu dem Finanzierungssaldo I von 5.208 €/Jahr führen. Am Ende der Nutzungsdauer ist der Transformationskredit getilgt und die Transformationsanlage aufgelöst.

Der Reinvestitions- und Finanzierungssatz in Höhe des Internen Zinsfußes der äquivalenten Zahlungsfolge (also $r = 13{,}7211$ %) führt zu dem (üblichen) Finanzierungssaldo II, der zu jedem Zeitpunkt gleich null ist. Der Endwert der Investition beträgt 17.118 €.[1]

Dr. X erstellte den folgenden VOFI:

[1] Der VOFI wurde zur Vereinfachung analog zu Abb. 22-1 aufgestellt.

Zeitpunkt	0	1	2	3	4	5
Zahlungsfolge der Investition	–18.000	–4.000	3.200	19.040	5.972	3.785
Eigene Mittel	9.000					
Transformationskredit						
+ Aufnahme		**9.208**	**2.929**			
– Tilgung				**12.137**		
– Sollzinsen **(10 %)**			**921**	**1.214**		
Transformations-reinvestition						
– Anlage				**481**	**812**	
+ Rückfluss						**1.293**
+ Ertrag **(10 %)**					**48**	**130**
Finanzierungssaldo I	–9.000	5.208	5.208	5.208	5.208	5.208
Zeitpunkt	0	1	2	3	4	5
Kredit						
+ Aufnahme	9.000					
– Tilgung		3.973	4.518	509		
– Sollzinsen **(13,7211 %)**		1.235	690	70		
Reinvestition						
– Anlage				4.630	5.843	6.645
+ Rückfluss						
+ Ertrag **(13,7211 %)**					635	1.437
Finanzierungssaldo II	0	0	0	0	0	0
Bestandsgrößen						
Finanzbestand						
Transformations-reinvestition				481	1.293	0
Reinvestition				4.630	10.473	17.118
Kreditbestand						
Transformationskredit		9.208	12.137			
Kredit	9.000	5.027	509			
Bestandssaldo	–9.000	–14.235	–12.646	4.149	9.180	**17.118**

Legende: Sollzinsfuß Transformationskredit = **10 %**
Habenzinsfuß Transformationsreinvestition = **10 %**
Sollzinsfuß Kredit = **13,7211 %**
Habenzinsfuß Reinvestition = **13,7211 %**

Abb. 23-1: Aufdeckung der impliziten Prämissen des Internen Zinsfußes einer äquivalent gemachten Zahlungsfolge

Nur dann, wenn die in der Legende aufgeführten Soll- und Habenzinsfüße in Höhe des Kalkulationszinsfußes respektive in Höhe des Internen Zinsfußes bei der Ermittlung des Endwerts berücksichtigt werden, verzinst sich das anfangs eingesetzte Eigenkapital von 9.000 € in Höhe des Internen Zinsfuß von 13,7211 %:

$$EW^M = 9000 \cdot 1{,}137211^5 = 17118 \text{ [€]}$$

Y konnte sich nur noch wundern, dass seine früher einmal geäußerte Idee, die beliebig verlaufende Zahlungsfolge (mit beliebigem Vorzeichenwechsel) in eine äquivalente Zahlungsfolge mit nur einem Vorzeichenwechsel umzuformen, für die dann ein sinnvoller einwertiger Interner Zinsfuß zu berechnen wäre, so interessante Gedankenfehler enthält. Der Ansatz impliziert wirklichkeitsfremde, problem*in*adäquate Prämissen über Transformationskredite und -anlagen. Mit VOFI konnten sie aufgedeckt werden.

Damit hier kein Gedanke in seinem Versteck bleibt, wies Dr. X auf folgende Datenkonstellation hin: Wenn die Zinsfüße für die Transformation der Standardanlage – und ebenso die für den Standardkredit – in Höhe von 12,7936 %[1] angesetzt würden, wären die Zielwerte der beiden Fälle „Zahlungsfolge mit beliebigen Einzahlungsüberschüssen" und „Zahlungsfolge mit konstanten Einzahlungsüberschüssen" identisch.

Ergänzen Sie bitte, lieber Leser, das oben stehende Geleitwort *„Das ... Ei des Kolumbus"*.

Kontrollfragen

Unter welcher Voraussetzung kann der Interne Zinsfuß einer Investition mithilfe der Tabelle von Rentenbarwertfaktoren ermittelt werden?

Angenommen, eine Investition mit beliebig verlaufender Zahlungsfolge würde in eine äquivalente Zahlungsfolge transformiert, bei der sämtliche Einzahlungsüberschüsse gleich sind. Wie könnte für diese Zahlungsfolge der Interne Zinsfuß bestimmt werden? Wäre dann die Problematik der Internen Zinsfußmethode bezüglich der Mehrwertig- und der Nicht-Reellwertigkeit gelöst?

Interpretieren Sie die zur Aufdeckung impliziter Prämissen geschaffenen Begriffe „Transformationskredit" und „Transformationsanlage"!

Zeigen Sie den Einfluss des Zinsfußes der Transformationsaktivitäten auf den approximativ ermittelten Internen Zinsfuß!

---

[1] Dies ist bekanntlich der Interne Zinsfuß der Originalzahlungsfolge.

Folge 24

Entnahmeorientierte Interpretation des Internen Zinsfußes

Noch ein Rettungsversuch!

1 Fragestellung

Der Interne Zinsfuß ließ trotz seiner wissenschaftlichen Beisetzung unsere Akteure nicht mehr zur Ruhe kommen – wie ein böser Geist. Trotz der ablehnenden Beurteilung ging von diesem Geist nach wie vor eine gewisse Faszination aus. Dr. X hatte tagelang die in der Literatur ausgetragenen Kontroversen um die Reinvestitions- und Finanzierungsprämisse der Internen Zinsfußmethode[1] studiert und glaubte schon, die Gegner der Internen Zinsfußmethode hätten die Befürworter zum Schweigen gebracht. Da stieß er auf eine weitere Quelle, in der der Interne Zinsfuß als Basis für die Vorteilhaftigkeitsbestimmung einer Investition verwendet wird.[2] Überraschend für ihn war, dass die Interne Zinsfußmethode hierbei mit dem Entnahmekonzept kombiniert wurde. Ernüchternd war dagegen, dass nur der Fall vollständiger Fremdfinanzierung interpretiert wurde. Immerhin!

2 Ein neuer Erklärungsversuch

Im Mittelpunkt eines Versuchs zur posthumen Rettung des Internen Zinsfußes steht die Annahme, dass die Investition mit einem einzigen Kredit finanziert wird, dessen Zinsfuß gleichzeitig und unumstritten der Kalkulationszinsfuß ist. Unumstritten deshalb, weil keine weiteren finanziellen Aktivitäten zu berücksichtigen sind. Auch keine Geldanlage? Nein! Überschüssige finanzielle Mittel werden nicht angelegt, sondern entnommen. Und nun wird es interessant: Die jährliche Entnahme ergibt sich durch Multiplikation der Kapitalbindung[3] mit dem Prozentsatz der Marge, die als Differenz zwischen dem Internen Zinsfuß und dem Kalkulationszinsfuß definiert ist.[4]

---

[1] Vgl. insbes. Hosterbach, E. (1970), Hosterbach, E. (1972 a), Hosterbach, E. (1972 b), Haberstock, L. (1971) und Haberstock, L. (1972).

[2] Vgl. Rolfes, B. (2003), S. 139 ff.

[3] Die Kapitalbindung ist nichts anderes als der im VOFI „unter dem Strich" ausgewiesene Kreditbestand.

[4] Vgl. Everding, D. (1994), S. 57 ff.

Als Demo-Beispiel sei angenommen, die Anschaffungsauszahlung würde vollständig mit einem 10%igen Kredit finanziert. Der Kalkulationszinsfuß wird in Höhe dieses Sollzinsfußes angesetzt. Als Interner Zinsfuß wurde für DY11 bereits ein Satz von 12,7936 % berechnet. Die Marge beläuft sich also auf 2,7936 %. Der VOFI, in dem die relevanten Parameter abgebildet werden, führt zu folgender Datenentwicklung:

Zeitpunkt	0	1	2	3	4	5
Zahlungsfolge der Investition	–18.000	–4.000	3.200	19.040	5.972	3.785
Eigene Mittel						
+ Einsatz	**0**					
– Entnahme		**503**	**679**	**676**	**231**	**94**
Kredit						
+ Aufnahme	18.000	6.303				
– Tilgung			91	15.942	4.914	3.356
– Sollzinsen		1.800	2.430	2.421	827	335
Finanzierungssaldo	0	0	0	0	0	0
Kreditbestand	18.000	24.303	24.212	8.270	3.356	**0**

Abb. 24-1: VOFI zur entnahmeorientierten Interpretation des Internen Zinsfußes

Der Interne Zinsfuß ist somit als derjenige Zinsfuß interpretierbar, der aufgrund eines von ihm und dem Kalkulationszinsfuß verursachten Verlaufs der Entnahme zu einem Endwert von null führt, sofern vollständige Fremdfinanzierung unterstellt wird.

3 Kritik

Der zufällig anwesende Z wies auf den VOFI hin und strahlte: „Von impliziten Prämissen kann keine Rede sein!"

Dr. X wurde ganz ernst und sagte: „Doch! Wir haben schließlich nicht vor, eine Entnahmefolge mit den ausgewiesenen Beträgen zu realisieren. Würden wir anstelle der Entnahmen Geldanlagen durchführen, dann müssten wir uns über den Zinsfuß Gedanken machen und der Kalkulationszinsfuß wäre dann nicht mehr der Sollzinsfuß des Kredits. Dem Internen Zinsfuß kann keine Absolution erteilt werden. Er ist allerdings posthum um eine Interpretationsmöglichkeit reicher geworden!"

St. erhielt den Auftrag, ein in sich geschlossenes Excel-Spreadsheet zu entwickeln, in dem sowohl der Interne Zinsfuß als auch die Marge berechnet und die margenorientierte Entnahme in einem VOFI dargestellt wird. Mit dem VOFI sollen dann Berechnungsexperimente durchgeführt werden. So sollte z. B. die sich unregelmäßig entwickelnde Entnahme so transformiert werden, dass ein jährlich gleicher Betrag herauskommt. Mit welchem Zinsfuß ist die Transformation vorzunehmen, um „im Modell" zu bleiben? Eine interessante Frage für Berechnungsexperimente, bei denen die Redewendung „Probieren geht über Studieren" zum Prinzip „Probieren *ist* Studieren" weiterentwickelt wird. Indes soll schon jetzt verraten werden, dass der Kapitalwert der aus den Margen ermittelten Entnahmen bei Verwendung eines 10%igen Kalkulationszinsfußes 1.742 € beträgt. Bei einem Kalkulationszinsfuß von 12,7936 % wäre selbstverständlich ein Kapitalwert von null herausgekommen, denn dann wären ja keine Entnahmen unter der Nebenbedingung einer Substanzerhaltung am Planungshorizont möglich.

Kontrollfragen

Definieren Sie den Begriff „Marge" im Zusammenhang mit der Internen Zinsfußmethode!

Interpretieren Sie die Ermittlung des Endwerts einer vollständig mit Fremdkapital finanzierten Investition, bei der jährlich eine Entnahme in Höhe des Produkts: „Marge x Kapitalbindung" erfolgt!

Nehmen Sie zum Konzept der entnahmeorientierten Interpretation des Internen Zinsfußes kritisch Stellung!

Wie hoch ist der Kapitalwert der Entnahmefolge, wenn zur Abzinsung derjenige Kalkulationszinsfuß zugrunde gelegt wird, der ansonsten beim Diskontieren von Einzahlungsüberschüssen verwendet wird?

Wie hoch ist der Kapitalwert der Entnahmefolge, wenn zur Abzinsung ein Kalkulationszinsfuß in Höhe des Internen Zinsfußes zugrunde gelegt wird?

Folge 25

Der Interne Zinsfuß als Phänomen

Phänomenale Analogien

Eines Abends saßen Y, Dr. X und Z bei einem Glas Wein zusammen (nur Z trank Schorle) und unterhielten sich über das Phänomen des Internen Zinsfußes, der zwar in unserer Fallstudienunternehmung als entlarvt galt, in vielen Unternehmungen aber noch durchaus quicklebendig ist.

Das Gespräch begann damit, dass Y sagte: „Der Interne Zinsfuß ist mehr als nur ein Vorteilhaftigkeitsmaßstab – er ist eine Religion!“

„Wie Schalke 04!“, sagte Z, dem daran gelegen war, sich wieder etwas beliebter zu machen.

Y, der es als Vorgesetzter von Z nicht nötig hatte, über dessen Scherzversuch zu lächeln, nippte an seinem Glas und fragte „so vor sich hin“:

„Warum ist der Interne Zinsfuß in der Praxis so weit verbreitet? Warum wird er in der Theorie so stark beachtet? Worin liegt eigentlich das Phänomen des Internen Zinsfußes begründet?“ Ohne die Antwort seines Experten Dr. X abzuwarten, der vermutlich darauf hinweisen wollte, dass in der Praxis auch von Kritikern der Internen Zinsfußmethode diese – angeblich dem Vorstand zuliebe – konformistisch weiterbenutzt werde, startete er selbst einen Erklärungsversuch:

„Der Interne Zinsfuß ist vergleichbar mit einer *unberechenbaren* Frau!“

Dr. X entgegnete: „Erlauben Sie! Der Interne Zinsfuß ist doch nur dann *unberechenbar*, wenn die Zahlungsfolge zu einer *nicht-reellwertigen* Lösung führt!“

Y war viel zu sehr mit sich selbst beschäftigt, um auf den Einwand seines Experten Dr. X einzugehen. Unbeirrt fuhr er mit seiner Überlegung fort. Übrigens wusste keiner, an *welche* bzw. an *wessen* Frau Y gerade dachte. Oder dachte er doch nur an die Interne Zinsfußmethode?

„Das Phänomenale ist, dass sie so schillernd ist und voller Geheimnisse steckt!“

Dr. X: „Alles implizite Prämissen!“

Y: „Man kann sich ihr häufig nur in kleinen Schritten nähern, um ihren Wert zu ermitteln!“

„Iteratives Suchverfahren!"

„Allein ihre *Mehrwertigkeit* ist eine Herausforderung!"

„Sie resultiert aus dem Problem der Nullstellenbestimmung bei einem Polynom n-ten Grades!"

Seufzend sagte Y: „Ihr Reiz liegt in ihrer Kompliziertheit!"

Z verstand nun gar nichts mehr, und Dr. X fügte lächelnd hinzu: „Sie ist deshalb nicht der Typ, den man heiratet!"

Y – wieder auf dem sicheren Boden der Investitionsrechnung gelandet:

„Nein! Zum Heiraten wäre eine Rentabilität, die auf expliziten Finanzierungs- und Reinvestitionsannahmen basiert. Ein solches Rentabilitätsmaß wäre sicherlich leicht berechenbar und gut durchschaubar – also von Grund auf solide! Warum kann es nicht gleichzeitig sogar eine Liebesheirat sein?"

Bis zur „Entdeckung" der VOFI-Eigenkapitalrentabilität sollte es jedoch noch einige Folgen dauern.

Folge 26

Interpretation der Pay-off-Periode

Nur eine Zusatzinformation

1 Kontroverse Auffassungen

Eines Tages fragte Y seinen Controller Dr. X, wie die Pay-off-Periode mithilfe von VOFI anschaulich interpretiert werden könne. Natürlich sei ihm der Algorithmus zu ihrer Bestimmung klar, aber was habe die formale Vorschrift „Ermittlung derjenigen Periode, in der der Kapitalwert in Abhängigkeit von der Zeit erstmalig null oder positiv ist", mit der in der Praxis als Synonym verwendeten ökonomisch klingenden Kapitalrückflussdauer oder mit zu kumulierenden Erträgen und Aufwendungen zu tun?

Dr. X entgegnete, dass die Pay-off-Methode in der Literatur fast so kontrovers gesehen werde wie die Interne Zinsfußmethode – es gäbe nur keine vergleichbar berühmten Streitgespräche. Deshalb können wir hier nur einige divergierende Literaturauffassungen gegenüberstellen.

Allein schon die Klassifizierung der Pay-off-Methode ist in der Literatur uneinheitlich. Von einigen Autoren (z. B. ADAM[1], PERRIDON/STEINER[2] und KRUSCHWITZ[3]) wird sie ausschließlich als statische Methode behandelt. BLOHM/LÜDER/SCHAEFER[4] stellen sie sowohl als statisches als auch als dynamisches Verfahren dar, sehen jedoch die dynamische Amortisationsrechnung lediglich als eine Variante der Kapitalwertmethode an. SCHULTE[5] dagegen stellt sie zwar als eigenständige dynamische Methode dar, präsentiert allerdings auch eine Vielzahl statischer Varianten. Schließlich wird die Pay-off-Methode von einer Reihe von Autoren als Verfahren zur Berücksichtigung des Risikos angesehen.[6]

Bezüglich der Klassifizierung wird hier die Auffassung vertreten, dass die Pay-off-Methode wegen der Fragestellung nach dem Amortisationszeit-

---

[1] Vgl. Adam, D. (2000), S. 117 f.

[2] Vgl. Perridon, L., Steiner, M. (2004), S. 53-56.

[3] Vgl. Kruschwitz, L. (2005), S. 37-41.

[4] Vgl. Blohm, H., Lüder, K., Schaefer, C. (2006), S. 48.

[5] Vgl. Schulte, K.-W. (1986), S. 106-111.

[6] Vgl. z. B. Perridon, L., Steiner, M. (2004), S. 55 f.

punkt in einem mehrperiodigen Modell per se eine eigenständige dynamische Methode darstellt.[1] Dagegen wird hier kein Sinn darin gesehen, im Rahmen einer statischen – also einperiodigen – Betrachtung überhaupt eine Pay-off-Periode berechnen zu wollen.[2,3] Ferner ist festzustellen, dass die Pay-off-Methode im Gegensatz zu BLOHM/LÜDER/SCHAEFER hier nicht ausschließlich als Variante der Kapitalwertmethode angesehen wird, da sie beispielsweise auch unter Verwendung der Annuität oder des Endwertkonzepts hergeleitet werden kann. Der Auffassung, die Pay-off-Methode sei ein Verfahren der Risikoabschätzung von Investitionen, wird hier nachdrücklich widersprochen, da bei der Bestimmung der Pay-off-Periode lediglich einwertige Daten verarbeitet werden. Allerdings könnte der Gedanke aufkommen, die Pay-off-Methode als Sensitivitätsanalyse[4] zu interpretieren, da die kritische Nutzungsdauer berechnet wird. Hiergegen ist zu sagen, dass die kritische Nutzungsdauer einen anderen Charakter aufweist als beispielsweise die kritische Anschaffungsauszahlung oder ein kritischer Zinsfuß. Derartige Parameter stellen Eingabegrößen dar, deren Unter- bzw. Obergrenze in Bezug auf die Stabilität der Entscheidung ermittelt wird. Beispielsweise könnte untersucht werden, wie hoch die Anschaffungsauszahlung höchstens sein darf, um eine bislang positive Entscheidung für die Investition aufrecht zu halten. Nachdem die kritische Größe errechnet worden ist, wird abgeschätzt, ob das tatsächlich erwartete Niveau kleiner bzw. größer ist. Eine entsprechende Fragestellung ist bei der Ermittlung der kritischen Nutzungsdauer nicht gegeben, da eine für die Optimierung der Nutzungsdauer spezifische Einflussgröße – die Änderung des Restverkaufserlöses im Zeitablauf – unbeachtet bleibt. Folglich erlangt die Pay-off-Periode nicht einmal der Rang eines kritischen Werts. Sie ist

---

[1] Zur Bestimmung der Amortisationsdauer sind in der Literatur einige in der Praxis verwandte Methoden dargestellt worden, bei denen die Zinsen (einschließlich der Zinseszinsen) vernachlässigt werden. Da bei Wirtschaftlichkeitsrechnungen die Zinsen *nicht* ignoriert werden dürfen, sollten bei einer entscheidungsorientierten Betriebswirtschaftslehre solche Verfahren, die auf den Ansatz von Zinsen verzichten, erst gar nicht präsentiert werden. Die Darstellung derartiger Ansätze gehört allenfalls in die Rubrik „Geschichte der Wirtschaftlichkeitsrechnung".

[2] Vgl. Folge 4, S. 30.

[3] Anzumerken ist, dass die Pay-off-Periode trotz der zeitablaufbezogenen Kumulierung von Aufwendungen und Erträgen als statisches Verfahren eingeordnet wird. Vgl. Perridon, L., Steiner, M. (2004), S. 55 f. Richtig wäre es, derartige Kumulationsrechnungen als fehlerhafte dynamische Methoden zu bezeichnen.

[4] Im Rahmen der Sensitivitätsanalyse sind kritische Werte zu berechnen. Bei einem Unter- bzw. Überschreiten eines kritischen Werts wird eine andere als die ursprünglich optimale Entscheidung vorteilhaft.

als (ganz schlichte) Zusatzinformation anzusehen, bei der unabhängig von der Nutzungsdauer ausgesagt wird, wann der Kapitalwert im Zeitablauf erstmalig null oder positiv ist.

2 Interpretation des formalen Kriteriums

Y meinte, durch die Interpretation der Pay-off-Periode könne der Zusammenhang zwischen der formalen Vorschrift „Ermittle diejenige Periode, in der der Kapitalwert in Abhängigkeit von der Zeit erstmalig null oder positiv ist" und dem Gewinnstreben des Investors deutlich gemacht werden.

Dr. X entgegnete: „Zunächst muss ich Sie enttäuschen, Herr Y. Der Gewinnbegriff, der bei der Pay-off-Methode relevant ist, ist nicht mit dem des offiziellen Rechnungswesens identisch, in dem Erträge und Aufwendungen die relevanten Rechnungsgrößen sind. Da bei der klassischen Investitionsrechnung auch die Zinsen auf das Eigenkapital gewinnmindernd erfasst werden, ist mit Gewinn eine kalkulatorische Größe gemeint. Erlauben Sie mir bitte, anstelle einer kapitalwertorientierten eine endwertorientierte Pay-off-Periode zu unterstellen; denn die Herleitung des Zusammenhangs zwischen dem Zusätzlichen Endwert und dem Kalkulatorischen Gewinn ist einfacher nachzuvollziehen als beim Kapitalwertkonzept."

Aus Y's Augen sprühten Fragezeichen: „Ist denn die kapitalwertorientierte Pay-off-Periode zur endwertorientierten äquivalent?"

„Selbstverständlich! Schließlich ist immer dann, wenn der Kapitalwert null oder positiv ist, auch der Zusätzliche Endwert null oder positiv. Dies betrifft natürlich auch ‚das erste Mal'. Die Vorzeichengleichheit hängt damit zusammen, dass der Zusätzliche Endwert durch Multiplikation des Kapitalwerts mit dem Aufzinsungsfaktor ermittelt wird. Und der ist stets positiv."

Dr. X ahnte, dass Y die Sache doch noch nicht ganz klar war. Deshalb sagte er: „Wir wollen mal den Kalkulatorischen Totalgewinn ermitteln, der bis zum Ende des dritten Jahres erzielt wird. Ich darf auf meine Investitionsrechnung hinweisen, bei der in t=3 ein Kapitalwert von –4.686 € erreicht wird, der zu einem entsprechenden[1] Zusätzlichen Endwert in Höhe von $-4686 \cdot 1{,}1^3 = -6237$ [€][2] führt."

[1] ... die Aufzinsung des bis t=3 erreichten Kapitalwerts auf den Endzeitpunkt.

[2] Bitte speichern Sie die Zahl bis zum Ende der Folge in Ihrem Kurzzeitgedächtnis.

Um für die weiteren Überlegungen auf die entsprechenden Daten zur Bestimmung des Kalkulatorischen Totalgewinns der ersten drei Perioden zugreifen zu können, stellten die beiden forschen(den) Herren einen VOFI auf.

Zeitpunkt	0	1	2	3	4	5
Zahlungsfolge der Investition	–18.000	–4.000	3.200	19.040	5.972	3.785
Eigene Mittel	9.000					
Kredit						
+ Aufnahme	9.000	4.900				
– Tilgung			1.810	12.090		
– Sollzinsen		900	1.390	1.209		
Reinvestition						
– Anlage				5.741	6.546	5.014
+ Rückfluss						
+ Ertrag					574	1.229
Finanzierungssaldo	0	0	0	0	0	0
Bestandsgrößen						
Finanzbestand				5.741	12.287	17.301
Kreditbestand	9.000	13.900	12.090			
Bestandssaldo	–9.000	–13.900	–12.090	5.741	12.287	17.301

Legende: Sollzinsfuß = **10 %** Habenzinsfuß = **10 %**

Abb. 26-1: VOFI für DY11

Interpretation der Pay-off-Periode

Die bis t=3 kumulierten Überschüsse der Leistungen über die Kosten ohne Kapitaldienst – das sind prämissengemäß[1] die Einzahlungsüberschüsse der Zahlungsfolge – belaufen sich auf insgesamt

– 4000 + 3200 + 19040 = 18240 [€]

Davon abzuziehen sind die kumulierten Sollzinsen, die im Zeitraum t=1 bis t=3 entstehen:

900 + 1390 + 1209 = 3499 [€]

[1] Vgl. S. 11.

Da der Kalkulatorische Totalgewinn bestimmt werden soll, sind nun die Opportunitätskosten Z^O für die anderweitig anlegbaren Eigenen Mittel zu berechnen. Sie betragen im betrachteten Zeitraum t=0 bis t=3:

$Z^O = 9000 \cdot 1{,}1^3 - 9000 = 2979$ [€]

„Das soll den Kalkulatorischen Totalgewinn bis t=3 ergeben?!“, fragte Y. Misstrauisch saldierte er die Zwischensummen:

„18240 – 3499 – 2979 = 11762 [€]. Stimmt nicht! Es muss doch –6.237 € herauskommen!“

Dr. X war für den Bruchteil einiger Nanosekunden sprachlos. Dann sagte er: „Wir haben die Abschreibungen vergessen!!“

„Richtig! Also – wie hoch sind denn die Abschreibungen nach drei Jahren?“

Dr. X, der ein guter Kopfrechner war, stellte fest, dass die Differenz zwischen dem Zwischenergebnis von 11.762 € und dem angepeilten Zusätzlichen Endwert in t=3 von –6.237 €[1] (bis auf eine Rundungsdifferenz von 1 €) –18.000 € betrug, also mit der Anschaffungsauszahlung übereinstimmte. Deshalb gab er gedankenschnell folgendes Statement ab: „Bei der Ermittlung des Kalkulatorischen Totalgewinns im Zeitablauf wird eine Sofortabschreibung der Anschaffungsauszahlung unterstellt. Das bedeutet, dass die Pay-off-Methode bei der Berücksichtigung des Kapitalrückflusses von einer Sofortabschreibung der Anschaffungsauszahlung ausgeht. Sensationell!“

Nach kurzer Atempause fasste er zusammen: „Die Pay-off-Periode kennzeichnet deshalb diejenige Periode, in der erstmalig die einer Investition zugerechneten kumulierten Leistungen größer oder gleich sind den kumulierten Kosten[2] (einschließlich Opportunitätskosten), wobei zu beachten ist, dass in den Kosten die Sofortabschreibung der Anschaffungsauszahlung des neuen Wirtschaftsguts enthalten ist. Der Liquidationsüberschuss am Ende der Nutzungsdauer wird erst in t=n als außerordentlicher Ertrag angesehen und mindert nicht die Höhe der Sofortabschreibung.[3] Aufgrund dieser Überlegungen kann die Pay-off-Periode auch als diejenige Periode bezeichnet werden, in der erstmalig das anfangs geopferte Eigenkapital wieder gewonnen wird.“

---

[1] Dies ist die Zahl, die Sie noch im Kurzzeitgedächtnis gespeichert haben.

[2] Es sei an die Prämissen bezüglich des Zusammenhangs von Kosten und Auszahlungen bzw. Leistungen und Einzahlungen erinnert.

[3] Dagegen wird im Rahmen der statischen Gewinnvergleichsrechnung zur Bestimmung der Abschreibungen der Liquidationsüberschuss von der Anschaffungsauszahlung abgezogen.

In der folgenden Tabelle ist zu Demonstrationszwecken der Kalkulatorische Totalgewinn[1] bis zur Periode t=4 und bis zur Pay-off-Periode t=5, die in unserem Fall mit der Nutzungsdauer der Investition DY11 übereinstimmt, zusammengestellt worden.

Kumulierte Größen	bis t=4	bis t=5	Folge	Tabelle
Leistungen	107.020	126.053	8	Abb. 8-3
+ Liquidationsüberschuss		2.365	8	Abb. 8-3
– variable Produktionskosten	42.808	50.421	8	Abb. 8-3
– fixe Produktionskosten	40.000	50.000	8	Abb. 8-3
– Abschreibungen	18.000	18.000	26	Abb. 26-1
– Sollzinsen	3.499	3.499	26	Abb. 26-1
+ Ertrag	574	1.803	26	Abb. 26-1
– Opportunitätszinsen	4.177	5.495	26	s. Legende
Kalkulatorischer Totalgewinn	–890	2.806		
Pay-off-Periode	nein	ja		

Legende: $9000 \cdot 1{,}1^4 - 9000 = 4177$ [€]

Abb. 26-2: Interpretation der Pay-off-Periode

Einfacher als mit einer dynamischen Totalgewinnanalyse ist es, die VOFI-Pay-off-Periode unter Verwendung der Bestandssalden des VOFIs zu interpretieren. Hierbei stellt die Amortisationsdauer diejenige Periode dar, in welcher der Zusätzliche Endwert bzw. der Kapitalwert im Zeitablauf erstmalig null oder positiv ist.

Zeitpunkt	0	1	2	3	4	5
Investition						
Finanzbestand				5.741	12.287	17.301
Kreditbestand	9.000	13.900	12.090			
Bestandssaldo	–9.000	–13.900	–12.090	5.741	12.287	17.301
Opportunität	9.000	9.900	10.890	11.979	13.177	14.495
ΔEW(t)	–18.000	–23.800	–22.980	–6.238	–890	**+2.806**
C(t)	–18.000	–21.636	–18.991	–4.686	–607	**+1.742**
Pay-off-Periode	nein	nein	nein	nein	nein	**ja**

Abb. 26-3: Interpretation der Pay-off-Periode auf Basis der Bestandsentwicklungen an liquiden Mitteln

[1] Es sei daran erinnert, dass der Kalkulatorische Totalgewinn mit dem Zusätzlichen Endwert übereinstimmt.

Y dachte, dass er alles „irgendwie“ (er meinte *passiv*) gewusst habe. Es gab also nicht nur implizite („versteckte“) Prämissen, sondern auch verstecktes („implizites“) Wissen. Im Wissensmanagement[1] wird diese Tatsache als Herausforderung zur Explikation von implizitem Wissen angesehen.

Kontrollfragen

Definieren Sie die Begriffe Pay-off-Periode, Gewinn des externen Rechnungswesens und (Kalkulatorischer) Gewinn als Rechengröße des internen Rechnungswesens!

Was ist unter Kapitalrückfluss zu verstehen?

Warum stimmt die endwertorientierte Pay-off-Periode mit der kapitalwertorientierten überein?

Warum ist die endwertorientierte Pay-off-Periode einfacher interpretierbar als die kapitalwertorientierte?

Erörtern Sie die rechnerische Bestimmung der Entwicklung des Kalkulatorischen Totalgewinns bei Variation des Parameters t!

Erörtern Sie, wie der Kalkulatorische Totalgewinn in seine Bestandteile aufgespalten werden kann und welche Rolle der VOFI dabei spielt!

Welche impliziten Prämissen gelten bezüglich der Verrechnung von Abschreibungen bei der Bestimmung der Pay-off-Periode? Gehen Sie bei der Beantwortung Ihrer Frage auch auf die Verrechnung bzw. Nichtverrechnung des Liquidationsüberschusses ein!

[1] Vgl. Lahme, N. (2004), S. 20 ff.

Folge 27

Interpretation der Kapitalwert- und Endwertmethode bei konkurrierenden Investitionen

Geheimnisvolle Prämissen

1 Fragestellung

Sicherlich erinnern Sie sich daran, dass vor einiger Zeit[1] Herr Y seinen Experten Dr. X ansprach und ihm sagte, dass DY11 einen Konkurrenten bekommen habe. Die Finanzabteilung hatte vorgeschlagen, die zur Verfügung gestellten Eigenen Mittel für die äußerst rentabel erscheinende Investition DY12 zu verwenden. Für DY12 war die unten stehende Zahlungsfolge [€] ermittelt worden:

Zeitpunkt	0	1	2
Zahlung [€]	–10.000	8.000	5.000

Abb. 27-1: Zahlungsfolge der Investition

DY12 stellt eine konkurrierende Investition dar, die explizit durch ihre Zahlungsfolge definiert ist.[2] Aufgrund der beschränkten Kreditaufnahmemöglichkeit können wir entweder DY11 oder DY12 durchführen oder die Eigenen Mittel bei der Bank anlegen. Für DY12 wurden bei einem Kalkulationszinsfuß von 10 % der Zusätzliche Endwert in Höhe von 2.262 € und der Kapitalwert von 1.405 € bereits berechnet. Selbstverständlich wurde der gleiche Endzeitpunkt t=5 verwendet, der auch für DY11 sowie für die Geldanlage angesetzt worden ist.

Dr. X erinnerte Y daran, dass der Zusätzliche Endwert von DY11 2.806 € und der Kapitalwert 1.742 € beträgt, und sagte: „Dann ist ja alles klar für DY11!" Erleichtert atmete er durch, denn auch *er* hing mittlerweile an DY11.

---

[1] Vgl. Folge 15, S. 99.

[2] Dagegen wird die ebenfalls um die Eigenen Mittel konkurrierende Geldanlage in t=0 nicht explizit durch eine Zahlungsfolge, sondern lediglich durch den Opportunitätskostensatz definiert.

„Ich kann's dennoch nicht glauben!", sagte Y voller Skepsis. „Die Zahlungsfolge von DY12 sieht doch so günstig aus. Außerdem amortisiert sich DY12 viel schneller als DY11."[1]

Dann stellte er die für diese Folge entscheidende Frage: „Welche impliziten Prämissen stecken eigentlich hinter dem Vergleich der Zusätzlichen Endwerte bzw. der Kapitalwerte?", und fügte hinzu: „Wir sollten die Prämissen mit VOFI aufdecken!"

2 Aufdeckung der Prämissen

Der Endwert einer Investition EW^M ist unter Berücksichtigung eines Planungshorizonts h wie folgt zu ermitteln:[2]

$$EW^M = (-a_0 + EK) \cdot q^h + \sum_{t=1}^{h} d_t \cdot q^{h-t}$$

Der auf den Planungshorizont bezogene Endwert der Investition DY11 wurde bereits in Folge 9[3] ausgerechnet. Er beläuft sich auf 17.301 €.

Für DY12 beträgt der Endwert:

$$\begin{aligned} EW^M &= (-10000 + 9000) \cdot 1{,}1^{5-0} + 8000 \cdot 1{,}1^{5-1} + 5000 \cdot 1{,}1^{5-2} \\ &= 16757\ [€] \end{aligned}$$

Aus der Formel geht offensichtlich hervor, dass zur Überbrückung der Zeit zwischen dem Ende der Nutzungsdauer der betrachteten Investition und dem Planungshorizont zukünftige Ergänzungsinvestitionen angesetzt werden.

Y meinte: „Da die Anschaffungsauszahlungen der beiden Alternativen divergieren, müssen wir noch eine aktuelle Ergänzungsinvestition einplanen!"

„Nein!", sagte Dr. X: „Das wäre nur dann der Fall, wenn die Anschaffungsauszahlung niedriger als die Eigenen Mittel sind. Dies ist in unserem Fall nicht gegeben."

Y sah es ein.

---

1 „Die Amortisationsdauer ist nur eine Zusatzinformation ohne *entscheidende* Bedeutung!", hätte Dr. X sagen müssen.

2 Auf eine Indizierung zur Kennzeichnung des Investitionsobjekts wurde zur Vereinfachung verzichtet.

3 Vgl. S. 55.

„Nachdem wir den Endwertvergleich durchgeführt haben, ist klar, welche impliziten Prämissen hinter einem Kapitalwertvergleich stecken“, sagte einer von beiden und arbeitete drei Prämissen heraus:

„Erstens ist der Kapitalwert als diejenige Entnahme zum Investitionszeitpunkt zu interpretieren, die zum gleichen Endwert führt wie die Geldanlage der Eigenen Mittel bis zum Planungshorizont. Zweitens verzinst sich bei der Investition mit der kurzen Nutzungsdauer der Bestand an Eigenen Mitteln von ihrem Nutzungsdauerende an bis zum Planungshorizont zum Kalkulationszinsfuß und drittens verzinst sich eine aktuelle Ergänzungsinvestition, die dann anzusetzen ist, wenn der Einsatz der Eigenen Mittel bei den betrachteten Alternativen ungleich ist, ebenfalls zum Kalkulationszinsfuß.“

Obwohl keine Frage mehr offen geblieben war, stellten die beiden Herren nun die beiden folgenden VOFIs für DY12 zur „Verdeutlichung“[1] des Endwert- und des Kapitalwertkonzepts auf.

Zeitpunkt	0	1	2	3	4	5
Zahlungsfolge der Investition	–10.000	8.000	5.000			
Eigene Mittel	9.000					
Kredit						
+ Aufnahme	1.000					
– Tilgung		1.000				
– Sollzinsen		100				
Reinvestition						
– Anlage		6.900	5.690	1.259	1.385	1.523
+ Rückfluss						
+ Ertrag			690	1.259	1.385	1.523
Finanzierungssaldo	0	0	0	0	0	0
Bestandsgrößen						
Finanzbestand		6.900	12.590	13.849	15.234	16.757
Kreditbestand	1.000					
Bestandssaldo	–1.000	6.900	12.590	13.849	15.234	**16.757**

Legende: einheitlicher Zinsfuß = **10 %**

Abb. 27-2: VOFI der Investition DY12; Endwertkonzept

[1] Die Anführungsstriche besagen, dass das Konzept eigentlich so klar ist, dass im Grunde genommen nichts mehr verdeutlicht werden müsste.

Aus dem unten dargestellten VOFI geht hervor, dass bei DY12 die Entnahme in t=0, deren Wert unter Verwendung der Zielwertsuche von Microsoft Excel mit 1.405 € errechnet worden ist, niedriger ist als die bei DY11, die bekanntlich 1.742 €[1] beträgt. Zur Erinnerung sei gesagt, dass der Endwert der Opportunität 14.495 € beträgt. Diesen gilt es unter Berücksichtigung der Entnahme in t=0 bei Durchführung der Investition zu erreichen (vgl. Abb. 27-3).

Zeitpunkt	0	1	2	3	4	5
Zahlungsfolge der Investition	–10.000	8.000	5.000			
Eigene Mittel						
+ Einsatz	9.000					
– Entnahme	**1.405**					
Kredit						
+ Aufnahme	2.405					
– Tilgung		2.405				
– Sollzinsen		241				
Reinvestition						
– Anlage		5.355	5.535	1.089	1.198	1.318
+ Rückfluss						
+ Ertrag			535	1.089	1.198	1.318
Finanzierungssaldo	0	0	0	0	0	0
Bestandsgrößen						
Finanzbestand		5.355	10.890	11.979	13.177	14.495
Kreditbestand	2.405					
Bestandssaldo	–2.405	5.355	10.890	11.979	13.177	**14.495**

Legende: einheitlicher Zinsfuß = **10 %**

Abb. 27-3: VOFI der Investition DY12; Kapitalwertkonzept

Für DY11 war weiterhin das Signal auf grün gesetzt.

Dr. X und St. puzzelten noch ein bisschen mit den Zahlen des End- und Anfangswertkonzepts. Der Kapitalwert[2] von DY11 betrug bekanntlich

[1] Haben Sie sich den Betrag gemerkt, verehrter Leser? Er taucht in unserer Fallstudiengeschichte immer wieder mal auf.

[2] Auch als spezieller Zusätzlicher Anfangswert gekennzeichnet.

1.742 €. Der von DY12 ließ sich – ohne zusätzliche Annahmen zu einem gemeinsamen Planungshorizont – wie folgt formelmäßig bestimmen:

$$C_{DY12} = -10000 + 8000 \cdot 1{,}1^{-1} + 5000 \cdot 1{,}1^{-2} = 1405\,[€]$$

Die Kapitalwertdifferenz beträgt:

$$C_{DY11} - C_{DY12} = 1742 - 1405 = 337\,[€]$$

Die auf t=5 bezogene Endwertdifferenz beläuft sich somit auf:

$$EW^{M}_{DY11} - EW^{M}_{DY12} = 17301 - 16757 = 544\,[€]$$

Diese Endwertdifferenz kann auch durch Aufzinsen auf den Planungshorizont ermittelt werden:

$$(C_{DY11} - C_{DY12}) \cdot q^{n} = EW^{M}_{DY11} - EW^{M}_{DY12}$$

In Zahlen: $(1742 - 1405) \cdot 1{,}1^5 = 544$ [€]

Offensichtlich war bei der Bestimmung der Kapitalwerte der konkurrierenden Alternative nicht explizit von einem einheitlichen Planungshorizont auszugehen. Dagegen ist bei einem Vergleich der Zusätzlichen Endwerte die Aufzinsung auf einen gemeinsamen Horizont erforderlich. Der Zusätzliche Endwert von DY11 beträgt bekanntlich 2.806 €. Der von DY12 beläuft sich auf

$$\Delta EW_{DY12} = -10000 \cdot 1{,}1^{-2} + 8000 \cdot 1{,}1 + 5000 = 1700\,[€]$$

Da ΔEW_{DY12} auf t=2 bezogen ist, muss zum ΔEW-Vergleich mit DY11 eine Aufzinsung auf den Planungshorizont erfolgen:

$$\Delta EW^{h}_{DY12} = 1700 \cdot 1{,}1^{3} = 2262\,[€]$$[1]

Nach dieser Aufzinsung ist die Zielwertdifferenz von 2806 – 2262 = 544 [€] mit der aufgrund der beiden VOFI-Endwerte berechneten Differenz von 17301 – 16757 = 544 [€] identisch.

St. resümierte: „Ein Controller hat es bei der Ermittlung des Kapitalwerts doch recht einfach. Er kann die Methode unabhängig von divergierenden Nutzungsdauern unverändert (‚blind') anwenden." Wie ist dies zu begründen? Ein Blick in den VOFI, der in Abb. 27-2 dargestellt worden ist, führt zu Klarheit. Im Zeitpunkt t=2 wird der Guthabenbestand von insgesamt 12.590 € bis zum Planungshorizont angelegt – und zwar zum Kalkulationszinsfuß von 10 %. Diese zukünftige Ergänzungsinvestition führt zum Endwert von 16.757 €. Ermittelt man für diese Maßnahme, deren Zah-

[1] Beim Runden wurde aus didaktischen Gründen gepfuscht. Pardon!

lungsfolge vereinfachend nur zwei Elemente enthält, den Kapitalwert in Bezug auf t=2 unter Verwendung des Kalkulationszinsfußes von 10 %, so ergibt sich null:

$$C_{t=2} = -12590 + 16757 \cdot 1{,}1^{-3} = 0$$

Zinst man $C_{t=2}$ (spaßeshalber) auf den Zeitpunkt 0 ab, kommt auch nichts anderes heraus. Der Kapitalwert der zukünftigen Ergänzungsinvestition ist also null. Dr. X sagte lächelnd: „Null hinzuzuzählen lohnt sich nicht."

Natürlich stellt sich die Frage, ob diese Implikationen akzeptabel sind. Bequemlichkeit für den Controller ist kein dominierendes Kriterium.

Kontrollfragen

Um welche Ressourcen konkurrieren Investitionen üblicherweise?

Wie lassen sich zwei Investitionen mit unterschiedlichen Nutzungsdauern vergleichen?

Welche Überlegungen sind bei divergierenden Anschaffungsauszahlungen von zwei konkurrierenden Investitionen anzustellen? Ist in jedem Fall eine aktuelle Ergänzungsinvestition anzusetzen?

Erläutern Sie die impliziten Prämissen des Kapitalwert- und des Endwertvergleichs bei konkurrierenden explizit definierten Investitionen!

Ein Befürworter der Kapitalwertmethode äußerte sich wie folgt: „Die Kapitalwertmethode ist ein sehr robustes Verfahren, da sich der Controller keine Gedanken über aktuelle und zukünftige Ergänzungsinvestitionen machen muss! Dann kann er auch keine Fehler machen!" – Nehmen Sie zu dieser Aussage kritisch Stellung!

Folge 28

Interpretation der Annuitätenmethode bei konkurrierenden Investitionen

Die Prämissen werden noch geheimnisvoller

1 Fragestellung

Obwohl DY11 „grünes Licht" erhielt, errechnete Y bei der nächsten Gelegenheit die Annuität des Investitionsobjekts DY12 aus. Zu diesem Zweck multiplizierte er den Kapitalwert von 1.405 € mit dem Annuitätenfaktor für die Parameter n=2 und i=0,1, den er in einer im Anhang dieses Buches dargestellten Tabelle nachschlug. Hier das Ergebnis:

$a = C \cdot ANF_{n,i} = 1405 \cdot 0{,}57619 = 810$ [€/Jahr]

Der Atem stockte ihm. Nach der Kapitalwert- und der Endwertmethode war DY11 der Favorit, nach der Annuitätenmethode war dagegen DY12 besser, da die Annuität von DY11 nur 460 €/Jahr beträgt.[1] „Und das bei einer derart engen Verwandtschaft von Kapitalwert und Annuität", murmelte er. ‚So ist das mit der Verwandtschaft!', wollte der vorbeikommende Z sagen, doch besann er sich rechtzeitig und schwieg. Er war sensitiver geworden.

Nach einiger Zeit kamen Y Bedenken, ob er denn wohl die Laufzeit im Annuitätenfaktor richtig angesetzt habe. Die Nutzungsdauer von DY12 beträgt tatsächlich nur zwei Jahre, der Zeitraum von t=0 bis zum Planungshorizont umfasst dagegen fünf Jahre. Deshalb berechnete er nun die Annuität der Anlage DY12 unter Berücksichtigung von n=5. Hier das Ergebnis:

$a = C \cdot ANF_{n,i} = 1405 \cdot 0{,}26380 = 371$ [€/Jahr]

Nun stimmten die Entscheidungsempfehlungen nach der Kapitalwert- und der Annuitätenmethode wieder überein. Gleichzeitig war ihm aber auch klar, dass die Frage nach dem richtigen Annuitätenfaktor dringend geklärt werden muss. Genauer: Welche Implikation steckt in der Wahl der beim Annuitätenfaktor anzusetzenden Laufzeit?[2]

---

1 Vgl. S. 59.

2 Vgl. hierzu auch Schulte, K.-W. (1986), S. 120-123.

‚X würde mir nie verzeihen, wenn ich diese Frage ohne ihn diskutieren würde', dachte sich Y und suchte Dr. X in dessen Urlaubsort[1] auf. Hier ist das Ergebnis ihrer gemeinsamen Bemühungen.

2 Aufdeckung der impliziten Prämissen

Die Annuität einer Investition ist im Fall eines einheitlichen Kalkulationszinsfußes bekanntlich diejenige jährliche Entnahme, die bei Durchführung der Investition möglich ist, wenn als Endwert eine Verzinsung der anfangs eingesetzten Eigenen Mittel zum Kalkulationszinsfuß angestrebt wird. Für die Investition DY11 wurde als Annuität 460 €/Jahr ermittelt. Eine jährliche Entnahme in dieser Höhe führt zu einem Endwert von 14.495 €, der sich auch bei Aufzinsung des Eigenkapitals auf den Planungshorizont (t=5) ergibt, nämlich $9000 \cdot 1{,}1^5 = 14495$ [€]. Der entsprechende VOFI wurde bereits in Folge 21 dargestellt.[2]

Wird zur Berechnung der Annuität von DY12 beim Annuitätenfaktor als Laufzeit n=5 eingesetzt, so impliziert dies eine jährliche Entnahme während des gesamten Planungszeitraums von fünf Jahren in Höhe von 371 €. Hierdurch wird ein Endwert für DY12 in Höhe des Endwerts der Anlage des Eigenkapitals erreicht. Die Daten gehen aus dem unten stehenden VOFI (vgl. Abb. 28-1) hervor.

Wird beim Annuitätenfaktor eine Laufzeit von n=2 angesetzt, so ergibt sich – wie eingangs dargelegt – eine Annuität von 810 €/Jahr. Eine jährliche Entnahme in dieser Höhe führt allerdings nur dann zu gleichen Endwerten von Opportunität und Investition, wenn DY12 so oft identisch wiederholt wird, bis der Planungshorizont erreicht ist. Zu diesem Zweck werden sämtliche Glieder der Investitionskette des Kurzläufers DY12 bis zum Planungshorizont vollständig erfasst. Da der letzte Einzahlungsüberschuss der in t=4 zu wiederholenden Investition über den ursprünglich auf t=5 festgelegten Planungshorizont um ein Jahr hinausragt, wird als Planungshorizont t=6 gewählt. In diesem Fall werden die Zahlungsfolgen für DY12 mit den beiden identischen Nachfolgern als zukünftige Ergänzungsinvestitionen zu einer Investitionskette verknüpft (vgl. Abb. 28-2).

---

1 Falls es interessiert: Wenningstedt auf Sylt.

2 Vgl. Abb. 21-1, S. 148.

Zeitpunkt	0	1	2	3	4	5
Zahlungsfolge der Investition	**–10.000**	**8.000**	**5.000**			
Eigene Mittel						
+ Einsatz	9.000					
– Entnahme		**371**	**371**	**371**	**371**	**371**
Kredit						
+ Aufnahme	1.000					
– Tilgung		1.000				
– Sollzinsen		100				
Reinvestition						
– Anlage		6.529	5.282	811	892	981
+ Rückfluss						
+ Ertrag			653	1.181	1.262	1.351
Finanzierungssaldo	0	0	0	0	0	0
Bestandsgrößen						
Finanzbestand		6.529	11.812	12.622	13.514	14.495
Kreditbestand	1.000					
Bestandssaldo	–1.000	6.529	11.812	12.622	13.514	**14.495**

Legende: einheitlicher Zinsfuß = **10 %**

Abb. 28-1: VOFI der Investition DY12
Interpretation des Annuitätenfaktors mit der Laufzeit von fünf Jahren

Zeitpunkt	0	1	2	3	4	5	6
Anfangsinvestition	–10.000	8.000	5.000				
Nachfolger 1			–10.000	8.000	5.000		
Nachfolger 2					–10.000	8.000	5.000
Investitionskette	–10.000	8.000	–5.000	8.000	–5.000	8.000	5.000

Abb. 28-2: Zahlungsfolge der Investitionskette für DY12

Die Zahlungsfolge dieser Investitionskette führt unter Berücksichtigung der eingangs berechneten Annuität, die als jährliche Entnahme in Höhe von 810 € pro Jahr dargestellt wird, zu einem Endwert, der mit dem der Opportunität übereinstimmt. Wegen des geänderten Planungshorizonts ist EW^O neu zu berechnen:

$EW^O = 9000 \cdot 1{,}1^6 = 15944$ [€].

Die Identität der Endwerte geht aus dem VOFI in Abb. 28-3 hervor.

Zeitpunkt	0	1	2	3	4	5	6
Zahlungsfolge der Investitionskette	**–10.000**	**8.000**	**–5.000**	**8.000**	**–5.000**	**8.000**	**5.000**
Eigene Mittel							
+ Einsatz	9.000						
– Entnahme		**810**	**810**	**810**	**810**	**810**	**810**
Kredit							
+ Aufnahme	1.000						
– Tilgung		1.000					
– Sollzinsen		100					
Reinvestition							
– Anlage		6.090		7.279		7.508	5.259
+ Rückfluss			5.200				
+ Ertrag			609	89	817	318	1.069
Finanzierungssaldo	0	0	0	0	0	0	0
Bestandsgrößen							
Finanzbestand		6.090	890	8.169	3.177	10.685	15.944
Kreditbestand	1.000						
Bestandssaldo	–1.000	6.090	890	8.169	3.177	10.685	**15.944**

Abb. 28-3: VOFI der Investition DY12

Interpretation des Annuitätenfaktors mit einer Laufzeit von zwei Jahren[1]

Für die einmalig zu realisierende Investition DY11 sei unterstellt, dass das am Ende der Nutzungsdauer erwirtschaftete Guthaben für ein Jahr bis zum (neuen) Planungshorizont festgelegt wird. Um nun die Annuität von DY11, bei der als Laufzeit ursprünglich fünf Jahre angenommen worden sind, mit der für einen Zeitraum von sechs Jahren gültigen Annuität von DY12 unmittelbar vergleichen zu können, ist die Annuität von DY11 neu zu berechnen:

$a = C \cdot ANF_{n=6;i=0,1} = 1742 \cdot 0{,}22961 = 400$ [€/Jahr]

Der entsprechende VOFI ist in Abb. 28-4 dargestellt worden.

[1] Da die Entnahme pro Jahr aufgerundet wurde, müssen Rundungsdifferenzen billigend in Kauf genommen werden.

Zeitpunkt	0	1	2	3	4	5	6
Zahlungsfolge der Investitionskette	**–18.000**	**–4.000**	**3.200**	**19.040**	**5.972**	**3.785**	**0**
Eigene Mittel							
+ Einsatz	9.000						
– Entnahme		**400**	**400**	**400**	**400**	**400**	**400**
Kredit							
+ Aufnahme	9.000	5.300					
– Tilgung			1.370	12.930			
– Sollzinsen		900	1.430	1.293			
Reinvestition							
– Anlage				4.417	6.014	4.428	1.085
+ Rückfluss							
+ Ertrag					442	1.043	1.485
Finanzierungssaldo							
Bestandsgrößen							
Finanzbestand				4.417	10.431	14.859	15.944
Kreditbestand	9.000	14.300	12.930				
Bestandssaldo	–9.000	–14.300	–12.930	4.417	10.431	14.859	**15.944**

Abb. 28-4: VOFI der Investition DY11

Interpretation des Annuitätenfaktors mit einer Laufzeit von sechs Jahren

Unter Berücksichtigung der Annahme, dass DY11 einmalig durchgeführt wird und dass sich die zukünftige Ergänzungsinvestition am Ende der Nutzungsdauer von DY11 zum Kalkulationszinsfuß verzinst, DY12 dagegen zweimal identisch wiederholt wird, gilt doch tatsächlich, dass DY12 DY11 vorzuziehen ist. Ist dies das Ende von DY11?

Dr. X empfand den Vergleich intuitiv als ungerecht. Deshalb schlug er vor, nicht nur DY12, sondern auch DY11 mehrfach hintereinander einzuplanen – natürlich mit identischen Zahlungsfolgen.

Er assoziierte den Begriff kleinster gemeinsamer Nenner und suchte denjenigen Planungshorizont, bei dem erstmalig sowohl die Kette der Investition DY11 als auch die von DY12 endet. Dies ist nach zehn Jahren der Fall.

Die beiden VOFIs sind im Folgenden dokumentiert worden. Aus ihnen geht hervor, dass bei einer Entnahme in Höhe der Annuität, die unter Ansatz der nutzungsdauerspezifischen Laufzeiten n=5 und n=2 berechnet worden ist, die Endwerte von DY11 und DY12 mit dem Endwert der Opportunität übereinstimmen:

$EW^O = 9000 \cdot 1{,}1^{10} = 23344$ [€].

Folglich wird die Vorteilhaftigkeit der Investitionen allein durch ihre in der Anzahl gleichen Entnahmen in Höhe der Annuität ausgedrückt.

Zeitpunkt	0	1	2	3	4	5	6	7	8	9	10
Zahlungsfolge der Investition	**–18.000**	**–4.000**	**3.200**	**19.040**	**5.972**	**–14.215**	**–4.000**	**3.200**	**19.040**	**5.972**	**3.785**
Eigene Mittel											
+ Einsatz	9.000										
– Entnahmen		**460**	**460**	**460**	**460**	**460**	**460**	**460**	**460**	**460**	**460**
Kredit											
+ Aufnahme	9.000	5.360				3.505	4.810				
– Tilgung			1.304	13.055				1.909	6.407		
– Sollzinsen		900	1.436	1.306			351	832	641		
Reinvestition											
– Anlage				4.220	5.934				11.533	6.666	5.145
+ Rückfluss						10.154					
+ Ertrag					422	1.015				1.153	1.820
Finanzierungssaldo	0	0	0	0	0	0	0	0	0	0	0
Bestandsgrößen											
Finanzbestand				4.220	10.154				11.533	18.199	23.344
Kreditbestand	9.000	14.360	13.055			3.505	8.316	6.407			
Bestandssaldo	–9.000	–14.360	–13.055	4.220	10.154	–3.505	–8.316	–6.407	11.533	18.199	**23.344**

Abb. 28-5: VOFI der Investition DY11
Interpretation der Annuität mit einer Laufzeit von zehn Jahren

Zeitpunkt	0	1	2	3	4	5	6	7	8	9	10
Zahlungsfolge der Investitionskette	**–10.000**	**8.000**	**–5.000**	**8.000**	**–5.000**	**8.000**	**–5.000**	**8.000**	**–5.000**	**8.000**	**5.000**
Eigene Mittel											
+ Einsatz	9.000										
– Entnahmen		**810**	**810**	**810**	**810**	**810**	**810**	**810**	**810**	**810**	**810**
Kredit											
+ Aufnahme	1.000										
– Tilgung		1.000									
– Sollzinsen		100									
Reinvestition											
– Anlage		6.090		7.279		7.508		7.785		8.120	5.932
+ Rückfluss			5.200		4.993		4.741		4.437		
+ Ertrag			609	89	817	318	1.069	594	1.373	929	1.741
Finanzierungssaldo	0	0	0	0	0	0	0	0	0	0	0
Bestandsgrößen											
Finanzbestand		6.090	890	8.169	3.177	10.685	5.944	13.729	9.292	17.412	23.344
Kreditbestand	1.000										
Bestandssaldo	–1.000	6.090	890	8.169	3.177	10.685	5.944	13.729	9.292	17.412	**23.344**

Abb. 28-6: VOFI der Investition DY12
Interpretation der Annuität mit einer Laufzeit von zehn Jahren

Sicherlich überrascht nicht, dass die Annuität von DY11 nun wieder das ursprüngliche Niveau – auch „Breite des Entnahmestroms“[1] genannt – erreicht hat. Gleichwohl startet DY12 mit 810 € pro Jahr auf der Poolposition. Wird DY12 das Rennen machen?

[1] Besser: „Breite der Entnahmefolge“.

Obwohl die Annuität von DY12 größer ist als die von DY11, bleibt DY11 der Favorit! Keiner der beteiligten Akteure glaubte an eine identische Wiederholung von Investitionen. Identische Wiederholungen klingen so mystisch wie Reinkarnationen oder wie eine Sequenz von Déjà-vus[1].

3 Fazit

Als Fazit ist festzuhalten: Bei der Wahl des Annuitätenfaktors sind zunächst einmal die Nutzungsdauern der beiden konkurrierenden Investitionen zu betrachten. Von vornherein unproblematisch ist die Errechnung der Annuitäten immer dann, wenn die Nutzungsdauern identisch sind. Bei divergierenden Nutzungsdauern müssen Informationen über zukünftige Ergänzungsinvestitionen eingeholt werden. Ist anzunehmen, dass sich diese Investitionen genau zum Kalkulationszinsfuß verzinsen, so ist für die Investition mit der kurzen Nutzungsdauer zur Berechnung der Annuität ein Annuitätenfaktor mit der langen Laufzeit zugrunde zu legen. Falls jedoch bezüglich der Folgeinvestitionen Identität mit der Anfangsinvestition anzunehmen ist, ist zur Berechnung der Annuität der laufzeitspezifische Annuitätenfaktor anzusetzen. Hierbei ist darauf zu achten, dass der Planungshorizont groß genug gewählt ist, um einen Vergleich aufgrund vollständig erfasster Zahlungsfolgen der Investitionskette zu ermöglichen. Falls bei ungleichen Nutzungsdauern keine identische Folgeinvestition einzuplanen ist, sollte VOFI eingesetzt werden.

‚Warum nicht gleich mit VOFI!', dachten Y und Dr. X zugleich.

Kontrollfragen

Welche Dimension weist der Annuitätenfaktor auf?

Kann es bezüglich der Kapitalwerte und der Annuitäten im Fall konkurrierender Investitionen widersprüchliche Entscheidungsempfehlungen geben?

Welche Frage ist bei der Berechnung der Annuität für den Fall konkurrierender Investitionen zu klären, wenn individuelle Zahlungsfolgen mit unterschiedlichen Nutzungsdauern vorliegen?

Welche Implikationen stecken in der Wahl der Laufzeit bei der Errechnung der Annuität?

Interpretieren Sie den Begriff „Breite des Entnahmestroms"!

Erörtern Sie, wie die Zahlungsfolge einer Investitionskette bestimmt wird!

---

1 Nicht zuletzt aus dem Kultfilm „Die Matrix" bekannt.

Folge 29

Interpretation der Internen Zinsfußmethode bei konkurrierenden Investitionen

Uns überrascht nichts mehr

1 Fragestellung

Y's Neugier war noch nicht zufrieden gestellt. Es war eine wissenschaftliche Neugier, die nicht unbedingt pragmatische Ziele hatte. So was gibt's! Und spätestens seit der Aussage von Aristoteles, dass alle Menschen von Natur aus wissbegierig seien, wird Neugierde nicht als Gier, sondern als Antrieb gesehen. Zurück zu Y. Der hatte – obwohl der Interne Zinsfuß in der von ihm geleiteten Unternehmung „in die Hölle" geschickt worden war – aus lauter Wissensdurst herausbekommen, dass DY12 – im Gegensatz zur Kapitalwertmethode – aufgrund eines Vergleichs der Internen Zinsfüße günstiger war als DY11. Während der Kapitalwert von DY11 um 337 € geringfügig höher war als der von DY12, war der Interne Zinsfuß von DY11 erheblich niedriger als der des Konkurrenten. Konkret:

$r_{DY11} = 12{,}7936\ \%$
$r_{DY12} = 21{,}2404\ \%$

Der vorbeikommende Z murmelte: „Gerechter Ausgleich" und bestätigte wieder einmal seine Inkompetenz in Sachen Investitionsrechnung.

Y verstand die Welt [der Investitionsrechnung, Anm. d. Verf.] nicht mehr. Da er trotz seines Wissensdursts weder ein Knobler- noch ein Grüblertyp war, rief er Dr. X zu sich und ließ knobeln bzw. grübeln.

2 Lösung(en)

Dr. X, der grübeln und knobeln durch das Wort forschen ersetzte, formulierte einen VOFI, in den er eine mehrfache Wiederholung der kurzlebigen Investition DY12 einbezog. Dieser Vorschlag zur Aufdeckung der Implikationen der Internen Zinsfußmethode bei der Investitionsrechnung mit sich gegenseitig ausschließenden Investitionsprojekten sei als Variante 1 bezeichnet.[1] Dabei setzte er den Planungshorizont auf t=6 fest. DY12 war

[1] Der Leser ahnt, dass auch noch eine Variante 2 eingeführt werden wird.

somit genau dreimal realisierbar. Die Zahlungsfolge der Investitionskette DY12 lautet:[1]

Zeitpunkt	0	1	2	3	4	5	6
Anfangsinvestition	−10.000	8.000	5.000				
Nachfolger 1			−10.000	8.000	5.000		
Nachfolger 2					−10.000	8.000	5.000
Investitionskette	−10.000	8.000	−5.000	8.000	−5.000	8.000	5.000

Abb. 29-1: Zahlungsfolge der Investitionskette für DY12

Die Zahlungsfolge der oben dargestellten Investitionskette bildete die Ausgangsbasis des unten dokumentierten VOFIs.

Zeitpunkt	0	1	2	3	4	5	6
Zahlungsfolge der Investitionskette	**−10.000**	**8.000**	**−5.000**	**8.000**	**−5.000**	**8.000**	**5.000**
Eigene Mittel	9.000						
Zero-Bond-Kredit							
+ Aufnahme	1.000	212	258	312	379	459	556
− Tilgung							3.176
− Sollzinsen		212	258	312	379	459	556
Reinvestition							
− Anlage		8.000		8.998		10.465	6.512
+ Rückfluss			3.301		2.091		
+ Ertrag			1.699	998	2.909	2.465	4.688
Finanzierungssaldo	0	0	0	0	0	0	0
Bestandsgrößen							
Finanzbestand		8.000	4.699	13.697	11.607	22.072	28.584
Kreditbestand	1.000	1.212	1.470	1.782	2.161	2.620	
Bestandssaldo	−1.000	6.788	3.229	11.915	9.446	19.452	**28.584**

Abb. 29-2: VOFI der Investition DY12; Implikationen der Internen Zinsfußmethode; Annahme: Identische Zahlungsfolgen der zukünftigen Ergänzungsinvestitionen (Variante 1)

Aus dem VOFI geht hervor: Wenn der Interne Zinsfuß als Rendite für die Reinvestition und als Kostensatz für die Finanzierung angesetzt wird, kommt ein Endwert in Höhe von 28.584 € zum Zeitpunkt t=6 heraus (vgl. Abb. 29-2), der eine Verzinsung des anfangs eingesetzten Kapitals in Hö-

[1] Wie bereits in Abb. 28-2 dargelegt.

he des Internen Zinsfußes von 21,2404 % zur Folge hat. Zur Kontrolle ist zu zeigen, dass sich ein Kapitalwert von null – dies ist das Definitionskriterium der Internen Zinsfußmethode – ergibt:

$$C(i=0{,}212404) = -9000 + 28584 \cdot 1{,}212404^{-6} = 0$$

Wie bei der Interpretation des Internen Zinsfußes dargelegt worden ist, wird hier ein Zero-Bond-Kredit unterstellt, der ausschließlich der Finanzierung der Anschaffungsauszahlung in t=0 dient. Die Laufzeit dieses Kredits endet am Planungshorizont.

Wegen der Verlängerung des Planungszeitraums war auch für DY11 ein neuer VOFI aufzustellen. Das 6. Jahr wurde durch die Pauschalannahme einer zukünftigen Ergänzungsinvestition überbrückt, bei der angenommen wurde, dass sie sich zum Internen Zinsfuß von DY11 rentiert.

Zeitpunkt	0	1	2	3	4	5	6
Zahlungsfolge der Investition	**–18.000**	**–4.000**	**3.200**	**19.040**	**5.972**	**3.785**	
Eigene Mittel	9.000						
Zero-Bond-Kredit							
+ Aufnahme	9.000	1.151	1.299	1.465	1.652	1.864	2.102
– Tilgung							18.533
– Sollzinsen		1.151	1.299	1.465	1.652	1.864	2.102
Kontokorrentkredit							
+ Aufnahme		4.000					
– Tilgung			2.688	1.312			
– Sollzinsen			512	168			
Reinvestition							
– Anlage				17.560	8.219	7.083	
+ Rückfluss							14.329
+ Ertrag					2.247	3.298	4.204
Finanzierungssaldo	0	0	0	0	0	0	0
Bestandsgrößen							
Finanzbestand				17.560	25.779	32.862	18.533
Kreditbestände							
Zero-Bond-Kredit	9.000	10.151	11.450	12.915	14.567	16.431	
Kontokorrentkredit		4.000	1.312				
Bestandssaldo	–9.000	–14.151	–12.762	4.645	11.212	16.431	**18.533**

Abb. 29-3: VOFI der Investition DY11;
Implikationen der Internen Zinsfußmethode
Annahme: Zukünftige Ergänzungsinvestition verzinst sich zum Internen Zinsfuß

Eine Kontrollrechnung zeigt, dass auch hierbei das Kriterium zur Definition des Internen Zinsfußes erfüllt ist:

$C(i=0{,}127936) = -9000 + 18533 \cdot 1{,}127936^{-6} = 0$

Als Dr. X die beiden VOFIs präsentierte, um auf die explizierten impliziten Prämissen aufmerksam zu machen, die einen Vergleich der Internen Zinsfüße zweier konkurrierender Investitionsobjekte mit unterschiedlichen Nutzungsdauern, Anschaffungsauszahlungen und Kapitalrückflüssen beinhalten, meinte Y:

„Sie haben bei DY12 mit Ihrem Explizierungsversuch übertrieben, Herr X. Es ist keineswegs erforderlich, identische Wiederholungen der Anfangsinvestition zu unterstellen. Vielmehr genügt die Annahme, die zukünftige Ergänzungsinvestition würde sich zum Internen Zinsfuß der Ursprungsinvestition verzinsen. Dann entfällt auch das Problem, den Planungshorizont auszuweiten. Übrigens haben Sie diesen Gedanken bei DY11 intuitiv (vgl. Abb. 29-3) verwirklicht!“[1] Dann tischte er den unten stehenden VOFI auf, in dem sich die zukünftigen Ergänzungsinvestition zum Internen Zinsfuß der Ursprungsinvestition von DY12 verzinsen.

Zeitpunkt	0	1	2	3	4	5
Zahlungsfolge der Investition	**–10.000**	**8.000**	**5.000**			
Eigene Mittel	9.000					
Zero-Bond-Kredit						
+ Aufnahme	1.000	212	258	312	379	459
– Tilgung						2.620
– Sollzinsen		212	258	312	379	459
Reinvestition						
– Anlage		8.000	6.699	3.122	3.785	1.970
+ Rückfluss						
+ Ertrag			1.699	3.122	3.785	4.589
Finanzierungssaldo	0	0	0	0	0	0
Bestandsgrößen						
Finanzbestand		8.000	14.699	17.821	21.607	23.576
Kreditbestand	1.000	1.212	1.470	1.782	2.161	
Bestandssaldo	–1.000	6.788	13.229	16.039	19.446	**23.576**

Abb. 29-4: VOFI der Investition DY12
Implikationen der Internen Zinsfußmethode
Annahme: Zukünftige Ergänzungsinvestition verzinst sich
zum Internen Zinsfuß (Variante 2)

[1] Ist es Ihnen aufgefallen, verehrter Leser?

Zur Kontrolle hatte Y den bei Variante 2 zu ermittelnden Endwert in t=5 in Höhe von 23.576 € unter Berücksichtigung des Internen Zinsfußes von 21,2404 % um ein Jahr aufgezinst. Tatsächlich kam mit 28.584 € ein konsistentes Ergebnis zur Variante 1 heraus (vgl. Abb. 29-2).

3 Kritische Überlegungen

Der mutmaßliche Vorteil der Internen Zinsfußmethode, den Internen Zinsfuß unabhängig von der Länge der Nutzungsdauer der betrachteten Investition[1] berechnen zu können, wird durch die implizite Prämisse erkauft, aktuelle[2] und zukünftige Ergänzungsinvestitionen würden sich zum Internen Zinsfuß verzinsen. Dass bei der Zielwertbestimmung die bereits diskutierte Reinvestitions- und Finanzierungsprämisse der Internen Zinsfußmethode gelten muss, sei noch einmal betont.

„Komisch, bei DY11 schaffen wir es leider nur, eine zukünftige Ergänzungsinvestition mit einer Verzinsung von 12,79 % zu verwirklichen, während wir bei DY12 einen Nachfolger mit einer Rendite von 21,24 % finden. Geht von der Rendite der Ursprungsinvestition eine magische Kraft aus?", fragte Dr. X mit einem Anflug von Ironie.

Y stellte (ziemlich humorlos) klar: „Wir wollen gar nicht erst die Frage stellen, unter welchen Bedingungen die Wirklichkeit mit den impliziten Prämissen klassischer Methoden der Investitionsrechnung übereinstimmt. Die Aufgabe kann nur lauten, unsere Prognosen über die monetären Konsequenzen zukünftiger Ergänzungsinvestitionen im Modell genau so darzustellen, wie wir sie für richtig halten ..."

Und er fügte hinzu: „Wenn es in Abhängigkeit von der Höhe des Kalkulationszinsfußes abweichende Entscheidungsempfehlungen gibt, je nachdem, ob die Interne Zinsfußmethode oder die Kapitalwertmethode angewandt wird, dann darf uns dieses nicht überraschen."

„Wie eventuelle Divergenzen zustande kommen, dürfte mittlerweile klar sein. Es liegt an der impliziten Reinvestitions- und Finanzierungsprämisse sowie an den Annahmen bezüglich der Verzinsung der aktuellen und zukünftigen Ergänzungsinvestitionen."

---

1 ... und übrigens auch unabhängig von der Verwendung des Eigenkapitals ...

2 Dieser Fall wurde hier nicht gezeigt. Er träte auf, wenn die Anschaffungsauszahlung niedriger wäre als die für die Investition zur Verfügung gestellten Eigenen Mittel.

„Wir sollten keine unbeeinflussbaren Implikationen hinnehmen, sondern selber explizieren!“, folgerte Y.

„Das geht eben nur mit VOFI!“, war das übereinstimmende Urteil von Y und Dr. X.

Kontrollfragen

Was ist unter der impliziten Reinvestitions- und Finanzierungsprämisse des Internen Zinsfußes zu verstehen?

Kann es eine Divergenz geben, je nachdem, ob die Investitionsentscheidung nach der Kapitalwertmethode oder nach der Internen Zinsfußmethode getroffen werden soll?

Ist es erforderlich, die Zahlungsfolge der zukünftigen Ergänzungsinvestitionen explizit zu formulieren, wenn sich diese zum Internen Zinsfuß verzinsen?

Stellen Sie für die Investitionen DY11 und DY12 VOFIs auf, in denen zum einen die Endwerte unter Berücksichtigung einer zwischenzeitlichen Verzinsung zum Kalkulationszinsfuß und zum anderen die Endwerte unter Berücksichtigung einer zwischenzeitlichen Verzinsung zum Internen Zinsfuß bestimmt werden!

Wie wird die Zahlungsfolge eines Investitionsprojekts berechnet, das aus n identischen Investitionen besteht? Kann es sein, dass der Interne Zinsfuß einer solchen Zahlungsfolge auch dann nicht eindeutig ist, wenn jede Investition mit einer Anschaffungsauszahlung beginnt und dann nur positive Einzahlungsüberschüsse aufweist?

Folge 30

Interpretation des Kalkulationszinsfußes als periodenspezifischer Mischzinsfuß bei der Endwertmethode

Entspiegelung einer schillernden Größe

1 Fragestellung

Y empfand – wie so mancher, der sich mit dem Phänomen Kalkulationszinsfuß beschäftigt, dass dieser eine „schillernde Größe"[1] darstellt, deren Kernaufgaben darin bestehen, sämtliche mit einer Investition zusammenhängenden Zinsfüße in einer Größe zu verdichten. Ein ganzes Bündel von Maßnahmen mit ihren entsprechenden Zinswirkungen gehört dazu:

- Kredite mit Sollzinsfüßen,
- Reinvestitionen mit Renditen,
- eine eventuell durchzuführende aktuelle Ergänzungsinvestition mit ihrer Rendite,
- zukünftige Ergänzungsinvestitionen mit ihren Renditen und
- die Anlage der Eigenen Mittel zum Opportunitätskostensatz.

Bei dieser Vorstellung wird deutlich, dass ein interessanter Kalkulationszinsfuß – da er in einem dynamischen („mehrperiodigen") Modell als zentraler Parameter fungiert – den Charakter dieses Modells verändert.[2] Zwar verdichtet er die zu unterschiedlichen Zeitpunkten anfallenden Zahlungen auf einen gemeinsamen Zeitpunkt – doch um den Preis, dass die Kapitalbindung im Zeitablauf betragsmäßig nicht aussagefähig wird.

Bei der Überlegung zum Investitions- und Finanzierungsbündel erhellte sich Y's Blick, da all diese Daten in einem VOFI enthalten sind. „Lassen Sie uns einen VOFI nehmen, um die schillernde Größe Kalkulationszinsfuß zu entspiegeln!" Das sagte der Praktiker Y und fügte zwei Fragen hinzu: „Muss der Zusätzliche Endwert unbedingt auf der Grundlage von VO-

---

[1] Albach, H. (1959), S. 37.

[2] Säße der Kalkulationszinsfuß auf der Anklagebank, so würde die Staatsanwaltschaft den Vorwurf erheben, er hätte sich als statische Größe in ein mehrperiodiges Modell eingeschlichen und dessen Dynamik beschädigt.

FI ermittelt werden? Können wir nicht eine Formel entwickeln, die zum gleichen Zielwert führt?“ Die enorme Papierverschwendung beim Aufstellen dieser VOFIs erregte stets das kostenbewusste Gemüt des Geschäftsleiters.

Y bewegte also nicht in erster Linie ein Erkenntnisdrang, sondern auch die Möglichkeit, den aufwendig erscheinenden VOFI durch eine mit theoretisch richtigen Kalkulationszinsfüßen ausgestattete Formel zu ersetzen. Dies ist ein Beispiel dafür, dass triviales Kosteneinsparungsdenken durchaus einen Erkenntnisfortschritt induzieren kann.

2 Lösung

Dr. X präsentierte nach intensivem Literaturstudium[1] die folgende finanzmathematische Formel zur Bestimmung des Zusätzlichen Endwerts. Anzumerken ist, dass die Anschaffungsauszahlung um das Disagio, das bei Durchführung der Investition anfällt, erhöht wurde.

$$\Delta EW = -(a_0 + b \cdot DARL) \cdot Q_0 + \sum_{t=1}^{n-1} d_t \cdot Q_t + d_n$$

Symbole

ΔEW	Zusätzlicher Endwert aufgrund einer finanzmathematischen Berechnung unter Verwendung periodenspezifischer Mischzinsfüße
a_0	Anschaffungsauszahlung
b	Anteilswert der Bearbeitungsgebühr des Darlehens (Disagio)
DARL	Darlehen
Q_t	Aufzinsungsfaktor mit periodenspezifischen Mischzinsfüßen zur Aufzinsung der Zahlungen in t
d_t	Einzahlungsüberschuss in t

Y – von der ihm unbekannten finanzmathematischen Formel ein bisschen beeindruckt – fragte: „Wie ist denn dieses Q_t definiert?“

Dr. X notierte daraufhin folgende Formel mit periodischen Aufzinsungsfaktoren und sagte nur: „So!“:

$$Q_t = \prod_{\tau=t}^{n-1} q_\tau$$

1 Vgl. Grob, H. L. (1982), S. 381 ff.

„Und was stellt q_t, das erste Element des Produkts, dar?“, fragte Y bohrend weiter.

Die Antwort lautete:

„$q_t = 1 + i_t$“

„Und was bedeutet dieses i_t?“, fragte Y in immer höher werdender Stimmlage.

„Das ist der theoretisch richtige Kalkulationszinsfuß, der sowohl die Konditionen einer Vielzahl von Krediten als auch diejenigen der Geldanlagen bzw. Reinvestitionen bei Durchführung der Investition sowie die entsprechenden Daten bei Realisierung der Opportunität in Form eines periodenspezifischen Mischzinsfußes beinhaltet!“

Y, der von diesem Satz überflutet erschien, nahm sich einen Teilaspekt daraus vor und fragte aggressiv: „Ist es nicht anmaßend, von theoretischer Richtigkeit zu sprechen? Dann ist ja alles andere, was damit nicht übereinstimmt, als theoretisch falsch zu bezeichnen!“

„Das hängt lediglich damit zusammen“, entgegnete Dr. X, „dass dem Ansatz bestimmte Kriterien für ‚theoretische Richtigkeit‘ zugrunde gelegt worden sind. Und zwar werden die Kalkulationszinsfüße nur dann so bezeichnet, wenn der Zusätzliche Endwert, der bei ihrem Ansatz erreicht wird, zum betragsmäßig gleichen Ergebnis führt wie bei der Endwertbestimmung mit VOFI. Hinzu kommt, dass die Kalkulationszinsfüße im Rahmen eines Kapitalbindungskonzepts plausibel interpretierbar sein müssen. Falsch sind also solche Ansätze, bei denen diese Kriterien zugrunde gelegt werden, diese dann aber nicht erfüllt werden.“

Y fand die Erklärung akzeptabel. Dann verlangte er mit leichter Skepsis, die aktuellen Daten[1] in die Formel einsetzen zu dürfen. Er wollte sehen, ob wirklich das betragsmäßig gleiche Ergebnis wie beim VOFI herauskommen würde. Zur Erinnerung: Der im VOFI berechnete Endwert der Investition beträgt 15.697 €. Der Endwert der Opportunität beläuft sich auf 13.224 €. Der Zusätzliche Endwert ist also $\Delta EW = 15697 - 13224 =$ **2473** [€].

---

[1] Vgl. hierzu das Beispiel auf S. 127-130.

„Hab ich schon gemacht!“, entgegnete Dr. X., denn auch er hatte es nicht glauben wollen. Die Rechnung lautete:

$$
\begin{aligned}
\Delta EW = & -(18000 + 0{,}1 \cdot 5000) \cdot 1{,}5374908 \\
& - \quad 4000 \cdot 1{,}4147526 \\
& + \quad 3200 \cdot 1{,}2916364 \\
& + \quad 19040 \cdot 1{,}1664 \\
& + \quad 5972 \cdot 1{,}08 \\
& + \quad 3785 \\
& = \quad \mathbf{2473}\ [€]
\end{aligned}
$$

Das Ergebnis der finanzmathematischen Rechnung unter Verwendung periodenspezifischer Mischzinsfüße, die in den Aufzinsungsfaktoren enthalten sind, ist tatsächlich mit dem Zusätzlichen Endwert aufgrund des VOFI-Konzepts identisch.

Y war zunächst von der Kompaktheit des Ansatzes fasziniert, dann stellte er die unvermeidliche Frage:

„Woher haben Sie denn z. B. den Wert von Q_0, also die Zahl 1,5374908?“

„Q_0 resultiert aus einer Analyse der periodenspezifischen Mischzinsfüße“, sagte Dr. X, doch Y bohrte weiter: „Und wo ist die Analyse?“

Da gestand Dr. X, dass er für die Investition und die Opportunität jeweils einen VOFI (Abb. 30-1 und Abb. 30-2) aufgestellt habe.

„Auch für die Opportunität?!“, fragte Y entgeistert (er dachte an den Papierverbrauch).

„Ja, auch für die Opportunität, denn beide VOFIs enthalten die relevanten Zinsen und die entsprechenden Kapitalbindungen, die zur Ermittlung der periodenspezifischen Mischzinsfüße benötigt werden. In einer weiteren Zusatzrechnung habe ich schließlich die in der finanzmathematischen Formel enthaltenen Werte für Q_t ausgerechnet. Hier sind die beiden VOFIs[1] und die besagten Zusatzrechnungen (vgl. Abb. 30-3 und Abb. 30-4)!“

---

[1] Zur genaueren Kontrolle der Zielwertermittlung werden im VOFI zwei Nachkommastellen dargestellt.

Zeitpunkt	0	1	2	3	4	5
Zahlungsfolge der Investition	–18.000,00	–4.000,00	3.200,00	19.040,00	5.972,00	3.785,00
Eigene Mittel	9.000,00					
Kredit mit Endtilgung						
+ Aufnahme (abzüglich Disagio)	4.500,00					
– Tilgung			5.000,00			
– Sollzinsen		**300,00**	**300,00**			
Kontokorrentkredit						
+ Aufnahme	4.500,00	4.885,00	3.320,05			
– Tilgung				12.705,05		
– Sollzinsen		**585,00**	**1.220,05**	**1.651,66**		
Reinvestition						
– Anlage				4.683,29	6.346,66	4.667,40
+ Rückfluss						
+ Ertrag					**374,66**	**882,40**
Finanzierungssaldo	0	0	0	0	0	0
Bestandsgrößen						
Finanzbestand				**4.683,29**	**11.029,95**	**15.697,00**
Kreditbestände						
Kredit mit Endtilgung	**5.000,00**	**5.000,00**				
Kontokorrentkredit	**4.500,00**	**9.385,00**	**12.705,05**			
Bestandssaldo	–9.500,00	–14.385,00	–12.705,05	4.683,29	11.029,95	15.697,00

Abb. 30-1: VOFI für die Investition

Zeitpunkt	0	1	2	3	4	5
Eigene Mittel	9.000,00					
Geldanlage						
– Anlage	9.000,00	720,00	777,66	839,81	906,99	979,50
+ Rückfluss						
+ Habenzinsen		**720,00**	**777,60**	**839,81**	**906,99**	**979,50**
Finanzierungssaldo	0	0	0	0	0	0
Finanzbestand	**9.000,00**	**9.720,00**	**10.497,60**	**11.337,401**	**12.244,40**	**≈13.224,00**

Abb. 30-2: VOFI für die Opportunität

In Abb. 30-3 sind die aus den beiden VOFIs extrahierten Daten zur Bestimmung der periodenspezifischen Kalkulationszinsfüße aufgeführt worden.[1]

t	i_t
0	$i_0 = \frac{300+585+720}{5000+4500+9000} = 0{,}086756$
1	$i_1 = \frac{300+1.220{,}05+777{,}6}{5000+9385+9720} = 0{,}095318$
2	$i_2 = \frac{1651{,}66+839{,}81}{12705{,}05+10497{,}60} = 0{,}10737$
3	$i_3 = \frac{-374{,}66+906{,}99}{-4683{,}29+11337{,}41} = 0{,}08$
4	$i_4 = \frac{-882{,}40+979{,}55}{-11029{,}95+12244{,}40} = 0{,}08$

Abb. 30-3: Ermittlung der periodenspezifischen Kalkulationszinsfüße

Die periodenspezifischen Aufzinsungsfaktoren sind wie folgt zu bestimmen:

t	i_t	$q_t = 1 + i_t$	$Q_t = \prod_{\tau=t}^{n-1} q_\tau$
0	0,086756	1,086756	1,5374908
1	0,095318	1,095318	1,4147526
2	0,10737	1,10737	1,2916364
3	0,08	1,08	1,1664
4	0,08	1,08	1,08

Legende: n=5

Abb. 30-4: Ermittlung der periodenspezifischen Aufzinsungsfaktoren

[1] Als Beispiel sei die Ermittlung des für t=0 gültigen Zinsfußes erörtert: Bei den auf dem Bruchstrich enthaltenen Beträgen handelt es sich um die Sollzinsen für den Kredit mit Endtilgung, die Sollzinsen für den Kontokorrentkredit (vgl. Abb. 30-1) und schließlich um die Habenzinsen bei Durchführung der Opportunität (vgl. Abb. 30-2). Unter dem Bruchstrich sind die entsprechenden Kreditbestände bei Realisierung der Investition (vgl. Abb. 30-1) und der Guthabenbestand bei Durchführung der Opportunität (vgl. Abb. 30-2) notiert worden. Das Disagio wird nicht bei den Zinsen berücksichtigt, sondern bei der Anschaffungsauszahlung (vgl. die Formel auf S. 205).

Unter Verwendung der periodenspezifischen Aufzinsungsfaktoren wurde der Zielwert ΔEW in Höhe von 2.473 € errechnet.[1]

Y vertiefte sich in den Datenzusammenhang und entschied, in Zukunft auf die komplizierte, wenn auch kompakte finanzmathematische Formel zu verzichten und nur noch mit VOFIs zu arbeiten, denn die werden ja so oder so gebraucht. Indes musste er zugeben, dass ihm durch diese Analyse die Rolle des Kalkulationszinsfußes in der Investitionsrechnung klarer geworden ist.[2]

3 Vorgehensmodell

Zur Ermittlung der periodenspezifischen Kalkulationszinsfüße sowie der (Produkte der) entsprechenden Aufzinsungsfaktoren wird nun zusammenfassend das Vorgehensmodell dargestellt und – soweit erforderlich – interpretiert:

1. Aufstellen eines VOFIs für die Investition (vgl. Abb. 30-1)
2. Aufstellen eines VOFIs für die Opportunität (vgl. Abb. 30-2)
3. Ermittlung der periodenspezifischen Kalkulationszinsfüße (vgl. Abb. 30-3)
4. Ermittlung der (Produkte der) Aufzinsungsfaktoren (vgl. Abb. 30-4)

zu 1: Das Aufstellen eines VOFIs ist (hoffentlich) nicht mehr erläuterungsbedürftig.

zu 2: Der Endwert der Opportunität ist nicht mithilfe einer finanzmathematischen Formel, sondern unter Verwendung eines VOFIs zu errechnen, da die Zwischenergebnisse (Zinsen und Guthabenbestände) beim dritten Schritt benötigt werden.

zu 3: Der periodenspezifische Kalkulationszinsfuß ist ein Mischzinsfuß. Sein Aufbau orientiert sich an dem von E. SCHNEIDER[3] in die Investitionsrechnung eingeführten Kalkulationszinsfuß, der wie folgt definiert ist:

$$i = \frac{i_S \cdot FK + i_O \cdot EK}{FK + EK}$$

[1] Vgl. S. 205.

[2] Ihnen hoffentlich auch, verehrter Leser.

[3] Vgl. Schneider, E. (1973), S. 68 f.

Symbole

i Mischzinsfuß

i_S Sollzinsfuß

i_O Opportunitätskostensatz

FK Fremdkapital

EK Eigenkapital (Eigene Mittel)

Der Mischzinsfuß von E. SCHNEIDER kann jedoch nicht als theoretisch richtiger Kalkulationszinsfuß angesehen werden, da er nur für den Anfangszeitpunkt der Nutzungsdauer einer Investition gültig ist. Von Jahr zu Jahr ändern sich Zinsen und Kapitalbindung. Hinzu kommt, dass die Kredite im Zeitablauf abgebaut und Finanzbestände aus Reinvestitionen aufgebaut werden können. Ferner ist anzumerken, dass es wegen der Konditionenvielfalt auf dem Finanzierungssektor auch möglich sein muss, mehrere Kreditarten in der Formel zu berücksichtigen. Gleiches gilt für Anlagemöglichkeiten. Der periodenspezifische Mischzinsfuß, der als theoretisch richtiger Kalkulationszinsfuß angesehen wird, ist deshalb wie folgt zu definieren:

$$i_t = \frac{\sum_j Z_{j,t+1}^{S,M} - \sum_k Z_{k,t+1}^{H,M} + Z_{t+1}^{O}}{\sum_j K_{j,t}^{M} - \sum_k G_{k,t}^{M} + G_t^{O}} \qquad \text{mit } \sum_j K_{j,t}^{M} - \sum_k G_{k,t}^{M} + G_t^{O} \neq 0$$

Symbole

i_t periodenspezifischer Kalkulationszinsfuß

$Z_{j,t+1}^{S,M}$ Sollzinsen in t+1 des Kredits j bei Durchführung der Investition

$Z_{k,t+1}^{H,M}$ Habenzinsen in t+1 der Anlage k bei Durchführung der Investition

Z_{t+1}^{O} Opportunitätskosten in t+1

$K_{j,t}^{M}$ Bestand des Kredits j in t bei Durchführung der Investition

$G_{k,t}^{M}$ Guthabenbestand der Anlage k in t bei Durchführung der Investition

G_t^{O} Guthabenbestand in t bei Durchführung der Opportunität

Die mit dem Symbol „M“ gekennzeichneten Größen[1] sind dem VOFI bei Durchführung der Investition zu entnehmen („Mit-Fall“), die mit „O“ ver-

[1] Die Größen beziehen sich auf den Demo-Fall. Dass darüber hinaus auch noch die Renditen von aktuellen und zukünftigen Ergänzungsinvestitionen sowie von Folgeinvestitionen relevant sein können, wurde bereits dargelegt.

sehenen Variablen dem VOFI bei Durchführung der Opportunität („Ohne-Fall“).[1]

zu 4: In Abb. 30-4 sind zunächst die periodenspezifischen Mischzinsfüße i_t einzutragen und die entsprechenden Faktoren $q_t = 1 + i_t$ niederzuschreiben. Dann sind die Produkte Q_t aufgrund der Formel

$$Q_t = \prod_{\tau=t}^{n-1} q_\tau$$

sukzessiv zu errechnen.

Als Beispiel sei der Faktor $Q_{t=0}$ interpretiert. Gemäß Abb. 30-4 gilt:

$Q_{t=0} = 1{,}5374908.$

Angenommen, in t=0 würde 1 € angelegt. Das in t=0 vorhandene Kapital wäre dann mit 8,6756 % zu verzinsen, das in t=1 vorhandene mit 9,5318 % usw. Das Endkapital in t=5 errechnet sich somit wie folgt:

$1 \cdot 1{,}086756 \cdot 1{,}095318 \cdot 1{,}10737 \cdot 1{,}08 \cdot 1{,}08 = 1{,}5374908$

Folglich ist $Q_{t=0}$ das auf den Endzeitpunkt aufgezinste Anfangskapital von 1 € bei beliebigen periodenspezifischen Zinsfüßen.

3 Zusammenfassung

Nach diesen Überlegungen zum Kalkulationszinsfuß dürfte auch dessen „Überforderung“, von der einmal die Rede war, deutlich geworden sein; es gibt im Allgemeinen nicht nur einen einheitlichen Kalkulationszinsfuß, sondern n periodenspezifische Mischzinsfüße.

Y fragte sich, ob auch die Elemente der Zahlungsfolge der Investition einen Einfluss auf die periodenspezifischen Kalkulationszinsfüße ausüben. Allgemein lautet die Antwort: Die periodenspezifischen Kalkulationszinsfüße ändern sich, falls Umdispositionen bezüglich der Reinvestitions- und Kreditaktivitäten durch die Änderung der Zahlungsfolge vorgenommen werden. Eine weitere Einflussgröße erahnte Y jedoch noch nicht. Ihm stand noch das Urerlebnis bevor, das Gegenstand der nächsten Folge ist.

Der Praktikant St., der den Auftrag erhalten hatte, ein Excel-Spreadsheet zur Bestimmung periodenspezifischer Mischzinsfüße zu entwickeln, kam nun zu seiner großen Stunde. Mit dem Spreadsheet konnten interessante Berechnungsexperimente durchgeführt werden. Dadurch erlangte es den Rang eines „Was-ist-wenn-Gesellschaftsspiels“. Beispielsweise wurde die Frage gestellt, welche periodenspezifi-

[1] Vgl. hierzu Abb. 30-1 und Abb. 30-2.

schen Kalkulationszinsfüße sich ändern würden, wenn der Einzahlungsüberschuss in t=3 um 1.000 € stiege? Z meinte: „Erst raten – dann rechnen." Dr. X war anderer Meinung: „Erst denken – dann rechnen!"[1]

Kontrollfragen

Warum stellt der Kalkulationszinsfuß eine schillernde Größe dar?

Was ist unter dem theoretisch richtigen Kalkulationszinsfuß zu verstehen?

Erläutern Sie die folgende Gleichung zur Bestimmung eines periodenspezifischen Kalkulationszinsfußes:

$$i_t = \frac{\sum_j Z_{j,t+1}^{S,M} - \sum_k Z_{k,t+1}^{H,M} + Z_{t+1}^{O}}{\sum_j K_{j,t}^{M} - \sum_k G_{k,t}^{M} + G_t^{O}}$$

Welcher Zusammenhang ist zwischen dem statischen Mischzinsfuß und dem periodenspezifischen Mischzinsfuß gegeben?

Welche Größe repräsentiert $i_O \cdot EK$ in der Formel für den statischen Mischzinsfuß?

Erläutern Sie die Vorgehensweise bei der Berechnung der periodenspezifischen Kalkulationszinsfüße!

Warum ist es sinnvoll, bei der Bestimmung periodenspezifischer Kalkulationszinsfüße auch für die Opportunität einen VOFI aufzustellen?

Geht von den Elementen der Zahlungsfolge ein Einfluss auf die periodenspezifischen Kalkulationszinsfüße aus? Wenn ja – warum?

---

1 Für diejenigen, die es nachrechnen wollen, seien die Ergebnisse hier genannt: $i_0 = 0{,}086757$, $i_1 = 0{,}088418$, $i_2 = 0{,}10905$, $i_3 = 0{,}08$, $i_4 = 0{,}08$. Offensichtlich sind ab dem Zeitpunkt 3 auch in diesem Fall Reinvestitionen zu 8 % durchzuführen.

Folge 31

Periodenspezifische Mischzinsfüße bei der Kapitalwertmethode

Eine Fortsetzungsgeschichte zum Kalkulationszinsfuß

1 Die Diskrepanz

Als ehemaliger Anhänger der Kapitalwertmethode versuchte Herr Y – als er wieder allein mit sich und seinen Fragen war – den Kapitalwert für den Fall der Konditionenvielfalt auf dem Finanzierungssektor unter Verwendung periodenspezifischer Kalkulationszinsfüße zu berechnen.

Als Ausgangsbasis wählte er die Formel zur Ermittlung von ΔEW:

$$\Delta EW = -(a_0 + b \cdot DARL) \cdot Q_0 + \sum_{t=1}^{n-1} d_t \cdot Q_t + d_n$$

Der Kapitalwert ist bekanntlich der auf t=0 abgezinste Zusätzliche Endwert. Y formulierte deshalb den folgenden Quotienten:

$$C = \frac{\Delta EW}{\prod_{t=0}^{n-1} q_t} = \frac{\Delta EW}{Q_0}$$

Ausführlich lautet der obige Ausdruck wie folgt:

$$C = \frac{-(a_0 + b \cdot DARL) \cdot Q_0}{Q_0} + \frac{\sum_{t=1}^{n-1} d_t \cdot Q_t}{\prod_{t=0}^{n-1} q_t} + \frac{d_n}{\prod_{t=0}^{n-1} q_t}$$

Während beim ersten Term das Kürzen nicht näher zu erörtern ist, dürfte die mathematische Operation beim zweiten Term als erklärungsbedürftig anzusehen sein; der dritte Term wird lediglich umdefiniert.

Q_t ist bekanntlich wie folgt definiert:

$$Q_t = \prod_{\tau=t}^{n-1} q_\tau$$

Unter Verwendung der rechten Seite von Q_t kann geschrieben werden:

$$\frac{\prod_{\tau=t}^{n-1} q_\tau}{\prod_{\tau=0}^{n-1} q_\tau} = \frac{q_t \cdot \ldots \cdot q_{n-1}}{q_0 \cdot \ldots \cdot q_{t-1} \cdot q_t \cdot \ldots \cdot q_{n-1}} = \frac{1}{q_0 \cdot \ldots \cdot q_{t-1}} = \prod_{\tau=0}^{t-1} q_\tau^{-1}$$

Der Kapitalwert lässt sich somit wie folgt definieren:

$$C = -(a_0 + b \cdot DARL) + \sum_{t=1}^{n-1} d_t \cdot \prod_{\tau=0}^{t-1} q_\tau^{-1} + d_n \cdot \prod_{\tau=0}^{n-1} q_\tau^{-1}$$

Durch Einbeziehung des letzten Terms in die Summationsvorschrift ergibt sich der Kapitalwert wie folgt:

$$C = -(a_0 + b \cdot DARL) + \sum_{t=1}^{n} d_t \cdot \prod_{\tau=0}^{t-1} q_\tau^{-1}$$

Und nun kam – zumindest für Y – die Überraschung des Tages. Die Verwendung der in Abb. 30-4[1] enthaltenen Angaben zur Ermittlung der Werte von

$$\prod_{\tau=0}^{t-1} q_\tau^{-1}$$

führt zu einem Ergebnis, dass nicht mit dem Kapitalwert identisch ist. Warum wohl nicht? Mit dieser für Y unerklärlichen Diskrepanz konfrontierte er „seinen" Dr. X.

2 Die Lösung

Dr. X ermittelte für die in Abb. 30-1 dargestellte Datensituation mithilfe der Zielwertsuche von Excel eine Entnahmemöglichkeit von 1.469 € und interpretierte nach einigen Überlegungen:[2] „Der Kapitalwert von 1.469 € basiert auf der Fiktion, in t=0 würde eine Entnahme in Höhe des Kapitalwerts durchgeführt, wobei am Ende der Nutzungsdauer der Endwert der Investition unter Berücksichtigung der Entnahme genau so hoch ist wie der Endwert der Opportunität. – Durch eine Entnahme in Höhe des Kapitalwerts werden Kapitalbindung und Zinsen im Laufe der Nutzungsdauer

---

[1] Also $i_0 = 8{,}67\ \%$, $i_1 = 9{,}53\ \%$ usw.

[2] Wenn Sie, lieber Leser, die Frage bereits bei Ihrem ersten Lesedurchlauf richtig beantworten können, darf ich Sie zu Ihrem Durchblick beglückwünschen.

der Investition beeinflusst. Folglich ergeben sich andere periodenspezifische Kalkulationszinsfüße als bei Endwertmaximierung. Die theoretisch richtigen Kalkulationszinsfüße hängen somit auch vom Zeitbezug der Zielsetzung ab!"

So, als ob er die Problematik erkannt hätte, sagt Y zu Dr. X:

„Somit wäre eine exogene Vorgabe periodenindividueller Kalkulationszinsfüße ohne Kenntnis des subjektiv definierten investitionstheoretischen Ziels im Ansatz falsch!"

„Richtig!"

Seit diesem Gespräch gilt der in der betriebswirtschaftlichen Literatur als „schillernde" Größe bezeichnete Kalkulationszinsfuß in unserer Fallstudienunternehmung als entspiegelt.

Auf die Darstellung einer Lösung, bei der sämtliche Daten aus den VOFIs der Investition (unter Berücksichtigung einer Entnahme in t=0) und der Opportunität zu extrahieren sind, wurde hier verzichtet, da St. bereits daran arbeitet, das für den Zusätzlichen Endwert erstellte Excel-Spreadsheet für das Entnahmekonzept zu modifizieren, sodass neben den Kalkulationszinsfüßen zur Bestimmung des Kapitalwerts auch diejenigen für die Annuität analysiert werden können.

Das Konzept periodenindividueller Kalkulationszinsfüße bietet – dies sei nur am Rande erwähnt – zahlreiche Ausbaumöglichkeiten, insbesondere bezüglich steuerlicher Aspekte[1].

Kontrollfragen

Bestimmen Sie den Kapitalwert einer Investition unter Berücksichtigung periodenspezifischer Kalkulationszinsfüße, indem Sie die nachfolgende Formel für den Zusätzlichen Endwert umformen:

$$\Delta EW = (a_0 + b \cdot DARL) \cdot Q_0 + \sum_{t=1}^{n-1} d_t \cdot Q_t + d_n$$

Warum ergeben sich bei der Kapitalwertberechnung andere periodenspezifische Kalkulationszinsfüße als bei der Endwertbestimmung, wenn mit gleichen Auf- bzw. Abzinsungsfaktoren gearbeitet wird?

---

[1] Vgl. Grob, H. L. (1989), S. 208 ff.

Folge 32

Zur Relevanz periodenspezifischer Mischzinsfüße

cui bono?

Das Ergebnis der vorherigen Überlegungen war nicht etwa *ein* Zinsfuß, der für alle Perioden Gültigkeit hat – vielmehr wurden n periodenindividuelle Zinsfüße als theoretisch richtig herausgefunden. Für die Zielwerte des Differenzkalküls, zu denen der Zusätzliche Endwert, der Kapitalwert und die Annuität gehören, ergibt sich jeweils eine andere Folge von Mischzinsfüßen. Für das Totalkalkül, in deren Mittelpunkt der Endwert der Investition (EW^M) und der der Opportunität (EW^O) sowie der Anfangswert der Investition (AW^M) und der Anfangswert der Opportunität (AW^O) stehen, existieren sogar fast doppelt so viele eigenständige Folgen von periodenspezifischen Kalkulationszinsfüßen. Warum *fast*? Zur Ermittlung von EW^O wird üblicherweise ein einziger Zinsfuß angegeben und zur Ermittlung des Anfangswerts der Opportunität wird *kein* Zinsfuß benötigt, da dieser nichts anderes als der in t=0 vorhandene Bestand an Eigenen Mittel ist.

Wegen der Differenziertheit des Ansatzes periodenspezifischer Kalkulationszinsfüße versuchte Herr Z[1], einen nach seiner Meinung konstruktiven Vorschlag zu unterbreiten: „Man könnte doch einen einheitlichen Zinsfuß ermitteln, indem der Zinsfuß so lange variiert wird, bis der VOFI-Endwert der Investition gleich dem formelmäßig bestimmten Endwert ist.“ Dann fügte er hinzu: „Ich könnte hierzu eine PC-Anwendung schreiben! Z war ein bisschen neidisch auf die attraktiven Spreadsheets von St.

Dr. X erkannte als erster die Schwäche des Vorschlags von Z: „Das ist zwar rechnerisch möglich – aber hierdurch würden sämtliche Zwischenergebnisse bezüglich der Entwicklung von Finanz- und Kreditbeständen und auch bezüglich der Tilgungen und der Anlagen verfälscht. Vor allem aber: Bei der Vorgabe des Kriteriums für theoretisch richtige Kalkulationszinsfüße ist zu fordern, dass die Kalkulationszinsfüße im Rahmen eines Kapi-

[1] Z ist bekannt durch seine wenig intellektuellen Zwischenbemerkungen. Geben wir ihm noch eine Chance!

talbindungskonzepts interpretierbar sein müssen und nicht irgendwelche Restgrößen darstellen."[1]

Dann wurde die fundamentale Frage aufgeworfen: „Was nützt[2] die Auseinandersetzung mit periodenspezifischen Mischzinsfüßen überhaupt?"

Dr. X ignorierte den jammernden Ton der Frage und antwortete mit dem ihm eigenen Engagement: „Die Auseinandersetzung bringt Klarheit in die Investitionstheorie, deren zentraler Parameter a priori problematisch ist. Korrekt klingende Aussagen, wie ‚der Kalkulationszinsfuß ist gleich dem Opportunitätskostensatz, wenn nur mit Eigenkapital finanziert wird' oder ‚der Kalkulationszinsfuß ist gleich dem Sollzinsfuß, wenn die Investition nur mit Fremdkapital finanziert wird', werden durch das Analysemodell als unzulänglich entlarvt."[3]

Und dann wurde Dr. X ganz ernst: „Jede Theorie wirft auch didaktische Fragen in Bezug auf ihre Präsentation auf. Wenn eine Theorie schillernd ist, wie soll der Student dann einen klaren Durchblick bekommen? Studierende haben nichts gegen theoretische Ansätze, die auf den ersten Blick kompliziert erscheinen, sondern lediglich etwas gegen deren schlechte Präsentation."

Zum Schluss sei der Argumentation von Dr. X noch ein weiterer Aspekt hinzugefügt: Eine kritische Auseinandersetzung mit Modellen sollte hin und wieder den Wunsch erzeugen, eigenständige Berechnungsexperimente (z. B. mit den von St. erstellten Excel-Spreadsheets) durchzuführen, bei denen nicht der Beweis für andere, sondern die Erkenntnis für einen selbst[4] im Vordergrund steht.

---

1 Allgemein wurde diese Problematik bereits zu Beginn der Folge 30, S. 202 erörtert.

2 besser: *Wem* nützt?

3 An dieser Stelle wird aus Höflichkeit gegenüber anderen Autoren auf die Angabe von Quellen verzichtet.

4 Nicht zu verwechseln mit *Selbsterkenntnis*.

3.3 VOFI als Controllinginstrument

3.3.1 Zielkonzepte

Folge 33

VOFI zur Entscheidungsunterstützung

Die Wende

In den bisherigen Fällen wurde VOFI „lediglich“ dazu benutzt, die Prämissen klassischer Verfahren der Investitionsrechnung transparent zu machen. ‚Das kann's noch nicht gewesen sein‘, denken nicht nur Sie, verehrter Leser, sondern mit Ihnen auch die Herren X und Y (in alphabetischer Reihenfolge). Nur Z dachte nicht.

Irgendwann hatten Y und Dr. X plötzlich gleichzeitig eine nahe liegende Idee. Aber nicht nur das! Sie sprachen sie auch gleichzeitig aus – und dann sogar in übereinstimmender Formulierung. Ihre synchron vorgetragene Aussage – ihr Duolog – lautete:

„Bisher haben wir VOFI lediglich eine Funktion bei der Interpretation der impliziten Prämissen der klassischen Methoden der Investitionsrechnung eingeräumt – warum verzichten wir nicht ganz auf die klassischen Methoden und verwenden stattdessen *VOFI* als Controllinginstrument!“

Da in den Aufbau des VOFIs und in den Ablauf der Zielbestimmung schon eingeführt worden ist, steht nun die Anwendung von VOFI als Controllinginstrument im Vordergrund.

Das war die Wende für VOFI!

Folge 34

Vermögensziele

Viele mögen Vermögen

1 Die Entscheidungssituation

Zur Entscheidung über die Anschaffung des Investitionsobjekts DY11 sollen nun die Daten zum Vermögensziel „Endwert der liquiden Mittel" verdichtet werden. Aufgrund der Datensituation ist zwischen drei Entscheidungsalternativen auszuwählen:

Entscheidungs-alternative	Ausprägung
1	Realisierung der Investition und Aufnahme des Darlehens; Restfinanzierung durch Kontokorrentkredit
2	Realisierung der Investition; Finanzierung durch Kontokorrentkredit
3	Anlage der Eigenen Mittel

Abb. 34-1: Entscheidungsalternativen

2 Entscheidungsergebnisse

Der VOFI der *Alternative 1* ist bereits bei der Einführung in den VOFI dokumentiert worden.[1] Der Endwert dieser Alternative beträgt 15.697 €. Im Folgenden wird der VOFI der *Alternative 2* abgebildet (vgl. Abb. 34-2).

Zur Ermittlung der Zielwerts der *Alternative 3* ist der Endwert der Opportunität zu errechnen:

$EW^O = EK \cdot (1 + i_O)^n = 9000 \cdot 1{,}08^5 = 13224$ [€]

Die Endwerte der drei Entscheidungsalternativen sind in Abb. 34-3 zusammengestellt worden.

[1] Vgl. den Demo-Fall in Abb. 17-2, S. 129.

Zeitpunkt	0	1	2	3	4	5
Zahlungsfolge der Investition	–18.000	–4.000	3.200	19.040	5.972	3.785
Eigene Mittel	9.000					
Kontokorrentkredit						
+ Aufnahme	9.000	5.170				
– Tilgung			1.358	12.812		
– Sollzinsen		1.170	1.842	1.666		
Reinvestition						
– Anlage				4.562	6.337	4.657
+ Rückfluss						
+ Ertrag					365	872
Finanzierungssaldo	0	0	0	0	0	0
Bestandsgrößen						
Finanzbestand				4.562	10.899	15.556
Kreditbestand	9.000	14.170	12.812			
Bestandssaldo	–9.000	–14.170	–12.812	4.562	10.899	**15.556**

Abb. 34-2: VOFI für Alternative 2

Entscheidungsalternative	Endwert [€]
1	15.697
2	15.556
3	13.224

Abb. 34-3: Endwerte der Entscheidungsalternativen

Aufgrund eines Endwertvergleichs ist Alternative 1 der Vorzug einzuräumen. Folglich ist auch der Vertrag über den Kredit mit Endtilgung abzuschließen.

Kontrollfragen

Welche Daten sind erforderlich, um den Vorteil einer Investition auf Basis des Endwertkonzepts zu berechnen?

Warum sollte bei der Formulierung einer Entscheidungsalternative sowohl die Investitions- als auch die Finanzierungsseite berücksichtigt werden?

Folge 35

Entnahmeziele

Der Mensch wirtschaftet,
um seine Bedürfnisse zu befriedigen.
Auch Unternehmer sind Menschen.

1 Vorbemerkungen

In der Investitionstheorie spielt traditionsgemäß das Entnahmeziel eine große Rolle.[1] Die Bedeutung dieses Ziels dürfte mit dem Grundverständnis zusammenhängen, dass ein Mensch wirtschaftet, um seine Bedürfnisse zu befriedigen. Eine Einengung auf Konsumbedürfnisse ignoriert allerdings die Aussage der Bedürfnispyramide von MASLOW, deren Spitze die Selbstverwirklichung ist, die sich einer monetären Bewertung entzieht. In der Investitionsrechnung steht dagegen die Frage im Mittelpunkt, wie hoch die durch die Investition zusätzlich erwirtschafteten Mittel sind, die aus der Unternehmung in die Privatsphäre des Unternehmers überführt bzw. an die Shareholder ausgeschüttet werden. Die Selbstverwirklichung der Entscheidungsträger wird hier nicht weiter untersucht, sondern eher die monetären Anreize, die die Investitionsentscheidungen beeinflussen.[2]

Die Unterscheidung zwischen Entnahme und Ausschüttung ist ein sprachlicher Glücksfall. Die Begriffe deuten darauf hin, wer aktiv sein darf: entweder der Einzelunternehmer, der „seine" Unternehmung als Mittel zum Zweck ansieht und durchaus das Recht hat, in die eigene Kasse zu greifen, um liquide Mittel zu entnehmen[3] – oder der Aktionär, der darauf angewiesen ist, dass ihm seine Dividende vom Vorstand der Kapitalgesellschaft ausgeschüttet wird. Die damit verbundene Machtfrage zwischen Shareholdern und Vorstand hat sich seit einiger Zeit erheblich geändert. Durch überraschende, häufig sogar feindliche Aufkäufe von Aktienpaketen sieht sich der Vorstand plötzlich den Machtansprüchen anderer Shareholder gegenüber, die die neu erworbene Unternehmung nicht nur durch die üblichen Rationalisierungseffekte, sondern auch durch Auswechseln des Vorstandes rentabler machen wollen.

---

[1] Vgl. Koch, H. (1970), S. 25.

[2] Vgl. Schultz, M. B. (2005), S. 15-25.

[3] Analog zu Unternehmern einer Personengesellschaft, die natürlich koordiniert in die Kasse greifen dürfen.

Y atmete tief durch. *Das* konnte ihm nicht passieren, dachte er – schließlich war *er* der Geschäftsführer einer Einzelunternehmung. Sein tiefes Durchatmen war jedoch nicht berechtigt. Wenn der eingangs in unserer Fallstudiengeschichte erwähnte Inhaber der Unternehmung seine Firma verkaufen würde, was dann? Dr. X wollte dieses pessimistische Nachsinnen nicht vertiefen und widmete sich lieber der Entwicklung eines Entnahmekonzepts im Rahmen von VOFI.

2 Fallunterscheidungen

2.1 Zeitpunktbezogene Entnahmen

Anfangszeitpunkt

Die kritische Entnahme in t=0 ist im Rahmen des Anfangswertkonzepts zu ermitteln. Der Anfangswert der Investition setzt sich aus den einzusetzenden Eigenen Mitteln und derjenigen Entnahmemöglichkeit in t=0 zusammen, bei welcher der Endwert der Investition mit dem Endwert der Opportunität übereinstimmt. Im nun darzustellenden Demo-Beispiel wird Konditionenvielfalt auf dem Finanzierungssektor unterstellt. Die Entnahme in t=0 wird mithilfe der Zielwertsuche von Microsoft Excel ermittelt.

Unter Zugrundelegung der Datensituation für die 1. Alternative[1] ergibt sich ein Anfangswert von 10.469 €. Der Anfangswert der Opportunität ist gleich den anfangs vorhandenen Eigenen Mitteln in Höhe von 9.000 €. Der Zusätzliche Anfangswert als Differenz zwischen dem Anfangswert der Investition und dem Eigenkapital beträgt unter Berücksichtigung der Konditionenvielfalt auf dem Finanzierungssektor

$\Delta AW = 10469 - 9000 = 1469$ [€].

Aus dem unten stehenden VOFI in Abb. 35-1 geht hervor, dass bei einer Entnahme des Zusätzlichen Anfangswerts der Endwert der Investition mit dem Endwert der Opportunität[2] übereinstimmt.

Endzeitpunkt

Das vermögensorientierte Endwertkonzept kann durchaus auch entnahmebezogen interpretiert werden. Dabei ist der Zusätzliche Endwert ΔEW als diejenige Entnahme interpretierbar, bei der der Endwert der Investition gleich ist dem Endwert der Opportunität. So einfach!

---

[1] Vgl. Folge 34, S. 218 in Verbindung mit Folge 17, S. 127.

[2] $EW^O = 9000 \cdot 1{,}08^5 = 13224$ [€].

Zeitpunkt	0	1	2	3	4	5
Zahlungsfolge der Investition	–18.000	–4.000	3.200	19.040	5.972	3.785
Eigene Mittel						
+ Einsatz	9.000					
– Entnahme	**1.469**					
Kredit mit Endtilgung						
+ Aufnahme	5.000					
– Tilgung			5.000			
– Sollzinsen (inkl. Disagio)	500	300	300			
Kontokorrentkredit						
+ Aufnahme	5.969	5.076	3.536			
– Tilgung				14.582		
– Sollzinsen		776	1.436	1.896		
Reinvestition						
– Anlage				2.562	6.177	4.484
+ Rückfluss						
+ Ertrag					205	699
Finanzierungssaldo	0	0	0	0	0	0
Bestandsgrößen						
Finanzbestand				2.562	8.740	13.224
Kreditbestände						
Kredit mit Endtilgung	5.000	5.000				
Kontokorrentkredit	5.969	11.045	14.582			
Bestandssaldo	–10.969	–16.045	–14.582	2.562	8.740	**13.224**

Abb. 35-1: VOFI der Alternative 1
Entnahme in t=0 in Höhe des Zusätzlichen Anfangswerts

2.2 Zeitraumbezogene Entnahmen

Die zeitraumbezogenen Entnahmen sind mithilfe der Zielwertsuche von Microsoft Excel als Entnahmefolge zu berechnen, die zum Ausdruck bringt, wie hoch die jährliche Ausschüttung sein darf, damit der Endwert der Investition mit dem Endwert der Opportunität übereinstimmt. Bezüglich der Breite der Entnahmefolge sind drei Fälle zu erörtern.

Fall 1: Konstante Breite der Entnahmefolge

Die konstante Entnahme pro Jahr ab t=1, bei der der Endwert der Investition mit dem der Opportunität identisch ist, kann durch eine Zielwertsuche bestimmt werden. Die Entnahme beläuft sich auf 409 € pro Jahr.

Zeitpunkt	0	1	2	3	4	5
Zahlungsfolge der Investition	–18.000	–4.000	3.200	19.040	5.972	3.785
Eigene Mittel						
+ Einsatz	9.000					
– Entnahme		**409**	**409**	**409**	**409**	**409**
Kredit mit Endtilgung						
+ Aufnahme	5.000					
– Tilgung			5.000			
– Sollzinsen (inkl. Disagio)	500	300	300			
Kontokorrentkredit						
+ Aufnahme	4.500	5.294	3.782			
– Tilgung				13.575		
– Sollzinsen		585	1.273	1.765		
Reinvestition						
– Anlage				3.291	5.827	4.106
+ Rückfluss						
+ Ertrag					263	729
Finanzierungssaldo	0	0	0	0	0	0
Bestandsgrößen						
Finanzbestand				3.291	9.118	13.224
Kreditbestände						
Kredit mit Endtilgung	5.000	5.000				
Kontokorrentkredit	4.500	9.794	13.575			
Bestandssaldo	–9.500	–14.794	–13.575	3.291	9.118	**13.224**

Abb. 35-2: VOFI mit einer konstanten Breite der Entnahmefolge

Falls 2: Variable Breite der Entnahmefolge

Auch die Ermittlung einer variablen Breite der (kritischen) Entnahmefolge lässt sich mithilfe der Zielwertsuche von Microsoft Excel einfach realisieren. Wenn beispielsweise die Zielsetzung besteht, in den ersten vier Jahren jeweils 500 € zu entnehmen, so kann mithilfe der Zielwertsuche errechnet werden, wie hoch die jährlich konstante Entnahme für den Rest der Nutzungsdauer ist.[1]

Falls 3: Frei wählbares Entnahmeprofil

Auch eine durch ein frei wählbares Entnahmeprofil zu ermittelnde Entnahmefolge kann rechnerisch leicht ermittelt werden. Als Beispiel sei ein Entnahmeprofil vorgegeben, das durch die unten stehende Kennzahlenfolge repräsentiert wird:

Zeitpunkt	1	2	3	4	5
Entnahmeprofil	1	1	2	0,5	0,5

Abb. 35-3: Entnahmeprofil

Zur Ermittlung der im VOFI darzustellenden Entnahmen sind die Daten des Profils mit einer in der Zielwertsuche zu ermittelnden Standardentnahme, die für die Kennzahl 1 gültig ist, zu multiplizieren. Die Standardentnahme beträgt im vorliegenden Beispiel 400 €/Jahr.

Im folgenden VOFI wird gezeigt, dass unter Berücksichtigung einer variablen Breite der Entnahmefolge nach Maßgabe des in Abb. 35-3 dargestellten Entnahmeprofils der Endwert der Investition mit dem der Opportunität in Höhe von 13.224 € übereinstimmt.

[1] Wer es wissen (besser: nachrechnen) will: 254 €/Jahr.

Zeitpunkt	0	1	2	3	4	5
Zahlungsfolge der Investition	–18.000	–4.000	3.200	19.040	5.972	3.785
Eigene Mittel						
+ Einsatz	9.000					
– Entnahme		400	400	800	200	200
Kredit mit Endtilgung						
+ Aufnahme	4.500					
– Tilgung			5.000			
– Sollzinsen (inkl. Disagio)		300	300			
Kontokorrentkredit						
+ Aufnahme	4.500	5.285	3.772			
– Tilgung				13.557		
– Sollzinsen		585	1.272	1.762		
Reinvestition						
– Anlage				2.920	6.005	4.299
+ Rückfluss						
+ Ertrag					234	714
Finanzierungssaldo	0	0	0	0	0	0
Bestandsgrößen						
Finanzbestand				2.920	8.925	13.224
Kreditbestände						
Kredit mit Endtilgung	5.000	5.000				
Kontokorrentkredit	4.500	9.785	13.557			
Bestandssaldo	–9.500	–14.785	–13.557	2.920	8.925	13.224

Abb. 35-4: Entnahmen mit variabler Breite der Entnahmefolge

Kontrollfragen

Diskutieren Sie die investitionstheoretischen Begriffe Entnahme und Ausschüttung!

In fast jedem einführenden Lehrbuch in die Wirtschaftswissenschaften wird erklärt, dass der Mensch wirtschaftet, um seine unbegrenzten Bedürfnisse zu befriedigen. Verknüpfen Sie diese These mit dem Entnahmekonzept, und gehen Sie dabei davon aus, dass die Unternehmung einem Unternehmer gehört!

Diskutieren Sie die Zielsetzung Entnahmemaximierung für den Fall, dass die Unternehmung mehreren Unternehmern gehört!

Folge 36

Wohlstandsziel

Ein wohlklingendes Ziel

1 Die Zielkonzeption

Im Kontext der Entnahmemaximierung ist der Endwert einer Investition eine exogen vorgegebene Größe des Modells. Um Kombinationen zwischen der (im einfachen Fall jährlich konstanten) Entnahme und dem Endwert am Planungshorizont zu erzeugen, ist der Endwert systematisch zu variieren. Die für optimal gehaltene Kombination dieser beiden Zielwerte wird als *Wohlstandsziel*[1] definiert – ein wohlklingender Spezialbegriff für den stets erklärungsbedürftigen Allgemeinbegriff Nutzen.[2]

Zur Verdeutlichung der Zielkonkurrenz zwischen dem Endwert und der Breite der Entnahmefolge wurde eine grafische Darstellung angefertigt, die eine Substitutionsfunktion zwischen den beiden Zielen wiedergibt:

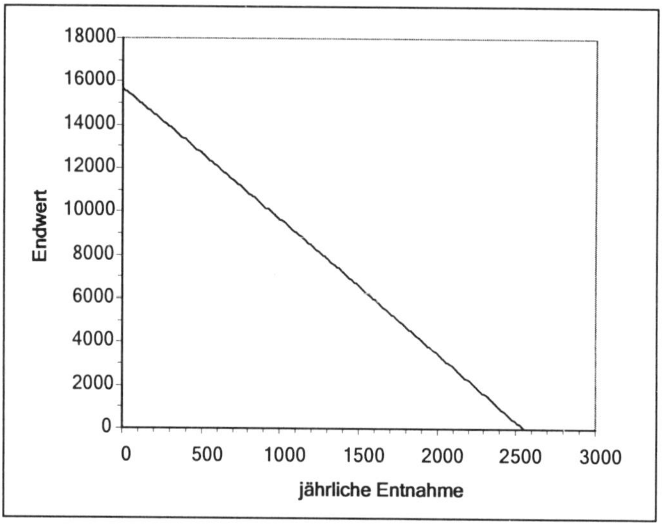

Abb. 36-1: Beispiel einer Substitutionsfunktion als Basis für eine Entscheidung mit der Zielsetzung Wohlstandsmaximierung

---

[1] Vgl. Schneider, D. (1992), S. 66 f.

[2] ... hier im Sinne multikriterieller Ziele gemeint. Vgl. insbes. Schneeweiß, C. (1991), S. 107-169.

2 Diskussion der Steigung der Substitutionsfunktion

Als Dr. X die oben stehende Grafik vorlegte, sagte Y: „Hab' ich mir gleich gedacht – eine lineare Beziehung!" Eigentlich war Dr. X nicht rechthaberisch. Gleichwohl war es ihm ein Anliegen, darauf hinzuweisen, dass eine konstante negative Steigung der Kurve nur dann gegeben ist, wenn bei der Ermittlung der Zielwerte ein einheitlicher Zinsfuß unterstellt wird. Da in unserem Fall eine Vielzahl von Zinsfüßen zum Tragen kommt, weist die Substitutionsfunktion einen Knick auf (vgl. Abb. 36-2) – sie ist also nichtlinear. Dies geht aus der folgenden Wertetabelle hervor.

Entnahme	Endwert	Steigung des Endwerts
1.374,64950	7.375,4892	–6,0538
1.374,64951	7.375,4891	–6,0538
1.374,64952	7.375,4891	–6,0538
1.374,64953	7.375,4890	**–6,0538**
1.374,64954	**7.375,4889**	**–6,2378**
1.374,64955	7.375,4889	–6,2378
1.374,64956	7.375,4888	–6,2378
1.374,64957	7.375,4887	–6,2378
1.374,64958	7.375,4887	–6,2378
1.374,64959	7.375,4886	–6,2378
1.374,64960	7.375,4886	–6,2378

Abb. 36-2: Wertetabelle mit Steigung des Endwerts

Dr. X empfand es als Herausforderung, die negative Steigung der Substitutionsfunktion zwischen den Zielen Endwert und jährliche Entnahme näher zu untersuchen. Hier sein Ergebnis:

Die Substitutionsfunktion $EW^M(E)$ mit E als gleich bleibender jährlicher Entnahme ist eine streng monoton sinkende Funktion. Ihre Steigung ist durch die Grenzzinssätze der einzelnen Perioden – also die periodenindividuellen marginalen Zinssätze – für den letzten jeweils entnommenen Euro[1] determiniert.

Würde ein einheitlicher Kalkulationszinsfuß (z. B. i=0,1) verwendet, so wäre die Lösung einfach zu berechnen. Die in t=1 zusätzlich[2] erfolgende

[1] Theoretisch sogar nur für das infinitesimal kleine letzte Quentchen.

[2] Im Sinne der Grenzbetrachtung gegenüber der Entnahme ohne diesen letzten Euro.

Entnahme eines Euros bewirkt, dass er nicht zur Tilgung eines ggf. beanspruchten Kontokorrentkredits bzw. nicht zur Geldanlage verwendet werden kann. In t=1 sinkt damit der Bestandssaldo um 1 €. Aufgrund der Zinswirkungen wird der Endwert in n=5 letztendlich um $1 \cdot 1{,}1^4$ [€] vermindert. Entsprechend sind auch die Entnahmen in t=2, 3 und 4 auf t=5 aufzuzinsen. Die Entnahme in t=5 ist in ihrer nominellen Höhe anzusetzen.

Die Steigung der Substitutionsfunktion beträgt damit:

$$m = -\sum_{t=1}^{5} 1{,}1^{5-t} = -6{,}1051$$

m ist nichts anderes als der negative Rentenendwertfaktor, da allgemein folgende Beziehung gilt:

$$REF_{n,i} = \sum_{t=1}^{n} q^{n-t}$$

Die Substitutionsfunktion, bei der der Endwert EW^M in Abhängigkeit von der jährlichen Entnahme E variiert wird, lautet somit:

$$EW^M(E) = EW^M(0) - REF_{n,i} \cdot E$$

Im vorgestellten Fall mit unterschiedlichen Zinssätzen für die Kreditaufnahme und die Geldanlage sind die marginalen Zinssätze nicht in allen Perioden identisch. Hier soll als Beispiel der Fall der jährlichen Entnahme der Annuität in Höhe von 408,562 € (gerundet 409 €) betrachtet werden. Die aus den Entnahmen resultierende zeitliche Struktur der Finanz- und Kreditbestände ist aus dem in Abb. 35-2 dargestellten VOFI[1] ersichtlich. Die Entnahme des letzten zusätzlich in t=1 entnommenen Euros führt demnach zu einer um 1 € höheren Aufnahme des 13%igen Kontokorrentkredits. In t=2 sind deshalb 1,13 € zusätzlich zu finanzieren. In t=3 wird der Kontokorrentkredit aufgrund des relativ hohen Einzahlungsüberschusses getilgt. Darüber hinaus wird eine Standardanlage zu 8 % getätigt. Diese fällt aufgrund der Entnahme in t=1 jedoch um $1 \cdot 1{,}13^2 = 1{,}2769$ [€] niedriger aus. Auch in t=4 wird die Höhe der vorgenommenen Geldanlage vermindert, hier jedoch um

$$1 \cdot 1{,}13^2 \cdot 1{,}08 \approx 1{,}3791 \text{ [€]}.$$

Der Endwert in n=5 wird letztendlich durch die Entnahme des letzten Euros in t=1 um $1 \cdot 1{,}13^2 \cdot 1{,}08^2 \approx 1{,}4894$ [€] vermindert. Entsprechend sind auch die Entnahmen der anderen Perioden in die Rechnung einzube-

[1] Vgl. S. 223.

ziehen. Wird der marginale Zinssatz der Periode $t=\tau$ mit i_τ bezeichnet, so gilt:

$$m = -\left(\sum_{t=1}^{4} \prod_{\tau=t+1}^{5} (1+i_\tau) + 1 \right)$$

Der letzte Term „–1“ repräsentiert dabei die Entnahme in n=5, der Summenausdruck die Entnahmen in t=1 bis t=4.

Unter Berücksichtigung von $i_2 = i_3 = 0{,}13$ und $i_4 = i_5 = 0{,}08$ ist die Steigung der Substitutionsfunktion m bei einer jährlichen Entnahme von 409 €[1] wie folgt zu bestimmen:

$$m(E = 409) = -\ (1{,}13^2 \cdot 1{,}08^2 + 1{,}13 \cdot 1{,}08^2 + 1{,}08^2 + 1{,}08 + 1) \approx -6{,}0538$$

Für abweichende Entnahmehöhen verändert sich die zeitliche Struktur der Kredite und Anlagen. Gegebenenfalls werden die marginalen Zinssätze beeinflusst. So wird beispielsweise bei einer jährlichen Entnahme von 1.300 € der Kontokorrentkredit nur drei Jahre lang benötigt. Bei einer jährlichen Entnahme von 1.400 € ist er allerdings auch in t=3 in Anspruch zu nehmen; eine Geldanlage kann nicht getätigt werden. In der Folgeperiode verzinsen sich damit die Entnahmen mit 13 % statt mit 8 %. Die Steigung der Austauschfunktion beträgt demzufolge –6,2378. Der Sprung vollzieht sich an der Grenzstelle, die bei 1.374,64954 € liegt.[2]

Y mischte sich in die Überlegungen des Dr. X aus mehreren Gründen nicht ein.

Kontrollfragen

Definieren Sie das investitionstheoretische Ziel Wohlstandsmaximierung!

Unter welcher Bedingung ist die Substitutionskurve zwischen dem Endwert und der jährlichen Entnahme linear?

---

1 Vgl. Abb. 35-2, S. 223.

2 Weitaus interessantere Sprünge sind beispielsweise bei einer hochverzinslichen langfristigen Anlagemöglichkeit vorstellbar, für die ein Mindestanlagebetrag verlangt wird. Wird durch die Erhöhung der Entnahme z. B. um *einen* Euro dieser Mindestanlagebetrag gerade nicht mehr erreicht, sinkt die Verzinsung für den gesamten nun möglichen Anlagebetrag erheblich auf den niedrigeren Satz der Geldanlage – und nicht nur auf den letzten Euro. Die höhere Entnahme wäre in diesem Fall also nur mit hohen Opportunitätskosten zu erkaufen.

Folge 37

VOFIs bei konkurrierenden Investitionsprojekten

Geheimnisloses

1 Daten der konkurrierenden Investition

Y kam es in den Sinn, die Vorteilhaftigkeit von DY11 im Vergleich zu der konkurrierenden Alternative DY12 erneut[1] – diesmal aber mit VOFI – zu untersuchen. Welche Besonderheiten waren bei einem Vergleich konkurrierender Investitionsalternativen zu beachten, wenn als Controllinginstrument VOFI eingesetzt wird? Hier ist die einfache Antwort auf eine einfache Frage: Sämtliche VOFIs für DY11 und DY12 sowie die Endwertformel zur Bestimmung des Zielwerts der Opportunität müssen einen identischen Einsatz an Eigenen Mitteln und einen einheitlichen Planungshorizont aufweisen, damit die Zielwerte vergleichbar sind. Bei den Finanzierungs- und den Reinvestitionsmaßnahmen können durchaus unterschiedliche und von den zu untersuchenden Investitionen abhängige Konditionen bzw. Renditen angesetzt werden.

2 Entscheidungsunterlagen

Dr. X tischte kurz nach dem Gespräch zwei VOFIs für DY12 auf, in denen er gleiche Finanzierungs- und Reinvestitionsannahmen unterstellt hatte.[2] Für zukünftige Ergänzungsinvestitionen (also ab t=2) des „Kurzläufers" DY12 wurde also eine Rendite von 8 % angesetzt, die mit der Verzinsung der Reinvestitionen bei DY11 übereinstimmt. Der Endwert von DY11 beläuft sich bekanntlich auf 15.697 € (vgl. den Demo-Fall in Abb. 17-2, S. 129). In Folge 34 wurde berechnet, dass sich die Aufnahme des Darlehens lohnt, falls DY11 realisiert wird. Dagegen ergibt die Investitionsrechnung für DY12, dass sich bei Anschaffung der Anlage DY12 die Aufnahme des Kredits mit Endtilgung *nicht* lohnt.

Zwar führt eine Finanzierung ausschließlich mit einem Kontokorrentkredit zu einem etwas besseren Ergebnis – der Endwert von DY11 bleibt jedoch unerreicht.

---

[1] Vgl. Folge 15 auf S. 99. Damals ging es in dieser Folge um die Explikation impliziter Prämissen. Heute geht es um die Vorbereitung einer Entscheidung.

[2] Vgl. die Daten aus Folge 34, S. 218.

Zeitpunkt	0	1	2	3	4	5
Zahlungsfolge der Investition	–10.000	8.000	5.000			
Eigene Mittel	9.000					
Kredit mit Endtilgung						
+ Aufnahme	1.111					
– Tilgung			1.111			
– Sollzinsen (inkl. Disagio)	111	67	67			
Reinvestition						
– Anlage		7.933	4.457	991	1.071	1.156
+ Rückfluss						
+ Ertrag			635	991	1.071	1.156
Finanzierungssaldo	0	0	0	0	0	0
Bestandsgrößen						
Finanzbestand		7.933	12.390	13.381	14.452	15.608
Kreditbestand	1.111	1.111				
Bestandssaldo	–1.111	6.822	12.390	13.381	14.452	**15.608**

Legende: Aufnahme des Darlehens; Restfinanzierung durch Kontokorrentkredit, Refinanzierung zu **8 %**

Abb. 37-1: VOFI der Investition DY12 (Alternative 1)

Zeitpunkt	0	1	2	3	4	5
Zahlungsfolge der Investition	–10.000	8.000	5.000			
Eigene Mittel	9.000					
Kontokorrentkredit						
+ Aufnahme	1.000					
– Tilgung		1.000				
– Sollzinsen		130				
Reinvestition						
– Anlage		6.870	5.550	994	1.073	1.159
+ Rückfluss						
+ Ertrag			550	994	1.073	1.159
Finanzierungssaldo	0	0	0	0	0	0
Bestandsgrößen						
Finanzbestand		6.870	12.420	13.414	14.487	15.646
Kreditbestand	1.000					
Bestandssaldo	–1.000	6.870	12.420	13.414	14.487	**15.646**

Legende: Finanzierung ausschließlich durch Kontokorrentkredit, Refinanzierung zu **8 %**

Abb. 37-2: VOFI der Investition DY12 (Alternative 2)

„So einfach und geheimnislos sind Investitionsrechnungen bei konkurrierenden Alternativen, wenn man VOFI verwendet!“, resümierte Dr. X.

Kontrollfragen

Skizzieren Sie die unterschiedlichen Konzepte der klassischen Investitionsrechnung und des VOFI-Konzepts beim Vergleich konkurrierender Investitionsobjekte!

Welche Bestandteile des VOFIs müssen bei konkurrierenden Investitionsprojekten das Prinzip der Vergleichbarkeit erfüllen?

Müssen bei konkurrierenden Investitionsalternativen die Finanzierungsmaßnahmen gleich sein?

3.3.2 Weiterentwicklung des Grundkonzepts von VOFI

Folge 38

Das Konzept der Totalgewinnanalyse

Erlaubte Additionen

1 Begriffliche und methodische Grundlagen

Mit den Daten von VOFI sind der Pagatorische und der Kalkulatorische Totalgewinn bestimmbar. Mit dem Totalgewinn ist der Gewinn der Totalperiode gemeint, die den Zeitraum t=0 bis t=n umfasst. Die Begriffe kalkulatorisch und pagatorisch betreffen ausschließlich die Behandlung der Zinsen. Bei der Ermittlung des Kalkulatorischen Totalgewinns werden sowohl die Pagatorischen Zinsen als auch die Opportunitätszinsen gewinnmindernd abgesetzt; dagegen werden beim Pagatorischen Totalgewinn nur die Pagatorischen Zinsen berücksichtigt. Diese Betrachtungsweise ist analog zu den Bewertungskonzepten der Kosten- und Leistungsrechnung und der Finanzbuchhaltung zu sehen. Im Gegensatz zur Kosten- und Leistungsrechnung sind jedoch in der Investitionsrechnung keine weiteren kalkulatorischen Kostenarten explizit enthalten. Unbeachtet bleiben auch weitere denkbare Bewertungsunterschiede zwischen dem externen und dem internen Rechnungswesen, wie z. B. bei der Aufwands- bzw. Kostenart Abschreibungen.[1]

Für das nun einzuführende Konzept der Totalgewinnanalyse wird angenommen, dass Einzahlungen und Leistungen sowie Auszahlungen und Kosten (ohne Kapitaldienst) betragsgleich sind. Zusätzlich besteht Identität zwischen Einzahlungen und Erträgen sowie Auszahlungen und Aufwendungen (ohne Abschreibungen). Diese Annahmen führen dazu, dass bei einer unternehmensweiten Betrachtung der Pagatorische Totalgewinn mit dem totalen Jahresüberschuss und der Kalkulatorische Totalgewinn mit dem zeitlich totalen Betriebsergebnis übereinstimmen. Bei einer Partialbetrachtung stellen diese Ergebnisse natürlich nur *Beiträge* zum totalen Jahresüberschuss bzw. zum totalen Betriebsergebnis dar.

---

[1] Vgl. Grob, H. L., Bensberg, F. (2005), S. 92-97.

Der Pagatorische Totalgewinn TG_{pag} ist die Differenz zwischen dem Endwert der Investition und den anfangs eingesetzten Eigenen Mitteln:

$$TG_{pag} = EW^{M} - EK$$

Symbol

TG_{pag} Pagatorischer Totalgewinn

Der Kalkulatorische Totalgewinn TG_{kalk} ergibt sich als Differenz von Pagatorischem Totalgewinn und den Opportunitätskosten des Eigenkapitals Z^{O} („Opportunitätszinsen"):

$$TG_{kalk} = TG_{pag} - Z^{O}$$

Symbol

TG_{kalk} Kalkulatorischer Totalgewinn
Z^{O} Opportunitätszinsen

Die Opportunitätszinsen Z^{O} lassen sich wie folgt ermitteln:

$$Z^{O} = EK \cdot q^{n} - EK = EW^{O} - EK$$

Werden die rechten Seiten von TG_{pag} und Z^{O} in die Gleichung für TG_{kalk} eingesetzt, so zeigt sich, dass TG_{kalk} nichts anderes ist als ΔEW:

$$TG_{kalk} = EW^{M} - EK - (EK \cdot q^{n} - EK) = EW^{M} - EW^{O} = \Delta EW$$

2 Darstellung der Totalgewinnanalyse

Unter Verwendung von VOFI ist jedoch nicht nur die Bestimmung des Pagatorischen und des Kalkulatorischen Totalgewinns möglich, sondern auch deren Aufspaltung in Komponenten, die analog zu den Ertrags- und Aufwandsgrößen des externen Rechnungswesens bzw. zu den Leistungs- und Kostengrößen des internen Rechnungswesens definiert sind. Die nun darzustellende Methode wird als Totalgewinnanalyse bezeichnet.

Zur Durchführung der Totalgewinnanalyse ist an den VOFI eine Spalte („Appendix") anzufügen, in der die Ein- und Auszahlungen respektive Erträge und Aufwendungen bzw. Leistungen und Kosten über alle Perioden aufsummiert werden. Hierzu zählen neben den laufenden Ein- und Auszahlungen, die aus der Produktion und dem Absatz resultieren, die Anschaffungsauszahlung sowie der Liquidationsüberschuss. Auch bei den Krediten und Reinvestitionen sind die Zahlungen der einzelnen Kategorien zu addieren.

Wenn bei Ihnen, lieber Leser, Skepsis besteht, Ein- und Auszahlungen, die zu unterschiedlichen Zeitpunkten anfallen, zu summieren, da Sie irgendwann einmal gehört haben, dies sei nicht erlaubt, da sonst Zins- und Zinseszinseffekte vernachlässigt würden, bedenken Sie bitte, dass Sie sich nicht mehr in der formelorientierten Welt der klassischen Verfahren befinden, sondern in der von VOFI. Hier werden die Zinsen explizit behandelt.

Das im Folgenden darzustellende Demo-Beispiel soll die allgemein vorgetragenen Überlegungen veranschaulichen. Zunächst ist die Totalgewinnanalyse am System der *Kosten- und Leistungsrechnung* auszurichten.

Die im Appendix zum VOFI ausgewiesenen Ergebnisse sind wie folgt zu charakterisieren:

- Die Summe der Einzahlungen stimmt mit der Summe der Marktleistungen überein. Weitere Positionen der Totalgewinnanalyse sind die Summe der laufenden (variablen) Auszahlungen[1] und die der operativen fixen Kosten.
- Die Anschaffungsauszahlung abzüglich des Liquidationsüberschusses[2] ist gleich der Summe der Kalkulatorischen Abschreibungen. Dies gilt allerdings nur dann, wenn das investierte Wirtschaftsgut einem Werteverzehr unterliegt, der nach dem Nominalwertprinzip[3] berechnet wird. Ferner wird angenommen, dass die Abschreibungsdauer kleiner oder gleich der Nutzungsdauer ist. Eine Erweiterung des Konzepts der Totalgewinnanalyse um die Einbeziehung von Wertansätzen am Planungshorizont für nicht abschreibungsfähige bzw. im Planungszeitraum nicht vollständig abgeschriebene Wirtschaftsgüter ist ohne Schwierigkeiten möglich.
- Die Kalkulatorischen Zinsen setzen sich aus den Pagatorischen Zinsen und den Opportunitätszinsen zusammen. Zur Ermittlung der Opportunitätszinsen ist die Differenz zwischen dem Endwert der Opportunität und dem Einsatz der Eigenen Mittel zu bilden.
- Aufnahme- und Tilgungsbeträge beim Kredit sowie Anlagen und Rückflüsse bei Reinvestitionen saldieren sich zu null. Sie werden deshalb als kompensatorische Größen bezeichnet.
- Die Summe der Geldanlagen – ggf. abzüglich der Rückflüsse – stimmt mit dem Endwert der Investition überein.

---

[1] Laufende Auszahlungen sind hier als Auszahlungen ohne die Anschaffungsauszahlung definiert.

[2] In der Kosten- und Leistungsrechnung als totaler Werteverzehr bezeichnet.

[3] ... im Gegensatz zum Wiederbeschaffungswertprinzip. Vgl. Grob, H. L., Bensberg, F. (2005), S. 454-458.

Ein Zahlenbeispiel zur Totalgewinnanalyse wird nun wiedergegeben.

Zeitpunkt	0	1	2	3	4	5	Σ
Anschaffungsauszahlung	18.000						**18.000**
+ Liquidationsüberschuss						2.365	**2.365**
+ lfd. Einzahlungen		10.000	22.000	48.400	26.620	19.033	**126.053**
– fixe Auszahlungen		10.000	10.000	10.000	10.000	10.000	**50.000**
– variable Auszahlungen		4.000	8.800	19.360	10.648	7.613	**50.421**
Zahlungsfolge der Investition	–18.000	–4.000	3.200	19.040	5.972	3.785	**9.997**
Eigene Mittel	9.000						9.000
Kredit mit Endtilgung							
+ Aufnahme	5.000						5.000*
– Tilgung			5.000				5.000*
– Sollzinsen (inkl. Disagio)	500	300	300				**1.100**
Kontokorrentkredit							
+ Aufnahme	4.500	4.885	3.320				12.705*
– Tilgung				12.705			12.705*
– Sollzinsen		585	1.220	1.652			**3.457**
Reinvestition							
– Anlage				4.683	6.347	4.667	15.697
+ Rückfluss							
+ Ertrag					375	882	**1.257**
Finanzierungssaldo	0	0	0	0	0	0	
Bestandsgrößen							
Finanzbestand				4.683	11.030	15.697	
Kreditbestände							
Kredit mit Endtilgung	5.000	5.000					
Kontokorrentkredit	4.500	9.385	12.705				
Bestandssaldo	–9.500	–14.385	–12.705	4.683	11.030	15.697	

Legende: Kompensatorische Posten sind durch * gekennzeichnet worden.

Abb. 38-1: VOFI für DY11; Endwertkonzept; Vorbereitung der Totalgewinnanalyse

Der Endwert der Opportunität beträgt 13.224 €. Die Opportunitätszinsen Z^O sind wie folgt zu berechnen:

$$Z^O = EW^O - EK = 13224 - 9000 = 4224 \text{ [€]}$$

Der Kalkulatorische Totalgewinn des betrachteten Investitionsobjekts, der nichts anderes als der Zusätzliche Endwert ΔEW[1] ist, beläuft sich auf:

$\Delta EW = 15697 - 13224 = 2473$ [€]

Die aus der Summation der periodenbezogenen Ein- und Auszahlungen resultierenden Ergebnisse werden nun in Abb. 38-2 als aufgespaltener Kalkulatorischer Gewinn der Totalperiode von 2.473 € dargestellt.

	€
Marktleistungen	126.053
– variable Kosten	50.421
– operative fixe Kosten	50.000
– Kalkulatorische Abschreibungen	15.635
= Pagatorischer Totalgewinn der Investition (vor Zinsen)	9.997
+ Reinvestitionsertrag	1.257
= Pagatorischer Totalgewinn (vor Abzug der Pagatorischen Zinsen)	11.254
– Kalkulatorische Zinsen[2]	8.781
= Kalkulatorischer Totalgewinn (totales Betriebsergebnis)	2.473

Abb. 38-2: Totalgewinnanalyse für DY11
Aufspaltung des Kalkulatorischen Totalgewinns
aus Sicht der Kosten- und Leistungsrechnung

Aus Sicht der *Finanzbuchhaltung* ist eine modifizierte Staffel zur Totalgewinnanalyse zu formulieren (vgl. Abb. 38-3). Dabei stellt der Pagatorische Gewinn der Totalperiode den zeitlich totalen Jahresüberschuss dar. Um die Brücke zum totalen Betriebsergebnis zu bauen, sind die Kalkulatorischen Zinsen in Fremdkapital- und Eigenkapitalzinsen aufzuteilen. Die Abschreibungen resultieren aus der Anschaffungsauszahlung des Wirtschaftsguts. Der Restverkaufserlös wird als außerordentlicher Ertrag behandelt.

[1] Vgl. S. 205.

[2] Die Kalkulatorischen Zinsen resultieren aus den im VOFI ausgewiesenen Sollzinsen von 1100 + 3457 = 4557 [€] und den Opportunitätskosten von 4.224 €.

	€
Umsatzerlöse	126.053
– variable Aufwendungen	50.421
– operative fixe Aufwendungen	50.000
– bilanzmäßige Abschreibungen	18.000
+ Reinvestitionsertrag	1.257
+ außerordentliche Erträge	2.365
= Pagatorischer Totalgewinn (vor Abzug der Fremdkapitalzinsen) (totales operatives Ergebnis)	11.254
– Fremdkapitalzinsen	4.557
= Pagatorischer Totalgewinn (totaler Jahresüberschuss)	6.697
– Opportunitätszinsen	4.224
= Kalkulatorischer Totalgewinn (totales Betriebsergebnis)	2.473

Abb. 38-3: Totalgewinnanalyse für DY11
Aufspaltung des Pagatorischen und Kalkulatorischen Totalgewinns
aus Sicht der Finanzbuchhaltung

Kontrollfragen

Definieren Sie die Begriffe Pagatorischer und Kalkulatorischer Totalgewinn!

Erörtern Sie das Konzept der Totalgewinnanalyse!

In welche Positionen kann die Zahlungsfolge einer Investition aufgespalten werden?

Unter welcher Bedingung dürfen Zahlungen, die zu unterschiedlichen Zeitpunkten anfallen, summiert werden?

Was ist im Rahmen der Totalgewinnanalyse unter kompensatorischen Posten zu verstehen?

Unter welcher Voraussetzung ist die Summe der Geldanlagen identisch mit dem Endwert der Investition?

Wie werden die Kalkulatorischen Zinsen im Rahmen des VOFI-Konzepts bestimmt?

Erörtern Sie die Schemata der Totalgewinnanalyse, die sich an der Kosten- und Leistungsrechnung und an der Finanzbuchhaltung orientieren! Gehen Sie auf die Unterschiede zwischen den beiden Schemata ein!

Folge 39

Das Konzept der Differenzanalyse

Von der Differenzialanalyse zur Differenzanalyse

1 Vorüberlegungen

Y und Dr. X machten sich tatsächlich nicht nur Gedanken zum VOFI, sondern auch zum wirtschaftswissenschaftlichen Studium. Heute diskutierten sie das Thema, ob die für Studierende der Wirtschaftswissenschaften für wichtig angesehenen Ziele[1], zu denen das Denken in vernetzten Zusammenhängen und das marginal-analytische Denken gehören, durch die Beschäftigung mit VOFI besser erreicht werden könnten. Sie kamen zu einem Ergebnis, das selbst Skeptiker einer tabellenorientierten Investitionsrechnung (hoffentlich) zum Schwanken bringen wird:

1. Vernetztes Denken wird im VOFI aufgrund der zeitlichen Dependenz zwischen den Investitions- und Finanzierungsvariablen trainiert. Beispielsweise wird der Einfluss der Zinsen auf die Vorteilhaftigkeit der Investition gegenüber der Opportunität beim gespaltenen Zinsfuß durch das „VOFI-Denken" transparent gemacht. Während Dependenzen im Mittelpunkt der periodisch-sukzessiven Zielwertermittlung stehen, können Interdependenzen bei der Simultanplanung des Finanzierungs- und Reinvestitionsprogramms analysiert werden. Eine Intensivierung der vernetzten Denkweise ist gegeben, wenn Zahlungen zwischen einzelnen Institutionen bzw. Personen in spezifischen VOFIs abgebildet werden. Dies ist z. B. bei der Beteiligungsfinanzierung oder bei Supply Chain-Konzepten der Fall.[2]

2. Bei marginal-analytischem Denken wird mit Änderungsgrößen argumentiert. Dabei wird analysiert, welche Zielwertänderungen durch eine Entscheidung ausgelöst werden. Marginal-analytisches Denken muss nicht zwingend auf Basis einer Differenzialanalyse erfolgen, in deren Mittelpunkt infinitesimal kleine Änderungen stehen. Die ange-

---

[1] Vgl. die grundlegende Diskussion der Fachkommission für Ausbildungsfragen der Schmalenbach-Gesellschaft (1988), S. 1037-1043.

[2] Vgl. Holten, R., Schultz, M. B. (2001).

sprochene Denkweise ist auch unter Verwendung eines Differenzkalküls[1] durchführbar, in dem die Änderungen beliebig groß sind.

Nun könnte gesagt werden, dass das marginal-analytische Denken durch eine derartig einfache Differenzbetrachtung nur geringfügig unterstützt wird. Indes bietet VOFI auch die Möglichkeit, fortgeschrittene dynamische Differenzanalysen durchzuführen. Diese Methode ist nun zu erörtern.

2 Die dynamische Differenzanalyse mit VOFI

Zur Durchführung einer dynamischen Differenzanalyse sind die strukturgleichen VOFIs von zwei miteinander konkurrierenden Alternativen – bildlich gesprochen – übereinander zu legen, um elementweise („Zelle für Zelle") Differenzen zu bilden. Das Ergebnis ist der strukturgleiche Δ-VOFI (lies: Delta-VOFI).

Zur Verdeutlichung der Ausführungen zur dynamischen Differenzanalyse sei hier als Beispiel dargestellt, wie sich der Vorteil einer Darlehensfinanzierung gegenüber einer Finanzierung ausschließlich mit einem Kontokorrentkredit dynamisch entwickelt und in welche Komponenten er aufgespalten werden kann. Ausgangspunkt sind die in Abb. 17-2 auf S. 129 und in Abb. 34-2 auf S. 219 dokumentierten VOFIs. Der Δ-VOFI lautet:

[1] Der Unterschied zwischen dem Differenz- und dem Totalkalkül soll am Beispiel eines preistheoretischen Modells mit stetigen und differenzierbaren Funktionen erläutert werden. Wird der gewinnmaximale Preis aufgrund der ersten Ableitung der zu maximierenden Gewinnfunktion bestimmt, so wird er auf Basis eines Differenzialkalküls ermittelt. Das bekannte Cournotsche Theorem („im Gewinnmaximum sind die Grenzerlöse gleich den Grenzkosten") ist also ein Spezialfall des Differenzkalküls, in dem infinitesimal kleine Änderungen der exogenen Variablen betrachtet werden. Wenn dagegen die Gewinne bei alternativen Preisen errechnet werden und anschließend der maximale Gewinn ausgewählt wird, so ist von einer Entscheidung auf der Grundlage eines Totalkalküls zu sprechen. Unterschiede zwischen den Ergebnissen alternativer Totalkalküle können wiederum im Rahmen von Differenzkalkülen betrachtet werden.

Zeitpunkt	0	1	2	3	4	5
Δ Kredit mit Endtilgung						
+ Δ Aufnahme	5.000					
– Δ Tilgung			5.000			
– Δ Sollzinsen (inkl. Disagio)	500	300	300			
Δ Kontokorrentkredit						
+ Δ Aufnahme	–4.500	–285	3.320			
– Δ Tilgung			–1.358	–107		
– Δ Sollzinsen		–585	–622	–14		
Δ Reinvestition						
– Δ Anlage				121	10	10
+ Δ Rückfluss						
+ Δ Ertrag					10	10
Finanzierungssaldo	0	0	0	0	0	0
Δ Bestandsgrößen						
Δ Finanzbestand				121	131	
Δ Kreditbestände						
Δ Kredit mit Endtilgung	5.000	5.000				
Δ Kontokorrentkredit	–4.500	–4.785	–107			
Δ Bestandssaldo	–500	–215	107	121	131	**141**

Legende: Kompensatorische Posten sind durch * gekennzeichnet worden.

Abb. 39-1: Δ-VOFI für DY11
Aufspaltung des Vorteils einer Darlehensfinanzierung gegenüber einer Finanzierung mit Kontokorrentkredit

Der Vorteil, der aus der Aufnahme des Kredits mit Endtilgung resultiert, zeigt sich in einer Endwertsteigerung von 141 €. Dass mit dieser Maßnahme weitere finanzwirtschaftliche Konsequenzen verbunden sind, ist aus dem Δ-VOFI ablesbar.

3 Integration von Differenz- und Totalgewinnanalyse

Eine Integration von Differenz- und Totalgewinnanalyse führt zu einer Erweiterung des Δ-VOFIs um eine Summenspalte (vgl. Abb. 39-2).

Zeitpunkt	0	1	2	3	4	5	Σ
Δ Kredit mit Endtilgung							
+ Δ Aufnahme	5.000						5.000*
– Δ Tilgung			5.000				5.000*
– Δ Sollzinsen (inkl. Disagio)	500	300	300				**1.100**
Δ Kontokorrentkredit							
+ Δ Aufnahme	–4.500	–285	3.320				–1.465*
– Δ Tilgung			–1.358	–107			–1.465*
– Δ Sollzinsen		–585	–622	–14			**–1.221**
Δ Reinvestition							
– Δ Anlage				121	10	10	**141**
+ Δ Rückfluss							
+ Δ Ertrag					10	10	**20**
Finanzierungssaldo	0	0	0	0	0	0	
Δ Bestandsgrößen							
Δ Finanzbestand				121	131		
Δ Kreditbestände							
Δ Kredit mit Endtilgung	5.000	5.000					
Δ Kontokorrentkredit	–4.500	–4.785	–107				
Δ Bestandssaldo	–500	–215	107	121	131	**141**	

Legende: Kompensatorische Posten sind durch * gekennzeichnet worden.

Abb. 39-2: Δ-VOFI für DY11 mit Totalgewinnanalyse
Aufspaltung des Vorteils einer Darlehensfinanzierung gegenüber einer Finanzierung mit Kontokorrentkredit

Die Aufspaltung der Endwertänderung von 141 € zeigt, dass nicht nur die Sollzinsen, sondern auch die Erträge durch die Aufnahme des Darlehens beeinflusst werden. Den zusätzlichen Sollzinsen durch das Darlehen von 1.100 € steht der Wegfall von zusätzlichen Zinsen aus dem Kontokorrentkredit von 1.221 € gegenüber, sodass die Ersparnis an Sollzinsen letztlich 121 € beträgt. Dieser günstige Einfluss auf die Liquiditätssituation führt zu zusätzlichen Erträgen von 20 €. Die Summe aus ersparten Sollzinsen und zusätzlichen Erträgen führt schließlich zu einer Zielwertänderung von 141 €. Die Bewegungsgrößen im Zeitablauf, die zu diesem Vorteil führen, sind aus derjenigen Zeile ablesbar, in der die Δ-Anlage ausgewiesen wird. Die daraus resultierende Entwicklung der Bestandsgrößenänderung („Δ-Bestandssaldo“) ist in der letzten Zeile des Δ-VOFIs ausgewiesen worden.

Die Zielwertverbesserung setzt sich somit aus folgenden Positionen zusammen:

	€
Ersparnis an Kontokorrentkreditzinsen	1.221
– zusätzliche Sollzinsen des Kredits mit Endtilgung	1.100
+ zusätzliche Erträge aufgrund der verbesserten Kapitalbindung	20
Zielwertverbesserung	141

Abb. 39-3: Analyse der Zielwertverbesserung

Kontrollfragen

Definieren Sie den Begriff dynamische finanzplanorientierte Differenzanalyse!

Erörtern Sie den Zusammenhang zwischen der Differenzialanalyse und der Differenzanalyse!

Worin besteht der Unterschied zwischen dem Differenz- und dem Totalkalkül?

Vergleichen Sie die klassischen Methoden und VOFI unter dem Aspekt einer Differenzgrößenbetrachtung!

Schildern Sie die Schritte der Differenzanalyse mit Δ-VOFI!

Wie kann die Differenzanalyse mit der Totalgewinnanalyse kombiniert werden?

3.3.3 VOFI-Kennzahlen

Folge 40

VOFI-Eigenkapitalrentabilität

Verdichten erinnert manchmal an Lyrik

1 Die Vorgeschichte

Dr. X spielte hin und wieder mit seiner Tochter J. das Ihnen sicherlich bekannte Bildkarten-Memory. Er verlor regelmäßig. Da dachte er sich eine neue Memory-Variante aus. Eine Minute lang durfte sich seine Tochter auf einen VOFI konzentrieren. Dann wurde er zugedeckt und Vater X fragte z. B.:

„Wie hoch ist die Tilgung des Annuitätenkredits am Ende des dritten Jahres?" Dann wurden die Rollen getauscht und die Tochter fragte beispielsweise nach der Höhe der Anschaffungsauszahlung. Sie wollte ihrem Vater eine Chance geben. Doch auch bei dieser neuen Spielidee erkannte X seine Grenzen. Deshalb stellte er sich die generelle Frage: Wenn man sich schon nicht sämtliche Daten eines VOFIs merken kann, welches sind dann wohl die wichtigsten – also merk(ens)würdigsten?

Zuerst dachte er an die Anschaffungsauszahlung. Doch dann verwarf er den Gedanken, da ihm die Opfertheorie zur Charakterisierung eines Investitionsvorgangs einfiel.[1] Geopfert werden die für die Investition einzusetzenden Eigenen Mittel – aus finanzwirtschaftlicher Sicht als Eigenkapital (EK) bezeichnet – um langfristig (also nach n Jahren) ein höheres Kapital (EW^M), zu erwirtschaften.[2] Die drei relevanten Daten sind also: EK, EW^M und n.

Und um sich nicht *drei* Daten merken zu müssen, verdichtete Dr. X sie zu einer einzigen Kennzahl: der VOFI-Eigenkapitalrentabilität der Investition, die beim Vorteilhaftigkeitsvergleich mit dem Opportunitätskostensatz[3] zu vergleichen ist. Im Folgenden wird zunächst die Herleitung dieser

---

1 Vgl. Grob, H. L. (1999), S. 895 sowie im vorliegenden Buch S. 2.

2 Dass gleichzeitig auch Sicherheit geopfert wird, die spätestens nach n Jahren wiedererlangt werden soll, sei hier der Vollständigkeit halber erwähnt.

3 Ausführlich: ... mit der VOFI-Eigenkapitalrentabilität der Opportunität.

von Dr. X entwickelten Kennzahl dargestellt, zu der ihn seine Tochter J. beflügelt hat.

2 Herleitung der VOFI-Eigenkapitalrentabilität

Als das Vorbild zur Herleitung der VOFI-Eigenkapitalrentabilität ist eine einperiodige Eigenkapitalrentabilität[1] anzusehen, bei der der Pagatorische Gewinn ins Verhältnis zum eingesetzten Eigenkapital gesetzt wird. Nach diesem Grundmuster ist eine Kennzahl zu formulieren, bei der von einer mehrperiodigen Datensituation ausgegangen wird.

Zur Bestimmung der VOFI-Eigenkapitalrentabilität ist derjenige Zinsfuß zu ermitteln, der unter Berücksichtigung von Zinseszinsen das in t=0 vorhandene Eigenkapital auf den Endwert der Investition anwachsen lässt. Die Formel zur Bestimmung der VOFI-Eigenkapitalrentabilität der Investition g_{EK}^{M} kann – falls der Endwert nicht-negativ ist – wie folgt entwickelt werden:

$$EK \cdot q^n = EW^M \qquad \text{für } EW^M \geq 0$$

mit $q = 1 + g_{EK}^{M}$

$$(1+g_{EK}^{M})^n = \frac{EW^M}{EK}$$

Umgestellt nach g_{EK}^{M} ergibt sich:

$$g_{EK}^{M} = \sqrt[n]{\frac{EW^M}{EK}} - 1 \qquad \text{für } EW^M \geq 0$$

Für die VOFI-Eigenkapitalrentabilität der Opportunität g_{EK}^{O} gilt entsprechend:

$$g_{EK}^{O} = \sqrt[n]{\frac{EW^O}{EK}} - 1 \qquad \text{für } EW^O \geq 0$$

Das Vorteilhaftigkeitskriterium lautet:

Investiere, wenn $g_{EK}^{M} > g_{EK}^{O}$.

---

[1] Darauf hinzuweisen ist, dass die einperiodige Eigenkapitalrentabilität nicht etwa die Rentabilitätskennzahlen der statischen Investitionsrechnung darstellt, da diese Kennzahl nicht als Eigen-, sondern als Gesamtkapitalrentabilität formuliert ist. Außerdem enthält das „Vorbild" ausschließlich pagatorische Größen.

Nun zur Interpretation: Die VOFI-Eigenkapitalrentabilität einer Investition stellt diejenige Verzinsung des Eigenkapitals dar, bei der Indifferenz zwischen dem betrachteten Investitionsvorhaben und einer fiktiven äquivalenten Geldanlage besteht. Anders ausgedrückt: Würden die in t=0 vorhandenen Eigenen Mittel (EK) nicht für die Investition, sondern für eine Geldanlage verwendet, dann müsste bei Gleichwertigkeit beider Alternativen die Geldanlage zum gleichen Endwert führen wie die Investition. Zur Bestimmung der Rentabilität der Investition ist deshalb derjenige Zinsfuß zu ermitteln, der unter Berücksichtigung von Zinseszinsen in n Jahren zum Endwert EW^M führt. In diesem Zinsfuß wird die Rentabilität des Investitionsobjekts durch ihr fiktives finanzielles Äquivalent ausgedrückt, das durch eine jährlich konstante Rendite gekennzeichnet ist.

Bei dem im Demo-Fall[1] ermittelten Endwert der Investition (EW^M) von 15.697 € errechnet sich die VOFI-Eigenkapitalrentabilität wie folgt:

$$g_{EK}^{M} = \sqrt[5]{\frac{15697}{9000}} - 1 = 0{,}11767 \mathrel{\hat{=}} 11{,}8\ \%$$

Da die VOFI-Eigenkapitalrentabilität der Opportunität 8 % beträgt, lohnt sich die Realisierung der Investition.

3 Sieben Fragen zur VOFI-Eigenkapitalrentabilität

Nachdem der Geschäftsleiter Y die VOFI-Eigenkapitalrentabilität g_{EK}^{M} kennen gelernt hatte, wollte er sich mit ihr auseinander setzen und stellte Dr. X folgende sieben Fragen[2], um die Plausibilität der Kennzahlen zu ergründen:

1. Wie hoch ist die VOFI-Eigenkapitalrentabilität, wenn der Endwert der Investition null ist, also das gesamte Eigenkapital verzehrt worden ist?
2. Wie hoch ist die VOFI-Eigenkapitalrentabilität, wenn nach Durchführung der Investition lediglich das eingangs vorhandene Eigenkapital nominell erhalten wird?
3. Welcher Zusammenhang besteht zwischen der VOFI-Eigenkapitalrentabilität und der einperiodigen Eigenkapitalrentabilität?

---

[1] Vgl. Abb. 17-2, S. 129.

[2] Manche Menschen, die die Lizenz zum Fragestellen haben, rasseln diese – sofern Sie mehrere Fragen beantwortet haben wollen – alle auf einmal herunter. Wer zu diesen Fragen Stellung beziehen soll (z. B. im Rahmen von Bewerbungsgesprächen), sollte stets Bleistift und Papier dabei haben.

4. Wie hoch ist die VOFI-Eigenkapitalrentabilität der Opportunität?
5. Kann es eine Zielkonkurrenz geben, je nachdem, ob nach Maßgabe der VOFI-Eigenkapitalrentabilität oder aufgrund eines Endwertvergleichs entschieden wird?
6. Wie ist die VOFI-Eigenkapitalrentabilität zu interpretieren, wenn der Endwert der Investition negativ ist, also am Ende der Nutzungsdauer des Objekts die Schulden größer sind als das eventuell vorhandene Guthaben?

Seine siebte und letzte und schwierigste Frage lautete:

7. Wie ist die Rentabilität zu interpretieren, wenn das Eigenkapital gleich null ist?

Dr. X versuchte, die verflixte siebte Frage mit einer schroffen Bemerkung abzublocken: „Wenn das Eigenkapital null ist, dann kann man auch keine Eigenkapitalrentabilität ermitteln!“ Y ließ nicht locker und fasste nach: „Dann möchte ich gerne wissen, wie die Gesamtkapitalrentabilität im Rahmen eines VOFIs definierbar ist!“

Hier die Antworten:

zu 1: Wenn $EW^M = 0$ ist, so ergibt sich eine Rentabilität von –100 %. Dieser Prozentsatz ist anschaulich und traurig zugleich, da 100 % des anfangs vorhandenen Eigenkapitals *ver*wirtschaftet worden sind.

zu 2: Von nomineller Eigenkapitalerhaltung ist zu sprechen, wenn das in t=0 verfügbare Eigenkapital in t=n wieder gewonnen wird. Dies bedeutet, dass die Gleichung $EW^M = EK$ in die g_{EK}^M-Formel einzusetzen ist. In diesem Fall ist der Wert des Wurzelausdrucks gleich 1, sodass sich eine VOFI-Eigenkapitalrentabilität von null ergibt – eine einsichtige Kennzahl!

zu 3: Die VOFI-Eigenkapitalrentabilität enthält als Kennzahl eines Totalkalküls keine Opportunitätszinsen. Ein Vergleich mit einer einperiodigen Eigenkapitalrentabilität muss deshalb von der gleichen Voraussetzung ausgehen, d. h., bei dem Gewinn als Bestandteil der einperiodigen Eigenkapitalrentabilität r_{EK} muss es sich um eine pagatorische Größe handeln. Vor diesem Hintergrund ist r_{EK} wie folgt definiert:

$$r_{EK} = \frac{G}{EK}$$

Symbol

G Gewinn

Um den Zusammenhang zwischen r_{EK} und g_{EK}^M herzustellen, ist in der Formel zur Bestimmung der VOFI-Eigenkapitalrentabilität n=1 zu setzen und der aus dem VOFI herzuleitende Gewinn als Pagatorischer Totalgewinn[1], also als Mehrbetrag der liquiden Mittel am Ende der totalen Periode gegenüber dem Anfangsbetrag an liquiden Mitteln (EK), zu definieren:

$$G = EW^M - EK$$

Die folgende Umformung zeigt die Identität der einperiodigen Eigenkapitalrentabilität und der VOFI-Eigenkapitalrentabilität für den Fall n=1:

$$g_{EK_{n=1}}^M = \sqrt[n=1]{\frac{EW^M}{EK}} - 1 = \frac{EW^M}{EK} - 1 = \frac{EW^M - EK}{EK} = \frac{G}{EK} = r_{EK}$$

zu 4: Eine Verzinsung des anfangs eingesetzten Eigenkapitals zum Opportunitätskostensatz führt zu folgendem Endwert:

$$EW^O = EK \cdot (1 + i_O)^n$$

Eingesetzt in die Formel zur Bestimmung der VOFI-Eigenkapitalrentabilität der Opportunität ergibt sich:

$$g_{EK}^O = \sqrt[n]{\frac{EK \cdot (1 + i_O)^n}{EK}} - 1 = i_O$$

Was hätte sonst herauskommen sollen?

zu 5: Wenn die VOFI-Eigenkapitalrentabilität der Investition größer (kleiner) ist als der Opportunitätskostensatz, dann ist auch der Endwert der Investition stets größer (kleiner) als der Endwert der Opportunität. Diese Aussage kann leicht bewiesen werden.

Aufgrund eines Rentabilitätsvergleichs gilt folgendes Kriterium:

Investiere, wenn $g_{EK}^M > g_{EK}^O$

bzw.

$$\sqrt[n]{\frac{EW^M}{EK}} - 1 > \sqrt[n]{\frac{EW^O}{EK}} - 1$$

Nach einigen mathematischen Vereinfachungen der obigen Ungleichung ergibt sich das Kriterium für das Endwertkonzept:

Investiere, wenn

$$EW^M > EW^O$$

---

[1] Zum Konzept und zu den Prämissen vgl. S. 233.

Zwischen dem Endwertkonzept und dem Konzept der VOFI-Eigenkapitalrentabilität gibt es also keine Zielkonkurrenz.

zu 6: Die VOFI-Eigenkapitalrentabilität gilt in der bisherigen Formulierung nur für den Fall, dass $EW^M \geq 0$ ist. Für einen negativen Endwert ist der Wurzelausdruck und somit g_{EK}^M nicht definiert. Hier soll gezeigt werden, wie eine plausibel erscheinende Kennzahl zur Quantifizierung eines Verlustträgers bestimmbar ist.

Bei $EW^M = 0$ beträgt $g_{EK}^M = -100$ %. Wenn der Endwert unter null sinkt, so muss die Kennzahl im negativen Bereich größer werden. Die Idee zur Definition der Berechnungsvorschrift wird durch ein Zahlenbeispiel illustriert.

Angenommen, das anfangs vorhandene Eigenkapital von 9.000 € sei nach fünf Jahren nicht nur aufgezehrt, sondern es sei sogar ein Schuldenstand von 900 € gegeben. Es gilt also EK = 9000 [€] und $EW^M = -900$ [€]. In diesem Fall ist die Eigenkapitaldifferenz[1] $EW^M - EK$ im Laufe der Planungsperiode insgesamt –9900 €. Im Verhältnis zum anfangs vorhandenen Eigenkapital ergibt sich eine Kennzahl von

$$\frac{-9900}{9000} = -1{,}1 = -110\ \%$$

Dieser Prozentsatz setzt sich aus zwei Komponenten zusammen: Die erste Komponente ist der vollständige Verlust des Eigenkapitals (–100 %), die zweite Komponente (–10 %) ist der Prozentsatz, der über den Verlust des Eigenkapitals hinaus erwartet wird. Die als Anteilswert zu definierende zweite Komponente sei mit v bezeichnet. v ist somit der Anteil der Schulden am Ende des Planungszeitraums in Bezug auf das anfangs eingesetzte Eigenkapital. Da die Schulden in t=n durch EW^M definiert sind, ist v wie folgt definiert:

$$v = \frac{-EW^M}{EK}$$

Nun ist die für die Totalperiode definierte Kennzahl 1 + v in einen Jahressatz w umzurechnen. Dies geschieht durch folgenden Ansatz:

$$1 + v = (1 + w)^n$$

Aufgelöst nach w ergibt sich:

$$w = \sqrt[n]{1+v} - 1$$

1 ... also der Totalgewinn.

g_{EK}^{M} hängt somit wie folgt von v ab:

$$g_{EK}^{M} = -(1+w) = -(1+\sqrt[n]{1+v}-1) = -\sqrt[n]{1+v}$$

Für v ist nun die oben stehende Definitionsgleichung einzusetzen:[1]

$$g_{EK}^{M} = -\sqrt[n]{1+\frac{-EW^{M}}{EK}} \qquad \text{für } EW^{M} < 0$$

zu 7: Dieser Antwort wird eine eigene Folge gewidmet, und zwar die folgende!

4 Zusammenfassende Darstellung der VOFI-Eigenkapitalrentabilität

Die Entwicklung einer Kennzahl für den Fall eines negativen Endwerts am Ende des Planungszeitraums führt – dies sei zusammenfassend dargestellt – zu folgender fallunterscheidenden Formulierung der VOFI-Eigenkapitalrentabilität:

$$g_{EK}^{M} = \begin{cases} \sqrt[n]{\frac{EW^{M}}{EK}} - 1 & \text{für } EW^{M} \geq 0 \\ -\sqrt[n]{1+\frac{-EW^{M}}{EK}} & \text{für } EW^{M} < 0 \end{cases}$$

Der Funktionsverlauf der VOFI-Eigenkapitalrentabilität in Abhängigkeit von EW^{M} wird in Abb. 40-1 dargestellt.

Abschließend sei noch auf einen kleinen Rationalisierungseffekt bei der Formulierung der Formel zur VOFI-Eigenkapitalrentabilität hingewiesen. Wenn die Eigenkapitalrentabilität der Opportunität von vornherein als Opportunitätskostensatz bzw. Eigenkapitalkostensatz i_O (und nicht als VOFI-Eigenkapitalrentabilität der Opportunität) bezeichnet wird, so kann bei der VOFI-Eigenkapitalrentabilität der betrachteten Investition auf das hochgestellte Symbol „M", das auf den „Mit-Fall" hinweist, verzichtet werden. Unter dieser Voraussetzung ist g_{EK} unmittelbar als VOFI-Eigenkapitalrentabilität der betrachteten Investition definiert.

---

[1] Y dachte: ‚Hoffentlich haben wir niemals ein Verlustobjekt, damit wir diese Kennzahl nicht bestimmen müssen!' (Er hatte den Ausführungen des Dr. X zu seiner sechsten Frage nicht ganz folgen können.)

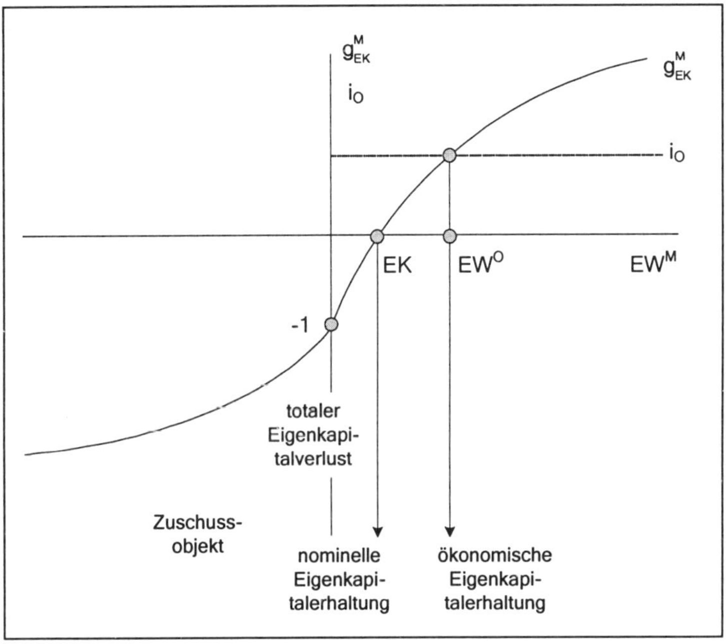

Abb. 40-1: Verlauf der VOFI-Eigenkapitalrentabilität in Abhängigkeit von EW^M

Kontrollfragen

Definieren Sie die VOFI-Eigenkapitalrentabilität in verbaler Form!

Nennen Sie die drei wichtigsten Daten, die in einem VOFI enthalten sind! Begründen Sie Ihre Auswahl!

Leiten Sie die VOFI-Eigenkapitalrentabilität für den Fall $EW^M \geq 0$ her!

Interpretieren Sie die VOFI-Eigenkapitalrentabilität!

Kann auch für den Fall $EW^M < 0$ eine Rentabilität ermittelt werden? Interpretieren Sie die Kennzahl!

Erstellen Sie ein 4-Quadranten-Schema, in dem der Zusammenhang zwischen VOFI-Eigenkapitalrentabilität und dem Endwert grafisch dargestellt wird!

Folge 41

VOFI-Gesamtkapitalrentabilität

Konkurrenz zum Internen Zinsfuß

1 Das Vorbild

Zur Definition der aus den Daten des VOFIs abzuleitenden Gesamtkapitalrentabilität einer Investition ist als „Vorbild" die einperiodige Gesamtkapitalrentabilität r_{GK} zu verwenden.[1] Diese lautet bekanntlich:

$$r_{GK} = \frac{G + Z^S}{EK + FK}$$

Symbole

G	Gewinn
Z^S	Sollzinsen
FK	Fremdkapital
EK	Eigenkapital (Eigene Mittel)

Zur Interpretation von r_{GK} ist von der Vorstellung auszugehen, dass die Koalitionsteilnehmer einer Unternehmung, die das Gesamtkapital aufbringen (also die Anteilseigner und die Kreditgeber), die Frage beantwortet haben wollen, zu welcher Wertschöpfung das von ihnen aufgebrachte Gesamtkapital geführt hat.[2]

---

[1] Die einperiodige Gesamtkapitalrentabilität wird – allerdings in äquivalenter Form unter Berücksichtigung von Opportunitätszinsen – auch bei der statischen Rentabilitätsvergleichsrechnung verwendet. Dort repräsentiert sie die Rendite des mittleren Jahres der Nutzungsdauer einer Investition.

[2] Der kreative Dr. X regte bei der Gelegenheit an, demnächst die Rentabilitätskennzahl um die monetären Merkmale des Produktionsfaktors Arbeit zu erweitern. Der Zähler des Quotienten stellt dabei die gesamte Wertschöpfung der Unternehmung dar. Die Formel lautet:

$$r_{WS} = \frac{G + Z^S + P}{EK + FK + HK}$$

Symbole

r_{WS}	Rentabilität der wertschöpfenden Produktionsfaktoren
P	Personalkosten
HK	Humankapital

Der Wertschöpfungsbeitrag der Eigenkapitalgeber wird durch den Gewinn abgegolten, der übrigens auch die Erträge von Reinvestitionen beinhaltet. Der Gewinn stellt eine residuale Größe dar.

Der Wertschöpfungsbeitrag der Fremdkapitalgeber ist in den vertraglich vereinbarten Sollzinsen zu sehen. Die Gesamtwertschöpfung der Kapitalgeber ist somit die Summe von Gewinn und Sollzinsen. Dieser Betrag ist mit dem „Gewinn vor Abzug der Sollzinsen" identisch. Außerdem wird er auch als Kapitalgewinn bezeichnet. Im internen Rechnungswesen und insbesondere im Controlling verbirgt sich dahinter der Return – der Zähler der bekannten Spitzenkennzahl Return on Investment (ROI).[1]

2 Herleitung der VOFI-Gesamtkapitalrentabilität, des Referenzzinsfußes und des Kriteriums

Zur Herleitung der VOFI-Gesamtkapitalrentabilität ist zunächst der Kapitalgewinn des mehrperiodigen Ansatzes zu definieren. Er setzt sich aus dem Pagatorischen Totalgewinn und den zeitlich totalen Zinsen der Fremdkapitalgeber derjenigen Kredite zusammen, die zur Finanzierung der Anschaffungsauszahlung des Investitionsobjekts aufgenommen worden sind.

Der Pagatorische Totalgewinn ist bekanntlich die Differenz zwischen dem Endwert der Investition und den anfangs eingesetzten Eigenen Mitteln. Die Berechnung des Pagatorischen Totalgewinns ist offenbar einfach. Schwieriger ist die Ermittlung der durch die Anschaffungsauszahlung verursachten Sollzinsen – es sei denn, dass der Kredit zur Finanzierung der Anschaffungsauszahlung erst am Ende der Nutzungsdauer einschließlich der kapitalisierten Zinsen getilgt wird, also wenn es sich um einen Zero-Bond-Kredit handelt.[2] Die Sollzinsen der Anschaffungsauszahlung (Z^S) sind dann wie folgt zu bestimmen:

$$Z^S = FK_0\,(1 + i_S)^n - FK_0$$

Aufwendiger ist die Berechnung von Z^S, wenn nicht nur die Anschaffungsauszahlung durch Kredite finanziert wird, sondern aufgrund negativer Einzahlungsüberschüsse auch Kredite für das operative Geschäft aufzunehmen sind. In diesem Fall ist zur verursachungsgerechten Ermittlung der Sollzinsen der Anschaffungsauszahlung eine Differenzanalyse in Form eines Mit-ohne-Vergleichs durchzuführen.

---

[1] Vgl. Grob, H. L. (1996), S. 325 ff.

[2] Dieser Ansatz ist bei der Explikation der impliziten Prämissen der Internen Zinsfußmethode verwendet worden.

Der Mit-Fall bildet die tatsächliche Finanzierungssituation ab, während beim Ohne-Fall von der Fiktion auszugehen ist, die Anschaffungsauszahlung würde vollständig mit Eigenen Mitteln finanziert. Aus den VOFIs, die den Rang einer Nebenrechnung haben, sind dann die der Anschaffungsauszahlung verursachungsgerecht zurechenbaren Sollzinsen ermittelbar.

Nun ist die Formel der VOFI-Gesamtkapitalrentabilität herzuleiten. Das Gesamtkapital wird im Investitionszeitpunkt t=0 eingesetzt. Im Zeitpunkt t=n ist es um den Kapitalgewinn erhöht worden, sofern zwischenzeitlich keine Entnahmen oder Einlagen vorgenommen worden sind.[1] Zu fragen ist nun, mit welcher Rate das anfangs vorhandene Gesamtkapital auf das um den Pagatorischen Totalgewinn PTG vergrößerte Gesamtkapital am Planungshorizont zusätzlich der Summe der Fremdkapitalzinsen Z^S anwächst. Das Gesamtkapital aus Sicht der Kapitalgeber in t=n ist somit wie folgt definiert:

$$GK_n = \overbrace{\underbrace{EK + \underbrace{EW^M - EK}_{PTG}}_{EK_n} + FK_0}^{GK_0} \underbrace{{} + Z^S}_{FK_n} = EW^M + FK_0 + Z^S$$

Die Wachstumsrate, mit der das Gesamtkapital in t=0 auf das Kapitel in t=n ansteigt, stellt die VOFI-Gesamtkapitalrentabilität g_{GK} dar.

Die Ausgangsgleichung zur Bestimmung von g_{GK} lautet:

$$GK_n = EW^M + FK_0 + Z^S = (EK + FK_0) \cdot (1 + g_{GK})^n$$

Wird die Ausgangsgleichung nach g_{GK} umgestellt, so ergibt sich die folgende Formel der VOFI-Gesamtkapitalrentabilität:[2]

---

1 Auf die Behandlung von Einlagen und Entnahmen bei der Ermittlung der VOFI-Gesamtkapitalrentabilität ist noch zurückzukommen.

2 Eine weitere Variante der Formel zur Bestimmung der VOFI-Gesamtkapitalrentabilität sieht die Integration des Kapitalkostensatzes k vor. Die Formel lautet:

$$g_{GK} = \sqrt[n]{\frac{\Delta EW + (EK + FK_0) \cdot (1+k)^n}{EK + FK_0}} - 1 \qquad \text{für } \Delta EW + (EK + FK_0) \cdot (1+k)^n \geq 0$$

$$g_{GK} = \sqrt[n]{\frac{EW^M + FK_0 + Z^S}{EK + FK_0}} - 1 \qquad \text{für } EW^M + FK_0 + Z^S \geq 0$$

Zum Zweck der Vorteilhaftigkeitsbestimmung ist nun ein Referenzzinsfuß zu definieren. In der Ausgangsformel repräsentiert K_{a_0} die zeitlich totalen Kapitalkosten der Anschaffungsauszahlung.

Zur Ermittlung der Referenzgröße k – das sind die der Anschaffungsauszahlung pro Geldeinheit zuzurechnenden Kapitalkosten – ist folgende Ausgangsgleichung aufzustellen:

$$K_{a_0} = Z^O + Z^S = (1+k)^n \cdot (EK + FK_0) - (EK + FK_0)$$

Symbole

Z^O totale Eigenkapitalkosten (Opportunitätszinsen)

k Referenzzinsfuß

Aufgelöst nach k ergibt sich:

$$k = \sqrt[n]{\frac{EK + Z^O + FK_0 + Z^S}{EK + FK_0}} - 1$$

Das Entscheidungskriterium unter Verwendung der VOFI-Gesamtkapitalrentabilität lautet:

Investiere, wenn $g_{GK} > k$.

Während in g_{GK} der Kapitalertrag pro GE der Anschaffungsauszahlung zum Ausdruck gebracht wird, repräsentiert k die entsprechenden Kapitalkosten pro Geldeinheit des für die Investition eingesetzten Kapitals.

Falls bei den für die VOFI-Gesamtkapitalrentabilität zu erhebenden Sollzinsen Z^S der Anschaffungsauszahlung ein fehlerhafter Wert zugerechnet wird (beispielsweise, wenn das Disagio versehentlich nicht den Zinsen zugeordnet wird), treten *keine* entscheidungslogischen Konsequenzen auf, da sich derartige Fehler in gleicher Weise sowohl in g_{GK} als auch in k niederschlagen und sich dabei zu null saldieren. Natürlich sollten derartige Zurechnungsfehler vermieden werden, um möglichst sinnvolle Kennzahlen zu erzeugen.

3 Demo-Beispiel

Ein Zahlenbeispiel unter Verwendung des VOFIs, der im Demo-Fall[1] dargestellt wurde, soll die Ausführungen zur VOFI-Gesamtkapitalrentabilität abrunden. Zur besseren Nachvollziehbarkeit sei der VOFI hier noch einmal wiedergegeben. Da die Einzahlungsüberschüsse ein negatives Element aufweisen, ist zur Ermittlung der Sollzinsen der Anschaffungsauszahlung eine Differenzanalyse in Form eines Mit-ohne-Vergleichs durchzuführen. Der folgende VOFI enthält die Originaldaten der Finanzierung:

Zeitpunkt	0	1	2	3	4	5
Zahlungsfolge der Investition	–18.000	–4.000	3.200	19.040	5.972	3.785
Eigene Mittel	9.000					
Kredit mit Endtilgung						
+ Aufnahme (brutto)	5.000					
– Disagio	500					
– Tilgung			5.000			
– Sollzinsen		300	300			
Kontokorrentkredit						
+ Aufnahme	4.500	4.885	3.320			
– Tilgung				12.705		
– Sollzinsen		585	1.220	1.652		
Reinvestition						
– Anlage				4.683	6.347	4.667
+ Rückfluss						
+ Ertrag					375	882
Finanzierungssaldo	0	0	0	0	0	0
Bestandsgrößen						
Finanzbestand				4.683	11.030	15.697
Kreditbestände						
Kredit mit Endtilgung	5.000	5.000				
Kontokorrentkredit	4.500	9.385	12.705			
Bestandssaldo	–9.500	–14.385	–12.705	4.683	11.030	15.697

Abb. 41-1: VOFI für DY11 als Datenbasis zur Bestimmung der VOFI-Gesamtkapitalrentabilität („Mit-Fall“)

[1] Vgl. Abb. 17-2, S. 129.

Die Summe der Sollzinsen kann unter Verwendung des VOFIs für den Mit-Fall nach dem Prinzip der Totalgewinnanalyse wie folgt errechnet werden:

$$Z^{S^M} = 500 + 300 + 300 + 585 + 1220 + 1652 = 4557 \text{ [€]}$$

Nun ist ein VOFI für den Ohne-Fall aufzustellen, in dem vollständige Eigenfinanzierung unterstellt wird.

Zeitpunkt	0	1	2	3	4	5
Zahlungsfolge der Investition	–18.000	–4.000	3.200	19.040	5.972	3.785
Eigene Mittel	18.000					
Kontokorrentkredit						
+ Aufnahme		4.000				
– Tilgung			2.680	1.320		
– Sollzinsen			520	172		
Reinvestition						
– Anlage				17.548	7.376	5.779
+ Rückfluss						
+ Ertrag					1.404	1.994
Finanzierungssaldo	0	0	0	0	0	0
Bestandsgrößen						
Finanzbestand				17.548	24.924	30.703
Kreditbestand		4.000	1.320			
Bestandssaldo	0	–4.000	–1.320	17.548	24.924	30.703

Abb. 41-2: VOFI für DY11 als Datenbasis zur Bestimmung der VOFI-Gesamtkapitalrentabilität („Ohne-Fall")

Die Summe der (nicht durch die Anschaffungsauszahlung verursachten) Sollzinsen beträgt im Ohne-Fall:

$$Z^{S^O} = 520 + 172 = 692 \text{ [€]}$$

Die der Anschaffungsauszahlung des Investitionsobjekts zurechenbaren Sollzinsen betragen:

$$Z^{S^M} - Z^{S^O} = Z^S = 4557 - 692 = 3865 \text{ [€]}$$

Nun liegen sämtliche Daten zur Ermittlung der VOFI-Gesamtkapitalrentabilität vor. Sie werden in die unten stehende Formel[1] eingesetzt:

$$g_{GK} = \sqrt[n]{\frac{EW^M + FK_0 + Z^S}{EK + FK_0}} - 1 \qquad \text{für } EW^M + FK_0 + Z^S \geq 0$$

$$g_{GK} = \sqrt[5]{\frac{15697 + 9000 + 3865}{18000}} - 1 = 0{,}09674 \mathrel{\hat{=}} 9{,}7\ \%$$

Anschließend ist der Wert des Referenzzinsfußes k zu bestimmen:

$$k = \sqrt[n]{\frac{EK + Z^O + FK_0 + Z^S}{EK + FK_0}} - 1$$

$$k = \sqrt[5]{\frac{9000 + 4424 + 9000 + 3865}{18000}} - 1 = 0{,}07705 \mathrel{\hat{=}} 7{,}7\ \%$$

Da die VOFI-Gesamtkapitalrentabilität größer ist als der Kapitalkostensatz k, ist die Investition als vorteilhaft einzustufen.

Kontrollfragen

Definieren Sie die VOFI-Gesamtkapitalrentabilität!

Erläutern Sie die unterschiedliche Datensituation bei der Ermittlung der der Anschaffungsauszahlung zuzurechnenden Summe der Sollzinsen!

Erläutern Sie die Schritte zur Berechnung der VOFI-Gesamtkapitalrentabilität!

Inwiefern ist die statische Gesamtkapitalrentabilität das „Vorbild“ der dynamischen VOFI-Gesamtkapitalrentabilität?

Kann es abweichende Entscheidungsempfehlungen geben, je nachdem, ob aufgrund des Endwertkriteriums, der VOFI-Eigenkapitalrentabilität oder der VOFI-Gesamtkapitalrentabilität entschieden wird?

---

[1] Die VOFI-Gesamtkapitalrentabilität kann unter Verwendung der oben stehenden Daten auch auf Basis der zweiten Variante (vgl. S. 254, Fn. 2) auch wie folgt errechnet werden:

$$g_{GK} = \sqrt[5]{\frac{2.473 + 18.000 \cdot (1 + 0{,}07705)^5}{18.000}} - 1 = 0{,}09674 \mathrel{\hat{=}} 9{,}7\ \%$$

Folge 42

Einperiodige Betrachtung der VOFI-Gesamtkapitalrentabilität

Dem Vorbild zuliebe

Zur Plausibilitätskontrolle wird nun die VOFI-Gesamtkapitalrentabilität für den Ein-Perioden-Fall formuliert. Schließlich ist ja die einperiodige Gesamtkapitalrentabilität als „Vorbild" bezeichnet worden.

Allgemein ist die VOFI-Gesamtkapitalrentabilität wie folgt definiert:

$$g_{GK} = \sqrt[n]{\frac{EW^M + FK_0 + Z^S}{EK + FK_0}} - 1 \qquad \text{für } EW^M + FK_0 + Z^S \geq 0$$

Für n=1 gilt:

$$g_{GK_{n=1}} = \frac{EW^M + FK_0 + Z^S}{EK + FK_0} - 1$$

Nach Einführung einer „nahrhaften Eins" und weiterer Umformungen ergibt sich:

$$g_{GK_{n=1}} = \frac{EW^M + FK_0 + Z^S}{EK + FK_0} - \frac{EK + FK_0}{EK + FK_0} = \frac{EW^M - EK + Z^S}{EK + FK_0}$$

Die Differenz zwischen EW^M und EK ist bekanntlich der Pagatorische Gewinn, der hier mit G bezeichnet wird. Also ist die VOFI-Gesamtkapitalrentabilität bei n=1 äquivalent zur bekannten einperiodigen Gesamtkapitalrentabilität[1] r_{GK}.

$$g_{GK_{n=1}} = \frac{G + Z^S}{EK + FK} = r_{GK}$$

Es ist gezeigt worden, dass der Pagatorische Gewinn vor Sollzinsen mit dem Kalkulatorischen Gewinn vor Kalkulatorischen Zinsen identisch ist. Aus diesem Grund gilt die folgende Beziehung:

---

[1] Wegen der Einperiodigkeit wird auf den Zeitindex 0 beim Fremdkapital verzichtet.

$$g_{GK_{n=1}} = \frac{G + Z^S}{EK + FK} = \frac{G^{kalk} + Z^{kalk}}{EK + FK} = r_{GK}$$

Nun soll der Kapitalkostensatz k bei einperiodiger Betrachtung interpretiert werden. Er ist wie folgt definiert:

$$k = \sqrt[n]{\frac{EK + Z^O + FK_0 + Z^S}{EK + FK_0}} - 1$$

Für n=1 gilt:

$$k_{n=1} = \frac{EK + Z^O + FK_0 + Z^S}{EK + FK_0} - 1$$

Durch Einführung der mittlerweile vertrauten „nahrhaften Eins" ergibt sich:

$$k_{n=1} = \frac{EK + Z^O + FK_0 + Z^S - (EK + FK_0)}{EK + FK_0}$$

Offenbar stimmt der Kapitalkostensatz k bei einperiodiger Betrachtung mit dem Kalkulationszinsfuß in Form eines Mischzinsfußes überein:

$$k_{n=1} = \frac{Z^O + Z^S}{EK + FK_0} = i_{misch}$$

Kontrollfragen

Warum ist die einperiodige Gesamtkapitalrentabilität

$$r_{GK} = \frac{G + Z^S}{GK}$$

nicht die Gesamtkapitalrentabilität der gleichnamigen statischen Methode?

Zeigen Sie, dass die VOFI-Gesamtkapitalrentabilität bei einperiodiger Betrachtung mit der Gesamtkapitalrentabilität unter Berücksichtigung pagatorischer Rechengrößen identisch ist! Zeigen Sie, dass dies auch bei Einbeziehung von Opportunitätskosten der Fall ist!

Welcher Zusammenhang besteht zwischen dem Kapitalkostensatz k und dem klassischen Kalkulationszinsfuß?

Folge 43

Zielbeziehungen zwischen dem Konzept der VOFI-Rentabilitäten und dem Endwertkonzept

Konsistenz ist Trumpf!

Y war immer an Zusammenhängen interessiert. Dr. X auch. Zum Glück, dass beide Rollen gut zusammenpassten. Der eine fragt – der andere antwortet. Das Ergebnis wird im Folgenden dargestellt. Es betrifft den Zusammenhang zwischen einer Entscheidung auf Basis der VOFI-Gesamtkapitalrentabilität und dem Endwertkonzept. Ausgangspunkt der Analyse der Zielbeziehungen ist folgendes Entscheidungskriterium:

Investiere, wenn $g_{GK} > k$

bzw. in ausführlicher Schreibweise:

$$\sqrt[n]{\frac{EW^M + FK_0 + Z^S}{EK + FK_0}} - 1 > \sqrt[n]{\frac{EK + Z^O + FK_0 + Z^S}{EK + FK_0}} - 1$$

Nach einigen Vereinfachungen ergibt sich der folgende Ausdruck:

$EW^M > EK + Z^O$

Wegen $EK + Z^O = EW^O$ gilt:

Investiere, wenn $EW^M > EW^O$

Es sei daran erinnert, dass bei den klassischen Verfahren wegen der divergierenden impliziten Prämissen, die mit der Kapitalwertmethode respektive mit der Internen Zinsfußmethode verbunden sind, abweichende Empfehlungen bezüglich der Investitionsentscheidung auftreten können. Bei VOFI ist (Ziel-)Harmonie angesagt. Die Konsistenz der Entscheidungen nach der VOFI-Gesamtkapitalrentabilität, der -Eigenkapitalrentabilität und dem Endwertkonzept ist durch die Explikation der aus Finanzierungskonditionen und Reinvestitionen resultierenden Maßnahmen sowie durch das übereinstimmende zeitliche Konzept gegeben.

Kontrollfragen

Wie lauten die Entscheidungskriterien beim Endwertkonzept, bei Verwendung der VOFI-Eigenkapital- und der VOFI-Gesamtkapitalrentabilität?

Zeigen Sie, dass eine Entscheidung unter Verwendung der VOFI-Gesamtkapitalrentabilität zum gleichen Ergebnis führt wie ein Endwertvergleich!

Folge 44

Kapitalerträge und -kosten

Noch ein Kriterium!

Das RWC-System[1] lebt von Differenzbetrachtungen. Es fängt mit dem Gewinn als Überschuss der Erträge über die Aufwendungen an und geht bis hin zum Kapitalwert, der als Differenz zwischen dem Ertragswert und der Anschaffungsauszahlung definiert werden kann. Für die Investitionsrechnung existiert noch eine weitere Differenz: der Überschuss der Kapitalerträge über die Kapitalkosten der Anschaffungsauszahlung einer Investition. Y entgegnete auf diese Überlegungen von Dr. X: „Erträge und Kosten – das sind doch verschiedene begriffliche Kategorien!"

„Ja. Der Begriff Kapital*kosten* ist zwingend notwendig, weil in dieser Größe auch Opportunitäts*kosten* enthalten sind. Der Begriff Kapital*ertrag* ist dagegen nicht zwingend. Man könnte genauso gut auch Kapital*leistungen* sagen, da in diesem Fall Erträge und Leistungen identisch sind und Leistungen in der gleichen begrifflichen Ebene stehen wie Kosten."

„Lassen Sie uns bei Kapitalerträgen bleiben. Ich habe mich an den Begriff gewöhnt."

Dann griff Dr. X auf die VOFI-Gesamtkapitalrentabilität g_{GK} und die entsprechende Referenzgröße k zu. Um auf die zeitlich totalen Kapitalkosten K_{a_0} des Investitionsobjekts zu kommen, muss das anfangs aufzubringende Gesamtkapital unter Berücksichtigung von k auf den Endzeitpunkt aufgezinst werden. Anschließend ist das in t=0 einzusetzende Gesamtkapital abzuziehen, also:

$$K_{a_0} = (1 + k)^n \cdot (EK + FK_0) - (EK + FK_0)$$

Der zeitlich totale Kapitalertrag E_{a_0} bestimmt sich wie folgt:

$$E_{a_0} = (1 + g_{GK})^n \cdot (EK + FK_0) - (EK + FK_0)$$

Haben Sie eine (Vor)Ahnung, was sich hinter der Differenz $E_{a_0} - K_{a_0}$ verbirgt? Genauer gefragt: Wie lautet der Überschuss der Kapitalerträge über die Kapitalkosten?

Die ausführliche Formel zur Ermittlung des Überschusses KÜ lautet:

---

[1] RWC = Rechnungswesen und Controlling

$$KÜ = \left[1 + \left(\sqrt[n]{\frac{EW^M + FK_0 + Z^S}{EK + FK_0}} - 1\right)\right]^n \cdot (EK - FK_0)$$

$$- \left[1 + \left(\sqrt[n]{\frac{EW^O + FK_0 + Z^S}{EK + FK_0}} - 1\right)\right]^n \cdot (EK - FK_0)$$

Dr. X war schon dabei, den Ausdruck zu vereinfachen, da präsentierte Y die Lösung: „Die gesuchte Differenz ist nichts anderes als der Kalkulatorische Totalgewinn – auch als ΔEW bekannt."

Dr. X war entzückt. Er errechnete den zeitlich totalen Kapitalertrag in Höhe von 10.562 €. Die entsprechenden Kapitalkosten bestimmte er mit 8.089 €. Die Differenz war gleich dem Unterschiedsbetrag der Endwerte, und zwar: $EW^M - EW^O = 15697 - 13224 = 2473 = \Delta EW$.

Dr. X kam beim Studium der Totalgewinnanalyse[1] ins Grübeln: Warum fand er dort nicht die zeitlich totalen Kapitalerträge und -kosten wieder?

St., der bisher voller Interesse dem Gespräch beigewohnt hat, lieferte die Antwort: „...weil nur die auf die Anschaffungsauszahlung zuzurechnenden Sollzinsen Bestandteil der Kapitalkosten sind.[2] Die restlichen Sollzinsen, die z. B. zur Finanzierung des negativen Einzahlungsüberschusses von –4.000 entstehen, erhöhen nicht die Kapitalkosten, sondern mindern den Kapitalertrag der Investition."

Diese Überlegung soll nun durch Aufspaltung der Fremdkapitalzinsen in der Totalgewinnanalyse kurz dargestellt werden. Zu den zeitlich totalen Kapitalkosten gehören nur die Fremdkapitalzinsen der Anschaffungsauszahlung sowie die Opportunitätszinsen, also: 3865 + 4224 = 8089 [€]. Die sonstigen Fremdkapitalzinsen haben den zeitlich totalen Kapitalertrag gemindert, der aus den übrigen Elementen der Totalgewinnanalyse besteht.

---

1 Vgl. Abb. 38-3, S. 238.

2 Vgl. S. 257.

	€
Umsatzerlöse	126.053
– variable Aufwendungen	50.421
– operative fixe Aufwendungen	50.000
– bilanzmäßige Abschreibungen	18.000
+ Reinvestitionsertrag	1.257
+ außerordentliche Erträge	2.365
= Pagatorischer Totalgewinn (vor Abzug der Fremdkapitalzinsen) (totales operatives Ergebnis)	11.254
– Fremdkapitalzinsen der Anschaffungsauszahlung	3.865
– sonstige Fremdkapitalzinsen	692
= Pagatorischer Totalgewinn (totaler Jahresüberschuss)	6.697
– Opportunitätszinsen	4.224
= Kalkulatorischer Totalgewinn (totales Betriebsergebnis)	2.473

Abb. 44-1: Totalgewinnanalyse für DY11
Aufspaltung des Pagatorischen und Kalkulatorischen Totalgewinns
aus Sicht der Finanzbuchhaltung

Dr. X, der sich über den Durchblick seines Praktikanten St. wirklich freute, resümierte: „Offenbar haben wir ein weiteres Kriterium für Investitionsentscheidungen entdeckt. Es lautet: Investiere, wenn die zeitlich totalen Kapitalerträge größer sind als die entsprechenden Kapitalkosten.“

Beinahe hätte wir vergessen, darauf hinzuweisen, dass die Verwendung der VOFI-Gesamtkapitalrentabilität zum Differenzkalkül zählt. Dies dürfte klar sein, wenn man sich vor Augen hält, dass eine Investition nur dann vorteilhaft ist, wenn ihre zeitlich totalen Kapitalerträge abzüglich der entsprechenden Kapitalkosten positiv sind. Für die Differenzanalyse ist ein Vergleich mit null typisch.

Kontrollfragen

Wie werden die zeitlich totalen Kapitalkosten und -erträge ermittelt?

Wie lautet das Entscheidungskriterium unter Verwendung der zeitlich totalen Kapitalkosten und -erträge?

Inwiefern ist die Totalgewinnanalyse anzupassen, wenn die Kapitalerträge und -kosten der Anschaffungsauszahlung in der Staffel explizit ausgewiesen werden sollen?

Folge 45

VOFI-Rentabilitäten unter Berücksichtigung von Entnahmen[1] und Einlagen

Entnahmen und Einlagen
beeinflussen die Rentabilitäten

1 Problemstellung

Trotz der zahlreichen Überlegungen zu den VOFI-Rentabiltäten bohrte Y weiter, aber nicht nur weiter, sondern auch tiefer.

„Offensichtlich ...“ (schon am ersten Wort bemerkte Dr. X einen leicht ironischen Anflug in Y's Ausführungen) „... wird bei den VOFI-Rentabilitäten unterstellt, dass Entnahmen bzw. Ausschüttungen, aber auch Einlagen nicht vorgesehen sind. Diese Annahme ist als problematisch anzusehen, da Unternehmungen doch letztlich gegründet werden, um die Bedürfnisse ihrer Kapitalgeber zu befriedigen. Diese Selbstverständlichkeiten werden von den VOFI-Rentabilitäten ignoriert.“

Dr. X *dachte*: ‚Erstens sind Rentabilitäten nicht in der Lage, etwas zu ignorieren. Dies könnte allenfalls dem ‚Erfinder‘ der Kennzahl zugeschrieben werden ...‘ und er *sagte*: „Zweitens ...“

„Wieso *zweitens*?“, fragte Y. Unbeirrt erläuterte Dr. X den folgenden Ansatz.

Die beiden VOFI-Rentabilitäten[2] lauten bekanntlich wie folgt:

$$g_{EK} = \sqrt[n]{\frac{EW^M}{EK}} - 1 \qquad \text{für } EW^M \geq 0$$

$$g_{GK} = \sqrt[n]{\frac{EW^M + FK_0 + Z^S}{EK + FK_0}} - 1 \qquad \text{für } EW^M + FK_0 + Z^S \geq 0$$

Richtig ist, dass die Rentabilitäten für den Fall definiert sind, dass *keine* Entnahmen oder Einlagen vorkommen. Tatsächlich würde eine Entnahme

---

[1] ...respektive Ausschüttungen ...

[2] Wegen der oben dargelegten Überlegungen zur Referenzgröße wird auf den hochgestellten Index verzichtet.

rein rechnerisch die Rentabilität mindern, da z. B. der Endwert der Investition durch die Entnahme niedriger ausfallen würde. Wird durch eine Entnahme wirklich die Vorteilhaftigkeit beeinträchtigt? Zumindest nicht in diesem Ausmaß! Aber in welchem?

2 Ein Vorschlag

Nach dieser Sequenz von Fragen ist nun die Problemlösung zu präsentieren. Vorzuschlagen ist, den Endwert um die Summe der Entnahmen abzüglich der Summe der Einlagen zu korrigieren. Aufgrund dieser Idee sind die oben stehenden Rentabilitätsformeln wie folgt zu modifizieren:

$$g_{EK} = \sqrt[n]{\frac{EW^M + \sum_{t=1}^{n}(ENT_t - EIN_t)}{EK}} - 1$$

$$\text{für } EW^M + \sum_{t=1}^{n}(ENT_t - EIN_t) \geq 0$$

$$g_{GK} = \sqrt[n]{\frac{EW^M + FK_0 + Z^S + \sum_{t=1}^{n}(ENT_t - EIN_t)}{EK + FK_0}} - 1$$

$$\text{für } EW^M + FK_0 + Z^S + \sum_{t=1}^{n}(ENT_t - EIN_t) \geq 0$$

Symbole

ENT_t Entnahme in t

EIN_t Einlage in t

Die Korrektur des Endwerts erfolgt also nominell in Höhe der jeweiligen Summen von Entnahmen und Einlagen. Der mit diesen Kapitaldispositionen verbundene Zinseffekt zeigt sich in der Beeinflussung des Endwerts der Investition. Letztlich wird der Endwert durch Entnahmen (Einlagen) aufgrund des Liquiditätsentzugs (Liquiditätszuflusses) reduziert (vergrößert).

3 Demo-Beispiel zur VOFI-Eigenkapitalrentabilität mit Entnahmen

Zur Erläuterung der VOFI-Eigenkapitalrentabilität unter Berücksichtigung von Entnahmen ist auf die in Folge 35 dargestellte Datensituation zurückzukommen.[1] Bei einer Entnahme von 1.469 € wird ein Endwert von 13.224 € erreicht. Für den Fall, dass *keine* Entnahmen vorgesehen sind, wurde für die oben dargestellte Datensituation eine VOFI-Eigenkapitalrentabilität von 11,8 % errechnet. Falls nun aber beispielsweise in t=0 eine Entnahme in Höhe des Zusätzlichen Anfangswerts von 1.469 € vorgenommen wird, die zur Folge hat, dass der Endwert der Investition auf den Endwert der Opportunität absinkt, so ergäbe sich bei Verwendung der eingangs dargestellten Formel zur Bestimmung der VOFI-Eigenkapitalrentabilität für die Investition eine Rendite in Höhe des Opportunitätskostensatzes in Höhe von 8 %. Diese Kennzahl ist offensichtlich falsch. Investition und Opportunität würden aufgrund ihrer Rentabilitäten gleich gut eingeschätzt, obwohl doch die Investition eine Entnahme möglich macht – die Opportunität dagegen nicht. Bei Verwendung der Formel, in der die Entnahme enthalten ist, ergibt sich dagegen eine VOFI-Eigenkapitalrentabilität von 10,3 %.

$$g_{EK}^{M} = \sqrt[5]{\frac{13224 + 1469}{9000}} - 1 = 0{,}103 \mathrel{\hat{=}} 10{,}3\ \%$$

Wie ist die Differenz zwischen der VOFI-Eigenkapitalrentabilität für den entnahmelosen Fall und der für den Fall *mit* Entnahme zu interpretieren? Natürlich reduziert die Entnahme die VOFI-Eigenkapitalrentabilität, da Finanzierungsvolumen entzogen wird, das sonst rentabel angelegt bzw. zur Tilgung von relativ teuren Krediten genutzt würde. Der Zins- bzw. Rentabilitätseffekt von Entnahmen beeinflusst also letztlich die Rentabilität. Analoge Überlegungen gelten für Einlagen.

[1] Vgl. S. 222.

4 Demo-Beispiel zur VOFI-Gesamtkapitalrentabilität mit Entnahmen

Zur Bestimmung der VOFI-Gesamtkapitalrentabilität unter Berücksichtigung von Entnahmen ist zunächst ein entsprechender VOFI aufzustellen:

Zeitpunkt	0	1	2	3	4	5
Zahlungsfolge der Investition	–18.000	–4.000	3.200	19.040	5.972	3.785
Eigene Mittel						
+ Einsatz	9.000					
– Entnahme	0	300	300	300	300	300
Kredit mit Endtilgung						
+ Aufnahme	5.000					
– Tilgung			5.000			
– Sollzinsen (inkl. Disagio)	**500**	**300**	**300**			
Kontokorrentkredit						
+ Aufnahme	4.500	5.185	3.659			
– Tilgung				13.344		
– Sollzinsen		**585**	**1.259**	**1.735**		
Reinvestition						
– Anlage				3.661	5.965	4.255
+ Rückfluss						
+ Ertrag					293	770
Finanzierungssaldo	0	0	0	0	0	0
Bestandsgrößen						
Finanzbestand				3.661	9.626	13.881
Kreditbestände						
Kredit mit Endtilgung	5.000	5.000				
Kontokorrentkredit	4.500	9.685	13.344			
Bestandssaldo	–9.500	–14.685	–13.344	3.661	9.626	13.881

Abb. 45-1: VOFI für DY11 zur Bestimmung der relevanten Sollzinsen bei der VOFI-Gesamtkapitalrentabilität („Mit-Fall“)

Zur Ermittlung der VOFI-Gesamtkapitalrentabilität sind zunächst die der Anschaffungsauszahlung zuzurechnenden Sollzinsen durch eine Differenzanalyse zu ermitteln. Zu diesem Zweck ist ein VOFI ohne Fremdfinanzierung – also mit Eigenfinanzierung der Anschaffungsauszahlung – durchzurechnen:

Zeitpunkt	0	1	2	3	4	5
Zahlungsfolge der Investition	–18.000	–4.000	3.200	19.040	5.972	3.785
Eigene Mittel						
+ Einsatz	18.000					
– Entnahmen	0	300	300	300	300	300
Kontokorrentkredit						
+ Aufnahme		4.300				
– Tilgung			2.341	1.959		
– Sollzinsen			**559**	**255**		
Reinvestition						
– Anlage				16.526	6.994	5.367
+ Rückfluss						
+ Ertrag					1.322	1.882
Finanzierungssaldo	0	0	0	0	0	0
Bestandsgrößen						
Finanzbestand				16.526	23.520	28.887
Kreditbestand		4.300	1.959			
Bestandssaldo	0	–4.300	–1.959	16.526	23.520	28.887

Abb. 45-2: VOFI für DY11 zur Bestimmung der relevanten Sollzinsen bei der VOFI-Gesamtkapitalrentabilität („Ohne-Fall")

Die Sollzinsen bei Mischfinanzierung („Mit-Fall") sind dem in Abb. 45-1 dargestellten VOFI zu entnehmen:

$$Z^{S^M} = 500 + 300 + 300 + 585 + 1259 + 1735 = 4675 \ [€]$$

Die Sollzinsen ohne Fremdkapital zur Finanzierung der Anschaffungsauszahlung („Ohne-Fall") sind aus dem in Abb. 45-2 abgebildeten VOFI zu übertragen:

$$Z^{S^O} = 559 + 255 = 814 \ [€]$$

Die zur Ermittlung der VOFI-Gesamtkapitalrentabilität benötigten Sollzinsen, die der Anschaffungsauszahlung zuzurechnen sind, belaufen sich somit auf:

$Z^S = 4675 - 814 = 3861$ [€]

Die übrigen Daten zur Bestimmung der VOFI-Gesamtkapitalrentabilität unter Berücksichtigung von Entnahmen lauten:

$$EW^M = 13881,\ FK_0 = 9000,\ \sum_{t=1}^{5} ENT_t = 1500,\ a_0 = 18000$$

Eingesetzt in die Formel zur Bestimmung der VOFI-Gesamtkapitalrentabilität unter Berücksichtigung der Entnahmen ergibt sich:

$$g_{GK} = \sqrt[5]{\frac{13881 + 9000 + 3861 + 1500}{18000}} - 1 = 0{,}0943 \mathrel{\hat=} 9{,}43\ \%$$

Die Entnahme hat den Endwert relativ stark gemindert. Bei der Ermittlung der VOFI-Gesamtkapitalrentabilität kommt jedoch ausschließlich der Zins- bzw. Rentabilitätseffekt zum Zuge.

5 Opportunitätskostensatz von Entnahmen

Im Rahmen des in Abschnitt 3 erörteren Demo-Beispiels führt die Entnahme von 1.469 € in den ersten drei Jahren zu höheren Zinsauszahlungen, die aus einer Ausweitung des Kontokorrentkredits resultieren. In den nächsten zwei Jahren fällt das Reinvestitionsvolumen niedriger aus. Letztlich führt diese Entnahme in t=0 zu einem um 15697 – 13224 = 2473 [€] niedrigeren Endwert.[1] Die Durchschnittsverzinsung der Entnahme i_{ENT} im Sinne eines Opportunitätskostensatzes für den gesamten Zeitraum von fünf Jahren beträgt:

$$i_{ENT} = \sqrt[5]{\frac{2473}{1469}} - 1 = 0{,}1096 \mathrel{\hat=} 10{,}96\ \%$$

Falls der Anteilseigner und die betrachtete Unternehmung *eine* wirtschaftliche Einheit darstellen würden, müsste gefragt werden, ob eine Entnahme in t=0 für ihn vorteilhaft ist. Dies ist nur dann der Fall, wenn für den Anteilseigner eine Alternativanlage zu einem Opportunitätssatz von mehr als 10,96 % anzusetzen ist.

In allgemeiner Form lautet die Formel zur Bestimmung des Opportunitätskostensatzes der Entnahme in t=0 wie folgt:

---

[1] Dass dieser mit ΔEW übereinstimmt, hängt damit zusammen, dass im Beispiel eine in t=0 durchzuführende Entnahme in Höhe des Zusätzlichen Anfangswerts unterstellt wurde.

$$i_{ENT} = \sqrt[n]{\frac{\Delta EW^M}{ENT_{t=0}}} - 1$$

Symbole

i_{ENT} Opportunitätskostensatz einer Entnahme in t=0

ΔEW^M Differenz der Endwerte der Investition mit und ohne Entnahme

$ENT_{t=0}$ Entnahme in t=0

Die folgende Frage drängt sich auf: Was ist, wenn die Entnahme nicht in t=0, sondern irgendwann erfolgt? Vielleicht sogar zu mehreren Zeitpunkten?

Hier die Antwort: Dann muss ein äquivalenter VOFI aufgestellt werden mit einer Entnahme in t=0, die zum gleichen Endwert führt wie die „Entnahmevielfalt".

Kontrollfragen

Diskutieren Sie die Modifikation der Grundformeln zur Bestimmung der VOFI-Eigenkapital- und -Gesamtkapitalrentabilität, wenn Entnahmen bzw. Einlagen zu berücksichtigen sind!

Wie wirkt sich eine Entnahme im Zeitpunkt t=0 auf die VOFI-Eigenkapitalrentabilität aus?

Wie wirkt sich eine Entnahme im Zeitpunkt t=n auf die VOFI-Eigenkapitalrentabilität aus?

Wie wirkt sich eine Entnahme im Zeitpunkt t=0 auf die VOFI-Gesamtkapitalrentabilität aus?

Wie kann die Durchschnittsverzinsung der Entnahmen errechnet werden? Welche Bedeutung kommt ihr zu?

Folge 46

Die VOFI-Pay-off-Periode

Nur eine Zusatzinformation

1 Vorüberlegungen

Eines Abends gestand Y seinem Mitarbeiter Dr. X, dass er immer noch ein Freund der Pay-off-Methode sei. Selbstverständlich sei ihm bekannt, dass die Pay-off-Methode in der Literatur recht kritisch angegangen werde.[1] Natürlich wisse er, dass die Amortisationsdauer („Pay-off-Time") kein geeignetes Instrument zur Berücksichtigung des Risikos darstelle, auch würde er nicht auf den Gedanken kommen, zur endgültigen Beurteilung einer Investition ihre Pay-off-Zeit mit einer Sollamortisationsdauer zu vergleichen. Schließlich versicherte er, niemals darauf hereinzufallen, beim Vergleich mehrerer Investitionen dem Objekt mit der kürzesten Pay-off-Zeit den Vorzug zu geben, da ja sonst die Zahlungen *nach* dem jeweiligen Pay-off-Zeitpunkt ignoriert würden; trotzdem – er meine, die Pay-off-Periode sei bei der Investitionsentscheidung eine recht anschauliche Größe. Dr. X konnte sich auf die Bezeichnung „anschauliche Größe" einlassen, obwohl er sogar die Charakterisierung als (Zusatz-)Information aus informationstheoretischer Sicht abgelehnt hatte.

Dann kam Y mit seiner Frage heraus: „Muss ich eigentlich bei VOFI, insbesondere wenn eine Konditionenvielfalt auf dem Finanzierungssektor vorliegt, auf diese griffige Kennzahl verzichten?"

Dr. X betrachtete den VOFI mit den aktuellen Daten und wies auf die Bestandsgrößen „unter dem Strich" hin:

Zeitpunkt	0	1	2	3	4	5
Bestandsgrößen						
Finanzbestand				4.683	11.030	15.697
Kreditbestände						
Kredit mit Endtilgung	5.000	5.000				
Kontokorrentkredit	4.500	9.385	12.705			
Bestandssaldo	–9.500	–14.385	–12.705	4.683	11.030	15.697

Abb. 46-1: Entwicklung der Bestandsgrößen

[1] Vgl. z. B. Folge 26, S. 176 ff.

Dann sagte er: „Der Pay-off-Zeitpunkt liegt in der dritten Periode, da ab t=3 erstmalig ein Guthabenbestand erreicht wird!"

„Das kann nicht sein!", erwiderte Herr Y, der Befürworter der Pay-off-Methode. „Stellen Sie sich vor, die Investition würde nur mit Eigenen Mitteln finanziert, dann würde doch der Pay-off-Zeitpunkt mit dem Investitionszeitpunkt übereinstimmen, selbst dann, wenn sich die Investition nicht lohnen würde!"

Dies sah der Experte Dr. X sofort – er war ja auch ein schneller Denker – ein und schlug folgendes Kriterium vor: „Der Pay-off-Zeitpunkt ist dann erreicht, wenn die ursprünglich eingesetzten Eigenen Mittel erstmalig in voller Höhe zurückgeflossen ist. Das ist in t=4 der Fall, da in dieser Periode zum ersten Mal der Guthabenbestand größer als 9.000 € ist."

Dr. X hatte wohl zu schnell gedacht, denn Y schüttelte zurecht erneut den Kopf: „Ihr Vorschlag erinnert mich an prähistorische Zeiten der Investitionsrechnung, in denen Zinsen und Zinseszinsen vernachlässigt wurden!"

Nach diesen beiden bedauernswerten Fehlversuchen soll nun das richtige Konzept vorgeführt werden.

2 Das Konzept

Y referierte: „Zur Ermittlung der VOFI-Pay-off-Zeit[1] ist periodisch-sukzessiv zu kontrollieren, ab welchem Zeitpunkt das Guthaben, das bei Durchführung der Investition erzielt wird, größer ist als das Guthaben, das sich aus einer Verzinsung des anfangs vorhandenen Eigenkapitals ergibt. Die VOFI-Pay-off-Periode ist also dadurch definiert, dass ΔEW bei Variation von t – also: ΔEW(t)[2] – erstmalig größer oder gleich null ist. Dies ist, wie aus Abb. 46-2 hervorgeht, in t=5 der Fall!" Anzumerken ist, dass die Werte für die Opportunität periodisch-sukzessiv mithilfe der unten stehenden Aufzinsungsformel berechnet wurden:

$$EW^{O}(t) = EK \cdot q^{t} \qquad \text{für } t=1,\ldots,n$$

[1] Der multilinguale Begriff VOFI-Pay-off-Zeit ist als Beitrag zur Völkerverständigung zu interpretieren.

[2] Offensichtlich wird das Ende iterativ in die Zukunft weiterverschoben.

Zeitpunkt	0	1	2	3	4	5
Investition DY11						
Finanzbestand				4.683	11.030	15.697
Kreditbestände						
Kredit mit Endtilgung	5.000	5.000				
Kontokorrentkredit	4.500	9.385	12.705			
$EW^M(t)$	–9.500	–14.385	–12.705	4.683	11.030	15.697
Opportunität						
$EW^O(t)$	9.000	9.720	10.498	11.337	12.244	13.224
ΔEW(t)	–18.500	–24.105	–23.203	–6.654	–1.214	**+2.473**
VOFI-Pay-off-Periode	nein	nein	nein	nein	nein	**ja**

Abb. 46-2: Entwicklung des Zusätzlichen Endwerts im Zeitablauf

St. stellte fest: „Die VOFI-Pay-off-Methode impliziert natürlich die gleichen Prämissen bezüglich der Sofortabschreibungen wie die klassische Pay-off-Methode." Er hatte doch tatsächlich den Stoff von Folge 26[1] parat, ohne kurz vor einer Klausur zu stehen.

Kontrollfragen

Definieren Sie die VOFI-Pay-off-Periode!

Unter welchen Bedingungen führen die klassische Pay-off-Periode und die VOFI-Pay-off-Periode zu identischen Ergebnissen?

Warum ist die VOFI-Pay-off-Zeit lediglich als „anschauliche Größe" und nicht einmal als *Zusatzinformation* anzusehen?

Warum ist der Pay-off-Zeitpunkt nicht derjenige Zeitpunkt, in dem zum ersten Mal ein Guthabenbestand erzeugt wird?

Warum ist der Pay-off-Zeitpunkt nicht derjenige Zeitpunkt, in dem zum ersten Mal der Guthabenbestand mindestens so hoch ist wie das anfangs eingesetzte Eigenkapital?

Wie lässt sich die VOFI-Pay-off-Periode bestimmen? Interpretieren Sie diese!

Warum wird bei der Ermittlung der (VOFI-)Pay-off-Periode implizit unterstellt, dass die Anschaffungsauszahlung sofort abgeschrieben wird?

---

[1] Vgl. S. 180.

Folge 47

Effektivverzinsung von Krediten

Effektivverzinsung mit und ohne Fiktionen

1 Fragestellung

„Wie ist eigentlich die Effektivverzinsung von Krediten auf der Grundlage eines VOFIs zu berechnen?“, murmelte Dr. X vor sich hin. Obwohl es offensichtlich ein Selbstgespräch war, mischte sich Y ein, der zufälligerweise gerade vorbeiging. Er sagte: „Wenn zum Beispiel zur Finanzierung einer Investition ein Kredit zu einem Sollzinsfuß von 13 % eingesetzt wird, dann ist dies der Effektivzinssatz!“

Dr. X schluckte. Darüber ein Selbstgespräch zu führen, hätte sich wohl nicht gelohnt. Y, der dies nun auch bemerkte, fuhr fort: „Und wenn die Investition zu 50 % mit einem 13%igen und zu 50 % mit einem 11%igen Kredit finanziert wird, dann ist der Effektivzinsfuß des Kreditbündels 12 %!“

Dr. X hatte nicht nur Lust zu widersprechen, er widersprach auch und sagte: „Nicht unbedingt!“ Nachdem er das fragende Gesicht seines Gegenübers kurz genossen hatte, erklärte er:

„Es kommt bei den Krediten zum einen auf die Laufzeit und zum anderen auf die Kapitalbindung im Laufe der Kreditdauer an – also nicht nur auf ihre Anfangshöhe und die Zinssätze!“

Y besann sich auf seine Chefrolle und erteilte Dr. X stehenden Fußes einen Auftrag. „Ich wollte eigentlich schon immer wissen, wie hoch die Effektivverzinsung der Kredite ist, mit denen wir unsere Investition DY11 finanzieren wollen. Bitte legen Sie mir bis morgen[1] das Ergebnis mit Erläuterungen vor!“

---

[1] Da Wörtchen *bis* erhöht offenbar den *Biss*. „Bis morgen“ – damit wird die Erwartung verbunden, dass die Präsentation der Ergebnisse am heutigen Tag auch nicht schlecht wäre.

2 Lösungsvorschläge

2.1 Traditioneller Vorschlag

Die Grundidee zur *traditionellen* Ermittlung des Effektivzinsfußes eines Kredits besteht darin, sämtliche einem Kredit zuzurechnenden Zahlungen, also Kreditaufnahme, Zinszahlungen und Tilgungen, *in einer* Zahlungsfolge zusammenzufassen und für diese denjenigen Kalkulationszinsfuß zu ermitteln, bei der der Kapitalwert gleich null ist.[1] Der Interne Zinsfuß lässt (aus der Hölle[2]) grüßen.

Zur Ermittlung von Effektivzinsfüßen bietet der VOFI eine übersichtliche Grundlage, die relevanten Daten zeilenweise zu extrahieren.[3] So fallen beispielsweise für das Darlehen des in Abb. 30-1 (vgl. S. 206) dargestellten VOFIs die folgenden Zahlungen an:

Zeitpunkt	0	1	2
+ Kreditaufnahme	5.000		
– Tilgung			5.000
– Zinsen (inkl. Disagio)	500	300	300
Zahlungsfolge des Darlehens	4.500	–300	–5.300

Abb. 47-1: Ermittlung der Zahlungsfolge des Darlehens

Der Lösungsansatz zur Bestimmung von i_{eff} lautet formal:

$i_{eff} = i$, wenn gilt:

$$C(i) = 4500 - 300 \cdot (1+i)^{-1} - 5300 \cdot (1+i)^{-2} \overset{!}{=} 0$$

$$i_{eff} = 0{,}1191 \mathrel{\hat{=}} 11{,}91\ \%.$$

Natürlich sind aufgrund der Verwendung der Internen Zinsfußmethode zur Bestimmung des Effektivzinsfußes auch die impliziten Prämissen dieses klassischen Verfahrens „geerbt" worden: Folglich wird beim Effektivzinsfuß unterstellt, dass die zwischenzeitliche Finanzierung zum Effektivzinsfuß des betreffenden Kredits abgewickelt wird. Diese implizite Prämisse der klassischen Methode zur Bestimmung des Effektivzinsfußes eines Kredits soll nun kurz demonstriert werden.

---

1 Vgl. u. a. Altrogge, G. (1996), S. 208 ff., Schierenbeck, H. (1984), S. 99-108.

2 Vgl. S. 196.

3 Hätte der VOFI menschliche Gefühle, so müsste er sich bei so viel Kritik an der Internen Zinsfußmethode *benutzt* vorkommen.

Aus Abb. 47-2 geht hervor, dass im Zeitpunkt 1 Zinsen in Höhe von 300 € anfallen. Nun wird bei der klassischen Effektivzinsfußberechnung nicht etwa unterstellt, dass diese Zinsen durch die Einzahlungsüberschüsse der Investition finanziert werden – vielmehr wird angenommen, dass sie durch einen Kredit mit gleichem Zinsfuß gedeckt werden. Diese als Transformationskredit zu bezeichnende Maßnahme führt zu einer Zahlungsfolge mit einem fiktiven Kreditbündel.

Zeitpunkt	0	1	2
Darlehen			
+ Aufnahme	5.000,00		
– Tilgung			5.000,00
– Zinsen (inkl. Disagio)	500,00	300,00	300,00
Transformationskredit			
+ Aufnahme		300,00	
– Tilgung			300,00
– Zinsen			35,73
Zahlungsfolge des fiktiven Kreditbündels	4.500,00	0	–5.635,73

Abb. 47-2: Ermittlung der Zahlungsfolge des fiktiven Kreditbündels

Der Lösungsansatz zur Bestimmung des Effektivzinsfußes des fiktiven Kreditbündels ergibt den bereits ermittelten Effektivzinsfuß des Darlehens:

$i_{eff} = i$, wenn gilt:

$$C(i) = 4500 - 5635{,}73 \cdot (1 + i)^{-2} \overset{!}{=} 0$$

$$i_{eff} = 0{,}1191 \mathrel{\hat{=}} 11{,}91\ \%.$$

Warum sind die impliziten Prämissen der Internen Zinsfußmethode nicht gar so dramatisch wie bei der Beurteilung der Vorteilhaftigkeit von Investitionsobjekten? Weil es durchaus vorstellbar ist, dass ähnliche Konditionen bei zukünftigen Krediten wie bei dem zu beurteilenden Kredit existieren. Insofern kann man mit der impliziten Prämisse „leben“.

Dr. X wollte zeigen, dass der Effektivzinsfuß des *Kontokorrentkredits* bei einer Datenextraktion aus dem VOFI tatsächlich 13 % ergibt und übertrug die entsprechenden Elemente aus dem VOFI. Hier ist die Berechnung:

Zeitpunkt	0	1	2	3
+ Aufnahme	4.500	4.885	3.320	
– Tilgung				12.705
– Zinsen		585	1.220	1.652
Zahlungsfolge des Kontokorrentkredits	4.500	4.300	2.100	–14.357

Abb. 47-3: Ermittlung der Zahlungsfolge des Kontokorrentkredits

Der Ansatz zur Bestimmung des Effektivzinsfußes lautet:

$i_{eff} = i$, wenn gilt:

$$C(i) = 4500 + 4300 \cdot (1 + i)^{-1} + 2100 \cdot (1 + i)^{-2} - 14357 \cdot (1 + i)^{-3} \overset{!}{=} 0$$

Natürlich ergab sich bei dieser Zahlungsfolge ein Effektivzinsfuß von 13 %. Die Einführung von Transformationskrediten bestätigte die Aussage über die implizite Prämisse des klassischen Effektivzinsfußes.

Die nächste zu klärende Frage lautet: Wie hoch ist der Effektivzinsfuß der gesamten Finanzierungsmaßnahmen, also des aus Darlehen *und* Kontokorrentkredit bestehenden Kreditbündels? Ein gewogenes arithmetisches Mittel unter Berücksichtigung der Anfangsbeträge zu berechnen, wäre offensichtlich falsch, denn die Kapitalbindung ändert sich von Jahr zu Jahr. Deshalb sind die beiden aus dem VOFI extrahierten Zahlungsfolgen wie folgt zusammenzufassen:

Zeitpunkt	0	1	2	3
Zahlungsfolge des Darlehens (vgl. Abb. 47-1)	4.500	–300	–5.300	
Zahlungsfolge des Kontokorrentkredits (vgl. Abb. 47-3)	4.500	4.300	2.100	–14.357
Zahlungsfolge des Kreditbündels	9.000	4.000	–3.200	–14.357

Abb. 47-4: Ermittlung der Zahlungsfolge des Kreditbündels

Die Effektivverzinsung des Kreditbündels beträgt 12,69919 %.

Dr. X ahnte, dass ihn Y fragen würde. „Was habe ich mir unter dem Prozentsatz 12,69919 vorzustellen?“, und bereitete prophylaktisch einen VOFI zur Interpretation vor (vgl. Abb. 47-6). Aus dem VOFI ist ersichtlich, dass ein Einheitskredit, der bezüglich der Flexibilität die Merkmale eines Kontokorrentkredits aufweist, bei einem Zinsfuß in Höhe der Effektivverzinsung zum gleichen Endwert von 15.697 € führt wie die beiden Kredite mit ihren Originalkonditionen.

Voraussetzung für die Integration des Einheitskredits in den VOFI ist jedoch, dass Reinvestitionen erst dann durchgeführt werden, wenn sämtliche Kredite getilgt sind. Diese Voraussetzung ist im vorliegenden Fall erfüllt. Sie wäre beispielsweise dann *nicht* gegeben, wenn das Darlehen erst in der letzten Periode getilgt werden dürfte und zwischenzeitlich Reinvestitionen zu einem anderen Zinssatz möglich wären. Offensichtlich ist der Effektivzinsfuß auch bei der Annahme eines Einheitskredits nicht ohne Probleme. Die impliziten Reinvestitionen und Finanzierungsprämissen der Internen Zinsfußmethode sind als Grund zu nennen.

Zeitpunkt	0	1	2	3	4	5
Zahlungsfolge der Investition	–18.000	–4.000	3.200	19.040	5.972	3.785
Eigene Mittel	9.000					
Einheitskredit						
+ Aufnahme	**9.000**	**5.143**				
– Tilgung			**1.404**	**12.739**		
– Sollzinsen		**1.143**	**1.796**	**1.618**		
Reinvestition						
– Anlage				4.683	6.347	4.667
+ Rückfluss						
+ Ertrag					375	882
Finanzierungssaldo	0	0	0	0	0	0
Bestandsgrößen						
Finanzbestand				4.683	11.030	15.697
Kreditbestand	9.000	14.143	12.739			
Bestandssaldo	–9.000	–14.143	–12.739	4.683	11.030	**15.697**

Legende: Effektivzinsfuß des Einheitskredits = **12,69919 %**

Abb. 47-5: VOFI zur Interpretation der Effektivverzinsung eines Kreditbündels

2.2 Ein neuer Vorschlag

Nachdem gezeigt worden ist, dass der klassische Effektivzinsfuß mit den Prämissen der Internen Zinsfußmethode belastet ist, soll nun auf eine prämissenkonforme Konzeption zur Bestimmung von Effektivzinsfüßen auf Basis von VOFI eingegangen werden.[1]

[1] Vgl. Grob, H. L. (1989), S. 94-104, insbes. S. 100 ff.

Die Grundidee bei der Entwicklung dieser neuen Kennzahl zur Quantifizierung der Effektivverzinsung von Krediten oder Kreditbündeln besteht darin, anstelle eines Kredits mit spezifischen Konditionen (z. B. mit Disagio und zeitlich variierenden Zinsfüßen) einen solchen mit einem einheitlichen Zinsfuß anzusetzen, der zum gleichen Endwert der Investition führt.

Als Beispiel sei der VOFI-Effektivzinsfuß für das Darlehen mit Disagio berechnet. Er beläuft sich auf 11,9948 %. Eine Integration eines äquivalenten Darlehens mit einheitlichem Zinsfuß, die zu einem Endwert von 15.697 €[1] führt, wird in dem in Abb. 47-6 enthaltenen VOFI dargestellt.

Zeitpunkt	0	1	2	3	4	5
Zahlungsfolge der Investition	–18.000	–4.000	3.200	19.040	5.972	3.785
Eigene Mittel	9.000					
Kredit mit Endtilgung						
+ Aufnahme	**5.000**					
– Tilgung			**5.000**			
– Sollzinsen		**600**	**600**			
Kontokorrentkredit						
+ Aufnahme	4.000	5.120	3.585			
– Tilgung				12.705		
– Sollzinsen		520	1.186	1.652		
Reinvestition						
– Anlage				4.684	6.347	4.666
+ Rückfluss						
+ Ertrag					375	881
Finanzierungssaldo	0	0	0	0	0	0
Bestandsgrößen						
Finanzbestand				4.684	11.031	15.697
Kreditbestände						
Kredit mit Endtilgung	5.000	5.000				
Kontokorrentkredit	4.000	9.120	12.705			
Bestandssaldo	–9.000	–14.120	–12.705	4.684	11.031	**15.697**

Legende: VOFI-Effektivzinsfuß des Kredits mit Endtilgung = **11,9948 %**

Abb. 47-6: Interpretation der VOFI-Effektivverzinsung

[1] Vgl. hierzu den in Abb. 30-1, S. 206 dargestellten VOFI, in dem das Darlehen mit Disagio enthalten ist.

Welche Chance hat der VOFI-Effektivzinsfuß, von der Praxis akzeptiert zu werden? Die Aussicht ist nicht rosig! Wegen der gesetzlichen Vorschriften, die bei der Bekanntgabe von Effektivzinsfüßen von Banken beachtet werden müssen, dürfen VOFI-Effektivzinsfüße im Kreditgeschäft nicht angewandt werden. Effektivzinsfüße im Bankensektor sind also nicht individualisiert, sprich: kundenorientiert, sondern gehen von Standardannahmen aus. Indes sind der unternehmensinternen Verwendung von Effektivzinsfüßen im Rahmen des Investitionscontrollings keine Grenzen gesetzt – mit anderen Worten: Sie können (und sollten) aus den Daten von VOFI hergeleitet werden.

Kontrollfragen

Definieren Sie den Begriff Effektivzinsfuß eines Kredites und gehen Sie dabei insbesondere auf den klassischen Effektivzinsfuß ein!

Wie wird die Effektivverzinsung von Krediten unter Verwendung der Internen Zinsfußmethode berechnet?

Welche implizite Prämisse ist in der klassischen Effektivzinsfußberechnung enthalten?

Erläutern Sie, wie für ein Kreditbündel der klassische Effektivzinsfuß bestimmt werden kann!

Interpretieren Sie den Effektivzinsfuß eines Kreditbündels mithilfe eines VOFIs!

Manchmal wird zur Berechnung des Effektivzinsfußes das Disagio linearisiert, also in gleichen Anteilen auf die Laufzeit des Kredits verteilt. Zeigen Sie den Fehler dieser approximativen Vorgehensweise, das Disagio auf die Laufzeit des Kredits linear zu verteilen!

Inwiefern beeinflusst das Disagio den Effektivzinsfuß eines Kredits?

Welche Voraussetzung muss erfüllt sein, wenn der sog. Einheitskredit mit den tatsächlich in Anspruch genommenen Krediten vergleichbar sein soll?

Welche Möglichkeiten bietet VOFI bei der Berechnung des Effektivzinsfußes?

Warum weicht bei der Analyse des endfälligen Kredits der Effektivzinsfuß nach der Internen Zinsfußmethode vom VOFI-Effektivzinsfuß ab?

Folge 48

Präsentationsgrafik

Eine Grafik sagt mehr als 1.000 Zahlen

Als Y und Dr. X einmal über Fragen der Präsentation von Investitionsrechnungen sprachen, meinte Y: „So ein VOFI ist in den Augen zahlreicher Menschen ein Zahlenfriedhof. Viele haben nicht die Fähigkeit, vielleicht auch nicht die Zeit, die Daten zu studieren und zu interpretieren, Entwicklungen abzulesen oder gar kritische Punkte zu erkennen. Wir können nicht die Menschen verändern – wir müssen ihnen durch eine andersartige Darstellung entgegenkommen: durch eine VOFI-Grafik!"

Dr. X versprach mal wieder, *alle Register zu ziehen* und eilte zu seinem PC. Dabei murmelte er: „Balkendiagramm, Kreisdiagramm, gestaffelte Balken ..."

Eine Woche später lud Y zu einer außerordentlichen Sitzung ein. Er hatte eine PC-Präsentation[1] vorbereitet. Erwartungsvoll blickten die Teilnehmer auf die Leinwand. Schon der Beginn der Sitzung war eindrucksvoll. Am Anfang der Slideshow ertönte hymnische Musik aus den am PC angeschlossenen Boxen. Dann glitt der Text *VOFI für DY11* über den Bildschirm. Weitere Bilder glitten nicht nur, sie fielen wie ein Vorhang, zerbröselten und wurden aus Punkten wieder neu geschaffen. Typisch für PowerPoint-Anfänger!

Die Präsentation der Grafiken verlief als kinetischer Prozess. Zwischen den einzelnen Abbildungen gab Y prägnante Erläuterungen – *live.* Die meisten Teilnehmer waren beeindruckt. Insbesondere der Marketingleiter staunte. Dem Controller Dr. X war aufgefallen, dass mit Gewinn, Betriebsergebnis, Cashflow und Return auch ein paar neue einperiodige Kennzahlen in ihrer zeitlichen Entwicklung dargestellt worden sind. Auch wurde deutlich, dass der VOFI eine Basis zur Ermittlung des Totalen Cashflows und seiner Verwendung für (Re)Investitionen, Tilgungen und Ausschüttungen darstellt. Im Folgenden werden einige Beispiele wiedergegeben, die aus den Daten des VOFIs erzeugbar sind.[2]

---

[1] Vgl. Grob, H. L. (2002).

[2] Falls Sie sich für weitere Kennzahlen und deren grafische Präsentation interessieren, sollten Sie sich in das entsprechende Spreadsheet „Folge 50 – Präsentationsgrafik – 2.xls" vertiefen.

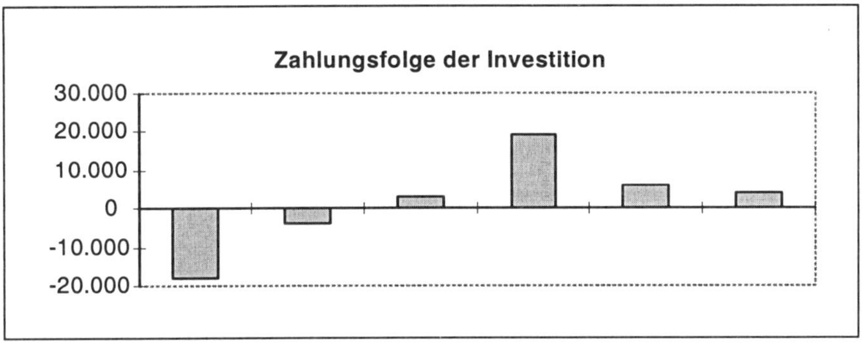

Abb. 48-1: Grafische Darstellung der Zahlungsfolge der Investition

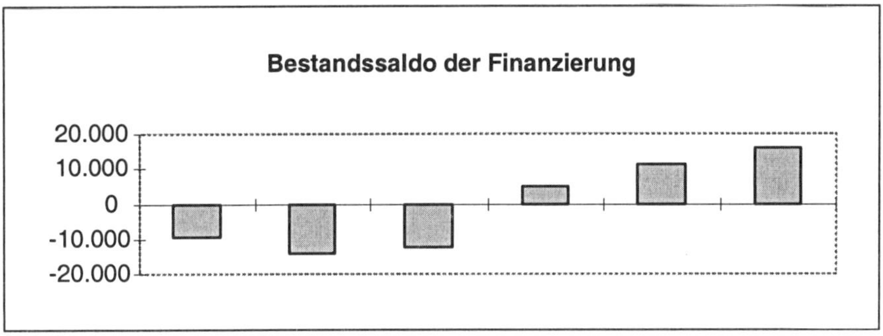

Abb. 48-2: Entwicklung des Bestandssaldos

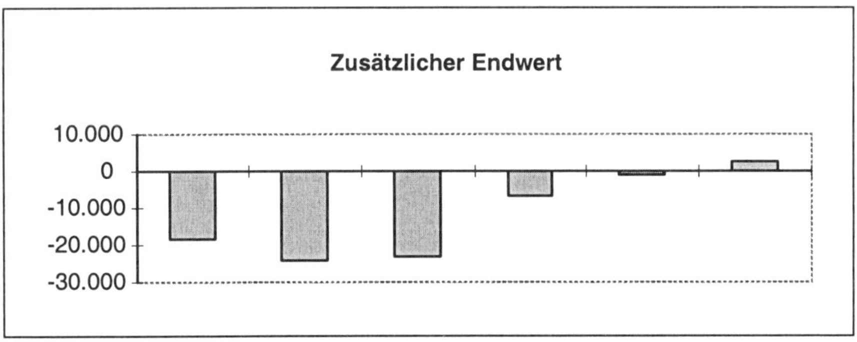

Abb. 48-3: Entwicklung der Zusätzlichen Endwerte im Zeitablauf

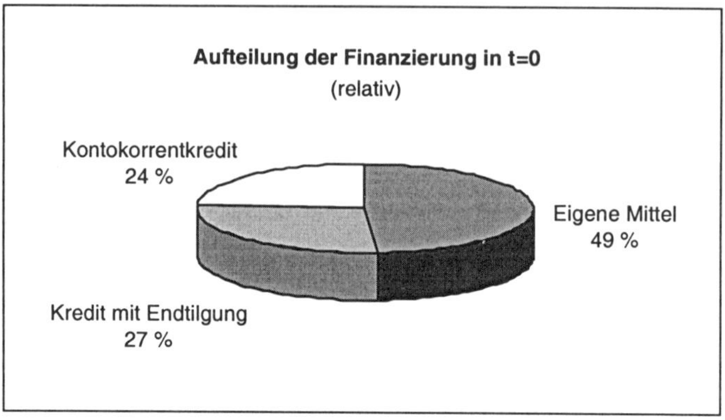

Abb. 48-4: Grafische Darstellung der Aufteilung der Finanzierung in t=0 (relativ)

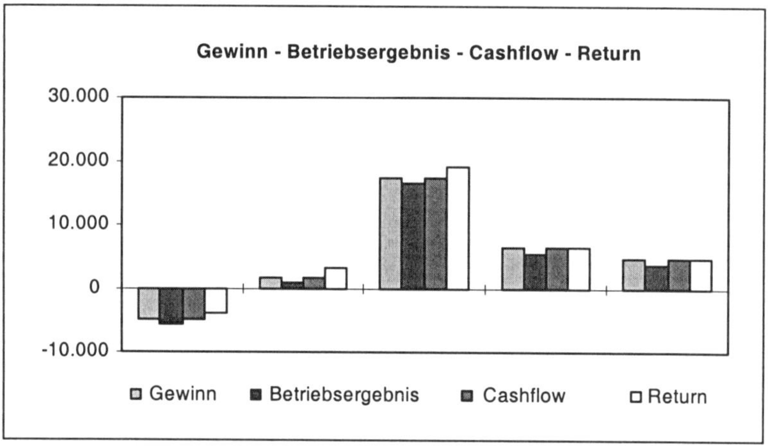

Abb. 48-5: Entwicklung von Erfolgskennzahlen

Kontrollfragen

Entwerfen Sie Balkendiagramme zur Darstellung ausgewählter Daten eines VOFIs! Warum sollten tatsächlich Balkendiagramme und nicht etwa Grafiken mit stetigen Funktionen erzeugt werden?

Für welche Daten des VOFIs eignen sich Kreisdiagramme?

Für welche Daten des VOFIs eignen sich gestaffelte Balken?

Erzeugen Sie weitere grafische Darstellungen!

3.3.4 Der Datenzusammenhang im RWC[1]-System

Folge 49

Investitionsrechnung und Rechnungswesen

Ein berühmter Zusammenhang

1 Konzeptionelles

Dr. X sah zwischen dem faszinierenden Konzept des Rechnungswesens – bestehend aus der Finanzbuchhaltung (FIBU) und der Kosten- und Leistungsrechnung (KLR) – und der Investitionsrechnung (IR) eine enge Verbindung. Er war allerdings nicht der Erste, der diesen Zusammenhang sah.

Die Grundidee einer Verknüpfung zwischen den im Rechnungswesen abgebildeten Aktivitäten der FIBU bzw. KLR mit der IR besteht nach seiner Meinung darin, dass bei langfristiger Betrachtung die Gesamtheit der betrieblichen Tätigkeiten als Investition angesehen werden kann. Denkbar ist, die für monatliche bzw. jährliche Abrechnungen erfassten Geschäftsvorfälle in ein mehrjähriges Kalkül zu überführen. Konkret stellte sich Dr. X die Frage, welcher Zusammenhang zwischen den jährlichen Jahresüberschüssen respektive den Betriebsergebnissen und dem *Kapitalwert* der als Investition betrachteten betrieblichen Aktivitäten besteht.

Der Zusammenhang zwischen der Kosten- und Leistungsrechnung und der Investitionsrechnung wurde bereits frühzeitig in der betriebswirtschaftlichen Literatur durch das LÜCKE-Theorem geliefert.[2] In dieser Folge geht es zunächst einmal darum, die expliziten und impliziten Prämissen des LÜCKE-Theorems mithilfe von VOFI zu untersuchen. Außerdem ist die traditionelle Betrachtung von LÜCKE, die den Zusammenhang zwischen der KLR und der IR zum Inhalt hat, um die Beziehung zur FIBU auszuweiten.

---

1 RWC = Rechnungswesen und Controlling

2 Vgl. Lücke, W. (1955), S. 313-316.

2 Modellprämissen

Die Analyse des Zusammenhangs zwischen den RWC-Modulen FIBU und KLR und IR verlangt, dass bezüglich der Beziehungen zwischen den spezifischen Rechengrößen vereinfachende Prämissen festgelegt werden. Bei den Erträgen ist zu unterstellen, dass diese in der gleichen Periode zu Leistungen bzw. Einzahlungen führen. Eine analoge Prämisse gilt grundsätzlich für die Beziehung zwischen dem operativen Aufwand und den entsprechenden Kosten bzw. Auszahlungen. Periodische Unterschiede ergeben sich allerdings bei den Abschreibungen und den Zinsen, für die folgende Prämissen angenommen werden:

- In der Finanzbuchhaltung und in der Kostenrechnung werden lineare Abschreibungen unter Berücksichtigung einer einheitlichen Abschreibungsdauer vorgesehen. Die Summe der Abschreibungen ist gleich der nominellen Anschaffungsauszahlung.
- In der klassischen Investitionsrechnung werden die relevanten Zinszahlungen durch den Ansatz eines Kalkulationszinsfußes berechnet. Dieser repräsentiert nicht nur die Zinsen auf das Fremdkapital, sondern auch die für die Eigenen Mittel zu verrechnenden Opportunitätszinsen. Während in der FIBU ausschließlich die Zinsen auf das Fremdkapital erfasst werden, sind in der KLR Kalkulatorische Zinsen in pauschaler Form für das Betriebsnotwendige Vermögen zu verrechnen.
- Der Datenzusammenhang zwischen den Teilsystemen bezieht sich ausschließlich auf den Bereich der betrieblichen Aktivitäten, die aus dem operativen Geschäft resultieren. Neutrale Aufwendungen und Erträge werden deshalb nicht erfasst. Auch Kalkulatorische Zusatzleistungen und -kosten bleiben unberücksichtigt.

3 Kosten- und Leistungsrechnung versus Investitionsrechnung („Das LÜCKE-Theorem“)

3.1 Darstellung

Das LÜCKE-Theorem zeigt, dass der Kapitalwert der Betriebsergebnisse („Periodengewinne“) gleich ist dem Kapitalwert dieser als Investition anzusehenden Aktivitäten. Die Identität der Kapitalwerte dieser beiden Ansätze wird als Barwertkompatibilität bezeichnet.

Formelmäßig ist das LÜCKE-Theorem wie folgt darzustellen:

$$\underbrace{\sum_{t=1}^{n}(g_t - Z_t)\cdot q^{-t}}_{C^{KLR}} = \underbrace{-a_0 + \sum_{t=1}^{n}(e_t - a_t)\cdot q^{-t}}_{C^{IR}}$$

Symbole

g_t	Periodengewinn vor Abzug der Kalkulatorischen Zinsen Z_t
Z_t	Kalkulatorische Zinsen auf das gebundene Kapital zum jeweiligen Periodenbeginn
q	Diskontierungsfaktor
a_0	Anschaffungsauszahlung (Restbuchwert) in t=0
e_t	Einzahlungen in t
a_t	Auszahlungen in t
$e_t - a_t$	Einzahlungsüberschuss in t
C^{KLR}	Kapitalwert der KLR-Periodengewinne
C^{IR}	Kapitalwert der Zahlungsfolge der Investition

Die im Kapitalwert C^{KLR} enthaltenen Kalkulatorischen Zinsen Z_t sind wie folgt zu ermitteln:

$$Z_t = RBW_{t-1} \cdot i \qquad \text{mit } RBW_{t=0} = a_0$$

Symbole

RBW_{t-1}	Restbuchwert zu Beginn der Periode
i	Kalkulationszinsfuß (Kapitalkostensatz)

Als Nebenbedingung gilt, dass die Summe der Einzahlungsüberschüsse inklusive der Anschaffungsauszahlung mit der Summe der Periodengewinne im gesamten Planungszeitraum übereinstimmt. Dabei ist anzunehmen, dass die Restbuchwerte vor Investitionsbeginn gleich null sind. Das Gleiche gilt für den Planungshorizont.

Zur Erläuterung der Barwertkompatibilität ist nun ein Demo-Beispiel zu präsentieren.

3.2 Demo-Beispiel

Das langfristige operative Geschäft einer Unternehmung, das als Investition anzusehen ist, führt zu den in Abb. 49-1 aufgeführten operativen Cashflows. Zur Vereinfachung – und nicht zuletzt, weil wir mit den Daten schon so vertraut sind – nehmen wir an, die Investition DY11 sei mit dem Betrieb einer Unternehmung identisch.

Zeitpunkt	1	2	3	4	5
operativer Cashflow [€]	–4.000	3.200	19.040	5.972	3.785

Abb. 49-1: Operative Cashflows

Das Betriebsnotwendige Vermögen resultiert aus der Anschaffungsauszahlung der Investition in Höhe von 18.000 €.

Unter Verwendung eines Kalkulationszinsfußes von 10 % ergibt sich für das operative Geschäft der folgende Kapitalwert:

$$C^{IR} = -18000 + (-4000) \cdot 1{,}1^{-1} + 3200 \cdot 1{,}1^{-2} + 19040 \cdot 1{,}1^{-3} + 5972 \cdot 1{,}1^{-4} + 3785 \cdot 1{,}1^{-5} = 1742 \text{ [€]}$$

Zur Ermittlung der KLR-Periodengewinne werden die Kalkulatorischen Zinsen benötigt. Die folgende Nebenrechnung zeigt ihre Berechnung auf der Basis einer Fortschreibung des gebundenen Kapitals.

t	Fortschreibung der Buchwerte	€	Kalkulatorische Zinsen [€]
0	Anschaffungsauszahlung	18.000	
1	– Abschreibungen	3.600	1.800
1	Restbuchwert	14.400	
2	– Abschreibungen	3.600	1.440
2	Restbuchwert	10.800	
3	– Abschreibungen	3.600	1.080
3	Restbuchwert	7.200	
4	– Abschreibungen	3.600	720
4	Restbuchwert	3.600	
5	– Abschreibungen	3.600	360
5	Restbuchwert	0	5.400

Abb. 49-2: Ermittlung der Kalkulatorischen Zinsen für den Planungszeitraum

Die KLR-Periodengewinne ergeben sich damit wie folgt:

Zeitpunkte	1	2	3	4	5
operativer Cashflow	–4.000	3.200	19.040	5.972	3.785
– Abschreibungen	3.600	3.600	3.600	3.600	3.600
operatives Ergebnis	–7.600	–400	15.440	2.372	185
– Kalkulatorische Zinsen	1.800	1.440	1.080	720	360
KLR-Periodengewinn	–9.400	–1.840	14.360	1.652	–175

Abb. 49-3: Periodengewinne gem. LÜCKE-Theorem

Der Kapitalwert der KLR-Periodengewinne lautet:

$$C^{KLR} = -9400 \cdot 1{,}1^{-1} + (-1840) \cdot 1{,}1^{-2} + 14360 \cdot 1{,}1^{-3} + 1652 \cdot 1{,}1^{-4} + (-175) \cdot 1{,}1^{-5} = 1742\ [€]$$

Die Kapitalwerte der Investition und der KLR-Periodengewinne sind – wie in der Ausgangsgleichung dargelegt – identisch.

4 Interpretation

Zur Explikation der impliziten Prämissen des auf LÜCKE zurückgehenden Theorems ist zunächst der Kapitalwert der Investitionsrechnung mithilfe von VOFI zu interpretieren. Zur Ergänzung der Daten des Demo-Falls sei angenommen, dass die Investition mit Eigenen Mitteln in Höhe von 9.000 € finanziert worden ist. Der Endwert der Opportunität im Sinne einer konkurrierenden Alternative[1] beträgt somit:

$$EW^{O} = 9000 \cdot 1{,}1^{5} = 14495\ [€]$$

Der VOFI zur Bestimmung von EW^{O} wird benötigt, um die periodenspezifischen Opportunitätszinsen zu ermitteln.

Zeitpunkt	0	1	2	3	4	5
Eigene Mittel	9.000	900	990	1.089	1.198	1.318
Reinvestition						
– Anlage		900	990	1.089	1.198	1.318
+ Rückfluss	0	0	0	0	0	0
+ Ertrag						
Finanzierungssaldo	0	0	0	0	0	0
Finanzbestand	**4.000**	**4.400**	**4.840**	**5.324**	**5.856**	**6.442**

Abb. 49-4: VOFI der Opportunität

Eine andere Möglichkeit zur Berücksichtigung der Opportunitätskosten besteht darin, diese als Eigenkapitalkosten – und letztlich als Ausschüttungen – in den VOFI der Investition einzubauen. Aufgrund der Konstanz des Kalkulationszinsfußes ergibt sich keine Änderung des Zielwerts. Zur leichteren Nachvollziehbarkeit wird im Folgenden von einer expliziten Ermittlung der Opportunitätskosten in einem eigenen VOFI ausgegangen.

Wenn für die betrieblichen Aktivitäten ein Endwert in Höhe der auf den Planungshorizont t=5 aufgezinsten Eigenen Mittel als ausreichend für die Unternehmenssicherung angesehen wird, kann eine Entnahme in Höhe des

[1] z. B. einer langfristigen Geldanlage in Wertpapiere

Kapitalwerts der Zahlungsfolge C^{IR} vorgenommen werden (vgl. Abb. 49-5). Aus den Daten der in Abb. 49-4 und Abb. 49-5 dargestellten VOFIs werden die Periodengewinne der betrieblichen Tätigkeit hergeleitet und in Abb. 49-6 dargestellt.

Zeitpunkt	0	1	2	3	4	5
Zahlungsfolge der Investition	–18.000	–4.000	3.200	19.040	5.972	3.785
Eigene Mittel						
Anfangsbestand	9.000					
– Entnahme	1.742 = C^{IR}					
Kredit						
+ Aufnahme	10.742	5.074				
– Tilgung			1.618	14.198		
– Sollzinsen		1.074	1.582	1.420		
Reinvestition						
– Anlage				3.422	6.314	4.759
+ Rückfluss						
+ Ertrag					342	974
Finanzierungssaldo	0	0	0	0	0	0
Bestandsgrößen						
Kreditbestand	10.742	15.817	14.198			
Finanzbestand				3.422	9.736	14.495
Bestandssaldo	**–10.742**	**–15.817**	**–14.198**	**3.422**	**9.736**	**14.495**
						$= EW^M$
						$= EW^O$

Abb. 49-5: VOFI zur Interpretation des Kapitalwerts

Zeitpunkt	1	2	3	4	5
operativer Cashflow	–4.000	3.200	19.040	5.972	3.785
– Abschreibungen	3.600	3.600	3.600	3.600	3.600
operatives Ergebnis	–7.600	–400	15.440	2.372	185
– Sollzinsen	1.074	1.582	1.420	323	
+ Habenzinsen				342	974
– Opportunitätszinsen	900	990	1.089	1.198	1.318
KLR-Periodengewinn gem. VOFI	–9.574	–2.972	12.931	1.516	–159

Abb. 49-6: Ermittlung der KLR-Periodengewinne gem. VOFI

Bei einem Vergleich der Periodengewinne auf Basis der VOFIs und der Periodengewinne gem. LÜCKE-Theorem fällt auf, dass diese – periodisch betrachtet – unterschiedliche Beträge aufweisen. Lediglich in Bezug auf das Endergebnis – den Kapitalwert – besteht Identität (vgl. Abb. 49-7).

Zeitpunkt	1	2	3	4	5	Σ
KLR-Periodengewinne gem. VOFI	-9.574	-2.972	12.931	1.517	–159	1.742
Periodengewinne gem. LÜCKE-Theorem	-9.400	-1.840	14.360	1.652	–175	4.597
Differenz	–174	–1.131	–1.429	–136	16	-2.854

Abb. 49-7: Gegenüberstellung der Periodengewinne gem. VOFI und LÜCKE-Theorem

Woraus resultiert die Differenz von –2.854 €? Die aus dem VOFI abgeleiteten KLR-Periodengewinne umfassen sämtliche tatsächlich zu zahlenden Zinsen sowie die Opportunitätszinsen. Im LÜCKE-Theorem sind neben den explizit zu verrechnenden Zinsen auf die Anschaffungsauszahlungen auch „implizite“ Zinsen enthalten, die aus der Abzinsung der Einzahlungsüberschüsse resultieren. Der damit verbundene Zinseffekt wird nicht etwa auf einzelne Perioden, sondern unmittelbar auf den Zeitpunkt t=0 bezogen. Aufgrund dieser Übleregung wird deutlich, dass die Symbole der Formel des LÜCKE-Theorems nicht korrekt bezeichnet worden sind. Tatsächlich ist g_t nicht als „Periodengewinn vor Abzug der Kalkulatorischen Zinsen“ anzusehen, da Z_t nur einen Teil der Kalkulatorischen Zinsen enthält. Deshalb sind die Kalkulatorischen Zinsen um diejenigen Zinsen höher, die aus der Abzinsung resultieren. Entsprechend reduzieren sich die Periodengewinne im LÜCKE-Theorem. Da die Abzinsung unmittelbar auf den Anfangszeitpunkt t=0 abzielt, ist eine Zuordnung der Restzinsen auf die Perioden ohne weitere Annahmen nicht möglich.

5 Ergebnisse

Festzuhalten ist, dass beim LÜCKE-Theorem neben den Kalkulatorischen Zinsen auf den Restbuchwert der Unternehmung weitere Zinsen anfallen, die nicht periodengerecht zugeordnet, sondern unmittelbar auf die Null bezogen werden. Dagegen lassen sich im VOFI sämtliche Zinsen periodisch zuordnen. Außerdem können aus den Daten des VOFIs nicht nur die KLR-Periodengewinne, sondern auch die Ergebnisse der FIBU konsistent dargestellt werden.

Dr. X war ein bisschen stolz auf VOFI (vielleicht auch auf sich), da es gelungen war, die impliziten Prämissen des berühmten LÜCKE-Theorems zu explizieren und dabei Unklarheiten aufzudecken und zu beheben.

Kontrollfragen

Erörtern Sie den datenmäßigen Zusammenhang zwischen der Finanzbuchhaltung, der Kosten- und Leistungsrechnung und der Investitionsrechnung! Gehen Sie dabei auf die Prämissen des Modells ein!

Stellen Sie das LÜCKE-Theorem formelmäßig dar!

Was versteht man unter Barwertkompatibilität?

Warum gibt es Abweichungen zwischen den Periodengewinnen gemäß VOFI und dem Periodengewinn des LÜCKE-Theorems? Interpretieren Sie die Differenz!

Legen Sie dar, welche Möglichkeiten VOFI bietet, das LÜCKE-Theorem zu explizieren!

4 Erweiterung der Investitionsrechnung um Ertragsteuern

Dass bislang die Investitionsrechnung *ohne* Steuern vorgenommen wurde, hat ausschließlich *didaktische Gründe.* Bereits bei der Einführung des VOFI-Formulars sind die Ertragsteuerzahlungen aufgeführt worden, um auf ihre Relevanz für Investitionsentscheidungen hinzuweisen. Bei der nun vorzustellenden Erweiterung der Methoden der Investitionsrechnung um Ertragsteuern wird zunächst die entscheidungstheoretische Begründung dieser Maßnahme diskutiert. Danach ist zu zeigen, wie die Ertragsteuern in der klassischen Investitionsrechnung modelliert worden sind, um eine Grundlage für die Gestaltung des VOFIs mit Ertragsteuern zu erarbeiten. Zu diesem Zweck wird ein Ansatz – in der Literatur als Standardmodell bezeichnet – nicht nur in seiner ursprünglichen („klassischen") Form dargestellt, sondern auch unter Berücksichtigung variierender Steuersätze präsentiert, um die Realitätsnähe des Modells zu steigern. Die in der Politik heftig diskutierte Senkung (manchmal auch Erhöhung) der Steuersätze in Deutschland hat nämlich zur Folge, dass das klassische Standardmodell einen „neuen Standard" erforderlich macht. Wegen der Interpretationsproblematik des Standardmodells wurde die Welt der klassischen Modelle um ein weiteres Modell bereichert, und zwar um das Zinsmodell, das ebenfalls darzustellen und unter Verwendung von VOFI zu interpretieren ist.

Nach einer Bestandsaufnahme der klassischen Methoden ist es an der Zeit, VOFI um die Einbeziehung von Ertragsteuern auszubauen. Schwerpunktmäßig wird dargestellt, wie der VOFI mit Ertragsteuern als eigenständiges Controllinginstrument gestaltet werden kann. Zu diesem Zweck ist anstelle des Konzepts der Ertragsteuersätze mit realitätsnäheren steuerartenspezifischen Bedingungen zu arbeiten. Varianten des Konzepts werden für Einzelunternehmen und für Kapitalgesellschaften entwickelt. Den Abschluss bilden Überlegungen, inwieweit sich die aus dem VOFI ableitbaren Kennzahlen inhaltlich und formal bei Einbeziehung der Ertragsteuern in das Modell ändern.

4.1 Konzeptionelles

Folge 50

Entscheidungsrelevanz von Ertragsteuern

Das Evidenzpostulat

Herr Y hatte sich mittlerweile zu einem VOFI-Profi entwickelt. Die Internalisierung des Konzepts der vollständigen Finanzplanung war so intensiv fortgeschritten, dass er seinen Hund Fiffi schon mehrfach VOFI gerufen hat. Die unvermeidliche jährliche Veranlagung zur Einkommensteuer öffnete ihm plötzlich die Augen über die Begrenztheit der bisherigen Investitionsrechnung. Leicht sarkastisch hielt er seinem Controller Dr. X vor: „Der vollständige Finanzplan, mit dem wir bisher gearbeitet haben, kann auch als *un*vollständiger Finanzplan bezeichnet werden, also als *un*VOFI. Schließlich leben wir nicht in einer Welt ohne Steuern!"

Dr. X fiel es wie Schuppen von den Augen. Deshalb verzichtete er auf die Ausrede, dass auch in einer Vielzahl von Unternehmen die Investitionsrechnung ohne Steuern durchgeführt würde – ein Relikt der kostenrechnerischen Vergangenheit von Investitionskalkülen. Er wollte auch nicht auf die praktische Schwierigkeit der Prognose des Ertragsteuersatzes verweisen. Er sah es ein, dass jede Investitionsrechnung auch Ertragsteuern enthalten muss. Dafür gab es zwei Gründe: Werden Ertragsteuern in der Investitionsrechnung vernachlässigt, so verstößt dies gegen das Prinzip der Abbildungsgenauigkeit mit der Konsequenz nicht korrekter Zielwerte. Bevor Y sagen konnte, dies sei unbedeutend, wenn die Rangfolge gleich bliebe, wies Dr. X darauf hin, dass der entscheidungslogische Grund zur Einbeziehung der Ertragsteuern noch bedeutsamer sei. Die Berücksichtigung von Ertragsteuern könne nämlich zu einer Änderung der Rangfolge der Alternativen führen (z. B. beim Vergleich von Kauf- und Leasingobjekten). Y hatte dies implizit gewusst.

In unserer Fallstudienunternehmung gilt also ab sofort der Grundsatz:

> *Die Einbeziehung von Steuern in die Investitionsrechnung ist aus Gründen der Entscheidungslogik und der Abbildungsgenauigkeit evident.*

Welche Steuerarten sind in der Investitionsrechnung zu berücksichtigen? Die Antwort ist einfach: Diejenigen, die durch die Investition bzw. durch ihre Opportunität verursacht werden. Die Verkehrssteuern (z. B. Grunderwerbssteuer, Kraftfahrzeugsteuer, Versicherungssteuer), die Verbrauchssteuern (z. B. Mineralölsteuer) und die Substanzsteuern (z. B. Grundsteuer) sind originär in der Zahlungsfolge der Investition zu erfassen. Dagegen stellen die Ertragsteuern derivative Zahlungen dar, die aus den anderen Daten der Investitionsrechnung herleitbar sind.

Zu den Ertragsteuern von Einzelunternehmungen zählen die Einkommensteuer und die Gewerbesteuer sowie die Kirchensteuer und der Solidaritätszuschlag. Bei Kapitalgesellschaften sind als Ertragsteuern die Körperschaftsteuer, die Gewerbesteuer und der Solidaritätszuschlag[1] zu berücksichtigen. Für Personengesellschaften (wie z. B. für eine OHG) findet eine einheitliche und gesonderte Gewinnfeststellung statt, bei der die Ertragsteuern den Einzelunternehmern zugerechnet werden. In den folgenden Ausführungen wird auf die Fälle der Einzelunternehmung und der Kapitalgesellschaft detailliert eingegangen.

Keiner unserer Akteure ahnt, dass Ertragsteuern Spaß machen können – wenn auch nur bei ihrer Integration in die Methoden der Investitionsrechnung. Ansonsten gilt es als legitim, sie im Rahmen gesetzlicher Vorschriften gering zu halten. Gleichwohl ist Steuerminimierung kein eigenständiges investitionstheoretisches Ziel. Nach wie vor geht es um die Maximierung von Kapitalwerten, Endwerten und anderen Zielgrößen, wobei diese im Folgenden *nach* Steuern zu ermitteln sind.

Kontrollfragen

Begründen Sie, warum die Einbeziehung von Steuern in die Investitionsrechnung evident ist!

Erörtern Sie die Kriterien Abbildungsgenauigkeit und Entscheidungslogik!

Welche Steuerarten sind einem Investitionsobjekt bzw. seiner Opportunität zuzurechnen?

Welche Ertragsteuerarten sind für Einzelunternehmungen relevant? Welche für Kapitalgesellschaften?

Stellen Sie Überlegungen zur Behandlung der Ertragsteuern bei Personengesellschaften an!

[1] Auch Kapitalgesellschaften müssen Solidarität zeigen.

Folge 51

Entscheidungsrelevante Parameter

Alles im Fluss

1 Einführende Überlegungen

In der dynamischen Investitionsrechnung[1] sind ausschließlich Zahlungen zu verdichten. Nun werden auch die vom Investitionsobjekt verursachten Steuerzahlungen berücksichtigt. Die Einbeziehung von Ertragsteuern in die Investitionsrechnung macht es erforderlich, zusätzlich die Erträge und Aufwendungen des betrachteten Objekts zu erfassen, da die relevante steuerliche Bemessungsgrundlage der steuerpflichtige Gewinn ist – also die Differenz zwischen Erträgen und Aufwendungen.

Somit ist in der Investitionsrechnung zwischen Einzahlungen und Erträgen und zwischen Auszahlungen und Aufwendungen zu unterscheiden. Zur Vereinfachung der Modellierung wird häufig angenommen, dass Einzahlungen und Erträge identisch sind. Gleiches gilt grundsätzlich für Auszahlungen und Aufwendungen. Eine Ausnahme bilden die Abschreibungen, die Aufwand darstellen, der aus der Anschaffungsauszahlung[2] des Investitionsobjekts resultiert.

Weitere relevante Daten sind die Steuersätze für die Einkommen- bzw. Körperschaftssteuer, die Gewerbesteuer, die Kirchensteuer sowie der Solidaritätszuschlag. In einfachen Modellen der Investitionsrechnung werden diese Sätze zu einem einheitlichen Ertragsteuersatz zusammengefasst, der zu einer äquivalenten Steuerzahlung führen sollte.

Wie sind die bei der Einkommensteuer zu beachtenden Freibeträge zu behandeln? Die Antwort ist einfach: Freibeträge sind – da sie unabhängig von der Entscheidungsalternative sind – nicht relevant. Andere Überlegungen gelten für einige Sonderausgaben des Einkommensteuerpflichtigen.

Als Nächstes ist zu klären, welche Steuersätze angesichts der Variation des Einkommensteuersatzes – vom Eingangs- bis zum Spitzensteuersatz – in der Investitionsrechnung zu verwenden sind. Die Betrachtung eines bestimmten Objekts stellt eine Partialanalyse dar – die Höhe des Einkommensteuersatzes bemisst sich dagegen nach der Steuerbemessungsgrundla-

---

[1] Von der statischen Investitionsrechnung sprechen wir schon gar nicht mehr, obwohl wir sie nicht vergessen werden.

[2] respektive der Anschaffungs- oder Herstellungskosten.

ge des Steuerpflichtigen. Allgemein ist deshalb der in der Investitionsrechnung anzusetzende Einkommensteuersatz s_t^{ESt} als Verhältnis der zusätzlichen Steuern ΔS zur zusätzlichen Bemessungsgrundlage ΔBG definiert:

$$s_t^{ESt} = \frac{\Delta S_t}{\Delta BG_t}$$

Symbole

ΔBG_t zusätzliche Bemessungsgrundlage bei Durchführung der Investition in t

ΔS_t zusätzliche Steuerzahlung in t

Das Symbol s_t^{ESt} ist eine marginale Größe. Die in der Formel enthaltenen zusätzlichen Steuern ΔS_t sowie die zusätzliche Bemessungsgrundlage ΔBG_t resultieren aus einer Differenzbetrachtung:

$$\Delta S_t = S_t(BG_t^M) - S(BG_t^O)$$

$$\Delta BG_t = BG_t^M - BG_t^O$$

Symbole

S_t Steuerzahlung in t

BG_t^M Bemessungsgrundlage der Unternehmung *mit* der Investition in t

BG_t^O Bemessungsgrundlage der Unternehmung *ohne* die Investition in t

Die Bemessungsgrundlage ohne die Investition ist nicht etwa die der Opportunität, sondern die Fortsetzung des Status quo. Analog kann s_t^{ESt} bei Durchführung der Opportunität bestimmt werden. Der Ermittlung des marginalen Einkommensteuersatzes ist die folgende ausführliche Bestimmungsgleichung zugrunde zu legen:

$$s_t^{ESt} = \frac{S_t(BG_t^M) - S_t(BG_t^O)}{BG_t^M - BG_t^O}$$

Der für die Investitionsentscheidung benötigte marginale Einkommensteuersatz ist – streng genommen – im Rahmen einer unternehmensweiten Betrachtung zu ermitteln. Zur Vereinfachung wird regelmäßig der marginale Einkommensteuersatz s_t^{ESt} in Höhe des Spitzensteuersatzes vorgegeben.[1] Die Verwendung eines Spitzensteuersatzes ist immer dann korrekt, wenn die für ihn gültige Eintrittsgrenze *mit* und *ohne* Investition erreicht bzw. überschritten wird. Aufgrund des relativ niedrigen Mindesteinkommens für den Spitzensteuersatz ist diese Bedingung regelmäßig erfüllt.

---

[1] Vgl. § 32a Abs. 1 EStG.

Bei Kapitalgesellschaften ist der Körperschaftsteuersatz unabhängig von der Bemessungsgrundlage konstant in Höhe von 25 %. Aufgrund seiner Konstanz ist seine Verwendung als marginaler Spitzensteuersatz von Kapitalgesellschaften von vornherein gegeben.

2 Aktuelle Vorschriften

Die in der Investitionsrechnung zu beachtenden aktuellen steuerrechtlichen Vorschriften stammen zu einem großen Teil aus der Steuerreform 2001, die im Steuersenkungsgesetz und in mehreren Ergänzungsgesetzen kodifiziert worden ist. Die Steuerreform sah eine schrittweise Senkung der Einkommensteuertarife vor. Ein Blick in die Vergangenheit zeigt, dass die Spitzensteuersätze sukzessiv verringert worden sind. Über die zukünftige Entwicklung sollen hier keine Aussagen gemacht werden. Allerdings ist es bei der Planung von Investitionen erforderlich, Annahmen bezüglich der zukünftig zu erwartenden Steuersätze zu treffen.

1998	1999	2.000	2001	2002	2003	2004	2005
53,0	53,0	51,0	48,5	48,5	47,0	47,0	42,0

Abb. 51-1: Entwicklung des Einkommensteuerspitzensatzes [in %]

Der Solidaritätszuschlag von 5,5 % und der Kirchensteuersatz, der in den meisten Gebieten der Bundesrepublik Deutschland 9,9 % beträgt, wurden durch die Steuerreform nicht verändert.

Für die Investitionsrechnung wurde § 7 EStG modifiziert:

§ 7 Abs. 2 S. 1 und 2 EStG:

> Bei beweglichen Wirtschaftsgütern des Anlagevermögens kann der Steuerpflichtige statt der Absetzung für Abnutzung in gleichen Jahresbeträgen die Absetzung für Abnutzung in fallenden Jahresbeträgen bemessen. Die Absetzung für Abnutzung in fallenden Jahresbeträgen kann nach einem unveränderlichen Hundertsatz vom jeweiligen Buchwert (Restwert) vorgenommen werden; der dabei anzuwendende Hundertsatz darf höchstens das Doppelte des bei der Absetzung für Abnutzung in gleichen Jahresbeträgen in Betracht kommenden Hundertsatzes betragen und 20 vom Hundert nicht übersteigen.

§ 7 Abs. 3 S. 1 und 2 EStG:

> Der Übergang von der Absetzung für Abnutzung in fallenden Jahresbeträgen zur Absetzung für Abnutzung in gleichen Jahresbeträgen ist zulässig. In diesem Fall bemisst sich die Absetzung für Abnutzung vom Zeitpunkt des Übergangs an nach dem dann noch vorhandenen Restwert und der Restnutzungsdauer des einzelnen Wirtschaftsguts.

Zur steuerlichen Förderung von Wachstum und Beschäftigung hat der Gesetzgeber die Vorschrift für die degressive Abschreibung mittlerweile geändert. In § 7 Abs. 2 EStG ist nach Satz 2 die folgende Vorschrift eingefügt worden:[1]

> Abweichend von Satz 2 darf bei beweglichen Wirtschaftsgütern des Anlagevermögens, die nach dem 31. Dezember 2005 und vor dem 1. Januar 2008 angeschafft oder hergestellt worden sind, der anzuwendende Hundertsatz höchstens das Dreifache des bei der Absetzung für Abnutzung in gleichen Jahresbeträgen in Betracht kommenden Hundertsatzes betragen und 30 vom Hundert nicht übersteigen.

Die Ermittlung der Bemessungsgrundlage für die Gewerbesteuer hat sich durch die Steuerreform nicht geändert. Allerdings wird für Einkommensteuerpflichtige in § 35 Abs. 1 EStG eine Begünstigungsregel eingeführt. Diese sieht vor, dass sich die tarifliche Einkommensteuer um das 1,8-Fache des Gewerbesteuermessbetrages des Erhebungszeitraumes ermäßigt, soweit sie anteilig auf gewerbliche Einkünfte entfällt, die im zu versteuernden Einkommen enthalten sind. Zu berücksichtigen ist, dass die Bemessungsgrundlage der Kirchensteuer von dieser Regelung unberührt bleibt.[2]

Für Kapitalgesellschaften war die gravierendste Änderung der 2001 durchgeführten Reform der Systemwechsel von einem gesplitteten Körperschaftsteuersatz mit Anrechnungsverfahren zu einer Definitivbesteuerung der Kapitalgesellschaften mit dem sog. Halbeinkünfteverfahren. Wurden bislang ausgeschüttete und einbehaltene („thesaurierte") Gewinne mit unterschiedlichen Sätzen besteuert, so sind seit dem Steuersenkungsgesetz 2001 die Gewinne von Kapitalgesellschaften unabhängig von ihrer Verwendung mit einem Satz von 25 % zu besteuern (§ 23 Abs. 1 KStG). Beim Anteilseigner werden, soweit er einkommensteuerpflichtig ist, die ausgeschütteten Gewinne zur Hälfte von der Besteuerung freigestellt.[3] Dividenden, die an eine andere Kapitalgesellschaft fließen, sind von der Besteuerung vollständig freigestellt.

---

1 In der Begründung zum Gesetzesentwurf heißt es, dass mit der Erhöhung der degressiven Abschreibung für Investitionsgüter „Investitionsanreize geschaffen und so für ein beschleunigtes Wachstum gesorgt" wird. Auf die derzeit problematische Beschäftigungssituation wird explizit nicht hingewiesen. Offenbar wird implizit angenommen, dass beschleunigtes Wachstum die hohe Zahl der Arbeitslosen reduziert.

2 Die Kirchen haben scheinbar aufgepasst.

3 ‚Daher also der Name *Halbeinkünfteverfahren*! Solange der Name besteht, dürfte der *Prozentsatz* der Freistellung von der Besteuerung garantiert sein', dachte Dr. X.

Kontrollfragen

Diskutieren Sie das grundsätzliche Problem, in die dynamische Investitionsrechnung Steuerzahlungen einzubeziehen, die vom Gewinn berechnet werden!

Setzen Sie sich mit der Berücksichtigung des von der Höhe des Einkommens abhängigen Einkommensteuersatzes sowie mit dem Ansatz von Freibeträgen in der Investitionsrechnung auseinander!

Stellen Sie die für die Investitionstheorie relevanten Änderungen des Steuersenkungsgesetzes von 2001 stichwortartig dar!

Erörtern Sie die Änderungen der Steuerreform in Bezug auf die Spitzensteuersätze der Einkommensteuer!

Erörtern Sie die Möglichkeit, degressive Abschreibungen in der Investitionsrechnung zu verwenden!

Erörtern Sie die Änderungen der Steuerreform in Bezug auf die Gewerbesteuern! Gehen Sie auf die Begünstigungsregel ein!

Was versteht man unter dem Halbeinkünfteverfahren?

Folge 52

Herleitung von Ertragsteuersätzen

Auch als Ertragsteuermultifaktoren bekannt

1 Einzelunternehmen

In klassischen Modellen der Investitionsrechnung sieht das deutsche Steuerrecht relativ einfach aus. Häufig wird anstelle der Vielzahl von Sätzen für die verschiedenen Ertragsteuerarten ein einziger Ertragsteuersatz unter Berücksichtigung der Abzugsfähigkeit von der eigenen Bemessungsgrundlage und von der anderer Steuerarten als Ertragsteuersatz[1] angesetzt. In der Literatur wird in der Regel nicht vom Ertragsteuersatz, sondern vom Ertragsteuermultifaktor gesprochen. Hier wird in Analogie zu den Begriffen Kalkulationszins*satz* und Diskontierungs*faktor* von Ertragsteuer*satz* gesprochen. Die allgemeine Funktionsvorschrift zur Definition dieses Faktors lautet für Einkommensteuerpflichtige und somit für Einzelunternehmen:

$$s_t = f(s_t^{ESt}, s_t^{KiSt}, s_t^{GewSt}, s_t^{SolZ})$$

Symbole[2]

s_t^{ESt}	Einkommensteuersatz in t
s_t^{KiSt}	Kirchensteuersatz in t
s_t^{GewSt}	Gewerbesteuersatz in t
s_t^{SolZ}	Solidaritätszuschlagsatz in t

Zur Vereinfachung der Modellierung wird von Steuervorauszahlungen und Steuernachzahlungen abstrahiert.

Die Bestandteile der Ertragsteuerzahlung zum Ende des Jahres t sind in (1) aufgeführt worden.

$$S_t = S_t^{ESt} + S_t^{KiSt} + S_t^{GewSt} + S_t^{SolZ} \tag{1}$$

---

[1] Das Konzept der „Steuermultifaktoren" stammt von Rose, G. (1973).

[2] Der Zeitpunktbezug der Steuersätze resultiert aus der allgemeinen Verwendung des Index t, der stets das Ende eines Jahres angibt, auf das die Zahlungen des betreffenden Jahres bezogen werden. Der Steuersatz zum Zeitpunkt t ist somit der für das Jahr t gültige Steuersatz.

Symbole

S_t gesamte Ertragsteuerzahlung
S_t^{ESt} Einkommensteuerzahlung
S_t^{KiSt} Kirchensteuerzahlung
S_t^{GewSt} Gewerbesteuerzahlung
S_t^{SolZ} Solidaritätszuschlag
t Jahresindex

Nun sind die einzelnen Steuerarten näher zu erörtern. Die *Einkommensteuerzahlung* ist wie folgt definiert:

$$S_t^{ESt} = s_t^{ESt} \cdot (D_t - A_t - S_t^{GewSt} - S_t^{KiSt}) - 1{,}8 \cdot m \cdot (D_t - A_t - S_t^{GewSt}) \qquad (2)$$

Symbole

D_t Ertragsüberschuss (vor Abschreibungen und Zinsen) in t
A_t Abschreibungen in t
m Steuermesszahl

Aus dem ersten Term der Gleichung geht hervor, dass die Bemessungsgrundlage zwar den Ertragsüberschuss (vor Abschreibungen und Zinsen), die Abschreibungen sowie die Gewerbesteuern (als abzugsfähiger Aufwand) und die Kirchensteuer (als Sonderausgabe) enthält – nicht aber Zinserträge und -aufwendungen. Das hängt damit zusammen, dass in den (später einzuführenden) Modellen der Investitionsrechnung, in denen ein Ertragsteuersatz verwendet wird, mit einem steuerverkürzten Kalkulationszinsfuß gearbeitet wird. Die steuerliche Wirkung der Zinsen wird also unmittelbar beim Kalkulationszinsfuß berücksichtigt. Die Bemessungsgrundlage stellt ein operatives Ergebnis dar.

Der zweite Term enthält die durch das StSenkG eingeführte Einkommensteuerermäßigung gem. § 35 Abs. 1 S. 1. Die Vorschrift lautet:

> Die tarifliche Einkommensteuer, vermindert um die sonstigen Steuerermäßigungen mit Ausnahme der §§ 34f und 34g, ermäßigt sich, soweit sie anteilig auf im zu versteuernden Einkommen enthaltene gewerbliche Einkünfte entfällt,
>
> 1. bei Einkünften aus gewerblichen Unternehmen im Sinne des § 15 Abs. 1 Satz 1 Nr. 1 um das 1,8-Fache des jeweils für den dem Veranlagungszeitraum entsprechenden Erhebungszeitraum nach § 14 des Gewerbesteuergesetzes für das Unternehmen festgesetzten Steuermessbetrags (Gewerbesteuer-Messbetrag); Absatz 3 Satz 4 ist entsprechend anzuwenden;
>
> 2. bei Einkünften aus Gewerbebetrieb als Mitunternehmer im Sinne des § 15 Abs. 1 Satz 1 Nr. 2 und 3 um das 1,8-Fache des jeweils für den dem Veranlagungszeitraum entsprechenden Erhebungszeitraum festgesetzten anteiligen Gewerbesteuermessbetrags.

Bei der formelmäßigen Darstellung der *Gewerbesteuerzahlung* ist zu beachten, dass diese von ihrer eigenen Bemessungsgrundlage als Aufwand abziehbar ist.[1] Die Formel lautet:

$$S_t^{GewSt} = m \cdot h_t \cdot (D_t - A_t - S_t^{GewSt})$$

Symbole

m Steuermesszahl

h_t Hebesatz

Nun ist die Gewerbesteuerzahlung S_t^{GewSt} so zu definieren, dass der Abzug der Gewerbesteuer von ihrer eigenen Bemessungsgrundlage im effektiven Gewerbesteuersatz s_t^{GewSt} äquivalent berücksichtigt wird:

$$S_t^{GewSt} = s_t^{GewSt} \cdot (D_t - A_t) \tag{3}$$

Die Ausgangsgleichung zur Berechnung von s_t^{GewSt} resultiert aus den beiden oben dargestellten äquivalenten Gleichungen zur Ermittlung der Gewerbesteuerzahlung S_t^{GewSt}:

$$s_t^{GewSt} \cdot (D_t - A_t) = m \cdot h_t \cdot \left[D_t - A_t - s_t^{GewSt} \cdot (D_t - A_t)\right] \tag{4}$$

Eine einfache Umstellung führt zu folgendem Ausdruck:

$$s_t^{GewSt} = \frac{m \cdot h_t \cdot (D_t - A_t) - m \cdot h_t \cdot s_t^{GewSt} \cdot (D_t - A_t)}{D_t - A_t}$$

Durch Kürzen und Umstellen ergibt sich:

$$s_t^{GewSt} + m \cdot h_t \cdot s_t^{GewSt} = m \cdot h_t$$

Dieser Ausdruck ist nun nach s_t^{GewSt} aufzulösen:

$$s_t^{GewSt} \, (1 + m \cdot h_t) = m \cdot h_t$$

$$s_t^{GewSt} = \frac{m \cdot h_t}{1 + m \cdot h_t}$$

Die Formel zur Ermittlung der *Kirchensteuerzahlung* lautet:

$$S_t^{KiSt} = s_t^{KiSt} \cdot \left[S_t^{ESt} + 1{,}8 \cdot m \cdot (D_t - A_t - S_t^{GewSt})\right] \tag{5}$$

[1] s_t^{GewSt} ist nicht mit dem nominellen Gewerbesteuersatz aus dem Produkt aus Steuermesszahl und Hebesatz zu verwechseln.

In der Berechnungsvorschrift der Kirchensteuer kommt zum Ausdruck, dass die Bemessungsgrundlage durch die Steuerermäßigung des § 35 Abs. 1 S. 1 nicht negativ beeinflusst werden soll. Deshalb ist die Vergünstigung in Höhe des 1,8-Fachen des Gewerbesteuermessbetrages der Bemessungsgrundlage für die Kirchensteuer wieder hinzuzurechnen. Durch Einsetzen von (2) in (5) lässt sich diese wie folgt umformen:

$$S_t^{KiSt} = s_t^{KiSt} \cdot s_t^{ESt} \cdot (D_t - A_t - S_t^{GewSt} - S_t^{KiSt})$$

$$= s_t^{KiSt} \cdot s_t^{ESt} \cdot (D_t - A_t - S_t^{GewSt}) - s_t^{KiSt} \cdot s_t^{ESt} \cdot S_t^{KiSt}$$

$$\Leftrightarrow S_t^{KiSt} \cdot (1 + s_t^{KiSt} \cdot s_t^{ESt}) = s_t^{KiSt} \cdot s_t^{ESt} \cdot (D_t - A_t - S_t^{GewSt})$$

$$\Leftrightarrow S_t^{KiSt} = \frac{s_t^{KiSt} \cdot s_t^{ESt}}{1 + s_t^{KiSt} \cdot s_t^{ESt}} \cdot (D_t - A_t - S_t^{GewSt}) \tag{6}$$

Der *Solidaritätszuschlag* berechnet sich wie folgt:

$$S_t^{SolZ} = s_t^{SolZ} \cdot S_t^{ESt} \tag{7}$$

Nun sind die Komponenten zur Ermittlung eines Ertragsteuersatzes zusammenzufassen. Die in (1) beschriebene Ertragsteuerzahlung lässt sich wegen der Abhängigkeit des Solidaritätszuschlags von der Höhe der Einkommensteuer wie folgt schreiben:

$$S_t = (1 + s_t^{SolZ}) \cdot S_t^{ESt} + S_t^{KiSt} + S_t^{GewSt} \tag{8}$$

Durch Einsetzen von (2), (3) und (6) in (8) ergibt sich der unten stehende ausführlich formulierte Ausdruck zur Ermittlung der Ertragsteuern in t:

$$S_t = (1 + s_t^{SolZ}) \cdot \left(\begin{array}{l} s_t^{ESt} \cdot \left(\begin{array}{l} D_t - A_t - S_t^{GewSt} \\ - \dfrac{s_t^{KiSt} \cdot s_t^{ESt}}{1 + s_t^{KiSt} \cdot s_t^{ESt}} \cdot (D_t - A_t - S_t^{GewSt}) \end{array} \right) \\ -1{,}8 \cdot m \cdot (D_t - A_t - S_t^{GewSt}) \end{array} \right)$$

$$+ \frac{s_t^{KiSt} \cdot s_t^{ESt}}{1 + s_t^{KiSt} \cdot s_t^{ESt}} \cdot (D_t - A_t - S_t^{GewSt}) + s_t^{GewSt} \cdot (D_t - A_t) \tag{9}$$

Zur Ermittlung der Einkommensteuerzahlung ist folgende Ausgangsformel zu verwenden:

$$s_t^{ESt} \cdot (D_t - A_t - S_t^{GewSt}) = (s_t^{ESt} - s_t^{ESt} \cdot s_t^{GewSt}) \cdot (D_t - A_t) \tag{10}$$

Außerdem ist S_t^{GewSt} durch (3) zu ersetzen:

$$S_t^{GewSt} = s_t^{GewSt} \cdot (D_t - A_t)$$

Durch Einsetzen von (10) in (9) folgt:

$$S_t = (1 + s_t^{SolZ}) \cdot \begin{pmatrix} (s_t^{ESt} - s_t^{ESt} \cdot s_t^{GewSt}) \cdot (D_t - A_t) \\ - \dfrac{s_t^{ESt} \cdot s_t^{KiSt} \cdot (s_t^{ESt} - s_t^{ESt} \cdot s_t^{GewSt})}{1 + s_t^{KiSt} \cdot s_t^{ESt}} \cdot (D_t - A_t) \\ -1{,}8 \cdot m \cdot (1 - s_t^{GewSt}) \cdot (D_t - A_t) \end{pmatrix}$$

$$+ \frac{s_t^{KiSt} \cdot (s_t^{ESt} - s_t^{ESt} \cdot s_t^{GewSt})}{1 + s_t^{KiSt} \cdot s_t^{ESt}} \cdot (D_t - A_t) + s_t^{GewSt} \cdot (D_t - A_t) \qquad (11)$$

Nach einigen Umformungen ergibt sich der folgende kompakte Ausdruck zur Errechnung der vom operativen Ergebnis abhängigen Ertragsteuerzahlungen in t:

$$S_t = \underbrace{\begin{pmatrix} s_t^{ESt} \cdot (1 + s_t^{SolZ}) \cdot (1 - s_t^{GewSt}) \\ \cdot \left(1 - \dfrac{1}{s_t^{ESt}} \cdot 1{,}8 \cdot m\right) \\ + s_t^{ESt} \cdot [1 - s_t^{ESt} \cdot (1 + s_t^{SolZ})] \\ \cdot \dfrac{s_t^{KiSt} \cdot (1 - s_t^{GewSt})}{1 + s_t^{KiSt} \cdot s_t^{ESt}} + s_t^{GewSt} \end{pmatrix}}_{s_t^E} \cdot (D_t - A_t) \qquad (12)$$

Der Klammerausdruck in (12) stellt den Ertragsteuersatz s_t^E für Einzelunternehmen dar.

Für das (WM)-Jahr 2006 wird nun der Ertragsteuersatz exemplarisch berechnet:

Der Einkommensteuersatz beläuft sich auf 42 %. Der Gewerbesteuersatz ergibt sich unter Berücksichtigung der Steuermesszahl von 5 % und einem Hebesatz von 400 %:

$$s_t^{GewSt} = \frac{0{,}05 \cdot 4}{1 + 0{,}05 \cdot 4} = 0{,}1667 \mathrel{\hat{=}} 16{,}67\ \%$$

Die Kirchensteuer wird mit 9 % angesetzt. Der Solidaritätszuschlag beträgt 5,5 %. Bei Verwendung dieser Prozentsätze ergibt sich der Ertragsteuersatz wie folgt:

$$s_{2006}^{E} = 0,42 \cdot (1+0,055) \cdot (1-0,1667) \cdot (1-\frac{1}{0,42} \cdot 1,8 \cdot 0,05)$$

$$+0,42 \cdot (1-0,42 \cdot (1+0,055)) \cdot \frac{0,09 \cdot (1-0,1667)}{1+0,09 \cdot 0,42}$$

$$+0,1667 \approx 0,4737 \mathrel{\hat{=}} 47,37\,\%$$

2 Kapitalgesellschaften

Für die Investitionsrechnung von Kapitalgesellschaften sind nur diejenigen Steuerarten relevant, die von der Gesellschaft zu zahlen sind. Die Steuern der Anteilseigner werden also nicht berücksichtigt. Die Ertragsteuerzahlung der Kapitalgesellschaft setzt sich aus folgenden Einzelpositionen zusammen:

$$S_t = S_t^{KSt} + S_t^{GewSt} + S_t^{SolZ} \tag{13}$$

Symbole

S_t	gesamte Steuerzahlung der Kapitalgesellschaft in t
S_t^{KSt}	Körperschaftsteuerzahlung in t
S_t^{GewSt}	Gewerbesteuerzahlung in t
S_t^{SolZ}	Solidaritätszuschlag in t

Die Körperschaft- und die Gewerbesteuerzahlung sowie der Solidaritätszuschlag berechnen sich wie folgt:

$$S_t^{KSt} = s_t^{KSt} \cdot (D_t - A_t - S_t^{GewSt}) \tag{14}$$

$$S_t^{GewSt} = s_t^{GewSt} \cdot (D_t - A_t) \tag{15}$$

$$S_t^{SolZ} = s_t^{SolZ} \cdot S_t^{KSt} \tag{16}$$

Nach Einsetzen von (14) bis (16) in (13) folgt:

$$S_t = (1 + s_t^{SolZ}) \cdot s_t^{KSt} \cdot (D_t - A_t - S_t^{GewSt}) + s_t^{GewSt} \cdot (D_t - A_t) \tag{17}$$

Zur Ermittlung der Körperschaftsteuerzahlung gilt folgender Zusammenhang:

$$s_t^{KSt} \cdot (D_t - A_t - S_t^{GewSt}) = (s_t^{KSt} - s_t^{KSt} \cdot s_t^{GewSt}) \cdot (D_t - A_t) \tag{18}$$

Durch Einsetzen von (18) in (17) ergibt sich:

$$S_t = (1 + s_t^{SolZ}) \cdot (s_t^{KSt} - s_t^{KSt} \cdot s_t^{GewSt}) \cdot (D_t - A_t) + s_t^{GewSt} \cdot (D_t - A_t)$$

$$S_t = \underbrace{\left[(1 + s_t^{SolZ}) \cdot s_t^{KSt} (1 - s_t^{GewSt}) + s_t^{GewSt} \right]}_{s_t^K} \cdot (D_t - A_t) \tag{19}$$

Der Klammerausdruck in (19) stellt den Ertragsteuersatz s_t^K für Kapitalgesellschaften dar. Der Körperschaftsteuersatz beträgt 25 %. Bei einem Gewerbesteuersatz von 16,67 % und einem 5,5%igen Solidaritätszuschlag errechnet sich ein Ertragsteuersatz von 38,65 %:

$$s_t^K = (1 + 0{,}055) \cdot 0{,}25 \cdot (1 - 0{,}1667) + 0{,}1667 \approx 0{,}3865 \triangleq 38{,}65\ \%$$

Der Ertragsteuersatz einer Kapitalgesellschaft ist aus der Sicht der Gesellschaft unabhängig von der Thesaurierung bzw. Ausschüttung, da bei einer Ausschüttung das beim Anteilseigner anfallende Halbeinkünfteverfahren zu verwenden ist.[1]

Ist Ihnen aufgefallen, verehrter Leser, dass in dieser Folge von Dr. X und Y nicht explizit die Rede war? Der Grund ist darin zu sehen, dass Dr. X präsentiert und Y schweigend zugehört hat. Besonders aufmerksam war St., da selbstverständlich einige Excel-Spreadsheets fällig waren.

3 Die implizite Prämisse

Dr. X legte Wert auf die Feststellung, dass bei der Ermittlung der Ertragsteuersätze sowohl für einkommensteuerpflichtige Einzelunternehmer als auch für Kapitalgesellschaften implizit unterstellt wird, dass sich bei der Ermittlung der Gewerbesteuer die Summe der Hinzurechnungen zufälligerweise (!) mit der Summe der Kürzungen ausgleicht. Dies ist schwer vorstellbar, da bei Investitionen regelmäßig Dauerschuldzinsen als Hinzurechnungsart auftreten; andere Hinzurechnungen und Kürzungen jedoch nur fallspezifisch auftreten. Bei der Verwendung von Ertragsteuersätzen wird folglich ein systematischer Fehler, dessen Höhe möglicherweise von

[1] Denkbar ist, die Kapitalgesellschaft und ihre Eigenkapitalgeber in einem kaskadenartigen System von Investitionsrechnungsmodulen (gedacht ist natürlich an verkettete VOFIs) gemeinsam – und doch jede(n) für sich – zu betrachten. Einfach ist der Fall, wenn nur *ein* Eigenkapitalgeber berücksichtigt werden muss oder wenn sämtliche Eigner bezüglich ihrer Finanzierung und Steuern als homogen angesehen werden können.

geringer Bedeutung ist, begangen. Aber hier geht es ja um theoretische Richtigkeit.

Kontrollfragen

Wie lautet die allgemeine Funktionsvorschrift zur Ermittlung des periodenspezifischen Ertragsteuersatzes für Einkommensteuerpflichtige, die Unternehmer in einer Einzelunternehmung sind?

Vollziehen Sie die Herleitung des Ertragsteuersatzes für Einkommensteuerpflichtige als Unternehmer einer Einzelunternehmung nach! Berücksichtigen Sie dabei neben der Einkommensteuer auch die Kirchensteuer, die Gewerbesteuer und den Solidaritätszuschlag!

Welche Besonderheiten gelten bei der Herleitung des Ertragsteuersatzes für den Fall der Kapitalgesellschaft?

4.2 Erweiterung des VOFIs um Ertragsteuern zur Explikation der Annahmen klassischer Modelle

Folge 53

VOFI mit Ertragsteuersätzen

Am Anfang steht die Explikationsfunktion

Die Einbeziehung von Ertragsteuern in den VOFI wurde bereits bei dessen Vorstellung angekündigt. Nun ist zu zeigen, wie deren Ermittlung in speziellen Nebenrechnungen vorzunehmen ist. Zunächst ist vom Konzept eines einheitlichen Ertragsteuersatzes auszugehen, wie es in Folge 52 beschrieben worden ist.

Die Multiplikation der einheitlichen Steuerbemessungsgrundlage mit dem Ertragsteuersatz führt zu einem Zwischenergebnis, das positiv oder negativ sein kann. Aus einem positiven Zwischenergebnis resultiert die Steuerzahlung; ein negatives Zwischenergebnis führt zu einer (noch zu erörternden) Steuererstattung.[1]

Die Nebenrechnungsmodule zur Ermittlung der Ertragsteuern und die weitere Nebenrechnung zur Bestimmung der Abschreibungen sind im Folgenden dargestellt worden:

[1] Eigentlich müsste es Steuerauszahlung heißen. Da jedoch nicht etwa von Steuereinzahlung, sondern Steuererstattung gesprochen wird, soll im Folgenden der auch in der Praxis gebräuchliche Begriff Steuerzahlung verwendet werden. Streng genommen müssten die Begriffe Ertragsteuerzahlung und Ertragsteuererstattung heißen. Da jedoch der Kontext eindeutig ist, wird mit den verkürzten Begriffen gearbeitet.

Zeitpunkt	1 ... n
Ertragsteuersatz	
Ertragsüberschuss (ohne Abschreibungen und Zinsen) – Abschreibungen – Zinsaufwand + Zinsertrag	
Steuerbemessungsgrundlage	
Steuerzahlung Steuererstattung	

Abb. 53-1: Nebenrechnung zur Ermittlung der Steuerzahlungen bzw. -erstattungen

Die Nebenrechnung zur Ermittlung der Abschreibungen ist in Abb. 53-2 dargestellt worden.

Zeitpunkt	1 ... n
Buchwert zu Beginn des Jahres – Abschreibungen	
Buchwert zum Ende des Jahres	

Abb. 53-2: Nebenrechnung zur Ermittlung der Abschreibungen

Der Algorithmus zur Ermittlung der Ertragsteuern sieht vor, aus dem VOFI in die Nebenrechnung zu verzweigen, sobald im VOFI die Zinsen ermittelt worden sind. Nach der Errechnung der Ertragsteuern erfolgt ein „Rücksprung" in den VOFI. Dort liegen nun sämtliche Zahlungen vor, sodass der Liquidationsausgleich am Ende des betrachteten Jahres herbeigeführt werden kann. Dieser Prozess läuft periodisch-sukzessiv bis zum Ende des Planungshorizonts ab.

Nach dieser Einführung in die Integration der Ertragsteuern in den VOFI werden nun die klassischen Modelle dargestellt und interpretiert.

Kontrollfragen

Schildern Sie den Aufbau eines VOFIs mit steuerlichen Nebenrechnungen! Unterstellen Sie, das das Konzept eines Ertragsteuersatzes angewandt wird!

Erläutern Sie die Besonderheiten des Algorithmus! Gehen Sie vom Ziel der Endwertbestimmung nach Steuern aus!

Folge 54

Das Standardmodell

Auf dem Weg zu neuen Standards!

1 Das klassische Standardmodell

In der formelorientierten „Welt" der Investitionsrechnung wurde ein Modell entwickelt, das mit dem Selbstbewusstsein eines bekannten Hochschullehrers als Standardmodell[1] bezeichnet worden ist. Zunächst einmal fällt auf, dass die Kapitalwertmethode durch Einbeziehung von Ertragsteuerzahlungen als *Modell* bezeichnet wird – und nicht mehr als Methode. Außerdem springt ins Auge, dass der Name *Standard*modell ein fixiertes Qualitätsniveau (z. B. Industriestandard) signalisiert. Ein Industriestandard kann allerdings durch Wettbewerb neu definiert bzw. durch neue Produkte überholt werden. Dass auch das Standardmodell mittlerweile überholt ist, wird zu zeigen sein. Zunächst ist es in seiner ursprünglichen („klassischen") Form darzustellen, die durch zeitliche Konstanz des Kalkulationszinsfußes und des Ertragsteuersatzes charakterisiert ist. Die Formel[2] lautet:

$$C^{St} = -a_0 + \sum_{t=1}^{n} [d_t - s \cdot (d_t - A_t)] \cdot [1 + i \cdot (1-s)]^{-t}$$

Symbole

s	Ertragsteuersatz
A_t	Abschreibungen in t

---

[1] Zu dem Begriff vgl. Schneider, D. (1992), S. 218-223. Ihm ist die Verbreitung des von JOHANSSON entwickelten Modells zu verdanken. Vgl. Johansson, S. E. (1961), Johansson, S. E. (1969).

[2] Eine Erweiterung um die Einbeziehung des Restbuchwerts am Ende der Nutzungsdauer sowie des Restverkaufserlöses führt zu folgender Gleichung:

$$C^{St} = -a_0 + \sum_{t=1}^{n} \left[d_t - s(d_t - D_t)\right] \cdot \left[1 + i \cdot (1-s)\right]^{-t} + \left[R_n - s(R_n - RBW_n)\right] \cdot \left[1 + i \cdot (1-s)\right]^{-n}$$

Symbole

R_t	Restverkaufserlös in t
RBW_t	Restbuchwert in t

Ein Blick genügt, um festzustellen, dass zwei Parameter gegenüber der klassischen Kapitalwertformel ohne Steuern hinzugekommen sind: der Ertragsteuersatz und die Abschreibungen. Die Herleitung dieses Satzes für Einkommensteuerpflichtige als Inhaber von Einzelunternehmungen sowie für Kapitalgesellschaften wurde in der vergangenen Folge aufgezeigt.

Nun zu den Abschreibungen. Der zweite neue Parameter stellt die Abschreibungen dar, die Bestandteil der Steuerbemessungsgrundlage sind. Nun ist auf die Berechnung des Zielwerts einzugehen. Der Term $d_t - A_t$ stellt die Bemessungsgrundlage ohne Abzug der Zinsen dar. Bezüglich des Einzahlungsüberschusses d_t wird implizit unterstellt, dass dieser mit der Differenz der Erträge und Aufwendungen (ohne Abschreibungen und Zinsen) identisch ist. Da die Zinsen in der Bemessungsgrundlage nicht enthalten sind, ist von einer verkürzten Bemessungsgrundlage zu sprechen. Der Einfluss der Zinsen auf die Ertragsteuern wird im steuerverkürzten Kalkulationszinsfuß $i \cdot (1 - s)$ zum Ausdruck gebracht. Kurioserweise wird aus zwei Verkürzungen – gemeint sind die der Bemessungsgrundlage und die des Kalkulationszinsfußes – wieder ein Ganzes.

Y betrachtete die Formel und stellte sich eine negative Differenz zwischen d_t und A_t vor.

„Dann bekommen wir ja Steuern zurück!“, rief er aus. „Ich habe noch nie gehört, dass bei einem Verlust die Steuern vom Finanzamt und der Kommune zurückgezahlt werden. Nicht einmal von der Kirche!“ Und voller Ironie fügte er hinzu: „Dass ein Solidaritätszuschlag an die verlustleidende Unternehmung gezahlt wird, klingt innovativ.“

Dr. X dachte sich zur Erklärung einer „Steuererstattung“ ein Beispiel aus:

Angenommen, aufgrund von Anfangsverlusten sei dem Investitionsobjekt in der betrachteten Periode eine negative Steuerbemessungsgrundlage von 10.000 € zuzurechnen. Die Bemessungsgrundlage für den Rest der Unternehmung sei jedoch größer als 10.000 €. Folglich führt die Berücksichtigung des Investitionsobjekts zu einer Reduzierung der Steuerschuld der Gesamtunternehmung. Dieser Verlustausgleich ist dem Investitionsobjekt im Rahmen einer partiellen Betrachtung rechnerisch als Steuererstattung zuzuordnen. Tatsächlich wird natürlich – wird ein Ertragsteuersatz von 47,37 %[1] zugrunde gelegt – der Betrag von 42.633 € an den Fiskus, die Kirche und die Kommune gezahlt.

[1] Zur Ermittlung des Ertragsteuersatzes vgl. S. 306.

	Investitionsobjekt	Rest der Unternehmung	Gesamtunternehmung
Bemessungsgrundlage	–10.000	100.000	90.000
Steuerzahlung		47.370	} 42.633
Steuererstattung	4.737		

Abb. 54-1: Demonstrationsbeispiel
zur Erklärung von Ertragsteuererstattungen [in €]

Nach der Differenzanalyse kann die dem Investitionsobjekt zuzurechnende Steuerzahlung wie folgt bestimmt werden.

	Ertragsteuern
Gesamtunternehmung *mit* Investition	42.633
– Gesamtunternehmung *ohne* Investition	47.370
Differenz	–4.737
Steuererstattung	4.737

Abb. 54-2: Ermittlung der Steuererstattung
aufgrund einer Differenzbetrachtung [in €]

Die Zurechnung der Steuererstattung ist dann korrekt, wenn im „Rest der Unternehmung" eine positive Steuerbemessungsgrundlage gegeben ist, die mindestens gleich hohe Steuerzahlungen zur Folge hat. Die entsprechenden Zahlungen ergeben sich aus einer Multiplikation der Steuerbemessungsgrundlage jeder Periode mit dem exogen vorgegebenen Ertragsteuersatz.

Falls *keine* Möglichkeit zum internen Verlustausgleich besteht, müssen die ertragsteuerlichen Vorschriften über den Verlustvortrag (§ 10d Abs. 2 EStG) bzw. Verlustrücktrag (§ 10d Abs. 1 EStG) berücksichtigt werden. Wenn weder eine Verlustvortrags- noch eine -rücktragsmöglichkeit besteht, weist die temporäre negative Steuerbemessungsgrundlage keinerlei positiven Effekt auf. All diese Fälle können mit dem Standardmodell nicht abgebildet werden. Bei diesem Modell wird also implizit unterstellt, dass im Rest der Unternehmung Kompensationsmöglichkeiten vorhanden sind.

Abschließend formulierte Dr. X einen Gedanken, der die Verbindung zwischen den beiden neuen Parametern Abschreibungen und Ertragsteuersatz zum Inhalt hat.

Bei Konstanz des Ertragsteuersatzes über alle Perioden und wegen der Annahme eines sofortigen Verlustausgleichs mit hinreichend großen Bemessungsgrundlagen für den „Rest der Unternehmung" ist es im Hinblick auf die Zielsetzung (z. B. Endwertmaximierung) sinnvoll, in den ersten Jahren der Nutzung möglichst hohe Abschreibungen zu verrechnen, da hierdurch eine Verschiebung der Steuerzahlungen in die Zukunft bewirkt wird. Dieser Vorgang ist mit einem positiven Zinseffekt und folglich mit einer Zielwertverbesserung verbunden. Der gleiche Effekt tritt bei sinkenden Ertragsteuersätzen im Zeitablauf ein. Bei steigenden oder „wellenförmig“ verlaufenden Steuersätzen muss eine Einzelfallberechnung durchgeführt werden. Und jetzt wird es dramatisch: Derartige Berechnungsexperimente sind mit dem klassischen Standardmodell von vornherein nicht möglich, da dort ein periodisch konstanter Steuersatz unterstellt wird.

2 Demo-Beispiel

Zur Vereinfachung sei angenommen, dass das Investitionsobjekt DY11 linear abzuschreiben ist. Auf die durch 2006 vom Gesetzgeber geschaffene Möglichkeit der degressiven Abschreibung ist noch zurückzukommen, wenn ein realitätsnäheres Modell eingesetzt wird.

Zur Ermittlung der Vorteilhaftigkeit der Investition DY11 wurde mit der Annahme gearbeitet, der Inhaber der Fallstudienunternehmung – eine Einzelunternehmung – gehöre zu den Spitzenverdienern. Auch zahle er (bewusst) Kirchensteuern. Dass er für den Solidaritätszuschlag Verständnis hat, ist nicht relevant – der Soli ist obligatorisch. Unter Berücksichtigung der Gewerbesteuern ergibt sich ein Ertragsteuersatz von 47,37 %.[1] Dieser Satz sei für sämtliche Perioden gültig. Offensichtlich wird unterstellt, dass nicht anzunehmen ist, dass die Spitzensteuerposition und auch der Spitzensteuersatz geändert werden, der Hebesatz der Gemeinde korrigiert, die Mitgliedschaft in der Kirche gekündigt bzw. der Kirchensteuersatz modifiziert wird. Auch vom eventuellen Wegfall des Solidaritätszuschlags wird nicht ausgegangen. Bei eventuellen Reformen wird implizit ein kompensatorischer Effekt unterstellt – schließlich ist s zeitlich konstant.

Trotz dieser engen Annahmen bezüglich der zeitlichen Konstanz der Ertragsteuersätze wollen wir nun den Kapitalwert für DY11 nach dem klassischen Standardmodell errechnen.[2]

$$\begin{aligned} C^{nSt} &= -18000 + [-4000 - 0{,}4737 \cdot (-4000 - 3600)] \cdot [1 + (1 - 0{,}4737) \cdot 0{,}1]^{-1} \\ &\quad + [3200 - 0{,}4737 \cdot (3200 - 3600)] \cdot [1 + (1 - 0{,}4737) \cdot 0{,}1]^{-2} \\ &\quad + [19040 - 0{,}4737 \cdot (19040 - 3600)] \cdot [1 + (1 - 0{,}4737) \cdot 0{,}1]^{-3} \\ &\quad + [5972 - 0{,}4737 \cdot (5972 - 3600)] \cdot [1 + (1 - 0{,}4737) \cdot 0{,}1]^{-4} \\ &\quad + [3785 - 0{,}4737 \cdot (3785 - 3600)] \cdot [1 + (1 - 0{,}4737) \cdot 0{,}1]^{-5} \\ &= 1543\ [€] \end{aligned}$$

---

1 Vgl. S. 306.

2 Zur Erinnerung: Der Kapitalwert ohne Steuern beläuft sich für die gleiche Datensituation auf 1.742 €.

3 Interpretation des klassischen Standardmodells

Der Kapitalwert nach Steuern ist diejenige Entnahmemöglichkeit im Zeitpunkt t=0, bei der der Endwert der Investition nach Steuern mit dem Endwert der Opportunität nach Steuern identisch ist. Der Endwert berechnet sich wie folgt:

$$EW^{O^{nSt}} = 9000 \cdot [1 + 0{,}1 \cdot (1 - 0{,}4737)]^5 = 11631 \text{ [€]}$$

Zur Veranschaulichung ist nun ein VOFI darzustellen, in dem bei einer Entnahme im Zeitpunkt t=0 in Höhe des Kapitalwerts ein Endwert nach Steuern in Höhe von 11.631 € erreicht wird.

Zeitpunkt	0	1	2	3	4	5
Zahlungsfolge der Investition	–18.000	–4.000	3.200	19.040	5.972	3.785
Eigene Mittel						
+ Einsatz	9.000					
– Entnahme	**1.543**					
+ Einlage						
Kredit						
+ Aufnahme	10.543	955				
– Tilgung			2.784	8.713		
– Sollzinsen		1.054	1.150	871		
Reinvestition						
– Anlage				2.554	4.983	4.094
+ Rückfluss						
+ Ertrag					255	754
Ertragsteuern						
– Steuerzahlung				6.901	1.245	445
+ Steuererstattung		4.100	734			
Finanzierungssaldo	0	0	0	0	0	0
Bestandsgrößen						
Finanzbestand				2.554	7.537	11.631
Kreditbestand	10.543	11.498	8.713			
Bestandssaldo	**–10.543**	**–11.498**	**–8.713**	**2.554**	**7.537**	**11.631**

Berechnung der Ertragsteuern					
Zeitpunkt	1	2	3	4	5
Ertragsteuersatz [%]	47,37	47,37	47,37	47,37	47,37
Ertragsüberschuss	–4.000	3.200	19.040	5.972	3.785
– Abschreibung	3.600	3.600	3.600	3.600	3.600
+ Zinsertrag				255	754
– Zinsaufwand	1.054	1.150	871		
Steuerbemessungsgrundlage	–8.654	–1.550	14.569	2.627	939
Steuerzahlung	4.100	734			
Steuererstattung			6.901	1.245	445

Berechnung der Abschreibungen					
Zeitpunkt	1	2	3	4	5
Buchwert zu Beginn des Jahres	18.000	14.400	10.800	7.200	3.600
– Abschreibungen	3.600	3.600	3.600	3.600	3.600
Buchwert zum Ende des Jahres	14.400	10.800	7.200	3.600	0

Abb. 54-3: VOFI und Nebenrechnungen zur Investition DY11 Interpretation der Prämissen des klassischen Standardmodells

4 Das modifizierte Standardmodell

4.1 Datensituation

Y stellte fest: „Im klassischen Standardmodell wird also die Konstanz des Steuersatzes über die gesamte Nutzungsdauer der Investition unterstellt. Das ist in Erwartung wirtschaftspolitisch motivierter Änderungen der Steuergesetze sicher eine rigide Prämisse." Dr. X erwiderte: „Zumal nicht nur Gesetzesänderungen die Sätze zur Bestimmung der Einkommen- und Körperschaftsteuer verändern können; man denke an die Möglichkeit, dass Investitionsobjekte auch von schwankenden – sagen wir besser: steigenden – Hebesätzen der Gemeinde abhängig sind."

Y meinte: „Eine Anpassung der Formel des Standardmodells dürfte kein Problem sein. Wir sollten einfach einen periodenindividuellen Ertragsteuersatz s_t anstelle des einheitlichen Satzes in die Gleichung des Standardmodells einführen und das Ganze noch mal durchrechnen."

Dr. X lächelte, ohne dabei überlegen wirken zu wollen und sagte:. „Denken Sie bitte an die Prämissen der Kapitalwertformel. Eine Veränderung des Steuersatzes in einzelnen Perioden hat natürlich auch eine Änderung des Diskontierungsfaktors zur Folge. Wir müssen deshalb steuerkorrigierte periodenspezifische Kalkulationszinsfüße verwenden. Deshalb benötigen wir eine andere Formel zur Ermittlung des Kapitalwerts“, sagte Dr. X und notierte die folgende Formel[1]:

$$C_{mod}^{nSt} = -a_0 + \sum_{t=1}^{n} [d_t - s \cdot (d_t - A_t)] \cdot \prod_{\tau=1}^{t} q_\tau^{-1}$$

Symbol

C_{mod}^{nSt} Kapitalwert nach Steuern im modifizierten Standardmodell

In der oben stehenden Formel wird das Disagio nicht berücksichtigt, da beim Standardmodell ein einheitlicher Kalkulationszinsfuß für jede Periode angenommen wird. Außerdem wurde die Indizierung verändert. Die Kapitalwertformel wird beim modifizierten Standardmodell so formuliert, dass der Einzahlungsüberschuss in t durch das Produkt der steuerverkürzten Zinsfaktoren zum gleichen Zeitpunkt t dividiert wird. Bei der Bestimmung periodenspezifischer Aufzinsungsfaktoren orientierte sich die Indizierung an den zu Beginn eines Jahres vorhandenen Finanz- und Kreditbeständen, die mit den dann gültigen Zinssätzen zu multiplizieren waren. Diese Vorgehensweise wird – auch Folgen später – immer noch als sinnvoll angesehen. Unabhängig vom Formalismus der Indizierung kommt es natürlich nur darauf an, dass die richtigen Größen miteinander multipliziert werden.

Y gab zu: „Ich hatte nie verstanden, warum der Index von τ=0 bis t–1 und nicht von τ=1 bis t läuft.“

Dr. X fand Y in dem Moment sehr sympathisch. Wer gibt schon zu, wenn er einmal etwas nicht verstanden hat. Hier liegt der Fall allerdings anders. Y sagte ausdrücklich: „... verstanden *hatte* ...“ Offensichtlich war es ihm mittlerweile klar.

„Wo sind denn die periodenspezifischen Steuersätze? In dieser Formel sind sie ja nicht enthalten!“, unterbrach Y den Gedankengang von Dr. X mit einem Anflug von Ungeduld. Dr. X wies darauf hin, dass diese in den Aufzinsungsfaktoren q_τ enthalten seien. Um den Kapitalwert berechnen zu können, müssten sie wie folgt ermittelt werden:

$$i_\tau^{nSt} = i \cdot (1 - s_\tau)$$

Also sind die periodenspezifischen Aufzinsungsfaktoren so definiert:

[1] Vgl. auch die Formel, die in Folge 31, S. 213 entwickelt wurde.

$$q_\tau = 1 + i_\tau^{nSt} = 1 + i \cdot (1 - s_\tau)$$

Symbole

i_τ^{nSt} periodenspezifischer Kalkulationszinsfuß nach Steuern

s_τ periodenspezifischer Ertragsteuersatz

„Das heißt, der einheitliche Kalkulationszinsfuß wird einfach mit der Differenz aus 1 und dem periodenspezifischen Ertragsteuersatz multipliziert?“, fragte Y naiv. „Genau!“, antwortete Dr. X.- „Wir haben dann trotz eines einheitlichen Zinsfußes in allen Perioden periodenspezifische Aufzinsungsfaktoren. In diesem Fall funktioniert das herkömmliche Standardmodell nicht.“ „Dann müssen wir erstmal die Produkte der Aufzinsungsfaktoren ermitteln!“, dachte Herr Y laut und hatte Recht mit dieser Aussage. Er verstand seine „Aussage“ natürlich als *Auftrag* an Dr. X.

4.2 Demo-Beispiel

Nach diesen Überlegungen ging das Erstellen der folgenden Tabelle recht schnell. Die erwarteten Steuersätze der einzelnen Perioden hatte Dr. X aufgrund seiner höchst persönlichen Einschätzungen vorgegeben. Für die ersten beiden Jahre hatte er einen unveränderten Einkommensteuersatz von 42 % angenommen. Für die beiden Folgejahre hatte er Sätze von 39 % und 35 % unterstellt. Für das letzte Jahr nahm er noch einmal als Spitzensteuersatz 35 % an. Bezüglich der Gewerbesteuer werden gleich bleibende Bedingungen unterstellt. Der Hebesatz beträgt in allen Perioden 400 % und die Steuermesszahl 5 %. Bei der Kirchensteuer wird von einem Kirchensteuersatz von 9 % ausgegangen. Auch wird angenommen, dass der Solidaritätszuschlag von 5,5 % vorerst nicht wegfallen wird. Die Ertragsteuersätze werden in der unten stehenden Abbildung ausgewiesen. Dort wird auch gezeigt, wie die Produkte der Abzinsungsfaktoren des modifizierten Standardmodells zu errechnen sind:

Unter Verwendung der auf S. 305 hergeleiteten Formel für den Ertragsteuersatz von Einkommensteuerpflichtigen ergeben sich die folgenden im modifizierten Standardmodell zu berücksichtigenden Sätze:

Zeitpunkt	1	2	3	4	5
Ertragsteuersatz [%]	47,37	47,37	44,70	41,13	41,13

Abb. 54-4: Ertragsteuersätze

Die Ermittlung der periodenspezifischen Abzinsungsfaktoren unter Berücksichtigung von Steuern geht aus der folgenden Tabelle hervor:

t	i	s_t	$i_t^{nSt} = i \cdot (1 - s_t)$	$q_t = 1 + i_t^{nSt}$	$\prod_{\tau=t}^{t} q_\tau$
1	0,1	0,4737	0,05263	1,05263	1,05263
2	0,1	0,4737	0,05263	1,05263	1,05263
3	0,1	0,447	0,05530	1,05530	1,05530
4	0,1	0,4113	0,05887	1,05887	1,05887
5	0,1	0,4113	0,05887	1,05887	1,05887

Abb. 54-5: Ermittlung der periodenspezifischen Abzinsungsfaktoren nach Steuern

Der Kapitalwert nach Steuern ergibt sich wie folgt:

$$\begin{aligned} C^{nSt} &= -18000 + [-4000 - 0{,}4737 \cdot (-4000 - 3600)] : 1{,}05263^{-1} \\ &+ [3200 - 0{,}4737 \cdot (3200 - 3600)] : 1{,}10803^{-1} \\ &+ [19040 - 0{,}4737 \cdot (19040 - 3600)] : 1{,}16930^{-1} \\ &+ [5972 - 0{,}4737 \cdot (5972 - 3600)] : 1{,}23814^{-1} \\ &+ [3785 - 0{,}4737 \cdot (3785 - 3600)] : 1{,}31103^{-1} \\ &= 1924\ [€] \end{aligned}$$

Übrigens ergibt sich im dargestellten Beispiel *mit* Steuern ein höherer Kapitalwert als *ohne* Steuern.[1] Das Ergebnis ist überraschend. Es wird offiziell als Steuerparadoxon[2] bezeichnet.

5 Interpretation des modifizierten Standardmodells

Zur (mittlerweile routinemäßigen) Interpretation des mit dem modifizierten Standardmodell ermittelten Kapitalwerts in Höhe von 1.924 € ist der Betrag als Entnahme in t=0 einzusetzen. Diese Maßnahme führt bekanntlich zu einem Endwert der Investition nach Steuern, der mit dem Endwert der Opportunität übereinstimmt. Auch für die Berechnung des Endwerts der Opportunität nach Steuern ist aufgrund der zeitlich variierenden Steuersätze eine entsprechend angepasste Formel einzuführen. Sie lautet:

$$EW_{mod}^{O^{nSt}} = EK \cdot \prod_{t=1}^{n} [1 + i \cdot (1 - s_t)]$$

---

1 Zur Erinnerung: Der Kapitalwert ohne Steuern betrug 1.742 €.

2 Vgl. Schneider, D. (1992), S. 246-250.

Der Endwert der Opportunität berechnet sich wie folgt:

$$\begin{aligned} EW_{mod}^{O^{nSt}} &= 9000 \cdot [1+0,1\cdot(1-0,4737)]\cdot[1+0,1\cdot(1-0,4737)] \\ &\quad \cdot[1+0,1\cdot(1-0,4470)]\cdot[1+0,1\cdot(1-0,4113)] \\ &\quad \cdot[1+0,1\cdot(1-0,4113)] \\ &= 11799\ [€] \end{aligned}$$

Die Explikation der Datensituation im VOFI führt zu dem unten stehenden Ergebnis:

Zeitpunkt	0	1	2	3	4	5
Zahlungsfolge der Investition	–18.000	–4.000	3.200	19.040	5.972	3.785
Eigene Mittel						
+ Einsatz	9.000					
– Entnahme	1.924					
+ Einlage						
Kredit						
+ Aufnahme	10.924	975				
– Tilgung			2.763	9.136		
– Sollzinsen		1.092	1.190	914		
Reinvestition						
– Anlage				2.497	5.143	4.159
+ Rückfluss						
+ Ertrag					250	764
Ertragsteuern						
– Steuerzahlung				6.493	1.078	390
+ Steuererstattung		4.118	753			
Finanzierungssaldo	0	0	0	0	0	0
Bestandsgrößen						
Finanzbestand				2.497	7.641	11.799
Kreditbestand	10.924	11.899	9.136			
Bestandssaldo	–10.924	–11.899	–9.136	2.497	7.641	11.799

Abb. 54-6: VOFI zur Ermittlung der Steuern für die Investition DY11; Modifiziertes Standardmodell

Zeitpunkt	1	2	3	4	5
Ertragsteuersatz [%]	47,37	47,37	44,70	41,13	41,13
Ertragsüberschuss	–4.000	3.200	19.040	5.972	3.785
– Abschreibung	3.600	3.600	3.600	3.600	3.600
– Zinsaufwand	1.092	1.189	913		
+ Zinsertrag				250	765
Steuerbemessungsgrundlage	–8.692	–1.590	14.526	2.622	949
Steuerzahlung	4.118	753			
Steuererstattung			6.493	1.078	390

Abb. 54-7: Berechnung der Ertragsteuern

6 Ergebnis

Festzuhalten ist, dass das klassische Standardmodell eigentlich nicht mehr in die Gegenwart passt, da die Ertragsteuersätze in Zukunft sinken sollen. Manche Politiker meinen aber auch, sie müssten steigen. Ob Konstanz ein Kompromiss sein wird, ist Spekulation. In jedem Fall müsste das Modell zeitlich konstanter Ertragsteuersätze so lange eingefroren werden, bis der geplante niedrige – vielleicht aber auch höhere – Spitzensteuersatz auf Dauer realisiert wird. Ob das Modell tatsächlich wieder aufzutauen ist, bleibt abzuwarten. Eigentlich können wir es sogar eingefroren lassen, da das modifizierte Standardmodell selbstverständlich auch den Fall konstanter Ertragsteuersätze im Zeitablauf zu lösen vermag. Indes sollte auch dieses Modell im Archiv verschwinden, denn ein neuer Standard kündigt sich an: VOFI mit Ertragsteuern. Zuvor ist jedoch auf eine Konkurrenz zum Standardmodell – auf das Zinsmodell – einzugehen. Vielleicht ist es ja doch keine Konkurrenz!

Kontrollfragen

Formulieren Sie die Formel des klassischen Standardmodells!

Stellen Sie die Prämissen des klassischen Standardmodells heraus!

Interpretieren Sie die Parameter, die gegenüber dem klassischen Kapitalwertmodell neu sind!

Setzen Sie sich mit dem Begriff Steuererstattung im Standardmodell kritisch auseinander!

Erörtern Sie, wie die Prämissen des Standardmodells mit VOFI expliziert werden können!

Erörtern Sie den Aufbau des VOFIs mit Steuern und den Ablauf der Zielwertberechnung!

Warum ist die traditionelle Formel zur Ermittlung von Zielwerten bei einem zeitlich variierenden Steuersatz zu ändern?

Interpretieren Sie den Kapitalwert nach Steuern auf der Grundlage des Entnahmekonzepts!

Wie lautet die Kapitalwertformel für das modifizierte Standardmodell?

Setzen Sie sich mit der Indizierung auseinander!

Erläutern Sie die Rechenschritte zur Bestimmung des Kapitalwerts im modifizierten Standardmodell!

Warum funktioniert bei zeitlich variierenden Steuersätzen das klassische Standardmodell nicht?

Wie lautet die Formel zur Ermittlung des Kapitalwerts nach Steuern im modifizierten Standardmodell?

Wie ist der Kapitalwert nach Steuern inhaltlich unter Verwendung von VOFI zu interpretieren?

Folge 55

Das Zinsmodell

Ausräumung von Missverständnissen

1 Kritik am Standardmodell

Zum Standardmodell der Investitionstheorie mit Steuern wird kritisch angemerkt,[1] dass die steuerliche Wirkung der Zinsen nicht explizit in der Bemessungsgrundlage, sondern nur implizit im steuerverkürzten Kalkulationszinsfuß i_s zum Ausdruck kommt. Die Kritik betrifft also nicht die Richtigkeit des Ergebnisses, sondern die Verständlichkeit der Zielfunktion.

Auch Dr. X schien sich der Kritik anzuschließen, denn eines Morgens tischte er die folgende, der Literatur[2] entnommene, Formel zur Bestimmung des Kapitalwerts nach Steuern auf, bei der im Gegensatz zum Standardmodell nicht mit einem steuerverkürzten, sondern unter Verwendung des ursprünglichen Kalkulationszinsfußes abgezinst wird. Deshalb müssen die Zinsen explizit in der Bemessungsgrundlage zur Ermittlung der Ertragsteuerzahlungen enthalten sein. Die Formel dieses als Zinsmodell bezeichneten Ansatzes lautet:

$$C^{Zi} = -a_0 + \sum_{t=1}^{n} [d_t - s \cdot (d_t - A_t - Z_t)] \cdot (1+i)^{-t}$$

Symbole
C^{Zi} Kapitalwert nach dem Zinsmodell
Z_t Zinsen in t

Nach der Formulierung der C^{Zi}-Funktion entwickelte sich eine dramatisch zu nennende Auseinandersetzung zwischen Dr. X und Y, deren einzelne Stationen hier kurz festgehalten werden sollen.

Es fing damit an, dass Y selbstbewusst sagte: „Wenn das Zinsmodell sinnvoll sein soll, dann nur, wenn es zum gleichen Ergebnis führt wie das Standardmodell!“[3]

---

[1] Vgl. Steiner, J. (1980), S. 155-175.

[2] Vgl. Steiner, J. (1980), S. 155-175.

[3] Denn das Standardmodell liefert unter bestimmten Bedingungen das gleiche Ergebnis wie die vollständige Finanzplanung [Anm. d. Verf.].

2 Auseinandersetzung mit dem Zinsmodell

Zunächst setzte Dr. X die entsprechenden Daten für DY11 in die C^{Zi}-Formel ein, und zwar die Elemente der Zahlungsfolge, die Abschreibungen und – als Besonderheit des Zinsmodells – die Zinsen. Er übernahm sie aus dem VOFI, der in der letzten Folge[1] dokumentiert worden ist. Der im VOFI ausgewiesene Kapitalwert beträgt 1.543 €.

Die Akteure tippten die Zahlen des VOFIs in die Formel des Zinsmodells ein und erwarteten hoffnungsvoll das Endergebnis. Es kam ein Kapitalwert von –619 € heraus – also keineswegs der Zielwert des Standardmodells. Als Erstes dachten sie an einen Tippfehler und versuchten es noch einmal. Es kam das gleiche Ergebnis heraus. Es war eine Enttäuschung wie nach einem Doppelfehler beim Tennis oder einem (offiziell nicht erlaubten) Mulligan beim Golfabschlag. Frustriert trennten sie sich und kamen erst wieder zusammen, als Dr. X eine Lösung parat hatte.

Der Vorschlag von Dr. X sah eine Überführung von C^{Zi} in C^{St} unter Verwendung der folgenden Formel vor:

$$C^{St} = C^{Zi} + EK \cdot \frac{q^n - [1 + i \cdot (1 - s)]^n}{q^n}$$

Symbol

C^{St} Kapitalwert nach dem Standardmodell

Nach dem Einsetzen der relevanten Daten ergibt sich (erfreulicherweise) der Zielwert des Standardmodells, der bekanntlich auch im VOFI ausgewiesen wurde, von 1.543 €:

$$C^{St} = -619 + 9000 \cdot \frac{1{,}1^5 - [1 + 0{,}1 \cdot (1 - 0{,}4737)]^5}{1{,}1^5} = 1543 \ [€]$$

Zwischen den Ergebnissen von C^{St} und C^{Zi} besteht also ein Zusammenhang, der formelmäßig konkretisierbar ist.

Y störte an der Überführung etwas. Was verbarg sich hinter dem zweiten Term der C^{St}-Formel – er nannte ihn den Differenzbetrag DIFF, der allgemein wie folgt definiert ist:

$$DIFF = EK \cdot \frac{q^n - [1 + i \cdot (1 - s)]^n}{q^n}$$

[1] Vgl. Abb. 54-3, S. 315 f..

Nach einfachem Umformen und näherem Hinschauen ergibt sich nichts anderes als der Barwert der Steuerzahlung bei Durchführung der Opportunität. Dies soll nun kurz demonstriert werden.

Zunächst ist der Endwert der Steuerzahlung bei Verwirklichung der Opportunität (EWS^O) zu berechnen. Er ergibt sich als Endwert der Opportunität ohne Steuern abzüglich des Endwerts der Opportunität mit Steuern.

$$EWS^O = EK \cdot q^n - EK \cdot [1 + i \cdot (1 - s)]^n$$

Der entsprechende Barwert BWS^O ist dann nichts anderes als unser DIFF:

$$BWS^O = \frac{EK \cdot q^n - EK \cdot [1 + i(1-s)]^n}{q^n} = EK \cdot \frac{q^n - [1 + i(1-s)]^n}{q^n} = DIFF$$

Nun fiel es Dr. X – wie dieser gern sagt – wie „Schuppen von den Augen“:

Die Größe, die im herkömmlichen Zinsmodell fehlt, wurde nach Offenlegung der Diskrepanz zwischen den Kapitalwerten von Zins- und Standardmodell einfach korrigiert. Ein Fehler wurde auf diese Art und Weise offiziell rückgängig gemacht. Würde man nämlich den Barwert bei Verwirklichung der durch die Opportunität verursachten Steuerzahlung in die Formel einbeziehen, dann wäre von vornherein Äquivalenz zwischen dem Zinsmodell und dem Standardmodell gegeben. Es müsste dann gelten:

$$C^{St} = C^{Zi}$$

bzw. in ausführlicher Form:

$$-a_0 + \sum_{t=1}^{n} [d_t - s \cdot (d_t - A_t)] \cdot [1 + i \cdot (1-s)]^{-t}$$

$$= -a_0 + \sum_{t=1}^{n} [d_t - s \cdot (d_t - A_t - Z_t)] \cdot q^{-t}$$

Was war am Zinsmodell falsch? Plötzlich ging Y ein Licht auf. Die Formel ist keineswegs falsch. Allerdings ist das Symbolverzeichnis, in dem Z_t definiert wird, fehlerhaft. Z_t repräsentiert nicht etwa ausschließlich die der betrachteten Investition zuzurechnenden Zinsen, sondern die *zusätzlichen* Zinsen bei Verwirklichung der Investition im Vergleich zur Opportunität. Es liegt also der gleiche Gedankenfehler vor, der auch das sog. Steuerparadoxon[1] so berühmt gemacht hat. Um den Fehler nachzuvollziehen, ist von der Überlegung auszugehen, dass sich Z_t aus folgenden Komponenten zusammensetzen muss:

---

1 Hierauf ist in Folge 56 noch zurückzukommen.

$$\Delta Z = Z_t^{S,M} - Z_t^{H,M} + Z_t^{O} \qquad \forall\, t$$

Symbole

ΔZ zusätzliche Zinsen

$Z_t^{S,M}$ Sollzinsen bei Realisierung der Investition

$Z_t^{H,M}$ Habenzinsen bei Realisierung der Investition

Z_t^{O} Habenzinsen bei Realisierung der Opportunität

„Ist doch ganz klar!“, meinten plötzlich beide. „Der Kapitalwert ist eine zusätzliche Größe, und zwar der Mehrwert der Investition gegenüber dem der Opportunität im Anfangszeitpunkt. Die Komponenten dieses Werts müssen deshalb ebenfalls Zusatzgrößen sein. Auch die Anschaffungsauszahlung, denn die fällt zusätzlich an, wenn investiert wird – und nicht zuletzt die Steuern. In der Kapitalwertformel des Zinsmodells müssen also die zusätzlichen Zinsen angesetzt werden. Um diese zu bestimmen, werden deshalb nicht nur die Zinsen der Investition, sondern auch die der Opportunität benötigt.“

„Wir sollten zusätzlich zu unseren theoretischen Überlegungen durchaus unsere Rechnung zu Ende bringen!“, sagte Y in Chef-Manier. Daraufhin wurde zunächst der VOFI für die Opportunität unter Berücksichtigung von Steuern erarbeitet (vgl. Abb. 55-1), um die Zinsen Z_t^{O} für die Kapitalwertformel zu bestimmen.

Der VOFI der Investition weist in t=0 eine Entnahme in Höhe des Kapitalwerts von 1.543 € auf. Der Endwert beträgt 11.631 €.[1]

Zur Ermittlung der Opportunitätszinsen unter Berücksichtigung von Ertragsteuern ist der VOFI der Opportunität aufzustellen:

Zeitpunkt	0	1	2	3	4	5
Eigene Mittel	9.000					
Geldanlage						
– Anlage	9.000	474	499	525	552	582
+ Rückfluss						
+ Habenzinsen		900	947	997	1.050	1.105
Ertragsteuern		426	449	472	497	523
Finanzierungssaldo	0	0	0	0	0	0
Finanzbestand	9.000	9.474	9.972	10.497	11.050	11.631

Abb. 55-1: VOFI der Opportunität

[1] Der VOFI wurde bereits in Abb. 54-3, S. 315 f. dargestellt.

Es war ein großer Augenblick, als nunmehr beim modifizierten (besser: richtig interpretierten) Zinsmodell der Kapitalwert des Standardmodells herauskam. Zinsmodell und Standardmodell sind schließlich äquivalent.

$$\begin{aligned} C^{Zi} &= -18000 + [-4000 - 0{,}4737 \cdot (-4000 - 3600 - 1054 - \mathbf{900})] \cdot 1{,}1^{-1} \\ &\quad + [3200 - 0{,}4737 \cdot (3200 - 3600 - 1150 - \mathbf{947})] \cdot 1{,}1^{-2} \\ &\quad + [19040 - 0{,}4737 \cdot (19040 - 3600 - 871 - \mathbf{997})] \cdot 1{,}1^{-3} \\ &\quad + [5972 - 0{,}4737 \cdot (5972 - 3600 - 255 - \mathbf{1050})] \cdot 1{,}1^{-4} \\ &\quad + [3785 - 0{,}4737 \cdot (3785 - 3600 - 754 - \mathbf{1105})] \cdot 1{,}1^{-5} \\ &= 1543\ [€] \\ &= C^{nSt} \end{aligned}$$

3 Ergebnis

Die klassische Investitionstheorie „mit Steuern" erschien den beiden in dem Moment wie ein kristallklarer Körper – durchsichtig und berechenbar. An die Praxis dachten sie ausnahmsweise mal nicht. Hätten sie daran gedacht, dann wären sie zu folgender Überlegung gekommen: Was nutzt das Zinsmodell, wenn die Zinsen aus Nebenrechnungen hergeleitet werden müssen, die nichts anderes sind als VOFIs? Aber damit sagen wir Ihnen, verehrter Leser, ja nichts Neues.

Der oben stehende Satz, der wortgetreu bereits in der ersten Auflage dieses Fallstudienbuches[1] enthalten ist, wurde offenbar von ADAM übersehen. In einem Kapitel zum Zinsmodell, von dem er (mit selbstironischer Koketterie) sagt, dass man es „weder schreiben noch lesen sollte"[2] schreibt er folgende (lesenswerte) Fußnote[3]:

„In der Literatur gibt es einen Versuch, den Fehler des Zinsmodells durch Uminterpretation der im Modell zu verrechnenden Zinsen zu heilen. Vgl. Grob (1999 a), S. 293 ff. Bei diesem Versuch werden folgende Berechnungsschritte durchlaufen:

(1) Der Kapitalwert des Standardmodells wird berechnet.

(2) Es wird ein VoFi [sic!] aufgestellt, bei dem sich die Soll- und Habenzinsen bei Realisierung der Investition ergeben.

(3) Es wird für die Finanzlage des Startkapitals ein VoFi aufgestellt, aus dem sich die Soll- und Habenzinsreihe der Opportunität ergeben.

---

1 Vgl. Grob, H. L. (1990 a), S. 226.

2 Vgl. Adam, D. (2000), S. 186.

3 Adam, D. (2000), S. 189.

(4) Im Zinsmodell wird dann für Z_t lediglich die Differenz der Zinsgrößen aus dem zweiten und dritten Berechnungsschritt angesetzt.

Diese Modifikation führt finanzierungsunabhängig zum Ergebnis des Standardmodells. Es stellt sich allerdings die Frage, was ein derartiger ‚Reparaturversuch' eines bereits im Ansatz falschen Modells soll. Nach der Uminterpretation der im Zinsmodell zu verwendenden Zinsen ergibt sich zwar das aus dem Standardmodell bekannte Ergebnis, aber der Berechnungsweg vermag keinen dem Rationalprinzip verpflichteten Kalkulator zu überzeugen. Nach diesem Berechnungsprinzip muss erst der richtige Kapitalwert bestimmt werden, dann müssen zwei VoFis aufgestellt werden, um die Zinsdifferenz ermitteln zu können, um letztlich mit der erneuten Berechnung des Kapitalwerts nach dem Zinsmodell zu einem Ergebnis zu kommen, das bereits aus dem ersten Berechnungsschritt ersichtlich ist."

(Ende des Zitats.)

Um es noch einmal – und diesmal vielleicht noch deutlicher – zu sagen: Das Ziel der hier vorgetragenen Überlegungen war und ist nicht etwa darin zu sehen, einen Algorithmus zur Rettung des Zinsmodells zu propagieren, sondern folgende zwei Erkenntnisse herauszustellen:

1. Das Zinsmodell, das in der Literatur falsch interpretiert wird, stimmt bei richtiger Interpretation mit dem Standardmodell überein.
2. Die noch wichtigere Erkenntnis lautet: Der Entscheidungsträger sollte von vornherein mit einem VOFI arbeiten, da dieser sowieso zur Berechnung der Zinsen benötigt wird.

Kontrollfragen

Definieren Sie die Zielfunktion des Zinsmodells! Bezeichnen Sie die Symbole dieses Modells von vornherein richtig!

Interpretieren Sie die folgende Formel:

$$DIFF = EK \cdot \frac{q^n - [1 + (1 - s)\ i]^n}{q^n}$$

Zeigen Sie, dass DIFF als Barwert der Steuerzahlung bei Durchführung der Opportunität zu verstehen ist, indem Sie die in Abb. 55-1 enthaltenen Steuerzahlungen auf t=0 abzinsen!

Inwiefern ist das klassische Standardmodell mit dem Zinsmodell äquivalent?

Nennen Sie die Schritte, die erforderlich sind, um mit dem richtig interpretierten Zinsmodell zum gleichen Zielwert zu kommen wie mit dem Standardmodell! Welche praxisrelevanten Folgerungen ziehen Sie aus der Tatsache, dass VOFI als Nebenrechnung zur Bestimmung der Zinsen benutzt wird?

Folge 56

Das Steuerparadoxon

Subjektive versus objektive Paradoxie

1 Aufgabenstellung

Bei der Darstellung des modifizierten Standardmodells war aufgefallen, dass der Kapitalwert *nach* Steuern höher ist als der *vor* Steuern.[1] Eigentlich ist zu erwarten, dass steigende Ertragsteuersätze die Vorteilhaftigkeit einer Investition mindern und nicht etwa erhöhen. Indes sagt D. SCHNEIDER nach seiner „Entdeckung" hierzu: „... nichts ist in der Wissenschaft gefährlicher, als auf den ersten, offensichtlichen Eindruck zu vertrauen ..."[2] und legt seiner warnenden These ein Beispiel zugrunde, das nicht nur kurz, sondern auch *ver*kürzt[3] wiedergegeben werden soll.[4]

Für eine Investition ist eine Zahlungsfolge mit folgenden Daten prognostiziert worden:

Zeitpunkt	0	1	2	3
Zahlung [€]	–3.000	0	2.000	1.760

Abb. 56-1: Zahlungsfolge der Investition

Die Investition wird vollständig mit Eigenkapital finanziert, das sonst zu einem Zinssatz von 10 % angelegt werden kann. Der Opportunitätskostensatz ist als Kalkulationszinsfuß zu verwenden. Der Kapitalwert ohne Steuern ist negativ. Dies ist bereits auf den ersten Blick anhand der Zahlungsfolge erkennbar. Unter Berücksichtigung linearer Abschreibungen und einer sofortigen Verlustausgleichsmöglichkeit zeigt sich jedoch, dass der Kapitalwert bei einem Ertragsteuersatz von 50 % positiv ist. Der Kapital-

---

[1] Vgl. S. 319.

[2] Schneider, D. (1975), S. 311.

[3] Anzumerken ist, dass im Original ein Verlustvortrag gemäß § 10 EStG unterstellt wird. Diese Annahme ist hier zur Vereinfachung modifiziert worden. Das allgemeine Ergebnis der Analyse wird hiervon nicht beeinflusst.

[4] Dieses Beispiel an dieser Stelle zu verwenden, entspricht dem Prinzip „zurück zu den Quellen!". Zu empfehlen ist, bei Gelegenheit die Datenkonstellation, die beim modifizierten Standardmodell aufgetreten ist, analog zu analysieren.

wert steigt also in Abhängigkeit vom Ertragsteuersatz. Dieses Ergebnis bezeichnet D. SCHNEIDER als *paradox*.

Dr. X schlug zunächst einmal im Lexikon nach, was unter einem *Paradoxon* zu verstehen ist. Hier stand: „Ein Paradoxon ist eine nur dem Anschein widersinnige Behauptung, die auf den dialektischen Gegensatz jeder Wahrheit ... hinweisen will.“

Dr. X hatte ein mechanistisches Weltbild und dachte bei dem Begriff „Wahrheit“ eher an die Boolsche Algebra als an Dialektik. Um nicht ins Grübeln zu kommen, konzentrierte er sich lieber auf die Frage, warum durch einen steigenden Steuersatz der Kapitalwert steigen kann. Hierzu war mal wieder ein VOFI zur Explikation impliziter Prämissen gefragt.

2 Die Ausgangssituation

Der Kapitalwert ohne Steuern C^{oSt} ist bekanntlich wie folgt definiert:

$$C^{oSt} = -a_0 + \sum_{t=1}^{n} d_t \cdot q^{-t}$$

Unter Verwendung der oben aufgeführten Daten ergibt sich:

$C^{oSt} = -25$ [€]

Der Kapitalwert mit bzw. nach Steuern C^{nSt} ist unter Verwendung des Standardmodells zu berechnen:

$$C^{nSt} = -a_0 + \sum_{t=1}^{n} [d_t - s \cdot (d_t - A)] \cdot [1 + i \cdot (1-s)]^{-t} \qquad \text{mit } A = \frac{a_0}{n}$$

Der Kapitalwert nach Steuern beläuft sich im Demo-Fall auf 29 €.

Die Fallunterscheidung „ohne“ und „mit“ Steuern kann als Beispiel für einen steigenden Steuersatz angesehen werden: s steigt von 0 auf 50 % und der Kapitalwert erhöht sich um 29 – (– 25) = 54 [€].

Im ersten Moment sagte Dr. X: „Dies also ist das berühmte Steuerparadoxon!“ Dann fragte er: „Ist das Ergebnis wirklich paradox?“

3 Interpretation mit VOFI

Zur Interpretation des Steuerparadoxons ist eine Abbildung der Datensituation in einem VOFI vorzunehmen. Da der natürliche Zielwert der vollständigen Finanzplanung der Endwert ist, sollen anstelle der Kapitalwerte die Endwerte von Investition und Opportunität ohne und mit Steuern berechnet werden.[1] Die Kapitalwerte werden in einem späteren Schritt ermittelt.

Routinemäßig – aber nicht ohne „Hintergedanken"[2] – werden zunächst einmal für die Investition die Ergebnisse ermittelt und auch ein entsprechender Δ-VOFI erzeugt. Für die Opportunität ist das Gleiche zu tun. Auf die Darstellung der Steuerberechnung wird hier verzichtet.

Zeitpunkt	0	1	2	3
Zahlungsfolge der Investition	–3.000		2.000	1.760
Eigene Mittel	3.000			
Reinvestition				
– Anlage			2.000	1.960
+ Rückfluss				
+ Ertrag				200
Finanzierungssaldo	0	0	0	0
Finanzbestand			2.000	**3.960**

Abb. 56-2: VOFI der Investition (ohne Steuern)

Zeitpunkt	0	1	2	3
Zahlungsfolge der Investition	–3.000		2.000	1.760
Eigene Mittel	3.000			
Reinvestition				
– Anlage		500	1.525	1.481
+ Rückfluss				
+ Ertrag			50	203
Ertragsteuern				
– Steuerzahlung			525	481
+ Steuererstattung		500		
Finanzierungssaldo	0	0	0	0
Finanzbestand		500	2.025	**3.506**

Abb. 56-3: VOFI der Investition (mit Steuern)

[1] Selbstverständlich hätten auch VOFIs dargestellt werden können, die die Kapitalwerte als Entnahme in t=0 enthalten.

[2] Die Hintergedanken sind nach vorne orientiert. Sie dienen dem in Abb. 56-8 dargestellten Zielwertvergleich.

Zeitpunkt	0	1	2	3
Δ Eigene Mittel				
Δ Reinvestition				
– Δ Anlage		500	–475	–479
+ Δ Rückfluss				
+ Δ Erträge			50	3
Δ Ertragsteuern				
– Δ Steuerzahlung			525	481
+ Δ Steuererstattung		500		
Finanzierungssaldo	0	0	0	0
Δ Finanzbestand		500	25	**–454**

Abb. 56-4: Δ-VOFI der Investition

Und nun „the same procedure" für die Opportunität.

Zeitpunkt	0	1	2	3
Eigene Mittel	3.000			
Geldanlage				
– Anlage	3.000	300	330	363
+ Rückfluss				
+ Ertrag		300	330	363
Finanzierungssaldo	0	0	0	0
Finanzbestand	3.000	3.300	3.630	**3.993**

Abb. 56-5: VOFI der Opportunität (ohne Steuern)

Zeitpunkt	0	1	2	3
Eigene Mittel	3.000			
Geldanlage				
– Anlage	3.000	150	158	165
+ Rückfluss				
+ Habenzinsen		300	315	331
Ertragsteuern		150	158	165
Finanzierungssaldo	0	0	0	0
Finanzbestand	3.000	3.150	3.308	**3.473**

Abb. 56-6: VOFI der Opportunität (mit Steuern)

Zeitpunkt	0	1	2	3
Δ Eigene Mittel				
Δ Geldanlage				
– Δ Anlage		–150	–173	–198
+ Δ Rückfluss				
+ Δ Habenzinsen			–15	–32
Δ Ertragsteuern		150	158	165
Finanzierungssaldo	0	0	0	0
Δ Finanzbestand		–150	–323	**–520**

Abb. 56-7: Δ-VOFI der Opportunität

Die in den VOFIs ausgewiesenen Zielwerte sowie die Zielwertänderungen sind in der folgenden Übersicht zusammengestellt worden, in der – korrespondierend zum Zusätzlichen Endwert ΔEW – auch der Kapitalwert C ausgewiesen wird.

	Zielwert ohne Steuern	Zielwert nach Steuern	Zielwertänderung
EW^M	**3.960**	**3.506**	**–454**
EW^O	**3.993**	**3.473**	**–520**
ΔEW	–33	33	+66
C	–25	29	+54

Abb. 56-8: Zielwertvergleich

Ein Vergleich der Zielwertänderungen der Endwerte von Investition und Opportunität zeigt zunächst einmal, dass die landläufige Auffassung, mit steigendem Ertragsteuersatz würde sich der Zielbeitrag einer Investition verschlechtern, bestätigt wird: EW^M und auch EW^O sinken durch die Einbeziehung von Steuern. Wie aber ist das Steigen des Zusätzlichen Endwerts und des korrespondierenden Kapitalwerts zu begründen?

Der Kapitalwert ist das Ergebnis einer Differenzbetrachtung. Er gibt den zusätzlichen entnahmefähigen Betrag an, wenn die Investition anstelle ihrer Opportunität durchgeführt wird. Die Steuererhöhung beeinträchtigt zwar die Investition und die Opportunität, erstere aber weniger, da die steuerliche Bemessungsgrundlage bei der Investition durch Abschreibungen vermindert wird. Daher darf es nicht überraschen, dass durch den aus der Steuererstattung resultierenden positiven Zinseffekt die Differenzgröße Kapitalwert mit steigendem Steuersatz und dem damit verbundenen negativen Steuereffekt zunimmt. Von Paradoxie kann keine Rede sein.

Nachvollziehbar ist dies in einem Δ-(Δ-VOFI), der aus dem Vergleich der beiden in Abb. 56-4 und Abb. 56-7 dargestellten Δ-VOFIs bestimmbar ist. In diesem Buch ist dies der einzige Δ-(Δ-VOFI). Normalerweise kommen wir mit VOFIs aus.

Zeitpunkt	0	1	2	3	Σ	
Zahlungsfolge der Investition						
ΔΔ Eigene Mittel						
ΔΔ Reinvestition						
– ΔΔ Anlage		650	–303	–281	66	
+ ΔΔ Rückfluss						
+ ΔΔ Erträge			65	35	100	
ΔΔ Ertragsteuern						
– ΔΔ Steuerzahlung		–150	368	316	534	–34
+ ΔΔ Steuererstattung		500			500	
Finanzierungssaldo	0	0	0	0		
ΔΔ Finanzbestand		650	348	66		

Abb. 56-9: Δ-(Δ-VOFI)

Wenn nun noch eine Δ-(Δ-Totalgewinnanalyse) durchgeführt wird, dann kann ganz deutlich die Zusammensetzung der aus der Steuererhöhung resultierenden Zielwertverbesserung im Sinne einer Änderung des Zusätzlichen Endwerts von 66 € nachvollzogen werden. Letztlich resultiert sie daraus, dass der (positive) Zinseffekt von 100 € größer ist als der (negative) Steuereffekt von 34 €. Während der Steuereffekt bei einer Steuererhöhung stets negativ ist, kann der Zinseffekt positiv sein. Dass dies nicht paradox ist, wurde bereits gesagt.

Kontrollfragen

Was versteht man unter einem Steuerparadoxon?

Wodurch ist das Steigen des Kapitalwerts bei steigendem Ertragsteuersatz begründet?

Wie wirkt sich die Berücksichtigung von Steuern auf den Endwert und den Zusätzlichen Endwert aus?

Entwickeln Sie eine grafische Darstellung zur Durchführung eines Zielwertvergleichs auf der Basis der folgenden Formeln:

$$EW^{M^{nSt}}(s) = (-a_0 + EK) \cdot [1 + (1-s) \cdot i]^n + \sum_{t=1}^{n} [d_t - s \cdot (d_t - A_t)] \cdot [1 + (1-s) \cdot i]^{n-t}$$

$$EW^{O^{nSt}}(s) = EK \cdot [1 + (1-s) \cdot i_0]^n$$

Weisen Sie den Parametern beliebige Werte zu!

Erstellen Sie zu dem oben dargestellten Zahlenbeispiel einen Δ-VOFI und interpretieren Sie diesen!

Ergänzen Sie die folgende Tabelle! Legen Sie dabei einen Kalkulationszinsfuß von 10 % und Steuersätze von null respektive 50 % zugrunde! Die Nutzungsdauer beträgt fünf Jahre.

	Zielwert ohne Steuern	Zielwert nach Steuern	Zielwertänderung
EW^M	3.960	3.506	
EW^O	3.993	3.473	
ΔEW			
C			

Abb. 56-10: Zielwertvergleich

4.3 VOFI als Controllinginstrument

4.3.1 VOFI mit pauschaler Ertragsteuerberechnung

Folge 57

VOFI für Einzelunternehmungen – Typ 1

Ein einfacher Anfang

1 Das Konzept

Der bei den klassischen Methoden (bzw. Modellen) der Investitionsrechnung verwendete Ansatz von Ertragsteuersätzen kann natürlich nicht nur zur Explikation der Prämissen dieser Modelle, sondern auch für das Investitionscontrolling gewählt werden. Dabei werden sämtliche Ertragsteuern zu *einer* Ertragsteuer zusammengefasst. Dieses Modell wird als Typ 1 bezeichnet. Die Verwendung des Konzepts der Ertragsteuersätze führt zu einer pauschalen Ertragsteuerberechnung. Die Nutzung von VOFI erlaubt problemlos die Berücksichtigung zeitlich variierender Ertragsteuersätze. Natürlich ist auch Konditionenvielfalt auf dem Finanzierungssektor und eine beliebige Modellierung von Reinvestitionen möglich. Gleichwohl stellt dieser Ansatz eine realitätsnahe Behandlung der Ertragsteuern dar.

„Lassen Sie uns ein Beispiel erzeugen", sagte Y, blickte auf die auf S. 318 dargestellte Datensituation und entdeckte, dass bei der Bemessung der Abschreibungen die in 2006 modifizierte Ergänzung des § 7 EStG[1] unbeachtet geblieben ist. Dr. X wollte nicht damit argumentieren, dass die Fallstudiengeschichte „irgendwann in der nächsten Zukunft"[2] spielt, in der die zeitliche begrenzte Möglichkeit degressiver Abschreibungen sicherlich bereits wieder ausgelaufen sei, sondern machte sich direkt an die Arbeit. Zur Ermittlung der Abschreibungen wird so lange mit dem Höchstsatz von 30 % abgeschrieben, bis die lineare Abschreibung aufgrund einer Verteilung des Restbuchwerts auf die Restnutzungsdauer gleich oder größer ist als die degressive Abschreibung.

---

[1] Vgl. S. 299.

[2] Vgl. S. 1.

2 Demo-Fall

Die Datensituation des Demo-Falls[1] wird nun durch die Einbeziehung zeitlich variierender Ertragsteuersätze[2] für den Einkommensteuerpflichtigen als Inhaber einer Einzelunternehmung modifiziert. Das Wirtschaftsgut DY11 ist über seine Nutzungsdauer von fünf Jahren degressiv abzuschreiben. Sobald die gleichmäßige Verteilung des Restbuchwerts auf die Restnutzungsdauer gleich oder größer ist als die degressive Abschreibung, erfolgt ein Übergang zur linearen Abschreibung. Anzumerken ist, dass das Disagio linear auf die Laufzeit des Kredits zu verteilen ist. Das leicht nachvollziehbare VOFI-System wird im Folgenden dargestellt. Bezüglich des periodisch-sukzessiv ablaufenden Algorithmus sei daran erinnert, dass die Steuerzahlung dann ermittelt wird, wenn die Höhe der Zinszahlungen im VOFI bekannt ist.

Zeitpunkt	0	1	2	3	4	5
Zahlungsfolge der Investition	–18.000	–4.000	3.200	19.040	5.972	3.785
Eigene Mittel	9.000					
Kredit mit Endtilgung						
+ Aufnahme	5.000					
– Tilgung			5.000			
– Sollzinsen (inkl. Disagio)	500	300	300			
Kontokorrentkredit						
+ Aufnahme	4.500		1.616			
– Tilgung		1.363		4.754		
– Sollzinsen		585	408	618		
Reinvestition						
– Anlage				4.397	4.308	3.563
+ Rückfluss						
+ Ertrag					352	696
Ertragsteuern						
– Steuerzahlung				9.272	2.016	918
+ Steuererstattung		6.248	892			
Finanzierungssaldo	0	0	0	0	0	0
Bestandsgrößen						
Finanzbestand				4.397	8.704	12.267
Kreditbestände						
Kontokorrentkredit	4.500	3.137	4.754			
Kredit mit Endtilgung	5.000	5.000				
Bestandssaldo	–9.500	–8.137	–4.754	4.397	8.704	12.267

[1] Vgl. Abb. 17-2, S. 129.

[2] Vgl. S. Abb. 54-4, S. 318.

Berechnung der Abschreibungen auf Sachanlagen					
Zeitpunkt	1	2	3	4	5
Buchwert zu Beginn des Jahres	18.000	12.600	8.820	5.880	2.940
– Abschreibungen Sachanlagen	5.400	3.780	2.940	2.940	2.940
Buchwert zum Ende des Jahres	12.600	8.820	5.880	2.940	

Berechnung der Abschreibungen auf das Disagio					
Zeitpunkt	1	2	3	4	5
Buchwert zu Beginn des Jahres	500	250			
– Abschreibungen Disagio	250	250			
Buchwert zum Ende des Jahres	250				

Berechnung der Ertragsteuern					
Zeitpunkt	1	2	3	4	5
Ertragsüberschuss	–4.000	3.200	19.040	5.972	3.785
– Abschreibungen Anlagevermögen	5.400	3.780	2.940	2.940	2.940
– Abschreibungen des Disagios	250	250			
– Zinsaufwand	885	708	618		
+ Zinsertrag				352	696
zu versteuerndes Einkommen	–8.571	–1.292	12.414	2.734	1.245
Steuerzahlung			5.881	1.295	590
Steuererstattung	4.060	612			

Abb. 57-1: VOFI einer Einzelunternehmung mit Ertragsteuern

Zum Schluss wollte Y wissen, wie hoch denn wohl die Endwertsteigerung aufgrund der Abschreibungsvergünstigung sei. Dr. X ersetzte in dem von St. erstellten Excel-Spreadsheet die Abschreibungsfolge durch eine Folge linearer Abschreibungen. Aufgrund der damit verbundenen Änderungen von Steuern, Zinsaufwendungen und Reinvestitionserträgen ergab sich eine Reduktion des Endwerts von 185 €. Die Zielsetzung der Bundesregierung, das Wachstum der Wirtschaft durch Abschreibungsvergünstigungen zu beschleunigen, kann natürlich durch so einen Einzelfall nicht repräsentativ beurteilt werden. Gleichwohl zeigte sich Y enttäuscht. Dr. X versuchte, ihn mit folgenden Argumenten zu beruhigen: „Die Maßnahme dürfte – unabhängig von monetären Anreizen – auf jeden Fall eine gewisse psychologische Bedeutung aufweisen."

Kontrollfragen

Welche zusätzlichen Optionen bietet der VOFI im Gegensatz zum Standardmodell bei der Einbeziehung der Ertragsteuern?

Keine Frage, sondern eine Empfehlung: Bitte repetieren Sie die Ermittlung des Ertragsteuersatzes für Einzelunternehmungen!

Wie kann der monetäre Vorteil, ein Investitionsobjekt nicht linear, sondern degressiv abschreiben zu dürfen, berechnet werden?

Folge 58

VOFI für Kapitalgesellschaften – Typ 1

Immer noch einfach

1 Das Konzept

Die Unternehmung, die im Mittelpunkt unserer Fallstudiengeschichte steht, stellt eine Einzelunternehmung dar, deren Inhaber – ein gewisser Herr Grr. – einkommensteuerpflichtig ist. Y stellte sich nun die Frage, wie sich die Investitionsrechnung mit VOFI ändert, wenn die Unternehmung eine Kapitalgesellschaft wäre. Man weiß ja nie genau, was alles während des Lebenszyklus einer Unternehmung passieren kann.

Dr. X schwärmte aufgrund seiner wirtschaftsinformatischen Ambitionen vom Konzept der Wiederverwendung, einem „gentechnischen Konstrukt" der Wirtschaftsinformatik, das auch etwas mit Objektorientierung und Vererbung zu tun hat. Ausgangspunkt für den VOFI der Kapitalgesellschaft ist deshalb der VOFI einer Einzelunternehmung, der an einigen Stellen zu modifizieren ist. Abgesehen vom Körperschaftsteuersatz, der erheblich niedriger ist als der Spitzensatz der Einkommensteuer, ist zu beachten, dass für Kapitalgesellschaften keine Begünstigung gem. § 35 EStG gegeben ist. Dass keine Kirchensteuer anfällt, ist selbstverständlich, wenn auch bedauerlich aus Sicht der Kirchen.

2 Demo-Fall

Der VOFI und die Steuerberechnungen zum Typ 1 sind im Folgenden wiedergegeben worden. Bezüglich des Körperschaftsteuersatzes wurde für die nächsten beiden Jahre ein Satz von 25 % angenommen. Für den Rest der Nutzungsdauer ist mit 19 % zu rechnen[1]. Bezüglich der Gewerbesteuer ist mit einer Gewerbesteuermesszahl von 5 % und einem Hebesatz von 400 % zu arbeiten. Für die beiden ersten Perioden ergibt sich unter Verwendung der Formel für den Ertragsteuersatz von Kapitalgesellschaften ein Ertragsteuersatz von 38,65 % und für die restliche Nutzungsdauer von 33,37 %. Ansonsten gelten die gleichen Annahmen des Demo-Falls.[2]

---

[1] Mit dem Ausdruck „zu rechnen" kann einerseits eine Kalkulation, andererseits aber auch eine Erwartung gemeint sein. Hier trifft beides zu.

[2] Vgl. Abb. 17-2, S. 129.

Zeitpunkt	0	1	2	3	4	5
Zahlungsfolge der Investition	–18.000	–4.000	3.200	19.040	5.972	3.785
Eigene Mittel	9.000					
Kredit mit Endtilgung						
+ Aufnahme	5.000					
– Tilgung			5.000			
– Sollzinsen (inkl. Disagio)	500	300	300			
Kontokorrentkredit						
+ Aufnahme	4.500	813	2.087			
– Tilgung				7.400		
– Sollzinsen		585	691	962		
Reinvestition						
– Anlage				5.626	5.260	4.083
+ Rückfluss						
+ Ertrag					450	871
Ertragsteuern						
– Steuerzahlung				5.052	1.162	573
+ Steuererstattung		4.072	704			
Finanzierungssaldo	0	0	0	0	0	0
Bestandsgrößen						
Finanzbestand				5.626	10.886	14.970
Kreditbestände						
Kontokorrentkredit	4.500	5.313	7.400			
Kredit mit Endtilgung	5.000	5.000				
Bestandssaldo	–9.500	–10.313	–7.400	5.626	10.886	14.970

Berechnung der Abschreibungen auf Sachanlagen					
Zeitpunkt	1	2	3	4	5
Buchwert zu Beginn des Jahres	18.000	12.600	8.820	5.880	2.940
– Abschreibungen Sachanlagen	5.400	3.780	2.940	2.940	2.940
Buchwert zum Ende des Jahres	12.600	8.820	5.880	2.940	

Berechnung der Abschreibungen auf das Disagio					
Zeitpunkt	1	2	3	4	5
Buchwert zu Beginn des Jahres	500	250			
– Abschreibungen Disagio	250	250			
Buchwert zum Ende des Jahres	250				

Berechnung der Ertragsteuern für eine Kapitalgesellschaft					
Zeitpunkt	1	2	3	4	5
Ertragsüberschuss	–4.000	3.200	19.040	5.972	3.785
– Abschreibungen Anlagevermögen	5.400	3.780	2.940	2.940	2.940
– Abschreibungen des Disagios	250	250			
– Zinsaufwand	885	991	962		
+ Zinsertrag				450	871
Einkünfte aus Gewerbebetrieb	–10.535	–1.821	15.138	3.482	1.716
Ertragsteuerzahlung			5.052	1.162	573
Ertragsteuererstattung	4.072	704			

Abb. 58-1: VOFI einer Kapitalgesellschaft

Kontrollfragen

Welche Unterschiede existieren zwischen einer Investitionsrechnung für Einzelunternehmungen und Kapitalgesellschaften?

Keine Frage, sondern eine Empfehlung: Bitte repetieren Sie die Ermittlung des Ertragsteuersatzes für Kapitalgesellschaften!

4.3.2 VOFI mit differenzierter Ertragsteuerberechnung

Folge 59

VOFI für Einzelunternehmungen – Typ 2

Ausbaufähigkeit ist Trumpf!

1 Konzept

Dr. X hatte den VOFI mit Steuern, die auf Basis von Ertragsteuersätzen berechnet wurden, seiner Steuerberaterin R. gezeigt. R. warf einen Blick in die Unterlagen und lächelte charmant: „So einfach wird die Welt der Steuern niemals sein, auch wenn irgendwann einmal wieder eine Welle von Reformen auf uns zukommen sollte." Unvergessen bleibt die Vorstellung von der Steuererklärung, die auf einen Bierdeckel passt, aber auch von Überlegungen zur Abhängigkeit der Steuerzahlungen vom Konsum[1]. Was auch immer kommen wird – mit VOFI wird alles modellierbar sein.

Die Ausführungen von R. bezogen sich auf den aktuellen Vorschlag zur Investitionsrechnung mit VOFI und die dabei vorgenommene Vereinheitlichung der Steuerbemessungsgrundlage, die aus der Anwendung des Ertragsteuersatzes resultiert. Es war eben nur eine pauschale Steuerermittlung.

Dieses Gespräch motivierte Dr. X, einen Vorschlag zu entwickelt, der eine höhere Abbildungsgenauigkeit der steuerlichen Nebenrechnungen zum Inhalt hat. Im Gegensatz zu dem an den steuerlichen Prämissen klassischer Verfahren orientierten VOFI, mit dem in den vergangenen Folgen gearbeitet worden ist, sah er eine differenzierte Behandlung der Ertragsteuerberechnung vor. Hierbei werden die Bemessungsgrundlagen der Einkommen- und Gewerbesteuer sowie der Kirchensteuer und – nicht zu vergessen – des Solidaritätszuschlags explizit erfasst.

Beim Ausbau des VOFIs zur Steigerung der Realitätsnähe in Bezug auf die differenzierte Behandlung der Ertragsteuern wird auch die Prämisse überwunden, Einzahlungen und Erträge bzw. Auszahlungen und Aufwendungen (ohne Abschreibungen und Zinsen) seien zeitlich identisch. Hier-

[1] Vgl. hierzu Suntum van, U. (2006), S. 53-67.

bei wird auch die Zuführung von Rückstellungen – und ebenso ihre Auflösung – in der Steuerberechnung modelliert.[1] Zur Erzeugung der periodengerechten Ein- und Auszahlungen bzw. Erträge und Aufwendungen werden in die Nebenrechnungen zur Ermittlung der Einkommensteuer Korrekturposten eingebracht. Bei einem genügend großen Zeitraum gleichen sich die Korrekturposten im Zeitablauf aus. Das Modell wird als Typ 2 bezeichnet.

Das dem Investitionsobjekt zuzurechnende zu versteuernde Einkommen, das die Basis zur Errechnung der *Einkommensteuer* darstellt, ist aufgrund der oben dargestellten Überlegungen wie folgt definiert:

Einzahlungsüberschuss	
±	Korrekturposten
=	Ertragsüberschuss
–	Abschreibungen
–	Zinsaufwand
+	Zinsertrag
–	Zuführung von Rückstellungen
+	Auflösung von Rückstellungen
–	Gewerbesteuer
=	Einkünfte aus dem Investitionsobjekt
–	Kirchensteuer
=	zu versteuerndes Einkommen

Abb. 59-1: Staffel zur Ermittlung des zu versteuernden Einkommens

Das Zeitkonzept bezüglich der Einkommensteuerzahlungen bleibt unangetastet: Auch bei der differenzierten Ertragsteuerberechnung werden anstelle der in der Praxis vorzunehmenden Steuervorauszahlungen sowie statt der Bildung von Gewerbesteuerrückstellungen die Steuerzahlungen zeitlich verursachungsgerecht zugeordnet. Die Ertragsteuerzahlungen können hierdurch – wie schon bei der pauschalen Ermittlung – derivativ errechnet werden. Indes ist bei Bedarf eine weitere Modifikation des Modells möglich.

Das zu versteuernde Einkommen ergibt – multipliziert mit dem Einkommensteuersatz s_t^{ESt} – die tarifliche Einkommensteuer. Diese ist um die Steuerermäßigung bei Einkünften aus Gewerbebetrieb (§ 35 EStG) zu

[1] Vgl. Grob, H. L. (1989), S. 67 f.

reduzieren. Die Steuerermäßigung beträgt das 1,8-Fache des Gewerbesteuermessbetrages. Das Ergebnis stellt die dem Investitionsobjekt zuzurechnende Einkommensteuer für das betrachtete Jahr dar.

Nun ist auf die Berechnung der *Gewerbesteuer*, die bei der Ermittlung des zu versteuernden Einkommens (vgl. Abb. 59-1) abzugsfähig ist, näher einzugehen. Der Gewerbeertrag nach Gewerbesteuer ergibt sich unter Berücksichtigung der in Abb. 59-1 dargestellten Positionen wie folgt:

Einkünfte aus dem Investitionsobjekt vor Gewerbesteuer	
+	Hinzurechnungen
–	Kürzungen
=	Gewerbeertrag vor Gewerbesteuer
–	Gewerbesteuer
=	Gewerbeertrag nach Gewerbesteuer

Abb. 59-2: Staffel zur Ermittlung der Gewerbesteuer[1]

Bei der Berechnung der Gewerbesteuer sind die Vorschriften des Gewerbesteuergesetzes (GewStG) zu beachten. Die für Investitionsrechnungen wichtigste Hinzurechnungsvorschrift betrifft die Dauerschuldzinsen. In § 8 Nr. 1 GewStG heißt es, dass bei der Ermittlung des Gewerbeertrags die Zinsen auf die Dauerschulden zu 50 % hinzuzurechnen sind. Zur derivativen Ermittlung dieser Position wird im Folgenden vereinfachend angenommen, dass sämtliche einer Investition zuzuordnenden Zinsen wegen der Langfristigkeit der Investition als Dauerschuldzinsen anzusehen sind. Dies gilt nach GewStR 46 Abs. 1 S. 4 auch für das Disagio. Als Hinzurechnungen werden deshalb stets 50 % des aus dem VOFI ermittelbaren Zinsaufwands angesetzt. Selbstverständlich könnte aber auch beispielsweise nur ein Teil des Kontokorrentkredits oder auch der ganze Kontokorrentkredit als Nicht-Dauerschuld angesehen und in den Nebenrechnungen zum VOFI korrigiert werden.[2] Neben den Dauerschuldzinsen sind weitere in § 8 GewStG vorgeschriebenen Hinzurechnungen und die in § 9 GewStG aufgeführten Kürzungen bei der Ermittlung des Gewerbeertrags – soweit sie fallspezifisch relevant sind – vorgesehen.

Bei der Berechnung der Gewerbesteuer ist die Abzugsfähigkeit dieser Steuer von ihrer eigenen Bemessungsgrundlage zu berücksichtigen. Der

---

1 Obwohl in der Staffel letztlich der Gewerbeertrag nach Abzug der Gewerbesteuer berechnet wird, liegt der Fokus auf der Ermittlung der Gewerbesteuer.

2 Zur Problematik des Kontokorrentkredits als Dauerschuld vgl. Grob, H. L. (1989), S. 31.

effektive Gewerbesteuersatz[1] hängt von der Steuermesszahl und dem Hebesatz der Gemeinde ab. Die Formel lautet:[2]

$$g_t^{GewSt} = \frac{m \cdot h_t}{1 + m \cdot h_t}$$

Symbole

g_t^{GewSt} Gewerbesteuersatz in t
m Steuermesszahl
h_t Hebesatz in t

Eine Multiplikation des Gewerbeertrags vor Gewerbesteuer mit dem Gewerbesteuersatz g_t^{GewSt} ergibt die in Abb. 59-2 enthaltene Gewerbesteuer. Die Multiplikation des Gewerbeertrags nach Gewerbesteuer mit dem Produkt von Steuermesszahl und Hebesatz führt selbstverständlich zum gleichen Ergebnis.

Die *Kirchensteuer* wird grundsätzlich prozentual von der Einkommensteuerzahlung berechnet. Der nominelle Kirchensteuersatz ist in Deutschland nicht etwa einheitlich. Hier wird als Beispiel ein Satz von 9 % verwendet. Dieser Prozentsatz ist als nomineller Kirchensteuersatz zu bezeichnen. Bei der Berechnung der Kirchensteuerzahlung ist zu berücksichtigen, dass diese als Sonderausgabe von der Bemessungsgrundlage der Einkommensteuer abzugsfähig ist. Darauf hinzuweisen ist, dass die Steuerermäßigung nach § 35 EStG nicht die Bemessungsgrundlage der Kirchensteuer betrifft. Ausgangspunkt für die Berechnung der Kirchensteuer sind die Einkünfte aus der Investition, die – steuerlich gesehen – zu den Einkünften aus Gewerbebetrieb gehören. Der effektive Kirchensteuersatz lautet:[3]

$$s_t^{KiSt} = \frac{s_t^{KiSt} \cdot s_t^{ESt}}{1 + s_t^{KiSt} \cdot s_t^{ESt}}$$

Die Kirchensteuerzahlung ergibt sich durch Multiplikation von s_t^{KiSt} mit den in Abb. 59-1 ausgewiesenen Einkünften aus dem Investitionsobjekt.

Der *Solidaritätszuschlag* wird als prozentualer Zuschlag auf die Einkommensteuerzahlung („festzusetzende Einkommensteuer") berechnet. Er ist

---

[1] Dagegen ist der nominelle Gewerbesteuersatz durch das Produkt der Steuermesszahl mit dem Hebesatz definiert.

[2] Zur Herleitung der Formel vgl. S. 303.

[3] Die Formel wurde analog zum Gewerbesteuerfaktor bestimmt.

weder als Aufwand noch als Sonderausgabe abzugsfähig. Zu seiner Berechnung ist die Einkommensteuer[1] mit 5,5 % zu multiplizieren.

2 Beispiel

Dr. X ermittelte nun den Endwert der Investition DY11 unter Berücksichtigung einer differenzierten Ertragsteuerberechnung. Trotz der Differenziertheit sollte die Investitionsrechnung leicht nachvollziehbar dargestellt werden.

Bei der Investitionsrechnung wurden die folgenden Einkommensteuersätze unterstellt. Bei der Prognose wurde davon ausgegangen, dass der Spitzensteuersatz in der Zukunft sinken wird.

Jahr	1	2	3	4	5	6
Einkommensteuersatz [in %]	42	42	39	35	35	35

Abb. 59-3: Entwicklung der Spitzensteuersätze im Zeitablauf

Als Steuermesszahl zur Berechnung der Gewerbesteuer wird für alle Perioden 5 % und als Hebesatz der Gemeinde 400 % angenommen. Der (nominelle) Kirchensteuersatz beträgt 9 %. Das Wirtschaftsgut DY11, das eine Abschreibungsdauer von fünf Jahren aufweist, ist degressiv abzuschreiben.

Neben einem Kontokorrentkredit mit einem Zinssatz von 13 % steht in t=0 ein Kredit mit Endtilgung über 9.000 € und einer Laufzeit von zwei Jahren zur Verfügung. Dieser Kredit weist einen Zinsfuß von 6 % und ein 10%iges Disagio aus, das über die Laufzeit des Kredits abgeschrieben wird. Reinvestitionen sind jederzeit zu 8 % möglich.

Der VOFI mit seinen umfangreichen Nebenrechnungen zur differenzierten Ermittlung der Ertragsteuern wartet nun darauf, zumindest stichprobenartig nachvollzogen zu werden.

[1] Vgl. S. 343.

Zeitpunkt	0	1	2	3	4	5
Zahlungsfolge der Investition	–18.000	–4.000	3.200	19.040	5.972	3.785
Eigene Mittel	9.000					
Kredit mit Endtilgung						
+ Aufnahme	5.000					
– Tilgung			5.000			
– Sollzinsen (inkl. Disagio)	500	300	300			
Kontokorrentkredit						
+ Aufnahme	4.500		1.872			
– Tilgung		100		6.272		
– Sollzinsen		585	572	815		
Reinvestition						
– Anlage				5.113	4.966	3.912
+ Rückfluss						
+ Ertrag					409	806
Ertragsteuern						
– Steuerzahlung				6.839	1.415	679
+ Steuererstattung		4.985	800			
Finanzierungssaldo	0	0	0	0	0	0
Bestandsgrößen						
Finanzbestand				5.113	10.079	13.991
Kreditbestände						
Kontokorrentkredit	4.500	4.400	6.272			
Kredit mit Endtilgung	5.000	5.000				
Bestandssaldo	–9.500	–9.400	–6.272	5.113	10.079	13.991

Abb. 59-4: VOFI einer Einzelunternehmung bei differenzierter Ertragsteuerberechnung

Berechnung der Einkommensteuer					
Zeitpunkt	1	2	3	4	5
Einzahlungsüberschuss	–4.000	3.200	19.040	5.972	3.785
± Korrekturposten					
Ertragsüberschuss	–4.000	3.200	19.040	5.972	3.785
– Abschreibungen Anlagevermögen	5.400	3.780	2.940	2.940	2.940
– Abschreibungen des Disagios	250	250			
– Zinsaufwand	885	872	815		
+ Zinsertrag				409	806
Einkünfte aus Gewerbetrieb vor Gewerbesteuer	–10.535	–1.702	15.285	3.441	1.651
– Gewerbesteuerauszahlung			2.615	574	275
+ Gewerbesteuererstattung	1.661	190			
Einkünfte aus dem Investitionsobjekt	–8.874	–1.512	12.669	2.868	1.376
– Kirchensteuerzahlung			430	88	42
+ Kirchensteuererstattung	323	55			
zu versteuerndes Einkommen	–8.551	–1.457	12.240	2.780	1.334
Steuerermäßigung (§ 35 Abs. 1 EStG)	–748	–86	1.177	258	124
Einkommensteuerzahlung			3.597	715	343
Einkommensteuererstattung	2.844	526			

Berechnung der Abschreibungen auf Sachanlagen					
Zeitpunkt	1	2	3	4	5
Buchwert zu Beginn des Jahres	18.000	12.600	8.820	5.880	2.940
– Abschreibungen Sachanlagen	5.400	3.780	2.940	2.940	2.940
Buchwert zum Ende des Jahres	12.600	8.820	5.880	2.940	

Berechnung der Abschreibungen auf das Disagio					
Zeitpunkt	1	2	3	4	5
Buchwert zu Beginn des Jahres	500	250			
– Abschreibungen Disagio	250	250			
Buchwert zum Ende des Jahres	250				

Berechnung der Dauerschuldentgelte					
Zeitpunkt	1	2	3	4	5
+ Kreditzinsen	885	872	815		
+ Disagio	250	250			
Dauerschuldentgelte	1.135	1.122	815	110	

Berechnung der Gewerbesteuer					
Zeitpunkt	1	2	3	4	5
Einkünfte aus Gewerbebetrieb vor Gewerbesteuer	–10.535	–1.702	15.285	3.441	1.651
+ Hinzurechnungen	568	561	408		
– Kürzungen					
Gewerbeertrag vor Gewerbesteuer	–9.968	–1.141	15.692	3.441	1.651
Gewerbesteuerzahlung			2.615	574	275
Gewerbesteuererstattung	1.661	190			
Gewerbeertrag nach Gewerbesteuer	–8.306	–951	13.077	2.868	1.376

Berechnung der Kirchensteuer					
Zeitpunkt	1	2	3	4	5
Einkünfte aus dem Investitionsobjekt	–8.874	–1.512	12.669	2.868	1.376
Kirchensteuerzahlung			430	88	42
Kirchensteuererstattung	323	55			

Berechnung des Solidaritätszuschlags					
Zeitpunkt	1	2	3	4	5
Einkommensteuerzahlung	–2.844	–526	3.597	715	343
Zahlung des Solidaritätszuschlags			198	39	19
Erstattung des Solidaritätszuschlags	156	29			

Aggregation der Ertragsteuern					
Zeitpunkt	1	2	3	4	5
Einkommensteuerzahlung			3.597	715	343
Einkommensteuererstattung	2.844	526			
Gewerbesteuerzahlung			2.615	574	275
Gewerbesteuererstattung	1.661	190			
Kirchensteuerzahlung			430	88	42
Kirchensteuererstattung	323	55			
Zahlung des Solidaritätszuschlags			198	39	19
Erstattung d. Solidaritätszuschlags	156	29			
Steuerzahlung			6.839	1.415	679
Steuererstattung	4.985	800			

Abb. 59-5: Differenzierte Ertragsteuerberechnung

Nach einem ersten Blick auf das VOFI-System wies Herr Y darauf hin, dass der VOFI nunmehr *zwei* Spitzen von Eisbergen beinhalte. Neben der Zahlungsfolge der Investition gehöre hierzu auch das Nebenrechnungsmodul Ertragsteuerzahlungen.

Kontrollfragen

Erläutern Sie Besonderheiten des Konzepts der differenzierten Ertragsteuerberechnung mit VOFI!

Interpretieren Sie den Korrekturposten zwischen dem Einzahlungsüberschuss und dem Ertragsüberschuss!

Wie lautet die Formel zur Ermittlung des Gewerbesteuersatzes?

Aus welchen Positionen setzt sich das zu versteuernde Einkommen zusammen, das die Basis zur Ermittlung der tariflichen Einkommensteuer darstellt?

Wie lautet die Formel zur Ermittlung des Kirchensteuersatzes?

Erörtern Sie die in Abb. 59-5 dargestellte Investitionsrechnung! Gehen Sie dabei insbesondere auf die differenzierte Ertragsteuerberechnung ein!

Diskutieren Sie die zusätzlichen Transaktionskosten bei Verwendung einer differenzierten anstelle einer pauschalen Ertragsteuerberechnung bei einer Einzelunternehmung!

Folge 60

VOFI für Kapitalgesellschaften – Typ 2

Es wird wieder einfach

1 Das Konzept

Y stellte (schon routinemäßig) die Frage, wie sich die Investitionsrechnung mit VOFI ändert, wenn die Unternehmung eine Kapitalgesellschaft wäre.

Dr. X sagte: „Die Lösung liegt auf der Hand. Wir verwenden die Ertragsteuersätze für Kapitalgesellschaften. Außerdem wird berücksichtigt, dass es keine Begünstigung gem. § 35 EStG gibt. Auch die Kirchensteuern sind kein Bestandteil dieses Steuersatzes."

Bei diesem Konzept handelt es sich um Typ 2, bei dem die einzelnen Ertragsteuern differenziert berechnet werden.

2 Demo-Fall

Der Körperschaftsteuersatz möge in den nächsten beiden Jahren 25 % sein. Für die Folgejahre ist mit einem Satz von 19 % zu rechnen. Bezüglich der Gewerbesteuer ist mit einer Gewerbesteuermesszahl von 5 % und einem Hebesatz von 400 % zu arbeiten. Ansonsten gelten die gleichen Annahmen des Demo-Falls.[1]

Der VOFI mit seinen Nebenrechnungen wird im folgenden Tabellenwerk dargestellt.

---

[1] Vgl. Abb. 17-2, S. 129.

Zeitpunkt	0	1	2	3	4	5
Zahlungsfolge der Investition	–18.000	–4.000	3.200	19.040	5.972	3.785
Eigene Mittel	9.000					
Kredit mit Endtilgung						
+ Aufnahme	5.000					
– Tilgung			5.000			
– Sollzinsen (inkl. Disagio)	500	300	300			
Kontokorrentkredit						
+ Aufnahme	4.500	883	2.169			
– Tilgung				7.553		
– Sollzinsen		585	700	982		
Reinvestition						
– Anlage				5.395	5.248	4.070
+ Rückfluss						
+ Ertrag					432	851
Ertragsteuern						
– Steuerzahlung				5.110	1.156	566
+ Steuererstattung		4.002	630			
Finanzierungssaldo	0	0	0	0	0	0
Bestandsgrößen						
Finanzbestand				5.395	10.643	14.713
Kreditbestände						
Kontokorrentkredit	4.500	5.383	7.553			
Kredit mit Endtilgung	5.000	5.000				
Bestandssaldo	–9.500	–10.383	–7.553	5.395	10.643	14.713

Abb. 60-1: VOFI einer Kapitalgesellschaft bei differenzierter Berechnung der Ertragsteuern

Berechnung der Körperschaftsteuer					
Zeitpunkt	1	2	3	4	5
Einzahlungsüberschuss	–4.000	3.200	19.040	5.972	3.785
± Korrekturposten					
Ertragsüberschuss	–4.000	3.200	19.040	5.972	3.785
– Abschreibungen Anlagevermögen	5.400	3.780	2.940	2.940	2.940
– Abschreibungen des Disagios	250	250			
– Zinsaufwand	885	1.000	982		
+ Zinsertrag				432	851
Einkommen vor Gewerbesteuer	–10.535	–1.830	15.118	3.464	1.696
– Gewerbesteuerauszahlung			2.602	577	283
+ Gewerbesteuererstattung	1.661	201			
Einkünfte aus dem Investitionsobjekt	–8.874	–1.629	12.517	2.886	1.414
Körperschaftsteuerzahlung			2.378	548	269
Körperschaftsteuererstattung	2.218	407			

Berechnung der Abschreibungen auf Sachanlagen					
Zeitpunkt	1	2	3	4	5
Buchwert zu Beginn des Jahres	18.000	12.600	8.820	5.880	2.940
– Abschreibungen Sachanlagen	5.400	3.780	2.940	2.940	2.940
Buchwert zum Ende des Jahres	12.600	8.820	5.880	2.940	

Berechnung der Abschreibungen auf das Disagio					
Zeitpunkt	1	2	3	4	5
Buchwert zu Beginn des Jahres	500	250			
– Abschreibungen Disagio	250	250			
Buchwert zum Ende des Jahres	250				

Berechnung der Dauerschuldentgelte					
Zeitpunkt	1	2	3	4	5
+ Kreditzinsen	885	1.000	982		
+ Disagio	250	250			
Dauerschuldentgelte	1.135	1.250	982		

Berechnung der Gewerbesteuer					
Zeitpunkt	1	2	3	4	5
Einkünfte aus Gewerbebetrieb vor Gewerbesteuer	−10.535	−1.830	15.118	3.464	1.696
+ Hinzurechnungen	568	625	491		
– Kürzungen					
Gewerbeertrag vor Gewerbesteuer	−9.968	−1.205	15.609	3.464	1.696
Gewerbesteuerzahlung			2.602	577	283
Gewerbesteuererstattung	1.661	201			
Gewerbeertrag nach Gewerbesteuer	−8.306	−1.004	13.008	2.886	1.414

Berechnung des Solidaritätszuschlags					
Zeitpunkt	1	2	3	4	5
Körperschaftsteuerzahlung	−2.218	−407	2.378	548	269
Zahlung des Solidaritätszuschlags			131	30	15
Erstattung des Solidaritätszuschlags	122	22			

Aggregation der Ertragsteuern					
Zeitpunkt	1	2	3	4	5
Körperschaftsteuerzahlung			2.378	548	269
Körperschaftsteuererstattung	2.218	407			
Gewerbesteuerzahlung			2.602	577	283
Gewerbesteuererstattung	1.661	201			
Zahlung des Solidaritätszuschlags			131	30	15
Erstattung d. Solidaritätszuschlags	122	22			
Steuerzahlung			5.110	1.156	566
Steuererstattung	4.002	630			

Abb. 60-2: Differenzierte Berechnung der Ertragsteuern

Kontrollfrage

Welche Unterschiede bestehen zwischen dem VOFI einer Einzelunternehmung und dem einer Kapitalgesellschaft bei differenzierter Berechnung der Ertragsteuern?

Folge 61

Einfluss von Ertragsteuern auf VOFI-Kennzahlen

Eine Herausforderung für den Leser

Nachdem in unserer Fallstudienunternehmung der Grundsatz aufgestellt worden ist, nur noch VOFI mit Ertragsteuern zu verwenden, stellten sich die Akteure Y und Dr. X die Frage, welchen Einfluss die Einbeziehung der Steuern auf die VOFI-Kennzahlen ausübt. Insbesondere interessierten sie sich dabei für die VOFI-Eigen- und -Gesamtkapitalrentabilität.

Der eine sagte: „Die Berücksichtigung der Ertragsteuern bei der VOFI-Eigenkapitalrentabilität ist enttäuschend einfach."

Der andere sagte: „... beglückend einfach!"[1]

Einfach ist sie, weil bei der VOFI-Eigenkapitalrentabilität lediglich der Endwert ohne Steuern durch den Endwert nach Steuern zu ersetzen ist. Natürlich muss die VOFI-Eigenkapitalrentabilität nach Steuern mit dem Opportunitätskostensatz nach Steuern verglichen werden, falls nicht eine konkrete Annahme (z. B. eine steuerfreie Geldanlage – wo auch immer!) dagegenspricht.

Die Formel zur Berechnung der VOFI-Eigenkapitalrentabilität nach Steuern lautet somit:

$$g_{EK}^{nSt} = \sqrt[n]{\frac{EW^{M^{nSt}}}{EK}} - 1 \qquad \text{für } EW^{M^{nSt}} \geq 0$$

So einfach ist die Einbeziehung von Steuern in die VOFI-Eigenkapitalrentabilität!

Bei der VOFI-Gesamtkapitalrentabilität ist daran zu denken, dass die in der Formel enthaltenen Sollzinsen abzüglich der auf sie entfallenden Ertragsteuern auszuweisen sind. Dabei sind periodenspezifische Ertragsteuersätze zu berücksichtigen, die im Steuerberechnungsmodul als „Kuppelprodukte" ermittelt werden können. Zu diesem Zweck ist die Steuerzahlung bzw. -erstattung durch die Einkünfte aus Gewerbebetrieb (vor Gewerbesteuer) zu dividieren. Dieser Prozentsatz stimmt übrigens mit den

[1] Wer ist wohl wer?

herkömmlich ermittelten Ertragsteuersätzen überein, wenn sich Hinzurechnungen und Kürzungen tatsächlich einmal ausgleichen sollten.[1]

Die Formel lautet:

$$g_{GK}^{nSt} = \sqrt[n]{\frac{EW^{M^{nSt}} + FK_0 + Z^S \cdot (1 - s_t)}{EK + FK_0}} - 1$$

$$\text{für } EW^{M^{nSt}} + FK_0 + Z^S \cdot (1 - s_t) \geq 0$$

Der Einfluss der Ertragsteuern auf weitere VOFI-Kennzahlen (z. B. die VOFI-Pay-off-Periode) muss nicht explizit dargestellt werden, da das Prinzip klar ist wie ein altes Kochrezept: Man nehme einen VOFI mit Steuern und verdichte die Daten wie immer.

Kontrollfragen

Erörtern Sie, wie die VOFI-Eigenkapitalrentabilität unter Berücksichtigung von Ertragsteuern zu berechnen ist!

Erörtern Sie, wie die VOFI-Gesamtkapitalrentabilität unter Berücksichtigung von Ertragsteuern zu berechnen ist!

Warum führt eine Multiplikation der VOFI-Eigenkapitalrentabilität (ohne Steuern) mit dem Faktor 1–s zu einem anderen Ergebnis als die VOFI-Eigenkapitalrentabilität nach Steuern?

Kann sich durch die Einbeziehung von Ertragsteuern die Entscheidungsempfehlung bezüglich der Investition ändern?

Untersuchen Sie den Einfluss der Ertragsteuern auf den Effektivzinsfuß von Krediten! Legen Sie dabei das Konzept des VOFI-Effektivzinsfußes zugrunde!

Untersuchen Sie den Einfluss der Ertragsteuern auf die VOFI-Pay-off-Periode!

---

[1] Um dies zu demonstrieren, hat St. ein Excel-Spreadsheet erstellt.

5 Optimierung der Nutzungsdauer

Die Nutzungsdauer eines Investitionsobjekts sollte stets gleichzeitig mit der Entscheidung über dessen Realisierung optimiert werden. Zur Beurteilung der Vorteilhaftigkeit einer Investition ist schließlich ihr höchstmöglicher Zielwert herauszustellen.

Dic optimale Nutzungsdauer kann auf Basis eines Total- oder eines Differenzkalküls bestimmt werden. Während beim Totalkalkül ein einfacher Zielwertvergleich in Abhängigkeit von der zeitlichen Nutzung der Investition durchzuführen ist, steht beim Differenzkalkül der zeitliche Grenzgewinn der Investition im Mittelpunkt der Betrachtung. Diese marginale Größe ist ein theoretisch interessanter Zielwert, da er sowohl Opportunitätskosten aufgrund einer denkbaren Liquidation in der Vorperiode beinhaltet als auch solche, die aus zukünftigen Investitionen resultieren. Durch eine Interpretation der Nutzungsdauerkalküle mithilfe von VOFI sollen die Zusammenhänge verdeutlicht werden.

Nach der Darstellung der klassischen Theorie und ihrer Implikationen wird gezeigt, dass eine Optimierung der Nutzungsdauer mit VOFI nicht nur einfacher ist als bei den klassischen Verfahren, sondern wegen der Ausbaufähigkeit des VOFIs auch differenziertere Gestaltungsmöglichkeiten zulässt. Vor allem aber die Abkehr von standardisierten Investitionsketten sowie die detaillierte Einbeziehung der Ertragsteuern wird durch VOFI möglich.

In der Literatur wird häufig die Frage der Optimierung der Nutzungsdauer und des optimalen Ersatzzeitpunktes zusammenhängend behandelt, da in formaler Hinsicht Gemeinsamkeiten bestehen. Aufgrund des Aufbaus dieses Buches, in dem die zeitlichen Stationen des Controllingprozesses der geplanten Investition als Meilensteine anzusehen sind, wird von der üblichen Vorgehensweise der Literatur abgewichen: Während die Optimierung der Nutzungsdauer im Zusammenhang mit der Investitionsplanung (und in der befinden wir uns gerade) durchgeführt wird, ist der Ersatzzeitpunkt zu einem Zeitpunkt festzulegen, der regelmäßig einige Jahre nach Realisierung der Investition auftritt. Wir kommen deshalb (viel) später in einem eigenen Kapitel auf das Problem der Optimierung einer Ersatzinvestition zurück.

5.1 VOFI zur Explikation der Annahmen klassischer Modelle

Folge 62

Klassische Nutzungsdaueroptimierung

Modellästhetik ist eigentlich kein Thema!

1 Ein neuer Entscheidungsparameter

Eines Morgens kam Dr. X leicht irritiert zu Y ins Büro und bat dringend um Gehör. „Ich glaube, unsere ganze Investitionsrechnung ist falsch! Wir haben bisher stillschweigend unterstellt, dass es wirtschaftlich sinnvoll ist, die Anlage fünf Jahre zu nutzen."

„Länger geht's auch nicht, denn der Lebenszyklus des Produkts, das auf der Maschine hergestellt werden soll, ist schließlich begrenzt!"

„Vielleicht ist es aber günstiger, sie kürzer zu nutzen!"

„Nein! Im letzten Jahr erzielen wir doch einen positiven Einzahlungsüberschuss! Auf den müssten wir sonst verzichten!"

„Stattdessen könnten wir – würden wir die Anlage ein Jahr eher verkaufen – den Liquidationsüberschuss anlegen und dadurch Zinserträge realisieren. Hinzu kommt, dass der Liquidationsüberschuss bei einem frühzeitigeren Verkauf höher sein dürfte als im letztmöglichen Zeitpunkt."

„Die Entscheidung wird also von der Höhe der Liquidationsüberschussänderung beeinflusst."

„... und von den Zinsen ..."

„... und dem entgehenden Einzahlungsüberschuss des Nachfolgers."

Dr. X und Y waren auf eines der modellästhetisch reizvollsten Phänomene der klassischen Investitionstheorie gestoßen, dessen Relevanz in der Praxis der Investitionsrechnung allerdings häufig ignoriert wird. Es handelt sich um die Optimierung der Nutzungsdauer von Investitionsobjekten.

Die Nutzungsdauer ist als zusätzlicher Parameter des investitionstheoretischen Entscheidungsfeldes zu verstehen, der zusammen mit der Entscheidung über die Realisierung der Investition festgelegt wird. Die Berechnung dient nicht etwa dem Vorhaben, die Nutzungsdauer verbindlich vorzugeben – sie erfolgt vielmehr deshalb, um die Investitionsalternative im Vergleich zu konkurrierenden Alternativen und zur Anlage der Eigenen Mittel bestmöglich zu präsentieren.

Dr. X schlug vor, zunächst einmal die klassischen Ansätze zu erarbeiten und mit VOFI zu interpretieren, um anschließend den Einsatz von VOFI als Entscheidungsmodell zur Optimierung der Nutzungsdauer zu diskutieren. Wenn hier von Optimierung gesprochen wird, dann ist die vergleichende Suche nach der rangersten Entscheidungsalternative eines subjektiv eingegrenzten Entscheidungsfeldes gemeint.

Zunächst werden die drei klassischen Standardfälle, die sich durch die Anzahl der Wiederholungen der Anfangsinvestition unterscheiden, dargestellt und interpretiert. Anschließend werden die Gemeinsamkeiten und spezifischen Unterschiede der drei Fälle analysiert.

2 Darstellung von Standardfällen

2.1 Einmalige Investition („Fall 1")

Dr. X referierte, nachdem er sich in die klassische Theorie[1] eingearbeitet hatte: „Die Optimierung der Nutzungsdauer ist besonders reizvoll, wenn sie auf der Basis des Differenzkalküls vorgenommen wird. Bei einem Differenzkalkül sind nur diejenigen Daten im Kriterium enthalten, die für die Entscheidung relevant sind. Und das sind ausschließlich Differenzgrößen[2]. Dagegen werden bei einem Totalkalkül lediglich die Zielwerte in Abhängigkeit von der Nutzungsdauer des Investitionsobjekts verglichen."

Dann führte er aus, dass zur Optimierung der Nutzungsdauer die Schätzung alternativer Liquidationsüberschüsse für t=1 bis t=5 erforderlich sei. Daraufhin wurden die unten stehenden Liquidationsüberschüsse L_t prognostiziert:

Zeitpunkt	1	2	3	4	5
Zahlung [€]	10.400	6.300	4.100	3.300	2.365

Abb. 62-1: Liquidationsüberschüsse[3]

Bei der Bestimmung der Nutzungsdauer mithilfe des Differenzkalküls ist eine Optimalitätsgarantie allerdings nur dann gegeben, wenn die Einzah-

[1] Vgl. Schneider, D. (1992), S. 103-108, Schulte, K.-W. (1986), S. 139-158.

[2] Auch als Grenz- oder Marginalgrößen bezeichnet.

[3] Der Überschuss in t=5 ist natürlich schon lange bekannt (vgl. S. 11).

lungsüberschüsse inklusive des Liquidationsüberschusses nach dem Ende der als optimal ermittelten Nutzungsdauer nicht wieder steigen. In unserer Fallstudie sinken ab dem Zeitpunkt t=3 die Einzahlungsüberschüsse des operativen Geschäfts, also die Einzahlungsüberschüsse ohne Liquidationsüberschuss. Die Liquidationsüberschüsse sinken von Anfang an. Aufgrund dieser Datensituation ist eine suboptimale Lösung auszuschließen. Dass die Nutzungsdauer auf jeden Fall größer als zwei Jahre ist, geht unmittelbar aus der Höhe der Elemente der Zahlungsfolge hervor. Schließlich ist der geplante Cashflow (ohne Zinsen) – auch als operativer Cashflow bezeichnet – am Ende des ersten Jahres negativ. Auch im zweiten Jahr sind noch Anlaufschwierigkeiten bezüglich des Vertriebs des mit DY11 herzustellenden Produkts zu erwarten. Aufgrund dieser Vorüberlegungen sind bei der Optimierung der Nutzungsdauer lediglich die Zeitpunkte t=3 bis t=5 unter die Lupe zu nehmen.

Dann fuhr Dr. X fort: „Unsere Überlegungen zu den Determinanten der wirtschaftlichen Nutzungsdauer wollen wir nun zum Kriterium des Differenzkalküls verdichten.“[1] Ausgangspunkt dieses Kriteriums ist ein Zielwertvergleich im Sinne eines Totalkalküls, der wie folgt lautet:

$t_{opt} := t$, wenn letztmalig gilt:

$$C(t) \geq C(t-1)$$

bzw.

$$C(t) - C(t-1) \geq 0$$

für $t = \{1,...,n_{max}\}$

Symbole

t_{opt} optimale Nutzungsdauer
n_{max} maximale Nutzungsdauer

Während mit t_{opt} die optimale Nutzungsdauer bezeichnet wird, stellt n_{max} die maximale technisch mögliche Nutzungsdauer dar, die fast beliebig lang ist.[2]

---

[1] Schulte, K.-W. (1986), S. 141 ff. geht bei der Herleitung des Kriteriums von der Maximierung des Kapitalwerts für kontinuierliche Zahlungen und Verzinsungen aus und schließt von der mithilfe der Differenzialrechnung ermittelten Optimalitätsbedingung auf das als Differenzkalkül bezeichnete Kriterium für den Fall einer diskontinuierlichen („diskreten“) Betrachtung, bei der die Zahlungen nicht in beliebigen Zeitpunkten anfallen, sondern stets auf das Ende eines Jahres bezogen werden.

[2] Techniker würden dies möglich machen, falls Controller es zuließen.

Zurück zum oben formulierten Kriterium! In ausführlicher Form lautet es:

$t_{opt} := t$, wenn letztmalig gilt:

$$-a_0 + \sum_{\tau=1}^{t} d_\tau \cdot q^{-\tau} + L_t \cdot q^{-t} - \left[-a_0 + \sum_{\tau=1}^{t-1} d_\tau \cdot q^{-\tau} + L_{t-1} \cdot q^{-(t-1)} \right] \geq 0$$

$$\text{für } t = \{1, \ldots, n_{max}\}$$

Nach einigen Umformungen kann die Ungleichung wie folgt vereinfacht werden:

$$d_t \cdot q^{-t} + L_t \cdot q^{-t} - L_{t-1} \cdot q^{-(t-1)} \geq 0$$

Nach Multiplikation mit q^t ergibt sich eine noch einfachere Bedingung. Das Kriterium für den Fall einer einmaligen Investition („Fall 1") lautet:

$t_{opt} := t$, wenn letztmalig gilt:

$$\underbrace{d_t + L_t - L_{t-1} \cdot q}_{\substack{\text{kalkulatorischer}\\ \text{zeitlicher}\\ \text{Grenzgewinn}}} \geq 0$$

Der zeitliche Grenzgewinn stellt eine kalkulatorische Größe dar, weil er auch die Opportunitätskosten enthält. Diese resultieren aus dem entgehenden Restverkaufserlös zu Beginn des Jahres, der mit dem Faktor q auf das Ende des Jahres aufzuzinsen ist.

Eine Umstellung der oben dargestellten Bedingung führt zu folgendem Kriterium:

$t_{opt} := t$, wenn letztmalig gilt:

$$\underbrace{d_t + L_t}_{\substack{\text{pagatorischer}\\ \text{zeitlicher}\\ \text{Grenzgewinn}}} \geq \underbrace{L_{t-1} \cdot q}_{\substack{\text{Opportunitäts-}\\ \text{kosten}}}$$

Die verbale Formulierung klingt – im Vergleich zum formalen Ansatz – vermutlich schwieriger als der formale Ansatz. Sie lautet: Die Nutzungsdauer ist dann optimal, wenn der Pagatorische zeitliche Grenzgewinn letztmalig größer oder gleich den Opportunitätskosten aus dem aufgezinsten Liquidationsüberschuss zu Beginn des betrachteten Jahres ist.

In Abb. 62-2 wird die Bestimmung der optimalen Nutzungsdauer unter Berücksichtigung eines Kalkulationszinsfußes von 10 % demonstriert.

t	d_t + L_t − $L_{t-1} \cdot q$			$<$ $=0$ $>$	Bemerkung
3	19.040	4.100	6.300 · 1,1	> 0	
4	5.972	3.300	4.100 · 1,1	> 0	
5	1.420	2.365	3.300 · 1,1	> 0	letztmalig positiv

Abb. 62-2: Ermittlung der optimalen Nutzungsdauer für DY11
Fall 1: Einmalige Investition

Die optimale Nutzungsdauer t_{opt} beträgt fünf Jahre. t_{opt} stellt wegen der Übereinstimmung mit der maximal möglichen Nutzungsdauer ein Randoptimum dar.[1]

Y entgegnete: „Ihr Ansatz weist eine gewisse akademische Eleganz[2] auf, mit der Sie mich allerdings nicht blenden können. Ich hätte das Optimum durch Ausrechnen der Kapitalwerte der möglichen Nutzungsdauern bestimmt.“

Hätte er dies nicht nur „angedroht“, sondern tatsächlich errechnet, so wären aufgrund dieses als Totalkalkül zu bezeichnenden Ansatzes folgende Ergebnisse herausgekommen:

$$C_{t=3} = -18000 - 4000 \cdot 1{,}1^{-1} + 3200 \cdot 1{,}1^{-2} + (19040 + 4100) \cdot 1{,}1^{-3} = -1606 \text{ [€]}$$

$$C_{t=4} = -18000 - 4000 \cdot 1{,}1^{-1} + 3200 \cdot 1{,}1^{-2} + 19040 \cdot 1{,}1^{-3} + (5972 + 3300) \cdot 1{,}1^{-4} = 1646 \text{ [€]}$$

$$C_{t=5} = -18000 - 4000 \cdot 1{,}1^{-1} + 3200 \cdot 1{,}1^{-2} + 19040 \cdot 1{,}1^{-3} + 5972 \cdot 1{,}1^{-4} + (1420 + 2365) \cdot 1{,}1^{-5} = 1742 \text{ [€]}$$

Wie man sieht, ist die Nutzung auch bei Anwendung des Totalkalküls nach fünf Jahren aus ökonomischen Gründen zu beenden: Sie weist den nutzungsdauermaximalen Kapitalwert auf. Das Ergebnis darf nicht ver-

[1] Würde die maximale technisch mögliche Nutzungsdauer beispielsweise sechs Jahre sein, so müsste in Abb. 62-2 eine neue Zeile hinzugefügt und dabei unterstellt werden, der Liquidationsüberschuss in t=6 würde gegenüber dem Vorjahr um ΔL sinken. Da ein Einzahlungsüberschuss nicht mehr anfällt, lautet die linke Seite der Gleichung: $0 + (2365 - \Delta L) - 2365 \cdot 1{,}1$. Offensichtlich ist ihr Wert kleiner als null. Selbstverständlich ist durch die Erweiterung des Kalküls um ein Jahr der zeitliche Grenzgewinn nach wie vor in t=5 letztmalig positiv.

[2] Gemeint ist „richtig, aber nicht einfach“. Allerdings enthält diese Aussage einen ironischen Beigeschmack.

wundern, schließlich bildete das Totalkalkül die Ausgangsgleichung für das Differenzkalkül.

2.2 Endlich viele Wiederholungen der Anfangsinvestition („Fall 2")

Falls nach Durchführung der Anfangsinvestition weitere Investitionen geplant sind, wird in der Literatur häufig unterstellt, es handele sich um identische Wiederholungen der Anfangsinvestition. Hierzu referierte Dr. X: „Wenn Sie meinen, eine Nutzungsdaueroptimierung sei rechnerisch einfach, dann haben Sie Recht. Bisher wurde allerdings nur der Fall einer einmaligen Investition behandelt – schließlich sollte DY11 auch nur einmalig realisiert werden, da das Produkt 47X nach fünf Jahren keinen Absatz mehr finden wird. Aber was wäre, wenn DY11 noch einmal identisch wiederholt und 47X+1 in neuer (kostengleicher) Verpackung ausgeliefert würde und alles ginge von vorne los, also auch die Preis-, Kosten- sowie die Absatzentwicklung? Eigentlich unvorstellbar – aber vielleicht gibt es wirklich weniger komplexe Fälle, bei denen eine identische Wiederholung möglich ist."[1,2]

Die Zielfunktion für den Fall einer einmaligen identischen Wiederholung der Anfangsinvestition – das ist der einfachste Fall einer endlich häufigen identischen Wiederholung – lautet:

$$C^K = C^A(t_{opt}) + C^N \cdot q^{-t_{opt}} \rightarrow \max$$

Symbole

C^K Kapitalwert der endlichen Investitionskette

C^A Kapitalwert der Anfangsinvestition

C^N Kapitalwert des identischen Nachfolgers

t_{opt} stellt die optimale Nutzungsdauer der Anfangsinvestition dar. Die Nutzungsdauer des Nachfolgers wird unter Verwendung des bereits im

---

[1] Dr. X hat etwas übertrieben, tatsächlich kommt es nicht auf die gleiche Zahlungsfolge, sondern „lediglich" auf den identischen Kapitalwert an. SCHIERENBECK dagegen meint, es käme nicht nur auf die Kapitalwerte, sondern auch auf die Anschaffungsauszahlungen an. Vgl. Schierenbeck, H. (2000), S. 350. Dass dieser „Kompromiss" nicht erforderlich ist, geht einwandfrei aus dem Optimalitätskriterium hervor.

[2] Wenn in der Literatur regelmäßig Identität der Nachfolger unterstellt wird, dann geschieht dies aus dem praktischen Grund, um nicht noch weitere Informationen über diese beschaffen zu müssen.

Fall 1 („einmalige Investition“) behandelten Kriteriums errechnet. Zwar wird der Nachfolger erst später gestartet. Da für ihn aber die gleichen Daten gelten wie für das in Fall 1 betrachtete Investitionsobjekt, ist die Nutzungsdauer des Nachfolgers mit der für das Unikat im Fall 1 identisch.

Das Differenzkalkül für den Fall einer einmaligen identischen Wiederholung der Investition ist aufgrund eines Vergleichs der Zielwerte im Rahmen eines Totalkalküls wie folgt zu formulieren.[1]

$t_{opt} := t$, wenn letztmalig gilt:

$$C_t^A + C^N \cdot q^{-t} \geq C_{t-1}^A + C^N \cdot q^{-(t-1)}$$

bzw. nach Investitionsobjekten „sortiert“:

$$C_t^A - C_{t-1}^A \geq C^N \cdot q^{-(t-1)} - C^N \cdot q^{-t}$$

Die ausführliche Formulierung des Totalkalküls lautet:

$t_{opt} := t$, wenn letztmalig gilt:

$$-a_0 + \sum_{\tau=1}^{t} d_\tau \cdot q^{-\tau} + L_t \cdot q^{-t} - \left[-a_0 + \sum_{\tau=1}^{t-1} d_\tau \cdot q^{-\tau} + L_{t-1} \cdot q^{-(t-1)} \right] \geq C^N \cdot q^{-(t-1)} - C^N \cdot q^{-t}$$

Nach einigen Vereinfachungen und Umformungen ergibt sich die Bedingung für das Differenzkalkül:

$$d_t + L_t - L_{t-1} \cdot q \geq C^N \cdot q - C^N$$

$$d_t + L_t - L_{t-1} \cdot q \geq C^N \cdot (q-1)$$

$$d_t + L_t - L_{t-1} \cdot q \geq C^N \cdot i$$

Das Kriterium des Differenzenkalküls lautet im Fall 2:

$t_{opt} := t$, wenn letztmalig gilt:

$$d_t + L_t - L_{t-1} \cdot q \geq C^N \cdot i$$

bzw.

$$d_t + L_t \geq L_{t-1} \cdot q + C^N \cdot i$$

bzw.

$$d_t + L_t - L_{t-1} \cdot q - C^N \cdot i \geq 0$$

---

[1] Auf die Formulierung der Begrenzung durch die technische maximale Nutzungsdauer ist im Folgenden verzichtet worden.

Der kalkulatorische zeitliche Grenzgewinn für den Fall einer identischen Wiederholung der Anfangsinvestition ist somit um eine weitere Opportunitätskostenart zu ergänzen: um die entgehenden Zinsen auf den Kapitalwert der Nachfolgeinvestition.

Nun wird unser DY11-Fall demonstriert. Die optimale Nutzungsdauer für den identischen Nachfolger[1] ist – wie oben dargelegt – nach dem Kriterium für den Fall der Einmaligkeit bereits berechnet worden. Der Rest ist aus der folgenden Tabelle nachzuvollziehen.

t	d_t	+ L_t	− $L_{t-1} \cdot q$	< = >	$C^N \cdot i$	Bemerkung
3	19.040	4.100	6.300 · 1,1	>	1.742 · 0,1	
		16.210			174	
4	5.972	3.300	4.100 · 1,1	>	1.742 · 0,1	letztmalig größer
		4.762			174	
5	1.420	2.365	3.300 · 1,1	<	1.742 · 0,1	
		155			174	

Abb. 62-3: Ermittlung der optimalen Nutzungsdauer für DY11
Fall 2: *Eine* identische Wiederholung

Die optimale Nutzungsdauer der ersten Anlage – also der Anfangsinvestition – beträgt vier Jahre; die des identischen Nachfolgers beläuft sich – wie bereits im Fall 1 bestimmt worden ist – auf fünf Jahre. Bei Zugrundelegung des Totalkalküls kommt selbstverständlich das gleiche Optimierungsergebnis bezüglich der beiden Nutzungsdauern heraus.

Analytische Überlegungen zur Verallgemeinerung der Aussagen bezüglich der Nutzungsdauern von Anfangs- und Folgeinvestition(en) haben zur Formulierung eines wissenschaftlichen Gesetzes geführt: dem „General Law of Replacement“[2]. Dieses Gesetz besagt, dass die optimale Nutzungsdauer eines Investitionsobjekts durch die Anzahl der identischen Folgeinvestitionen beeinflusst wird. Je höher die Anzahl, desto mehr verkürzt sich die optimale Nutzungsdauer der Anfangsinvestition, aber auch der weiteren Ele-

[1] Ein Epigone, der keinen Nachfolger mehr hat, darf sich als einmalig empfinden.

[2] Preinreich, G. A. D. (1953), S. 68 ff.

mente der Investitionskette. Deutlich wird dies bei einer Formulierung des Nutzungsdauermodells bei stetigem Zeitablauf. Bei den hier üblicherweise durchgeführten diskreten Betrachtungen, bei denen die Einzahlungsüberschüsse stets am Ende des Jahres anfallen, muss das General Law of Replacement natürlich unter Berücksichtigung ganzzahliger Ergebnisse interpretiert werden. Die Verkürzung der Nutzungsdauer vollzieht sich also in einzelnen („diskreten“) Schritten. Wegen der Ganzzahligkeitsbedingung führt nicht jede weitere Nachfolgeinvestition zu einer Verkürzung der Nutzungsdauer der Anfangsinvestition bzw. der weiteren Elemente der Investitionskette.

Der Praktikant St., der in seinem normalen Leben Studierender der Wirtschaftswissenschaften ist, machte sich das General Law of Replacement als Plausibilitätskontrolle zunutze. In Klausuraufgaben, in denen die Nutzungsdauer von Investitionsketten zu optimieren ist, darf die Anfangsinvestition niemals eine höhere Nutzungsdauer aufweisen als die Folgeinvestitionen.[1] Würde PEINREICH Kinder haben, die Wirtschaftswissenschaften studieren, würde er sich sicherlich über die praktische Relevanz seines „Gesetzes“ freuen.

2.3 Unendlich viele Wiederholungen der Anfangsinvestition („Fall 3“)

Der nun darzulegende Fall klingt gewaltig, da er uns – gedanklich – in die Unendlichkeit führt. Wie groß ist die optimale Nutzungsdauer eines Investitionsobjekts, wenn unendlich viele Nachfolger zu berücksichtigen sind – also über das Ende unserer Welt[2] hinaus investiert wird? Indes wird hier mit einem Modell gearbeitet, bei dem keine zeitliche Begrenzung vorhanden ist. Natürlich müssen in diesem Modell identische Investitionen angenommen werden – sonst verliert man den Überblick.

Wer nun meint, dieses Problem sei wegen der Unendlichkeit besonders kompliziert, der wird enttäuscht sein. Das Gegenteil ist der Fall. Dies hängt mit der Annahme zusammen, dass jede der unendlich vielen Investitionen unendlich viele Nachfolger aufweist. Also sieht sich jede Investition einer identischen Zukunftsaussicht jenseits ihres eigenen Liquidationszeitpunkts gegenüber – auch die Anfangsinvestition. Die Nutzungsdauern sämtlicher Investitionen der unendlich langen Kette sind deshalb identisch.

---

[1] Dies gilt natürlich nur für die einschränkenden Annahmen der klassischen Nutzungsdauertheorie. Vgl. hierzu die Überlegungen zur Optimalitätsgarantie auf S. 359.

[2] Unsere Welt – derzeit ist damit die Erde gemeint – hat eine vermutliche Restnutzungsdauer von einigen Milliarden Jahren, also eine endliche Nutzungsdauer.

Zwangsläufig stellt sich die Frage nach der Länge dieser einheitlichen Nutzungsdauer. Sie ist dann optimal, wenn der Wert einer (unendlich langen und aus unendlich vielen Elementen bestehenden) Investitionskette maximal ist. Und der ist maximal, wenn jede einzelne der unendlich vielen identischen Investitionen einen maximalen Zielwert aufweist. Als Zielwert ist die Annuität zu verwenden, die durch eine zeitlich konstante Höhe charakterisiert ist.[1]

Die Annahme des Modells unendlich vieler Wiederholungen der Anfangsinvestitionen klingt heroisch, ist aber nur als Eingeständnis eines geringen Informationsstandes zu interpretieren: Da der Investor nicht weiß, wie viele Nachfolger existieren, nimmt er an, es gäbe unendlich viele, und da er nicht weiß, wie die Zahlungsfolgen der Nachfolger beschaffen sind, nimmt er an, dass sämtliche Zahlungsfolgen mit der Zahlungsfolge der Anfangsinvestition identisch seien bzw. – nicht ganz so streng –, dass die relevanten Kapitalwerte und damit die Annuitäten sämtlicher Investitionen gleich sind.[2] Die Modellkonstruktion ist also durch den Wunsch nach Einfachheit des zu verwendenden Kriteriums motiviert. Wir sehen darin eine implizite Prämisse des Modells.

Formal kann das Kriterium wie folgt hergeleitet werden. Der Kapitalwert einer unendlichen Investitionskette C_∞ lautet:

$$C_\infty = C(t) + C(t) \cdot q^{-t} + C(t) \cdot q^{-2t} + \ldots$$

Diese Ausgangsgleichung ist nun zusammenzufassen:

$$C_\infty = C(t) \cdot (1 + q^{-t} + q^{-2t} + \ldots)$$

$$\Leftrightarrow C_\infty = C(t) \cdot \frac{q^t}{q^t - 1}$$

[1] Man stelle sich eine unendliche Folge gleich hoher Einzahlungsüberschüsse im Sinne von Gewinnausschüttungen vor – wie eine bis in die Ewigkeit reichende unendliche Lichterkette mit gleicher maximaler Helligkeit aller Elemente. Wenn man am Anfang der Kette steht, leuchtet das erste Element am hellsten. Fernere nimmt man kaum wahr – noch fernere (fast) gar nicht mehr. Die Gesamtkette gibt ein Licht ab, das natürlich größer ist als das Licht des ersten Elements. Es ist ein Vielfaches davon. Rechnerisch kommen wir auf dieses anmutende Bild zurück.

[2] Vgl. S. 363, Fn. 2.

Der Term $\frac{q^t}{q^t - 1}$ weist Ähnlichkeit mit dem bekannten Annuitätenfaktor auf, der wie folgt definiert ist:

$$ANF_{t,i} = \frac{i \cdot q^t}{q^t - 1}$$

Folglich gilt:

$$C_\infty = C(t) \cdot \frac{ANF_{t,i}}{i}$$

Wegen $C(t) \cdot ANF_{t,i} = a(t)$ kann C_∞ wie folgt geschrieben werden:

$$C_\infty = \frac{a(t)}{i}$$

C_∞ ist der *Wert* einer ewigen Rente[1], der dann maximal ist, wenn jedes a(t) sein Maximum aufweist.

In Kurzschreibweise lautet das Kriterium für den Fall 3:

$t_{opt} := t$, wenn a(t) maximal ist.

Die Berechnung der Annuität eines jeden Gliedes der Investitionskette geht aus Abb. 62-4 hervor. Dabei zeigt sich, dass die Annuität bei einer Nutzungsdauer von vier Jahren am höchsten ist. Da sämtliche Kettenglieder gleiche Nutzungsdauern aufweisen, beträgt auch die Nutzungsdauer der Anfangsinvestition vier Jahre.

t	C ·	$ANF_{t,I}$ =	a	Bemerkung
3	–1.606	0,40211	< 0	
4	1.646	0,31547	519,3	maximal
5	1.742	0,26380	460	

Legende: C Kapitalwert, a Annuität, $ANF_{t,i}$ Annuitätenfaktor

Abb. 62-4: Ermittlung der optimalen Nutzungsdauer für DY11
Fall 3: Unendlich viele identische Nachfolger

---

1 Die Formel der ewigen Rente bei jährlich nachschüssiger Rentenzahlung lautet:

$$R_\infty = \frac{r}{i}$$

Symbole
R_∞ Wert der ewigen Rente, r jährliche Rente, i Kalkulationszinsfuß

Der Kapitalwert der unendlichen Investitionskette[1] beträgt übrigens:

$$C_\infty = \frac{519{,}3}{0{,}1} = 5193 \text{ [€]}$$

Nicht vergessen werden darf, dass letztlich nur die richtige Höhe des Kapitalwerts der Anfangsinvestition zu berechnen ist. Schließlich war hierfür die Optimierung der Nutzungsdauer (bis in alle Ewigkeit) erforderlich. Der Kapitalwert beträgt 1.646 € (vgl. Abb. 62-4). Im Vergleich zur einmaligen Investition (Fall 1), bei der ein Kapitalwert von 1.742 € erzielbar ist, wird also ein um 96 € geringerer Zielwert[2] in Kauf genommen, um ein Jahr eher den identischen Nachfolger zu nutzen. Das Ergebnis der Modellanalyse wirft die Frage auf, ob der Investor erst in weiter Zukunft den Vorteil seiner Entscheidung genießen kann, wenn er statt einer Nutzungsdauer von fünf, nur eine von vier Jahren gewählt hat und dadurch der Kapitalwert der betrachteten Investition sinkt. Keineswegs muss er warten! Schließlich ist die Annuität der vierjährigen Nutzungsdauer um 519 – 460 = 59 [€/Jahr] höher. Jahr für Jahr kann sich der Investor einen Mehrkonsum von 59 € erlauben, weil er an die Ewigkeit gedacht und den Gedanken in seinem Kalkül berücksichtigt hat. Dem Modell liegt eine puritanische Auffassung zugrunde.[3]

3 Vergleich der Kriterien

Zur Vertiefung der Überlegungen zur klassischen Nutzungsdauertheorie sollen nun die drei oben betrachteten Fälle „auf einen Nenner" gebracht werden. In Bezug auf die ersten beiden Fälle ist dies leicht möglich, da auf der linken Seite mit dem kalkulatorischen zeitlichen Grenzgewinn eine Gemeinsamkeit gegeben ist. Beim dritten Fall war dagegen mit der Überlegung, dass die Nutzungsdauer aller Kettenglieder gleich sein muss, ein anderer Gedanke ins Spiel gebracht worden[4], der die Rechenarbeit durch Inkaufnahme heroischer Prämissen erheblich vereinfacht hat.

---

[1] Zum Vergleich: Der Kapitalwert der einmalig durchzuführenden Investition DY11 beträgt 1.742 €. Das Licht leuchtet also dreimal so hell, wenn anstelle einer Einheit eine unendlich lange Lichterkette betrachtet wird, vgl. S. 367, Fn. 1.

[2] Wer meint, dass hierzu Mut gehört, interpretiert das Modell falsch. Mut braucht man, wenn Ungewissheit besteht – hier ist aber aufgrund der Modellannahmen von sicheren Prognosen auszugehen, und zwar für alle Zeiten.

[3] Zum Zusammenhang zwischen einer puritanischen Auffassung und der Ewigkeit vgl. Weinrich, H. (2005), S. 99.

[4] Vgl. Schneider, D. (1992), S. 106 ff.

„Dennoch muss ein gleicher Stamm für alle drei Fälle bestehen", meinte Y. Er hatte bei dieser Äußerung das Bild eines Baumes vor Augen, dessen Figur Hybridität leichter beschreibbar macht. Unter Hybridität verstehen wir, dass in einem System ein Miteinander und ein Nebeneinander von Eigenschaften existiert. Die durch ein Miteinander gekennzeichneten Teilsysteme weisen Übereinstimmungen auf, dagegen ist das ökonomisch zu begründende Nebeneinander der Teilsysteme durch spezifische Gegensätzlichkeiten gekennzeichnet.[1] Die Übereinstimmungen zeigen sich im Stamm des Baumes, während das Nebeneinander in seinen Ästen zum Ausdruck kommt.

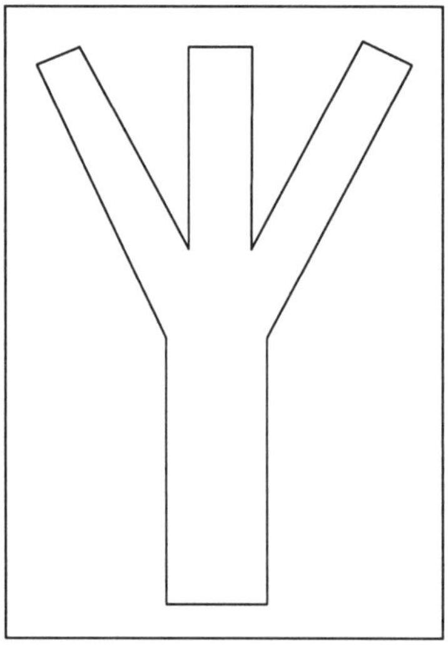

Abb. 62-5: Visualisierung eines hybriden Systems durch einen Baum

Dr. X fiel es wie Schuppen von den Augen. Plötzlich war ihm klar, dass der Stamm die linke Seite der Kriterien zur Optimierung der Nutzungsdauer darstellt, während die Zweige die drei jeweils unterschiedlichen rechten Seiten wiedergeben. In tabellarischer Form sieht dies so aus:

---

[1] Hybridität wurde von JAN VOM BROCKE zum Gegenstand wissenschaftlicher Forschung im Bereich der Wirtschaftsinformatik und der Betriebswirtschaftslehre gemacht. Vgl. vom Brocke, J. (2005).

	linke Seite des Kriteriums	rechte Seite des Kriteriums
	kalkulatorischer zeitlicher Grenzgewinn	entgehende Zinsen auf den Kapitalwert bzw. die Kapitalwerte von Nachfolgeinvestitionen
Fall 1	$d_t + L_t - L_{t-1} \cdot i$	$i \cdot C^* = 0$
Fall 2	$d_t + L_t - L_{t-1} \cdot i$	$i \cdot C_N$
Fall 3	$d_t + L_t - L_{t-1} \cdot i$	$i \cdot C_\infty$

Abb. 62-6: Formale Darstellung der Fallunterscheidungen zur Optimierung der Nutzungsdauer

Die jeweiligen rechten Seiten der drei Bedingungen sind nun kurz zu erklären:

- Im Fall 1 ist keine identische Folgeinvestition vorgesehen. Vielmehr werden die liquiden Mittel der Anfangsinvestition zum Kalkulationszinsfuß angelegt. Der Kapitalwert einer Investition, die sich zum Kalkulationszinsfuß verzinst (hier mit C* bezeichnet), beträgt bekanntlich null.
- Im Fall 2 müssen die Zinsen des Kapitalwerts der Nachfolgeinvestition „verdient werden", wenn diese ein Jahr später gestartet wird. Hierdurch fällt der Kapitalwert ein Jahr später an. Die durch den Kapitalwert ermöglichte Entnahme kann somit ein Jahr später angelegt werden, sodass entsprechend weniger Zinsen erzielbar sind.
- Im Fall 3 wird der Vergleich zwischen dem kalkulatorischen zeitlichen Grenzgewinn der Investition und den entgehenden Zinsen eines Jahres in Höhe der Annuität vorgenommen. Die entsprechende Annuität ist nichts anderes als $i \cdot C_\infty$.

Fall 3 kann analog zu den Fällen 1 und 2 dargestellt werden (vgl. Abb. 62-7).

Damit ist gezeigt worden, dass das Optimierungskonzept der Nutzungsdauertheorie letztlich eine hybride Struktur aufweist, die im Übrigen um beliebige weitere Äste ergänzt werden kann, um beispielsweise auch eine zweifache, dreifache, allgemein: n-fache (wobei n > 2) identische Wiederholung der Anfangsinvestition modellieren zu können.

t	d_t + L_t − $L_{t-1} \cdot q$	< = >	$C_\infty \cdot i$	Bemerkung
3	19.040 4.100 6.300 · 1,1	>	5.193 · 0,1	
	16.210		519	
4	5.972 3.300 4.100 · 1,1	>	5.193 · 0,1	letztmalig größer!
	4.762		519	
5	1.420 2.365 3.300 · 1,1	<	5.193 · 0,1	
	155		519	

Abb. 62-7: Ausführliche Ermittlung der optimalen Nutzungsdauer für DY11;
Fall 3: Unendlich viele identische Nachfolger

5 Schlussbetrachtung

Nachzutragen ist, dass sich Y für die theoretischen Ausführungen bedankte und darauf hinwies, dass für DY11 Fall 1 zutreffe und hier das gleiche Ergebnis herausgekommen sei wie ohne das Optimierungskalkül. „Hat sich also nicht gelohnt“, sagte er mit einem geringen Maß an Sensibilität.

‚Auf jeden Fall hat sich die Beschäftigung mit der Nutzungsdaueroptimierung gelohnt – unabhängig vom Fall der Anlage DY11 und sogar unabhängig von der Investitionsrechnung. Und zwar nicht nur wegen der Modellästhetik, sondern auch wegen des Ausblicks in die Unendlichkeit, den man sich nur selten gönnt‘, *dachte* Dr. X.

Dr. X ist keinesfalls als konfliktscheu anzusehen. Er meinte aber, dass er einen Konflikt, der sachlich begründet war, nicht mit sozio-kulturellen Argumenten begegnen könnte. Deshalb brachte er die folgenden Sachargumente in den Dialog ein:

„Auch die Tatsache, dass wir bestätigt haben, dass die ursprünglich für richtig gehaltene Nutzungsdauer optimal ist, hat für uns einen positiven Wert. Vorher waren wir über die Länge der Nutzungsdauer unsicher – nach diesem Informationsverarbeitungsprozess fühlen wir uns sicher.“

Y sagte: „Das sehe ich ein!“, und bewies damit Größe.[1]

Kontrollfragen

Warum ist die optimale Nutzungsdauer ein zusätzlicher Parameter des Investitionsrechnungskalküls? Wird die Investitionsentscheidung davon beeinflusst?

Was ist bei der Nutzungsdaueroptimierung unter dem Differenzkalkül, was unter dem Totalkalkül zu verstehen?

Welche zusätzlichen Daten und Annahmen sind bei der Optimierung der Nutzungsdauer relevant?

Welche Fälle bezüglich der Wiederholung einer Investition werden in der Literatur bei der Optimierung der Nutzungsdauer unterschieden?

Was versteht man unter dem zeitlichen Grenzgewinn? Erörtern Sie seine Komponenten!

Formulieren Sie die Kriterien des Differenzkalküls zur Optimierung der Nutzungsdauer für den Fall einer einmaligen Investition!

Formulieren Sie die Kriterien des Differenzkalküls zur Optimierung der Nutzungsdauer für den Fall einer einmaligen identischen Wiederholung der Anfangsinvestition!

Formulieren Sie die Kriterien des Differenzkalküls zur Optimierung der Nutzungsdauer für den Fall unendlich vieler identischer Wiederholungen der Anfangsinvestition!

Erörtern Sie die Rechenschritte zur Ermittlung der optimalen Nutzungsdauern für die oben geschilderten Fälle!

Wie ist der Kapitalwert einer ewigen Rente definiert?

Welchen Einfluss übt der Kalkulationszinsfuß auf den Kapitalwert einer ewigen Rente aus?

Welcher Zusammenhang besteht zwischen der Annuität einer Investition und dem Kapitalwert einer ewigen Rente?

Erörtern Sie die hybride Struktur der klassischen Theorie zur Optimierung der Nutzungsdauer!

---

[1] Dr. X dachte: ‚Um Größe zu beweisen, muss man vorher schon Größe haben. Wenn beispielsweise der stets profan agierende Z gesagt hätte, er sähe es ein, wäre dies nur als simple Rückmeldung zu interpretieren.‘

Folge 63

Explikation von Prämissen der klassischen Standardfälle

VOFI und die Ewigkeit

1 Vorbemerkung

Für die drei in der vorhergehenden Folge beschriebenen Standardfälle der klassischen Theorie zur Optimierung der Nutzungsdauer existieren Entscheidungskriterien, die nun unter Verwendung von VOFI zu interpretieren sind. Während die klassischen Entscheidungskriterien üblicherweise mit Differenzkalkülen arbeiten, stellt VOFI von vornherein („per Geburt“) ein Totalkalkül dar.

2 Interpretation der drei Standardfälle

2.1 Einmalige Investition („Fall 1“)

Für den Fall einer einmaligen Investition wurde berechnet, dass bei einer Nutzungsdauer von fünf Jahren maximal ein Kapitalwert von 1.742 € erzielt wird. Überprüft wurden insgesamt drei Nutzungsdaueralternativen.

In den folgenden VOFIs sind die Kapitalwerte der drei Varianten als Entnahmen im Investitionszeitpunkt dargestellt worden. Es zeigt sich, dass sämtliche Endwerte jeweils mit dem Endwert der Opportunität übereinstimmen, sodass der Vorteil der Alternativen allein durch die Höhe des Kapitalwerts respektive der Entnahme in t=0 zum Ausdruck kommt. Dabei muss jedoch ein einheitlicher Zeitraum gewählt werden. Nahe liegend ist, als Planungshorizont die maximale Nutzungsdauer von fünf Jahren anzusetzen. Die VOFIs in Abb. 63-1, Abb. 63-2 und Abb. 63-3 dürften selbst erklärend sein.

Ein Vergleich der Entnahmemöglichkeiten bestätigt, dass bei einer Nutzungsdauer von *fünf Jahren* die Entnahme maximal ist. Indes war unser Ziel nicht, die Nutzungsdauern zu optimieren, sondern die bereits durch die klassischen Verfahren optimierte Nutzungsdauer mit VOFI zu interpretieren. Dabei zeigt sich, dass eine zukünftige Ergänzungsinvestition, die eine Rendite in Höhe des Kalkulationszinsfußes aufweist, bei den klassischen Ansätzen implizit berücksichtigt wird. Die beiden noch interessanteren Fälle kommen noch!

Zeitpunkt	0	1	2	3	4	5
Zahlungsfolge der Investition	–18.000	–4.000	3.200	23.140		
Eigene Mittel						
+ Einsatz	9.000					
– Entnahme	**1.606**					
Kredit						
+ Aufnahme	7.394	4.739				
– Tilgung			1.987	10.146		
– Sollzinsen		739	1.213	1.015		
Reinvestition						
– Anlage				11.979	1.198	1.318
+ Rückfluss						
+ Ertrag					1.198	1.318
Finanzierungssaldo	0	0	0	0	0	0
Bestandsgrößen						
Finanzbestand				11.979	13.177	14.495
Kreditbestand	7.394	12.133	10.146			
Bestandssaldo	–7.394	–12.133	–10.146	11.979	13.177	**14.495**

Abb. 63-1: VOFI der Investition DY11; Nutzungsdauer 3 Jahre; Planungshorizont t=5; Kapitalwertkonzept

Zeitpunkt	0	1	2	3	4	5
Zahlungsfolge der Investition	–18.000	–4.000	3.200	19.040	9.272	
Eigene Mittel						
+ Einsatz	9.000					
– Entnahme	**1.646**					
Kredit						
+ Aufnahme	10.646	5.065				
– Tilgung			1.629	14.082		
– Sollzinsen		1.065	1.571	1.408		
Reinvestition						
– Anlage				3.550	9.627	1.318
+ Rückfluss						
+ Ertrag					355	1.318
Finanzierungssaldo	0	0	0	0	0	0
Bestandsgrößen						
Finanzbestand				3.550	13.177	14.495
Kreditbestand	10.646	15.711	14.082			
Bestandssaldo	–10.646	–15.711	–14.082	3.550	13.177	**14.495**

Abb. 63-2: VOFI der Investition DY11; Nutzungsdauer 4 Jahre; Planungshorizont t=5; Kapitalwertkonzept

Zeitpunkt	0	1	2	3	4	5
Zahlungsfolge der Investition	–18.000	–4.000	3.200	19.040	5.972	3.785
Eigene Mittel						
+ Einsatz	9.000					
– Entnahme	**1.742**					
Kredit						
+ Aufnahme	10.742	5.074				
– Tilgung			1.618	14.198		
– Sollzinsen		1.074	1.582	1.420		
Reinvestition						
– Anlage				3.422	6.314	4.759
+ Rückfluss						
+ Ertrag					342	974
Finanzierungssaldo	0	0	0	0	0	0
Bestandsgrößen						
Finanzbestand				3.422	9.736	14.495
Kreditbestand	10.742	15.816	14.198			
Bestandssaldo	–10.742	–15.816	–14.198	3.422	9.736	**14.495**

Abb. 63-3: VOFI der Investition DY11; Nutzungsdauer 5 Jahre; Planungshorizont t=5; Kapitalwertkonzept

2.2 Endlich viele Wiederholungen der Anfangsinvestition („Fall 2“)

2.2.1 Kapitalwertkonzept

Die Implikationen des Kriteriums für den Fall einer einzigen identischen Wiederholung der Anfangsinvestition werden nun durch VOFI transparent gemacht. Der Vorteil des Nachfolgers wird durch dessen Kapitalwert im Ersatzzeitpunkt ausgedrückt. Dieser wird als Entnahmemöglichkeit interpretiert. Der Investor schätzt eine Entnahme umso höher ein, je eher sie realisierbar ist. Warum? Etwa, weil er ein höheres Konsumvergnügen empfindet, wenn er noch relativ jung ist? Eine solche, insbesondere aus Sicht älterer Damen und Herren umstritten klingende, außerökonomische Interpretation ist nicht erforderlich. Man bedenke, dass der entnommene Betrag anderweitig investiert werden kann, und zwar zum Kalkulationszinsfuß. In diesem Fall würde der Investor die Zinsen auf den angelegten Betrag verdienen. Folglich muss die Anfangsinvestition bei einer Weiternutzung um ein Jahr auch die Zinsen auf den ein Jahr eher zu entnehmenden (und dann wieder anzulegenden) Betrag in Höhe des Kapitalwerts verdienen, wenn sie sich gegenüber dem Nachfolger behaupten will, um ein

Jahr länger „im Amt" zu bleiben. Die entgehenden Zinsen auf den Kapitalwert des Nachfolgers stellen Opportunitätskosten dar.

Als Erstes soll ein VOFI erstellt werden, in dem die Nutzungsdauer der Anfangsinvestition vier Jahre beträgt (vgl. Abb. 63-4); die Folgeinvestition wird fünf Jahre genutzt.[1] Anschließend wird ein VOFI dargestellt, in dem die Anfangsinvestition eine Nutzungsdauer von fünf Jahren aufweist (vgl. Abb. 63-5). Die Nutzungsdauer des Nachfolgers bleibt natürlich unverändert. Um die Alternativen vergleichen zu können, wird ein einheitlicher Planungshorizont von h=10 gewählt. Die Endwerte der beiden Nutzungsdaueralternativen müssen dabei mit dem Endwert der Opportunität identisch sein:

$EW^{O} = 9000 \cdot 1{,}1^{10} = 23344$ [€]

Zur Beurteilung der Investition ist allein die Höhe der Entnahmen relevant. Da nun aber die beiden Entnahmen zu unterschiedlichen Zeitpunkten angesetzt sind, muss die zweite Entnahme aufgrund der Nachfolgeinvestition noch auf den Zeitpunkt Null abgezinst werden.

Nutzungsdaueralternative 1 (Anfangsinvestition 4 Jahre, Folgeinvestition 5 Jahre) weist eine äquivalente Entnahme in t=0 von

$1646 + 1742 \cdot 1{,}1^{-4} = 2836$ [€] auf,

während bei Nutzungsdaueralternative 2 (Anfangsinvestition 5 Jahre, Folgeinvestition 5 Jahre) die äquivalente Entnahme in t=0

$1742 + 1742 \cdot 1{,}1^{-5} \cong 2825$ [€] beträgt.

Nutzungsdaueralternative 1 ist somit der Vorzug zu geben.

Beide Nutzungsdaueralternativen sind nun in selbsterklärenden VOFIs darzustellen.

[1] Wegen der identischen Zahlungsfolge ist auch die optimale Nutzungsdauer mit Fall 1 rechnerisch identisch.

Zeitpunkt	0	1	2	3	4	5	6	7	8	9	10
Zahlungsfolge der Investition	–18.000	–4.000	3.200	19.040	–8.728[1]	–4.000	3.200	19.040	5.972	3.785	
Eigene Mittel											
+ Einsatz	9.000										
– Entnahme	**2.836**										
Kredit											
+ Aufnahme	11.836	5.184			6.565	4.657					
– Tilgung			1.498	15.522			2.078	9.144			
– Sollzinsen		1.184	1.702	1.552		657	1.122	914			
Reinvestition											
– Anlage				1.966				8.982	6.870	5.370	2.122
+ Rückfluss					1.966						
+ Ertrag					197				898	1.585	2.122
Finanzierungssaldo	0	0	0	0	0	0	0	0	0	0	0
Bestandsgrößen											
Finanzbestand								8.982	15.852	21.222	23.344
Kreditbestand	11.836	17.020	15.522		6.565	11.222	9.144				
Bestandssaldo	–11.836	–17.020	–15.522	1.966	–6.565	–11.222	–9.144	8.982	15.852	21.222	23.344

Abb. 63-4: VOFI bei einmaliger identischer Wiederholung
Nutzungsdauer der Anfangsinvestition 4 Jahre;
Nutzungsdauer der Folgeinvestition 5 Jahre

Zeitpunkt	0	1	2	3	4	5	6	7	8	9	10
Zahlungsfolge der Investition	–18.000	–4.000	3.200	19.040	5.972	–14.215[2]	–4.000	3.200	19.040	5.972	3.785
Eigene Mittel											
+ Einsatz	9.000										
– Entnahme	**2.825**										
Kredit											
+ Aufnahme	11.825	5.182				5.248	4.525				
– Tilgung			1.499	15.508				2.223	7.550		
– Sollzinsen		1.182	1.701	1.551			525	977	755		
Reinvestition											
– Anlage				1.981	6.170				10.735	7.045	5.563
+ Rückfluss						8.152					
+ Ertrag					198	815				1.073	1.778
Finanzierungssaldo	0	0	0	0	0	0	0	0	0	0	0
Bestandsgrößen											
Finanzbestand				1.981	8.152				10.735	17.780	23.344
Kreditbestand	11.825	17.007	15.508			5.248	9.773	7.550			
Bestandssaldo	–11.825	–17.007	–15.508	1.981	8.152	–5.248	–9.773	–7.550	10.735	17.780	23.344

Abb. 63-5: VOFI bei einmaliger identischer Wiederholung;
Nutzungsdauer der Anfangs- und Folgeinvestition 5 Jahre

1 Anzumerken ist, dass sich der Einzahlungsüberschuss in t=4 aus folgenden Positionen zusammensetzt:

	Einzahlungsüberschuss der Anfangsinvestition	5.972 €
+	Liquidationserlös	3.300 €
–	Anschaffungsauszahlung der Folgeinvestition	18.000 €
		–8.728 €

2 $3785 - 18000 = -14215$ [€]

2.2.2 Endwertkonzept

Selbstverständlich können die optimalen Nutzungsdauern auch mithilfe des Endwertkonzepts bestimmt werden. Zum Zweck der Vergleichbarkeit ist ein einheitlicher Planungshorizont (hier: t=10) zu wählen. Die entsprechenden VOFIs sind so einfach, dass sie hier nicht dargestellt werden sollen. Bei der ersten Nutzungsdaueralternative ergibt sich ein Endwert von 30.700 €, bei der zweiten einer von 30.669 €. Der Vorteil, bei der Anfangsinvestition anstelle einer fünfjährigen eine vierjährige Nutzungsdauer zu wählen, beträgt also 31 €.

Zumindest für Dr. X drängt sich die Frage auf, wie dieser Endwertunterschied von 31 € mithilfe des klassischen Differenzkalküls nachvollzogen werden kann. Die Tabelle mit den relevanten Daten sei hier noch einmal wiedergegeben:

t	d_t	+ L_t	− $L_{t-1} \cdot q$	< = >	$C^N \cdot i$	Bemerkung
3	19.040	4.100	6.300 · 1,1	>	1.742 · 0,1	
4	5.972	3.300	4.100 · 1,1	>	1.742 · 0,1	letztmalig größer
5	1.420	2.365	3.300 · 1,1	<	1.742 · 0,1	

Abb. 63-6: Ermittlung der optimalen Nutzungsdauer für DY11
Fall 2: Eine identische Wiederholung

Würde die Anfangsinvestition nicht vier, sondern fünf Jahre genutzt, so entgingen dem Investor in t=5 der in Abb. 63-6 in der letzten Zeile ausgewiesene aufgezinste Liquidationsüberschuss des Vorjahres sowie die Zinsen auf den wieder anzulegenden Entnahmebetrag abzüglich des in t=5 erzielbaren Einzahlungsüberschusses und des dann zu realisierenden Liquidationsüberschusses. Die Opportunitätskosten betrügen:

$$3300 \cdot 1{,}1 + 0{,}1 \cdot 1742 - 1420 - 2365 = 19{,}20 \text{ [€]}.$$

Um fünf Jahre – also auf t=10 – aufgezinst ergibt sich die festgestellte Endwertdifferenz von $19{,}20 \cdot 1{,}1^{10-5} = 31$ [€].

2.3 Unendlich viele Wiederholungen der Anfangsinvestition („Fall 3“)

Eine unendliche Investitionskette in einem VOFI darzustellen, erscheint auf den ersten Blick wie ein Aufbruch in die Ewigkeit. Y, der Pragmatiker, dachte an den enormen Papierverbrauch und wollte deshalb die Untersuchung von Fall 3 fallen lassen. Dr. X fühlte sich dagegen herausgefordert und stellte die folgenden Überlegungen an.

Der Kapitalwert einer unendlichen Investitionskette ist bekanntlich nichts anderes als der Barwert einer ewigen Rente in Höhe der Annuität:

$$C_{\infty} = \frac{a}{i}$$

In unserem Beispiel beträgt er 5.193 €.

Der Kapitalwert C_{∞} ist als diejenige Entnahme im Zeitpunkt t=0 interpretierbar, bei der die Endwerte von Investition und Opportunität gleich sind. Bei der Bildung eines überschaubaren (endlichen) Planungszeitraums muss C_{∞} als Äquivalent für die nach dem Planungshorizont noch zu realisierenden Kettenglieder angesetzt werden.

Man mag sich die Frage stellen, warum die Höhe der Entnahme in t=0 und das Vermögensäquivalent an einem endlich weit entfernten Planungshorizont betragsmäßig gleich sind. Hier die Antwort: Vom Planungshorizont aus betrachtet ist die Ewigkeit genauso unendlich weit entfernt, als würden wir sie vom Zeitpunkt Null aus anvisieren. Folglich ist auch der Kapitalwert der zukünftigen Investitionsobjekte am Planungshorizont genauso groß wie der Kapitalwert der unendlichen Kette im Investitionszeitpunkt.

Nun wird es höchste Zeit, die allgemeinen Überlegungen durch VOFIs transparent zu machen. Der erste VOFI zum Fall einer unendlichen Wiederholung (Fall 3) soll einen Zeitraum von acht Jahren umfassen, in dem DY11, dessen Nutzungsdauer im Fall 3 vier Jahre beträgt, genau zweimal zum Zuge kommt (vgl. Abb. 63-7). Der Kapitalwert der unendlichen Investitionskette ist in t=0 als Entnahme angesetzt worden. Bei dieser Datensituation beträgt der Endwert der zweigliedrigen Investitionskette am Planungshorizont 14.099 € (vgl. VOFI in Abb. 63-7). In diesem Zeitpunkt muss außerdem der Wert der unendlichen Investitionskette[1] berücksichtigt werden. Der in Abb. 63-7 dargestellte VOFI ist entsprechend ergänzt worden.

[1] also der Kapitalwert der ewigen Rente

Zeitpunkt	0	1	2	3	4	5	6	7	8
Zahlungsfolge der Investition	–18.000	–4.000	3.200	19.040	–8.728	–4.000	3.200	19.040	9.272
Eigene Mittel									
+ Einsatz	9.000								
– Entnahme	**5.193**								
Kredit									
+ Aufnahme	14.193	5.419			8.845	5.002			
– Tilgung			1.239	17.203			1.698	13.320	
– Sollzinsen		1.419	1.961	1.837	117	1.002	1.502	1.332	
Reinvestition									
– Anlage								4.388	9.711
+ Rückfluss									
+ Ertrag									439
Finanzierungssaldo	0	0	0	0	0	0	0	0	0
Bestandsgrößen									
Finanzbestand								4.388	14.099
Kreditbestand	14.193	19.612	18.374	1.171	10.016	15.018	13.320		
Bestandssaldo[1]	–14.193	–19.612	–18.374	–1.171	–10.016	–15.018	–13.320	4.388	**14.099**
+ Wert der zukünftigen Investitionen									**5.193**
Wert am Planungshorizont									**19.292**

Abb. 63-7: VOFI bei identischer Wiederholung
Nutzungsdauer jeder Investition 4 Jahre
Planungshorizont t=8; einmalige Entnahme des Kapitalwerts der unendlichen Investitionskette

Der Wert der Investition (einschließlich ihrer Folgeinvestitionen) am Planungshorizont ist mit dem Endwert der Opportunität zum gleichen Stichtag identisch: $EW^O = 9000 \cdot 1{,}1^8 = 19292$ [€].

Y's fragender Blick veranlasste Dr. X zu beweisen, dass der Endwert einer Investition zuzüglich des Kapitalwerts der unendlichen Wiederholung abzüglich der auf den Planungshorizont aufgezinsten Entnahme in Höhe des Kapitalwerts der unendlichen Wiederholung in t=0 identisch ist mit dem Endwert der Investition. Dieser Zusammenhang lässt sich folgendermaßen ausdrücken:

[1] Endwert der endlichen Investitionskette in Form liquider Mittel am Planungshorizont h=8

$$-C_\infty \cdot q^n + EW^M + C_\infty = EW^O \tag{1}$$

Durch Subtraktion von EW^O auf beiden Seiten ergibt sich:

$$-C_\infty \cdot q^n + EW^M - EW^O + C_\infty = 0 \tag{2}$$

Der Zusätzliche Endwert einer Investition lässt sich durch die Differenz aus dem Endwert der Investition und dem Endwert der Opportunität ausdrücken.

$$\Delta EW = EW^M - EW^O$$

Durch Einsetzen dieses Ausdrucks in (2) folgt:

$$-C_\infty \cdot q^n + \Delta EW + C_\infty = 0 \tag{3}$$

Für den Kapitalwert der unendlichen Investition gilt:

$$C_\infty = \frac{a}{i}$$

Durch Einsetzen in (3) ergibt sich:

$$-\frac{a}{i} \cdot q^n + \frac{a}{i} + C \cdot q^n = 0 \tag{4}$$

Weiter gilt für die Annuität:

$$a = C \cdot ANF_{n,i}$$

Durch Einsetzen in (4) ergibt sich folgender Ausdruck, der anschließend umgeformt werden kann:

$$-\frac{C \cdot ANF_{n,i}}{i} \cdot q^n + \frac{C \cdot ANF_{n,i}}{i} + C \cdot q^n = 0$$

$$\Leftrightarrow -\frac{ANF_{n,i}}{i} \cdot q^n + \frac{ANF_{n,i}}{i} + q^n = 0 \tag{5}$$

$$\Leftrightarrow \frac{ANF_{n,i}}{i} + q^n = \frac{ANF_{n,i}}{i} \cdot q^n$$

Der Annuitätenfaktor ist definiert als:

$$ANF_{n,i} = \frac{i \cdot q^n}{q^n - 1}$$

Durch Einsetzen des Annuitätenfaktors in beide Seiten der Gleichung (5) ergibt sich folgender Ausdruck, der anschließend zum Beweis umgeformt werden kann:

$$\frac{i \cdot q^n}{(q^n - 1) \cdot i} + q^n = \frac{i \cdot q^n \cdot q^n}{(q^n - 1) \cdot i}$$

$$\Leftrightarrow i \cdot q^n + q^n \cdot (q^n - 1) \cdot i = i \cdot q^{2n}$$

$$\Leftrightarrow q^n + q^n \cdot (q^n - 1) = q^{2n}$$

$$\Leftrightarrow q^n + q^{2n} - q^n = q^{2n}$$

$$\Leftrightarrow q^{2n} = q^{2n}$$

Dr. X murmelte: „ Quode erat demonstrandum.“

Y schauderte nicht so sehr wegen des Gedankens an die Ewigkeit, sondern vor allem deshalb, weil ihm bei einer Entnahme des Kapitalwerts der unendlichen Investitionskette die Kapitalerhaltung im Sinne der Zielwertindifferenz streng genommen erst im Unendlichen erreicht schien.

Dr. X versuchte Y mit dem Hinweis zu beruhigen, dass tatsächlich eine raschere Konvergenz im endlichen Zeitraum erzielt würde. Noch beruhigender war allerdings die Überlegung, anstelle einer einmaligen Entnahme in Höhe des Kapitalwerts der unendlichen Investitionskette unendlich viele Entnahmen in Höhe der Annuität vorzunehmen. Dann nämlich ist die Kapitalerhaltung jeweils am Ende der Nutzungsdauer eines jeden Kettengliedes garantiert (vgl. Abb. 63-8).

„Und wie sieht das beispielsweise mit der Kapitalerhaltung nach vier Jahren aus, dem Ende der Nutzungsdauer des ersten Kettengliedes?“, fragte Y skeptisch.

„Ganz einfach. Der Bestandssaldo in t=4 von –4.823 € ist um die Anschaffungsauszahlung der Folgeinvestition zu korrigieren. Der korrigierte Bestandssaldo beträgt –4823 + 18000 = 13177 [€]. Eben dieser Wert ist der Wert der Opportunität am Ende des vierten Jahres, also:

$$EW^{O}_{t=4} = 9000 \cdot 1{,}1^4 = 13177 \quad [€]“$$

Y bedankte sich sogar.

Abschließend sei noch einmal daran erinnert, dass trotz aller Interpretationen letztlich der VOFI mit der Entnahme von 519 € pro Jahr und einer vierjährigen Nutzungsdauer relevant ist, falls tatsächlich eine unendliche identische Wiederholung als Prämisse angenommen wird.

Zeitpunkt	0	1	2	3	4	5	6	7	8
Zahlungsfolge der Investition	–18.000	–4.000	3.200	19.040	–8.728	–4.000	3.200	19.040	9.272
Eigene Mittel									
+ Einsatz	9.000								
– Entnahme		**519**	**519**	**519**	**519**	**519**	**519**	**519**	**519**
Kredit									
+ Aufnahme	9.000	5.419			4.823	5.002			
– Tilgung			1.239	13.181			1.698	8.127	
– Sollzinsen		900	1.442	1.318		483	983	813	
Reinvestition									
– Anlage				4.022				9.581	9.711
+ Rückfluss					4.022				958
+ Ertrag					402				
Finanzierungssaldo	0	0	0	0	0	0	0	0	0
Bestandsgrößen									
Finanzbestand				4.022				9.581	19.292
Kreditbestand	9.000	14.419	13.181		4.823	9.825	8.127		
Bestandssaldo	–9.000	–14.419	–13.181	4.022	–4.823	–9.825	–8.127	9.581	**19.292**

Legende: einheitlicher Zinsfuß = **10 %**

Abb. 63-8: VOFI bei unendlicher identischer Wiederholung der Anfangsinvestition; Entnahme in Höhe der Annuität

Kontrollfragen

Erläutern Sie, wie für den Fall einer einmaligen Investition das Ergebnis einer Differenzanalyse mit VOFI transparent gemacht werden kann! Gehen Sie dabei vom Konzept der Kapitalwertmaximierung aus!

Führen Sie eine analoge Interpretation mithilfe von VOFI für den Fall einer einmaligen identischen Wiederholung der Anfangsinvestition durch! Stellen Sie dabei äquivalente Entnahmekonzepte dar!

Kann auch im Fall einer unendlich häufigen identischen Wiederholung der Anfangsinvestition mit einem „endlichen" VOFI gearbeitet werden?

Erörtern Sie äquivalente Entnahmekonzepte für den Fall einer unendlichen identischen Investitionskette!

Wie ist der Kapitalwert einer ewigen jährlich nachschüssigen Rente bestimmbar?

5.2 VOFI zur Optimierung der Nutzungsdauer

Folge 64

Grundprinzipien bei der Anwendung von VOFI zur Nutzungsdaueroptimierung

Lateral denken!

VOFI als Controllinginstrument zur Optimierung der Nutzungsdauer erlaubt eine abbildungsgetreuere Darstellung der Entscheidungssituation. Mit VOFI lässt sich nämlich die Optimierung der Nutzungsdauer nicht nur für einen einheitlichen Zinsfuß, sondern auch für den Fall einer Konditionenvielfalt auf dem Finanzierungssektor und beliebiger Reinvestitionsrenditen bestimmen.

Liegt das Ende des letzten Kettengliedes weit in der Zukunft, so ist ein Planungshorizont in das Modell einzuführen. Für Zahlungen, die jenseits des Planungshorizonts h liegen, ist deren Ertragswert in Bezug auf h anzusetzen. Ab dem Planungshorizont dürfte der Ansatz eines einheitlichen Zinsfußes praktikabel sein.

Sicherlich kann mit VOFI die klassische Fallunterscheidung bei der Nutzungsdauerbestimmung mit Konditionenvielfalt auf dem Finanzierungssektor anstelle eines einheitlichen Kalkulationszinsfußes abgebildet werden. Indes ist laterales Denken gefragt! Weitaus bedeutsamer ist, die Prämissen bezüglich einer Wiederholung der Anfangsinvestition zu vereinfachen. Schließlich ist wegen des rasanten technischen Fortschritts in der Wirtschaft eine Folge von Wiederholungen sowieso nicht vorstellbar. Identische Wiederholungen erst recht nicht. Deshalb sollte man sich von diesen klassischen Fallunterscheidungen trennen und nur noch den Fall einer einmaligen Investition mit alternativen Nutzungsdauern und beliebigen zukünftigen Ergänzungsinvestitionen bis zum Planungshorizont für relevant ansehen. Diese Annahme ist für jedes der in t=0 betrachteten Investitionsobjekte geltend zu machen. Folgeinvestitionen – also Nachfolgeüberlegungen – in der Investitionsrechnung sollten schließlich nicht mit einer Thronfolgeregelung verwechselt werden.

Dass die VOFIs unter Berücksichtigung von Ertragsteuern aufzustellen sind, bedarf keiner Diskussion. Schließlich ist der Ansatz von Ertragsteuern im VOFI evident. Zum Glück wirft er keine neuen methodischen Probleme auf. Theoretisch interessante Fragen, wie z. B. nach dem Einfluss der Abschreibungsmethode auf die optimale Nutzungsdauer der Anfangsinvestition und seiner Nachfolger, sprudeln aus einer nie versiegenden Quelle hervor. Diese Fragen können durch Berechnungsexperimente relativ leicht beantwortet werden.

Kontrollfragen

Diskutieren Sie die Optimierung der Nutzungsdauer mit VOFI bei Konditionenvielfalt auf dem Finanzierungssektor und beliebigem Ansatz von Reinvestitionen! Gehen Sie dabei von der Notwendigkeit aus, zur Begrenzung des Betrachtungszeitraums einen Planungshorizont einzuführen!

Setzen Sie sich mit der Prämisse identischer Wiederholungen der Anfangsinvestition kritisch auseinander!

Erarbeiten Sie einen praxisnahen Vorschlag zur Bestimmung der Nutzungsdauer einer Investition, der *nicht* die Fallunterscheidungen der einmaligen und der identischen Wiederholungen von Investitionen, die in der klassischen Theorie üblich sind, zum Vorbild hat!

Stellen Sie Überlegungen zum Einfluss von Ertragsteuern auf die optimale Nutzungsdauer im Rahmen von Berechnungsexperimenten an!

Diskutieren Sie den Einfluss der Abschreibungsmethode auf die optimale Nutzungsdauer der Anfangsinvestition und seiner Nachfolger unter Verwendung eines Δ-VOFIs!

6 Investitions- und Finanzierungsprogrammplanung

Bei der einjährigen Planung des Investitions- und Finanzierungsprogramms – auch als Kapitalbudgetierung bezeichnet – konkurrieren mehrere Investitionsobjekte, zu denen sowohl Sachanlagen als auch immaterielle Investitionen und Finanzinvestitionen gehören können, um die knappen finanziellen Ressourcen, die aus Eigenen Mitteln und Krediten bestehen. Während die Eigenen Mittel auf jeden Fall zu Investitionszwecken einzusetzen sind, um Kapitalerträge zu erwirtschaften, hängt die Höhe der Fremdfinanzierung grundsätzlich vom weiteren Finanzbedarf ab, der unter bestimmten Bedingungen durch den Schnittpunkt von Kapitalangebots- und Kapitalnachfragefunktion grafisch bestimmbar ist. Der so ermittelte Gleichgewichtszinsfuß ist nichts anderes als der Kalkulationszinsfuß, der im Modell der Kapitalbudgetierung eine endogene Größe darstellt.

Das klassische Konzept beinhaltet grundlegende ökonomische Fragen nach dem Ausgleich von Angebot und Nachfrage bei Mittelknappheit, die sich in dem begrenzten Angebot an finanziellen Ressourcen und der (theoretisch) unbegrenzten Nachfrage nach finanziellen Mitteln widerspiegeln. Das Kapitalbudgetierungsmodell ist deshalb als Paradebeispiel für ökonomische Modelle anzusehen.

Eine mehrjährige Planung des Investitions- und Finanzierungsprogramms kann auf Basis eines Simultanansatzes erfolgen, bei dem die Lineare Programmierung als Optimierungsmethode verwendet wird. Zunächst ist auf Partialentscheidungen einzugehen. Anschließend wird ein Ausbau des Modells zu einer unternehmensweiten Planung dargestellt. Die mit der Linearen Programmierung ermittelten Ergebnisse sind zur Erhöhung der Transparenz in einen VOFI zu integrieren.

6.1 Das klassische einperiodige Programmplanungsmodell und seine Interpretation durch VOFI

Folge 65

Grundlagen der Kapitalbudgetierung

Konkurrenz um knappe Ressourcen

1 Fragestellung

Eines Nachts träumte der Marketingleiter, DY11 hätte nicht nur *einen* Konkurrenten bekommen, sondern eine Vielzahl starker Mitbewerber, die sich um die knappen finanziellen Mittel der Fallstudienunternehmung heftig stritten. Er erzählte dieses Dr. X und der hatte sofort die Idee, den Traum des Marketingleiters modellmäßig zu realisieren – auch wenn's ein Albtraum war. Dr. X überzeugte Y und der forderte die für die Beantragung von Investitionsvorhaben zuständigen Führungskräfte der Unternehmung auf, sämtliche Investitionsvorschläge unverzüglich einzureichen, deren Realisierung in t=0 erwünscht wird. Die Anträge sollten neben einer Beschreibung der Projekte insbesondere die Zahlungsfolgen der Investitionen enthalten.

Gleichzeitig wurde die Finanzabteilung angewiesen, die für das Gesamtinvestitionsvolumen zur Verfügung zu stellenden Eigenen Mittel zu benennen. Bekanntlich wurde in unserer Fallstudienunternehmung für das Investitionsprojekt DY11 ein Betrag von 9.000 € reserviert. Nun waren also die Eigenen Mittel für *sämtliche* Investitionsvorhaben zu fixieren. Außerdem sollten die Konditionen aller interessant erscheinenden Kredite aufgelistet werden. Bezüglich der Opportunität unterstellte Y pauschal eine Rendite von 8 %. Nach erstaunlich kurzer Zeit von nur vier Wochen wurden die „Wunschzettel"[1] eingereicht. Auch DY12 erhielt erneut eine Chance.

Die Datensituation für die Investitions- und Finanzierungsprogrammplanung (kurz: I+F-Programmplanung) ist in den folgenden Tabellen zusam-

[1] O-Ton Y

mengestellt worden. Zunächst sind die Zahlungsfolgen der konkurrierenden Investitionsprojekte aufzulisten:

t	DY11	DY12	X_1	X_2	X_3	X_4
0	–18.000	–10.000	–30.000	–25.000	–10.000	–20.000
1	–4.000	8.000	10.000	30.000	10.700	–10.000
2	3.200	5.000	15.000			20.000
3	19.040		15.000			10.000
4	5.972		10.000			8.000
5	3.785					

Abb. 65-1: Daten für die I+F-Programmplanung
Teil 1: Zahlungsfolgen der beantragten Investitionen DY11 ... X_4

Die von der Finanzabteilung eruierten Kredite und ihre Konditionen sind in der folgenden Übersicht enthalten:

	Höchst-volumen	Nominal-zinsfuß	Disagio	Laufzeit
Kredit mit endfälliger Tilgung	27.000	6 %	10 %	2
Kredit mit Ratentilgung	50.000	9 %		5
Kontokorrentkredit	50.000	13 %		beliebig

Abb. 65-2: Daten für I+F-Programmplanung
Teil 2: Übersicht über Kredite und ihre Konditionen

Dieser klassische Fall einer einperiodigen simultanen I+F-Programmplanung wird als Kapitalbudgetierung („Capital Budgeting[1]“) bezeichnet. Häufig wird die Kapitalbudgetierung in der Literatur als statisches Verfahren bezeichnet. Eine derartige Charakterisierung könnte jedoch zu Irritationen führen, da in der Investitionsrechnung bekanntlich bei statischen Verfahren nicht das erste, sondern das mittlere Jahr („die repräsentative Periode“) abgebildet wird. Die Aufrechterhaltung der Liquiditätsbedingung wird beim Kapitalbudgetierungsmodell nur in t=0 garantiert. Dass bei diesem Modell ansonsten die Zahlungsfolge eines mehrjährigen Planungszeitraum berücksichtigt wird, soll schon jetzt gesagt – später aber erst ausführlich erörtert – werden.

---

1 Dean, J. (1969). Der Begriff Capital Budgeting wird in der US-amerikanischen Literatur weiter gefasst als der hier dargestellte Ansatz. Vgl. Brealey, R. A., Myers, S. C. (2006), S. 7, S. 214-326.

An Eigenen Mitteln wurden 50.000 € für Investitionszwecke zur Verfügung gestellt.

Ein Antragsteller hatte sich nicht an die Anweisung gehalten, für das Investitionsprojekt eine Zahlungsfolge zu prognostizieren. Stattdessen schrieb er einen Brief mit folgendem Inhalt:

> *Sehr geehrter Herr Y,*
>
> *leider sehe ich mich nicht in der Lage, für das Investitionsvorhaben „Softwareprojekt SP" eine Zahlungsfolge aufzustellen, da die Softwareprodukte keine Einzahlungen in der Zukunft zur Folge haben. Die Software ist für Controllingprojekte im Marketing dringend erforderlich. Insbesondere die Leistungsrechnung der Unternehmung ist Gegenstand des Vorhabens. Die Anschaffungsauszahlung beläuft sich auf 15.000 €. Für Schulungen fallen im nächsten Jahr 5.000 € an.*
>
> *Ich bitte um Genehmigung.*
>
> *Ede V.*
>
> *Leiter der DV-Abteilung*

Y diskutierte zunächst mit Dr. X den Antrag der DV-Abteilung, bevor sie sich der I+F-Programmplanung widmeten.

Y behauptete: „Den Antrag brauchen wir in unserem Kalkül nicht zu berücksichtigen, da die Software nicht aktivierungspflichtig ist und deshalb keine Investition darstellt." (Er wollte auf jeden Fall die Software anschaffen!)

Dr. X widersprach zu Recht: „Fremd beschaffte Software ist durchaus aktivierungspflichtig, wenn sie den Charakter eines langlebigen Wirtschaftsguts erfüllt. Ungeachtet dessen sollten wir sie aus betriebswirtschaftlicher Sicht als Investition betrachten und in unsere I+F-Programmplanung einbeziehen."

Y schluckte kurz und entschied, die neue Software auf jeden Fall zu beschaffen. Also brauche sie – wie gesagt – im Kalkül nicht erfasst zu werden!

Dr. X kritisierte den Vorschlag von Y mit einer gewissen Nachhaltigkeit: „Doch! Sie absorbiert finanzielle Mittel und darf deshalb nicht vernachlässigt werden. Allerdings sind die später anfallenden Auszahlungen für

Schulungen zu vernachlässigen, da im Modell nur die Liquidität in t=0 sichergestellt wird."[1]

Y hatte nun alles verstanden und sagte autoritär: „Lassen Sie uns endlich mit der Lösung anfangen!"

Dr. X verkniff es sich, darauf hinzuweisen, dass die Lösung[2] schon im Gange sei und referierte seinen Vorschlag, der hier in der gebotenen Kürze wiedergegeben wird.

2 Das Entscheidungsmodell

Aufgrund der Konkurrenz zwischen den Investitionsprojekten, die um die knappen Eigenen Mittel und um die Kredite „streiten", ist eine Rangfolge der Investitionen nach ihrer Vorteilhaftigkeit und die der Kredite nach ihrer „Kostengünstigkeit"[3] zu erstellen. Bezüglich der Vorteilhaftigkeit der Investition ist ein Renditemaß heranzuziehen. Da in der Literatur regelmäßig – trotz aller Probleme, die aus den impliziten Prämissen resultieren – der Interne Zinsfuß als Renditemaß verwendet wird, soll dies zunächst einmal auch hier geschehen.

Die Kredite sind nach ihren Effektivzinsfüßen zu ordnen. Letztlich steht auch hinter diesen Zinsfüßen das Konzept des Internen Zinsfußes. Dabei ist zu berücksichtigen, dass die Eigenen Mittel kostenlos zur Verfügung gestellt werden. Man könnte auf den Gedanken kommen[4], hierfür Opportunitätskosten anzusetzen – indes ist es bei einer Totalplanung konsequent, die als Opportunität anzusehende Geldanlage explizit mit ihrer Rendite auszuweisen. Da in der Literatur das Kapitalbudgetierungsmodell – soweit bekannt – ohne Berücksichtigung von Ertragsteuern dargestellt wird, soll dies auch hier so präsentiert werden.

---

1 Ede V., der diesem Gespräch schweigend beiwohnte, ärgerte sich kräftig, nicht *mehr* als 5.000 € im nächsten Jahr angesetzt zu haben. Indes besteht kein Grund zum Ärgern, denn vermutlich wäre Dr. X in diesem Fall auf die Idee gekommen, die abgezinste Auszahlung für die Schulung als Vorfinanzierung in t=0 wie eine liquiditätsmäßige Belastung zu berücksichtigen, um ggf. den Einfluss dieser Investition auf andere Investitionen analysieren zu können.

2 Vgl. hierzu die Überschrift dieses Abschnitts.

3 Der allgemeine Begriff Kostengünstigkeit bezieht sich in diesem Fall nicht auf Kosten, sondern auf Zahlungen – genauer: auf die Zinszahlungen für die Kredite.

4 Y hatte tatsächlich den Gedanken. Jedoch formulierte Dr. X die Antwort, *bevor* Y die Frage äußern konnte.

Zur Demonstration eines Beispiels wird die Auswertung zunächst in grafischer Form durch Gegenüberstellung der Kapitalnachfrage- und der Kapitalangebotsfunktion präsentiert. Im Schnittpunkt der beiden Funktionen ergibt sich auf der Ordinate der Preis, der nichts anderes ist als der endogene Kalkulationszinsfuß. Dieser würde als Verrechnungspreis für das knappe Kapital auch bei der Partialplanung zum Optimum führen. Im Schnittpunkt von Angebot und Nachfrage ergibt sich aber auch – und hier ist die Abszisse näher zu betrachten – das I+F-Programm. Die links vom Schnittpunkt liegenden Investitionsprojekte und Kreditangebote sind zu realisieren – die rechts vom Schnittpunkt liegenden Vorschläge sind abzulehnen.

Nach diesen einführenden Überlegungen soll nun konkret gezeigt werden, wie das optimale I+F-Programm grafisch bzw. rechnerisch ermittelt wird. Zur Veranschaulichung seien die einzelnen Schritte zur Optimierung vorab genannt:

1. Berechnung des Internen Zinsfußes eines jeden Investitionsprojekts.
2. Berechnung des Effektivzinsfußes eines jeden Kredits.
3. Aufstellung einer Rangfolge der Investitionen nach Maßgabe ihres Internen Zinsfußes („je größer, desto besser") zur Ermittlung der Kapitalnachfragefunktion.[1]
4. Aufstellung einer Rangfolge der Kredite nach Maßgabe ihres Effektivzinsfußes („je niedriger, desto besser") zur Ermittlung der Kapitalangebotsfunktion. Hierbei sind die Eigenen Mittel zinslos zu berücksichtigen.
5. Grafische Darstellung von Kapitalnachfrage- und -angebotsfunktion.
6. Analyse des Schnittpunktes der beiden Funktionen im Hinblick auf das Problem der Unteilbarkeit von Investitionsobjekten. Hierbei sind zwei Fälle denkbar, bei denen sich Kapitalangebots- und -nachfragefunktion unterschiedlich schneiden:
   - Fall 1 ist dadurch gekennzeichnet, dass zur Realisierung der Grenzinvestition die Höchstgrenze eines Kredits ggf. nur zum Teil ausgeschöpft wird.
   - Im Fall 2 kann die Grenzinvestition nicht vollständig durch Kredite finanziert werden, die unterhalb des Internen Zinsfußes der Investition liegen.

   Nur im Fall 1 ist die Bestimmung des I+F-Programms unmittelbar möglich. Im Fall 2 sind Zusatzüberlegungen zur Entscheidungsfindung erforderlich, da Investitionsobjekte normalerweise unteilbar sind.

[1] Einbeziehung der Sonderzahlung als Vorab-Inanspruchnahme des Kapitals

Nun sind die oben genannten sechs Schritte sukzessiv abzuarbeiten:

zu 1: Interne Zinsfüße

Investitionsprojekt	Anschaffungsauszahlung	Interner Zinsfuß
DY11	18.000 €	12,80 %
DY12	10.000 €	21,24 %
X_1	30.000 €	23,85 %
X_2	25.000 €	20,00 %
X_3	10.000 €	7,00 %
X_4	20.000 €	10,68 %
Reinvestition	beliebig	8,00 %
Software SP[1]	15.000 €	–

[1] Investition wurde bereits genehmigt

Abb. 65-3: Elemente der Kapitalnachfragefunktion

zu 2: Effektivzinsfüße

Kapital	Höchstvolumen	Effektivzinsfuß
Eigene Mittel	50.000 €	–
Kredit mit endfälliger Tilgung	27.000 €	11,91 %
Kredit mit Ratentilgung	50.000 €	9,00 %
Kontokorrentkredit	50.000 €	13,00 %

Abb. 65-4: Elemente der Kapitalangebotsfunktion

zu 3: Rangfolge der Investitionen

Investitionsprojekt	Anschaffungsauszahlung	Interner Zinsfuß
Software SP	15.000 €	–
X_1	30.000 €	23,85 %
DY12	10.000 €	21,24 %
X_2	25.000 €	20,00 %
DY11	18.000 €	12,80 %
X_4	30.000 €	10,68 %
Reinvestition	beliebig	8,00 %

Abb. 65-5: Elemente der Kapitalnachfragefunktion
unter Berücksichtigung der Rangfolge

zu 4: Rangfolge der Finanzierungsquellen

Finanzierungsquelle	Höchstvolumen (Netto)	Effektivzinsfuß
Eigene Mittel	50.000 €	–
Kredit mit Ratentilgung	50.000 €	9,00 %
Kredit mit endfälliger Tilgung	27.000 €	11,91 %
Kontokorrentkredit	50.000 €	13,00 %

Abb. 65-6: Elemente der Kapitalangebotsfunktion unter Berücksichtigung der Rangfolge

zu 5: Grafik

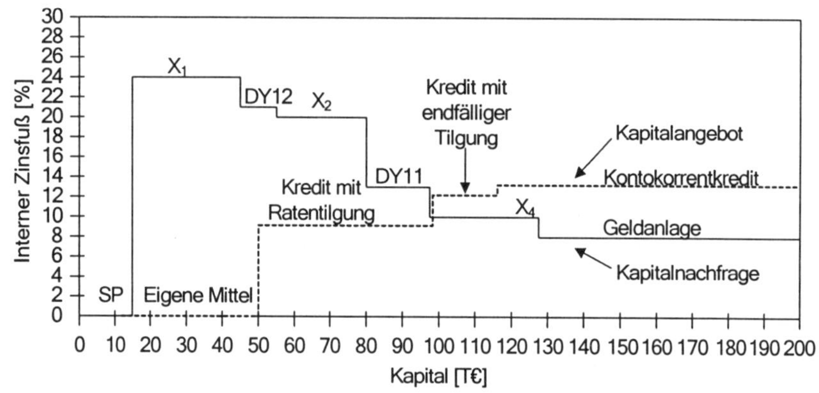

Abb. 65-7: Gegenüberstellung von Kapitalangebot und -nachfrage

zu 6: Auswahl

Offensichtlich liegt Fall 2 vor, bei dem das I+F-Programm nicht unmittelbar abgelesen werden kann. In der Literatur werden derartige Probleme manchmal mithilfe komplizierter Flächenvergleiche oder mit Differenzbetrachtungen gelöst.[1] Dr. X meinte jedoch, man solle lieber beim formal-analytischen Modell bleiben, denn dann hätten es sowohl Computer als auch Studierende einfacher. Zur Optimumbestimmung wird deshalb das Modell als LP-Ansatz mit (0-1-)-Variablen (Binärvariablen) formuliert.

In dem Moment erhielt Dr. X die Information, dass das Softwareprojekt SP nicht nur 15.000 €, sondern 27.500 € Anschaffungsauszahlung verur-

[1] Vgl. Adam, D. (2000), S. 249, Hax, H. (1993), S. 66.

sacht.[1] In diesem eigentlich unerfreulichen Fall ergibt sich erfreulicherweise ein Schnittpunkt zwischen der Kapitalangebots- und -nachfragefunktion, der *kein* Ganzzahligkeitsproblem zur Folge hat, sodass eine grafische Lösung ohne den Einsatz der Linearen Programmierung möglich ist. M. a. W.: Fall 1 liegt vor. Die grafische Darstellung dieses Falls ist in Abb. 65-8 dokumentiert worden.

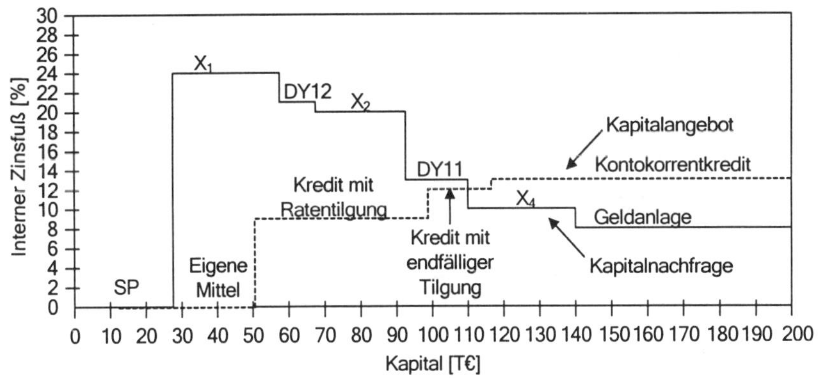

Abb. 65-8: Kapitalangebot und -nachfrage (neue Datensituation)

Aus der Grafik ist das zu realisierende Investitions- und Finanzierungsprogramm eindeutig abzulesen: Der Interne Zinsfuß der Grenzinvestition DY11 ist höher als der Effektivzinsfuß des nicht vollständig ausgeschöpften Kredits mit endfälliger Tilgung.

Sämtliche Ergebnisse der Kapitalbudgetierung sind in den folgenden Tabellen dargestellt worden:

Investitionsprojekt	Anschaffungsauszahlung
Software SP	27.500 €
X_1	30.000 €
DY12	10.000 €
X_2	25.000 €
DY11	18.000 €
	110.500 €

Abb. 65-9: Zu realisierende Investitionsprojekte

[1] Ob es sich hierbei um eine gewisse Schlitzohrigkeit von Ede V. handelte, der dem Gespräch von Y und Dr. X „schweigend beiwohnte“ (vgl. Fn. 1 auf S. 391), soll hier nicht näher hinterfragt werden.

Kapital	Volumen
Eigene Mittel	50.000 €
Kredit mit Ratentilgung	50.000 €
Kredit mit endfälliger Tilgung	10.500 €
	110.500 €

Abb. 65-10: Zu realisierendes Finanzierungsprogramm

Dr. X und Y ahnten, dass dies nur der Anfang einer Auseinandersetzung mit der I+F-Programmplanung war. Bevor sie sich um einen Ersatz der Internen Zinsfußmethode bemühten, setzten sie sich mit einer Spezialfrage auseinander, die in der nächsten Folge behandelt wird.

Kontrollfragen

Was ist unter der Kapitalbudgetierung im Rahmen der Investitionsrechnung zu verstehen?

Definieren Sie die Begriffe Kapitalangebots- und Kapitalnachfragefunktion!

Interpretieren Sie das Zeitkonzept des Kapitalbudgetierungsmodells!

Inwiefern wird die Kapitalbudgetierung als statisches Modell bezeichnet, obwohl doch dynamische Elemente, wie der Interne Zinsfuß, verwendet werden? Setzen Sie sich mit dem Begriff „statisch“ kritisch auseinander!

Warum ist eine Investition, über deren Realisierung bereits positiv entschieden worden ist, in das Modell der Kapitalbudgetierung aufzunehmen?

Wie wird der Kalkulationszinsfuß im Modell der Kapitalbudgetierung ermittelt?

Angenommen, der Lenkpreis bei Kapitalknappheit sei bekannt. Woran lässt sich zeigen, dass eine Investition bzw. ein Kredit vorteilhaft ist?

Schildern Sie die Schritte bei der Durchführung der Kapitalbudgetierung!

Interpretieren Sie den Schnittpunkt von Kapitalnachfrage- und Kapitalangebotsfunktion! Inwiefern kann die Ganzzahligkeit von Investitionen ein Problem bei der Optimumbestimmung sein? Zeichnen und interpretieren Sie einen Fall mit einer Kapitalnachfrage- und -angebotsfunktion, bei dem die Lösung unproblematisch ist!

Zeichnen und interpretieren Sie einen Fall mit einer Kapitalnachfrage- und -angebotsfunktion, bei dem die Lösung nicht aus der Grafik ablesbar ist!

Folge 66

Kapitalbudgetierung bei sich gegenseitig ausschließenden Investitionsobjekten

Ein interessantes Sonderproblem

1 Ausgangssituation

„Lässt sich das Modell der Kapitalbudgetierung auch dann anwenden, wenn Investitionen zu berücksichtigen sind, die sich gegenseitig ausschließen?“, fragte St. seinen Mentor Dr. X.

Dr. X: „Selbstverständlich, dann müsste man eben für jede Kombination einen eigenen Schnittpunkt bestimmen.“ Nach kurzem Nachdenken gab er ein weiteres Statement ab: „Dies kann bei mehreren sich gegenseitig ausschließenden Projekten zu einer verwirrenden Vielzahl von Kombinationsmöglichkeiten führen. Zum Glück gibt es eine intelligentere Lösung: den Ansatz von Differenzinvestitionen.“

Eine Differenzinvestition stellt das Ergebnis einer Subtraktion sämtlicher Elemente der Zahlungsfolgen von zwei (sich gegenseitig ausschließenden) Investitionen dar – also ist eine Differenzinvestition nicht real identifizierbar. Sie stellt lediglich das Ergebnis einer Rechenoperation dar. Wenn beispielsweise die Differenzinvestition von B gegenüber A gebildet wird – wir wollen sie ΔBA nennen –, dann kann B durch A *und* die Differenzinvestition ΔBA ausgedrückt werden. Und für ΔBA kann auch eine Rendite ausgerechnet werden.

„Und was soll das?“

„Bei der Kapitalnachfragefunktion der Investitionen wird zunächst diejenige Investition aufgeführt, die die höhere Rendite aufweist. Rechts von ihr (in unserem Beispiel sei es A) wird die Differenzinvestition eingereiht. Liegt nun der Schnittpunkt so, dass die ranghöhere Investition A *und* die Differenzinvestition links vom Schnittpunkt positioniert sind, dann werden A *und* die Differenzinvestition ΔBA verwirklicht – also *B* und nicht *A*. Voraussetzung ist jedoch, dass die Investition mit dem höheren Zinsfuß eine niedrigere Kapitalnachfrage aufweist als die konkurrierende Investition. Sonst würde die ranghöhere die rangniedrigere dominieren.“

„Das verstehe ich nicht!“

„Eine Investition mit einer höheren Rendite ist sicherlich zunächst einmal interessant – aber was nützt es, wenn diese hohe Rendite nur für eine geringvolumige Anlagemöglichkeit zu erzielen ist? Also, stellen Sie sich vor, ein Investitionsprojekt verspräche eine Rendite von beispielsweise 50 %. Man könnte aber nur 100 € anlegen. Dann kann es für den Fall des gegenseitigen Ausschlusses doch günstiger sein, ein Projekt mit einer Rendite von nur 20 % zu verwirklichen, das aber eine Anlage von 300 € zulässt. Ich wiederhole: Unter der Voraussetzung, dass sich A und B gegenseitig ausschließen. Okay?"

„Ehrlich gesagt:[1] *Nein*!" Das mit der Differenzinvestition habe ich immer noch nicht richtig verstanden", gestand St. und bewies, dass er Mut hatte.[2]

„Ein Beispiel wird alles deutlich machen", sagte Dr. X und präsentierte eines von optimaler Größe – also gerade groß genug, um das Wesentliche herauszustellen.

2 Lösungsvorschlag

Angenommen, für die Investitionen A und B, die sich gegenseitig ausschließen, seien die Zahlungsfolgen sowie die aus ihnen resultierenden Gesamtkapitalrentabilitäten ermittelt worden: Da die Gesamtkapitalrentabilität derjenigen Investition, die die größere Anschaffungsauszahlung aufweist (hier: B) kleiner ist als die der konkurrierenden Investition (hier: A) besteht *keine* Dominanz.[3] Folglich kann zur Lösung des Entscheidungsproblems das Konzept der Differenzinvestition angewandt werden.

Die Differenzinvestition ΔAB bezüglich der Investitionen A und B ist zu bestimmen, indem die Elemente der Zahlungsfolge einzeln subtrahiert werden. Die Zahlungsfolgen der beiden Investitionen sowie der Differenzinvestition werden zusammen mit deren Gesamtkapitalrentabilitäten in der unten stehen Tabelle gegenübergestellt (vgl. Abb. 66-1). Für die Differenzinvestition wird genauso wie für die Originalinvestitionen eine Ge-

---

[1] Die Redewendung „ehrlich gesagt" deutet darauf hin, dass auch mit einer gewissen Wahrscheinlichkeit unehrliche Aussagen erwartet werden können. Auf den Ausdruck „ehrlich gesagt" sollte deshalb – dies sei nachdrücklich gesagt – verzichtet werden.

[2] Viele Menschen – diese Bemerkung sei am Rande erlaubt – sind nicht selbstkritisch genug, sich einzugestehen, etwas nicht verstanden zu haben. [Dieses war der letzte Moralisierungsversuch auf dieser Seite, Anm. d. Verf.]!

[3] Im Fall einer Dominanz wäre die Konkurrenzfrage bereits gelöst und nur die dominierende Investition würde berücksichtigt.

samtkapitalrentabilität ermittelt, die hier natürlich unproblematisch ist, da es sich um eine einperiodige Betrachtung handelt.

	0	1	Gesamtkapital-rentabilität
Investition A	–80	92	12,50 %
Investition B	–100	112,5	5,00 %
Differenzinvestition ΔAB	–20	20,5	2,50 %

Abb. 66-1: Zahlungsfolgen der Investition A und B

Nun sind die Investition A und die Differenzinvestition ΔAB in der Kapitalnachfragekurve abzubilden. Um das Beispiel schlank zu halten, gehen wir davon aus, A und B seien die einzigen Sachinvestitionen, die im Rahmen des Kapitalbudgetierungsansatzes zu optimieren sind. Ferner soll unterstellt werden, die Kapitalangebotskurve sei eine Parallele zur Abszisse.

Liegt der Schnittpunkt bei 80, so wird A verwirklicht, liegt er bei 100, so ist die Differenzinvestition ΔAB *zusammen mit A* zu realisieren. Dies ist natürlich nur ein formales Konstrukt – tatsächlich wird Investition B durchgeführt.

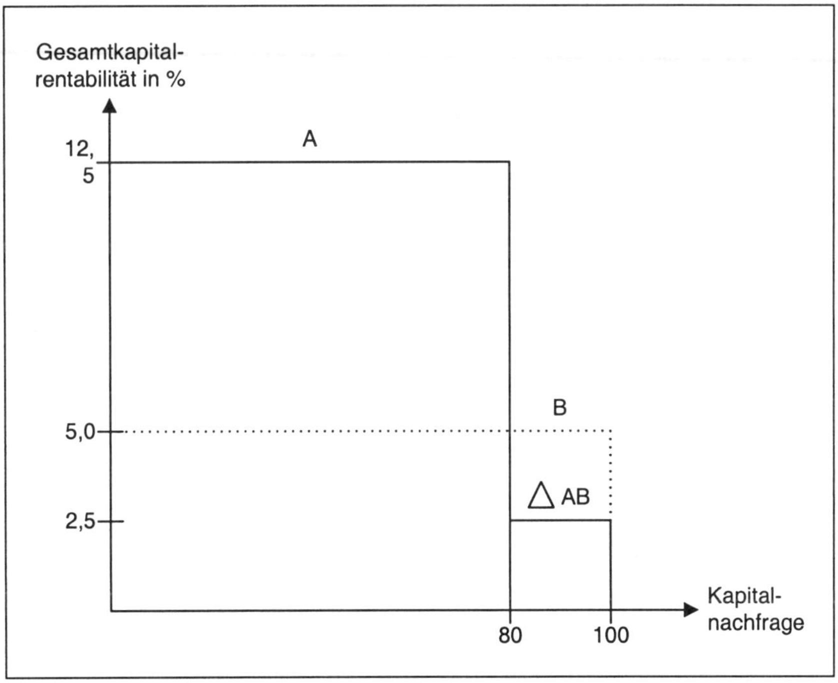

Abb. 65-2: Kapitalangebot und -nachfrage (mit Differenzinvestition)

„Und wenn der Schnittpunkt so liegt, dass nur die Differenzinvestition zu realisieren ist?“, fragte der uneingeladen dazugekommene Z. Offensichtlich hatte Z das Modell nicht verstanden. Um Z nicht bloßzustellen, wechselte Dr. X das Thema und wies darauf hin, dass derartige Optimierungsprobleme nicht grafisch, sondern stattdessen analytisch gelöst werden sollten, und zwar unter Verwendung der Linearen Programmierung mit 0-1-Variablen. Dann hätten die Anwender (z. B. Z) weniger Probleme!

Kontrollfragen

Wie ist eine Differenzinvestition definiert? Unter welcher Bedingung ist es sinnvoll, bei zwei konkurrierenden Investitionsobjekten eine Differenzinvestition zu formulieren?

Fertigen Sie eine grafische Darstellung unter Berücksichtigung einer Differenzinvestition an, aus der hervorgeht, welches der konkurrierenden Investitionsobjekte zu realisieren ist!

Folge 67

Abbildung des klassischen Modells der Kapitalbudgetierung in einem VOFI

Der Kalkulationszinsfuß muss noch mehr leisten!

1 Fragestellung

Das Investitions- und Finanzierungsprogramm ist im Modell der Kapitalbudgetierung unter der Prämisse, dass die Kapitalangebotsfunktion die Kapitalnachfragefunktion im senkrechten Bereich schneidet, an der Abszisse der Grafik ablesbar. Unsere Aufmerksamkeit respektive die von Dr. X gilt jedoch nun der Ordinate, an welcher der optimale Lenkpreis erkennbar ist. Allerdings gibt es wegen des stufenförmigen Verlaufs der Funktionen im Allgemeinen nicht *den* optimalen Lenkpreis, sondern ein Preisintervall. Sämtliche Preise, die in diesem Intervall enthalten sind, führen zu gleichen Entscheidungsempfehlungen. Untergrenze des Intervalls ist der Effektivzinsfuß des Grenzkredits – dies war der Kredit mit der endfälligen Tilgung mit einem Effektivzinsfuß von 11,91 %. Die Obergrenze bildet der Interne Zinsfuß des gerade noch zu realisierenden Investitionsvorhabens – dies ist DY11 mit einer Gesamtkapitalrentabilität von 12,8 %.

Wird ein Kalkulationszinsfuß, der in dieses Intervall fällt, in die Kapitalwertfunktion jedes einzelnen Investitionsprojekts eingesetzt, so weisen die durch die Programmplanung als vorteilhaft erkannten Investitionsprojekte jeweils positive Kapitalwerte oder im Grenzfall einen Kapitalwert von null auf; die abzulehnenden Projekte haben negative Kapitalwerte. Die Ergebnisse für die Unter- und Obergrenze des Lenkpreises sind in Abb. 67-1 dokumentiert worden. Gleiche Berechnungen können für die Kredite angestellt werden.

Y kommentierte die Erkenntnisse über den richtigen Verrechnungssatz mit der zynischen Bemerkung: „Der Kalkulationszinsfuß entwickelt sich zur tragischen Figur – er ist in dem Moment bekannt, in dem er nicht mehr benötigt wird, da dann das Programm bereits festliegt. Stoff für eine griechische Tragödie!“

Investitionsprojekt	C (i = 0,1191)	C (i = 0,128)
DY11	530 €	0 €
DY12	1.141 €	1.023 €
X_1	7.991 €	7.282 €
X_2	1.807 €	1.596 €
X_3	–5.532 €	–5.567 €
X_4	–731 €	–1.238 €
Reinvestition 8 % (hier: 10.000 €)[1]	–349 €	–426 €

Abb. 67-1: Kapitalwerte der Investitionsprojekte unter Berücksichtigung der Unter- und Obergrenze des Kalkulationszinsfußes

Dr. X übersah den Zynismus und stellte die folgende Überlegung an. Der Kalkulationszinsfuß gibt lediglich die Grenzfinanzierung bzw. die Grenzrendite wieder. Aus diesem Grund kann kein betragsmäßig sinnvoller Zielwert angegeben werden. Was heißt das? Wenn die positiven Kapitalwerte der zu realisierenden Projekte addiert würden, käme kein ökonomisch interpretierbares Ergebnis heraus. Anders fiele jedoch das Experiment aus, wenn als Kalkulationszinsfuß eine Durchschnittsgröße angesetzt würde, die sich auf die Gesamtheit der zu realisierenden Kredite sowie auf die Eigenen Mittel bezieht. Diese Aussage wird nun an einem Beispiel vertieft.

2 Neue Aufgaben des VOFIs

Womit die gefragte Durchschnittsgröße errechnet werden kann, ahnen Sie, lieber Leser: mit VOFI. Zu diesem Zweck sind die durch das Kapitalbudgetierungsmodell ermittelten optimalen Investitionsprojekte und die kostengünstigen Finanzierungsmaßnahmen prämissenkonform in einen VOFI zu exportieren. Prämissenkonform heißt, dass im VOFI das einperiodige Modell durch seine zwei Zeitpunkte t=0 und t=1 abgebildet wird. Während im Zeitpunkt t=0 bei Investitionsprojekten offenbar die Anschaffungsauszahlung anzusetzen ist, muss der Zeitpunkt t=1 sowohl den erwarteten Einzahlungsüberschuss des ersten Jahres als auch den Ertragswert der zukünftigen Einzahlungsüberschüsse in Bezug auf t=1 enthalten. Die Summe dieser beiden Komponenten kann durch die mit dem Internen Zinsfuß aufgezinste Anschaffungsauszahlung errechnet werden. (Bei einer

[1] Die Reinvestition ist zwar beliebig. Hier wird ein Anlagebetrag von 10.000 € angesetzt, um zu demonstrieren, dass aufgrund des negativen Kapitalwerts die Reinvestition unvorteilhaft ist. Die Aussage über die (Un-)Vorteilhaftigkeit gilt unabhängig von der Höhe der Reinvestition.

Abzinsung unter Verwendung des Internen Zinsfußes ergäbe sich ein Kapitalwert von null.) Für die uns vertraute Anlage DY11, für die ein Interner Zinsfuß von 12,8 % bestimmt worden ist, ergibt sich somit die unten stehende zur ursprünglichen Prognose äquivalente Zahlungsfolge:

Zeitpunkt	0	1
Zahlung [€]	–18.000	18.000 · 1,128 = 20.304

Abb. 67-2: Zahlungsfolge der Investition

In der unten stehenden Tabelle werden die für den VOFI benötigten äquivalenten Zahlungsfolgen sämtlicher Investitionsprojekte ausgewiesen.

Zeitpunkt	0	1
Investitionsprojekt		
Software SP	–27.500 €	–
X_1	–30.000 €	37.155 €
DY12	–10.000 €	12.124 €
X_2	–25.000 €	30.000 €
DY11	–18.000 €	20.304 €
Zahlungsfolge des Investitionsprogramms	**–110.500 €**	**99.583 €**

Abb. 67-3: Äquivalente Zahlungsfolgen

Bei der Auflistung der im optimalen Finanzierungsprogramm enthaltenen Finanzierungsquellen sind die Kredite unter Berücksichtigung ihrer Effektivzinsfüße in das einperiodige „Korsett" zu zwängen. Ein Kredit wird durch die drei relevanten Daten Aufnahmebetrag, Zinsen und Tilgung repräsentiert. Außerdem sei daran erinnert, dass 50.000 € an Eigenen Mitteln zur Verfügung stehen.

Kredit	Aufnahme	Zinsen	Tilgung
endfällige Tilgung	10.500 €	1.251 €	10.500 €
Ratenkredit	50.000 €	4.500 €	50.000 €
Summe	60.500 €	5.750 €	60.500 €
Zahlungsfolge der Kredite	60.500 €	–5.750 €	–60.500 €

Abb. 67-4: Aufzunehmende Kredite

Nun sind die Zahlungsfolgen der Investitions- und Finanzierungsprojekte in den VOFI zu integrieren (vgl. Abb. 67-5).

Zeitpunkt	0	1
Zahlungsfolge der Investition	–110.500	99.583
Eigene Mittel	50.000	
Kredit		
+ Aufnahme	60.500	
– Tilgung		60.500
– Sollzinsen		5.750
Reinvestition		
– Anlage		33.333
+ Rückfluss		
+ Ertrag		
Finanzierungssaldo	0	0
Bestandsgrößen		
Finanzbestand		33.333
Kreditbestand	60.500	
Bestandssaldo	–60.500	**33.333**

Abb. 67-5: VOFI zur Herleitung des Kalkulationszinsfußes als Durchschnittsgröße

Als Zusätzlicher Endwert ergibt sich unter Berücksichtigung der bereits getroffenen Entscheidung über die Softwareanschaffung, durch welche die verfügbaren Eigenen Mittel von 50.000 € auf 22.500 € sinken, ein Betrag von 9.033 €:

$$\Delta EW = EW^{M} - EW^{O} = 33333 - 22500 \cdot 1{,}08 = 9033 \text{ [€]}$$

Die Referenzgröße EW^{O} sagt aus, wie hoch der Endwert der verfügbaren Eigenen Mittel wäre, wenn auf Sachinvestitionen verzichtet würde, um stattdessen ausschließlich eine Finanzinvestition zum Opportunitätskostensatz durchzuführen:

$$EW^{O} = 22500 \cdot 1{,}08 = 24300 \text{ [€]}$$

Die Opportunitätszinsen Z^{O} der Finanzinvestition errechnen sich wie folgt:

$$\begin{aligned} Z^{O} &= EW^{O} - EK \\ &= 24300 - 22500 = 1800 \text{ [€]} \end{aligned}$$

Damit liegen alle Daten vor, um den „periodenspezifischen“ Mischzinsfuß[1] und den Kapitalwert des Investitions- und Finanzierungsprogramms zu bestimmen:

---

[1] Die Anführungsstriche erklären sich damit, dass es sich hierbei um ein *einperiodiges* Modell handelt und das Wort *periodenspezifisch* leicht übertrieben klingt.

$$i = \frac{Z^S + Z^O}{FK + EK} = \frac{5750 + 1800}{60500 + 22500} = 0{,}090963 \mathrel{\hat{=}} 9{,}1\ \%$$

Der Kapitalwert des Investitionsprogramms beträgt:

$$C = \Delta EW \cdot (1+i)^{-1} = 9033 \cdot 1{,}090963^{-1} = 8280\ [€]$$

Genau dieser Kapitalwert kann auch durch die Addition der Ergebnisse von Partialanalysen ermittelt werden:

Investitionsprojekt	$C = -a_0 + d_1 \cdot q^{-1}$
X_1	$-30000 + 37155 \cdot 1{,}090963^{-1} =$ 4057 [€]
DY12	$-10000 + 12124 \cdot 1{,}090963^{-1} =$ 1113 [€]
X_2	$-25000 + 30000 \cdot 1{,}090963^{-1} =$ 2499 [€]
DY11	$-18000 + 20304 \cdot 1{,}090963^{-1} =$ 611 [€]
Kapitalwert des Investitionsprogramms	8280 [€]

Abb. 67-6: Kapitalwert des Investitionsprogramms auf Basis des Kalkulationszinsfußes als Durchschnittsgröße

Der „schillernde Kalkulationszinsfuß" spielt offenbar zwei grundsätzlich verschiedene Rollen. Wird er als Grenzgröße ermittelt (z. B. als Zinsfuß des teuersten gerade noch aufzunehmenden Kredits), dann ist zwar das Vorzeichen des im Rahmen eines Partialmodells ermittelten Kapitalwerts richtig, jedoch nicht der betragsmäßige Wert. Wird er als Durchschnittsgröße verwendet, dann ist zwar das betragsmäßige Ergebnis richtig, jedoch gibt das Vorzeichen keine Auskunft über die Vorteilhaftigkeit der Investition. Schon wieder ein Dilemma des Kalkulationszinsfußes![1]

[1] Verdeutlicht werden soll die Aussage am Beispiel der Investition X_4, deren Interner Zinsfuß 10,68 % betrug. Für X_4 ergibt sich folgende äquivalente Zahlungsfolge:

Zeitpunkt	t=0	t=1
Zahlung [€]	–20.000	20.000 · 1,1068 = 22.136

Der Kapitalwert lautet somit: $C = -20000 + 22136 \cdot 1{,}090963^{-1} = 2090$ [€]. Obwohl er positiv ist, lohnt sich die Investition aufgrund des Optimierungsergebnisses nicht.

Kontrollfragen

Definieren Sie die Begriffe Lenkpreis, Grenzrendite, Grenzinvestition und Grenzfinanzierung!

Inwiefern gibt es grundsätzlich nicht *den* optimalen Lenkpreis, sondern ein Intervall von Lenkpreisen, die alle zu gleichen Entscheidungsempfehlungen führen?

Schildern Sie die Schritte, mithilfe eines VOFIs denjenigen Kalkulationszinsfuß zu bestimmen, bei dem im Rahmen der Partialplanung das gleiche betragsmäßige Ergebnis erzielt wird, das durch die Totalplanung errechnet werden kann!

Diskutieren Sie die Rolle des Kalkulationszinsfußes als marginale Größe und als Durchschnittszinsfuß im Modell der Kapitalbudgetierung!

Die Ergebnisse der Kapitalbudgetierung sind im unten stehenden VOFI zusammengestellt worden:

Zeitpunkt	0	1
Zahlungsfolge der Investition	120.000	184.000
Eigene Mittel	50.000	
Kredit		
+ Aufnahme	70.000	
– Tilgung		70.000
– Sollzinsen		7.950
Reinvestition		
– Anlage		106.050
+ Rückfluss		
+ Ertrag		
Finanzierungssaldo	0	0
Bestandsgrößen		
Finanzbestand		106.050
Kreditbestand	70.000	
Bestandssaldo	–70.000	106.050

Abb. 67-7: VOFI zur Herleitung des Kalkulationszinsfußes als Durchschnittsgröße

Ermitteln Sie den Kalkulationszinsfuß als Durchschnittsgröße! Der Opportunitätskostensatz beträgt 8 %.

Erweitern Sie das Kapitalbudgetierungsmodell um Ertragsteuern!

Folge 68

Initialverzinsung

Eine Konkurrenz zum Internen Zinsfuß

Wenn in den vergangenen Folgen wieder einmal der Interne Zinsfuß verwendet worden ist, dann hatte dies didaktische – aber auch traditionelle – Gründe, da die Kapitalbudgetierung bei der Berechnung der Gesamtkapitalrentabilitäten der Investitionsvorhaben und der Effektivzinsfüße der Kreditmöglichkeiten regelmäßig auf diese Methode zurückgreift. Nun soll eine Alternative zum Internen Zinsfuß dargestellt werden: die von HERBERT HAX[1] entwickelte Initialverzinsung.

Der Idee einer Initialverzinsung liegt ein Zwei-Zeitpunkte-Modell mit einer Zeitdauer von einem Jahr zugrunde. Im Zeitpunkt t=0 fällt die Anschaffungsauszahlung an. Dieser Auszahlung werden die beiden unten stehenden Größen gegenübergestellt, die auf den Zeitpunkt t=1 bezogen werden:

1. der Einzahlungsüberschuss zum Ende des ersten Jahres d_1 und
2. ein Äquivalent für die zu den Zeitpunkten t=2, ..., t=n anfallenden Einzahlungsüberschüsse $d_2, ..., d_n$. Dies ist der auf t=1 bezogene Ertragswert der ab t=2 anfallenden Einzahlungsüberschüsse. Zur Ermittlung dieses Werts wird ein Kalkulationszinsfuß benötigt.[2]

Die Initialverzinsung r_I ist wie folgt definiert:

$$r_I = \frac{d_1 + \sum_{t=2}^{n} d_t \cdot q^{t-1} - a_0}{a_0}$$

Symbol

r_I Initialverzinsung

Für den Fall einer Einzelinvestitionsentscheidung gilt folgendes Kriterium:

---

[1] Hax, H. (1993), S. 24-27.

[2] „Dies ist nicht etwa eine implizite, sondern eine explizite Prämisse", sagte Dr. X.

Investiere, wenn die Initialverzinsung der Investition größer ist als ihr Kalkulationszinsfuß.

Bei der Programmplanung geht ein Investitionsobjekt mit seinem Kapitalbedarf in Höhe der Anschaffungsauszahlung und seiner Initialverzinsung in die Kapitalnachfrage ein. Analog ist mit den Finanzierungsmaßnahmen zu verfahren.

Zur Verdeutlichung soll die Berechnung der Initialverzinsung der Anlage DY11 präsentiert werden. Dabei wird von einem Kalkulationszinsfuß zur Verzinsung der Einzahlungsüberschüsse ab t=2 in Höhe von 10 % ausgegangen.

Der auf den Planungshorizont t=1 bezogene Ertragswert der Einzahlungsüberschüsse, die ab t=2 anfallen, berechnet sich wie folgt:

$$ERW_{t=1} = 3200 \cdot 1{,}1^{-1} + 19040 \cdot 1{,}1^{-2} + 5972 \cdot 1{,}1^{-3} + 3785 \cdot 1{,}1^{-4}$$
$$= 25717 \ [€]$$

Eingesetzt in die Formel zur Bestimmung der Initialverzinsung ergibt sich:

$$r_I = \frac{-4000 + 25717 - 18000}{18000} = 0{,}2065 \mathrel{\hat{=}} 20{,}65\ \%$$

Bei der Initialverzinsung wird unterstellt, dass das Investitionsobjekt im ersten Jahr eine Rendite in Höhe der Initialverzinsung erbringt und in den folgenden Jahren eine Verzinsung in Höhe des Kalkulationszinsfußes.[1] Das reale Entscheidungsproblem mit einer Vielzahl von Zeitpunkten wird bei der Ermittlung der Initialverzinsung in ein einjähriges Entscheidungsproblem transformiert. Für die auf diese Weise umgeformte Zahlungsfolge, die nur noch aus zwei Elementen besteht, hätte dann übrigens auch die Interne Zinsfußmethode verwendet werden können, da die Wiederanlage- und die Finanzierungsprämisse aufgrund der einperiodigen Betrachtung „ausgeschaltet" worden ist. Indes sollte dies aus prinzipiellen Gründen besser nicht geschehen.

Y verzichtete darauf, die bisher dargestellten Ergebnisse der Kapitalbudgetierung nunmehr unter Verwendung der Initialverzinsung (natürlich nach Ertragsteuern) auszurechnen. Vielmehr forderte er: „Lassen Sie uns nun anstelle einer einperiodigen I+F-Programmplanung einen mehrperiodigen Ansatz entwickeln. Warum sollen dem Modell zuliebe Daten verdichtet und bei der Verdichtung unerwünschte implizite Prämissen in Kauf genommen werden?"

[1] Schon wieder eine neue Aufgabe für den Kalkulationszinsfuß.

Kontrollfragen

Definieren Sie die Initialverzinsung!

Interpretieren Sie den Bewertungsansatz am Planungshorizont, der bei dem Renditemaß „Initialverzinsung" relevant ist!

Interpretieren Sie die Aussagekraft der Initialverzinsung!

Warum stimmt die Initialverzinsung mit dem Internen Zinsfuß der zwei Zeitpunkte umfassenden Zahlungsfolge überein?

6.2 Das mehrperiodige Programmplanungsmodell und seine Interpretation durch VOFI

Folge 69

LP-Modelle zur Planung einer einzelnen Investition

Der Schuss mit der LP-Kanone

1 Aufgabenstellung

Herr Y, der am Wochenende mit großem Interesse ältere Literatur zur Betriebswirtschaftslehre durchgeblättert hatte, ließ Dr. X zu sich kommen und dozierte über die von Vielen als obsolet angesehene Einsatzmöglichkeit der Linearen Programmierung (LP) bei der Investitionsprogrammplanung. Eben diese kritische Einstellung von Experten gegenüber der I+F-Planung mit LP erweckte sein Interesse. So war er nun mal.

Dr. X erhielt deshalb zunächst den Auftrag, für die Entscheidung über die eventuelle Anschaffung von DY11 ein LP-Modell zu entwickeln, bei dem DY11 als Element eines unternehmensweiten I+F-Programms enthalten ist. Als Zielsetzungen sollten alternativ Endwert-, Anfangswert- und Entnahmemaximierung angenommen werden.

Als Dr. X einwandte, bei der aktuellen Investitionsentscheidung über die Anschaffung der Maschine DY11 handele es sich doch gar nicht um ein Programmplanungsproblem, sondern vielmehr um eine Einzelentscheidung, konterte Y mit dem Argument: „Die Einzelentscheidung ist der Grenzfall einer Programmentscheidung! Was für eine Programmentscheidung sinnvoll ist, kann für eine Einzelentscheidung nicht falsch sein.“[1]

---

[1] Wir argumentieren dagegen aus didaktischer Perspektive. Lassen Sie uns mit einer Modellrechnung beginnen, die möglichst einfach ist und mit einem Beispiel, dessen Datensituation uns vertraut ist.

2 LP-Modelle für Einzelentscheidungen

2.1 Endwertmaximierung

Trotz des kleinen Wortgefechts war Dr. X motiviert, zur Lösung der im Demo-Fall[1] dargestellten Datensituation ein LP-Modell aufzustellen. Hier das Ergebnis:

INV	DARL	K_0	K_1	K_2	K_3	K_4	G_0	G_1	G_2	G_3	G_4	EW		RS
−18.000	0,9	1					−1						=	−9.000
−4.000	−0,06	−1,13	1				1,08	−1					=	0
3.200	−1,06		−1,13	1				1,08	−1				=	0
19.040				−1,13	1				1,08	−1			=	0
5.972					−1,13	1				1,08	−1		=	0
3.785						−1,13					1,08	−1	=	0
1													≤	1
	1												≤	5.000
												1	→	max!

Legende:
- INV Aktivitätsniveau der Investition (0-1-Variable)
- DARL Darlehen
- K_t Kontokorrentkredit in t
- G_t Geldanlage in t
- EW Endwert (EW^M oder EW^O)
- RS rechte Seite

Abb. 69-1: LP-Modell zur Endwertmaximierung (Variante 1)

Selbstverständlich lässt sich der LP-Ansatz auch so formulieren, dass auf der rechten Seite ausschließlich positive Beträge stehen. Aus Ordnungsgründen wird diese Umformung nicht nur bei der ersten Gleichung, sondern bei sämtlichen weiteren Gleichungen vorgenommen. Das Ergebnis lautet:

[1] Vgl. Abb. 17-2, S. 129.

INV	DARL	K_0	K_1	K_2	K_3	K_4	G_0	G_1	G_2	G_3	G_4	EW		RS
18.000	–0,9	–1					1						=	9.000
4.000	0,06	1,13	–1				–1,08	1					=	0
–3.200	1,06		1,13	–1				–1,08	1				=	0
–19.040				1,13	–1				–1,08	1			=	0
–5.972					1,13	–1				–1,08	1		=	0
–3.785						1,13					–1,08	1	=	0
1													≤	1
	1												≤	5.000
												1	→	max!

Legende: INV Binärvariable für die Investition

Abb. 69-2: LP-Modell zur Endwertmaximierung (Variante 2)

Zeilenweise betrachtet besteht das LP-Modell aus einem Satz von Restriktionen und der Zielfunktion. Die ersten sechs Restriktionen von Abb. 69-2 stellen Liquiditätsbedingungen der Zeitpunkte t=0,...,5 dar. Elemente der Liquiditätsrestriktionen sind die Zahlungsfolgen für die Investition und für die Kredite. Darüber hinaus sind auf der rechten Seite die im Zeitpunkt t=0 zur Verfügung gestellten Eigenen Mittel anzusetzen. In den weiteren Perioden ist eine 0 vorzugeben, die für einen liquiditätsmäßigen Ausgleich am Ende der Periode sorgt. Die letzten beiden Restriktionen bilden die Höchstgrenzen für INV und DARL. Für die Investition ist eine Binärvariable zu definieren, die die Ausprägung 0 oder 1 haben kann. Dagegen wird bezüglich des Darlehens angenommen, dass auch ein geringerer Betrag als 5.000 € aufgenommen werden kann.

Zur Interpretation sei die Liquiditätsrestriktion zum Zeitpunkt Null wie folgt umgestellt:

$$9000 + 0{,}9 \cdot \text{DARL} + K_0 = 18000 \cdot \text{INV} + G_0$$

Während die linke Seite der obigen Gleichung die Mittelherkunft darstellt, gibt die rechte Seite die Mittelverwendung wieder.

EW ist der zu maximierende Endwert, der gleichzeitig als Saldo der letzten Liquiditätsrestriktion fungiert. EW ist ohne das Symbol O bzw. M formuliert worden, da vor der Optimierung nicht klar ist, ob der Zielwert EW^M oder EW^O sein wird.

Die Optimierung des LP-Modells zur Bestimmung des endwertmaximalen Investitions- und Finanzierungsprogramms erfolgt mithilfe eines geeigneten Softwareprodukts.[1] Die Ergebnisse der Optimierung – auch als Primalwerte bezeichnet – sind in Abb. 69-3 aufgeführt worden.

Variable	Wert der Variablen
INV	1
DARL	5.000
K_0	4.500
K_1	9.385
K_2	12.705
K_3	0
K_4	0
G_0	0
G_1	0
G_2	0
G_3	4.683
G_4	11.030
EW	15.697

Abb. 69-3: Optimierungsergebnisse des LP-Modells zur Endwertmaximierung

Als Dr. X die Primalwerte des LP-Modells eingehend betrachtete, erkannte er, dass das Modell zur simultanen Optimierung die gleichen Ergebnisse aufweist wie der sukzessiv errechnete VOFI, der in Abb. 17-2, S. 129 dargestellt worden ist. Offensichtlich war die Datensituation so einfach, dass besondere Effekte aufgrund der Berücksichtigung einer zeitlich-vertikalen Interdependenz nicht auftraten. Periodisch-sukzessiv ermittelte Zielwerte können nur *Dependenzen*, jedoch keine *Inter*dependenzen berücksichtigen, da bei der periodisch-sukzessiven Planung immer nur die Daten der Vorperiode und der laufenden Periode verknüpft werden. Die Berücksichtigung einer zeitlich-vertikalen Interdependenz ist immer dann von Bedeutung, wenn es sich lohnt, in der aktuellen Periode auf vorteilhafte Anlagemöglichkeiten zu verzichten, wenn zu einem späteren Zeitpunkt eine höhere Liquidität erforderlich ist, um relativ rentable Investitionen durchzuführen. Der Vorzug der Simultanplanung mithilfe von LP besteht aber auf jeden Fall darin, zu wissen, dass die Lösung garantiert optimal ist.

[1] Die folgenden Ergebnisse wurden mit dem Excel-Add-on *What's best* errechnet. Vgl. Grob, H. L., Hermans, J. (2006 a).

Da im LP-Modell die Kredit- und Anlagevariablen so formuliert werden, als ob der Gesamtbetrag jeweils zum Ende eines Jahres voll zurückgezahlt würde, stimmen die Bewegungsgrößen im LP-Modell betraglich mit den Bestandsgrößen im VOFI überein.

2.2 Anfangswertmaximierung

Das Anfangswertkonzept wurde analog zum Endwertkonzept entwickelt. Der Anfangswert der Investition (AW^M) kann durch folgenden „Trick"[1] berechnet werden:

$$AW^M = EK + a_0^{krit} - a_0$$

Symbole

EK	Eigenkapital (Eigene Mittel)
a_0^{krit}	kritische Anschaffungsauszahlung
a_0	Anschaffungsauszahlung

Die Lösungsidee besteht darin, mit $a_0^{krit} - a_0$ den Mehrwert ΔAW, also den Zusätzlichen Anfangswert, der Investition gegenüber der Opportunität im Zeitpunkt Null zu bestimmen. Dieser Betrag wurde als substanzerhaltende Entnahme im Investitionszeitpunkt interpretiert.

Eine erste Möglichkeit[2] zur Bestimmung des Anfangswerts im Rahmen eines LP-Modells besteht darin, den für die Anfangswertbestimmung benötigten kritischen Wert der Anschaffungsauszahlung a_0^{krit} zu berechnen. Während EK und a_0 aufgrund der Datensituation bekannt sind, kann a_0^{krit} ermittelt werden, indem im Vektor der Zahlungsfolge für a_0 eine Null vorgegeben wird und am Planungshorizont aus Kapitalerhaltungsgründen ein Endwert in Höhe der Opportunität verlangt wird (hier 13.224 €). Zur Ermittlung des Optimums ist die Variable a_0^{krit} zu maximieren.

---

[1] Ein in Anführungsstrichen geschriebener Trick ist gar kein richtiger Trick, sondern nur eine kleine Idee.

[2] Eine zweite Möglichkeit, den Zusätzlichen Anfangswert im LP-Modell zu errechnen, besteht darin, in der ersten Liquiditätsrestriktion eine Entnahme vorzusehen, bei der der Endwert der Opportunität erreicht wird. Dieser Endwert ist auf der rechten Seite der Liquiditätsrestriktion zu schreiben.

INV	DARL	K_0	K_1	K_2	K_3	K_4	G_0	G_1	G_2	G_3	G_4	a_0^{krit}		RS
0	0,9	1					–1					–1	=	–9.000
–4.000	–0,06	–1,13	1				1,08	–1					=	0
3.200	–1,06		–1,13	1				1,08	–1				=	0
19.040				–1,13	1				1,08	–1			=	0
5.972					–1,13	1				1,08	–1		=	0
3.785						–1,13					1,08		=	13.224
1													=	1
	1												≤	5.000
												1	→	max!

Abb. 69-4: LP-Modell zur Maximierung des Anfangswerts

Die Aktivitätsniveaus sind in der unten stehenden Abb. 69-5 enthalten. Sie stimmen mit den Werten im traditionell („periodisch-sukzessiv") ermittelten VOFI zur Ermittlung des Zusätzlichen Anfangswerts überein[1].

Variable	Wert der Variablen
INV	1
DARL	5.000
K_0	5.969
K_1	11.045
K_2	14.582
K_3	0
K_4	0
G_0	0
G_1	0
G_2	0
G_3	2.563
G_4	8.740
a_0^{krit}	19.469

Abb. 69-5: Optimierungsergebnisse des LP-Modells

[1] Einige Rundungen wurden im Hinblick auf die Vergleichbarkeit „manipuliert". Vgl. Abb. 35-1, S. 222.

Der Anfangswert kann nun wie folgt bestimmt werden:

$AW^M \;= 9000 + 19469 - 18000 = 10469$ [€]

$AW^O \;= EK = 9000$ [€]

$\Delta AW \;= AW^M - AW^O = 10469 - 9000 = 1469$ [€]

2.3 Entnahmemaximierung

Das Ziel Entnahmemaximierung ist zunächst für die Zielvorschrift Maximierung der Breite der Entnahmefolge zu konkretisieren, wobei zu berücksichtigen ist, dass die Folge, die in t=1 zu beginnen hat, Jahr für Jahr ein gleiches Niveau aufweist.

In dem Modell wird – analog zur Annuität – unterstellt, dass am Ende der Nutzungsdauer der Endwert der Investition genau so hoch sein soll wie der der Opportunität. Das LP-Modell, in dem der Zielwert E die jeweils maximale Entnahme am Ende eines Jahres ausdrückt, ist wie folgt aufgebaut:

INV	DARL	K_0	K_1	K_2	K_3	K_4	G_0	G_1	G_2	G_3	G_4	E		RS
−18.000	0,9	1					−1						=	−9.000
−4.000	−0,06	−1,13	1				1,08	−1				−1	=	0
3.200	−1,06		−1,13	1				1,08	−1			−1	=	0
19.040				−1,13	1				1,08	−1		−1	=	0
5.972					−1,13	1				1,08	−1	−1	=	0
3.785						−1,13					1,08	−1	=	13.224
1													≤	1
	1												≤	5.000
												1	→	max!

Abb. 69-6: LP-Modell zur Entnahmemaximierung;
Konstante Breite des Entnahmestroms

Zur Demonstration einer Variante der Entnahmemaximierung, bei der die Breite des Entnahmestroms mit einer konstanten Rate wachsen soll, wird nun eine Modifikation der Zielfunktion vorgenommen. Vorzusehen ist, dass die Entnahme Jahr für Jahr um 10 % anwachsen möge. Außerdem wird durch eine Nebenbedingung gefordert, dass lediglich die in t=0 eingesetzten liquiden Mittel von 9.000 € im Zeitpunkt t=5 wieder verfügbar sein sollen. Diese Zielsetzung ist in Abb. 69-7 modelliert worden.

Auf die Darstellung des Optimierungsergebnisses sei hier verzichtet, da uns mehr die Konstruktion des Modells als dessen Ergebnisse interessieren.

INV	DARL	K_0	K_1	K_2	K_3	K_4	G_0	G_1	G_2	G_3	G_4	E		RS
−18.000	0,9	1					−1						=	−9.000
−4.000	−0,06	−1,13	1				1,08	−1				**−1**	=	0
3.200	−1,06		−1,13	1				1,08	−1			**−1,1**	=	0
19.040				−1,13	1				1,08	−1		**−1,21**	=	0
5.972					−1,13	1				1,08	−1	**−1,331**	=	0
3.785						−1,13					1,08	**−1,4641**	=	9.000
1													≤	1
	1												≤	5.000
												1	→	max!

Abb. 69-7: LP-Modell zur Entnahmemaximierung;
Wachsende Breite des Entnahmestroms

3 Schlussbemerkung

Y und Dr. X sahen nach dem Modellexperiment ein, dass mit der Simultanplanung natürlich die gleichen Ergebnisse wie mit der Partialplanung errechnet werden, da keine zeitlich-vertikalen Interdependenzen zu einer Modifikation der Entscheidungen führen. Sie beschlossen, in derart einfachen Fällen nie wieder mit der LP-Kanone auf den VOFI[1] zu schießen.[2]

Kontrollfragen

Skizzieren Sie die generelle Vorgehensweise bei der Erstellung eines LP-Modells zur Investitionsrechnung!

Wie ist ein LP-Modell zur Investitions- und Finanzplanung aufgebaut?

Unter welcher Bedingung kann unter Verwendung der Linearen Programmierung ein höherer Zielwert erreicht werden als mit einem VOFI, in dem der Zielwert periodisch-sukzessiv ermittelt wird?

Überführen Sie die Ergebnisse des optimalen LP-Tableaus in einen VOFI!

Schildern Sie die Unterschiede der LP-Ansätze bei der Endwert-, Anfangswert- und Entnahmekonzeption!

Stellen Sie einige Varianten des Ziels der Entnahmemaximierung in einem LP-Modell dar!

---

1 VOFI erlangte damit den Rang der allegorischen Figur eines Spatzen.

2 Interessant wäre es sicherlich auch, die Dualwerte zu interpretieren sowie ihre Beziehung zu den theoretisch richtigen Kalkulationszinsfüßen darzustellen.

Folge 70

LP-Modelle bei konkurrierenden Investitionsprojekten

Sag niemals nie!

1 Aufgabenstellung

Man soll nie *nie* sagen![1] Zwar wollten Y und Dr. X eigentlich nie wieder ein LP-Modell bei Investitionsentscheidungen anwenden, doch plötzlich interessierte sich Y „aus intellektuellen Gründen" dafür, wie denn eine Ausschließlichkeitsbedingung in einem LP-Modell zu erfassen sei: „Lassen Sie uns mal annehmen, DY11 und DY12 würden sich gegenseitig ausschließen – aus welchen Gründen auch immer. Wie wäre so eine Entscheidungssituation zu modellieren?" Die Frage soll nun am Beispiel der Endwertmaximierung rasch beantwortet werden.

2 Lösung

Dr. X nahm das in Abb. 69-1 dokumentierte LP-Modell, ergänzte es um eine Spalte und modifizierte es in einer Zeile. Die neue Spalte nimmt nichts anderes als die Zahlungsfolge von DY12 auf und die modifizierte Zeile sorgt dafür, dass entweder DY11 oder DY12 oder keines der beiden Projekte zum Zuge kommt. Die Variablen DY11 und DY12 sind dabei als 0-1-Variablen zu definieren. Explizite $\leq$ 1–Restriktionen für die konkurrierenden Investitionen entfallen hierdurch. Die Konkurrenzbeziehung zwischen den Investitionen DY11 und DY12 ist in dem unten stehenden LP-Modell (vgl. Abb. 70-1) abgebildet worden.

Selbstverständlich ist es auch möglich, Abhängigkeiten zwischen Krediten und der Investition zu formulieren. Beispielsweise ist vorstellbar, dass das Darlehen an die Durchführung der Investition DY11 gekoppelt ist. LP-Modelle sind schließlich eine Herausforderung für jeden Modellkonstrukteur und zu denen gehört nicht nur Dr. X, sondern hoffentlich auch Sie, verehrter Leser.

---

[1] Vgl. das Ende der vorhergehenden Folge.

DY11	**DY12**	DARL	K_0	K_1	K_2	K_3	K_4	G_0	G_1	G_2	G_3	G_4	EW		RS
–18.000	**–10.000**	0,9	1					–1						=	–9.000
–4.000	**8.000**	–0,06	–1,13	1				1,08	–1					=	0
3.200	**5.000**	–1,06		–1,13	1				1,08	–1				=	0
19.040					–1,13	1				1,08	–1			=	0
5.972						–1,13	1				1,08	–1		=	0
3.785							–1,13					1,08	–1	=	0
		1												≤	5.000
1	**1**													**≤**	**1**
													1	→	max!

Legende: DY11 und DY12 sind 0-1-Variablen

Abb. 70-1: LP-Modell für den Fall konkurrierender Investitionen

Auch wenn das LP-Modell – beispielsweise durch geänderte Finanzierungskonditionen – zu einer Empfehlung für den Konkurrenten DY12 führen würde, brauchen DY11-Fans nicht beunruhigt zu sein. DY11 ist aus ökologischen Gründen günstiger als DY12, da der Energieverbrauch von DY11 relativ niedrig ist. Um dies in einem LP-Modell zum Ausdruck zu bringen, müsste allerdings der ökologische Vorteil von DY11 gegenüber DY12 monetär bewertet werden.

„Das haben wir gleich" sagte Y: „Wenn der ökologische Vorteil von DY11 beispielsweise 3.000 € wert ist, dann könnte dieser Betrag in der Zielzeile unter der Variablen DY11 als Gutschrift (also mit positivem Vorzeichen) notiert werden."

Dr. X entgegnete: „Wir sollten den Betrag von 3.000 € auf das Ende der Nutzungsdauer aufzinsen – dann wird das Ergebnis noch besser."

Darauf sagte Y: „Bevor wir wieder zum Kalkulationszinsfuß zurück müssen, könnten wir ja die Anschaffungsauszahlung von DY11 um 3.000 € reduzieren."

Wie auch immer: Die Bewertungsproblematik ist zwar evident – aber: was tut man nicht alles der Umwelt zuliebe!

Kontrollfragen

Erörtern Sie, wie eine Ausschließlichkeitsbedingung bezüglich konkurrierender Investitionen in einem LP-Modell formuliert werden kann!

Angenommen, zwei miteinander konkurrierende Investitionsalternativen würden unter ökologischen Aspekten unterschiedlich beurteilt – wie könnte ein Bewertungsansatz im Rahmen eines LP-Modells mit Endwertmaximierung formuliert werden?

Angenommen, das Darlehen könnte entweder ganz (also in Höhe von 5.000 €) oder gar nicht aufgenommen werden. Wie wäre diese Bedingung im LP-Modell zu formulieren?

Folge 71

LP-Modelle zur Investitions- und Finanzierungsprogrammplanung

Total muss nicht detailliert sein

1 Die Datensituation

Trotz der in der Literatur verbreiteten Ressentiments gegenüber der Linearen Programmierung als Methode zur Investitionsplanung kam Y auf die Idee, die Vorteilhaftigkeit von DY11 im Rahmen einer totalen I+F-Programmplanung zu überprüfen. Er besann sich darauf, dass er die relevanten Daten bereits erhoben hatte, und zwar für das der Klassik zuzuordnende einperiodige Kapitalbudgetierungsmodell. Nun wollte er auch bei der mehrperiodigen I+F-Programmplanung mit LP arbeiten. Die Vorbereitungen hierzu waren bereits abgeschlossen. Das LP-Modell, das als rudimentäres Modell für eine einzelne Investition formuliert wurde, musste zu diesem Zweck lediglich um zusätzliche Investitionsprojekte und Finanzierungsmöglichkeiten erweitert werden. Als Zielsetzung wird die Maximierung des Endwerts unterstellt. Zur besseren Nachvollziehbarkeit des Ausgangstableaus werden die in Folge 65 dokumentierten Zahlungsfolgen der beantragten Investitionen noch einmal aufgeführt. Hier zeigt sich übrigens auf einen Blick, dass unterstellt wird, DY12 würde *nicht* identisch wiederholt – ansonsten wäre eine weitere Variable mit der gleichen Zahlungsfolge ab t=2 zu formulieren. Sämtliche Investitionen sind ganz oder gar nicht zu realisieren – ihre Variablen stellen somit Binärvariablen dar. Die Erzrivalen DY11 und DY12 schließen sich – wie bekannt – gegenseitig aus.

t	DY11	DY12	X_1	X_2	X_3	X_4
0	–18.000	–10.000	–30.000	–25.000	–10.000	–20.000
1	–4.000	8.000	10.000	30.000	10.700	–10.000
2	3.200	5.000	15.000			20.000
3	19.040		15.000			10.000
4	5.972		10.000			8.000
5	3.785					

Abb. 71-1: Daten für die I+F-Programmplanung – Teil 1: Investitionen [in €]

Die Finanzabteilung hatte folgende Daten zusammengestellt:

	Höchst-volumen [in €]	Nominal-zinsfuß [in %]	Disagio [in %]	Laufzeit [Jahre]
Kredit mit endfälliger Tilgung	27.000	6 %	10 %	2
Kredit mit Ratentilgung	50.000	9 %		5
Kontokorrentkredit	50.000	13 %		beliebig

Abb. 71-2: Daten für die I+F-Programmplanung – Teil 2: Kredite

An Eigenen Mitteln wurden 50.000 € für Investitionszwecke zur Verfügung gestellt. Da bezüglich der Softwareinvestition bereits eine positive Entscheidung, die eine Anschaffungsauszahlung von 27.500 € zur Folge hat, getroffen worden ist, wird das verfügbare Eigenkapital auf 22.500 € reduziert. In dem hier darzustellenden Modell wird die in t=1 fällige Zahlung von 5.000 € beim Softwareprojekt SP natürlich *nicht* vernachlässigt.[1]

Zur Ermittlung der in das LP-Modell zu übernehmenden Koeffizienten ist die auf 1 € normierte Zahlungsfolge des Ratenkredits wie folgt zu bestimmen:

Zeitpunkt	0	1	2	3	4	5
Aufnahme des Ratenkredits	1					
– Tilgung		0,2	0,2	0,2	0,2	0,2
– Zinsen		0,09	0,072	0,054	0,036	0,018
normierte Zahlungsfolge	1	–0,29	–0,272	–0,254	–0,236	–0,218

Abb. 71-3: Berechnung der normierten Zahlungsfolge für den Ratenkredit

2 Lösung

Im Folgenden ist das Ausgangstableau mit dem Vektor für die optimale Lösung dokumentiert worden.

[1] Zur Erinnerung: Beim einperiodigen Modell der Kapitalbudgetierung konnte diese Zahlung nicht berücksichtigt werden. Vgl. Folge 65, S. 388 ff.

DY11	DY12	X_1	X_2	X_3	X_4	K_{EF}	K_{RAT}	K_0	K_1	K_2	K_3	K_4	G_0	G_1	G_2	G_3	G_4	EW		
-18000	-10000	-30000	-25000	-10000	-20000	0,9	1	1					-1						=	-22500
-4000	8000	10000	30000	10700	-10000	-0,06	-0,29	-1,13	1				1,08	-1					=	5000
3200	5000	15000			20000	-1,06	-0,272		-1,13	1				1,08	-1				=	0
19040		15000			10000		-0,254			-1,13	1				1,08	-1			=	0
5972		10000			8000		-0,236				-1,13	1				1,08	-1		=	0
3785							-0,218					-1,13					1,08	-1	=	0
1	1																		≤	1
						1													≤	27000
							1												≤	50000
								1											≤	50000
									1										≤	50000
										1									≤	50000
											1								≤	50000
												1							≤	50000
																		1	→	max!
Vektor der optimalen Lösung																				Zielwert
1	0	1	1	0	1	17414	50000	4827,59	0	0	0	0	0	0	6141	37973	53183	50322		50322

Legende: DY11, DY12 und $x_1, ..., x_4$ sind 0-1-Variablen

Symbole

K_{EF} Kredit mit endfälliger Tilgung, K_{RAT} Ratenkredit, $X_1, ..., X_4$ weitere Investitionsprojekte

Abb. 71-4: LP-Ausgangstableau für den Fall konkurrierender Investitionen einschließlich Kurzdarstellung der Lösung

Kontrollfragen

Erklären Sie den Aufbau eines LP-Ansatzes zur simultanen Investitions- und Finanzierungs*programm*planung!

Erörtern Sie den Informationsbedarf, um das Modell mit Daten zu füttern!

Erörtern Sie den Aufbau der Liquiditätsrestriktionen eines LP-Modells zur Investitions- und Finanzierungsprogrammplanung!

Wie ist die Zahlungsfolge für einen Ratenkredit im Hinblick auf den LP-Ansatz zu normieren? Normieren Sie als weitere Kreditarten den Annuitäten-, den endfälligen und den Zero-Bond-Kredit!

Kann es zu unterschiedlichen Investitions- und Finanzierungsprogrammen kommen, wenn nicht der Endwert am Planungshorizont, sondern das Betriebsergebnis zum Ende des ersten Jahres maximiert wird?

Welcher Zusammenhang besteht zwischen dem Modell der einperiodigen Kapitalbudgetierung und der simultanen mehrperiodigen Investitions- und Finanzierungsprogrammplanung?

Folge 72

Einbeziehung von Ertragsteuern in LP-Modelle zur I+F-Planung

Alles ist machbar

Nachzutragen ist, dass in einem LP-Modell mit einer gewissen Leichtigkeit Steuern einbaubar sind. Bei jedem Element des Ausgangstableaus ist der steuerliche Effekt zu berücksichtigen. Eine Modellierungsidee ist darin zu sehen, das modifizierte Standardmodell als Grundlage zur Einbeziehung von Ertragsteuern in die I+F-Planung zu verwenden.[1] Dabei ist die Zahlungsfolge der Investition um diejenigen Steuerzahlungen zu korrigieren, die aus den Einzahlungsüberschüssen (die mit den Ertragsüberschüssen identisch sind) und den Abschreibungen resultieren. Die analoge Überlegung gilt für Reinvestitionen. Allgemein gesagt: Für die Kapitalkosten und -ertragsätze sind steuerverkürzte Zinssätze zu formulieren.

Ein Ausbau zu einer differenzierten Behandlung der Ertragsteuern ist in einem LP-Modell formal möglich, soll aber aus pragmatischen Gründen[2] unterbleiben.

„Eigentlich schade", sagte Dr. X.[3]

Kontrollfrage

Erörtern Sie die Idee, ein LP-Modell zur I+F-Planung unter Einbeziehung von Ertragsteuern nach dem Muster des modifizierten Standardmodells zu entwickeln!

---

1 Der Koeffizient eines Kredits ist unter Verwendung des Zinsfußes nach Steuern zu formulieren.

2 Vgl. S. 425.

3 Dr. X könnte sich in die folgenden Arbeitspapiere vertiefen: Grob, H. L., Hermans, J. (2006 b) und (2006 c).

Folge 73

Konstruktiv kritische Überlegungen zum Einsatz von LP-Modellen bei der I+F-Planung

Schlussbetrachtung

Y meinte, derartige Totalmodelle der Unternehmung seien – würden sie noch weiter ausgebaut – nicht rechenbar, da sie zu viele Variablen benötigten. Dr. X argumentierte *dagegen*: „In der betriebswirtschaftlichen Literatur wird häufig zwischen Totalplanung und Partialplanung unterschieden. Und dann wird implizit unterstellt, Totalplanung – also Planung für die Gesamtunternehmung – könne nur als Detailplanung realisiert werden.[1] In einem solchen Fall ist natürlich klar, dass die Rechenbarkeit gefährdet ist. Indes liegt ein Missverständnis vor, wenn total mit vollständig und nicht etwa mit unternehmensweit übersetzt wird. Totalplanung im Sinne einer unternehmensweiten Planung wird hier als Grobplanung angesehen, die nur wenige Variablen umfasst. Die Rechenbarkeit ist wegen der gewachsenen Leistungsfähigkeit von Computern *kein* Problem. Ob Totalmodelle – vielleicht sollte deutlicher gesagt werden: unternehmensweite Modelle – aufgrund erheblich verbesserter Hardware- und Softwareprodukte eine neue Chance bekommen, entscheiden allerdings nicht Theoretiker, sondern Praktiker, und zwar aufgrund von Kosten-Nutzen-Relationen."

Das Problem ist nicht in der Modellierung und auch nicht in der Rechenbarkeit zu sehen, sondern eher in organisatorischen Fragen. Sämtliche mit Zahlungsfolgen ausformulierten Investitionsvorhaben müssten gleichzeitig und frühzeitig mit den Finanzierungsangeboten vorliegen. Auch müsste die Unsicherheit der in die Zukunft gerichteten Daten besser berücksichtigt werden. LP-Ansätze bieten hierbei zu wenig Unterstützung. Die Spontaneität, irgendwann im Laufe des Jahres eine viel versprechende Investitionsidee in einen Antrag zu gießen, würde durch ein derart standardisiertes Investitionscontrolling systematisch unterdrückt. Und auch die subjektiven Einflussmöglichkeiten von Managern, die selbstverständlich individuelle Ziel- und Wertvorstellungen haben, würden durch eine totale Unternehmensplanung unter Verwendung von LP stark reduziert. Deshalb werden

[1] Vgl. Ossadnik, W. (1999), S. 198.

LP-Modelle zur unternehmensweiten Investitions(planung) wohl in der Zukunft trotz der verbesserten Hard- und Software keine Karriere machen.

Kontrollfragen

Nehmen Sie zu der These Stellung, Totalplanung sei wirklichkeitsfremd, da nicht sämtliche Details einer Unternehmung langfristig geplant werden können!

Stellen Sie den Zusammenhang zwischen Total-, Partial-, Detail- und Grobplanung dar!

Stellen Sie Überlegungen an, warum LP-Modelle zur Investitions- und Finanzplanung in der Praxis nicht verbreitet sind!

Erläutern Sie das Schichtenmodell bei einer Integration eines LP-Ansatzes zur I+F-Planung und VOFI!

Welchen Vorteil bietet ein VOFI, in den Daten aus einem LP-Modell integriert worden sind?

7 Das Problem der Unsicherheit in der Investitionsrechnung

Investitionsentscheidungen sind stets Entscheidungen unter Unsicherheit, die nicht nur Chancen, sondern auch Risiken beinhalten. Durch eine Abgrenzung entscheidungstheoretischer Grundbegriffe soll hier zunächst einmal eine sprachliche Basis geschaffen werden, die mit der traditionellen Terminologie bricht.

Den Hauptteil dieses Kapitels bildet die Darstellung und kritische Analyse methodischer Ansätze zur Handhabung von Entscheidungsproblemen. Die zu erörternden Konzepte werden zunächst für den Fall einer einstufigen Entscheidung eingeführt, bei dem lediglich über die aktuell realisierbare Investition befunden wird. Zunächst werden praxisorientierte Korrekturverfahren dargestellt, bei denen im einfachsten Fall die subjektiv empfundenen Risikozuschläge und Chancenabschläge in den Kalkulationszinsfuß einbezogen werden. Einen hohen praktischen Stellenwert weisen auch Szenariotechniken und kritische Wertanalysen auf. Im Mittelpunkt der traditionellen Entscheidungstheorie stehen mit der Bernoulli-Nutzentheorie sowie dem μ-σ-Prinzip axiomatisch begründete Ansätze zur Handhabung des Unsicherheitsproblems. Diese werden modellmäßig mit VOFI gekoppelt. Aus der Simulationstechnik stammt das in hohem Maße ausbaufähige Modell der Risiko-Chancen-Analyse, in dem die Entscheidungsergebnisse unter Berücksichtigung stochastischer Elemente simulativ erzeugt werden. Diesem Modell kommt für das Investitionscontrolling mit VOFI eine herausragende Bedeutung zu.

Nach der Darstellung der Methoden für einstufige Entscheidungen ist das Modell einer zweistufigen Entscheidung vorzustellen, das als Flexible Planung bezeichnet wird. Dabei sind beim Treffen der Anfangsentscheidung auch die unsicheren Konsequenzen der Folgeentscheidung ins Kalkül einzubeziehen. Auf die zweistufige Entscheidungssituation lassen sich grundsätzlich sämtliche Konzepte übertragen, die im einstufigen Fall vorgestellt wurden.

7.1 Begriffliche Grundlagen

Folge 74

Ungewissheit, Unsicherheit, Risiken und Chancen

Prolog

1 Vorbemerkung

Ein großes Problem im menschlichen Leben ist die Ungewissheit, die wir empfinden, wenn wir in die Zukunft blicken und Chancen und Risiken abschätzen. Ungewissheit ist normal. Sie begleitet uns permanent und ist ubiquitär vorhanden.[1] Sie umfasst ein riesiges Spektrum: von alltäglichen Entscheidungen bis hin zu religiösen Fragen.

Ungewissheit resultiert aus unvollkommenem Wissen. Vorstellbar ist, dass bei Mehrwertigkeit von Zuständen (z. B. „entweder trifft das Ereignis A oder B ein“) durchaus Vorstellungen über die Ausprägung zukünftiger Ereignisse vorliegen – indes ist ungewiss, *welches* der denkbaren Ereignisse tatsächlich eintreten wird. Diese Problematik ist auch nicht durch den Fortschritt der Wissenschaft zu beseitigen, sondern primär durch den Fortgang der Zeit. Und in den seltensten Fällen besteht genügend Zeit zum Abwarten, denn: Die Zeit ist knapp.[2]

Ungewissheit ist eine persönliche Alltagserfahrung. Trotz der Ungewissheit müssen (fast täglich) Entscheidungen mit langfristig wirksamen Konsequenzen getroffen werden – auch im Investitionscontrolling. Investitionsentscheidungen unter Sicherheit sind undenkbar. Keine noch so progressiv erscheinende Form der Prognosetechnik ist in der Lage, die Ungewissheit zu beseitigen. Die Konsequenzen der Entscheidungen können bei entscheidungstheoretischer Fundierung nur transparenter gemacht werden. Außerdem kann die Theorie für Konsistenz im Entscheidungsverhalten sorgen. Diese beiden Kernaussagen bilden die Basis der nächsten Folgen.

---

[1] Permanenz, Ubiquität und Normalität sind Attribute zur Charakterisierung von Konflikten. Vgl. Krüger, W. (1972), S. 15-20.

[2] Zum Phänomen *Zeit* aus literaturwissenschaftlicher Sicht vgl. Weinrich, H. (2005), insbes. S. 11 ff.

Obwohl die Überschrift zu diesem Kapitel den Begriff Unsicherheit beinhaltet, war stets von Ungewissheit die Rede. Worin ist der Zusammenhang zu sehen? Kommt zu der „Ungewissheit, die wir empfinden, wenn wir in die Zukunft blicken" nicht auch noch Unwissenheit hinzu, wenn wir in die Theorie blicken und dabei Unbehagen bezüglich der Begriffe empfinden? Zumindest Dr. X war so sensibel, sich diese(r) Frage zu stellen.

2 Klassische Definitionen

Entscheidungen werden regelmäßig von Faktoren beeinflusst, deren Wirkung nicht mit Sicherheit vorhersehbar ist. Bei Investitionsentscheidungen sind dies beispielsweise die Höhe der zukünftigen Nachfrage sowie der erwarteten Steuersätze und Zinsfüße[1]. Wenngleich auch bezüglich der Einschätzung der *Problematik von Vorhersagen* überall Einhelligkeit besteht: Die *begriffliche* Basis zur Charakterisierung des Problems ist keineswegs einheitlich. Handelt es sich bei der oben beschriebenen Entscheidungssituation um eine Entscheidung unter Unsicherheit, unter Ungewissheit oder gar unter Risiko?

Zur Abgrenzung des Begriffs Risiko[2] wird oftmals KNIGHT[3] bemüht, der diesen Begriff nur dann verwendet, wenn der Entscheidungssituation objektive Wahrscheinlichkeiten zugrunde liegen. Von objektiven Wahrscheinlichkeiten wird gesprochen, wenn das Gesetz der großen Zahl angewandt werden kann. Der Begriff Ungewissheit wird von einigen Autoren[4] zur Kennzeichnung eines Falls benutzt, in dem keine Wahrscheinlichkeitsaussagen vorliegen. Eine Situation, in der subjektive Wahrscheinlichkeiten im Sinne von Glaubwürdigkeitsgraden formuliert werden können, ist demnach als Entscheidung unter Unsicherheit anzusehen.

Die allgemeine sprachliche Akzeptanz dieser Begriffswelt ist zu bezweifeln. Deshalb wird es hier auch nicht als sinnvoll erachtet, Literaturrecher-

---

1 Bezüglich der Zinsfüße besteht Prognoseunsicherheit – in Bezug auf den Kalkulationszinsfuß vor allen Dingen Theorieunsicherheit. Erinnert sei an die sog. Überforderung des Kalkulationszinsfußes.

2 Natürlich ist die Begriffsbildung in der Literatur nicht einheitlich. Vgl. hierzu Kruschwitz, L. (2005), S. 297 ff., Bamberg, G., Coenenberg, A. G. (2006), S. 24.

3 Knight, F. H. (1921).

4 Adam, D. (2000), S. 324. So auch Kruschwitz, L. (2005), S. 299 f.

chen[1] zu dokumentieren, die zum Inhalt haben, welcher Autor welche Definition bevorzugt. Unter Berufung auf Martin Luther sollte dem „Volk aufs Maul geschaut werden". Sicherlich müssen wissenschaftliche Begriffe nicht in jedem Fall mit dem allgemeinen Sprachgebrauch übereinstimmen, indes sollte in der Betriebswirtschaftslehre eine gewisse Kompatibilität mit dem Fachjargon der Praxis gegeben sein.[2] Falls diese Auffassung akzeptiert wird, dann ist der Risikobegriff von KNIGHT als unpassend anzusehen. Nach seinem begrifflichen Konzept müssen bei Entscheidungen unter Risiko objektive Wahrscheinlichkeiten gegeben sein. Diese sind aber nur bei häufiger Wiederholung identischer Entscheidungssituationen bestimmbar. Bei Investitionsentscheidungen ist einerseits der Fall einer häufigen Wiederholung nicht relevant, andererseits ist gerade bei einmaligen Entscheidungen der Begriff des Risikos geläufig. Der Begriff Risiko wird im allgemeinen Sprachgebrauch der Wirtschaft grundsätzlich[3] im Zusammenhang mit einmaligen Entscheidungen verwandt: „Welches Risiko gehen wir ein, wenn wir in Südostasien investieren?" – „Mut zum Risiko!" – „Quantifizieren Sie das Risiko!" Der Risikobegriff soll später noch konkret definiert werden. Hier geht es erst einmal um eine Kritik geläufiger Grundbegriffe der Entscheidungstheorie.

Wenig einsichtig ist die in der Literatur übliche Abgrenzung zwischen Ungewissheit und Unsicherheit, bei der darauf abgestellt wird, ob subjektive Wahrscheinlichkeiten vorliegen. Der Fall, dass keine subjektive Wahrscheinlichkeiten denkbar sind, ist nämlich a priori nicht gegeben. Wenn davon ausgegangen wird, dass das Entscheidungsfeld so abgegrenzt worden ist, dass sämtliche denkbaren Umweltzustände erfasst worden sind und keiner der definierten Umweltzustände mit größerer Wahrscheinlichkeit erwartet wird als ein anderer, dann weisen sämtliche subjektiven Wahrscheinlichkeiten ein gleiches Niveau auf („Laplace-Wahrscheinlichkeit").[4] Aus der Tatsache, dass ein Individuum den denkbaren Umweltsituationen keine subjektiven Wahrscheinlichkeiten beimessen kann, darf al-

---

[1] Es gibt nicht nur Autoren, die sich um eine differenzierte Nutzung der Begriffe Risiko, Unsicherheit und Ungewissheit in Abhängigkeit von Eigenschaften der Wahrscheinlichkeiten bemühen, sondern auch solche, die Begriffe nach dem Prinzip „Wechsel im Ausdruck" benutzen. Es gibt sogar Autoren, die zwischen Unsicherheit und „Unsicherheit" unterscheiden. Auf die Nennung der Quellen sei ausnahmsweise verzichtet.

[2] Also ist letztlich doch nicht dem Volk, sondern einem ausgewählten Völkchen „aufs Maul zu schauen".

[3] Eine Ausnahme bilden Versicherungen.

[4] Vgl. Schneider, D. (1992), S. 436 f.

so nicht eine „Steigerung“ von Unsicherheit in Ungewissheit interpretiert werden. Im Übrigen dürfte die Sequenz sicher, unsicher, ungewiss auch semantisch nicht konsensfähig sein. Der Begriff Ungewissheit wird deshalb in diesem Kontext nicht benötigt.

Der Sprachgebrauch sieht durchaus eine deutlich wahrnehmbare Abgrenzung zwischen Ungewissheit und Unsicherheit vor. Stellen wir einige der in der wirtschaftlichen Praxis beobachtbaren Redewendungen zusammen: „Die Entscheidungssituation ist unsicher!“ – dagegen: „Ich empfinde bei der Entscheidung Ungewissheit!“ oder „Die Entscheidung ist nicht etwa unter Sicherheit, sondern unter Unsicherheit zu treffen!“ – dagegen: „Ich bin gewiss, dass die Entscheidung ein Erfolg wird!“ Von Gewissheit und Ungewissheit wird häufig gesprochen, wenn die persönliche Sphäre gemeint ist. Im Zusammenhang mit der formalen Behandlung einer Entscheidungssituation wäre dagegen von Sicherheit und Unsicherheit die Rede. Auf Basis dieser Überlegungen sind nun die Begriffe Ungewissheit, Unsicherheit und Risiko neu zu fassen und für die weiteren Ausführungen verbindlich vorzugeben.

3 Neue Definitionen

Der Begriff *Ungewissheit* ist im psychologischen („verhaltenswissenschaftlichen“) Kontext einer Entscheidung zu verwenden. Ungewissheit ist somit ein Kennzeichen für die persönliche Einschätzung einer Entscheidungssituation durch den Entscheidungsträger, die intraindividuelle Konflikte verursacht. Bei multipersonalen Entscheidungen können zusätzlich interpersonelle Konflikte oder gar Intergruppenkonflikte auftreten.

Unter *Unsicherheit* ist dagegen die Charakterisierung einer Entscheidungssituation aufgrund formalisierter entscheidungstheoretischer Merkmale zu verstehen. Diese Merkmale äußern sich in der Beschreibung der Mehrwertigkeit von Zukunftslagen. Darstellungsinstrument bei einstufigen Entscheidungen unter Unsicherheit ist eine Entscheidungsmatrix – bei mehrstufigen Entscheidungen ist es ein Entscheidungsbaum. Für den Begriff Unsicherheit ist es unerheblich, ob den Zukunftslagen subjektive Wahrscheinlichkeiten im Sinne von Glaubwürdigkeitsgraden oder objektive Wahrscheinlichkeiten zugeordnet werden. Allerdings sind wegen der Einmaligkeit von Investitionsrechnungsentscheidungen subjektive Wahrscheinlichkeiten die Regel.

Unter *Risiko* ist das Ergebnis einer Quantifizierung der Verlustgefahr einer Entscheidung unter Unsicherheit zu verstehen. Als Gegenbegriff von Risiko ist der Begriff *Chance* anzusehen. Risiken und Chancen werden häufig als negative und positive Abweichungen eines Basiswerts (z. B. den „normalen" Wert) kalkuliert. Denkbar ist aber auch, dass einem Risiko *keine* Chance gegenübersteht. Dies ist insbesondere bei der Bemessung der Konsequenzen von drohenden Schäden der Fall. Bei der Kalkulation von Risiken und Chancen werden regelmäßig Wahrscheinlichkeiten berücksichtigt. Die Abweichungen vom Basiswert können sowohl horizontal als auch vertikal gemessen werden. Nicht nur die Streuung des Zielwerts einer Entscheidungsalternative („horizontale Messung"), sondern auch der entgehende Gewinn beim Vergleich mehrerer Alternativen („vertikale Messung") können in Kennzahlen quantifiziert werden.[1]

Festzuhalten ist: Wenn der Entscheidungsträger bezüglich der von ihm zu treffenden Entscheidung *Ungewissheit* empfindet, besteht die Möglichkeit, ein formales Modell zu konstruieren, das die mehrwertige Quantifizierung denkbarer Zielkonsequenzen sowie die Abweichungen von einem Basiswert in Form von Risiken und Chancen erlaubt.[2] Hierdurch mag sich seine persönlich empfundene Ungewissheit reduzieren – nicht aber die Unsicherheit[3]. Die Risiken und Chancen können lediglich konsistent verdichtet werden, um das Entscheidungsproblem transparenter zu machen.

---

[1] Eine Kennzahl, die sowohl das Risiko als auch die Chancen ausdrückt (z. B. das Streuungsmaß σ), wird in der Literatur häufig auch als „Risikomaß" bezeichnet; vgl. z. B. Perridon, L., Steiner, M. (2004), S. 281, Wöhe, G. (2005), S. 756. Wir sehen darin eine sprachliche Überbetonung des Risikoaspektes. Wenn einer sagt: „Es ist ein Risiko, eine Familie zu gründen", dann geht er implizit auch von den Chancen aus. Er spricht nur nicht darüber, weil er sich auf die Risikofrage konzentriert. Sein Motiv ist aber doch wohl in jedem Fall an der Chance orientiert.

[2] Von diesen Begriffen der klassischen Entscheidungstheorie ist der Terminus „Unbestimmtheit" (Unschärfe) zu unterscheiden, der in der Fuzzy-Theorie verwendet wird. Zum Versuch einer scharfen Abgrenzung vgl. Adam, D. (1996), S. 421 ff.

[3] Das Maß der Unsicherheit kann durch die aus der Thermophysik stammende Entropieformel quantifiziert werden. In dieser Formel kommt zum Ausdruck, dass ausschließlich die Verteilung der Wahrscheinlichkeiten die Höhe der Unsicherheit beeinflusst. Zur ökonomischen Interpretation der Entropieformel vgl. Grob, H. L., Bieletzke, S. (1998), S. 13 ff. Dort wird auch gezeigt, dass dieses Maß *keine* entscheidungsrelevante Kennzahl darstellt.

Kontrollfragen

Erörtern Sie klassische Definitionen der Begriffe Ungewissheit, Unsicherheit und Risiko! Gehen Sie dabei insbesondere auf den Risikobegriff von KNIGTH ein!

Erörtern Sie Kriterien zur Definition von Begriffen und problematisieren Sie diese!

Diskutieren Sie die Abgrenzungsproblematik klassischer Definitionen von Unsicherheit, Ungewissheit und Risiko! Seien Sie kritisch!

Diskutieren Sie den Definitionsvorschlag, Ungewissheit im verhaltenswissenschaftlichen Kontext und Unsicherheit im Rahmen der Entscheidungstheorie zu verwenden!

Interpretieren Sie die Definition, Risiko als Ergebnis einer Quantifizierung von Verlustgefahren anzusehen. Wie ist in diesem Kontext der Begriff Chance zu definieren?

Erörtern Sie eine horizontale und eine vertikale Messung der in einer Entscheidungsmatrix enthaltenen Entscheidungskonsequenzen zur Quantifizierung von Risiken und Chancen!

Setzen Sie sich mit der Aussage auseinander, dem Eintritt von Umweltzuständen keine subjektiven Wahrscheinlichkeiten zuordnen zu können, weil nicht behauptet werden kann, dass der Eintritt des einen Umweltzustands wahrscheinlicher sei als der des anderen!

7.2 Einstufige Entscheidungssituation

Folge 75

Allgemeines Korrekturverfahren

Ein Eigentor

1 Fragestellung

Y lamentierte: „Unsere Prognosen bezüglich der Daten zur Beurteilung der Vorteilhaftigkeit der Investition DY11 basieren auf *normalen* Erwartungen. Manchmal blicke ich viel pessimistischer in die Zukunft und meine, die Anschaffungsauszahlung sei zu niedrig angesetzt worden, der Liquidationsüberschuss zu hoch, die operativen Cashflows zu hoch und die Zinssätze zu niedrig." Lediglich bezüglich der Steuersätze meinte er, dass es nicht schlechter werden könne. Oder doch?

Dr. X unterbrach das Lamentieren und versuchte, einen *konstruktiven* Vorschlag zu unterbreiten. „Lassen Sie uns unsere Investitionsrechnung für DY11 unter Berücksichtigung von Korrekturgrößen neu durchrechnen. Mal sehen, welcher Zielwert – vor allem aber: welche Entscheidung – dann herauskommt."

2 Die Darstellung der Methode

Bei den der Investition zuzurechnenden Auszahlungen können (Risiko-)aufschläge und bei den Einzahlungen (Risiko-)abschläge als Korrekturgrößen gegenüber der Ausgangssituation, die den „Normalfall" darstellt, berücksichtigt werden. Wie die Opportunität zu behandeln ist, daran dachte in diesem Moment noch keiner. Kurz danach hatte Dr. X ein Formular vorbereitet, das wie eine Checkliste aufgebaut war, um nur keine Korrektur zu vergessen.

Eingabedaten	ursprünglicher Wert	Korrektur (Risikoaufschlag bzw. Chancenabschlag)	korrigierter Wert
Anschaffungsauszahlung	18.000 €	+ 10 %	19.800 €
Liquidationsüberschuss	3.785 €	– 20 %	3.028 €
Einführungspreis	100 €	– 5 %	95 €
Preissteigerungsrate	10 %	– 1 %	9 %

Abb. 75-1: Beispiel mit Korrekturen zu Eingabedaten der Investition (Auszug)

Y, der seine pessimistische Haltung durch das Ausfüllen der Korrekturspalte konkretisierte und dabei beinahe optimistisch in die Welt blickte, sagte: „Das war ja nur die eine Seite der Medaille – die Investition. Bezüglich der anderen Seite – der Finanzierung – wollen wir zur Vereinfachung der Rechnung von einem konstanten Kalkulationszinsfuß ausgehen. Ursprünglich haben wir immer mit 10 % gearbeitet – lassen Sie uns einen Risikoaufschlag von einem Prozent zugrunde legen!"

Dr. X sah darin kein Problem: „Die Erhöhung des Kalkulationszinsfußes ist nicht etwa ausschließlich mit einem Risikoaufschlag bzw. Chancenabschlag gleichzusetzen, da mit ihr uno actu auch ein Chancenzuschlag verbunden ist. Durch den Ansatz periodenspezifischer Mischzinsfüße wurde transparent gemacht, dass der Kalkulationszinsfuß von den Sollzinsfüßen der Kredite, den Kapitalertragsätzen für Reinvestitionen sowie dem Opportunitätskostensatz abhängig ist. Eine Erhöhung des einheitlichen Kalkulationszinsfußes impliziert die Vorstellung, dass die Sollzinsfüße höher sein könnten als ursprünglich geplant ..."

„Das entspricht durchaus (deutscher) kaufmännischer Vorsicht!"

„Okay – Gleiches gilt für den Opportunitätskostensatz. Hierbei handelt es sich allerdings nicht um einen *Risiko*aufschlag bei der Investition, sondern um einen *Chancen*aufschlag bei der Opportunität. Und der wirkt wie ein Risikoabschlag bei der Investition."

Dr. X wies darauf hin, dass mit dieser Datenänderung eine gewisse Risikoschizophrenie[1] verbunden sei. Bei der Investition läge in hohem Maße eine pessimistische Grundeinstellung vor; dagegen würde bei der Opportunität ausdrücklich Optimismus an den Tag gelegt. Kaum vorstellbar, dass bei einer pessimistischen Grundhaltung der Opportunitätskostensatz zu erhöhen sei. Eigentlich müsste der Endwert der Opportunität ebenfalls unter pessimistischer Sicht berechnet werden. Er formulierte ironisch das Prinzip der „Einheitlichkeit der Gemütslage", das dem Vorteilhaftigkeitsvergleich von Investitionen zugrunde zu legen sei. Danach erschien es ihm sinnvoll, i_H und i_O gleich pessimistisch (hier: 9 %) anzusetzen.

„Und wie ist ein Aufschlag auf Habenzinsfüße bzw. Reinvestitionsrenditen zu beurteilen?", fragte Dr. X mit wissendem Lächeln.

Obwohl es nur eine rhetorische Frage war, antwortet Y: „Eine Erhöhung des Reinvestitionssatzes widerspricht dem Vorsichtsprinzip! Es ... es ist wie ein Eigentor!!! Den Kalkulationszinsfuß unter dem Risikoaspekt zu

1 ... analog zu der von Y behaupteten Zinsfußschizophrenie bei der Explikation der impliziten Prämissen des Internen Zinsfußes (vgl. Folge 22, S. 152).

erhöhen, bedeutet offensichtlich auch, dass die Reinvestitionen als tendenziell chancenreicher angesehen werden. Auch bei einem Kalkulationszinsfuß, der als (irgendwie) gewogenes arithmetisches Mittel definiert ist, muss dieser Gedanke nachdenklich stimmen."

Dr. X nickte und fragte: „Was ist zu tun, um eine risikobewusste Investitionsrechnung ohne Eigentor durchzuführen?" Ohne Atempause gab er selbst die Antwort: „Wir müssen den Kalkulationszinsfuß aufspalten und spezifisch korrigieren."

Hier sind die Daten:

Eingabedaten	ursprünglicher Wert	Risikoaufschlag bzw. Chancenabschlag	korrigierter Wert
i_S	10 %	+ 1 %	11 %
i_H	10 %	– 1 %	9 %
i_O	10 %	– 1 %	9 %

Abb. 75-2: Korrektur der relevanten Zinsfüße

Der Ertragsteuersatz wurde (pessimistischerweise) beibehalten. Das Durchrechnen eines VOFIs war nun nur noch Fleißarbeit. Wir verzichten hier auf die Darstellung der Ergebnisse. Nicht etwa, weil die Zielwerte aufgrund der konsequent pessimistischen Grundeinstellung so traurig für DY11 aussehen, sondern weil wir uns keinen zusätzlichen didaktischen Nutzen davon versprechen.

3 Resümee

Offensichtlich ist, dass jede noch so vorteilhaft erscheinende Investition durch eine pessimistische Einstellung „schlecht gerechnet" werden kann. Vermutlich setzt Investitionstätigkeit von vornherein einen gewissen Zweckoptimismus voraus.

Y und Dr. X kamen übereinstimmend zu dem Ergebnis, dass es eigentlich nicht ihrer Lebensauffassung entspräche, pessimistisch zu sein. Anstatt sich jedoch einer *optimistischen* Rechnung zuzuwenden, überlegten sie, das Gesamtkonzept zu modifizieren. Nicht eine pessimistische oder optimistische Grundeinstellung des Prognostizierenden ist gefragt, sondern die nüchterne Einschätzung eines Normalfalls, um dann die Sensibilität ausgewählter Einflussgrößen auf die Investitionsentscheidung zu analysieren.

Kontrollfragen

Nennen Sie Beispiele, welche Eingabedaten der Investition in Bezug auf Risikoaufschläge bzw. Chancenabschläge korrigiert werden können!

Diskutieren Sie die Problematik, zur Berücksichtigung des Risikos den Kalkulationszinsfuß pauschal zu erhöhen!

Inwiefern kann die Erhöhung des Kalkulationszinsfußes in Bezug auf die gleichgerichtete Erhöhung der Reinvestitionsrendite als „Eigentor" bezeichnet werden?

Erörtern Sie die Möglichkeit einer Aufspaltung des Kalkulationszinsfußes auf Basis des VOFI-Konzepts!

Diskutieren Sie die generelle Problematik, subjektive Korrekturen an den Parametern zur Berücksichtigung des Risikos vorzunehmen!

Folge 76

Sensitivitätsanalysen

Sensibilität kann man berechnen

1 Aufgabenstellung

Dem Geschäftsführer Y kamen mit der Zeit Bedenken (anders ausgedrückt: er empfand Ungewissheit), ob das neu am Markt einzuführende Produkt 47X, für das (hoffentlich bald!) die Maschine DY11 investiert wird, bei einem für die Einführungsperiode geplanten Preis von 100 € pro Stück auch tatsächlich die erwartete Absatzmenge von 100 Stück erbringen würde. Er fragte sich (und anschließend Dr. X), auf welches Niveau die Absatzmenge wohl sinken dürfe, damit die Investition nicht als Fehlinvestition bezeichnet werden muss. Mit dieser Frage betrat er einen praxisnahen Bereich der Unsicherheitstheorie, der als Sensitivitätsanalyse (auch: Sensibilitätsanalyse[1]) bezeichnet wird. Durch diese Methode werden kritische Parameter errechnet, bei deren Höhe Entscheidungsindifferenz besteht.

2 Die Konzeption

Die kritischen Preise sind Schwellenwerte, deren Niveau durch einen bestimmten Referenzwert fixiert wird. Ein kritischer Wert ist somit nur dann vollständig definiert, wenn Inhalt und Niveau des Referenzwerts festliegen. Der Referenzwert kann als Konstante vorgegeben oder durch die Auflösung einer Gleichgewichtsbedingung ermittelt werden. Zur Demonstration unterschiedlicher Ansätze zur Analyse kritischer Werte seien einige Beispiele genannt:

---

[1] Die Sensitivitäts- bzw. Sensibilitätsanalyse ist insbesondere im Rahmen der Linearen Programmierung als sog. post-optimale Rechnung bekannt; vgl. hierzu Müller-Merbach, H. (1988), S. 149-153. Die Fragestellung dieser Analyse ist jedoch genereller Natur – die Methode stellt also kein LP-spezifisches Instrument dar.

1. Eine kritische Absatzmenge ist durch einen Gewinn von null[1] definiert.
2. Eine kritische Absatzmenge ist durch einen Deckungsbeitrag von null definiert.
3. Ein kritischer Zinsfuß ist durch einen Kapitalwert von null definiert.
4. Eine kritische Absatzmenge ist durch einen bestimmten Mindestgewinn definiert.
5. Ein kritischer Zinsfuß ist durch Gleichheit der Kapitalwertfunktionen zweier konkurrierender Investitionsobjekte definiert.

In allen fünf Fällen ist jeweils eine Gleichung zu formulieren und nach einer Variablen aufzulösen, welche die kritische Größe darstellt. In den ersten vier Fällen ist die rechte Seite der Gleichung eine Konstante, deren Wert in den ersten drei Fällen null war. Im vierten Fall ist die rechte Seite der Gleichung eine Konstante, die einen beliebigen Wert aufweist. Im fünften Fall steht auf jeder der beiden Seiten der Gleichung eine Funktion mit einer Variablen, deren Höhe so zu bemessen ist, dass ein Gleichgewicht erzeugt wird.

In sämtlichen Fällen interessiert allein das quantitative Ergebnis einer bestimmten Variablen. Welche inhaltlichen Fragen (z. B. bezüglich einer Entscheidung) mit der Lösung intendiert sind, bleibt unsichtbar. Beispielsweise könnte die erste Variante entweder eine Antwort auf eine What-if-Frage sein oder aber die Entscheidung über die langfristige Zugehörigkeit eines Produkts zum Produktionsprogramm zum Inhalt haben. Bei der zweiten Frage geht es um eine kurzfristige Entscheidungssituation, bei der z. B. zu klären ist, ob das Produkt ins Produktionsprogramm aufzunehmen ist. Bei der dritten Frage wird der Interne Zinsfuß als kritischer Kalkulationszinsfuß angesehen. Bei der vierten Frage spielen die Opportunitätskosten oder ein subjektiv fixiertes Anspruchsniveau bei der Vorgabe des Referenzwerts eine Rolle. Bei der fünften Frage interessiert ein Vergleich des Kalkulationszinsfußes mit dem kritischen Kalkulationszinsfuß, um festzustellen, ob eine Divergenz zwischen der Kapitalwertmethode und der Internen Zinsfußmethode entscheidungsrelevant ist.

---

[1] Dies ist der Referenzwert. Die Zahl Null ist als Referenzwert besonders beliebt. Man denke an das Entscheidungskriterium der statischen Gewinnvergleichsrechnung, bei der gefragt wird, ob der Kalkulatorische Gewinn größer als null ist, oder an das Kapitalwertkriterium. Bei der Internen Zinsfußmethode genügt eine einfache Umformung, um mit null zu vergleichen: Anstelle der Frage, ob $r > i$ ist, könnte untersucht werden, ob $r - i > 0$ ist, wobei $r - i$ als *Marge* definiert ist. Wenn beim Vergleich eine Null verwendet wird, dann ist dies also mit der Verwendung von Differenzkalkülen begründet.

Halten wir fest: In Analysen zur Ermittlung von kritischen Werten werden für beliebige Fragestellungen Schwellenwerte rechnerisch bestimmt. Häufig stellen die kritischen Werte lediglich interessante Informationen dar, die nicht unmittelbar zu Aktionen führen.

Im Mittelpunkt von Sensitivitätsanalysen steht dagegen die Ermittlung der Stabilität (Sensitivität oder Sensibilität) einer Entscheidung. Dabei wird festgestellt, welches Niveau ein Parameter annehmen muss, um die ursprüngliche Entscheidung durch eine neue zu ersetzen. Das klassische Beispiel für derartige Sensitivitätsanalysen ist die Produktionsprogrammplanung. Hierbei wird beispielsweise das kritische Niveau einer Deckungsspanne untersucht, bei deren Erreichen das Produktionsprogramm gerade noch stabil (d. h. unverändert) bleibt. Wegen der Besonderheit der Planungssituation, die durch die Programmplanung gegeben ist, tritt die Auswirkung auf die Höhe des Zielwerts sogar in den Hintergrund.

Einfacher ist die Entscheidungssituation bei der Wahl zwischen einer Investition und ihrer Opportunität. Die Entscheidung ist stabil, solange der analysierte Parameter unter bzw. über dem kritischen Wert liegt. Das Erreichen des kritischen Zielwerts der Investition im Rahmen einer Sensitivitätsanalyse definiert Entscheidungsindifferenz. Beim Über- bzw. Unterschreiten „kippt die ursprüngliche Entscheidung".

Sensitivitätsanalysen und Kritische-Wert-Analysen stehen offenbar in einem engen Zusammenhang. Wir wollen die Abgrenzung so sehen: Kritische-Wert-Analysen dienen als rechentechnisches Instrumentarium in einfachen Entscheidungssituationen[1] dazu, das Mindest- bzw. Höchstniveau von Parametern festzustellen. Bei Sensitivitätsanalysen geht es um die Frage, bei welchem Niveau eines Parameters eine Entscheidung verändert wird.

Kontrollfragen

Erläutern Sie Beispiele für kritische Werte!

Wie werden kritische Werte ermittelt?

Worin ist die Besonderheit von Sensitivitätsanalysen zu sehen?

---

[1] Bei komplizierteren Entscheidungssituationen im Rahmen der Programmplanung sind Dualwertanalysen erforderlich.

Folge 77

Langfristige Preisuntergrenzen

Preisuntergrenzen sind kritische Werte

1 Preisuntergrenze für das Einführungsjahr

Eine langfristige Preisuntergrenze[1] ist ein Beispiel für einen kritischen Wert – gleichzeitig geht es hierbei um die Beantwortung der Frage, bei welchem Niveau die Entscheidung zugunsten eines Verzichts auf ein Angebot kippt. Also stellt die Ermittlung der Preisuntergrenze gleichzeitig eine Sensitivitätsanalyse dar.

Zur Bestimmung der Preisuntergrenze im Rahmen eines langfristigen Kalküls ist mit Auszahlungen und Einzahlungen zu rechnen[2], die zu investitionstheoretischen Zielwerten – und nicht etwa zu Kostenzielen[3] – zu verdichten sind. Als Ziel wird im Folgenden der Endwert angenommen.

Die Konzeption, langfristige Preisuntergrenzen auf der Basis von VOFI zu berechnen, dürfte eine Reihe von Missverständnissen beheben, die durch statische preistheoretische Modelle heraufbeschworen worden sind. In statischen Modellen zur Preisuntergrenzenbestimmung werden fixe Kosten angesetzt, ohne darauf einzugehen, ob diese als *sunk cost* überhaupt noch entscheidungsrelevant sind oder ob sie etwa im Hinblick auf Folgeinvestitionen aus Wiederbeschaffungswerten abzuleiten sind. Auch die Berücksichtigung strategischer Aspekte bei der Bestimmung der langfristigen Preisuntergrenze, wie z. B. die Entwicklung einer Abschöpfungsstrategie mit anfangs hohen und dann sukzessiv fallenden Preisen, ist im stati-

---

1 Zu Preisuntergrenzen vgl. Meffert, H. (2000), S. 510-512, Raffée, H. (1961), Raffée, H. (1974), S. 145-151.

2 ... und nicht mit Kosten und Leistungen.

3 Zu der in der Literatur weit verbreiteten Auffassung, die langfristige Preisuntergrenze unter Verwendung der totalen Stückkosten zu bestimmen, vgl. Schierenbeck, H. (2000), S. 281: „Die langfristige Preisuntergrenze wird durch die totalen Stückkosten ... bestimmt.“ Eine finanzplanorientierte Berechnung langfristiger Preisuntergrenzen wird schon lange in der Literatur vorgeschlagen. Bereits 1974 stellt RAFFÉE heraus: „Die zeitliche Verteilung der liquiditätswirksamen Einnahmen und Ausgaben lässt sich nicht mit Durchschnittsrechnungen, sondern nur mittels zeitraumbezogener Finanzpläne ermitteln.“ Raffée, H. (1974), S. 150.

schen Modell nicht möglich. Im dynamischen VOFI sind die Entscheidungskonsequenzen derartiger Strategien dagegen einfach zu modellieren[1]. Voraussetzung für die Bestimmung einer Preisuntergrenze im VOFI ist natürlich die Zurechenbarkeit sämtlicher relevanter Zahlungen auf das Produkt, für das die langfristige Preisuntergrenze bestimmt werden soll. Bei Innovationen, für die Spezialaggregate angeschafft werden, dürfte dies ein lösbares Problem sein. Wenn diese enge Voraussetzung nicht erfüllt ist, sollte mit vereinfachenden akzeptierbaren Zurechnungshypothesen gearbeitet werden. Dies wird als sinnvoller angesehen, als die für kurzfristige Kontrollen und Entscheidungen ausgelegte Kostenrechnung zur Kalkulation langfristiger Preisuntergrenzen zu missbrauchen. Allenfalls Routineentscheidungen zur Kontrolle der Substanzerhaltung sollten mit den Daten der Kostenrechnung vorgenommen werden.[2]

Die langfristige Preisuntergrenze des neuen Produkts ist durch Zielindifferenz zwischen den beiden konkurrierenden Handlungsalternativen „Einführung des neuen Produkts“ und „Unterlassen der Einführung“ definiert. Zielindifferenz besteht, wenn die Endwerte[3] der beiden Alternativen gleich sind bzw. wenn der Zusätzliche Endwert, den die Investition gegenüber der Opportunität erwirtschaftet, gleich null ist. Da sich die Zielindifferenz an einem finanzwirtschaftlichen Extremziel und nicht an der Nebenbedingung der Liquiditätserhaltung orientiert, sollte nicht von einer liquiditätsorientierten[4], sondern von einer finanzwirtschaftlichen Preisuntergrenze gesprochen werden.

Bei Verwendung eines einheitlichen Zinsfußes ist die Preisuntergrenze für das Einführungsjahr zu bestimmen, indem der prognostizierte Preis p_1 um den auf den Zeitpunkt t=1 abgezinsten Kalkulatorischen Totalgewinn[5] pro Stück reduziert wird.

Die Formel zur Bestimmung der Preisuntergrenze p_1^u für das Einführungsjahr lautet in diesem einfachen Fall:

1 …nicht etwa einfach zu prognostizieren – Prognosen sind nie einfach.

2 Vgl. Grob, H. L., Bensberg, F. (2005), S. 92.

3 Analog könnten anfangswert- bzw. entnahmeorientierte Preisuntergrenzen definiert werden.

4 Vgl. Raffée, H. (1974), S. 150 und die dort zitierte Literatur.

5 Der Kalkulatorische Totalgewinn ist bekanntlich ΔEW.

$$p_1^u = p_1 - \frac{\Delta EW \cdot q^{-(n-1)}}{x_1}$$

Symbole

p_1^u Preisuntergrenze im Einführungsjahr t=1

p_1 prognostizierter Preis in t=1

ΔEW Zusätzlicher Endwert („Kalkulatorischer Totalgewinn“)

x_1 prognostizierte Absatzmenge in t=1

Bei Konditionenvielfalt auf dem Finanzierungssektor ist die Preisuntergrenze im Einführungsjahr durch ein Suchverfahren zu bestimmen. Hierbei kann die Zielwertsuche von Microsoft Excel eingesetzt werden. Bei positivem ΔEW wird der Preis um ein konstantes Inkrement (z. B. in Höhe von 1 Cent pro Stück) gesenkt und vice versa. Der Preis, der die Bedingung $\Delta EW \approx 0$ erfüllt, ist die gesuchte Preisuntergrenze. Als Ergebnis der Zielwertsuche wurde in unserem Beispiel eine Preisuntergrenze von 83,39 € pro Stück errechnet. Für t=1 bestimmt sich dann der kritische Einzahlungsüberschuss d_1^{krit} wie folgt:

$$d_1^{krit} = (p_1^u - a_{v_1}) \cdot x_1 - a_{f_1} = (83{,}39 - 40) \cdot 100 - 10000 = -5661 \text{ [€]}$$

Symbole

d_1^{krit} kritischer Einzahlungsüberschuss

a_{v_1} variable Auszahlungen pro Stück

a_{f_1} fixe Auszahlungen im Einführungsjahr

Y meinte zwar, die Überlegungen von Dr. X verstanden zu haben. Dennoch stellte er zur Kontrolle einen VOFI auf. Der Finanzbestand am Ende der Nutzungsdauer, der 13.223 € beträgt und mit dem Endwert der Opportunität bis auf eine Rundungsdifferenz von 1 € übereinstimmt, bestätigte dem misstrauischen Herrn Y die Richtigkeit der Berechnung der langfristigen finanzwirtschaftlichen Preisuntergrenze für das Einführungsjahr (vgl. Abb. 77-1).

Zeitpunkt	0	1	2	3	4	5
Zahlungsfolge der Investition	–18.000	**–5.661**	3.200	19.040	5.972	3.785
Eigene Mittel	9.000					
Kredit mit Endtilgung						
+ Aufnahme	5.000					
– Tilgung			5.000			
– Sollzinsen (inkl. Disagio)	500	300	300			
Kontokorrentkredit						
+ Aufnahme	4.500	6.546	3.536			
– Tilgung				14.582		
– Sollzinsen		585	1.436	1.896		
Reinvestition						
– Anlage				2.562	6.177	4.484
+ Rückfluss						
+ Ertrag					205	699
Finanzierungssaldo	0	0	0	0	0	0
Bestandsgrößen						
Finanzbestand				2.562	8.739	13.223
Kreditbestände						
Kredit mit Endtilgung	5.000	5.000				
Kontokorrentkredit	4.500	11.046	14.582			
Bestandssaldo	–9.500	–16.046	–14.582	2.562	8.739	**13.223**

Abb. 77-1: VOFI der Investition DY11;
Preisuntergrenze in t=1 in Höhe von 83,39 € pro Stück

2 Weitere Preisuntergrenzen

Beim Studium des VOFIs wurde Herrn Y bewusst, dass die Preisuntergrenze nur für das erste Jahr gültig ist, da die übrigen Preise in ihrem ursprünglichen Niveau beizubehalten sind. Er dachte: ‚Wenn der Markt preiskritisch reagiert, dann nicht nur im ersten Jahr, sondern vermutlich nachhaltig!' Deshalb modifizierte er die Frage. Zu suchen war nunmehr die langfristige Preisuntergrenze für *sämtliche* Perioden.

Dr. X rechnete zur Beantwortung der Frage eine Preisuntergrenze aus, die als einheitlicher Wert für den gesamten Planungszeitraum gültig war. Sie betrug 118,89 € pro Stück. Übrigens liegt sie um 2,02 € unter dem Durchschnittspreis von 120,91 € pro Stück, zu dessen Bestimmung ein für den gesamten Zeitraum einheitlicher Preis so lange variiert wurde, bis der ursprünglich berechnete Endwert der Investition von 15.697 € (vgl. den Demo-Fall in Abb. 17-2, S. 129) herauskam. Die Differenz von 2,02 € pro Stück zeigt anschaulich, wie knapp die Marktpreise kalkuliert sind.

Gerade als Dr. X ein Sortiment kritischer Wert präsentieren wollte (seine Sekretärin CS hatte dies akribisch genau für ihn vorbereitet), kam Herr Y in sein Büro und sagte: „Noch sinnvoller ist es eigentlich, eine kritische Preissteigerungsrate zu bestimmen."

Während Dr. X noch nachdachte, fing CS schon damit an, die Ergebnisse unter Verwendung der Zielwertsuche von Microsoft Excel zu errechnen. Als kritische Preissteigerungsrate ermittelte sie (bzw. Excel) 9,09967 %, woraus folgende „kritische Preisentwicklung" resultiert:

Zeitpunkt	1	2	3	4	5
Zahlung [€]	100,00	109,10	119,03	129,86	141,68

Abb. 77-2: Zahlungsfolge der Investition

Der entsprechende VOFI ist in Abb. 77-3 dargestellt worden. Die Rundungsdifferenz beträgt 3 €.

Zeitpunkt	0	1	2	3	4	5
Zahlungsfolge der Investition	–18.000	**–4.000**	**3.020**	**18.252**	**5.324**	**3.171**
Eigene Mittel	9.000					
Kredit mit Endtilgung						
+ Aufnahme	5.000					
– Tilgung			5.000			
– Sollzinsen (inkl. Disagio)	500	300	300			
Kontokorrentkredit						
+ Aufnahme	4.500	4.885	3.500			
– Tilgung				12.885		
– Sollzinsen		585	1.220	1.675		
Reinvestition						
– Anlage				3.692	5.619	3.915
+ Rückfluss						
+ Ertrag					295	745
Finanzierungssaldo	0	0	0	0	0	0
Bestandsgrößen						
Finanzbestand				3.692	9.311	13.227
Kreditbestände						
Kredit mit Endtilgung	5.000	5.000				
Kontokorrentkredit	4.500	9.385	12.885			
Bestandssaldo	–9.500	–14.385	–12.885	3.692	9.311	≅ **13.224**

Abb. 77-3: VOFI der Investition DY11; Kritische Preissteigerungsrate zur Ermittlung eines Vektors von Preisuntergrenzen

3 Einbeziehung von Ertragsteuern

Als Y die Ergebnisse der variantenreichen Ermittlung von Preisuntergrenzen sah, murmelte er entrüstet[1]: „Es fehlen ja die Steuern!“

Wir wollen es uns ersparen, sogleich sämtliche Preisuntergrenzen unter Berücksichtigung von Steuern neu auszurechnen. Stattdessen fragen wir nach dem *generellen* Einfluss der Steuern auf die kritischen Preisuntergrenzen und wollen diese Frage am Beispiel der langfristigen Preisuntergrenze für das Einführungsjahr untersuchen. Ohne Berücksichtigung der Steuern beläuft sich die Preisuntergrenze bekanntlich auf 118,89 € pro Stück.[2] Erhöhen und senken die Steuern die Preisuntergrenze? Oder haben Sie etwa keinen Einfluss?

Zwei Möglichkeiten zur Beantwortung der Frage bieten sich an: Die erste Variante besteht darin, über den Einfluss der Steuern auf die Preisuntergrenze allgemein nachzudenken und das Ergebnis der Überlegungen zu präsentieren. Die zweite Variante sieht vor, unter Verwendung eines VOFIs ein Berechnungsexperiment mit Beispieldaten vorzunehmen und auf dieser Basis über eine Interpretation nachzudenken, die – falls ein interessantes Ergebnis herausgekommen ist – dann zu präsentieren ist. Nach der vielen Rechnerei zur Bestimmung von Preisuntergrenzen liegt es nahe, dass Y die erstgenannte Variante bevorzugte. Nachdem er lange (vermutlich aber nicht lange genug) nachgedacht hatte, sagte er zu Dr. X: „Ich glaube, dass die Preisuntergrenze im Einführungsjahr *steigen* wird, weil ja die Steuern zusätzlich einkalkuliert werden müssen.“

Dr. X sagte: „Das Gegenteil ist der Fall! Durch den Einfluss der Steuern *sinkt* die Preisuntergrenze. Der Grund ist darin zu sehen, dass der Fiskus einen relativ hohen Anteil[3] an den Abschreibungen, fixen Instandhaltungsauszahlungen und Zinsaufwendungen, die bekanntlich in die langfristige Preisuntergrenze einfließen, ‚erstattet‘[4].“ Einen weiteren wichtigen Aspekt hatte er übersehen. Wir kommen darauf zurück. Nach den VOFI-losen Überlegungen soll dieser endlich mal wieder genutzt werden. Er wird Klarheit schaffen!

Abb. 77-4 zeigt den mithilfe von Microsoft Excel erzeugten VOFI zur Ermittlung einer für den gesamten Planungszeitraum einheitlichen Preisun-

[1] Warum nicht *auf*gerüstet, denn es klang ziemlich aggressiv.

[2] Vgl. S. 444.

[3] Im Folgenden wird zur Vereinfachung ein einheitlicher Ertragsteuersatz unterstellt.

[4] Zum Konstrukt der Steuererstattung vgl. Folge 54, S. 311.

tergrenze unter Berücksichtigung von Ertragsteuern. Der Endwert der Opportunität nach Steuern, der die Referenzgröße für die Bestimmung der langfristigen Preisuntergrenze darstellt, beträgt:

$$EW^{0^{nSt}} = 9000 \cdot [1 + 0{,}08 \cdot (1 - 0{,}4737)]^5 = 11061\ [€]$$

Zeitpunkt	0	1	2	3	4	5
Zahlungsfolge der Investition	–18.000	–2.178	4.844	17.928	2.996	121
Eigene Mittel	9.000					
Kredit mit Endtilgung						
+ Aufnahme	5.000					
– Tilgung			5.000			
– Sollzinsen (inkl. Disagio)	500	300	300			
Kontokorrentkredit						
+ Aufnahme	4.500		1.078			
– Tilgung		212		5.366		
– Sollzinsen		585	557	698		
Reinvestition						
– Anlage				5.407	3.510	2.144
+ Rückfluss						
+ Ertrag					433	713
Ertragsteuern						
– Steuerzahlung			65	6.457		
+ Steuererstattung		3.275			81	1.310
Finanzierungssaldo	0	0	0	0	0	0
Bestandsgrößen						
Finanzbestand				5.407	8.917	11.061
Kreditbestände						
Kredit mit Endtilgung	5.000	5.000				
Kontokorrentkredit	4.500	4.288	5.366			
Bestandssaldo	–9.500	–9.288	–5.366	5.407	8.917	11.061

Zeitpunkt	1	2	3	4	5
Buchwert zu Beginn des Jahres	18.000	14.400	10.800	7.200	3.600
– Abschreibung	3.600	3.600	3.600	3.600	3.600
Buchwert zum Ende des Jahres	14.400	10.800	7.200	3.600	0

Zeitpunkt	1	2	3	4	5
Ertragsüberschuss	–2.178	4.844	17.928	2.996	121
– Abschreibung Sachanlagen	885	857	698		
– Abschreibung Disagio	250	250			
– Zinsaufwand				433	713
+ Zinsertrag	3.600	3.600	3.600	3.600	3.600
Steuerbemessungsgrundlage	–6.913	136	13.630	–171	–2.766
Steuererstattung	3.275			81	1.310
Steuerzahlung		65	6.457		

Abb. 77-4: VOFI mit Steuern zur Ermittlung der Preisuntergrenze

Die langfristige Preisuntergrenze ist am Beispiel des Einzahlungsüberschusses des ersten Jahres wie folgt nachzuvollziehen:

$$d_1^{krit} = (p_u - 40) \cdot 100 - 10000 = -2178 \text{ [€]}$$

Aufgelöst nach p_u ergibt sich:

$$p_u = 118{,}22 \text{ [€/Stck.]}$$

Die langfristige Preisuntergrenze nach Steuern ist um 0,67 € *niedriger* als diejenige ohne Steuern in Höhe von 118,89 €.[1]

Wie ist die Reduktion der Preisuntergrenze bei Einbeziehung von Steuern zu erklären? Die Antwort ist eigentlich ganz einfach: Durch die Einbeziehung der Ertragsteuern sinkt der Endwert der Opportunität um 2.162 €.[2] Dieser Endwert stellt die Referenzgröße für den Zielwert dar, der mit der Produktinnovation zu erreichen ist. Wegen des durch die Einbeziehung von Steuern *gesunkenen* Anspruchsniveaus weist die langfristige Preisuntergrenze für das zu kalkulierende Produkt eine *geringere* Höhe auf. Mithilfe einer Differenzanalyse unter Verwendung des Δ-VOFIs könnte die Ursache für das Sinken exakt ergründet werden. Y fand eine derartige Differenzanalyse in Form einer Steuerwirkungsanalyse unter Verwendung

---

1 Vgl. S. 446. Der Pragmatiker Y verschwieg dieses Ergebnis natürlich dem Marketingleiter, da er fürchtete, dieser würde sonst bei der endgültigen Realisierung des Einführungspreises zu nachgiebig sein.

2 $$\begin{aligned}\Delta EW^O &= EK \cdot q^n - EK\,[1 + i_O\,(1 - s)]^n \\ &= 9000 \cdot 1{,}08^5 - 9000\,[1 + 0{,}08\,(1 - 0{,}4737)]^5 \\ &= 2162 \text{ [€]}\end{aligned}$$

Symbol

ΔEW^O Änderung des Endwerts der Opportunität

Das Symbol ist wirklich neu! Es kam bisher noch nie in unserer Fallstudiengeschichte vor.

eines Δ-VOFIs zwar „ganz nett“, letztlich interessierte ihn aber nicht die Zusammensetzung der Preisuntergrenzenreduktion, sondern die Kalkulation der Preisuntergrenze – auch deshalb, um etwas Vergleichbares zu den Kalkulationsverfahren der Kostenrechnung verfügbar zu haben.

4 Ein Kalkulationsschema zur Ermittlung der langfristigen Preisuntergrenze

Das Schema zur Kalkulation der langfristigen Preisuntergrenze auf Basis der Daten von VOFI wird Abb. 77-5 dargestellt. Durch Addition der aus der Totalgewinnanalyse herzuleitenden relevanten Stückkosten – korrigiert um die Reinvestitionszinsen pro Stück – ergibt sich die langfristige Preisuntergrenze wie folgt:

variable Kosten pro Stück
+ fixe Kosten pro Stück (ohne Kapitaldienst)
+ Kalkulatorische Abschreibungen pro Stück
+ Kalkulatorische Zinsen pro Stück
– Reinvestitionszinsen pro Stück
= Selbstkosten pro Stück (langfristige Preisuntergrenze)

Abb. 77-5: Kalkulationsschema zur Ermittlung der langfristigen Preisuntergrenze

Zur Ermittlung der Daten ist ein Vorgehensmodell zu formulieren, das aus den folgenden Phasen besteht:

- Zunächst ist ein VOFI aufzustellen, in dem bei der Zahlungsfolge lediglich die fixen und die variablen Auszahlungen bei gegebenen Produktionsmengen ausgewiesen werden. Der Endwert der Investition ist natürlich negativ.
- In der nächsten Phase ist der Endwert der Opportunität (nach Steuern) auszurechnen.
- Anschließend ist im Rahmen einer Sensitivitätsanalyse („Zielwertsuche“) der Preis jeder Periode so zu fixieren, dass der Endwert der Investition mit dem der Opportunität übereinstimmt.
- Danach ist eine Totalgewinnanalyse durchzuführen, wobei „die Höhe“ des Kalkulatorischen Totalgewinns wegen der Preisuntergrenze gleich null ist.
- In der letzten Phase sind die relevanten Daten der Totalgewinnanalyse durch die zeitlich totale Absatzmenge zu dividieren. Die Ergebnisse sind in das Kalkulationsschema zu übernehmen.

Ein Beispiel soll die allgemeine Vorgehensweise illustrieren. Nachdem die relevanten Daten in den VOFI[1] eingebracht worden sind, kann die Zielwertsuche von Microsoft Excel gestartet werden. Zur Vereinheitlichung wird eine einheitliche Preisuntergrenze für den gesamten Zeitraum angenommen. Die durch die Zielwertsuche ermittelte langfristige Preisuntergrenze weist ein Niveau von 118,22 €/Stck. auf. Auf Basis dieser Daten ist nun die Totalgewinnanalyse durchzuführen.

Zeitpunkt	0	1	2	3	4	5	Σ	Σ
Produktion = Absatz		100	200	400	200	130	1.030	
Zahlungsfolge der Investition								
Einzahlungen	11.822	23.644	47.288	23.644	15.369	121.766	121.662	
– variable Auszahlungen	4.000	8.800	19.360	10.648	7.613	50.421	50.421	
– fixe Auszahlungen	10.000	10.000	10.000	10.000	10.000	50.000	50.000	
Cashflow ohne Zinsen		–2.178	4.844	17.928	2.996	–2.244	21.345	
– Anschaffungsauszahlung	–18.000						–18.000	
+ Liquidationsüberschuss						2.365	2.365	
= Zahlungsfolge	–18.000	–2.178	4.844	17.928	2.996	121	5.710	
Eigene Mittel	9.000							9.000
Kredit mit Endtilgung								
+ Aufnahme	5.000							
– Tilgung			5.000					0
– Sollzinsen (inkl. Disagio)	500	300	300				1.100	
Kontokorrentkredit								
+ Aufnahme	4.500		1.078					
– Tilgung		212		5.366				0
– Sollzinsen		585	557	698			1.840	
Reinvestition								
– Anlage				5.407	3.510	2.144		
+ Rückfluss								
+ Ertrag					433	713	1.146	
Ertragsteuern								
– Steuerzahlung			65	6.457			}1.855	
+ Steuererstattung		3.275			81	1.310		
Finanzierungssaldo	0	0	0	0	0	0		
Bestandsgrößen								
Finanzbestand				5.407	8.917	11.061		
Kreditbestände								
Kredit mit Endtilgung	5.000	5.000						
Kontokorrentkredit	4.500	4.288	5.366					
Bestandssaldo	–9.500	–9.288	–5.366	5.407	8.917	11.061		

Abb. 77-6: VOFI der Produktinnovation mit Appendix zur Totalgewinnanalyse

[1] Auf die Darstellung der Daten des Steuerberechnungsmoduls wurde verzichtet.

Der Pagatorische Totalgewinn der Produktinnovation von 2.061 € kann einerseits als Differenz des Endwerts und der anfangs eingesetzten Eigenen Mittel und andererseits als Ergebnis der Totalgewinnanalyse (vgl. Abb. 77-7) bestimmt werden.

Zeitpunkt	0	1	2	3	4	5	Σ	Σ
Eigene Mittel	9.000						9.000	
Geldanlage								
– Anlage	9.000	379	395	412	429	447		11.061
+ Rückfluss								
+ Habenzinsen		720	750	782	815	849	3.916	
Ertragsteuern		341	355	370	386	402	1.855	
Finanzierungssaldo	0	0	0	0	0	0		
Finanzbestand	9.000	9.379	9.774	10.185	10.614	11.061		

Abb. 77-7: VOFI der Opportunität zur Ermittlung eines Schemas für die Ermittlung einer langfristigen Preisuntergrenze

Der Totalgewinn der Opportunität kann einerseits als Differenz des Endwerts und der anfangs eingesetzten Eigenen Mittel[1] und andererseits als die Summe der Habenzinsen abzüglich der Steuerzahlungen[2] bestimmt werden. Wegen der Preisuntergrenzenbetrachtung stimmen die Totalgewinne der Produktinnovation und der Opportunität natürlich überein.

Die Wertansätze für die einzelnen Positionen des Kalkulationsschemas lassen sich für unser Demo-Beispiel wie folgt bestimmen:

Position	Wertansatz [€/Stck.]
variable Kosten pro Stück	$\frac{50421}{1030} = 48{,}95$
fixe Kosten pro Stück (ohne Kapitaldienst)	$\frac{50000}{1030} = 48{,}54$
Abschreibungen pro Stück	$\frac{18000 - 2365}{1030} = 15{,}18$
Kalkulatorische Zinsen pro Stück	$\frac{1100 + 1840 + 3916}{1030} = 6{,}66$
Reinvestitionszinsen pro Stück	$\frac{1146}{1030} = 1{,}11$

Abb. 77-8: Ermittlung der Wertsansätze für das Kalkulationsschema

1 $11061 - 9000 = 2061$ [€]

2 $3916 - 1855 = 2061$ [€]

Anzumerken ist, dass sämtliche Sollzinsen (einschließlich Disagio) sowie die Opportunitätszinsen in der Position *Kalkulatorische Zinsen pro Stück* zusammengefasst worden sind. Die Erträge der Reinvestitionen werden gesondert ausgewiesen. Sie sind bei der Kalkulation der Preisuntergrenze wie eine Gutschrift zu berücksichtigen.

Die oben ermittelten Daten sind nun in das Kalkulationsschema zur Bestimmung der langfristigen Preisuntergrenze einzusetzen. Im Vergleich zur traditionellen Zuschlagskalkulation ist dieses Schema einerseits einfacher, da von Begriffen der Kostentheorie („variable und fixe Kosten“) ausgegangen wird und nicht von den herkömmlichen Begriffen der Kostenrechnung („Einzel- und Gemeinkosten“) – andererseits ist das Schema komplizierter, da aufgrund der mehrperiodigen Betrachtung auch Reinvestitionserträge pro Stück vorzusehen sind.

	€/Stck.
variable Kosten pro Stück	48,95
+ fixe Kosten pro Stück (ohne Kapitaldienst)	48,54
+ Kalkulatorische Abschreibungen pro Stück	15,18
+ Kalkulatorische Zinsen pro Stück	6,66
– Reinvestitionszinsen pro Stück	1,11
Selbstkosten pro Stück (= langfristige Preisuntergrenze)	118,22

Abb. 77-9: Kalkulation der langfristigen Preisuntergrenze

Das Kalkulationsschema ist um die Position „Ertragsteuerkorrekturen“ zu ergänzen, wenn die zeitlich totalen Steuerzahlungen bzw. -erstattungen bei der Produktinnovation und ihrer Opportunität voneinander abweichen. In der oben dargestellten Datensituation sind die Steuerzahlungen in beiden Entscheidungsalternativen in Höhe von 1.855 € identisch. Dies hängt damit zusammen, dass bei der langfristigen Preisuntergrenze kein Mehrgewinn im Vergleich zum zeitlich totalen Gewinn der Opportunität erzielt wird. Falls konstante Ertragsteuersätze vorliegen, sind – auch wenn die zeitliche Verteilung der Steuerzahlungen bei den betrachteten Alternativen unterschiedlich ist – die zeitlich totalen Steuerzahlungen identisch.

Eine Ertragsteuerkorrektur fällt auch dann an, wenn ein Teil der mit der Produktinnovation zusammenhängenden Zahlungen *nicht* steuerpflichtig ist. Dies ist z. B. der Fall, wenn die Anschaffungsauszahlung nicht vollständig abschreibungsfähig ist (z. B. im Fall eines Grundstückkaufs). Allerdings ist bei einer derartigen Datensituation zu bedenken, dass der Endwert der Produktinnovation neben den liquiden Mitteln auch den Wert des zu aktivierenden Objekts am Planungshorizont (z. B. den dann zu erwartenden Marktwert eines Grundstücks) enthält. In diesem Fall wäre eine Wertzuschreibung pro Stück vorzunehmen.

Y hatte voller Interesse zugehört und freute sich schon auf die Berechnungsexperimente mit dem von St. zu erarbeitenden Excel-Spreadsheet zur Bestimmung der langfristigen Preisuntergrenze ohne und mit Steuern und mit und ohne zeitlich konstante Steuersätze, die im VOFI-Portal zur Verfügung gestellt werden.

Kontrollfragen

Definieren Sie den Begriff „Preisuntergrenze“!

Warum ist eine ökonomisch sinnvolle langfristige Preisuntergrenze nicht mithilfe der Vollkostenrechnung, sondern nur auf Basis eines Finanzplans möglich?

Wie wird die langfristige Preisuntergrenze im VOFI berechnet? Erörtern Sie den Algorithmus zur rechnerischen Bestimmung dieses kritischen Werts!

Inwiefern ist bei der Preisuntergrenzenbestimmung mit der ceteris-paribus-Bedingung zu arbeiten?

Welchen Einfluss hat der Opportunitätskostensatz auf die langfristige Preisuntergrenze? Begründen Sie die Wirkung!

Angenommen, ein Investitionsobjekt wäre vor zwei Jahren angeschafft worden. Die Anschaffungsauszahlung ist also nicht mehr entscheidungsrelevant, insofern gelten die Kalkulatorischen Abschreibungen als sunk cost. Können dennoch in der langfristigen Preisuntergrenze Kalkulatorische Abschreibungen enthalten sein?

Wie wird die langfristige Preisuntergrenze unter Berücksichtigung einer kritischen Preissteigerungsrate für das abzusetzende Produkt ermittelt?

Sinkt oder steigt die langfristige Preisuntergrenze durch Einbeziehung der Ertragsteuern in das Modell? Führen Sie Steuerwirkungsanalysen durch!

Obwohl die Berücksichtigung von Ertragsteuern einen Einfluss auf die langfristige Preisuntergrenze hat, kann es sein, dass die Ertragsteuern kein Kalkulationsbestandteil der Preisuntergrenze sind. Erklären Sie diese Aussage!

Unter welchen Bedingungen ist ein Korrekturposten, der aus den Ertragsteuern resultiert, zur Bestimmung der langfristigen Preisuntergrenze anzusetzen?

Folge 78

Weitere kritische Werte

Das Leben ist voller kritischer Werte

1 Die Ausgangssituation

Herr Y war von den Preisuntergrenzenanalysen seines Controllers Dr. X sehr angetan und wies ihn an, weitere kritische Werte zu berechnen. In ziemlich barschem Ton sagte er: „Sie hätten sich aber auch denken können, dass mich beispielsweise die Sensibilität der Anschaffungsauszahlung interessiert!"

‚Er redet über Sensibilität von *Parametern* und vergisst dabei die Sensibilität seines Rationalitätssicherers!', dachte Dr. X und zog sich zur Sensitivitäts- oder – wie sie auch heißt – Sensibilitätsanalyse zurück.[1]

2 Kritische Werte

Dr. X hatte voller Fleiß einen bunten Strauß kritischer Werte errechnet und trug sie in der nächsten Sitzung seinem Geschäftsführer vor. Er holte tief Luft und legte los:

„Würde die Anschaffungsauszahlung 19.470 €[2] überschreiten, so wäre die Durchführung der Investition nicht mehr vorteilhaft. Würde der Sollzinsfuß über 19,96 % klettern, so sollte man besser die Opportunität verwirklichen. Würden im ersten Jahr die fixen Auszahlungen mehr als 10.409 € betragen, so würde sich die Investition nicht mehr lohnen. Für das zweite, dritte, vierte und fünfte Jahr gelten analog die Werte 11.877 €, 12.120 €, 12.290 € und 12.473 €. Würde der Liquidationsüberschuss 108 € unterschreiten, so müsste auf die Investition verzichtet werden."

Ohne zwischendurch Luft zu holen[3] , fuhr er fort: „Besonders interessant dürften die kritischen Absatzmengen sein, die als Ergebnisse einer dynamischen Absatzmengenanalyse zu betrachten sind. Der kritische Absatz

---

1 Offensichtlich war er so betroffen, dass er nicht daran dachte, die Ermittlung der *kritischen* Anschaffungsauszahlung im Rahmen des Anfangswertkonzepts zur Verteidigung vorzubringen (vgl. S. 414).

2 Übrigens ist dies der Anfangswert der Investition. Hätten Sie daran gedacht?

3 Versuchen Sie ruhig mal, diese Leistung nachzumachen, lieber Leser!

beträgt im Einführungsjahr 73 Stück und in den folgenden Jahren 173, 372, 172 und 102 Stück. Die neuen Preisuntergrenzen aufgrund der neuen Finanzierungsdaten belaufen sich auf 83,39 €, 100,62 €, 115,70 €, 121,65 € bzw. 127,38 € pro Stück."

Als Dr. X auch noch kritische variable Auszahlungen pro Stück und ihre kritische Wachstumsrate herunterrasseln wollte, unterbrach ihn der Geschäftsleiter mit der Bitte, die Flut der kritischen Werte zu dämmen, zumal für jeden kritischen Wert die ceteris-paribus-Bedingung gelte, nach der sämtliche anderen originären Daten (z. B. die nicht zu variierenden Elemente der Zahlungsfolge) des Modells unverändert bleiben. Dr. X reagierte etwas beleidigt. Er hatte sich sehr viel Mühe mit der Erarbeitung der Ergebnisse gegeben. Sunk!

Einerseits, um die Arbeit von Dr. X zu würdigen, andererseits, um sie zu kontrollieren, bat Y seinen Controller, einen VOFI für den kritischen Absatz im ersten Jahr x_1^{krit} aufzustellen. Wie bereits dargelegt, ist ein kritischer Wert von 73 Stück errechnet worden. Der VOFI ist in Abb. 78-1 dokumentiert worden. Anzumerken ist, dass sich der Einzahlungsüberschuss im Einführungsjahr bei x_1^{krit} wie folgt errechnet:

$$d_1 = (p_1 - a_{v1}) \cdot x_1^{krit} - a_{f1} = (100 - 40) \cdot 73 - 10000 = -5620 \text{ [€]}$$

Der Endwert weicht wegen einer Rundung auf eine ganzzahlige *Absatzmenge* um 61 € vom Endwert der Opportunität ab.

Zeitpunkt	0	1	2	3	4	5
Zahlungsfolge der Investition	–18.000	**–5.560**	3.200	19.040	5.972	3.785
Eigene Mittel	9.000					
Kontokorrentkredit						
+ Aufnahme	9.000	6.730				
– Tilgung			1.155	14.575		
– Sollzinsen		1.170	2.045	1.895		
Reinvestition						
– Anlage				2.570	6.178	4.485
+ Rückfluss						
+ Ertrag					206	700
Finanzierungssaldo	0	0	0	0	0	0
Bestandsgrößen						
Finanzbestand				2.570	8.740	13.233
Kreditbestand	9.000	15.730	14.575			
Bestandssaldo	–9.000	–15.730	–14.575	2.570	8.740	**13.233**

Abb. 78-1: VOFI für die Investition DY11;
Berechnung des kritischen Absatzes für das Einführungsjahr

3 Der Dynamische Break-even-Point

Einen Tag später fragte Y seinen Controller Dr. X leicht vorwurfsvoll: „Warum haben Sie keine Break-even-Analyse angestellt, um zu demonstrieren, ab welcher kritischen Absatzmenge die Investition vorteilhaft ist?“

Dr. X wies Y in netter Form darauf hin, dass der kritische Absatz, der den Break-even-Point determiniert, derjenige Absatz ist, in dem die VOFI-Pay-off-Periode erreicht worden sei. Dies sei bekanntlich das fünfte Jahr. Folglich müssten die bis dann abzusetzenden Mengeneinheiten kumuliert werden. Y wies darauf hin, dass es ihm natürlich klar sei, dass der Break-even-Point im fünften Jahr liege. Er wolle aber wissen, wie hoch er ist.

Dr. X errechnete die gesuchte kritische Absatzmenge wie folgt: Zunächst legte er die VOFI-Pay-off-Periode fest. Dann addierte er sämtliche Produktions- bzw. Absatzmengen bis zum Jahr vor dem Amortisationszeitpunkt. Die periodenkritische Menge im Pay-off-Zeitpunkt errechnete er, um sie anschließend mit den anderen kumulierten Mengen zusammenzufassen. Das Ergebnis war der Dynamische Break-even-Point x_{br}. In Formeln sieht es für den einen oder anderen sicherlich einfacher aus:

$$x_{br} = \sum_{t=1}^{t_p-1} x_t + x_{krit_{t_p}}$$

Die kritische Menge in der Pay-off-Periode $x_{krit_{t_p}}$ ist wie folgt ermittelbar:

$$x_{krit_{t_p}} = \frac{EW^O - EW^M_{t_p-1} + a_{f_{t_p}} - L_{t_p} - Z^H_{t_p} + Z^S_{t_p}}{p_{t_p} - a_{v_{t_p}}}$$

Selbst, wenn die **Symbole** mittlerweile bekannt sind, sollen sie hier noch einmal aufgeführt werden:

x_{br}	Dynamischer Break-even-Point
$a_{f_{t_p}}$	fixe Auszahlungen in der Pay-off-Periode
$a_{v_{t_p}}$	variable Auszahlungen pro Stück in der Pay-off-Periode
EW^O	Endwert der Opportunität
$EW^M_{t_p-1}$	Endwert (Bestandssaldo) zu Beginn der Pay-off-Periode
L_{t_p}	Liquidationsüberschuss in der Pay-off-Periode (falls $t_p = n$)
p_{t_p}	Preis in der Pay-off-Periode

$Z^H_{t_p}$ Habenzinsen in der Pay-off-Periode

$Z^S_{t_p}$ Sollzinsen in der Pay-off-Periode

Da Y keine allgemeinen Formeln, sondern konkrete Daten haben wollte, soll die Errechnung des Dynamischen Break-even-Points nun kurz demonstriert werden:

Die Pay-off-Zeit der Investition DY11 beträgt bekanntlich fünf Jahre.[1] In den ersten vier Jahren der Nutzungsdauer von DY11 werden aufgrund der in Abb. 8-2, S. 46, dargestellten Prognose 900 Stck. produziert und abgesetzt. Die Frage ist also, wie viele Mengeneinheiten in der fünften Periode – der Pay-off-Periode – erzeugt werden müssen, damit die Investition kein Verlustträger wird. Unter Verwendung der oben stehenden allgemeinen Formel ergibt sich:

$$x_{krit_{t_p}} = \frac{13224 - 11030 + 10000 - 2365 - 882 + 0}{146{,}41 - 58{,}56} = 102 \text{ [Stck.]}$$

Der Dynamische Break-even-Point x_{br} beträgt auf Basis einer dynamischen Rechnung somit 900 + 102 = 1002 [Stck.].

4 Einbeziehung von Steuern

Es darf nicht überraschen, dass sich die Akteure dafür aussprachen, die kritischen Werte *mit* Steuern zu bestimmen – warum nicht gleich so.[2] Als Beispiel sei die kritische Anschaffungsauszahlung genannt, die mit 19.470 € für den Fall ohne Steuern berechnet wurde. Auf Basis eines VOFIs mit Steuern (vgl. Abb. 59-5, S. 350) ergibt sich ein kritischer Wert von 19.553 €.[3] Die Einbeziehung der Steuern führt also zu einer *Erhöhung* der kritischen Anschaffungsauszahlung, die als Preisobergrenze von DY11 interpretierbar ist.

---

[1] Vgl. S. 64.

[2] Trotz der nicht auf eine Antwort abzielenden rhetorischen Frage sei hier eine Antwort gegeben: aus didaktischen Gründen. Die Einführung einer neuen Methode mit einer Datensituation ohne Steuern bietet die Möglichkeit, die Komplexität um die Einbeziehung von Steuern systematisch zu steigern. Bei Bedarf sollte diese mit den von St. erstellten Excel-Spreadsheets gearbeitet werden.

[3] Anzumerken ist, dass der Endwert der Opportunität nach Steuern 10.890 € beträgt.

Y war etwas irritiert, dass die Einbeziehung von Steuern dazu verleiten könnte, bei den Preisverhandlungen im Zusammenhang mit der Anschaffung von DY11 weniger unnachgiebig zu sein. Als Dr. X anhob, die kritischen Werte zu interpretieren, winkte Y ab. Ihm fiel wieder ein, dass auch die langfristige Preisuntergrenze durch Berücksichtigung von Ertragsteuern gestiegen war und hierfür eine Begründung erarbeitet worden ist.[1]

Mittlerweile waren die beiden Akteure zu der Einsicht gekommen, dass kritische Werte wegen der ceteris-paribus-Bedingung als *kritisch* anzusehen sind. Nur herausragende Einflussgrößen, wie z. B. der Ölpreis in der gegenwärtigen und zukünftigen weltwirtschaftlichen Lage, sollten als kritische Werte untersucht werden. Ein Inflationierung kritischer Werte führt dagegen zu einer Informationsflut.

Kontrollfragen

Was ist unter einem kritischen Wert zu verstehen? Nennen Sie Beispiele, für welche Größen kritische Werte zu bestimmen sind!

Wie wird ein kritischer Wert im VOFI berechnet? Erörtern Sie den Algorithmus! Nennen Sie einige markante Daten des VOFIs, für die kritische Werte sinnvoll sind!

Welcher Zusammenhang besteht zwischen einem Pay-off-Zeitpunkt und dem Dynamischen Break-even-Point?

Erläutern Sie den Rechenweg zur Bestimmung des Dynamischen Break-even-Points im Rahmen von VOFI!

---

[1] Vgl. S. 447 f.

Folge 79

Szenariotechnik

Erwartungen dürften
nicht verheimlicht werden

1 Die neue Sicht

Y war mit den Zahlenspielereien, wie sie im Rahmen der Sensitivitätsanalysen durchgeführt worden sind, eigentlich unzufrieden, da bei der Prognose der Zahlungsfolge der Investition, aber auch bei der Vorgabe der Zinsstruktur von einem „Normalfall" ausgegangen worden ist. Aber was ist schon *normal*? Indes ist auch eine Einschätzung der ungewissen Zukunft, bei der pessimistische als auch optimistische Erwartungen gehegt werden, bereits verworfen worden. Sinnvoll dürfte es jedoch sein, bedingte Annahmen für die Zukunft aufzustellen, die sich z. B. auf die Konjunkturlage oder auch auf die Marktsituation beziehen können. Unter Berücksichtigung dieser Annahmen bezüglich der zukünftigen Lagen – auch als Szenarien bezeichnet – sind dann bedingte Prognosen zu erarbeiten.

Eine derartige Analyse kann beliebig umfangreich gestaltet werden. Hier soll zur Vereinfachung davon ausgegangen werden, dass lediglich drei Szenarien abzubilden sind. Diese Szenarien könnten sich durchaus überschneiden. Selbst subjektive Wahrscheinlichkeiten[1] könnten den sich überlappenden Ereignissen zugeordnet werden – allerdings dürften dann keine arithmetischen Verdichtungen der Zielwerte (etwa zu Erwartungswerten) vorgenommen werden. Üblich ist jedoch, die Szenarien so abzubilden, dass sie sich gegenseitig ausschließen. Wenn dann auch noch ange-

---

[1] Zur Problematik des Ansatzes subjektiver Wahrscheinlichkeiten in Modellen zur Entscheidungsunterstützung vgl. Schneider, D. (1992), S. 450 f. SCHNEIDER spricht nicht ohne Ironie von zwei Wahlmöglichkeiten beim Einsatz von Modellen der Unsicherheitstheorie. Die eine Möglichkeit sähe vor, die Anwendungsbedingungen nicht zur Kenntnis zu nehmen und sich damit einer Selbsttäuschung hinzugeben. Die zweite Alternative beinhalte, Anwendungsschwierigkeiten zur Kenntnis zu nehmen und dennoch Wahrscheinlichkeitsrechnungen als „Planungstechnik" beizubehalten. Hierbei sei jedoch der „Wahrheitsanspruch" zu senken. Dass die in dieser Fallstudiengeschichte agierenden Personen Dr. X und Y sich immer schon mit der zweiten Wahlmöglichkeit identifiziert und die erste nicht einmal in Erwägung gezogen haben, dürfte Ihnen, verehrter Leser, klar sein.

nommen wird, dass der Entscheidungsträger sämtliche für relevant gehaltenen Szenarien erfasst hat, dann ist die Summe der ihnen zugeordneten Wahrscheinlichkeiten gleich 100 %. Von diesem Fall wird hier ausgegangen.

2 Demo-Beispiel

Zur Demonstration eines Beispiels sah Dr. X drei Szenarien vor:

S_1 normale Nachfrage

S_2 schwache Nachfrage

S_3 starke Nachfrage

Den Szenarien – häufig auch als Umweltsituationen bezeichnet – sind nun subjektive Wahrscheinlichkeiten zuzuordnen. Die Wahrscheinlichkeit des Eintritts von S_1 bezifferte Y nach längerem Abwägen mit 60 %. Den Eintritt der Szenarien S_2 und S_3 sah er als gleich wahrscheinlich an. Da Y davon überzeugt war, dass das Entscheidungsfeld vollständig und überschneidungsfrei formuliert worden ist, war klar, dass die Wahrscheinlichkeiten für den Eintritt von S_2 und S_3 jeweils 20 % betragen müssen, da die Summe der Wahrscheinlichkeiten unter der Bedingung der Vollständigkeit 100 % ergeben muss.

Zur Ermittlung der Zielwerte jonglierten die beiden Akteure mit Excel-Spreadsheets und errechneten Endwerte, die sie zusammen mit der sicheren Opportunität in einer Entscheidungsmatrix zusammenstellten (vgl. Abb. 79-1).

Szenario Wahrscheinlichkeit Entscheidungsalternativen	S_1 60 %	S_2 20 %	U_3 20 %
Investition DY11	15.697	9.000	19.300
Geldanlage der Eigenen Mittel	13.224	13.224	13.224

Abb. 79-1: Entscheidungsmatrix mit Endwerten

Dr. X wollte die Entscheidungsproblematik im Sinne eines intraindividuell empfundenen sachlich-intellektuellen Konflikts[1] erörtern. Dieser Konflikt bestand darin, dass bei S_1 und S_3 das Investitionsobjekt DY11 gegenüber der Opportunität vorzuziehen sei, nicht dagegen bei S_2. Y winkte ab – schließlich bot die Entscheidungsmatrix hinreichend Transparenz. Beinahe entstand hierdurch ein sozio-emo-

[1] Vgl. Krüger, W. (1972), S. 36 ff.

tionaler Konflikt. Insbesondere, nachdem Y darauf hinwies, dass die Endwerte unter Berücksichtigung von Ertragsteuern ausgewiesen werden sollten.

Kontrollfragen

Erläutern Sie die Szenariotechnik als Instrument der Entscheidungstheorie!

Sind in einer Entscheidungsmatrix die Szenarien überschneidungsfrei zu formulieren?

Unter welchen Bedingungen ist die Summe der den Szenarien zugeordneten subjektiven Wahrscheinlichkeiten gleich 100 %?

Unter welchen Bedingungen dominiert eine Entscheidungsalternative alle anderen? Welche Rolle spielen dabei die subjektiven Wahrscheinlichkeiten?

Ermitteln Sie die in der Entscheidungsmatrix (vgl. Abb. 79-1) enthaltenen Zielwerte nach Steuern! Die steuerlichen Parameter sollten Sie aufgrund ihrer aktuellen Einschätzung der zukünftigen Lage selbst festlegen.

Folge 80

Bernoulli-Risikonutzentheorie

Schon wieder ein Paradigmenwechsel?

1 Die entscheidungstheoretische Basis

Das Kriterium Transparenz ist in der Betriebswirtschaftslehre und in der Informatik unterschiedlich definiert. In der Informatik wird Transparenz im Sinne von *unsichtbar* verstanden. Wenn also ein Informatiker sagt, die Daten sollten transparent gemacht werden, dann sollte der Vertreter des Investitionscontrollings skeptisch werden. Natürlich meint es die Informatik nur gut. Sie will einen Beitrag zur Reduktion der Informationsflut leisten.

Wir legen hier natürlich ein betriebswirtschaftliches Sprachverständnis zugrunde. Deshalb verstehen wir unter Transparenz die benutzerorientierte Präsentation relevanter Daten, in der es darum geht, prägende Tatbestände und Zusammenhänge sichtbar zu machen, nicht etwa zu verstecken oder zu verschleiern. Diese Anforderung gilt sowohl für die Inhalte als auch für die Form.[1]

Neben der Transparenz ist die Konsistenz einer Entscheidung von grundlegender Bedeutung. Um von Konsistenz zu sprechen, müssen spezielle Anforderungen an die Zielwertbestimmung erfüllt sein. Generell muss die Entscheidungsfindung aufgrund verdichteter Ergebnisse zur gleichen Empfehlung führen wie eine Entscheidung unter Verwendung der Originaldaten. In der präskriptiven Entscheidungstheorie werden zur Erzeugung konsistenter Entscheidungen *Axiome* aufgestellt, die Anforderungen an das Rationalverhalten abbilden. Hierauf ist nun näher einzugehen.

Ein Axiom ist ein unbeweisbarer und daher unbestreitbarer Grundsatz. Sobald Experten der Meinung sind die Aussage sei bestreitbar, dürfte sie nicht etwa ein umstrittenes Axiom, sondern gar keins mehr sein. Nicht der Versuch eines „Streits", sondern die Anerkennung der Bestreitbarkeit durch die Scientific Community ist das Kriterium zur Klärung der Frage „Axiom oder nicht Axiom".

---

[1] Zu einer ausführlicheren Auseinandersetzung mit dem Transparenzbegriff im Controlling vgl. Kraft, M. (2006), S. 34 ff.

Wenn man sich auf den Standpunkt stellt, Axiome für rationales Entscheidungsverhalten könnten nicht empirisch untersucht werden, dann ist a priori eine offene Flanke bezüglich streitbarer Angriffe gedeckt. In diesem Fall wären nur noch entscheidungslogische Einwände erlaubt.

Zu den wichtigsten Axiomen[1] der Bernoulli-Risikonutzentheorie[2], die grundlegend ist für die präskriptive Entscheidungstheorie, gehören das Ordinal-, das Dominanz- sowie das Stetigkeits- und das Unabhängigkeitsaxiom.[3] Auf diese Axiome ist nun kurz einzugehen:

- Beim Ordinalaxiom wird vom Entscheidungsträger verlangt, dass er sämtliche Alternativen in eine eindeutige Rangordnung bringen kann. Für diese Rangordnung wird verlangt, dass sich Entscheidungsträger gemäß einer Transitivitätsbedingung[4] verhalten.
- Das Dominanzaxiom besagt im Kontext der Bernoulli-Risikonutzentheorie, dass eine Erhöhung des nominellen Zielwerts stets mit einem Steigen des Risikonutzens verbunden ist.[5] Bei Alternativen mit identischen

---

[1] Vgl. z. B. Ellsberg D. (1961), S. 643 ff. Zur Darstellung und kritischen Auseinandersetzung mit diesen Axiomen vgl. insbes. Schneider, D. (1992), S. 427-452, Adam, D. (1996), S. 248 ff., Bamberg, G., Coenenberg, A. G. (2006), S. 100-103, Grob, H. L. (1975), S. 30-35.

[2] Vgl. Bernoulli, D. (1954), S. 22 ff. Zur Einordnung in die Entscheidungstheorie vgl. Bamberg, G., Coenenberg, A. G. (2006), S. 76-91.

[3] Eine ausführliche Erörterung der Axiome findet sich bei Adam, D. (1996), S. 245-248. Da die Sichtweisen auf das Axiomensystem sowie die Darstellungsformen in der Literatur abweichen, vgl. u. a. Eisenführ, F., Weber, M. (2003), S. 212-217, Bamberg, G., Coenenberg, A. G. (2006), S. 81-89.

[4] Bei Vorliegen der Transitivitätsbedingung muss ein Entscheidungsträger, der das Tennisspielen dem Golfspielen vorzieht und das Golfspielen dem Skifahren, konsequenterweise auch lieber Tennis spielen als Ski zu fahren. Das Erfordernis einer ceteris-paribus-Bedingung liegt auf der Hand. Ceteris paribus bedeutet, dass beispielsweise von gleichen Wetterverhältnissen ausgegangen wird. Einfacher ist es, das Transitivitätsprinzip unter Verwendung entscheidungstheoretischer Begriffe zu verwenden. Hiernach liegt Transitivität vor, wenn der Entscheidungsträger Alternative 1 gegenüber Alternative 2 bevorzugt und erstere höher einstuft als Alternative 3 und folglich auch die Alternative 1 für günstiger ansieht als die Alternative 3.

[5] *Paranoisch* anmutendes Vernichten finanzieller Mittel durch den Entscheidungsträger ist somit ausgeschlossen. Bei ADAM heißt es, dass eine Nutzenfunktion mit einem nach dem Maximum sinkenden Nutzen „möglicherweise für einen Sponsor gilt, der Gewinne ‚zum Überdruss' erzielt und seinen persönlichen Nutzen dadurch vergrößert, dass er eine u. U. sogar hoffnungslose Sache durch Zuwendung unterstützt". Vgl. Adam, D. (1996), S. 247. Kritisch anzumerken ist, dass ein derartiges Beispiel besser durch ein multikriterielles Verfahren formal zum Ausdruck gebracht werden sollte, bei dem der Gesamtnutzen die Synthese aus der Verdichtung monetärer und nicht-monetärer Kriterien darstellt.

Zielwerten sind die Wahrscheinlichkeiten zu betrachten und bezüglich der Dominanz zu untersuchen.

- Das Stetigkeitsaxiom besagt, dass der Entscheidungsträger in der Lage ist, eine kritische Wahrscheinlichkeit („Präferenzwahrscheinlichkeit“) anzugeben, um die Gleichwertigkeit risikobehafteter und risikofreier Alternativen zum Ausdruck zu bringen.
- Wegen des Unabhängigkeitsaxioms darf eine bereits fixierte Rangordnung der Alternativen nicht geändert werden, wenn eine neue Umweltsituation eingefügt wird, die für sämtliche Alternativen die gleiche Entscheidungskonsequenz und Eintrittswahrscheinlichkeit aufweist.

Wir gehen im Folgenden von der Gültigkeit der oben genannten Axiome als unbestreitbare Grundsätze für rationales Entscheidungsverhalten aus, wenn auch die als allgemein gültig apostrophierte Axiomatik des Rationalverhaltens eines Entscheidungsträgers zahlreiche Wissenschaftler herausforderte, Paradoxien zu konstruieren, zu deren Existenzbeweis Entscheidungsträger in Laborexperimenten systematisch „in die Falle“ gelockt werden. Als berühmte Beispiele seien hier das Ellsberg-Paradoxon[1], aber auch das Allais-Paradoxon[2] genannt. Auch auf die konstruktiv-kritische Auseinandersetzung mit der Bernoulli-Theorie im Rahmen der Prospekttheorie, die der deskriptiven Entscheidungstheorie zuzuordnen ist, sei hingewiesen. Bei diesem Ansatz wird eine spezifische Bewertung von relativen Gewinnen und Verlusten vorgenommen. Im Gewinnbereich weist der Entscheidungsträger Risikoscheu und im Verlustbereich Risikofreude auf.[3] Hierdurch können Inkonsistenzen im Verhalten der Entscheidungsträger auftreten. Trotz aller Kritik wollen wir die Risikonutzentheorie ernst nehmen und den Versuch unternehmen, das theoretische Konzept praktikabel darzustellen.

Dr. X stand hinter diesem oben geäußerten Gedanken.

Y äußerte sich misstrauisch gegenüber Theorien, die auf Axiomen beruhen. Er sah sich als theorie-emanzipierter Praktiker und sagte: „Ich unterwerfe meine Entscheidungen nicht einem Axiomensystem. Ich verberge mich nicht hinter den Aussagen von Theorien, sondern will alles selbst kontrollieren, und zwar im Sinne von ‚to control‘!“

---

1 Vgl. Jungerman, H., Pfister, H.-R., Fischer, K. (2005), S. 190 f., Kühberger, A. (1994), S. 14 ff.

2 Vgl. Allais, M. (1953), Jungerman, H., Pfister, H.-R., Fischer, K. (2005), S. 212 f. sowie S. 226 ff., Laux, H. (2005), S. 197 ff., Starmer, C. (2000), S. 336 f.

3 Vgl. Kahneman, D., Tversky, A. (1979).

Der Affront gegen theoretische Konstrukte war offensichtlich emotional geladen. Dr. X, der bekanntlich der Theorie erheblich näher steht als Y, beschwichtigte diesen mit den Argumenten, unsicherheitstheoretische Konzepte zur Förderung der *Transparenz* müssten doch eigentlich von jedem VOFI-Anhänger begrüßt werden.[1] Und Konsistenz solle ganz einfach instrumental interpretiert werden.

„Was heißt das?“, fragte Y und verlangte mehr Transparenz bezüglich des Begriffs Konsistenz.

Dr. X führte aus: „Konsistenz bedeutet, dass eine Risikonutzenfunktion unter Berücksichtigung der Risikoeinstellung des Entscheidungsträgers aufgestellt und jede der konkurrierenden Alternativen unter Verwendung dieser Risikonutzenfunktion bewertet wird. Hierdurch werden mehrwertige Entscheidungskonsequenzen (z. B. die mit subjektiven Wahrscheinlichkeiten erwarteten Endwerte) in einen einwertigen Zielwert überführt. Bei Verwendung der Risikonutzenfunktion wird davon ausgegangen, dass die oben dargelegten Axiome für Rationalverhalten vom Entscheidungsträger wie Spielregeln akzeptiert werden.“

Y war schließlich bereit, die Investitionsentscheidung auf der Grundlage der Bernoulli-Risikonutzenfunktion vorzubereiten.

2 Vorbereitung der Entscheidung

2.1 Die Laborsituation

Um eine *konsistente* Entscheidung zu treffen, ist zunächst eine Entscheidungsmatrix aufzustellen. Hierdurch wird die Entscheidungssituation *transparent* gemacht. Dies ist bereits bei der Erörterung der Szenariotechnik geschehen. Dabei wurden nicht nur die Zielwerte systematisch zusammengestellt, sondern auch den relevanten Szenarien – hier als Umweltsituationen bezeichnet – Eintrittswahrscheinlichkeiten zugeordnet. Die Entscheidungsmatrix mit den Endwerten (ohne Steuern[2]) wird im Folgenden noch einmal wiedergegeben:

Umweltsituation	U_1	U_2	U_3
Wahrscheinlichkeit	60 %	20 %	20 %
Entscheidungsalternativen			
Investition DY11	15.697	9.000	19.300
Geldanlage der Eigenen Mittel	13.224	13.224	13.224

Abb. 80-1: Entscheidungsmatrix mit Endwerten

1 Transparenz wird somit fast zu einer Moralfrage hochstilisiert.

2 ... mal wieder aus didaktischen Gründen, da diese Vorgehensweise die Möglichkeit bietet, zu einem späteren Zeitpunkt den Effekt der Einbeziehung von Ertragsteuern zu analysieren.

„Ich will nun eine konsistente Entscheidung treffen!“, war Y’s einziger Wunsch und er fügte hinzu: „Bedenken Sie bitte, dass ich risikoscheu bin!“

„Das werden Sie selbst im Rahmen einer experimentellen Befragung zum Ausdruck bringen“, sagte Dr. X und stellte die folgenden vorbereitenden Überlegungen an.

Zur Generierung einer konsistenten Entscheidung ist es erforderlich, eine Funktion zu erarbeiten, in welcher der Risikonutzen in Abhängigkeit von einer monetären Zielgröße dargestellt wird. Hier wird als monetäre Zielgröße der Endwert der Investition verwendet.

Zur Quantifizierung des Risikonutzens in Abhängigkeit vom Endwert bietet sich die Formulierung einer quadratischen Risikonutzenfunktion an.[1] Diese ist in der Literatur (nicht unbedingt in der Praxis) wegen ihrer „guten Eigenschaften“ weit verbreitet.[2] Zu den guten Eigenschaften gehört nicht nur ihre formale Schlichtheit, sondern auch die Tatsache, dass die Funktion nicht nur risikoscheues, sondern auch risikofreudiges und sogar risikoneutrales Verhalten durch geeignete Parameterwahl abzubilden vermag. Welche dieser generellen Risikoeinstellungen zum Zuge kommt, ergibt sich – wie gesagt – aufgrund der Befragungsergebnisse.

Die quadratische Risikonutzenfunktion in Abhängigkeit vom Endwert EW lautet in allgemeiner Form:

$$N(EW) = a + b \cdot EW + c \cdot EW^2$$

Für den Fall, dass $b > 0$ und $c < 0$ ist, weist die Risikonutzenfunktion einen degressiv steigenden Verlauf auf, in dem ein risikoscheues Verhalten zum Ausdruck kommt. Die Parameter der Risikonutzenfunktion sind allerdings[3] so zu wählen, dass alle relevanten Zielwerte links vom Maxi-

---

[1] Eine Alternative besteht in der Verwendung einer Exponentialfunktion.

[2] Vgl. u. a. Schneider, D. (1992), S. 462. Hax, H. (1993), S. 136 führt hierzu aus, dass sich unter bestimmten Bedingungen „die Einstellung eines risikoscheuen Individuums sehr gut durch eine quadratische Nutzenfunktion approximativ beschreiben“ ließe. Er weist darauf hin, dass sich durch Vorgabe geeigneter Werte für die Parameter der Nutzenfunktion der Kurvenverlauf stark variiert und „hinreichend genau der individuellen Nutzenfunktion jedes Individuums“ angepasst werden kann.

[3] In dem Begriff „allerdings“ schwingt der Nachteil der quadratischen Risikonutzenfunktion im Vergleich zu einer Exponentialfunktion mit.

mum der Risikonutzenfunktion liegen.[1] Auf die analytische Ermittlung des Intervalls ist noch zurückzukommen.

Dr. X schilderte nun die nächsten Schritte: „Wir wollen zunächst die in Abb. 80-1 enthaltenen Endwerte der Investition in eine einwertige Größe – den Risikonutzen dieser Investition – transformieren, da über einwertige Größen leichter zu entscheiden ist. Zu diesem Zweck wollen wir Ihre Risikonutzenfunktion unter Verwendung einer konstruierten („fiktiven“) Entscheidungssituation rechnerisch bestimmen, Herr Y!“

Dr. X baute erneut eine Entscheidungsmatrix mit Endwerten auf, die nicht die tatsächlichen Entscheidungsalternativen zum Inhalt hatte, sondern fiktive Wahlmöglichkeiten. Diese Entscheidungsmatrix steht im Mittelpunkt einer Befragung, die auch als Laborbefragung oder Laborexperiment bezeichnet wird. Das Ganze erinnert an eine Lotterie.

Bei der Sicherheitsalternative wird ein sicheres Ergebnis garantiert[2], das *zwischen* EW^M_{max} und EW^M_{min} liegt. Hier wird als Zielwert der Endwert der Opportunität angesetzt. Würde EW^O nicht zwischen EW^M_{max} und EW^M_{min} liegen, so läge eine dominierende Lösung vor. Der Zielwert der Sicherheitsalternative kann beispielsweise auch als arithmetisches Mittel von EW^M_{max} und EW^M_{min} bestimmt werden.

Der Risikoalternative wird die Idee eines „Griffs in die Urne“ zugrunde gelegt. Mit einer gewissen Wahrscheinlichkeit kann der maximale Endwert und mit der Gegenwahrscheinlichkeit der minimale Endwert „gezogen“ werden. Diese beiden sich gegenseitig ausschließenden Ereignisse

---

[1] Ob das Maximum der quadratischen Nutzenfunktion zum relevanten Bereich gehört, ist umstritten. Hax, H. (1993), S. 136 sagt: „Daher müssen die Parameter ... so gewählt werden, dass alle praktisch relevanten Werte ... unterhalb des Maximums der Nutzenfunktion liegen.“ Indes steht die Annahme, es gäbe *kein* Maximum bei der Nutzenfunktion, im Widerspruch zu der weit verbreiteten, wenn auch nicht empirisch erhärteten Theorie zur Bedürfnispyramide von MASLOW; vgl. Maslow, A. H. (1970). In der Theorie von MASLOW kann eine höherrangige Bedürfnisebene (also z. B. die nicht-monetäre Ebene der Selbstverwirklichung) erst dann verhaltensrelevant werden, wenn die darunter liegende Ebene, in der ein monetäres Ziel angestrebt wird, vollständig befriedigt worden ist, also das *Nutzenmaximum* erreicht hat. Das Individuum würde also nie eine höhere Bedürfnisebene „betreten“, wenn seine materiell befriedigbaren Bedürfnisse der unteren Ebenen tatsächlich unbegrenzt wären. Die Verhaltenshypothese bei MASLOW widerspricht übrigens dem zweiten Gossenschen Gesetz, das von einem *Ausgleich* der Grenznutzen ausgeht, also sämtliche Ebenen simultan betrachtet. Dies nur am Rande, d. h. als Fußnote.

[2] Diese Laborsituation war gemeint, als von der Existenz des Stetigkeitsprinzips im Rahmen der Bernoulli-Axiomatik gesprochen wurde. Vgl. S. 464.

sollen mit E_1 für den maximalen und E_2 für den minimalen Endwert bezeichnet werden.

Zur Versorgung der aus fiktiven Entscheidungsalternativen bestehenden Entscheidungsmatrix mit den entsprechenden Endwerten hatte Dr. X – bildlich gesprochen – in die in Abb. 80-1 wiedergegebene Entscheidungsmatrix mit den Originalwerten hineingegriffen und den maximalen und den minimalen Endwert (wie mit einem Datenhandschuh) herausgeholt. Er bezeichnete sie mit EW^M_{max} und EW^M_{min} und ordnete sie der Risikoalternative und den ungewissen Ereignissen E_1 und E_2 zu. Mit dem nächsten Griff hatte er EW^O aus der Entscheidungsmatrix „herausgenommen"

Unser Proband, der Entscheidungsträger Y, hat nun festzulegen, wie hoch die Wahrscheinlichkeit für das „freudige Ereignis", den maximalen Endwert zu kassieren, seiner Meinung nach sein muss, um indifferent gegenüber der Sicherheitsalternative zu sein. Die Gegenwahrscheinlichkeit ist dann automatisch die Wahrscheinlichkeit des Eintritts des „nicht so freudigen Ereignisses", das darin besteht, nur den minimalen Endwert ausgezahlt zu bekommen. Wann? Natürlich erst am Ende des Planungszeitraums der Investition – es handelt sich schließlich um den Endwert.

Diese vom Befragten subjektiv festzulegende Wahrscheinlichkeit für den Eintritt des maximalen Endwerts wird als Präferenzwahrscheinlichkeit bezeichnet. Bei der Festlegung der erfragten Wahrscheinlichkeit muss also der Nutzen der Risikoalternative als gleich hoch angesehen werden wie der der Sicherheitsalternative.[1] Der Zielwert (z. B. EW^O) der Sicherheitsalternative stellt somit das Sicherheitsäquivalent[2] der Sicherheitsalternative dar.

Die Struktur der Entscheidungsmatrix für die Laborbefragung sieht im vorliegenden Fall wie folgt aus:

1 Zur Illustration des Bewertungsproblems möge man sich vorstellen, es hieße plötzlich: „Besten Dank für die Angabe Ihrer Präferenzwahrscheinlichkeit – aber wir machen doch keine Lotterie. Sie bekommen nun den sicheren Gewinn." Dem Probanden müsste dies – wie man umgangssprachlich sagt – egal sein. Denkbar ist auch, dass der Proband ein Startgeld zur Teilnahme an der Lotterie in Höhe von EW^O zu leisten hat. Das ist die marktwirtschaftliche Form des Laborexperiments. Würde das Startgeld gesteigert, so hätte dies natürlich Konsequenzen auf die Festlegung der Präferenzwahrscheinlichkeit: Sie würde höher angesetzt.

2 Auf die formale Definition des Sicherheitsäquivalenz wird weiter oben eingegangen.

Ereignisse	E_1	E_2
Präferenzwahrscheinlichkeit	p	1 – p
Fiktive Entscheidungsalternative		
Risikoalternative	EW_{max}^M	EW_{min}^M
Sicherheitsalternative	EW^O	EW^O

Abb. 80-2: Entscheidungsmatrix mit Endwerten von fiktiven Alternativen zur Bestimmung der Präferenzwahrscheinlichkeit (allgemein)

Unter Berücksichtigung der Daten des vorliegenden Falls ergibt sich folgende Matrix:

Ereignisse	E_1	E_2
Präferenzwahrscheinlichkeit	p	1 – p
Fiktive Entscheidungsalternative		
Risikoalternative	19.300	9.000
Sicherheitsalternative	13.224	13.224

Abb. 80-3: Entscheidungsmatrix mit Endwerten von fiktiven Alternativen zur Bestimmung der Präferenzwahrscheinlichkeit

Dann sah Dr. X Herrn Y streng an und stellte die Frage: „Wie hoch muss Ihrer Meinung nach die Präferenzwahrscheinlichkeit p für den Eintritt von E_1 sein, damit Sie die Risikoalternative und die Sicherheitsalternative als gleich gut bewerten, also Entscheidungsindifferenz empfinden? Bitte nennen Sie Ihre Präferenzwahrscheinlichkeit p!"

Y suchte seinen Taschenrechner, doch Dr. X klärte ihn auf: „Diese Präferenzwahrscheinlichkeit ist nicht zu errechnen! Sie muss intuitiv bestimmt werden – so, wie die Entscheidung, an einer einmaligen Lotterie teilzunehmen."

„Nehmen wir an, in der Urne seien in der Ausgangssituation 100 Kugeln und auf 70 Kugeln stünde E_1, während auf 30 Kugeln das Symbol E_2 aufgemalt wäre. Wenn Sie sich für die Teilnahme an der Lotterie entscheiden, können Sie entweder den maximalen Wert EW_{max}^M oder den minimalen Wert EW_{min}^M gewinnen. Ziehen Sie eine Kugel mit der Aufschrift E_1, dann gewinnen Sie 19.300 €. Bei E_2 leider nur 9.000 €. Verzichten Sie auf das Spiel, so ist Ihnen der Endwert der Opportunität EW^O in Höhe von 13.224 € sicher. Bei welcher Wahrscheinlichkeit p sehen Sie die Risikoalternative und die Sicherheitsalternative als gleichwertig an? Anders ausgedrückt: Bei welchem Verhältnis der Kugeln empfinden Sie Indifferenz?"

Der sparsame Y wollte zunächst die Zwischenbemerkung machen, ob denn nicht 10 Kugeln reichen würden. Er verkniff sich diese und entschied sich für die Sicherheitsalternative. Er murmelte: „Sicher ist sicher!“, und bewies damit, dass er die Entscheidungssituation (noch) nicht verstanden hatte.

Dr. X blieb ruhig und wiederholte: „Bei welcher Präferenzwahrscheinlichkeit p würden Sie die beiden Alternativen der Laborsituation als gleichwertig ansehen? Gesucht ist also eine kritische Wahrscheinlichkeit: Ihre Präferenzwahrscheinlichkeit.“

Nach einiger Zeit des Überlegens (nicht etwa des Rechnens) bezifferte Y die von ihm erfragte Präferenzwahrscheinlichkeit für den hohen Zielwert mit 65 % ($p = 0{,}65$). Die Gegenwahrscheinlichkeit $1 - p$ für die Realisierung des minimalen Endwerts beträgt somit 0,35. Wäre eine Urne mit Kugeln vorhanden, so müsste auf 65 Kugeln Symbol E_1 und auf die restlichen 35 E_2 geschrieben werden. Nun dachte Y: ‚Gut, dass wir nicht 10, sondern 100 Kugeln vorgesehen haben!‘

Ein Vergleich zwischen dem Erwartungswert der Endwerte der Risikoalternative mit dem Endwert der Sicherheitsalternative bietet die Möglichkeit einer Fallunterscheidung bezüglich der Risikoeinstellung. Dabei findet gleichzeitig eine Quantifizierung des Ausmaßes von Risikoscheu und -freude statt.

Bedingung			Risikoeinstellung
Erwartungswert des Endwerts der Risikoalternative	>	Endwert der Sicherheitsalternative	risikoscheu
Erwartungswert des Endwerts der Risikoalternative	<	Endwert der Sicherheitsalternative	risikofreudig
Erwartungswert des Endwerts der Risikoalternative	=	Endwert der Sicherheitsalternative	risikoneutral

Abb. 80-4: Klassifizierung der Risikoeinstellung in der Laborbefragung

Im vorliegenden Fall ergibt sich als Erwartungswert des Endwerts der Risikoalternative ein Betrag von 15.695 €:

$$19300 \cdot 0{,}65 + 9000 \cdot (1 - 0{,}65) = 15695\ [€]$$

Da dieser Erwartungswert größer ist als der als gleichwertig angesehene Endwert der Sicherheitsalternative von 13.224 €, ist das Entscheidungsverhalten des Entscheidungsträgers als risikoscheu einzustufen.[1] Die Differenz 15695 – 13224 = 2471 [€] ist also der monetäre Ausgleich dafür, dass Y zwar mit einer Wahrscheinlichkeit von 65 % einen Betrag von 19300 – 13224 = 6076 [€] gewinnen, aber auch 13224 – 9000 = 4224 [€] verlieren kann.[2] Die Differenz stellt die Risikoprämie im Rahmen der Laborsituation dar.[3]

2.2 Validierung der Risikonutzenfunktion

2.2.1 Formulierung und Lösung eines Gleichungssystems

Zur Validierung der quadratischen Risikonutzenfunktion sind nun die Parameter a, b und c unter Berücksichtigung der Befragungsergebnisse des Laborexperiments zu bestimmen. Die Risikonutzenfunktion kann auf Basis einer beliebigen Anzahl von Befragungen unter Verwendung der Regressionsanalyse ermittelt werden. Hier wird jedoch gezeigt, dass – konsistentes Verhalten unterstellt – die Angabe einer einzigen Präferenzwahrscheinlichkeit genügt, um die quadratische Risikonutzenfunktion zu konstruieren. Diese Vorgehensweise dürfte für das Verständnis der Theorie als ideal anzusehen sein.

Zur Validierung der quadratischen Risikonutzenfunktion ist ein Gleichungssystem aufzustellen, das aus drei Gleichungen besteht, um die drei Unbekannten a, b und c zu ermitteln. Durch die folgenden drei Gleichungen wird die Risikonutzenfunktion in Abhängigkeit vom Endwert *normiert*:

(1) Der Risikonutzen, der bei einem maximalen Endwert empfunden wird, ist gleich 1.

$$N(EW_{max}^{M}) = a + b \cdot EW_{max}^{M} + c \cdot EW_{max}^{M^2} = 1$$

(2) Der dem minimalen Endwert zugeordnete Risikonutzen ist gleich null.

$$N(EW_{min}^{M}) = a + b \cdot EW_{min}^{M} + c \cdot EW_{min}^{M^2} = 0$$

---

[1] Y hatte sich also intuitiv richtig eingeschätzt. Er hatte von sich behauptet, er sei risikoscheu.

[2] Zur Kontrolle und Anregung für weitere Interpretationen:
6067 · 0,65 – 4224 · 0,35 = 2471 [€]

[3] Analog existiert eine Risikoprämie, die für die tatsächliche Entscheidungssituation, die in Abb. 80-1 abgebildet wurde, quantifizierbar ist.

(3) Der Risikonutzen bei Realisierung des zwischen dem minimalen und dem maximalen Endwert liegenden Sicherheitsäquivalents, also dem Endwert der Opportunität, ist gleich p. Die Gleichung lautet:

$$N(EW^O) = p \cdot \underbrace{N(EW^M_{max})}_{1} + (1-p) \cdot \underbrace{N(EW^M_{min})}_{0} = p \cdot 1 + p \cdot 0 = p$$

Somit gilt:

$$N(EW^O) = a + b \cdot EW^O + c \cdot EW^{O^2} = p$$

Zur sukzessiven Lösung des Gleichungssystems ist die Gleichung (2) von den Gleichungen (1) und (3) zu subtrahieren. Die so modifizierte Gleichung (3) ist nach b aufzulösen. b ist dann in die im ersten Schritt modifizierte Gleichung (1) einzusetzen. Nun ist die Gleichung nach c umzustellen. Das Ergebnis wird im Folgenden dargestellt:

$$c = \frac{\dfrac{1}{EW^M_{max} - EW^M_{min}} - \dfrac{p}{EW^O - EW^M_{min}}}{EW^M_{max} - EW^O}$$

Dann ist b zu berechnen:

$$b = \frac{1 - c \cdot \left(EW^{M^2}_{max} - EW^{M^2}_{min} \right)}{EW^M_{max} - EW^M_{min}}$$

Schließlich ist a zu ermitteln:

$$a = -b \cdot EW^M_{min} - c \cdot EW^{M^2}_{min}$$

Selbstverständlich kann die Lösung auch unter Verwendung anderer Methoden[1] zum Lösung von Gleichungssystemen errechnet werden.

Unter Verwendung der Daten der Entscheidungsmatrix (vgl. Abb. 80-3) und unter Berücksichtigung der Präferenzwahrscheinlichkeit p = 0,65 ergibt sich für das Demo-Beispiel folgendes Gleichungssystem:

(1) $a + b \cdot 19300 + c \cdot 19300^2 = 1$

(2) $a + b \cdot 9000 + c \cdot 9000^2 = 0$

(3) $a + b \cdot 13224 + c \cdot 13224^2 = 0{,}65$

---

[1] Beispielsweise kann ein LP-Ansatz durch „Überlistung“ der Nichtnegativitätsbedingungen so geschrieben werden, dass die Parameter der Risikonutzenfunktion ermittelt werden.

Eingesetzt in die oben stehenden Bestimmungsgleichungen für die Parameter a, b und c ergeben sich folgende Werte:

$a = -2{,}49744107$

$b = +3{,}61620637 \cdot 10^{-4}$

$c = -9{,}34746496 \cdot 10^{-9}$

2.3.2 Zulässigkeitsprüfungen

Bei der Einführung der quadratischen Risikonutzenfunktion wurde bereits dargelegt, dass die Parameter nur dann als zulässig anzusehen sind, wenn der maximale Zielwert EW^M_{max} der Entscheidungsmatrix des Laborexperiments, das in Abb. 80-2 dargestellt worden ist, nicht rechts vom Maximum EW_{max} der quadratischen Funktion liegt. Ausgangspunkt der Zulässigkeitsprüfung ist die null zu setzende erste Ableitung der Funktion:

$$\frac{dN}{dEW} = b + 2c \cdot EW \overset{!}{=} 0$$

Die Funktion besitzt ihr Maximum bei -b/2c. Insofern muss folgende Bedingung erfüllt sein:

$$EW^M_{max} \leq \frac{-b}{2c} = EW_{max}$$

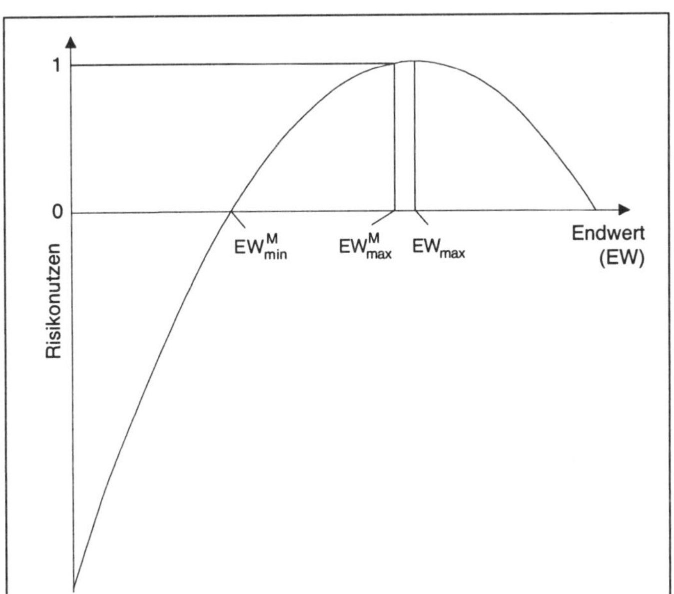

Abb. 80-5: Zulässigkeitsbereich der quadratischen Risikonutzenfunktion

Nach Einsetzen der Daten des Demo-Beispiels zeigt sich, dass eine zulässige Lösung vorliegt, da der maximale Endwert der Risikoalternative kleiner ist als das Maximum der quadratischen Funktion EW_{max}:

$$19300 < \frac{-3{,}616 \cdot 10^{-4}}{2 \cdot -9{,}347 \cdot 10^{-9}} = 19343$$

Eine weitere Zulässigkeitsprüfung betrifft die Präferenzwahrscheinlichkeit p. Dieser bei der Befragung festzulegende Parameter kann nämlich nicht völlig frei gewählt werden. Zwei Bedingungen müssen erfüllt sein:

1. Bedingung

Als Erstes muss die hinreichende Bedingung für ein *Maximum* der Risikonutzenfunktion erfüllt sein. Damit dies möglich ist, muss $c < 0$ sein. Zur Überprüfung dieser Bedingung ist der folgende Ausdruck nach p umzustellen:

$$c = \frac{\dfrac{1}{EW_{max}^{M} - EW_{min}^{M}} - \dfrac{p}{EW^{O} - EW_{min}^{M}}}{EW_{max}^{M} - EW^{O}}$$

Die Bedingung $c < 0$ ist erfüllt, wenn p das folgende Mindestniveau aufweist:

$$p > \frac{EW^{O} - EW_{min}^{M}}{EW_{max}^{M} - EW_{min}^{M}}$$

2. Bedingung

Die notwendige Bedingung besteht darin, dass das Maximum der quadratischen Risikonutzenfunktion EW_{max} rechts vom hohen Zielwert des Laborexperiments EW_{max}^{M} liegt. Folglich muss gelten:

$$EW_{max}^{M} \leq \frac{-b}{2c} = EW_{max}$$

Für b ist die folgende Gleichung zu formulieren, in der c durch den bereits bei der ersten Bedingung verwendeten Ausdruck zu ersetzen:

$$b = \frac{1 - c \cdot \left(EW_{max}^{M^2} - EW_{min}^{M^2} \right)}{EW_{max}^{M} - EW_{min}^{M}}$$

Nach einigen Umformungen ergibt sich die folgende Bedingung für das Höchstniveau von p:

$$p \leq \frac{EW^{O} - EW_{min}^{M}}{EW_{max}^{M} - EW_{min}^{M}} \cdot \left(1 + \frac{EW_{max}^{M} - EW^{O}}{EW_{max}^{M} - EW_{min}^{M}}\right)$$

Die zu wählende Risikopräferenzwahrscheinlichkeit p muss somit im folgenden Intervall liegen:

$$\frac{EW^{O} - EW_{min}^{M}}{EW_{max}^{M} - EW_{min}^{M}} < p \leq \frac{EW^{O} - EW_{min}^{M}}{EW_{max}^{M} - EW_{min}^{M}} \cdot \left(1 + \frac{EW_{max}^{M} - EW^{O}}{EW_{max}^{M} - EW_{min}^{M}}\right)$$

Für das hier demonstrierte Demo-Beispiel gilt:

$0{,}4101 < p \leq 0{,}6520.$

Somit ist für $p = 0{,}65$ die oben stehende Bedingung erfüllt. Das Maximum der Funktion liegt bei 19.343 € und damit rechts von EW_{max}^{M} mit einem Wert von 19.300 €. Aber dies war uns ja bereits bekannt.[1]

3 Ermittlung der Zielwerte

3.1 Erwartungswert des Risikonutzens

Immer, wenn es ein bisschen formal wurde, zeigte Y Ungeduld. Durch die Frage „Wie geht's weiter?“, wollte er den Prozess beschleunigen.

„Aufgrund der Festlegung Ihrer Präferenzwahrscheinlichkeit gelingt es, ein Sicherheitsäquivalent für die Risikoalternative DY11 zu errechnen ...“

„... und dieses kann mit dem Endwert der sicheren Opportunität verglichen werden“, ergänzte Y. Nun hatte er das Konzept verstanden.

Zur Bestimmung des Sicherheitsäquivalents der Investition DY11 sind in der strukturgleichen Entscheidungsmatrix (vgl. Abb. 80-1) anstelle der Endwerte die aufgrund der gerade validierten Risikonutzenfunktion ermittelten Nutzwerte („Risikonutzen“) in der Entscheidungsmatrix auszuweisen. Zu diesem Zweck ist der Risikonutzen der Investitionsalternative bei Eintritt der Umweltsituation 1 zu bestimmen:

$$N(15697) = -2{,}497 + 3{,}616 \cdot 10^{-4} \cdot 15697 - 9{,}347 \cdot 10^{-9} \cdot 15697^{2} = 0{,}875742$$

Die übrigen Werte sind bereits bekannt.

---

[1] Vgl. Abb. 80-5, S. 473 und die darunter stehende Formel.

Umweltsituation Wahrscheinlichkeit Entscheidungsalternativen	U_1 60 %	U_2 20 %	U_3 20 %
Investition DY11	0,875742	0	1
Geldanlage der Eigenen Mittel	0,65	0,65	0,65

Abb. 80-6: Entscheidungsmatrix mit Nutzwerten

Nun ist der Erwartungswert des Risikonutzens (ERN_i) der Investition DY11 (hier: i=1) zu errechnen. Allgemein lautet die Funktionsvorschrift für ERN_i:

$$ERN_i = \sum_{j=1}^{m} w_j \cdot N_{ij}$$

Symbole

ERN_i Erwartungswert des Risikonutzens der Alternative i

w_j subjektive Wahrscheinlichkeit für den Eintritt der Umweltsituation j

N_{ij} Risikonutzen der Alternative i bei Eintritt der Umweltsituation j

$$ERN_{DY11} = 0,6 \cdot 0,875742 + 0,2 \cdot 0 + 0,2 \cdot 1 = 0,725445$$

Da der Erwartungswert des Risikonutzens in Höhe von 0,725445 größer ist als der normierte Risikonutzen der Opportunität in Höhe von 0,65, ist der Sachinvestition gegenüber der Finanzinvestition der Vorzug zu geben. Die Umrechnung der Endwerte in Werte, die den Risikonutzen ausdrücken, und die Zusammenfassung zum Erwartungswert des Risikonutzens ERN_i hatte es ermöglicht, die mehrwertige Entscheidungssituation in eine einwertige zu überführen.

3.2 Sicherheitsäquivalent

Der Erwartungswert des Risikonutzens von DY11 in Höhe von 0,7256 lässt sich in ein Sicherheitsäquivalent $N(EW_i^S)$ umrechnen. Zu diesem Zweck ist folgende Ausgangsgleichung für die Alternative i[1] zu definieren:

[1] Im dargestellten Beispiel ist die Alternative i=1 die Investition von DY11. Da dies die einzige Sachalternative ist, ist das Sicherheitsäquivalent allein für diese Alternative zu errechnen. Die Indizierung mit i erfolgt im Hinblick auf eine Erweiterung der Entscheidungsmatrix um zusätzliche Alternativen.

$$N(EW_i^s) = a + b \cdot EW_i^s + c \cdot EW_i^{s^2} = ERN_i$$

Von beiden Seiten der Ausgangsgleichung ist ERN_i zu subtrahieren. Anschließend ist durch c zu dividieren:

$$\frac{(a - ERN_i)}{c} + \frac{b}{c} \cdot EW_i^s + EW_i^{s^2} = 0$$

Nach Anwendung der pq-Formel ergibt sich folgende Bestimmungsgleichung für das Sicherheitsäquivalent der Alternative i (EW_i^s):

$$EW_{i_{1,2}}^s = -\frac{b}{2c} \pm \sqrt{\left(\frac{b}{2c}\right)^2 + \frac{(a - ERN_i)}{c}} = -\frac{b}{2c} \pm \sqrt{\frac{b^2}{4c^2} + \frac{ERN_i - a}{c}}$$

Unter Verwendung der Zahlen des Demo-Beispiels ergeben sich zwei Lösungen:

$EW_{i_1} = 24764$ und $EW_{i_2} = 13923$

Da das Sicherheitsäquivalent zwischen EW_{min}^M und EW_{max}^M liegen muss und diese Bedingung nur von EW_{i_2} erfüllt wird, ist die Lösung eindeutig: Sie beträgt 13.923 €.[1]

Generell kann das Sicherheitsäquivalent einer Alternative i wie folgt definiert werden:

$$EW_i^s = -\frac{b}{2c} - \sqrt{\frac{b^2}{4c^2} + \frac{ERN_i - a}{c}}$$

3.3 Chance

Aus dem Vergleich des Sicherheitsäquivalents der Risikoalternative mit dem sicheren Endwert lässt sich eine neue anschauliche Kennzahl definieren: die Chance CH. Formelmäßig ist sie wie folgt definiert:

$$CH = EW_R^s - EW_S$$

Symbole

EW_R^s Sicherheitsäquivalent der Risikoalternative

EW_S Endwert der Sicherheitsalternative

---

[1] Dr. X dachte: ‚Eigentlich hätten wir das Sicherheitsäquivalent auch in der Grafik, die in Abb. 80-5 auf S. 473 dargestellt worden ist, ablesen können – aber leider nicht mit einem so hohen Genauigkeitsgrad.‘

Im vorliegenden Fall ergibt sich:

CH = 13923 – 13224 = 699 [€]

3.4 Zusammenfassung

Allgemein liegen drei konsistente Kriterien für Entscheidungsempfehlungen auf Basis der Bernoulli-Risikonutzentheorie vor:

1. Variante: Führe die Investition durch, wenn der Erwartungswert des Risikonutzens größer ist als der Erwartungswert des Risikonutzens der Opportunität. Bei einer Normierung der Risikonutzenfunktion auf ein 0-1-Intervall ist die Investition dann durchzuführen, wenn ERN_i größer ist als die Präferenzwahrscheinlichkeit p für den maximalen Zielwert.

2. Variante: Führe die Investition durch, wenn ihr Sicherheitsäquivalent größer ist als der sichere Endwert der Opportunität.

3. Variante: Führe die Sachinvestition durch, wenn ihre Chance einen positiven Wert aufweist.[1]

In unserem Fall, bei dem es um die Investition der Anlage DY11 geht, ist das Wörtchen „wenn“ jeweils durch „da“ zu ersetzen. Die Entscheidungsmatrix (höhere Ordnung) mit den entsprechenden Zielwerten, die auf der Basis der Risikonutzentheorie ermittelt worden sind, wird abschließend dargestellt:

Entscheidungsalternativen	Erwartungswert des Risikonutzens	Chancenermittlung	
Investition DY11	0,725445	Sicherheitsäquivalent	13.923
Anlage der Eigenen Mittel	0,65	sicherer Endwert	13.224
		Chance	699

Abb. 80-7: Entscheidungsmatrix

4 Ermittlung der Risikoprämie

Zur Klassifizierung der Risikoeinstellung des Entscheidungsträgers und zu ihrer Quantifizierung in Bezug auf eine Entscheidungsalternative ist nun auf eine Kennzahl einzugehen, die bereits beim Laborexperiment verwendet worden ist: die Risikoprämie.

1 Hört sich einfach an – und das ist gut so.

Die Risikoprämie[1] stellt die Differenz zwischen dem Erwartungswert[2] und dem Sicherheitsäquivalent einer Entscheidungsalternative dar. Die Formel lautet:

$$RP_i = \sum_{j=1}^{m} w_j \cdot EW_{i,j} - EW_i^s \qquad \forall\, i$$

Symbole

RP_i	Risikoprämie
$EW_{i,j}$	Endwert der Alternative i bei Eintritt der Umweltsituation j
j	Wahrscheinlichkeit des Eintritts der Umweltsituation j
EW_i^s	Sicherheitsäquivalent

In unserem Fall weist die Risikoprämie für die Entscheidungsalternative „Investition DY11" folgendes Niveau auf:

$$RP = (0{,}6 \cdot 15697 + 0{,}2 \cdot 9000 + 0{,}2 \cdot 19300) - 13923 = 1155\ [€]$$

Welcher Zusammenhang besteht zwischen der Risikoprämie der Risikoalternative, die im Laborexperiment definiert worden ist und der Risikoprämie der Entscheidungsalternative i (hier: DY11)?

Zunächst einmal ist zu sagen, dass für *jede* Entscheidungsalternative – ob sie originär oder fiktiv ist – eine Risikoprämie nach der oben stehenden Formel bestimmt werden kann. Nun stellt sich die Frage, welcher Zusammenhang zwischen der Risikoprämie der Risikoalternative und der einer originären Entscheidungsalternative besteht.

Allgemein kann gezeigt werden: Wer im Labor risikoscheu (risikofreudig, risikoneutral) ist, dessen Risikoprämie ist auch in der tatsächlichen Entscheidungssituation entsprechend positiv (negativ, null). Bei Risikoscheu und -freude sind die betragsmäßigen Ausprägungen in der Laborsituation und in der tatsächlichen Entscheidungssituation selbstverständlich unterschiedlich hoch, da die Höhe der Entscheidungskonsequenzen und Wahrscheinlichkeiten divergiert.

Nachzutragen ist, dass die beiden Akteure bei der Ermittlung der Risikonutzenfunktion doch wahrhaftig vergessen hatten, bei den in Abb. 80-2 bzw. Abb. 80-3 aufgeführten Eckwerten die Steuern zu berücksichtigen. Y sagte zu Dr. X: „Bitte noch einmal! Aber diesmal mit Steuern!"[3]

---

1 Vgl. z. B. Laux, H. (2005), S. 216 f.

2 Vgl. S. 465.

3 Dieses Thema wird im Rahmen einer eigenständigen Fallstudie „VOFI meets Bernoulli" abgehandelt, die im VOFI-Portal zur Verfügung gestellt wird.

5 Kritische Würdigung

Trotz seiner intellektuellen Freude, die Bernoulli-Risikonutzentheorie verstanden zu haben, zeigte sich Y erregt: „Ich werde mich nicht zum Sklaven meiner eigenen Aussagen machen. Ich weigere mich, dass die Entscheidung für DY11 auf diese Art getroffen wird. Ich lasse mich nicht durch fiktive Lotterien überlisten, eine Risikoneigung aus mir herauszuholen. Selbst wenn ich mir vorstellen kann, dass der Risikonutzen des Endwerts quantifiziert werden kann – gegenüber einer Verdichtung zum Erwartungswert des Risikonutzens bin ich skeptisch. Ich bevorzuge DY11 aufgrund der in der Entscheidungsmatrix[1] erzeugten Transparenz – also ohne den Umweg über die Risikonutzenfunktion!"

Voller Emphase fügte er hinzu: „Stellen Sie sich vor, anstelle eines Sicherheitsäquivalents mit einem Zielwert in Höhe von EW^O würde irgendein anderer zulässiger Wert fixiert. Ich müsste daraufhin erneut die Präferenzwahrscheinlichkeit p angeben – die anschließend errechneten Parameter a, b und c der quadratischen Risikonutzenfunktion müssten dann die gleichen Werte aufweisen wie bei der ursprünglichen Laborsituation. Bevor Sie, verehrter Dr. X, feststellen, dass ich keine konsistenten Aussagen machen *kann*, sage ich zu Ihnen: Ich *will* keine Laborbefragung! Selbst wenn ich wüsste, dass ich konsistent sein könnte. Es entspricht nicht meinem kognitiven Stil!"

Kontrollfragen

Definieren Sie das Ordinal-, Dominanz-, Stetigkeits- und Unabhängigkeitsaxiom der auf BERNOULLI zurückgehenden Entscheidungstheorie!

Worin besteht der Unterschied zwischen einer Präferenzwahrscheinlichkeit und der subjektiven Wahrscheinlichkeit für den Eintritt eines Ereignisses?

Wie ist eine „Lotterie" zur Ermittlung der Parameter der Risikonutzenfunktion aufgebaut? Formulieren Sie die Gleichgewichtsbedingung in analytischer Form!

Formulieren Sie drei Gleichungen zur Bestimmung der drei Parameter der quadratischen Risikonutzenfunktion!

Erörtern Sie einen Lösungsansatz zur formalen Bestimmung einer quadratischen Risikonutzenfunktion!

---

[1] Vgl. Abb. 80-1.

Diskutieren Sie den Zulässigkeitsbereich der quadratischen Risikonutzenfunktion und bestimmen Sie ihn in analytischer Form!

Formulieren Sie einen Satz konsistenter Aussagen zur Entscheidungsunterstützung auf Basis der Bernoulli-Risikonutzentheorie!

Diskutieren Sie die Prämissen einer quadratischen Risikonutzenfunktion!

Schildern Sie die Schritte von der Aufstellung einer Entscheidungsmatrix bis hin zur Entscheidungsempfehlung aufgrund einer Risikonutzenfunktion!

Wie können Risikoprämien für die Laborbefragung und für die tatsächliche Entscheidungssituation quantifiziert werden? Gibt es einen Zusammenhang zwischen diesen Risikoprämien?

Setzen Sie sich mit der Praktikabilität der Bernoulli-Risikonutzentheorie kritisch auseinander!

Folge 81

μ-σ-Prinzip

Eine Konkurrenz zu Bernoulli?

1 Vorüberlegungen

Als Risiko haben wir das quantitative Ergebnis der Verlustgefahren einer Entscheidungsalternative angesehen und darauf hingewiesen, dass hierbei regelmäßig Wahrscheinlichkeiten berücksichtigt werden. Der Risikodefinition liegt eine horizontale Sicht auf eine Entscheidungsmatrix zugrunde, die in den Zeilen Entscheidungsalternativen und in den Spalten Umweltsituationen enthält. Das Risiko der Investition i wird durch die Standardabweichung σ_i quantifiziert. Indes beschreibt σ_i nicht nur das Risiko, sondern auch die Chance des betrachteten Investitionsobjekts, sofern auch Zielwerte rechts vom Maximum der Wahrscheinlichkeitsverteilung existieren.[1] Als Referenzgröße wird der Erwartungswert μ_i genutzt. Während die negative Abweichung vom Erwartungswert das Risiko darstellt, drückt die positive Abweichung die Chance aus. Formelmäßig sind μ_i und σ_i wie folgt definiert:

$$\mu_i = \sum_{j=1}^{m} w_j \cdot Z_{ij}$$

$$\sigma_i = \sqrt[2]{\sum_{j=1}^{m} w_j \cdot (Z_{ij} - \mu_i)^2}$$

Symbole

μ_i	Erwartungswert der Alternative i
w_j	Wahrscheinlichkeitskoeffizient für den Eintritt der Umweltsituation j
Z_{ij}	Zielwert der Alternative i bei Eintritt der Umweltsituation j
σ_i	Standardabweichung der Alternative i

[1] Dies ist beispielsweise bei der Kalkulation von denkbaren Schäden nicht der Fall. Hier stehen den Risiken also keine Chancen gegenüber.

2 Vorbereitung der Entscheidung

Zur Berechnung von μ und σ soll die Entscheidungsmatrix mit den Originaldaten hier noch einmal dokumentiert werden:

Umweltsituation Wahrscheinlichkeit Entscheidungsalternativen	U_1 60 %	U_2 20 %	U_3 20 %
Investition DY11	15.697	9.000	19.300
Anlage der Eigenen Mittel	13.224	13.224	13.224

Abb. 81-1: Entscheidungsmatrix mit Endwerten

Die entsprechenden Kennzahlen μ und σ sind in der folgenden Tabelle aufgeführt worden:

Kennzahlen Wahrscheinlichkeit Entscheidungsalternativen	μ	σ
Investition DY11	15.078	3.344
Anlage der Eigenen Mittel	13.224	0

Abb. 81-2: Entscheidungsmatrix mit Kennzahlen

Y erkannte auf den ersten Blick, dass die Verdichtung nicht etwa dazu geführt hat, dass eine Alternative die eindeutig bessere ist. Zwar ist bei DY11 der Erwartungswert höher als bei der Anlage der Eigenen Mittel, jedoch auch das Risiko respektive die Chance. Die Standardabweichung bei der Opportunität ist selbstverständlich gleich null, da der Endwert mit Sicherheit erwartet wird.

Dr. X notierte eine Funktion, um eine Transformation von Risiken und Chancen auf ein Oberziel – den Risikonutzen – vorzusehen. Diese Funktion wird als Risikopräferenzfunktion p bezeichnet. Unter Verwendung der Parameter a, b und c, die auch bei der Risikonutzenfunktion relevant sind, lautet die Risikopräferenzfunktion wie folgt:

$$p(\mu,\sigma) = a + b\mu_i + c \cdot (\mu^2 + \sigma^2)$$

Die Werte der Parameter a, b und c übernahm er aus der vorhergehenden Folge.

$a = -2{,}49744107$

$b = +3{,}61620637 \cdot 10^{-4}$

$c = -9{,}34746496 \cdot 10^{-9}$

Unter Verwendung der oben dargestellten Daten ergeben sich folgende Zielwerte:

Entscheidungsalternativen	Wert der Risikopräferenzfunktion
Investition DY11	0,725445
Anlage der Eigenen Mittel	0,65

Abb. 81-3: Entscheidungsmatrix mit Nutzwerten

Y zuckte plötzlich zusammen. Ihm kam alles vor wie ein Etikettenschwindel. „Da kommt doch das Gleiche heraus wie bei Bernoulli!“ Dr. X blieb cool. „Richtig! Wir sind auf zwei unterschiedlichen Wegen beim gleichen Ziel(wert) angelangt. Dies war möglich, weil wir eine quadratische Risikonutzenfunktion mit den gleichen Werten für die Parameter a, b und c verwendet haben. Die Überführung der beiden Zielwerte will ich Ihnen gerne demonstrieren.“

Dr. X holte einen Zettel und einen Bleistift heraus und begann mit seinen Erklärungen. Zunächst schrieb er die Risikopräferenzfunktion für die Alternative i auf:

$$p(\mu_i, \sigma_i) = a + b \cdot \mu_i + c \cdot (\sigma_i^2 + \mu_i^2)$$

„Die darin enthaltene Varianz σ_i^2 lässt sich nun wie folgt umformen“, sagte er zu Y und schrieb folgende Gleichungen auf das Blatt:

$$\begin{aligned}
\sigma_i^2 &= \sum_{j=1}^{m} w_j \cdot (Z_{ij} - \mu_i)^2 \\
&= \sum_{j=1}^{m} w_j \cdot (Z_{ij}^2 - 2 \cdot \mu_i \cdot Z_{ij} + \mu_i^2) \\
&= \sum_{j=1}^{m} w_j \cdot Z_{ij}^2 - 2\mu_i \underbrace{\sum_{j=1}^{m} w_j \cdot Z_{ij}}_{\mu_i} + \mu_i^2 \underbrace{\sum_{j=1}^{m} w_j}_{1} \\
&= \sum_{j=1}^{m} w_j \cdot Z_{ij}^2 - 2 \cdot \mu_i^2 + \mu_i^2 \\
&= \sum_{j=1}^{m} w_j \cdot Z_{ij}^2 - \mu_i^2
\end{aligned}$$

So weit konnte Y noch folgen. Gespannt konzentrierte er sich auf die weiteren Ausführungen von Dr. X, der nun den gewonnenen Ausdruck in die obige Formel für die Risikopräferenzwahrscheinlichkeit einsetzte:

$$p(\mu_i,\sigma_i) = a + b \cdot \mu_i + c \cdot \left(\mu_i^2 + \underbrace{\sum_{j=1}^{m} w_j \cdot Z_{ij}^2 - \mu_i^2}_{\sigma_i^2} \right)$$

Erfreulich, wie sich alles vereinfacht:

$$p(\mu_i,\sigma_i) = a + b \cdot \mu_i + c\sum_{j=1}^{m} w_j \cdot Z_{ij}^2$$

„Nun sind es nur noch wenige Schritte bis zum Ziel“, fuhr Dr. X fort und ergänzte den Koeffizienten a durch eine sog. „nahrhafte Eins“ – ausgedrückt durch die Summe der Wahrscheinlichkeiten, die bekanntlich 100 % ergibt:

$$a = a\sum_{j=1}^{m} w_j$$

Für μ_i setzte er ein:

$$\mu_i = \sum_{j=1}^{m} w_j \cdot Z_{ij}$$

Damit ergab sich der folgende Ausdruck:

$$p(\mu_i,\sigma_i) = a\underbrace{\sum_{j=1}^{m} w_j}_{1} + b\underbrace{\sum_{j=1}^{m} w_j \cdot Z_{ij}}_{\mu_i} + c\sum_{j=1}^{m} w_j \cdot Z_{ij}^2$$

Durch Ausklammern von $\sum_{j=1}^{m} w_j$ ergibt sich:

$$p(\mu_i,\sigma_i) = \sum_{j=1}^{m} w_j \cdot (a + b \cdot Z_{ij} + c \cdot Z_{ij}^2)$$

„Das ist ja unser ERN_i[1]!“, rief Y erfreut aus, als ob er einen guten Freund plötzlich wiedersehen würde. Die Äquivalenzbedingung lautet:

$$p(\mu_i,\sigma_i) = \sum_{j=1}^{m} w_j \cdot N(Z_{ij}) = ERN_i$$

---

1 Y sprach es so aus: Örni.

Damit steht fest: Bei Verwendung einer quadratischen Risikonutzenfunktion zur Ermittlung der Zielfunktionen mit den Parametern μ und σ besteht Identität zwischen den Ergebnissen, die auf Basis der μ-σ- und der auf Bernoulli zurückgehenden Risikonutzenfunktion erzielt werden.[1]

3 Kritische Würdigung

Y resümierte: „Allein aus Gründen der Konsistenz muss ich dieses Modell ablehnen (!). Schließlich habe ich mich ja auch gegen die Bernoulli-Risikonutzenfunktion ausgesprochen. Dennoch interessiert mich, ob denn die Ermittlung der Parameter a, b und c für die Bernoulli-Risikonutzenfunktion zwingend erforderlich ist, um mit dem μ-σ-Prinzip zu arbeiten."

Dr. X musste nicht lange nachdenken: „Man nehme willkürlich ein bestimmtes Niveau der Risikonutzenfunktion in Abhängigkeit von μ und σ an und definiere drei Gleichungen mit unterschiedlichen Niveaus der Parameter μ und σ. Mit diesem Gleichungssystem können die Parameter a, b und c originär bestimmt werden – also ohne Rückgriff auf die Bernoulli-Risikonutzenfunktion."

Der hinzugekommene Z schlug vor, eine neue Fernsehshow zu initiieren, in der Entscheidungsträger aufgrund von Gleichgewichtsaussagen zur Bestimmung der Bernoulli-Risikonutzenfunktion sowie der μ-σ-Funktion auftreten könnten. Sieger ist, wer aufgrund seiner konsistenten Aussagen die geringsten Abweichungen zwischen den beiden Risikonutzenfunktionen erreicht. Z blieb – wie schon oft – un*ge*hört; schließlich ist es ja auch un*er*hört, Entscheidungsträger „vorführen" zu wollen.

Auch Dr. X kam auf die Argumentation seines Chefs Y zurück und unternahm einen Verteidigungsversuch zugunsten der Risikonutzentheorie: „Was würden Sie sagen, wenn in der Entscheidungsmatrix eine Vielzahl von Szenarien – sagen wir 100 – abgebildet würde? Wie kämen Sie mit einem solchen *Zahlenfriedhof* zurecht?"

„Dann würde ich *Sie* bitten, mir den Zahlenfriedhof grafisch aufzubereiten", sagte Y ganz cool und ahnte nicht, dass die Rede von einem erneuten Paradigmenwechsel war: von der Numerik zur Grafik. Gemeint ist nicht etwa eine einfache Business-Grafik, sondern eine theoretisch fundierte Unterstützung von Entscheidungen durch grafische Darstellungen. Dieses Thema ist Gegenstand der nächsten Folge.

---

[1] Es ist schon fast müßig zu erwähnen, dass andere in der Literatur dargestellte Zielfunktionen, wie z. B. $f = \mu + \sigma$ bzw. $f = (\mu + \sigma)^2$, zu abweichenden Ergebnissen führen. Vgl. Adam, D. (1996), S. 219.

Kontrollfragen

Definieren Sie die statistischen Maße Erwartungswert und Standardabweichung! Was versteht man unter einer Varianz?

Schildern Sie die Schritte, um von einer Entscheidungsmatrix mit Endwerten zu einer Entscheidungsmatrix mit μ-σ-Kennzahlen zu gelangen!

Formulieren Sie eine quadratische Zielfunktion bei Verwendung des μ-σ-Prinzips!

Interpretieren Sie den Nutzwert beim μ-σ-Prinzip! Leiten Sie den Zusammenhang zwischen der quadratischen Risikonutzenfunktion und der Risikonutzenfunktion nach dem μ-σ-Prinzip her!

Formulieren Sie Gleichungen zur originären Bestimmung der Parameter einer μ-σ-Funktion!

Stellen Sie die μ-σ-Funktion zwei- und dreidimensional grafisch dar!

Folge 82

Risiko-Chancen-Analyse

Schon wieder ein Paradigmenwechsel!

1 Aufgabenstellung

Nach den vergeblichen intellektuellen Anstrengungen, die Investitionsentscheidung auf Grundlage der Bernoulli-Risikonutzentheorie bzw. des μ-σ-Prinzips zu treffen, gestand Y seinem Controller Dr. X, dass er nicht nur mit dem Konsistenzpostulat der klassischen Entscheidungstheorie nicht einverstanden sei, sondern bereits bei der Frage der Transparenz voller Skepsis stecke. Die Entscheidungskonsequenzen bei normaler, optimistischer und pessimistischer Einschätzung der Zukunft zu prognostizieren, sei zwar grundsätzlich möglich, diesen Szenarien dann aber subjektive Wahrscheinlichkeiten zuzuordnen, halte er für nicht nur naiv, sondern sogar für unseriös. Mit welcher Wahrscheinlichkeit seine optimistischen im Gegensatz zu pessimistischen oder normalen Erwartungen eintreten würden, könne er nur mit einem Achselzucken beantworten. Allerdings sei er durchaus bereit, beispielsweise für die Absatzmengen in den einzelnen Perioden in Abhängigkeit von einem gegebenen Preisniveau eine Wahrscheinlichkeitsaussage zu treffen.

Dr. X freute sich darauf, weiter in die Unsicherheitstheorie eindringen zu dürfen und machte Y mit einem Konzept vertraut, das in der Literatur als Risikoanalyse[1] bezeichnet wird. Vorab ist anzumerken, dass der Begriff Risikoanalyse unglücklich gewählt ist: Schließlich werden im Allgemeinen nicht nur Risiken, sondern auch Chancen analysiert. Aus diesem Grund wird hier von Risiko-Chancen-Analyse (RCA) gesprochen.

Im Mittelpunkt der RCA steht das Risiko-Chancen-Profil (RCP). Das RCP ist eine Grafik, aus der hervorgeht, mit welcher Wahrscheinlichkeit ein Zielwert (z. B. der Endwert oder die VOFI-Eigenkapitalrentabilität) mindestens erwartet wird. Das RCA-Profil (vgl. z. B. Abb. 82-1) wird auf der Grundlage eines stochastischen Simulationsmodells erzeugt.

---

[1] Vgl. Hertz, D. B. (1964), S. 95-106. Zu weiteren Ausführungen vgl. Hillier, F. S. (1963), S. 195-210, Hax, H. (1993), S. 142 ff., Adam, D. (2000), S. 363-369, Götze, U. (2006) S. 376-383.

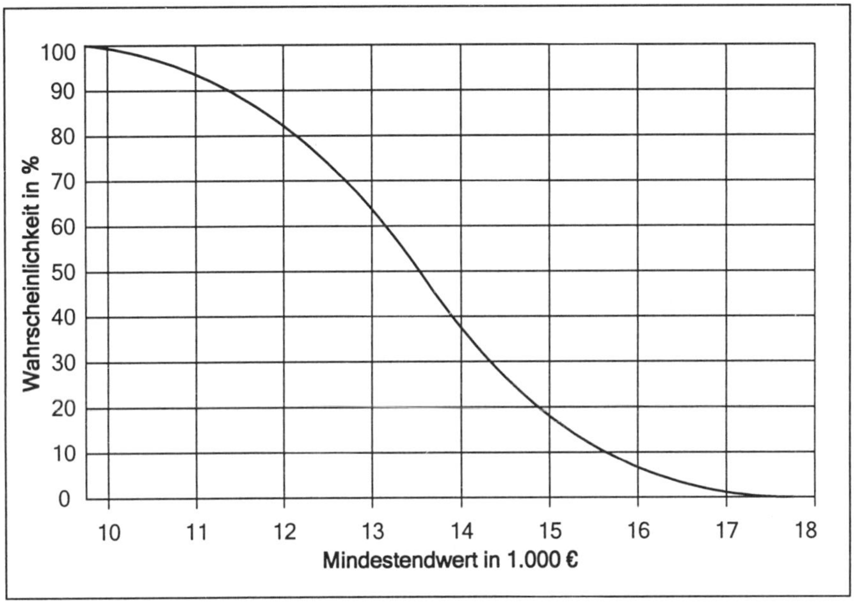

Abb. 82-1: Beispiel für ein Risiko-Chancen-Profil[1]

Alternativ kann ein Profil ausgegeben werden, aus dem hervorgeht, mit welcher Wahrscheinlichkeit ein bestimmter Endwert höchstens erreicht wird. Durch Vergleich mehrerer Alternativen (z. B. DY11 versus Anlage der Eigenen Mittel) kann der Entscheidungsträger durch Interpretation[2] der Profile die Chancen und Risiken abwägen, um die bessere bzw. die beste Alternative auszuwählen. Durch die Risiko-Chancen-Analyse wird das ursprünglich deterministische VOFI-Modell zu einem stochastischen Modell ausgebaut. Die Erzeugung eines Risiko-Chancen-Profils steht im Mittelpunkt des nun darzustellenden Vorgehensmodells.

2 Vorgehensmodell zur Erzeugung von Risiko-Chancen-Profilen

Das Vorgehensmodell zur Erzeugung von Risiko-Chancen-Profilen enthält die folgenden Phasen[3]:

---

[1] Entnommen aus Grob, H. L. (1999), S. 951.

[2] Zur automatischen Kommentierung markanter Punkte der Grafik in Form eines Expertisesystems vgl. Grob, H. L. (1994). Zur generellen Konzeption von Expertisesystemen vgl. Mertens, P. (1989), S. 835.

[3] Vgl. Grob, H. L., Mrzyk, A. (1998), S. 124 ff. sowie Grob, H. L., Hermans, J. (2006 a).

Phase	Inhalt
1	Festlegung des Zielinhalts, des Planungshorizonts und der Eingabedaten
2	Definition der Entscheidungsalternativen
3	Festlegung von Szenarien für die zu untersuchenden Entscheidungsalternativen
4	Klassifizierung der Eingabedaten in *sichere* und *unsichere* Elemente
5	Entwicklung eines deterministischen VOFIs als Ausgangsbasis
6	Aufgliederung der *unsicheren* Daten des VOFIs in zwei Klassen: Die *erste* Klasse enthält Elemente, deren Höhe einwertig ist. Zur *zweiten* Klasse zählen diejenigen Variablen, für die Wahrscheinlichkeitsverteilungen aufzustellen sind.
7	Auswahl der zu untersuchenden Entscheidungsalternative und des zu unterstellenden Szenarios und Vorgabe der für dieses Szenario relevanten einwertigen Daten der *ersten* Klasse
8	Vorgabe eines Abbruchkriteriums für die Simulation
9	Erzeugung von Stichprobenergebnissen in Form einwertiger Daten für die unsicheren Elemente der *zweiten* Klasse durch Generierung von Zufallszahlen und Transformation auf die Wahrscheinlichkeitsverteilungen
10	Integration der Stichprobenergebnisse und der sicheren Daten in einen VOFI
11	Erzeugung von Wahrscheinlichkeitsverteilungen[1] aus den Häufigkeitsverteilungen
12	Erzeugung von Risiko-Chancen-Profilen aus den Wahrscheinlichkeitsverteilungen durch Kumulation der Zielwerte

Abb. 82-2: Vorgehensmodell zur Erzeugung von Risiko-Chancen-Profilen

Die Phasen 9 und 10 sind so lange zu wiederholen, bis ein vorgegebenes Abbruchkriterium (z. B. Vorgabe einer maximalen Anzahl von Durchläufen) erfüllt ist. Die in der letzten Phase erzeugten Profile geben die Wahrscheinlichkeit für die Realisierung eines Mindest- bzw. Höchstzielwerts einer Alternative an: die Risiko-Chancen-Profile.

---

1 … auch als Dichtefunktion bezeichnet.

3 Demo-Beispiel

Zur rechnerischen Ermittlung eines Risiko-Chancen-Profils nahmen sich Dr. X und Y die aus einwertigen Daten bestehenden ursprünglichen Nachfrageprognosen vor, um daraus eine Wahrscheinlichkeitsverteilung zu erzeugen.[1] Alle anderen Daten (z. B. Zinssätze) sollten in der ursprünglichen Höhe angesetzt werden. Es ging also primär darum, mit der Methode vertraut zu werden.

In der Wahrscheinlichkeitsverteilung der Nachfrage finden sich die einwertigen Nachfragen für die ersten beiden Jahre als ursprüngliche Prognosewerte[2] wieder. Diese werden mit den höchsten Wahrscheinlichkeiten erwartet.

Wahrscheinlichkeit [in %]	Nachfrage	Intervallmitte
20	$85 \leq N < 95$	90
60	$95 \leq N < 105$	**100**
20	$105 \leq N < 115$	110

Abb. 82-3: Wahrscheinlichkeitsverteilung der Nachfrage im Jahr 1

Wahrscheinlichkeit [in %]	Nachfrage	Intervallmitte
25	$170 \leq N < 190$	180
50	$190 \leq N < 210$	**200**
25	$210 \leq N < 230$	220

Abb. 82-4: Wahrscheinlichkeitsverteilung der Nachfrage im Jahr2

Nachdem als Abbruchkriterium die maximale Anzahl der Simulationsläufe fixiert worden ist, liegen alle relevanten Daten vor, um die Simulation zu starten. Zu diesem Zweck wird auf Basis der Wahrscheinlichkeitsverteilungen der Nachfrage in den Jahren 1 bis 5 eine Vielzahl von Stichproben erzeugt. Aus jedem Stichprobenset wird unter Berücksichtigung der Kapazitätsrestriktion und der sicheren Parameter (z. B. Preis, variable Auszahlungen, Zinssätze) eine Zahlungsfolge generiert, die in den VOFI zu übernehmen ist. Im VOFI werden nun die Endwerte ermittelt und in einer Häufigkeitsverteilung und anschließend einer Wahrscheinlichkeitsverteilung zusammengefasst (vgl. Abb. 82-5).

---

[1] Vgl. Abb. 8-3, S. 47.

[2] Vgl. Abb. 8-2, S. 46.

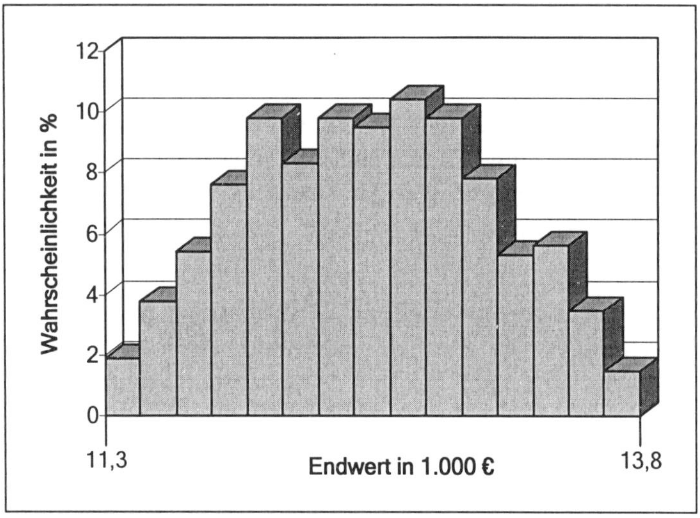

Abb. 82-5: Wahrscheinlichkeitsverteilung bei Realisierung von DY11

Durch Kumulation der Wahrscheinlichkeitsverteilung wird das (stetig gezeichnete) Risiko-Chancen-Profil ermittelt (Abb. 82-6), das zu Beginn dieser Folge erörtert worden ist. Für den Endwert der Opportunität wurde unterstellt, dass dieser mit Sicherheit erzielbar ist.

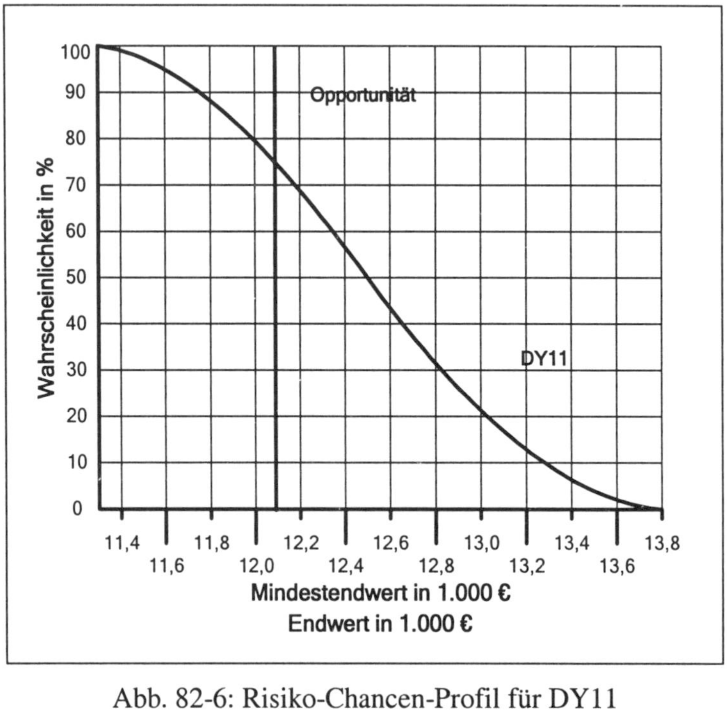

Abb. 82-6: Risiko-Chancen-Profil für DY11

Nun wird deutlich, dass dem Verantwortlichen die Entscheidung durch das entscheidungstheoretische Modell *nicht* abgenommen wird. Es wird lediglich eine Entscheidungsunterstützung geboten, bei der zu klären ist, ob die unsichere Investition der Sicherheitsalternative vorzuziehen ist. Aus dem Risiko-Chancen-Profil für DY11 geht hervor, dass der Endwert von DY11 mit einer Wahrscheinlichkeit von (leider nur) 75 % mindestens so groß ist wie der sichere Endwert der Opportunität (vgl. Abb. 82-6). Wie gesagt: *mindestens!*

Nicht nur andere Szenarien lassen sich systematisch durchspielen – auch Zielwertvergleiche mit anderen Alternativen können vorgenommen werden. Als Beispiel wird die konkurrierende Sachinvestition DY12 in die Simulation einbezogen. Die Profile werden in Abb. 82-7 dargestellt. Zur Abwechslung ist als Zielwert der Mindest*anfangswert* verwendet worden.

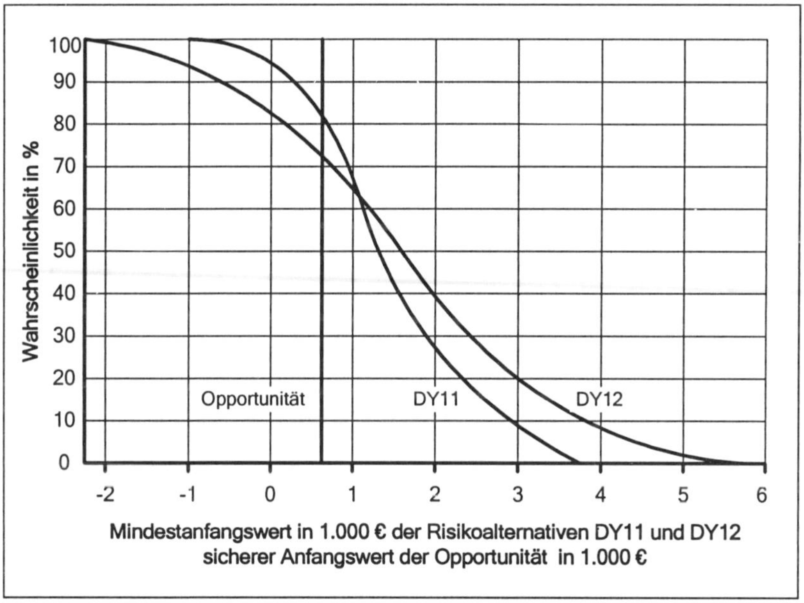

Abb. 82-7: Risiko-Chancen-Profile

4 Einsatz des Simulationswerkzeugs Crystal Ball

Die Risiko-Chancen-Analyse kann durch das Simulationswerkzeug Crystal Ball, einem Add-in zu Tabellenkalkulationsverfahren, methodisch unterstützt werden.[1] In Crystal Ball ist eine Vielzahl von Optionen nutzbar. So

[1] Zur Verbindung von VOFI und Risiko-Chancen-Analyse vgl. Grob, H. L., Mrzyk, A. P. (1998), S. 120-129.

kann aus einer Galerie von Wahrscheinlichkeitsverteilungen, zu denen beispielsweise Normal-, Binomial- oder Lognormalverteilungen gehören, die passende ausgewählt werden. Die in Abb. 82-3 und Abb. 82-4 dargestellten individuellen Verteilungsformen lassen sich mit der Funktion „Custom Distribution" abbilden. Im Folgenden werden zwei Bildschirmfotos aufgezeigt, die die beiden zentralen grafischen Darstellungen wiedergegeben, die bereits in Abb. 82-5 und Abb. 82-6 schematisch präsentiert worden sind:

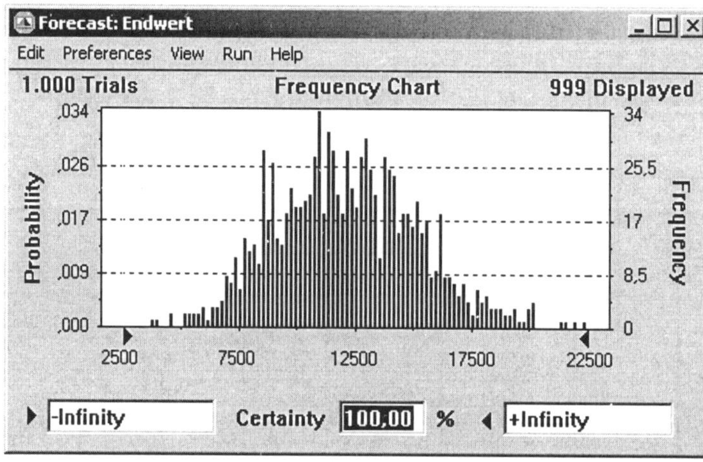

Abb. 82-8: Beispiel einer mit Crystal Ball erzeugten Wahrscheinlichkeitsverteilung

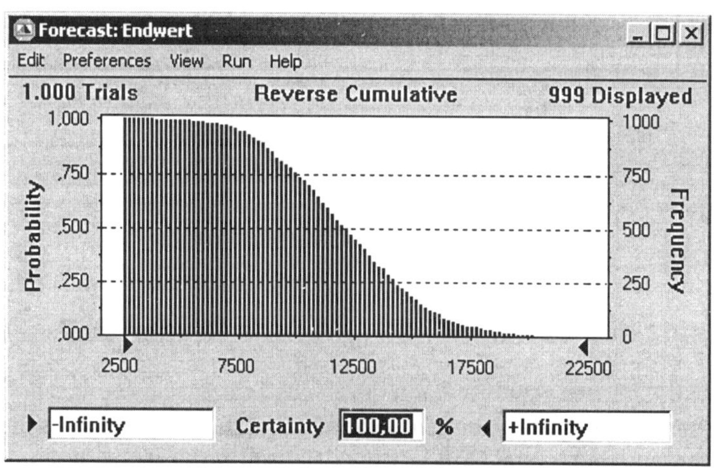

Abb. 82-9: Beispiel eines mit Crystal Ball erzeugten Risiko-Chancen-Profils

5 Resümee

Nach einer Simulationsphase kommt häufig eine Phase des Philosophierens. Dr. X kam dabei auf den Gedanken, die Wahrscheinlichkeitsverteilung jeder Alternative auf der Basis der Bernoulli-Risikonutzentheorie zu einwertigen Nutzwerten zu verdichten. Praktisch sei dieses Vorhaben durch Transformation der Wahrscheinlichkeitsverteilung der Endwerte in eine Verteilung des Risikonutzens und der anschließenden Ermittlung seines Erwartungswerts realisierbar.

Y konterte und wies darauf hin, dass hierbei das Problem auftritt, dass durch Verdichtung von Informationen eine Vernichtung vorgenommen wird. Besser sei es, die „Original"informationen – also die Risiko-Chancen-Profile – ganzheitlich und dennoch differenziert zu betrachten. Dabei würde man feststellen, dass zur Beurteilung einer Investition nur diejenigen Mindestzielwerte, die mit einer Wahrscheinlichkeit von beispielsweise mehr als 70 % zu erwarten sind, vom Entscheidungsträger für relevant gehalten („ernst genommen") werden. Deshalb sei eine Verdichtung sämtlicher Informationen abzulehnen, in denen auch die nicht „ernst genommenen" Ergebnisse einen Einfluss ausüben würden.

Als Fazit ist festzuhalten: Die Entscheidungskonsequenzen sind in Form grafisch dargestellter Risiko-Chancen-Profile anschaulich visualisierbar. Die Abkehr vom strengen Formalismus einer rechnerischen Verdichtung zu einer benutzerfreundlichen grafischen Darstellung von Entscheidungsproblemen ist als neuer Trend im Controlling anzusehen. Schon wieder ein Paradigmenwechsel?

Kontrollfragen

Erörtern Sie die Grundidee der Risiko-Chancen-Analyse!

Zeichnen Sie ein Risiko-Chancen-Profil und interpretieren Sie dieses!

Zur Unterstützung einer Investitionsentscheidung sind Risiko-Chancen-Profile für zwei konkurrierende Investitionsprojekte zu zeichnen. Erörtern Sie die Grafik durch kommentierende Texte (z. B. „Bei Investition A ist der Schuldenstand am Planungshorizont mit Sicherheit nicht höher als 220.000 €.")!

Nennen Sie alternative Möglichkeiten bezüglich der Abszissenbezeichnung des Risiko-Chancen-Profils!

Erläutern Sie den modellmäßigen Zusammenhang der Risiko-Chancen-Analyse und der Bernoulli-Risikonutzentheorie!

Setzen Sie sich mit der Idee, die Ergebnisse der Risiko-Chancen-Analyse in das Modell der Bernoulli-Risikonutzentheorie zu integrieren, kritisch auseinander!

7.3 Mehrstufige Entscheidungssituation

Folge 83

Flexible Planung

Entscheidungsbäume gegen die Ungewissheit

1 Charakterisierung

„Was ist eigentlich das Besondere der Flexiblen Planung[1]?", fragte Y. Dr. X, der sich mit den unten aufgeführten Literaturquellen gut auskannte, fasste kurz zusammen. Allerdings stellte er zunächst einmal heraus, dass die Flexible Planung ein „elektrischer Straßenbahnschaffner" sei. Nicht die *Planung* sei flexibel – vielmehr würde die *Flexibilität* geplant. Der Begriff Flexible Planung sei jedoch schon so weit in der Entscheidungstheorie verbreitet, dass eine Kritik an der Wortwahl zwecklos sei.

Kennzeichen der Flexiblen Planung ist die Mehrstufigkeit einer Entscheidung unter Unsicherheit. Würde für ein Investitionsprojekt in der ersten Stufe eine kleine Kapazität geplant, dann könnte in der zweiten Stufe entschieden werden, ob die Kapazität auszubauen ist. Dieser Ausbau würde natürlich nur dann vorgenommen, wenn der hierdurch erreichbare Zielwert größer ist als der der konkurrierenden Alternative – also der Nichtausbau der Kapazität. Die flexible Lösung, die darin besteht, mit einer relativ kleinen Kapazität zu starten, wird zwar regelmäßig zu insgesamt höheren Anschaffungsauszahlungen führen, indes können Verluste vermieden werden, wenn aufgrund der Erkenntnisse in der Anlaufphase der Ausbau nicht lohnenswert ist. Das Besondere an der Flexiblen Planung ist, dass bereits bei der Anfangsentscheidung die bedingten Konsequenzen alternativer Folgeentscheidungen berücksichtigt werden.

Die Prognosedaten werden in einem Entscheidungsbaum anschaulich dargestellt. Der Entscheidungsbaum enthält zum einen Entscheidungsknoten, aus denen Entscheidungsäste wachsen und zum anderen Zufallsknoten mit Zufallsästen. Auf jedem Ast sind die zurechenbaren Daten zu notieren. Hierzu gehören nicht nur die jeweiligen Zielwerte bzw. die Ein- und Aus-

[1] Vgl. zur Flexiblen Planung z. B. Bühlmann, H., Loeffel, H., Nievergelt, E. (1969), Jochum, H. (1969), Laux, H. (1971), Hax, H., Laux, H. (1972), Eisenführ, F., Weber, M. (2003), Adam, D. (1996), S. 287-305.

zahlungen und die subjektiven Wahrscheinlichkeiten, mit denen diese Zahlungen erwartet werden. Der methodisch einfachste Fall der Risikonutzentheorie ist die Maximierung des Erwartungswerts des Endwerts, wobei ein risikoneutrales Verhalten unterstellt wird. Jedoch kann auch risikofreudiges oder -scheues Verhalten als Zielsetzung angenommen und im Rahmen der Flexiblen Planung berücksichtigt werden.

Bei der Auswertung des Entscheidungsbaums ist der Zielwert retrograd („roll back") zu bestimmen.[1] Nur die maximalen Zielwerte der Entscheidungsalternativen der zweiten Stufe, also die bei der Folgeentscheidung zu treffenden Maßnahmen, werden in der ersten Stufe berücksichtigt. Die Zielwerte der nicht-optimalen Folgeentscheidungen werden bei der Anfangsentscheidung nicht beachtet. Ein Demo-Beispiel soll die allgemeinen Ausführungen abrunden.[2]

2 Demo-Beispiel

Die nicht ausbaufähige Anlage DY11 hat wieder einmal Konkurrenz bekommen. Diesmal heißt die Anlage DY13 – und diese *ist* ausbaufähig. Die beiden Sachinvestitionen in t=0 – DY11 oder die erste Stufe von DY13 – konkurrieren nach wie vor mit der sicheren Finanzinvestition.

Die VOFIs sämtlicher Alternativen und Umweltsituationen sollen hier nicht wiedergegeben werden. Vielmehr ist nur der Entscheidungsbaum mit den monetären Konsequenzen und den subjektiven Wahrscheinlichkeiten für die aus Folge 80 bekannten Umweltsituationen U_1 bis U_3 darzustellen. Diese sind für die gesamte Nutzungsdauer relevant. Das Anfangsszenario (z. B. U_{11}) ist für die erste Phase des Planungszeitraums (z. B. für die ersten beiden Jahre), das Folgeszenario (z. B. U_{21}) für die restlichen Jahre bis zum Planungshorizont definiert (vgl. Abb. 83-1)[3].

---

1 Eine ausführlichere Darstellung des Formalismus sowie des Einsatzes der dynamischen oder der Linearen Programmierung zur Auswertung des Entscheidungsbaums findet sich bei Hax, H. (1993), S. 176-182.

2 Zur computergestützten Analyse des Anwendungsbeispiels vgl. Grob, H. L., Schultz, M. B. (2001), S. 135-142.

3 Die Grafiken wurden mit dem Softwareprodukt DPL (Decision Program Language) erzeugt. Vgl. ADA Decision System (1992). Denkbar ist auch, dass die bedingten Zielwerte nicht an das Ende des letzten Zufallsknotens geschrieben werden, sondern dass eine verursachungsgerechte Zuordnung der Entscheidungskonsequenzen auf die jeweiligen Äste erfolgt.

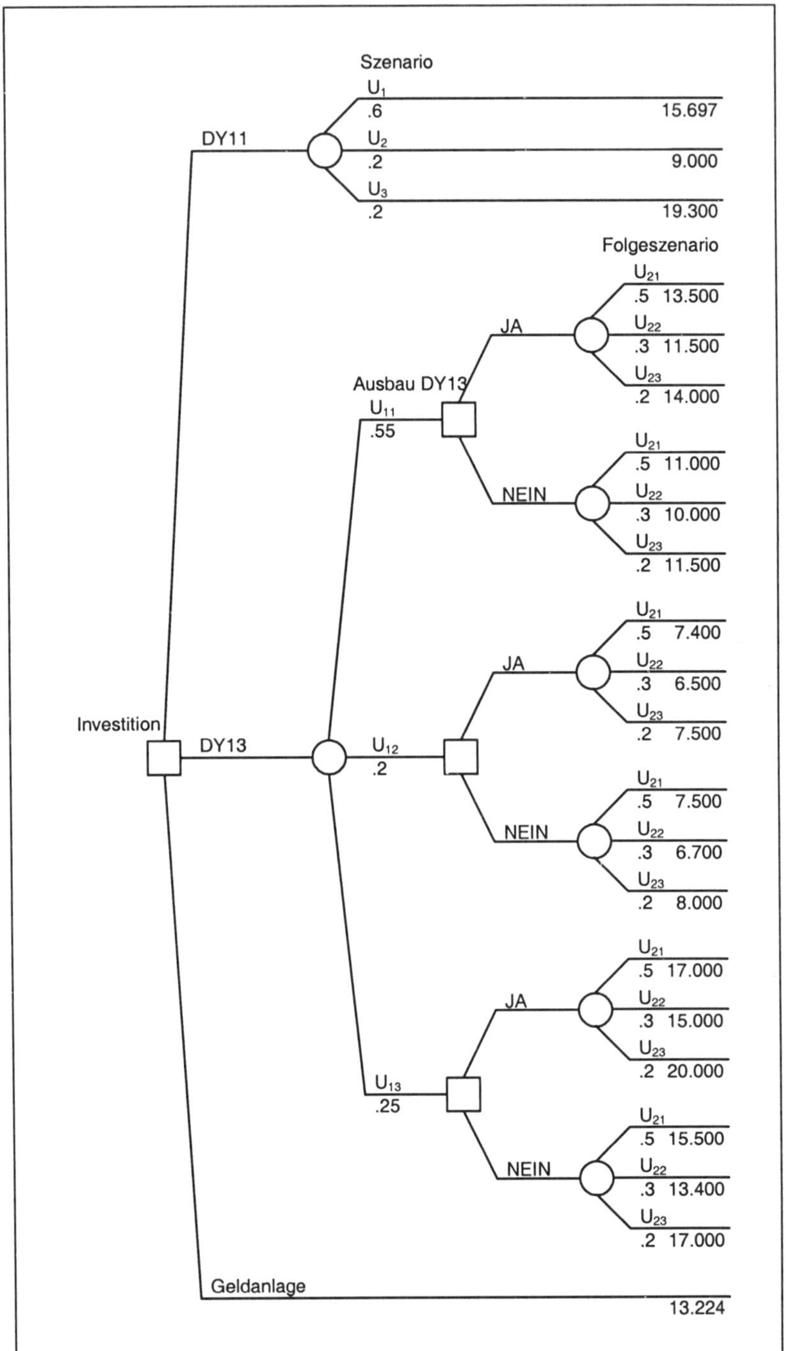

Abb. 83-1: Entscheidungsbaum mit Endwerten und Wahrscheinlichkeiten [in €]

Der Entscheidungsbaum ist von links nach rechts zu *lesen*, allerdings von rechts nach links („roll back") zu *lösen*. Entscheidungsknoten sind als Quadrate, Zufallsknoten als Kreise symbolisiert. Nach einem Entscheidungsknoten werden Entscheidungsalternativen dargestellt, während nach einem Zufallsknoten eine Wahrscheinlichkeitsverteilung wiedergegeben wird.

Die folgenden Ausführungen des Dr. X zur Entscheidungsfindung bei Flexibler Planung sollten unmittelbar in dem in Abb. 83-1 dargestellten Entscheidungsbaum nachvollzogen werden.

Am Anfang unseres mehrstufigen Entscheidungsproblems stehen wir vor der Wahl zwischen den Alternativen DY11, DY13 und der Anlage der Eigenen Mittel. Während der Zielwert der Geldanlage sicher ist, hängt der von DY11 vom Eintritt der Umweltsituationen U_1, U_2 oder U_3 ab.

DY13 bietet die Möglichkeit einer flexiblen Anpassung im Zeitablauf. Bei DY13 ist folglich eine Mehrstufigkeit vorgesehen, die sich darin äußert, dass ein weiterer Entscheidungsknoten für jede Umweltsituation definiert ist. Sollte DY13 verwirklicht werden, bliebe abzuwarten, ob U_{11} oder eine andere Umweltsituation eintritt. Die Wahrscheinlichkeiten sind hierfür vorgegeben worden. Falls es sich lohnt, wird DY13 ausgebaut. Ob es sich lohnt, hängt von den Folgeszenarien U_{21}, U_{22} und U_{23} ab.

Die Erwartungswerte der Folgeszenarien können beispielsweise wie folgt errechnet werden:

$$ERW^F_{DY13} = 13500 \cdot 0{,}5 + 11500 \cdot 0{,}3 + 14000 \cdot 0{,}2 = 13000 \text{ [€]}$$

Bei Nichtdurchführung des Folgeszenarios von DY13 ergibt sich ein Erwartungswert von 10.800 €. Der höhere Zielwert von 13.000 € „setzt sich durch", d. h., er wird bei der Erwartungswertberechnung auf der nächsten Ebene berücksichtigt. Auf dieser Ebene werden zur Ermittlung der optimalen Anfangsentscheidung die monetären Konsequenzen unter Berücksichtigung ihrer Eintrittswahrscheinlichkeiten zu Erwartungswerten verdichtet (vgl. Abb. 83-2). Der Erwartungswert für DY11 errechnet sich wie folgt:

$$EW_{DY11} = 0{,}6 \cdot 15697 + 0{,}2 \cdot 9000 + 0{,}2 \cdot 19300 = 15078 \text{ [€]}$$

Die übrigen Erwartungswerte sind in Abb. 83-2 eingetragen worden. Nun ist die Entscheidung nach dem Roll-back-Verfahren vorzubereiten. Es zeigt sich, dass sich der Ausbau von DY13 unter der Bedingung, dass U_{11} eintreten wird, lohnenswert ist, da der Erwartungswert für den Ja-Fall mit 13.000 € größer ist als der für den Nein-Fall. Unter Berücksichtigung der optimalen Folgeentscheidungen kann der Erwartungswert von DY13 wie folgt errechnet werden:

$EW_{DY13} = 13000 \cdot 0{,}55 + 7360 \cdot 0{,}2 + 17000 \cdot 0{,}25 = 12872$ [€]

Aufgrund eines Vergleichs der Erwartungswerte von DY11, DY13 und der sicheren Geldanlage wird deutlich, dass DY11 die beste Alternative ist.

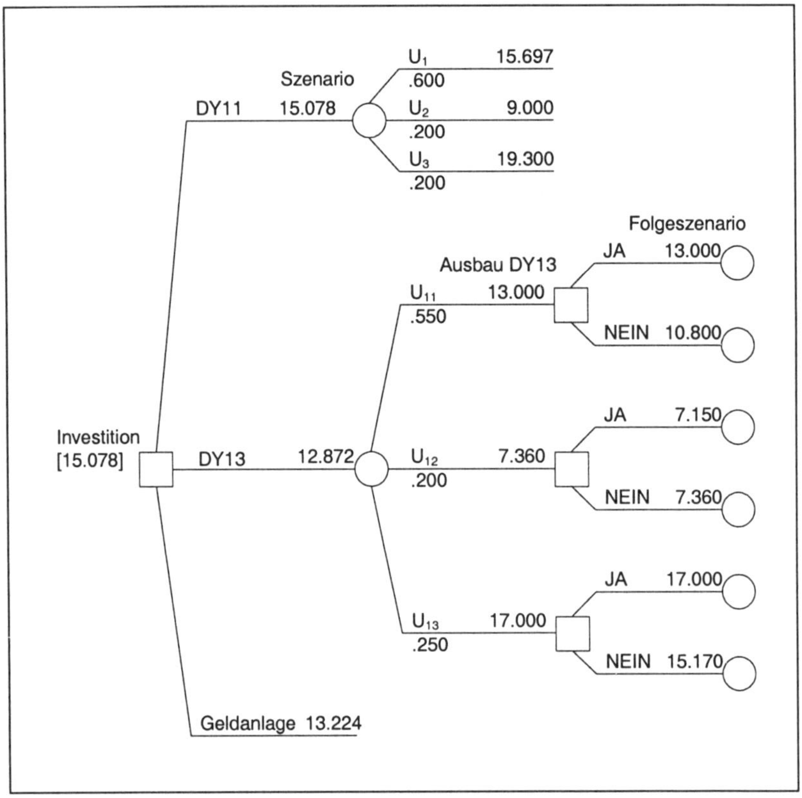

Abb. 83-2: Entscheidungsbaum mit Erwartungswerten [in €]

Dr. X füge hinzu: „Das Schöne an der Flexiblen Planung ist ihre Ausbaufähigkeit. Nicht nur, dass wir mit Leichtigkeit die Endwerte nach Steuern hineinbringen können. Auch risikoscheues Verhalten ist durch Verbindung mit der Risikonutzentheorie möglich. Vermutlich ist auch eine Kombination der Risiko-Chancen-Analyse mit der Flexiblen Planung möglich." Er hatte Recht.[1] Schließlich heißt es bereits im Vorspann zum siebten Kapitel, dass sich auf die zweistufige Entscheidungssituation grundsätzlich sämtliche Konzepte übertragen lassen, die auch im einstufigen Fall vorgestellt worden sind.

[1] Vgl. Grob, H. L., Weigel, L. (1996).

Kontrollfragen

Definieren Sie den Begriff der Flexiblen Planung!

Erörtern Sie die „Sonderstellung“ des Konzepts der Flexiblen Planung im Kanon der Ansätze zur Handhabung des Unsicherheitsproblems!

Was ist unter Entscheidungs- und Zufallsknoten sowie Entscheidungs- und Zufallsästen zu verstehen?

Schildern Sie den Aufbau eines Entscheidungsbaums zur Flexiblen Planung! Erörtern Sie ein selbst konstruiertes Beispiel!

Diskutieren Sie denkbare Zielsysteme bei der Flexiblen Planung!

Wie funktioniert die Auswertung eines Entscheidungsbaums? Gehen Sie insbesondere auf den Algorithmus beim Roll-back-Verfahren ein!

8 Eigenkapitalkosten in der Investitionsrechnung

In der Investitionsrechnung werden Eigenkapitalkosten als Bestandteil der Kapitalkosten berücksichtigt. Die Parameter zur Ermittlung der Eigenkapitalkosten sind im schillernden Kalkulationszinsfuß enthalten.

Woraus resultieren Eigenkapitalkosten? Bisher wurde unterstellt, dass die Eigenen Mittel – auch als Eigenkapital bezeichnet – anderweitig angelegt werden. Diese Opportunität stellt eine eigenständige konkurrierende Alternative zur Investition dar. Eigenkapitalkosten sind somit als Opportunitätskosten zu verstehen.

Alternativ können Eigenkapitalkosten aber auch aus den monetären Ansprüchen der Eigenkapitalgeber hergeleitet werden. Sie einem einzelnen Investitionsobjekt zuzurechnen, ist natürlich per se problematisch. Das richtige Zurechnungsobjekt ist die Unternehmung. Gleichwohl müssen Investitionen Beiträge erbringen, um die Ansprüche der Eigenkapitalgeber zu befriedigen.

Im folgenden Abschnitt wird gezeigt, wie Eigenkapitalkosten, die auf Basis eines Mischzinsfußes, der dem Weighted Average Cost of Capital (WACC) ohne Steuern entspricht, ermittelt und in den VOFI integriert werden. Dabei wird die Frage aufgeworfen, ob wir den WACC überhaupt benötigen. In jedem Fall wird zur Ermittlung des Eigenkapitalkostensatzes das Capital Asset Pricing Model (CAPM) verwendbar. Eine Integration von CAPM und VOFI steht im Mittelpunkt dieses Kapitels.

Folge 84

Eigenkapitalkosten im VOFI

Die ersten Schritte

1 Problemstellung

Dr. X hatte sich mit großem Interesse dem Capital Asset Pricing Model (CAPM) gewidmet und sich dabei nicht in der Suche nach dem passenden Beta-Faktor verloren. Stattdessen stellt er konzeptionelle Überlegungen zur Integration von CAPM und VOFI an. Sein Anliegen war die Explizierung der Eigenkapitalkosten, die bei der Finanzierung einer Investition zu berücksichtigen sind.

Eigenkapitalkosten sind zwar (schon immer) bei den klassischen Verfahren – selbst bei den statischen – in den Kalkulatorischen Zinsen enthalten, aber eben nicht in expliziter Form. Der berühmt-berüchtigte klassische Kalkulationszinsfuß ist mal wieder gefragt.

„Kann man die Eigenkapitalkosten denn mit VOFI wieder sichtbar machen?", fragte Y hoffnungsvoll.

„Versuchen wir es!", entgegnete Dr. X und sprach aus Höflichkeit im Plural.

Zum Einstieg wird zunächst ein statischer, also einperiodiger Mischzinsfuß verwendet. Dieser entspricht dem Weighted Average Cost of Capital (WACC) ohne Steuern. Für die Investition mögen die folgenden Daten gelten:

Anschaffungsauszahlung	10.000 €
Einzahlungsüberschuss in t=1	15.000 €
Eigene Mittel	5.000 €
Eigenkapitalkostensatz	8 %
Fremdkapitalkostensatz	10 %

Der Mischzinsfuß beträgt folglich:

$$i_{Misch} = \frac{5000 \cdot 0{,}08 + 5000 \cdot 0{,}1}{5000 + 5000} = 0{,}09 \mathrel{\hat{=}} 9\ \%$$

Wenn sowohl zur Bestimmung des Endwerts der Investition als auch der Anlage der Eigenen Mittel der oben angesprochene WACC angesetzt würde, käme ein Zusätzlicher Endwert von 4.100 € heraus. Allerdings wäre der Endwert der Investition bei Verwendung der Originalparameter um 50 € höher, während der Endwert der Opportunität um diesen Betrag niedriger ausfiel. Spätestens jetzt stellt sich die Frage, warum eigentlich mit dem WACC gearbeitet werden soll. Abbildungsgenauer ist es doch, die einzelnen Elemente des Mischzinsfußes „im Original" in den VOFI zu integrieren – also den 10%igen Sollzinsfuß und den 8%igen Eigenkapitalkostensatz. Wohlgemerkt: in *einen* VOFI – und nicht wie üblich in den VOFI der Investition und in den der Opportunität. Während die Fremdkapitalkosten wie immer im VOFI anzusetzen sind, ist die Frage der Eigenkapitalkosten noch zu klären.

Dr. X hatte die Idee, die Eigenkapitalkosten durch die Annahme einer Ausschüttung in Höhe von 400 € in den VOFI zu integrieren. Die zur Verfügung gestellten Mittel könnten entweder als Rückzahlung am Planungshorizont dargestellt werden oder aber unter den Bestandsgrößen als Verpflichtung ausgewiesen werden, Ausschüttungen vorzunehmen. In beiden Fällen wird im VOFI unmittelbar der Zusätzliche Endwert generiert.

Zeitpunkt	0	1
Zahlungsfolge der Investition	–10.000	15.000
Eigene Mittel		
+ Eigenkapitaleinsatz	5.000	
– Eigenkapitalkosten		400
– Eigenkapitalrückzahlung		5.000
Kredit		
+ Aufnahme	5.000	
– Tilgung		5.000
– Sollzinsen		500
Reinvestition		
– Anlage		4.100
+ Rückfluss		
+ Ertrag		
Finanzierungssaldo	0	0
Bestandsgrößen		
Finanzbestand		4.100
Kreditbestand	5.000	
Bestandssaldo	–10.000	4.100

Abb. 84-1: VOFI mit Eigenkapitalkosten und Eigenkapitalrückzahlung

Zeitpunkt	0	1
Zahlungsfolge der Investition	–10.000	15.000
Eigene Mittel		
+ Eigenkapitaleinsatz	5.000	
– Eigenkapitalkosten		400
– Eigenkapitalrückzahlung		0
Kredit		
+ Aufnahme	5.000	
– Tilgung		5.000
– Sollzinsen		500
Reinvestition		
– Anlage		9.100
+ Rückfluss		
+ Ertrag		
Finanzierungssaldo	0	0
Bestandsgrößen		
Finanzbestand		9.100
Eigenkapital	5.000	5.000
Kreditbestand	5.000	
Bestandssaldo	–10.000	4.100

Abb. 84-2: VOFI mit Eigenkapitalkosten ohne Eigenkapitalrückzahlung

Y schaltete blitzschnell: „Mit der Einbeziehung von Eigenkapitalkosten in den VOFI – in welcher Variante auch immer – haben wir eine Alternative zum Totalkalkül gefunden.“ Er sagte übrigens auch *wir*.

2 Erweiterung des Ansatzes

Der erste Gedanke war, dass – wenn man den WACC schon nicht benötigt - auch die einschränkende Prämisse eines einperiodigen Ansatzes (zumindest in Bezug auf die Fremdkapitalkostensätze) entfallen könnte. Indes ist bei einem mehrperiodigen Ansatz zu klären, ob die auf Basis von CAPM ermittelten einperiodigen Eigenkapitalkosten auch mehrperiodig interpretiert werden können. Außerdem ist der Charakter der Eigenkapitalkosten festzulegen. Sind sie wirklich liquiditätswirksam oder „nur“ eine kalkulatorische Rechengröße?

Zunächst ist grundlegend zu diskutieren, ob CAPM überhaupt auf die Investitionstheorie übertragbar ist.

Dr. X verspürte den Wunsch, diese Probleme hier und jetzt zu lösen. Y sagte daraufhin: „Das ist eine eigene Folge wert.“

Kontrollfragen

Wie lautet die Bestimmung des WACC ohne Steuern?

Ist es sinnvoll, den WACC bei der Einbeziehung von Eigenkapitalkosten in den VOFI zu verwenden?

Erläutern Sie die Idee, die Parameter des WACC in einem einperiodigen VOFI zu berücksichtigen!

Inwiefern ist durch die Einbeziehung der Eigenkapitalkosten eine Alternative zum Totalkalkül zu sehen, in dem sowohl für den VOFI der Investition als auch für den der Opportunität ein eigenständiger VOFI erstellt wird?

Folge 85

VOFI und CAPM

Versuch einer Integration

1 Kritische Vorbemerkungen

Gegen eine Übertragung des Capital Asset Pricing Model (CAPM) in die Investitionstheorie, in deren Mittelpunkt Investitionsentscheidungen stehen, werden in der Literatur[1] erhebliche Einwendungen angeführt, auf die zunächst im Sinne von Vorbemerkungen einzugehen ist.

- CAPM geht von der irrealen Situation aus, dass sämtliche Anleger identische Renditeerwartungen haben. Daraus folgt, dass die Anlageportefeuilles eine gleiche Mischung der Wertpapiere aufweisen. Wird angenommen, der Markt treffe stets „die richtige Entscheidung", wäre dies eine Abkehr von der traditionellen präferenzpolitischen Sicht[2] der Entscheidungstheorie, in deren Mittelpunkt der Entscheidungsträger steht. Da im Zentrum einer Investitionsentscheidung der Investor steht, sollte seine Sicht dominieren. Identische Risikoerwartungen sind dabei als akzeptabel anzusehen.
- Den für die Vergangenheit empirisch ermittelten Beta-Faktor als repräsentativ für die zukünftige Entwicklung zu sehen, ist von vornherein problematisch.
- Den einperiodigen Ansatz von CAPM auf ein mehrperiodiges Modell mit sich verändernden Kapitalstrukturen zu übertragen, ist eine unbefriedigende Vereinfachung.[3]

---

[1] Vgl. u. a. Schneider, D. (1992), S. 523-526.

[2] Schneider, D. (1998), Spalte 1477 f.

[3] SCHMIDT und TERBERGER führen hierzu aus: „Der gegenwärtige Stand der Fachdiskussion lässt sich auf den knappen Nenner bringen, dass im Mehrperiodenfall das CAPM nur eine pragmatische, nicht aber eine theoretisch wirklich korrekte Lösung für Investitionsprobleme darstellt." Schmidt, R. H., Terberger, E. (1999), S. 370. Auch die Eigenschaft einer „pragmatischen" Lösung ist hier anzuzweifeln. Unter Pragmatik sollte nicht verstanden werden, dem Vorstand einer Unternehmung vorzugaukeln, die Ansprüche der Shareholder seien sinnvoll berücksichtigt, nur weil man den Kalkulationszinsfuß nach dem CAPM-Konzept modifiziert hat.

- Eine Aktie oder eine andere Kapitalanlage, für die der Beta-Faktor zur Quantifizierung des systematischen Risikos bestimmt wurde, kann nur schwer als Muster für Sachinvestitionen verwendet werden.
- Die Kalkulation der Eigenkapitalkosten auf der Basis von CAPM gilt streng genommen nur für börsennotierte Unternehmungen. Ein Transfer auf andere Institutionen ist grundsätzlich problematisch.

Zusätzlich wird in der Literatur[1] darauf hingewiesen, dass CAPM eigentlich als Erklärungsmodell formuliert worden ist. Deshalb sei seine Eignung als Entscheidungsmodell von vornherein zu bezweifeln. Indes – warum sollte nicht auch ein Erklärungsmodell als Basis für Entscheidungsmodelle infrage kommen?

2 Überlegungen zur Integration von CAPM in VOFI

St. ließ sich von den in der Literatur herausgestellten Kritikpunkten nicht „schocken" und meinte, dass er die Einschätzung der Literatur bezüglich der Probleme teile – gleichwohl meinte er, dass man mit solchen Problemen leben könne. Deshalb fragte er Dr. X, was davon zu halten sei, die Grundkonzeption von CAPM in VOFI zu integrieren.

Bisher wurde unterstellt, dass das Eigenkapital im Sinne eigener liquider Mittel alternativ bei der Bank angelegt werden kann. Diese klassische Alternative wurde als Without-Fall bezeichnet. Nun ist von der Vorstellung auszugehen, dass für die Eigenen Mittel entsprechende Kosten für deren Zurverfügungstellung durch die Eigenkapitalgeber verrechnet werden. Da im VOFI ausschließlich Pagatorische Kosten enthalten sind, wurde nach einer Möglichkeit gesucht, auch die Eigenkapitalkosten im Prinzip pagatorisch zu interpretieren. Bereits vorgeschlagen wurde, die Eigenkapitalkosten als Ausschüttungen (besser: Ausschüttungsbeiträge) aufzufassen. Allerdings ist die Zurechnung dieser Beiträge auf ein einzelnes Investitionsprojekt problematisch. Gleichwohl ist von der Vorstellung auszugehen, dass die Ausschüttungen von der Konzernmutter vorgenommen werden und eine Kostenbelastung der Investition unter Verwendung eines Verrechnungspreises erfolgt. Der Verrechnungspreis für das zur Verfügung gestellte Eigenkapital ist unter Verwendung des Beta-Faktors derjenigen Branche zu kalkulieren, die mit der Organisationseinheit, die die Investition durchzuführen hat (z. B. ein Investment Center) vergleichbar ist. Eine objektspezifische Korrektur ist vorzunehmen, wenn in einem Investment Center signifikant vom üblichen systematischen Risiko abgewichen wird.

---

[1] Vgl. Adam, D. (2000), S. 361 ff.

Beispielsweise wäre dies bei risikoarmen Immobilieninvestitionen eines ansonsten risikoreichen Kerngeschäfts des Investment Centers der Fall.

Bei der Ermittlung des Verrechnungspreises für den Eigenkapitalkostensatz ist auch der Kapitalstruktureffekt zu beachten. Dabei sollte der für die Shareholder sichtbare Verschuldungsgrad – und dies ist regelmäßig der der gesamten Unternehmung und nicht des Investment Centers – berücksichtigt werden. Die Formel[1] zur Ermittlung der vom Verschuldungsgrad abhängigen Eigenkapitalkosten r_{EK} lautet:

$$r_{EK} = \mu = i_f + (\mu_M - i_f) \cdot \beta + (\mu_M - i_f) \cdot \beta \cdot (1 - s) \cdot \frac{FK}{EK}$$

Jährliche Ausschüttungen beeinflussen den Finanzbedarf und haben deshalb Finanzierungseffekte zur Folge. Wenn die Ausschüttung zur Abbildung von Eigenkapitalkosten jedoch in Form von Verrechnungspreisen kalkulatorisch behandelt wird, treten keine Zins- und Liquiditätseffekte auf. Um derartige Effekte beim Zielwertalgorithmus im VOFI zu vermeiden, wird das Eigenkapital wie ein Zero-Bond-Kredit behandelt, bei dem Zinsen auf das Ende der Laufzeit kapitalisiert werden, da in diesem Zeitpunkt keine Effekte mehr auftreten.

Die Formel zur Ermittlung der kapitalisierten Eigenkapitalkosten lautet:

$$EKK_n = EK \cdot (1 + r_{EK})^n - EK$$

Symbole

EKK_n	Eigenkapitalkosten (nach Steuern) im Zeitpunkt n
EK	Eigenkapital (Eigene Mittel)
r_{EK}	Eigenkapitalkostensatz gem. CAPM
n	Ende der Nutzungsdauer des IT-Objekts

In dem darzustellenden VOFI wird ein Eigenkapitalkostensatz in Höhe von $r_{EK} = 0{,}08 \mathrel{\hat{=}} 8\ \%$ unterstellt. Die auf t=5 kapitalisierten Eigenkapitalkosten betragen:

$$EKK_5 = 9000 \cdot (1 + 0{,}08)^5 - 9000 = 4224\ [€]$$

Anzumerken ist, dass μ unter Verwendung eines bestimmten Beta-Faktors, aber auch unter Berücksichtigung des relevanten Verschuldungsgrades errechnet worden ist. Ansonsten gelten die „bekannten" Daten des Demo-Falls.

Der Eigenkapitalkostensatz μ basiert auf der für CAPM üblichen einperiodigen Betrachtung. Darf ein solcher Ansatz auf ein mehrperiodiges Modell übertragen werden? Zur Durchführung dieses Transfers ist von der Vor-

[1] Vgl. S. 93.

stellung auszugehen, dass im Investitionszeitpunkt eine Momentaufnahme vorgenommen wird, die die Sicht der Shareholder auf die gesamte Nutzungsdauer der Investition ermöglicht. Diese Sicht gilt für die Phase der Investitionsplanung. Modifiziert werden kann sie bei der Investitionskontrolle – aber die findet ja erst viel später statt. Ein VOFI mit CAPM-basierten kapitalisierten Eigenkapitalkosten und einem Ausweis der Bestandsgröße „Eigenkapital" als Verpflichtung für die Ausschüttungen ist im Folgenden dargestellt worden. Bei den Eigenkapitalkosten sind keine Ertragsteuern zu berücksichtigen – die Steuerzahlung ist vom Anteilseigner zu leisten. Diese Annahmen sind auch im Weighted Average Cost of Capital (WACC) enthalten. Und nun der VOFI:

Zeitpunkt	0	1	2	3	4	5
Zahlungsfolge der Investition	–18.000	–4.000	3.200	19.040	5.972	3.785
Eigene Mittel („Eigenkapital")						
– Einsatz	9.000					
– Eigenkapitalkosten						4.224
Kredit						
+ Aufnahme	9.000	1.714				
– Tilgung			2.692	8.022		
– Sollzinsen		810	964	722		
Reinvestition						
– Anlage				4.761	5.295	
+ Rückfluss						67
+ Ertrag					333	704
Ertragsteuern						
– Steuerzahlung				5.535	1.010	332
+ Steuererstattung		3.096	457			
Finanzierungssaldo	0	0	0	0	0	0
Bestandsgrößen						
Finanzbestand				4.761	10.056	9.989
Eigenkapital	9.000	9.000	9.000	9.000	9.000	9.000
Kreditbestand	9.000	10.714	8.022			
Bestandssaldo	**–18.000**	**–19.714**	**–17.022**	**–4.239**	**1.056**	**989**

Abb. 85-1: VOFI mit CAPM-basierten Eigenkapitalkosten

Wegen des positiven Bestandssaldos in t=5 ist die Investition als vorteilhaft einzustufen.

Wegen der Einbeziehung der Eigenkapitalkosten in den VOFI der Investition ist folgerichtig kein VOFI für die Geldanlage der Eigenen Mittel aufzustellen. Dr. X. meinte hierzu: „Das ist ein Schritt in die richtige Richtung. Entweder wird die Sachinvestition DY11 durchgeführt oder nicht. Wenn nicht, dann ist an eine weitere Sachinvestition zu denken. Die Eigenen Mittel der Bank zu geben – das ist in den meisten Fällen sowieso eine Fiktion und keine echte Alternative.“

3 Fazit

Bei dem hier geschilderten Konzept stellt CAPM ein Nebenrechnungsmodul von VOFI dar (das freut VOFI). Für Anhänger von VOFI, die mit Sorge die Verbreitung von CAPM in börsennotierten Unternehmungen beobachten, dürfte dies eine gute Botschaft sein. Indes soll nicht verschwiegen werden, dass die Eigenkapitalkosten auch unter Verwendung einfacher Heuristiken in den VOFI integriert werden können. Diese Überlegung ist Gegenstand der nächsten Folge.

Kontrollfragen

Interpretieren Sie den Verlauf der Beta-Funktion im Abhängigkeit vom Kalkulationszinsfuß einer Investition!

Nennen Sie wesentliche Kritikpunkte gegenüber CAPM! Wie kann das CAPM-Konzept in VOFI integriert werden?

Warum ist es sinnvoll, das Eigenkapital wie einen Zero-Bond-Kredit zu behandeln?

Warum wird die Ausschüttung nicht in die steuerliche Bemessungsgrundlage einbezogen?

Setzen Sie sich mit dem CAPM-basierten VOFI kritisch auseinander!

Folge 86

VOFI mit Ausschüttungsheuristiken

Eine schlichte Lösung

Dr. X hatte das von PERRIDON/STEINER[1] formulierte Statement zur (problematischen) Anwendungsorientierung von CAPM unter Berücksichtigung des Kapitelstrukturrisikos gelesen und erneut Zweifel an der Praxisrelevanz von CAPM entwickelt. Y dachte, dass es gut ist, VOFI mit CAPM nicht verheiratet, sondern lediglich lose gekoppelt zu haben. Doch auch eine lose Kopplung empfand Dr. X als Vater einer Tochter (Sie erinnern sich an die bezaubernde J.) problematisch. Deshalb griff er den Gedanken einer Ausschüttungsheuristik auf und konkretisierte diese.

Unter einer Ausschüttungsheuristik ist zu verstehen, dass es die Unternehmensleitung für strategisch sinnvoll ansieht, einen bestimmten Teil des erwirtschafteten Gewinns einer Investition für die Anteilseigner bereitzustellen. Analog könnte auch der Cashflow einer Periode als Basis verwendet werden. Jedes Investitionsobjekt muss also einen spezifischen Beitrag zur Befriedigung der Anteilseigner erbringen. Normalerweise ist sogar eine Übererfüllung im Bereich derjenigen Investitionen erforderlich, die zu Einzahlungen führen. Schließlich müssen die fixen Kosten auf Unternehmensebene kompensiert werden. Der Prozentsatz des Ausschüttungsbeitrags einer Investition ist also nicht streng nach dem Verursachungsprinzip, sondern nach dem weicheren Akzeptanzprinzip[2] aus Sicht der Gesamtunternehmung festzulegen. Der Satz kann zeitlich konstant, aber auch variabel sein.

Für den VOFI bedeutet dies, dass eine weitere Nebenrechnung erzeugt werden muss, die das Ergebnis nach Steuern als Bemessungsgrundlage beinhaltet. Auf der Basis der Daten eines VOFIs ergibt sich die folgende Staffel:

---

[1] Perridon, L., Steiner, M. (2004), S. 524: „Die Verwendung der hier abgeleiteten Handlungsanweisungen für konkrete unternehmerische Entscheidungen muss sehr skeptisch beurteilt werden. Die Hauptursache dafür ist darin zu sehen, dass Modellvereinfachungen, die für eine erklärende Theorie des Kapitalmarktgleichgewichts gerade noch hingenommen werden können, in nicht akzeptabler Weise auf eine gestaltende Theorie der Unternehmenspolitik übertragen werden."

[2] Vgl. Grob, H. L., Bensberg, F. (2005), S. 45 ff.

operatives Ergebnis
– Abschreibungen
– Fremdkapitalzinsen
= Ergebnis vor Steuern
– Ertragsteuern
= Ergebnis nach Steuern

Abb. 86-1: Staffel zur Ermittlung des Ergebnisses nach Steuern

Das operative Ergebnis beinhaltet die der Investition zugerechneten Einzahlungsüberschüsse sowie die Erträge aus Reinvestitionen. Zur Ermittlung der Ausschüttung eines Jahres ist der Ausschüttungssatz mit dem Ergebnis nach Steuern zu multiplizieren. Der Eigenkapitalkostensatz r_{EK_t} kann dann wie folgt bestimmt werden:

$$r_{EK_t} = \frac{\text{Ausschüttung in t}}{\text{Eigenkapital in t–1}}$$

Üblicherweise ist das Eigenkapital für alle Zeitpunkte konstant, da es sich um den ursprünglich bei der Finanzierung der Anschaffungsauszahlung zu deckenden Differenzbetrag zwischen dem Gesamtkapital und dem Fremdkapital handelt.

Die Eigenkapitalkosten können im VOFI periodenweise – und damit zins- und liquiditätswirksam – erfasst werden. Denkbar ist aber auch, die Eigenkapitalkosten als kalkulatorische Größe anzusetzen. In diesem Fall wäre ein Kalkulationszinsfuß anzunehmen.

Die Variante mit zins- und liquiditätswirksamen Ausschüttungsbeiträgen wird im folgenden VOFI und seinen Nebenrechnungen zur Ermittlung der Steuerzahlungen dokumentiert. Im Beispiel wird von einer Kapitalgesellschaft ausgegangen.

Zeitpunkt	0	1	2	3	4	5
Zahlungsfolge der Investition	–18.000	–4.000	3.200	19.040	5.972	3.785
Eigene Mittel („Eigenkapital")	9.000					
Ausschüttungsbeitrag		–2.061	–332	3.537	632	187
Kredit						
+ Aufnahme	9.000					
– Tilgung		347	3.151	5.503		
– Sollzinsen		810	779	495		
Reinvestition						
– Anlage				3.897	4.626	3.903
+ Rückfluss						
+ Ertrag					273	597
Ertragsteuern						
– Steuerzahlung				5.608	988	292
+ Steuererstattung		3.096	397			
Finanzierungssaldo	0	0	0	0	0	0
Bestandsgrößen						
Finanzbestand				3.897	8.523	12.426
Eigenkapital	9.000	9.000	9.000	9.000	9.000	9.000
Kreditbestand	9.000	8.653	5.503			
Bestandssaldo	**–18.000**	**–17.653**	**–14.503**	**–5.103**	**–477**	**3.426**
Eigenkapitalkostensatz [%]		–22,90	–3,69	39,90	7,02	2,07

Abb. 86-2: VOFI mit gewinnabhängigen Ausschüttungsbeiträgen

Berechnung der steuerlichen Abschreibungen					
Zeitpunkt	1	2	3	4	5
Buchwert zu Beginn des Jahres	18.000	14.400	10.800	7.200	3.600
– Abschreibungen Sachanlagen	3.600	3.600	3.600	3.600	3.600
Buchwert zum Ende des Jahres	14.400	10.800	7.200	3.600	

Berechnung der Körperschaftsteuerzahlung					
Zeitpunkt	1	2	3	4	5
Ertragsüberschuss	–4.000	3.200	19.040	5.972	3.785
– Zinsaufwand	810	779	495		
+ Zinsertrag				273	597
– Abschreibungen	3.600	3.600	3.600	3.600	3.600
– Gewerbesteuerzahlung			2.263	394	116
+ Gewerbesteuererstattung	1.192	118			
Einkünfte aus Gewerbebetrieb	–7.218	–1.061	12.682	2.251	665
Zahlung der Körperschaftsteuer			3.171	563	166
Erstattung der Körperschaftsteuer	1.804	265			

Berechnung des Solidaritätszuschlags					
Zeitpunkt	1	2	3	4	5
Körperschaftsteuerzahlung	–1.804	–265	3.171	563	166
Zahlung des Solidaritätszuschlags			174	31	9
Erstattung des Solidaritätszuschlags	99	15			

Berechnung der Dauerschuldentgelte					
Zeitpunkt	1	2	3	4	5
Kreditzinsen	810	779	495		
Dauerschuldentgelte	810	779	495		

Berechnung der Gewerbesteuer					
Zeitpunkt	1	2	3	4	5
Ertragsüberschuss	–4.000	3.200	19.040	5.972	3.785
– Abschreibungen Anlagevermögen	3.600	3.600	3.600	3.600	3.600
– Zinsaufwand	810	779	495		
+ Zinsertrag				273	597
Einkünfte aus Gewerbebetrieb vor Gewerbesteuer	–8.410	–1.179	14.945	2.645	782
+ Hinzurechnungen (§ 8 Abs. 1 GewStG)	405	389	248		
Gewerbeertrag vor Gewerbesteuer	–8.005	–789	15.192	2.645	782
Zahlung der Gewerbesteuer			2.263	394	116
Erstattung der Gewerbesteuer	1.192	118			
Gewerbeertrag nach Gewerbesteuer	–6.813	–672	12.930	2.251	665

Aggregation der Ertragsteuern					
Zeitpunkt	1	2	3	4	5
Zahlung der Körperschaftsteuer			3.171	563	166
Erstattung der Körperschaftsteuer	1.804	265			
Zahlung des Solidaritätszuschlags			174	31	9
Erstattung des Solidaritätszuschlags	99	15			
Zahlung der Gewerbesteuer			2.263	394	116
Erstattung der Gewerbesteuer	1.192	118			
Ertragsteuerzahlung			5.608	988	292
Ertragsteuererstattung	3.096	397			

Abb. 86-3: Steuerliche Nebenrechnungen

Ermittlung der Ausschüttungsbeiträge					
Zeitpunkt	1	2	3	4	5
Ertragsüberschuss	–4.000	3.200	19.040	5.972	3.785
– Zinsaufwand	810	779	495		
+ Zinsertrag				273	597
– Abschreibungen	3.600	3.600	3.600	3.600	3.600
– Gewerbesteuerauszahlung			2.263	394	116
+ Gewerbesteuererstattung	1.192	118			
Ergebnis vor Steuern	–7.218	–1.061	12.682	2.251	665
Ertragsteuerzahlung			5.608	988	292
Ertragsteuererstattung	3.096	397			
Ergebnis nach Steuern	–4.122	–664	7.074	1.263	373
Ausschüttungsbeitrag	–2.061	–332	3.537	632	187
Ergebnis nach Steuern und Ausschüttungsbeitrag	–2.061	–332	3.537	632	187

Abb. 86-4: Nebenrechnung zur Ermittlung der Ausschüttungsbeiträge

Kontrollfragen

Wie ist das Ergebnis nach Steuern zu ermitteln?

Definieren Sie den Eigenkapitalkostensatz!

Wie werden die Eigenkapitalkosten unter Verwendung der Heuristik, dass ein bestimmter Prozentsatz des Gewinns ausgeschüttet wird, berechnet?

Diskutieren Sie die Problematik, einer Investition Ausschüttungsbeiträge zuzurechnen!

Aktuelle Meldung

Kurz vor Weihnachten des Jahres, dessen Ende mit t=0 übereinstimmt – Y und X simulierten gerade ein neues Szenario unter Verwendung von VOFI und Crystal Ball – entschied der Inhaber der Unternehmung – ein gewisser Herr Grr. – intuitiv (man kann auch sagen autoritär):

„DY11 wird angeschafft!“

Eine logische Sekunde nach der Realisierung dieser Entscheidung befanden sich unsere Akteure in einer neuen Phase: der Investitionskontrolle.

9 Investitionskontrolle

Bei der Implementierung von Konzepten zum Investitionscontrolling sollte nicht nur Entscheidungen, sondern auch Kontrollen Beachtung geschenkt werden. Zu zeigen ist, dass eine Überwindung der klassischen formelorientierten Investitionsrechnung durch einen finanzplanorientierten Ansatz auch für die vergangenheits- und zukunftsorientierte Investitionskontrolle neue Impulse mit sich bringt.

Bei der vergangenheitsorientierten Investitionskontrolle wird die Qualität einer bereits getroffenen Entscheidung überprüft. Die Kontrolle soll Informationen über den Erfolg der Investition im Rahmen einer rollenden Kontrolle liefern.

Wünschenswert ist ein Controllingkonzept, bei dem Kompatibilität von Entscheidungs- und Kontrollrechnung besteht. Hierdurch wird ein Methodenbruch beim Übergang von der investitionstheoretisch begründeten Entscheidung zur kostenrechnerisch fundierten Kontrolle überwunden.

Die zukunftsorientierte Investitionskontrolle ist entscheidungsorientiert. Folglich ist der Blick in die Zukunft gerichtet. Konkret ist zu kontrollieren, ob das Investitionsobjekt liquidiert und ggf. durch einen Nachfolger ersetzt werden soll. Dieser Fall wird auch als Ersatzproblem bezeichnet. Bei der klassischen Behandlung des Ersatzproblems fällt auf, dass es sich hierbei nur um einen „quasi-dynamischen" Ansatz handelt, da trotz der mehrperiodigen Betrachtung des Nachfolgers nur die relevanten Daten der aktuellen Periode gegenübergestellt werden. Durch diese einjährige Betrachtung entsteht der Eindruck, dass das Ersatzproblem spezifische Lösungsmethoden erfordert. Gezeigt wird, dass bei VOFI keine Spezialbehandlung zur Unterstützung der Entscheidung erforderlich ist.

9.1 Vergangenheitsorientierte Kontrolle

Folge 87

Rollende Investitionskontrolle

Vertrauen ist wichtig ...

1 Die Konzeption

In der Entscheidungsphase werden häufig anspruchsvolle investitionstheoretische Instrumente eingesetzt – und zwar unter Berücksichtigung von Steuern. Sobald das Investitionsobjekt in die Unternehmung eingegliedert ist, wird regelmäßig das biedere Instrumentarium der Kosten- und Leistungsrechnung „drübergestülpt". Dies ist ein Methodenbruch.[1] Konsequenterweise sollte die laufende („rollende") Kontrolle dieser Geschäftsbereiche mit dem gleichen investitionstheoretischen Instrumentarium erfolgen, um der Forderung nach Kompatibilität von Entscheidungs- und Kontrollrechnung zu entsprechen.

Bei der vergangenheitsorientierten Investitionskontrolle geht es nicht um Entscheidungsempfehlungen, sondern vorrangig um eine Analyse von Abweichungen zwischen Plan- und Istwerten. Insbesondere soll die Richtigkeit der Investitionsentscheidung beurteilt werden – allerdings nicht im Sinne einer Binärvariablen mit den Ausprägungen „ja" und „nein", sondern auch in Bezug auf die Höhe der Zielwertänderung.

Die zu fordernde Kompatibilität von Kontroll- und Entscheidungsrechnung betrifft die Modellprämissen und die Zielinhalte. Da die Entscheidung in methodischer Hinsicht mit VOFI getroffen wurde, muss die Investitionskontrolle VOFI-kompatibel sein. („Einmal VOFI – immer VOFI!" lautet der Grundsatz.)

Im Gegensatz zur Entscheidung ist bei einer Investitionskontrolle die Vergleichsbasis nicht der Zielwert der Opportunität, sondern der in der Investitionsrechnung dokumentierte Zielwert der realisierten Investition. Dieser Wert erlangt unmittelbar nach der Entscheidung den Rang eines Sollzielwerts. Die Begründung ist einfach: Nachdem sich der Entscheidungsträger für die Investition entschieden hat, kommt dem Zielwert der nächstbesten

[1] Zum Methodenbruch im Investitionscontrolling vgl. Grob, H. L. (1996), S. 309 ff.

Alternative keine Relevanz mehr zu. Schließlich ist es ja auch bei Alltagsfragen (z. B. der Partnerwahl) nicht sinnvoll, der nicht wahrgenommenen Opportunität hinterher zutrauern und deren Weiterentwicklung zu verfolgen, meinte Dr. X. Im Mittelpunkt der rollenden Investitionskontrolle steht normalerweise die zeitablaufbezogene Analyse der folgenden Differenz:

Zielwertabweichung = Sollzielwert – Istzielwert

Denkbar ist, den Sollzielwert im Zeitablauf unter Berücksichtigung neuer Informationen (z. B. wesentliche Änderung des Energiepreisniveaus) zu modifizieren. Die vergangenheitsorientierte Investitionskontrolle enthält durchaus auch Prognosewerte zukünftiger Daten, da der zu kontrollierende Sollzielwert den gesamten Planungszeitraum umfasst. Also wird bei der vergangenheitsorientierten Kontrolle der „Blick nach vorn"[1] gerichtet.

Die Kontrolle kann auf unterschiedlichen Ebenen durchgeführt werden. Bei der Kontrolle des Gesamtprojekts ist von einer Globalkontrolle, bei der Kontrolle ausgewählter Teilsysteme dagegen von Partialkontrolle zu sprechen. Die Teilsysteme sind im Hinblick auf die Identifikation der für die Prognose verantwortlichen Mitarbeiter der Unternehmung beispielsweise wie folgt klassifizierbar:

Teilsystem	Inhalt
1	Ein- und Auszahlungen des Investitionsprojekts
2	Finanzierungsdaten
3	Daten über Reinvestitionen sowie Ergänzungs- und Folgeinvestitionen
4	Daten zur Ermittlung der Ertragsteuerzahlungen

Abb. 87-1: Klassifizierung der Daten von Eingabedaten

Insbesondere die Prognose der Ein- und Auszahlungen des Investitionsprojektes kann wert- und mengenmäßig differenziert erfolgen. Bei der Anlage DY11 wurden beispielsweise Preisentwicklungen sowie die Prognose der Nachfrage, aber auch die Entwicklung von Kostensätzen periodenspezifisch vorgenommen.

Der Zusammenhang zwischen den dargestellten Teilsystemen geht aus Abb. 87-2 hervor. In der oberen Ebene sind die für den Entscheidungsträger relevanten Zielwertabweichungen des Gesamtprojekts für die Globalkontrolle auszuweisen. In der unteren Ebene werden die Abweichungen

[1] … und nicht in den Rückspiegel. Vgl. S. 44.

der einzelnen Teilsysteme im Rahmen von Partialkontrollen dargestellt. Adressat sind die verantwortlichen Datenlieferanten.

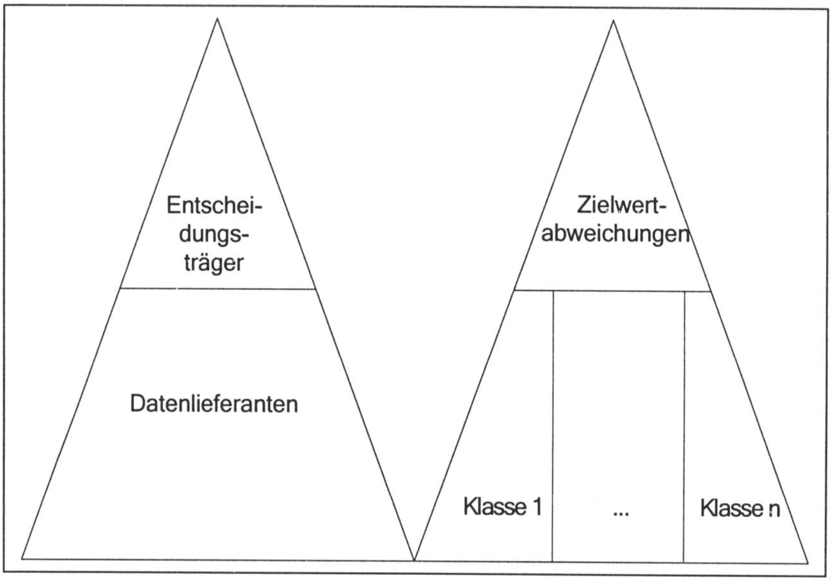

Abb. 87-2: Die beiden Seiten der Kontrolle

Für die Partialkontrolle sind zur Analyse von Abweichungen jeweils diejenigen Daten, für die der Prognostizierende nicht zuständig ist, konstant zu setzen („ceteris-paribus-Bedingung"). Diese Vorgehensweise weist eine Analogie zur Abweichungsanalyse der Plankostenrechnung auf.

Die Partialkontrolle könnte auf eine reine Gegenüberstellung der zu überprüfenden Parameter (z. B. von Elementen der Zahlungsfolge) beschränkt werden, doch bietet ihre Einbeziehung in den VOFI und ihre Verknüpfung mit sämtlichen anderen Daten des Modells die Möglichkeit, über den isolierten Datenvergleich[1] hinaus aussagefähigere Zielwertabweichungen zu quantifizieren. Bei der Partialkontrolle wird also beispielsweise die Auswirkung einer gegenüber der ursprünglichen Planung gesunkenen Absatzmenge auf den Zielwert unter Berücksichtigung der übrigen Einflussgrößen gezeigt.

Sollen über die Aufdeckung der Zielwertabweichungen hinaus auch Änderungen bei den Einzelpositionen der VOFIs zeitablaufbezogen analysiert werden, so sind die strukturgleichen Tabellenelemente, die der Entscheidung bzw. der Kontrolle zugrunde gelegt werden, voneinander abzuzie-

[1] Istabsatzmenge im Vergleich zur Sollabsatzmenge eines Jahres

hen. Den VOFI mit den Differenzbeträgen haben wir als Δ-VOFI bezeichnet. Δ-VOFIs liefern sowohl für die Globalkontrolle als auch für die Partialkontrollen die relevanten Informationen für die Zielwertabweichungen zwischen den Referenz- und den Kontrollzielwerten.

2 Resümee

Der Investitionskontrolle kommt primär eine verhaltensbeeinflussende („erzieherische") Bedeutung zu, da die Aussicht auf eine rollende Kontrolle die Gründlichkeit der Planung langfristig positiv beeinflussen dürfte. Der Grund ist darin zu sehen, dass den Entscheidungsträgern und Datenlieferanten die Einsicht vermittelt wird, ihre Planungsarbeit würde nicht in dem Moment als obsolet angesehen, in dem die Entscheidung getroffen worden ist. Damit kommt den Entscheidungsunterlagen nicht mehr der Rang einer Tageszeitung mit schnell vergänglicher Aktualität zu, sondern der eines Geschichtsbuches mit wichtigen Protokollen.

„VOFIs erringen historische Bedeutung!", murmelte Z.

Dr. X entgegnete mit freundlichem Lächeln: „Nein! VOFIs erlangen Bedeutung für Historiker!"

Über den „erzieherischen Wert" einer Fremdkontrolle hinaus bietet das Konzept auch eine Grundlage, aus den positiven und negativen Erfahrungen mit Investitionsentscheidungen im Rahmen des Self-Controllings zu lernen – selbst dann, wenn jedes Projekt für sich ein Unikat darstellt.

Indes sind derartige Kontrollrechnungen nur dann sinnvoll, wenn die Investition hinreichend genau abgegrenzt werden kann. Dies dürfte nicht nur bei der in unserer Fallstudiengeschichte zugrunde gelegten Situation, sondern insbesondere beim Kauf ganzer Unternehmungen der Fall sein.

Y sprach das Schlusswort: „Trotz aller Möglichkeiten zur vergangenheitsorientierten Investitionskontrolle sollte daran gedacht werden, dass es auch bei der Kontrolle ein Optimum gibt. Übertriebene Kontrollen reduzieren die Motivation der Kontrollierten und sind kontraproduktiv."

Kontrollfragen

Erörtern Sie das Konzept einer vergangenheitsorientierten Investitionskontrolle auf Basis von VOFI! Gehen Sie dabei insbesondere auf die Motive ein!

Schildern Sie das Problem des Methodenbruchs im Controlling! Was ist unter der Kompatibilität der Entscheidungs- und Kontrollrechnung zu verstehen?

Charakterisieren Sie Global- und Partialkontrolle!

Inwiefern besteht zwischen der Plankostenrechnung und der Partialkontrolle eine Analogie?

Definieren Sie eine Möglichkeit zur Bestimmung von Abweichungen bei der Investitionskontrolle mit VOFI!

Für welche typischen Klassen von Daten sind Prognosen bzw. Planungen und somit auch Kontrollen durchzuführen?

Warum ist die ceteris-paribus-Bedingung bei Kontrollrechnungen von Bedeutung?

Was ist unter dem Sollzielwert bei der Investitionskontrolle zu verstehen? Warum ist der Sollzielwert nicht der Endwert der Opportunität?

Warum dürfen die Abweichungen bei den Partialkontrollen nicht addiert werden? Begründen Sie Ihre Aussage!

Welche Aussagekraft kommt dem Δ-VOFI im Rahmen der Investitionskontrolle zu?

9.2 Zukunftsorientierte Kontrolle

Folge 88

Klassische Optimierung des Ersatzzeitpunktes

As time goes by

1 Datensituation

Der einzige Fortschritt, der weder zu beschleunigen noch zu bremsen ist, ist der zeitliche Fortschritt („As time goes by“). In unserer Fallstudiengeschichte befinden wir uns mittlerweile im Zeitpunkt t=3 – genauer: eine logische Sekunde später, also am 01.01. *des* Jahres, das mit t=4 indiziert ist.

Sie erinnern sich sicherlich daran, dass vor drei Jahren DY11 angeschafft und zur Produktion des Produkts 47X genutzt worden ist. Anstelle der ursprünglich prognostizierten Anschaffungsauszahlung von 18.000 € fiel tatsächlich ein Betrag von 20.000 € an. Bei den Einzahlungsüberschüssen der ersten Jahre der Nutzung wurden die prognostizierten Werte in etwa realisiert. Doch was soll’s. Die Vergangenheit ist per se irrelevant. Wichtig ist nur die Zukunft, die immer heute beginnt. Und heute ist der Anfang des vierten Jahres *nach* DY11, an dessen Ende t=4 ein Einzahlungsüberschuss von (nach wie vor) 5.972 € erwartet wird. Für die nun zu behandelnde Investitionsrechnung im Rahmen einer zukunftsorientierten Kontrolle wollen wir den Zeitpunkt per „Indexverschiebung“ in t=0 transformieren.

Warum ist dieser Zeitpunkt von ökonomischem Interesse?

DY11 soll doch wahrhaftig „vorzeitig in den Ruhestand“ geschickt werden, da eine angeblich leistungsfähigere messeneue Anlage als Konkurrent aufgetreten ist. Die Situation verlangt, den Ersatzzeitpunkt der in Betrieb befindlichen Anlage zu optimieren. Zu prognostizieren sind die alternativen Überschüsse bei der Liquidation von DY11 in den Zeitpunkten t=0 (heute) und t=1. Würde in t=0 veräußert, dann betrüge der Liquidationsüberschuss 4.100 €. Ein Jahr später wird er nur noch mit 3.300 € veranschlagt. Dass er danach noch tiefer sinken wird, ist für die aktuelle Investitionsrechnung nicht relevant.

Der Konkurrent von DY11 ist der hochwertige vollautomatische Apparat EZ12, dessen Zahlungsfolge in Abb. 88-1 aufgeführt worden ist:

Zeitpunkt	0	1	2	3
Zahlung [€]	–20.000	10.000	15.000	5.000

Abb. 88-1: Zahlungsfolge von EZ12

Die Nutzungsdauer von EZ12 wird mit drei Jahren angenommen.

Dr. X meinte, zunächst einmal mit den klassischen Verfahren arbeiten zu wollen, da man sich in das Thema der Nutzungsdaueroptimierung langsam einstimmen wolle. Als Kalkulationszinsfuß soll dabei ein Satz von 10 % verwendet werden.

2 Optimierung des Ersatzzeitpunktes im Rahmen der Investitionsrechnung

2.1 Das klassische Entscheidungskriterium

Das Ersatzzeitpunktproblem ist ein traditioneller Themenbereich der Investitionsrechnung.[1] In der Literatur wird die Aufgabenstellung wie folgt beschrieben: „Eine in Betrieb befindliche (‚alte‘) Anlage wird daraufhin geprüft, wann sie durch eine neue Anlage ersetzt werden sollte.“[2] Y sagte zu Dr. X: „Ich fühle, dass an diesem Satz etwas nicht stimmt – aber was?“

Dr. X fiel es wie Schuppen von den Augen: „Es muss nicht *wann*, sondern *ob* heißen!“ Nach dieser Erkenntnis nahm er die Chance wahr, Y in die klassische Behandlung des Ersatzproblems bzw. Liquidationsproblems[3] einzuführen.

Mit dem Zeitpunkt t=0 ist derjenige Zeitpunkt gemeint, in dem ggf. der Ersatz vorzunehmen ist, während t=1 das Ende des Jahres darstellt. Also findet trotz des mehrjährigen Problems[4] eine einperiodige Betrachtung der in Betrieb befindlichen Anlage statt: Jahr für Jahr ist auf der Basis aktuali-

---

[1] Im Gegensatz hierzu wurde die Optimierung der Nutzungsdauer gleichzeitig mit der Investitionsentscheidung getroffen.

[2] Blohm, H., Lüder, K., Schaefer, C. (2006), S. 58.

[3] Beim Liquiditätsproblem, bei dem also kein physischer Ersatz stattfindet, fällt die Annuität des Nachfolgers weg.

[4] Die alte Anlage läuft ggf. noch mehrere Jahre. Ebenfalls mehrjährig ist üblicherweise die Nutzung der neuen Anlage.

sierter Daten zu prüfen, *ob* sich ein Ersatz des alten durch ein neues Objekt lohnt.

Der monetäre Vorteil der neuen Anlage wird durch ihre Annuität ausgedrückt. Die erste Annuität fällt am Ende des ersten Jahres an. Der aufgezinste Liquidationserlös bei einem Verkauf der alten Anlage zu Beginn des Jahres ist ebenfalls auf das Ende des betrachteten Jahres zu beziehen. Diese beiden Komponenten sind bei einem Ersatz der alten durch die neue Anlage relevant. Bei Weiternutzung der alten Anlage fällt dagegen am Ende des betrachteten Jahres der Einzahlungsüberschuss der alten Anlage sowie ihr Liquidationserlös an. Man tut also so, als ob die Anlage – wenn schon nicht in t=0, so doch in t=1 – ersetzt wird. Indes sei daran erinnert, dass es ja nur um die Frage geht, *ob* die Anlage in t=0 ersetzt wird. Insofern ist es besser zu sagen, wenn nicht in t=0 ein Ersatz vorgenommen wird, dann *eventuell* in t=1.

Das klassische Entscheidungskriterium in Form eines Differenzkalküls lautet:

Ersetze, wenn erstmalig gilt:

$$a^n + L_0^a \cdot q \geq d_1^a + L_1^a$$

Symbole

a^n	Annuität der neuen Anlage
L_0^a	Liquidationserlös der alten Anlage bei sofortigem Verkauf
q	Aufzinsungsfaktor
d_1^a	Einzahlungsüberschuss der alten Anlage am Ende des Jahres
L_1^a	Liquidationserlös der alten Anlage am Ende des Jahres

Eine Umstellung des klassischen Kriteriums ermöglicht eine Interpretation unter Verwendung der Begriffe Durchschnitts- und Grenzgewinn.

Ersetze, wenn erstmalig gilt:

$$\underbrace{a^n}_{\substack{\text{Durchschnittsgewinn} \\ \text{der neuen Anlage}}} \geq \underbrace{d_1^a + L_1^a - L_0^a \cdot q}_{\substack{\text{zeitlicher Grenzgewinn} \\ \text{der alten Anlage}}}$$

Das Entscheidungskriterium lautet somit:

Ersetze, wenn der Durchschnittsgewinn der neuen Anlage erstmalig gleich oder größer ist als der zeitliche Grenzgewinn der alten Anlage.

Der Durchschnittsgewinn der neuen Anlage EZ12 ist nichts anderes als die Annuität der prognostizierten Zahlungsfolge. Der zeitliche Grenzgewinn stellt eine kalkulatorische Größe dar, da durch den Term $L_0^a \cdot q$ Opportunitäts„kosten“[1] berücksichtigt werden. Anzumerken ist, dass bezüglich der neuen Anlage eine Optimierung ihrer Nutzungsdauer durchgeführt werden sollte.

Die Annuität der neuen Anlage EZ12 beträgt 2.109 €/Jahr. Soll DY11 tatsächlich in t=0 ersetzt werden? Wir sollten DY11 nicht länger warten lassen. Zur Ermittlung seines zeitlichen Grenzgewinns sind die folgenden Daten in Erinnerung zu rufen:

$$d_1^a = 5972$$

$$L_0^a = 4100$$

$$L_1^a = 3300$$

Der zeitliche Grenzgewinn der Anlage DY11 beträgt im betrachteten Jahr:

$$5972 + 3300 - 4100 \cdot 1{,}1 = 4762 \text{ [€]}$$

Da der Durchschnittsgewinn der neuen Anlage in Höhe von 2.109 €/Jahr kleiner ist als der zeitliche Grenzgewinn der in Betrieb befindlichen Anlage, ist DY11 in t=0 *nicht* durch EZ12 zu ersetzen. DY11 darf weiter arbeiten.

2.2 Kritische Anmerkungen

Bei der Verwendung des klassischen Kriteriums zur Optimierung des Ersatzzeitpunktes fällt auf, dass trotz der mehrjährigen Entscheidungssituation eine einjährige Betrachtung auf Basis des Differenzkalküls durchgeführt wird. Generell wird hierbei die Annahme eines monoton fallenden zeitlichen Grenzgewinns der alten Anlage unterstellt. Dies impliziert, dass sich die sinkenden Gewinne im Zeitablauf niemals durch Revitalisierungsmaßnahmen erholen werden. Die Prämisse „monoton fallender Grenzgewinne“ erinnert an das Kleingedruckte in unübersichtlichen Kaufverträgen.

Verständnisprobleme könnten auftauchen, weil die Kriterien multiple Differenzbetrachtungen enthalten. Einerseits geht es um die Differenz zwischen dem Durchschnittsgewinn der neuen und dem zeitlichen Grenzge-

---

[1] Die Anführungsstriche resultieren daraus, dass es sich nicht um einen entgehenden Gewinn, sondern um einen entgehenden fortgeschriebenen Vermögenswert handelt.

winn der alten Anlage, andererseits stellen Durchschnitts- und Grenzgewinn jeweils selbst Differenzgrößen dar, nämlich Mehrgewinne gegenüber der Anlage der Eigenen Mittel zum Kalkulationszinsfuß. Der Durchschnittsgewinn der neuen Anlage stellt also gleichzeitig eine Grenzgröße dar.

Üblicherweise fehlen auch die Steuern bei den klassischen Ersatzzeitpunktmodellen. Spätestens jetzt fragt sich der verehrte Leser: Wo bleibt VOFI?

Kontrollfragen

Schildern Sie die betriebswirtschaftliche Fragestellung beim Ersatzproblem!

Setzen Sie sich mit dem folgenden Zitat kritisch auseinander: „Eine in Betrieb befindliche (‚alte') Anlage wird daraufhin überprüft, wann sie durch eine neue Anlage ersetzt werden sollte."

Formulieren Sie das klassische Entscheidungskriterium zur Optimierung des Ersatzproblems!

Welcher Zusammenhang besteht zwischen den Optimierungsansätzen der Ersatzzeitpunktbestimmung und der Ermittlung der Nutzungsdauer?

Stellen Sie die kritischen Prämissen des Ersatzproblems heraus! Interpreten Sie dabei insbesondere die multiplen Differenzbetrachtungen, die im Kriterium enthalten sind!

Was ist zu tun, wenn der Verlauf der Zahlungen der in Betrieb befindlichen Anlage nicht monoton fällt?

Folge 89

Optimierung des Ersatzzeitpunktes mit VOFI

Einfach wie immer

1 Erweiterung der Datensituation

Zur Ersatzzeitpunktbestimmung auf der Basis von VOFI sei die Zahlungsfolge des „Angreifers“ EZ12 für den Fall eines sofortigen Ersatzes in t=0 noch einmal dargestellt:

Zeitpunkt	0	1	2	3
Zahlung [€]	–20.000	10.000	15.000	5.000

Abb. 89-1: Zahlungsfolge von EZ12

Y stellte die Frage: „Was passiert eigentlich, wenn die Anlage EZ12 ein Jahr später angeschafft wird?“

Die Frage ist berechtigt: Würde das Investitionsobjekt EZ12 ein Jahr später angeschafft, so hätte dies einen negativen Einfluss auf seine Zahlungsfolge. Zum einen wäre die Anschaffungsauszahlung um 2.000 € höher, zum anderen müsste mit einer ungünstigeren Nachfrage gerechnet werden. Die Zahlungsfolge bei einem Aufschub um ein Jahr lautet:

Zeitpunkt	1	2	3	4
Zahlung [€]	–22.000	9.000	14.000	3.000

Abb. 89-2: Zahlungsfolge von EZ12 bei einem Aufschub um ein Jahr

Anzumerken ist, dass EZ12 unabhängig vom Investitionszeitpunkt nur *einmal* durchgeführt werden kann. Für zukünftige Ergänzungsinvestitionen ist deshalb als Pauschalannahme eine Rendite von 8 % zugrunde zu legen.

In t=0 stehen Eigene Mittel von 5.000 € zur Verfügung, um den Nachfolger von DY11 zu finanzieren. Für Kredite ist ein Sollzinsfuß von 10 % anzusetzen. Für Reinvestitionen ist – ebenso wie für die zukünftige Ergänzungsinvestition – eine Rendite von 8 % zu unterstellen. Bezüglich der steuerlichen Seite ist zur Vereinfachung von einem einheitlichen Ertragsteuersatz in Höhe von 40 % auszugehen. Die von der nominellen Anschaffungsauszahlung zu berechnende Abschreibung weist einen linearen Verlauf auf.

Es ist daran zu denken, dass im Fall eines Ersatzes die Differenz zwischen dem Restbuchwert der alten Anlage und ihrem Liquidationsüberschuss als außerordentlicher Ertrag bzw. außerordentlicher Aufwand in der Steuerbemessungsgrundlage zum Ersatzzeitpunkt t=0 zu berücksichtigen ist.

Zur Erhöhung der Übersichtlichkeit sind die relevanten Daten zur Lösung des Ersatzproblems in der folgenden Tabelle auszuweisen:

alte Zeitrechnung	3	4	5	6	7
neue Zeitrechnung	0	1	2	3	4
DY11					
Zahlungsfolge		5.972	3.785		
Liquidationsüberschuss	4.100	3.300	2.365		
Buchwert[1]	8.000	4.000			
EZ12					
Zahlungsfolge bei sofortigem Ersatz	–20.000	10.000	15.000	5.000	
Zahlungsfolge bei Ersatz in einem Jahr		–22.000	9.000	14.000	3.000

Abb. 89-3: Relevante Daten

Für die beiden zu untersuchenden Alternativen „Sofortiger Ersatz von DY11" und „Ersatz ein Jahr später" sind zwei VOFIs aufzustellen.

2 Die VOFIs der beiden Entscheidungsalternativen

– Sofortiger Ersatz von DY11

Bei der Alternative eines sofortigen Ersatzes von DY11 ist der Liquidationsüberschuss von DY11 in t=0 unter Berücksichtigung seiner steuerlichen Wirkung im VOFI für die Ersatzanlage EZ12 als Eigenkapitaldisposition – konkret: als Einlage liquider Mittel – zu erfassen. Dieser Betrag ist wie folgt zu kalkulieren:

[1] Der Buchwert in t=0 („neue Zeitrechnung") ergibt sich aus einer Anschaffungsauszahlung von 20.000 € und drei Abschreibungsraten von jeweils 4.000 €.

	€	€	
Buchwert	8.000	4.100	
Liquidationsüberschuss	4.100		
ao Aufwand	3.900		
Steuererstattung (40 %	1.560	1.560	
		5.660	Einlage

Abb. 89-4: Ermittlung der Einlage in t=0
bei sofortigem Ersatz von DY11 durch EZ12

Nun liegen alle Daten vor, um den VOFI der Alternative „Sofortiger Ersatz von DY11 durch EZ12" aufzustellen. Im Hinblick auf die konkurrierende Alternative „Ersatz in einem Jahr" weist der VOFI einen Planungszeitraum von n=4 auf, da ein Vergleich der zu ermittelnden Endwerte einen gleichen Planungshorizont verlangt.

Zeitpunkt	0	1	2	3	4
Zahlungsfolge der Investition	–20.000	10.000	15.000	5.000	0
Eigene Mittel					
+ Einsatz	5.000				
– Entnahme					
+ Einlage	5.660				
Kredit					
+ Aufnahme	9.340				
– Tilgung		8.106	1.234		
– Sollzinsen		934	123		
Reinvestition					
– Anlage			10.358	6.164	793
+ Rückfluss					
+ Ertrag				829	1.322
Ertragsteuern					
– Steuerzahlung		960	3.284		529
+ Steuererstattung				336	
Finanzierungssaldo	0	0	0	0	
Bestandsgrößen					
Finanzbestand			10.358	16.523	17.316
Kreditbestand	9.340	1.234			
Bestandssaldo	**–9.340**	**–1.234**	**10.358**	**16.523**	**17.316**

Zeitpunkt	1	2	3	4
Ertragsüberschuss	10.000	15.000	5.000	
– Abschreibung	6.666	6.666	6.668	
– Zinsaufwand	934	123		
+ Zinsertrag			829	1.322
Steuerbemessungsgrundlage	2.400	8.211	–839	1.322
Steuererstattung			336	
Steuerzahlung	960	3.284		529

Abb. 89-5: Sofortiger Ersatz von DY11 durch EZ12

– Ersatz ein Jahr später

Die durch den Einsatz von DY11 erwirtschaftete Einlage ist wie folgt zu berechnen:

	€	€	€	
Ertragsüberschuss		5.972	5.972	
– Abschreibungen		4.000		
Buchwert	4.000			
– Liquidationsüberschuss	3.300		3.300	
ao Aufwand	700	700		
steuerliche Bemessungsgrundlage		1.272		
Steuerzahlung (40 %)		509	509	
			8.763	Einlage

Abb. 89-6: Ermittlung der Einlage bei Ersatz von DY11 durch EZ12 in t=1

Zeitpunkt	0	1	2	3	4
Zahlungsfolge der Investition EZ12		–22.000	9.000	14.000	3.000
Eigene Mittel					
+ Einsatz	5.000				
– Entnahme					
+ Einlage DY11		8.763			
Kredit					
+ Aufnahme		7.997			
– Tilgung			7.853	144	
– Sollzinsen			800	14	
Reinvestition					
– Anlage	5.000			11.181	5.270
+ Rückfluss		5.000			
+ Ertrag		400			894
Ertragsteuern					
– Steuerzahlung		160	347	2.661	
+ Steuererstattung					1.376
Finanzierungssaldo	0	0	0	0	
Bestandsgrößen					
Finanzbestand	5.000			11.181	16.451
Kreditbestand		7.997	144		
Bestandssaldo	5.000	–7.997	–144	11.181	16.451

Zeitpunkt	1	2	3	4
Ertragsüberschuss		9.000	14.000	3.000
– Abschreibung		7.333	7.333	7.334
– Zinsaufwand		800	14	
+ Zinsertrag	400			894
Steuerbemessungsgrundlage	400	867	6.653	–3.440
Steuererstattung				1.376
Steuerzahlung	160	347	2.661	

Abb. 89-7: Ersatz von DY11 durch EZ12 in t=1

Dr. X formulierte einen für Studierende und Praktiker[1] relevanten Gedanken. Er stellte heraus, dass das Ersatzproblem bei Anwendung von VOFI kein besonderes Problem darstellt, das nach eigenständigen investitionstheoretischen Konzepten, Kriterien und Methoden verlangt. Es ist lediglich daran zu denken, die von der in Betrieb befindlichen Anlage zu erwirtschaftenden Ertragsüberschüsse (inklusive der Liquidation) nach Steuern in Form einer Eigenkapitaldisposition („Einlage") zu behandeln. Selbstverständlich können die Endwerte über die Zwischenstationen Zusätzliche Endwerte und Kapitalwerte auch in Annuitäten umgerechnet werden. Diese Annuitäten stellen bekanntlich Durchschnittsgewinne nach Steuern dar. Auch diese Ergebnisse sprechen natürlich für den sofortigen Ersatz von DY11.

Y meinte daraufhin, die Welt sei überschaubarer geworden. Dr. X fügte in seiner schlichten Art hinzu: „Zumindest die der Investitionstheorie ..."

3 Entscheidungsempfehlung

Die Alternative „Sofortiger Ersatz von DY11" weist mit 17.316 € einen höheren Endwert auf als die Aufschubalternative in Höhe von 16.451 €. Deshalb scheint ein sofortiger Ersatz empfehlenswert zu sein.

Kann aus der Investitionsrechnung zwingend die Liquidation von DY11 gefolgert werden?

Keineswegs! EZ12, der Vollautomat, ist – dies soll hier deutlich gesagt werden – deswegen so günstig, weil er weniger Personaleinsatz erfordert. Dies aber würde in der konkreten Beschäftigungssituation bedeuten, dass Entlassungen angeordnet werden müssten. Nach gründlichem Abwägen der monetären und der nicht-monetären Konsequenzen entschied sich die Unternehmensleitung dafür, DY11 in Betrieb zu lassen. In unserer Fallstudiengeschichte gibt es so etwas! Seitdem sprach man von DY11 wie von einem guten alten Freund.

Dies ist ein Beispiel dafür, dass zwar Zahlen für Entscheidungen wichtig sind, aber darüber hinausgehende ethische, soziale und ökologische Überlegungen noch wichtiger sein können.

1 ... die häufiger als man denkt, in einem Boot sitzen.

Kontrollfragen

Erarbeiten Sie ein Vorgehensmodell zum Einsatz von VOFI bei der Optimierung des Ersatzzeitpunkts!

Inwiefern kann von einer Eigenständigkeit des Ersatzproblems bei einer Anwendung von VOFI – sieht man von der Eigenkapitaldisposition ab – keine Rede sein kann?

Inwiefern sind Eigenkapitaldispositionen beim Ersatzproblem von Bedeutung?

Erörtern Sie einen Ansatz, in dem nicht zwischen Durchschnittsgewinn und Grenzgewinn, sondern ausschließlich unter Verwendung von Durchschnittsgewinnen entschieden wird!

Aktuelle Meldung

Happy (without) end

Herr Y und Dr. X haben ihr Arbeitsverhältnis mit der Fallstudienunternehmung aufgelöst und eine Unternehmensberatung gegründet: die VOFI-GmbH. Der ehemalige Controller Dr. X stieg dadurch vom Navigator zum Kapitän auf. Sie stellten den frisch examinierten St. ein, der seinen Master of Science and Business Management gemacht hatte. St. hatte das Glück, bei einer Vielzahl seiner Klausuren, die er zur Sammlung seiner Credit Points schreiben musste, „VOFI-Themen“ bearbeiten zu dürfen. Nicht nur in der Allgemeinen Betriebswirtschaftslehre, im Fach Rechnungswesen und Controlling (RWC) und im Wahlbereich Controlling, sondern auch im Marketing und in der Wirtschaftsinformatik und sogar bei volkswirtschaftlichen Klausuren.

In ihrer neu gegründeten Unternehmensberatung lösten Dr. X, Y und St. eine Reihe betriebswirtschaftlich reizvoller Probleme auf der Basis von VOFI und knackten manches interessante betriebswirtschaftliche Rätsel – „aber dies ist eine andere Geschichte und soll ein andermal erzählt werden.“

Ende [Michael], Die unendliche Geschichte.

10 Rück- und Ausblick[1]

In unserer Fallstudienunternehmung gibt es ein Happyend. Nicht gemeint ist die persönliche Karriere der Akteure Y, Dr. X und St. – vielmehr ist von *VOFI* die Rede. VOFI konkurriert mit den klassischen Verfahren der Investitionsrechnung und gewinnt! Indes hat sich im „Rest der Welt" VOFI noch nicht endgültig durchgesetzt, obwohl die Idee schon lange bekannt ist. Dies liegt vielleicht an Generationen von Hochschulabsolventen, die klassische formelorientierte Verfahren in die Praxis gebracht haben und nun nicht mehr umlernen wollen. Viele scheuen auch davor, Steuerzahlungen in Investitionsrechnungen einzubauen. Vielleicht liegt es daran, dass sie Steuern nicht mögen :-).

Das Hauptproblem bei Investitionsentscheidungen – so das übereinstimmende Urteil von Praktikern und Wissenschaftlern – ist die Vorhersage der relevanten Daten. Sie alle haben Recht. Aber gerade deshalb sollten nicht solche Methoden zur Verdichtung der mühsam prognostizierten Daten benutzt werden, die zu Fehlinterpretationen und Gedankenfehlern verleiten können oder aber die erhobenen Daten in den Modellen nicht adäquat abzubilden vermögen und gar die steuerlichen Konsequenzen vernachlässigen.

Wenn die Schlussbemerkung einen negativen Klang aufweist, so ist dies nur ein Trick, um nun auf die positiven Tendenzen hinzuweisen. In immer mehr Unternehmungen wird VOFI eingesetzt. Zu den Anwendern des VOFI-Konzepts gehören Industriebetriebe, Banken und Unternehmensberater, aber auch Hochschulen, Fachhochschulen und Verwaltungs- und Wirtschaftsakademien im Rahmen ihrer Lehrprogramme. Die finanzplanorientierte Investitionsrechnung gewinnt zunehmend an Marktanteil – nicht zuletzt auch durch die vielen „selbst gestrickten" Finanzpläne der Praxis. Wenn diese auch nicht den Standard von VOFI bezüglich des Aufbaus und des Algorithmus zur Zielwertbestimmung aufweisen – sie gehören dazu.

Es gibt noch weitere „Treiber" zur zunehmenden Diffusion von VOFI. So ist durch die Kopplung von CAPM und VOFI die Berücksichtigung kapitalmarkttheoretischer Aspekte möglich geworden. Controller mit einer

---

1 Eigentlich sollte das Kapitel heißen „*Eine sehr persönliche* Schlussbemerkung".

Vorliebe für CAPM brauchen somit auf VOFI nicht zu verzichten. Auch ist durch den Ausbau von VOFI zu einem stochastischen Simulationsmodell dem Problem der Unsicherheit methodisch fundiert und gleichzeitig praxisnah begegnet worden.

Generell ist festzuhalten: Immer dann, wenn bei mehrperiodigen Entscheidungen – unabhängig davon, ob sie kurz- oder langfristig sind – die monetären Entscheidungskonsequenzen von Bedeutung sind, ist VOFI als generelle Methode gefragt. In einer Vielzahl von Dissertationen, Habilitationen und wissenschaftlichen Beiträgen[1] wird die universelle Anwendbarkeit bei langfristigen Entscheidungen mit monetären Zielwerten sowie die Ausbaufähigkeit eindrucksvoll vertieft. Besonders die Verbindung zwischen einer prozessorientierten Analyse (z. B. unter Verwendung Ereignisgesteuerter Prozessketten) und den im VOFI abzubildenden monetären Konsequenzen des Ressourceneinsatzes zur Bearbeitung von Objekten[2] dürfte in der Zukunft von zunehmender Bedeutung sein.

Der wichtigste Erfolgsfaktor für die Verbreitung von VOFI sei zum Schluss genannt: Jahr für Jahr werden neue Generationen von Studierenden mit VOFI vertraut gemacht. Viele davon sind schon jetzt zu „Botschaftern" herangereift. Es wäre mir eine Freude, würden auch Sie, verehrter Leser, diesen Kreis aus eigener Überzeugung erweitern.

---

1 Vgl. Landsmann, C. (1999), Jenßen, A. (1999), insbes. S. 163-178, Mrzyk, A. P. (1999), Langenkämper, C. (2000), Schultz, M. B. (2005), Dewanto, B. L. (2006), Manthey, V. (2006), Lahme, N. (2004), Holten, R. (2003), Grob, H. L., Langenkämper, C., Wieding, A. (1999), vom Brocke, J. (2003), Holten, R., Schultz, M. B. (2001), Seewöster, T. (2006).

2 Vgl. Grob, H. L., vom Brocke, J. (2004).

Anhang

Finanzmathematische Faktoren

Annuitätenfaktoren

i / n	0,01	0,02	0,03	0,04	0,05	0,06	0,07	0,08
1	1,010000	1,020000	1,030000	1,040000	1,050000	1,060000	1,070000	1,080000
2	0,507512	0,515050	0,522611	0,530196	0,537805	0,545437	0,553092	0,560769
3	0,340022	0,346755	0,353530	0,360349	0,367209	0,374110	0,381052	0,388034
4	0,256281	0,262624	0,269027	0,275490	0,282012	0,288591	0,295228	0,301921
5	0,206040	0,212158	0,218355	0,224627	0,230975	0,237396	0,243891	0,250456
6	0,172548	0,178526	0,184598	0,190762	0,197017	0,203363	0,209796	0,216315
7	0,148628	0,154512	0,160506	0,166610	0,172820	0,179135	0,185553	0,192072
8	0,130690	0,136510	0,142456	0,148528	0,154722	0,161036	0,167468	0,174015
9	0,116740	0,122515	0,128434	0,134493	0,140690	0,147022	0,153486	0,160080
10	0,105582	0,111327	0,117231	0,123291	0,129505	0,135868	0,142378	0,149029
11	0,096454	0,102178	0,108077	0,114149	0,120389	0,126793	0,133357	0,140076
12	0,088849	0,094560	0,100462	0,106552	0,112825	0,119277	0,125902	0,132695
13	0,082415	0,088118	0,094030	0,100144	0,106456	0,112960	0,119651	0,126522
14	0,076901	0,082602	0,088526	0,094669	0,101024	0,107585	0,114345	0,121297
15	0,072124	0,077825	0,083767	0,089941	0,096342	0,102963	0,109795	0,116830
16	0,067945	0,073650	0,079611	0,085820	0,092270	0,098952	0,105858	0,112977
17	0,064258	0,069970	0,075953	0,082199	0,088699	0,095445	0,102425	0,109629
18	0,060982	0,066702	0,072709	0,078993	0,085546	0,092357	0,099413	0,106702
19	0,058052	0,063782	0,069814	0,076139	0,082745	0,089621	0,096753	0,104128
20	0,055415	0,061157	0,067216	0,073582	0,080243	0,087185	0,094393	0,101852

i / n	0,09	0,10	0,11	0,12	0,13	0,14	0,15	0,16
1	1,090000	1,100000	1,110000	1,120000	1,130000	1,140000	1,150000	1,160000
2	0,568469	0,576190	0,583934	0,591698	0,599484	0,607290	0,615116	0,622963
3	0,395055	0,402115	0,409213	0,416349	0,423522	0,430731	0,437977	0,445258
4	0,308669	0,315471	0,322326	0,329234	0,336194	0,343205	0,350265	0,357375
5	0,257092	0,263797	0,270570	0,277410	0,284315	0,291284	0,298316	0,305409
6	0,222920	0,229607	0,236377	0,243226	0,250153	0,257157	0,264237	0,271390
7	0,198691	0,205405	0,212215	0,219118	0,226111	0,233192	0,240360	0,247613
8	0,180674	0,187444	0,194321	0,201303	0,208387	0,215570	0,222850	0,230224
9	0,166799	0,173641	0,180602	0,187679	0,194869	0,202168	0,209574	0,217082
10	0,155820	0,162745	0,169801	0,176984	0,184290	0,191714	0,199252	0,206901
11	0,146947	0,153963	0,161121	0,168415	0,175841	0,183394	0,191069	0,198861
12	0,139651	0,146763	0,154027	0,161437	0,168986	0,176669	0,184481	0,192415
13	0,133567	0,140779	0,148151	0,155677	0,163350	0,171164	0,179110	0,187184
14	0,128433	0,135746	0,143228	0,150871	0,158667	0,166609	0,174688	0,182898
15	0,124059	0,131474	0,139065	0,146824	0,154742	0,162809	0,171017	0,179358
16	0,120300	0,127817	0,135517	0,143390	0,151426	0,159615	0,167948	0,176414
17	0,117046	0,124664	0,132471	0,140457	0,148608	0,156915	0,165367	0,173952
18	0,114212	0,121930	0,129843	0,137937	0,146201	0,154621	0,163186	0,171885
19	0,111730	0,119547	0,127563	0,135763	0,144134	0,152663	0,161336	0,170142
20	0,109546	0,117460	0,125576	0,133879	0,142354	0,150986	0,159761	0,168667

Rentenbarwertfaktoren

n \ i	0,01	0,02	0,03	0,04	0,05	0,06	0,07	0,08
1	0,990099	0,980392	0,970874	0,961538	0,952381	0,943396	0,934579	0,925926
2	1,970395	1,941561	1,913470	1,886095	1,859410	1,833393	1,808018	1,783265
3	2,940985	2,883883	2,828611	2,775091	2,723248	2,673012	2,624316	2,577097
4	3,901966	3,807729	3,717098	3,629895	3,545951	3,465106	3,387211	3,312127
5	4,853431	4,713460	4,579707	4,451822	4,329477	4,212364	4,100197	3,992710
6	5,795476	5,601431	5,417191	5,242137	5,075692	4,917324	4,766540	4,622880
7	6,728195	6,471991	6,230283	6,002055	5,786373	5,582381	5,389289	5,206370
8	7,651678	7,325481	7,019692	6,732745	6,463213	6,209794	5,971299	5,746639
9	8,566018	8,162237	7,786109	7,435332	7,107822	6,801692	6,515232	6,246888
10	9,471305	8,982585	8,530203	8,110896	7,721735	7,360087	7,023582	6,710081
11	10,367628	9,786848	9,252624	8,760477	8,306414	7,886875	7,498674	7,138964
12	11,255077	10,575341	9,954004	9,385074	8,863252	8,383844	7,942686	7,536078
13	12,133740	11,348374	10,634955	9,985648	9,393573	8,852683	8,357651	7,903776
14	13,003703	12,106249	11,296073	10,563123	9,898641	9,294984	8,745468	8,244237
15	13,865053	12,849264	11,937935	11,118387	10,379658	9,712249	9,107914	8,559479
16	14,717874	13,577709	12,561102	11,652296	10,837770	10,105895	9,446649	8,851369
17	15,562251	14,291872	13,166118	12,165669	11,274066	10,477260	9,763223	9,121638
18	16,398269	14,992031	13,753513	12,659297	11,689587	10,827603	10,059087	9,371887
19	17,226008	15,678462	14,323799	13,133939	12,085321	11,158116	10,335595	9,603599
20	18,045553	16,351433	14,877475	13,590326	12,462210	11,469921	10,594014	9,818147

n \ i	0,09	0,10	0,11	0,12	0,13	0,14	0,15	0,16
1	0,917431	0,909091	0,900901	0,892857	0,884956	0,877193	0,869565	0,862069
2	1,759111	1,735537	1,712523	1,690051	1,668102	1,646661	1,625709	1,605232
3	2,531295	2,486852	2,443715	2,401831	2,361153	2,321632	2,283225	2,245890
4	3,239720	3,169865	3,102446	3,037349	2,974471	2,913712	2,854978	2,798181
5	3,889651	3,790787	3,695897	3,604776	3,517231	3,433081	3,352155	3,274294
6	4,485919	4,355261	4,230538	4,111407	3,997550	3,888668	3,784483	3,684736
7	5,032953	4,868419	4,712196	4,563757	4,422610	4,288305	4,160420	4,038565
8	5,534819	5,334926	5,146123	4,967640	4,798770	4,638864	4,487322	4,343591
9	5,995247	5,759024	5,537048	5,328250	5,131655	4,946372	4,771584	4,606544
10	6,417658	6,144567	5,889232	5,650223	5,426243	5,216116	5,018769	4,833227
11	6,805191	6,495061	6,206515	5,937699	5,686941	5,452733	5,233712	5,028644
12	7,160725	6,813692	6,492356	6,194374	5,917647	5,660292	5,420619	5,197107
13	7,486904	7,103356	6,749870	6,423548	6,121812	5,842362	5,583147	5,342334
14	7,786150	7,366687	6,981865	6,628168	6,302488	6,002072	5,724476	5,467529
15	8,060688	7,606080	7,190870	6,810864	6,462379	6,142168	5,847370	5,575456
16	8,312558	7,823709	7,379162	6,973986	6,603875	6,265060	5,954235	5,668497
17	8,543631	8,021553	7,548794	7,119630	6,729093	6,372859	6,047161	5,748704
18	8,755625	8,201412	7,701617	7,249670	6,839905	6,467420	6,127966	5,817848
19	8,950115	8,364920	7,839294	7,365777	6,937969	6,550369	6,198231	5,877455
20	9,128546	8,513564	7,963328	7,469444	7,024752	6,623131	6,259331	5,928841

Rentenendwertfaktoren

i / n	0,01	0,02	0,03	0,04	0,05	0,06	0,07	0,08
1	1,000000	1,000000	1,000000	1,000000	1,000000	1,000000	1,000000	1,000000
2	2,010000	2,020000	2,030000	2,040000	2,050000	2,060000	2,070000	2,080000
3	3,030100	3,060400	3,090900	3,121600	3,152500	3,183600	3,214900	3,246400
4	4,060401	4,121608	4,183627	4,246464	4,310125	4,374616	4,439943	4,506112
5	5,101005	5,204040	5,309136	5,416323	5,525631	5,637093	5,750739	5,866601
6	6,152015	6,308121	6,468410	6,632975	6,801913	6,975319	7,153291	7,335929
7	7,213535	7,434283	7,662462	7,898294	8,142008	8,393838	8,654021	8,922803
8	8,285671	8,582969	8,892336	9,214226	9,549109	9,897468	10,259803	10,636628
9	9,368527	9,754628	10,159106	10,582795	11,026564	11,491316	11,977989	12,487558
10	10,462213	10,949721	11,463879	12,006107	12,577893	13,180795	13,816448	14,486562
11	11,566835	12,168715	12,807796	13,486351	14,206787	14,971643	15,783599	16,645487
12	12,682503	13,412090	14,192030	15,025805	15,917127	16,869941	17,888451	18,977126
13	13,809328	14,680332	15,617790	16,626838	17,712983	18,882138	20,140643	21,495297
14	14,947421	15,973938	17,086324	18,291911	19,598632	21,015066	22,550488	24,214920
15	16,096896	17,293417	18,598914	20,023588	21,578564	23,275970	25,129022	27,152114
16	17,257864	18,639285	20,156881	21,824531	23,657492	25,672528	27,888054	30,324283
17	18,430443	20,012071	21,761588	23,697512	25,840366	28,212880	30,840217	33,750226
18	19,614748	21,412312	23,414435	25,645413	28,132385	30,905653	33,999033	37,450244
19	20,810895	22,840559	25,116868	27,671229	30,539004	33,759992	37,378965	41,446263
20	22,019004	24,297370	26,870374	29,778079	33,065954	36,785591	40,995492	45,761964

i / n	0,09	0,10	0,11	0,12	0,13	0,14	0,15	0,16
1	1,000000	1,000000	1,000000	1,000000	1,000000	1,000000	1,000000	1,000000
2	2,090000	2,100000	2,110000	2,120000	2,130000	2,140000	2,150000	2,160000
3	3,278100	3,310000	3,342100	3,374400	3,406900	3,439600	3,472500	3,505600
4	4,573129	4,641000	4,709731	4,779328	4,849797	4,921144	4,993375	5,066496
5	5,984711	6,105100	6,227801	6,352847	6,480271	6,610104	6,742381	6,877135
6	7,523335	7,715610	7,912860	8,115189	8,322706	8,535519	8,753738	8,977477
7	9,200435	9,487171	9,783274	10,089012	10,404658	10,730491	11,066799	11,413873
8	11,028474	11,435888	11,859434	12,299693	12,757263	13,232760	13,726819	14,240093
9	13,021036	13,579477	14,163972	14,775656	15,415707	16,085347	16,785842	17,518508
10	15,192930	15,937425	16,722009	17,548735	18,419749	19,337295	20,303718	21,321469
11	17,560293	18,531167	19,561430	20,654583	21,814317	23,044516	24,349276	25,732904
12	20,140720	21,384284	22,713187	24,133133	25,650178	27,270749	29,001667	30,850169
13	22,953385	24,522712	26,211638	28,029109	29,984701	32,088654	34,351917	36,786196
14	26,019189	27,974983	30,094918	32,392602	34,882712	37,581065	40,504705	43,671987
15	29,360916	31,772482	34,405359	37,279715	40,417464	43,842414	47,580411	51,659505
16	33,003399	35,949730	39,189948	42,753280	46,671735	50,980352	55,717472	60,925026
17	36,973705	40,544703	44,500843	48,883674	53,739060	59,117601	65,075093	71,673030
18	41,301338	45,599173	50,395936	55,749715	61,725138	68,394066	75,836357	84,140715
19	46,018458	51,159090	56,939488	63,439681	70,749406	78,969235	88,211811	98,603230
20	51,160120	57,274999	64,202832	72,052442	80,946829	91,024928	102,44358	115,37975

Verzeichnis der wichtigsten Symbole

i	Alternativenindex
j	Index für Umweltsituationen (Szenarien)
t	Jahresindex
β	Beta-Faktor
μ	Eigenkapitalkostensatz (Erwartungswert)
μ_M	Marktrendite (Erwartungswert)
a	Annuität
a_0	Anschaffungsauszahlung
$ANF_{n,i}$	Annuitätenfaktor
a_t	Auszahlungen in t
A_t	Abschreibungen in t
AW^M	Anfangswert der Investition („Mit"-Fall)
AW^O	Anfangswert der Opportunität („Ohne"-Fall)
ΔAW	Zusätzlicher Anfangswert
C	Kapitalwert
C^{St}	Kapitalwert nach dem Standardmodell
C^{Zi}	Kapitalwert nach dem Zinsmodell
CH	Chance
d_t	Einzahlungsüberschuss in t
D_t	Ertragsüberschuss (vor Abschreibungen und Zinsen) in t
EIN_t	Einlage in t
EK	Eigenkapital (Eigene Mittel)
ENT_t	Entnahme in t
ERN_i	Erwartungswert des Risikonutzens der Alternative i
e_t	Einzahlungen in t

ΔEW	Zusätzlicher Endwert
EW^{M}	Endwert der Investition („Mit"-Fall)
EW^{O}	Endwert der Opportunität („Ohne"-Fall)
FK	Fremdkapital
G	Gewinn
g_{EK}	Eigenkapitalrentabilität
g_t^{GewSt}	Gewerbesteuersatz in t
g_{GK}	Gesamtkapitalrentabilität
GK	Gesamtkapital
G_t	dynamisierter Gewinn der statischen Gewinnvergleichsrechnung
G_{t*}	Gegenwartswert in t*
h_t	Hebesatz in t
i	Kalkulationszinsfuß
i_t	periodenspezifischer Kalkulationszinsfuß
i_f	risikofreier Zinssatz
i_O	Opportunitätskostensatz
i_S	Sollzinsfuß
k	Referenzzinsfuß
K_v	variable Kosten
L	Leistungen
L_n	Liquidationsüberschuss
m	Steuermesszahl
n	Nutzungsdauer
N_{ij}	Risikonutzen der Alternative i bei Eintritt der Umweltsituation j
q	Aufzinsungsfaktor (allgemein)
Q_t	Aufzinsungsfaktor mit periodenspezifischen Mischzinsfüßen zur Aufzinsung der Zahlungen zum Zeitpunkt t
$RBF_{n,i}$	Rentenbarwertfaktor
$REF_{n,i}$	Rentenendwertfaktor

RBW_{t-1}	Restbuchwert zu Beginn der Periode
r_{EK}	Eigenkapitalkostensatz
r_{FK}	Fremdkapitalzinsfuß („Sollzinsfuß")
r_{GK}	statische Gesamtkapitalrentabilität
r_I	Initialverzinsung
RP	Risikoprämie
s	Ertragsteuersatz
S_t^{ESt}	Einkommensteuerzahlung in t
S_t^{GewSt}	Gewerbesteuerzahlung in t
S_t^{KiSt}	Kirchensteuerzahlung in t
S_t^{KSt}	Körperschaftsteuerzahlung in t
S_t^{SolZ}	Solidaritätszuschlag in t
s_t^E	Ertragsteuersatz für Einzelunternehmungen
s_t^{ESt}	Einkommensteuersatz in t
s_t^{GewSt}	Gewerbesteuersatz in t
s_t^K	Ertragsteuersatz für Kapitalgesellschaften
s_t^{KiSt}	Kirchensteuersatz in t
s_t^{SolZ}	Solidaritätszuschlagsatz in t
S_t	Ertragsteuerzahlung in t
TG_{kalk}	Kalkulatorischer Totalgewinn
TG_{pag}	Pagatorischer Totalgewinn
t_{opt}	optimale Nutzungsdauer
V	Verschuldungsgrad
w_j	subjektive Wahrscheinlichkeit für den Eintritt der Umweltsituation j
x_{br}	Dynamischer Break-even-Point
Z	Kalkulatorische Zinsen
Z^O	Opportunitätszinsen
Z^S	Sollzinsen

Formelsammlung

1 Klassische Methoden

1.1 Statische Methoden

Inhalt	Formel
Formel zur Umformung variierender Einzahlungsüberschüsse in eine Folge konstanter Einzahlungsüberschüsse (bzw. Auszahlungen)	$d = \frac{\sum_{t=1}^{n} d_t \cdot q^{-t}}{RBF_{n,i}}$
Gewinn der repräsentativen Periode	$G = d - \frac{a_0 - L_n}{n} - \frac{a_0 + L_n + \frac{a_0 - L_n}{n}}{2} \cdot i$
Eigenkapitalrentabilität	$r_{EK} = \frac{G}{EK}$
Gesamtkapitalrentabilität	$r_{GK} = \frac{G + i_S \cdot FK}{EK + FK} = \frac{G + i \cdot (EK + FK)}{EK + FK}$

1.2 Dynamische Methoden

1.2.1 Variierende Einzahlungsüberschüsse

Zielwert	Formel
Gegenwartswert in Bezug auf t*	$G_{t*} = \sum_{t=0}^{n} d_t \cdot q^{t*-t}$
Kapitalwert	$C = -a_0 + \sum_{t=1}^{n} d_t \cdot q^{-t}$

Zielwert	**Formel**
Endwerte	$EW^M = (-a_0 + EK) \cdot q^n + \sum_{t=1}^{n} d_t \cdot q^{n-t}$ $= -FK_0 \cdot q^n + \sum_{t=1}^{n} d_t \cdot q^{n-t}$ $EW^O = EK \cdot q^n$ $\Delta EW = -a_0 \cdot q^n + \sum_{t=1}^{n} d_t \cdot q^{n-t}$ $\Delta EW = EW^M - EW^O$
Anfangswerte	$AW^M = -FK_0 + \sum_{t=1}^{n} d_t \cdot q^{-t}$ $AW^O = EK$ $\Delta AW = -FK_0 + \sum_{t=1}^{n} d_t \cdot q^{-t} - EK$ $\Delta AW = AW^M - AW^O$
Annuität	$a = C \cdot ANF_{n,i}$
Interner Zinsfuß	$r := i$, wenn $C = -a_0 + \sum_{t=1}^{n} d_t \cdot q^{-t} \overset{!}{=} 0$
Pay-off-Periode	$t_p := t$, wenn erstmalig gilt $C(t) \geq 0$

1.2.2 Konstante Einzahlungsüberschüsse

Finanzmathematischer Faktor	**Formel**
Annuitätenfaktor	$ANF_{n,i} = \frac{i \cdot q^n}{q^n - 1}$
Rentenbarwertfaktor	$RBF_{n,i} = \frac{q^n - 1}{i \cdot q^n}$
Rentenendwertfaktor	$REF_{n,i} = \frac{q^n - 1}{i}$

Zielwert	**Formel**
Gegenwartswert	$G_{t*} = (-a_0 + d \cdot RBF_{n,i}) \cdot q^{t*}$
Kapitalwert	$C = -a_0 + d \cdot RBF_{n,i}$
Endwerte	$EW^M = -FK_0 \cdot q^n + d \cdot REF_{n,i}$ $EW^O = EK \cdot q^n$ $\Delta EW = EW^M - EW^O = -a_0 \cdot q^n + d \cdot REF_{n,i}$
Anfangswerte	$AW^M = -FK_0 + RBF_{n,i} \cdot d$ $AW^O = EK$ $\Delta AW = -FK_0 + RBF_{n,i} \cdot d - EK$ $\Delta AW = AW^M - AW^O$
Annuität	$a = d - KD$ mit $KD = a_0 \cdot ANF_{n,i}$
Interner Zinsfuß	$r := i$, wenn $C(i) = -a_0 + d \cdot RBF_{n,i} \overset{!}{=} 0$

1.2.3 Capital Asset Pricing Model (CAPM)

Kennzahl	Formel
WACC	$WACC = \frac{r_{EK} \cdot EK + r_{FK} \cdot (1-s) \cdot FK}{EK + FK}$
CAPM-Eigenkapitalkosten bei vollständiger Eigenfinanzierung	$r_{EK} = i_f + (\mu_M - i_f) \cdot \beta$
CAPM-Eigenkapitalkosten bei Mischfinanzierung	$r_{EK} = i_f + (\mu_M - i_f) \cdot \beta + (\mu_M - i_f) \cdot \beta \cdot (1-s) \cdot \frac{FK}{EK}$

2 VOFI-Kennzahlen

Kategorie 1: ohne Berücksichtigung von Entnahmen

Kennzahl	Formel
VOFI-Eigenkapitalrentabilität	$g_{EK}^M = \sqrt[n]{\frac{EW^M}{EK}} - 1$ für $EW^M \geq 0$
VOFI-Eigenkapitalrentabilität der Opportunität	$g_{EK}^O = \sqrt[n]{\frac{EW^O}{EK}} - 1 = i_O$ für $EW^M \geq 0$
VOFI-Gesamtkapitalrentabilität (Variante 1)	$g_{GK} = \sqrt[n]{\frac{EW^M + FK_0 + Z^S}{EK + FK_0}} - 1$ für $EW^M + FK_0 + Z^S \geq 0$

Kennzahl	**Formel**
VOFI-Gesamtkapitalrentabilität (Variante 2)	$g_{GK} = \sqrt[n]{\frac{\Delta EW + (EK + FK_0) \cdot (1+k)^n}{EK + FK_0}} - 1$ für $\Delta EW + (EK + FK_0) \cdot (1 + k)^n \geq 0$
Referenzzinsfuß	$k = \sqrt[n]{\frac{EK + Z^O + FK_0 + Z^S}{EK + FK_0}} - 1$
VOFI-Pay-off-Periode	$t_p := t$, wenn erstmalig gilt: $EW^M(t) > EW^O(t)$

Kategorie 2: mit Berücksichtigung von Entnahmen

Kennzahl	**Formel**
VOFI-Eigenkapitalrentabilität bei Entnahmen und Einlagen	$g_{EK}^M = \sqrt[n]{\frac{EW^M + \sum_{t=1}^{n}(E_t - K_t)}{EK}} - 1$ für $EW^M + \sum_{t=1}^{n}(E_t \quad K_t) \geq 0$
VOFI-Gesamtkapitalrentabilität bei Entnahmen und Einlagen	$g_{GK} = \sqrt[n]{\frac{EW^M + FK + Z^S + \sum_{t=1}^{n}(E_t - K_t)}{EK - FK_0}} - 1$ für $EW^M + FK + Z^S + \sum_{t=1}^{n}(E_t - K_t) \geq 0$

3 Ertragsteuersätze

Kennzahl	Formel
Ertragsteuersatz für Einzelunternehmen	$s_t^E = s_t^{ESt} \cdot (1 + s_t^{SolZ}) \cdot (1 - s_t^{GewSt}) \cdot (1 - \frac{1}{s_t^{ESt}} \cdot 1{,}8 \cdot m) + s_t^{ESt} \cdot [1 - s_t^{ESt} \cdot (1 + s_t^{SolZ})] \cdot \frac{s_t^{KiSt} \cdot (1 - s_t^{GewSt})}{1 + s_t^{KiSt} \cdot s_t^{ESt}} + s_t^{GewSt}$
Ertragsteuersatz für Kapitalgesellschaften	$s_t^K = (1 + s_t^{SolZ}) \cdot s_t^{KSt} (1 - s_t^{GewSt}) + s_t^{GewSt}$

Glossar

Anfangswert

Wert der Investition bzw. der Opportunität im Zeitpunkt t=0. Der Zusätzliche Anfangswert als Differenz zwischen dem Anfangswert der Investition und dem der Opportunität stimmt bei einheitlichem Kalkulationszinsfuß mit dem Kapitalwert überein.

Anfangswertkonzept

Konzept, bei dem der Anfangswert von Investition und Opportunität zur Bestimmung der Vorteilhaftigkeit der Investition zugrunde gelegt werden. Dabei kann der Anfangswert finanzmathematisch oder entnahmeorientiert ermittelt werden.

Annuität

Folge gleicher Einzahlungsüberschüsse, deren Anzahl der Nutzungsdauer der Investition in Jahren entspricht.

Annuitätenfaktor

Faktor zur Berechnung der Annuität, in dem der Zinseffekt zum Ausdruck kommt, wenn anstelle einer einmaligen Entnahme in t=0 in Höhe des Kapitalwerts eine jährlich konstante Entnahme in t=1 bis t=n in Höhe der Annuität vorgenommen wird.

äquivalenter Einzahlungsüberschuss

Ergebnis der Transformation einer aus periodenindividuellen Beträgen bestehenden Zahlungsfolge in eine solche, die neben der Anschaffungsauszahlung gleich hohe Einzahlungsüberschüsse enthält.

Ausschüttung

Zahlung an die Anteilseigner, die als pagatorische Seite der Eigenkapitalkosten interpretiert wird.

Auszahlungen

Abfluss von Liquidität.

Barwert der Auszahlungen

Auf den Anfangszeitpunkt der Investitionen abgezinster Wert der Auszahlungen einer Investition.

Barwert der Einzahlungen

Auf den Anfangszeitpunkt der Investitionen abgezinster Wert der Einzahlungen einer Investition.

CAPM

Capital Asset Pricing Model – kapitalmarkttheoretisches Modell zur Unterstützung von Anlageentscheidungen unter Berücksichtigung eines risikoadjustierten Kalkulationszinsfußes, der vom sog. Beta-Faktor abhängig ist.

Controlling

Funktion zur Rationalitätssicherung der Unternehmensführung, bei der ein System zur Durchführung von Planung und Kontrolle zu gestalten und zu nutzen ist.

Differenzanalyse

Methode zur Aufspaltung einer Zielwertänderung in einzelne Komponenten. Beispiel: Δ-VOFI.

Disagio

Differenz zwischen Nennwert und Auszahlung eines Kredits. Weist Zinscharakter auf.

Effektivverzinsung, klassische

Zinsfuß, bei dem der Kapitalwert der Zahlungsfolge eines Finanzierungsvorhabens gleich null ist.

Eigenkapital

In der Investitionsrechnung: für die Investition zur Verfügung gestellten Eigenen Mittel.

Eigenkapitalrentabilität

Kennzahl, bei welcher der Gewinn zu dem im Investitionszeitpunkt eingesetzten Eigenkapital in Beziehung gesetzt wird.

Einzahlungen

Zufluss von Liquidität.

Endwert der Investition

Vermögenswert am Ende der Nutzungsdauer einer Investition bzw. am Planungshorizont. Ist das Ende der Nutzungsdauer innerhalb des Planungshorizonts und die Investition liquidiert, so ist der Vermögenswert gleich dem der Investition zuzurechnenden Bestandssaldo der liquiden Mittel. Dieser Endwert wird bei einer Mit-ohne-Analyse als Endwert *mit* Investition (EW^M) bezeichnet.

Endwert der Opportunität

Vermögenswert, der bei Durchführung der Opportunität am Ende der Laufzeit bzw. am Planungshorizont zu erwarten ist. Der Endwert der Opportunität wird bei einer Mit-ohne-Analyse als Endwert *ohne* Investition (EW^O) bezeichnet.

Endwertkonzept

Konzept, bei dem die Endwertmethode zur Bestimmung der Vorteilhaftigkeit einer Investition gewählt wird.

Entnahme

Ausgeschüttete liquide Mittel, die der Privatsphäre des Unternehmers zugeführt werden.

Entnahmekonzept

Konzept, bei dem die Höhe der tatsächlichen bzw. der möglichen Entnahme während der Nutzungsdauer des Investitionsobjekts bzw. während des Planungshorizonts als Kriterium für die Vorteilhaftigkeit der Investition dient.

Entscheidungskriterium

Vorschrift, bei der aufgrund der Daten des Modells eine Empfehlung getroffen wird, ob eine Investition realisiert werden soll oder nicht. Das Entscheidungskriterium ist als Wenn-dann-Bedingung formuliert.

Ergänzungsinvestition, aktuelle

Investition in t=0, die aus Gründen der Vergleichbarkeit in die Investitionsrechnung aufzunehmen ist, falls der Einsatz der Eigenen Mittel höher ist als die Anschaffungsauszahlung.

Ergänzungsinvestition, zukünftige

Investition, die aus Gründen der Vergleichbarkeit in die Investitionsrechnung aufzunehmen ist, falls konkurrierende Investitionsprojekte unterschiedlich lange Nutzungsdauern aufweisen.

Ertragsteuersatz

Der Ertragsteuersatz ist für einkommensteuerpflichtige Einzelunternehmungen und Kapitalgesellschaften ermittelbar. Für Einzelunternehmungen ist es eine Formel, in der Einkommen-, Gewerbe- und Kirchensteuer und der Solidaritätszuschlag in einem Faktor zusammengefasst werden. Bei Kapitalgesellschaften werden die Körperschaft- und Gewerbesteuer sowie der Solidaritätszuschlag im Ertragsteuersatz zum Ausdruck gebracht.

Ertragswert

Der auf einen bestimmten Zeitpunkt (üblicherweise t=0) bezogene Wert sämtlicher einer Investition zuzurechnenden Ein- und Auszahlungen außer der Anschaffungsauszahlung.

Erwartungswert

Summe der mit subjektiven Wahrscheinlichkeiten gewogenen investitionstheoretischen Zielwerte sämtlicher Umweltsituationen bzw. Szenarien. Erwartungswerte können beispielsweise für den Endwert, aber auch für den Risikonutzen einer Investition berechnet werden.

Flexible Planung

Planungsmethode bei mehrstufiger Entscheidung unter Unsicherheit unter Verwendung eines Entscheidungsbaums.

Folge, arithmetische

Gesetzmäßige Aufeinanderfolge von Zahlen, bei der die Differenz zwischen den einzelnen Gliedern untereinander konstant ist.

Gegenwartswert

Summe aller auf einen einheitlichen Bezugszeitpunkt auf- bzw. abgezinsten Zahlungen. Der Gegenwartswert zum Zeitpunkt t=0 ist der Kapitalwert. Der Gegenwartswert zum Zeitpunkt t=n ist der Zusätzliche Endwert.

Gesamtkapitalrentabilität

Kennzahl, bei welcher der Gewinn einer Periode vor Abzug der Fremdkapitalzinsen zu dem im Investitionszeitpunkt eingesetzten Gesamtkapital in Beziehung gesetzt wird.

Gewinn, Kalkulatorischer

Zielwert der Gewinnvergleichsrechnung, der die Differenz von Leistungen und variablen sowie fixen Kosten (einschließlich der Kalkulatorischen Abschreibungen und Kalkulatorischen Zinsen) darstellt. Die Kalkulatorischen Zinsen beinhalten neben den Pagatorischen Zinsen auch die Zinsen auf das Eigenkapital.

Gewinn, Pagatorischer

Differenz zwischen Ertrag und Aufwand einer Periode. Im Gegensatz zum Kalkulatorischen Gewinn sind beim Pagatorischen Gewinn *keine* Zinsen für das Eigenkapital anzusetzen.

Gewinnvergleichsrechnung

Statische Methode der Investitionsrechnung, bei welcher der mit dem Investitionsprojekt erzielbare zusätzliche Gewinn der repräsentativen Periode ermittelt wird.

Interne Zinsfußmethode

Klassische dynamische Methode zur Bestimmung der Vorteilhaftigkeit einer Investition in Form eines Rentabilitätsmaßes, das allerdings problematische implizite Reinvestitions- und Finanzierungsprämissen enthält.

Interner Zinsfuß

Umstrittenes, jedoch weit verbreitetes Rentabilitätsmaß der klassischen dynamischen Investitionsrechnung.

Investition

Anschaffung oder Herstellung eines Wirtschaftsguts, das langfristig genutzt werden soll (= Sachinvestition) bzw. Durchführung einer Maßnahme mit langfristiger Wirkung (= immaterielle Investition) bzw. langfristige Geldanlage (= Finanzinvestition).

Investitionskontrolle

Investitionsrechnung *nach* Anschaffung der Investition. 1. Variante: Vergangenheitsorientierte Kontrolle, ob die Investitionsentscheidung auch unter Berücksichtigung aktualisierter Werte vorteilhaft war. 2. Variante: Zukunftsorientierte Kontrolle, ob ein in Betrieb befindliches Investitionsobjekt durch ein neues ersetzt werden soll bzw. ob das in Betrieb befindliche Investitionsobjekt liquidiert werden soll.

Investitionsmodell

Modell zur vereinfachten formalen Abbildung der subjektiv gesehenen Realität, bei der die relevanten Konsequenzen einer Investition erfasst werden sollten. Bei den Konsequenzen werden monetäre und nicht-monetäre Wirkungen unterschieden. Die klassische und die finanzplanorientierte Investitionsrechnung beschränken sich auf die Darstellung und Verdichtung der monetären Konsequenzen. Bei multikriteriellen Verfahren werden sowohl monetäre als auch nicht-monetäre Wirkungen berücksichtigt.

Investitionsobjekt

Wirtschaftsgut in Form einer Sachinvestition, einer immateriellen Investition oder einer Finanzinvestition.

Investitionsprojekt

Vorhaben zur Planung einer Investition.

Investitionsrechnung, dynamische

Methode, denen eine mehrperiodige Prognose der einer Investition zurechenbaren Ein- und Auszahlungen zugrunde liegt. Dynamische Methoden umfassen klassische Verfahren (insbesondere Kapitalwertmethode, Annuitätenmethode, Interne Zinsfußmethode und Pay-off-Methode) und das finanzplanorientierte Verfahren VOFI.

Investitionsrechnung, statische

Einperiodige Investitionsrechnung, bei der mit Durchschnittsgrößen gearbeitet wird. Die Daten beziehen sich auf die sog. repräsentative Periode. Diese ist bei einer ungeraden Nutzungsdauer der Investition das mittlere Jahr. Bei einer geradzahligen Nutzungsdauer muss anstelle des Gewinns einer repräsentativen Periode von einem repräsentativen Gewinn gesprochen werden, der das arithmetische Mittel des Gewinns vor und nach dem nicht ganzzahligen mittleren Zeitpunkt darstellt.

Investitions- und Finanzierungsprogrammplanung

Simultane Planung sämtlicher Investitions- und Finanzierungsprojekte zur Berücksichtigung entscheidungsrelevanter Interdependenzen.

Kalkulationszinsfuß

Zinsfuß, mit dem die Vorteilhaftigkeit eines Investitionsprojekts „kalkuliert" werden soll. Als Mischzinsfuß stellt er das gewogene arithmetische Mittel des Fremdkapitalzinssatzes mit dem Fremdkapital und des Opportunitätskostensatzes mit dem Eigenkapital dar.

Kalkulationszinsfuß, periodenspezifischer

Periodenspezifische Kalkulationszinsfüße stellen Mischzinsfüße dar, die in jeder Periode aus dem Verhältnis der zusätzlichen Zinsen zur zusätzlichen Kapitalbindung der Investition gegenüber der Opportunität resultieren.

Kalkulationszinsfuß, risikoadjustierter

Zinsfuß, der auch die Aufgabe hat, das systematische Risiko einer Investition in den Eigenkapitalkosten zu erfassen.

Kapitalangebotsfunktion

Rangfolge der Kredite nach Maßgabe ihres Effektivzinsfußes im klassischen Modell der Kapitalbudgetierung.

Kapitalbindung, durchschnittlich

Arithmetisches Mittel des zu Anfang der Nutzungsdauer gebundenen Kapitals und des eine logische Sekunde vor dem Ende der Nutzungsdauer vorhandenen Kapitals.

Kapitalbindung im Zeitablauf

Ergibt sich durch Fortschreiben des Anfangskapitals in Höhe der Anschaffungsauszahlung um die Tilgungsbeträge, die üblicherweise in Höhe der Abschreibungen anzunehmen sind. Am Ende der Nutzungsdauer ist ggf. eine Sondertilgung in Höhe des Liquidationsüberschusses zu berücksichtigen.

Kapitalbudgetierung

Einperiodige Investitions- und Finanzierungsprogrammplanung, bei der mehrere Investitionsprojekte um die knappen finanziellen Ressourcen (Eigenkapital und Kredite) im Investitionszeitpunkt konkurrieren.

Kapitalerhaltung, nominelle

Nominelle Kapitalerhaltung liegt vor, wenn bei Durchführung der Investition das anfangs eingesetzte Eigenkapital am Ende des Planungshorizonts wieder verfügbar ist.

Kapitalerhaltung, ökonomische

Ökonomische Kapitalerhaltung liegt vor, wenn bei Durchführung der Investition ein Zielwert in Höhe des Endwerts der Opportunität realisiert wird.

Kapitaldienst

Summe von Tilgung und Zinsen für aufgenommene Kreditbeträge respektive Summe der Kalkulatorischen Abschreibungen und der Kalkulatorischen Zinsen.

Kapitalnachfragefunktion

Ordnung der Investitionsprojekte nach Maßgabe ihres Internen Zinsfußes oder eines anderen Rentabilitätsmaßes (z. B. Initialverzinsung) bei der klassischen Kapitalbudgetierung.

Kapitalrückfluss

Kumulierung der Einzahlungsüberschüsse einschließlich der Zins- und Steuerzahlungen zur Amortisation des eingesetzten Kapitals.

Kapitalwert

Summe sämtlicher auf den Investitionszeitpunkt t=0 diskontierten Einzahlungsüberschüsse abzüglich der Anschaffungsauszahlung.

konkurrierende Investitionsprojekte

Sich gegenseitig ausschließende Investitionsvorhaben aufgrund finanzwirtschaftlicher oder technischer Ausschlussgründe.

Kosten

Bewerteter Verbrauch von Produktionsfaktoren zur Erstellung einer Betriebsleistung.

Kostenvergleichsrechnung

Statisches Verfahren der Investitionsrechnung, bei dem die Kosten einer Investition in Bezug auf die repräsentative Periode ermittelt werden.

Laufzeit

Allgemeiner Begriff für die Länge eines Betrachtungszeitraums, z. B. bei der Berechnung der Annuität. Muss nicht mit der Nutzungsdauer der betrachteten Investition übereinstimmen.

Lenkpreis

Aus dem Kapitalbudgetierungsmodell ermittelter Kalkulationszinsfuß zur Bestimmung des optimalen Investitions- und Finanzierungsprogramms.

Liquidationsüberschuss

Einzahlungsüberschuss als Differenz zwischen Liquidationseinzahlung (z. B. Schrotterlös) und -auszahlung (z. B. für Entsorgung) aufgrund einer Veräußerung eines Investitionsobjekts am Ende der Nutzungsdauer.

Marge

In der klassischen Investitionsrechnung ist dies die Differenz zwischen dem Internen Zinsfuß und dem Kalkulationszinsfuß.

Mischzinsfuß, periodenspezifischer

Periodenindividueller Durchschnittszinsfuß, der die Konditionenvielfalt auf dem Finanzierungssektor sowie die Reinvestitions- und Opportunitätsrendite und die entsprechenden Kapitalbindungen berücksichtigt.

Nutzungsdauer

Zeitraum zwischen Anschaffung und Liquidation bzw. Entsorgung des Investitionsobjekts.

Opportunitätskosten

Entgehender Gewinn bei Nichtrealisierung einer konkurrierenden Entscheidungsalternative.

Pay-off-Periode

Zeitpunkt, in dem sich die Investition amortisiert hat. Bei einer kapitalwertbezogenen Betrachtung ist dies der Fall, wenn der Kapitalwert der Investition in Abhängigkeit von der Zeit erstmalig größer oder gleich null ist.

periodenindividuell

Berücksichtigung der Daten jeder einzelnen Periode.

Planungshorizont

Ende des Betrachtungszeitraums einer Investitionsrechnung. Stimmt häufig mit dem Ende der Nutzungsdauer überein.

Reinvestition

Wiederanlage finanzieller Mittel, die nach Durchführung der Anfangsinvestition zurückgeflossen sind. Entweder als pauschale Prämisse oder als individuelle Investition modellierbar.

Risiko-Chancen-Profil

Grafisches Ergebnis einer Risiko-Chancen-Analyse. Aus dem Profil geht hervor, mit welcher Wahrscheinlichkeit ein Mindest- oder Höchstzielwert zu erwarten ist.

Sensitivitätsanalyse

Analyse der Veränderung von Entscheidungsergebnissen bei Variation einer unsicheren Inputgröße, wobei zu errechnen ist, wie hoch die Änderung der Inputgröße sein darf, bis die ursprünglich optimale Entscheidung zu revidieren ist.

Simulationsmodell

Formales System zur zeitablaufbezogenen Analyse realer Systeme zum Zwecke der Beschreibung des Systems und/oder der Entscheidungsunterstützung. Simulationsmodelle, die der Entscheidungsunterstützung dienen, enthalten als Zielsetzung keine Maximierungs- oder Minimierungsvorschriften, sondern die Realisierung eines zufrieden stellenden Anspruchsniveaus.

Standardmodell

Klassisches Modell zur Berechnung des Kapitalwerts nach Steuern unter Berücksichtigung eines steuerverkürzten Kalkulationszinsfußes.

Totalgewinn, Pagatorisch

Endwert in t=n abzüglich der in t=0 eingesetzten Eigenen Mittel bei Durchführung einer Investition. Die Eigenen Mittel werden aus finanzwirtschaftlicher Sicht als Eigenkapital angesehen.

Totalgewinn, Kalkulatorisch

Differenz zwischen Pagatorischem Totalgewinn und Opportunitätskosten des Eigenkapitals.

Totalgewinnanalyse

Aufspaltung des Pagatorischen bzw. Kalkulatorischen Totalgewinns in Ertrags- und Aufwandsgrößen in Bezug auf die Totalperiode.

Totalkalkül

Betrachtung der Originaldaten (im Gegensatz zu Differenzgrößen, wie z. B. Ersparnissen) einer Investition bzw. ihrer Opportunität.

Totalperiode

Gesamter Zeitraum zwischen dem Ende der Nutzungsdauer einer Investition und dem Anfangszeitpunkt.

WACC

Weighted Average Cost of Capital – Mischzinsfuß, bei dem neben dem Eigenkapitalkostensatz der Fremdkapitalkostensatz unter Berücksichtigung von Steuern im Rahmen eines gewogenen arithmetischen Mittels berechnet wird.

VOFI

Akronym für „vollständiger Finanzplan"; finanzplanorientierte Methode der Investitionsrechnung, bei der sämtliche einem Investitionsobjekt zurechenbaren Ein- und Auszahlungen (einschließlich ihrer steuerlichen Konsequenzen) periodenindividuell und explizit dargestellt werden.

Zahlungsfolge

Aneinanderreihung von Ein- und Auszahlungen bzw. ihrer Salden zu den Zeitpunkten t=0 bis t=n.

Zahlungsreihe

In der Literatur häufig verwendeter Begriff für Zahlungsfolge.

Zielwert einer Investition

Verdichtetes Ergebnis der Zahlungsfolgen von Investition und Finanzierung.

Zinsen, Kalkulatorische

Zinsen des für eine Investition aufgenommenen bzw. zur Verfügung gestellten Kapitals, das sich als Produkt aus der durchschnittlichen Kapitalbindung und dem Kalkulationszinsfuß ergibt. Kalkulatorische Zinsen beinhalten neben den Pagatorischen Zinsen für Kredite auch die Zinsen auf das Eigenkapital.

Zinsmodell

Klassisches Modell zur Bestimmung des Kapitalwerts nach Steuern, bei dem die Zinsen der Investition und der Opportunität explizit berücksichtigt werden. Zins- und Standardmodell weisen äquivalente Zielwerte auf.

Zusätzlicher Endwert

Vermögenswert als Differenz zwischen den Endwerten der Investition und der Opportunität.

Literaturverzeichnis

ADA Decision Systems (1992), DPL Advanced Version User Guide, Programmversion 3.03, Menlo Park 1992.

Adam, D. (1996), Planung und Entscheidung: Modelle, Ziele und Methoden, 4., überarb. u. erw. Aufl., Wiesbaden 1996.

Adam, D. (2000), Investitionscontrolling, 3., völlig neu bearb. u. wes. erw. Aufl., München, Wien 2000.

Albach, H. (1959), Wirtschaftlichkeitsrechnung bei unsicheren Erwartungen, Köln, Opladen 1959.

Allais, M. (1953), Le comportement de l'Homme Rationnel devant le Risque: Critique des Postulats et Axiomes de l'Ecole Américaine, in: Econometrica, 21. Jg., 1953, H. 4, S. 503-546.

Allerkamp, F. (1983), Tilgungsplanung, Analyse und Gestaltung unternehmerischer Definanzierungsentscheidungen, Bd. 26 der Schriftenreihe des Instituts für Kreditwesen der Westfälischen Wilhelms-Universität Münster, Hrsg.: H. Schierenbeck, Frankfurt a. M. 1983.

Altrogge, G. (1996), Investition, 4., vollst. überarb. u. erw. Aufl., München, Wien 1996.

Baldwin, R. H. (1959), How to Assess Investment Proposals, in: Harvard Business Review, 37. Jg., 1959, H. 3, S. 98-104.

Bamberg, G., Coenenberg, A. G. (2006), Betriebswirtschaftliche Entscheidungslehre, 13., überarb. Aufl., München 2006.

Bernoulli, D. (1954), Specimen Theoriae Novae de Mensura Sortis, in: Commentarii academicae scientiarum imperialis Petropolitanae, 5. Jg., 1738, S. 175-192, deutsche Übersetzung durch A. Pringsheim: Versuch einer neuen Theorie der Wertbestimmung von Glücksfällen, Leipzig 1896, englische Übersetzung in: Econometrica, 22. Jg., 1954, H. 1, S. 23-36.

Biergans, E. (1973), Investitionsrechnung: Verfahren der Investitionsrechnung und ihre Anwendung in der Praxis, Nürnberg 1973.

Blohm, H., Lüder, K., Schaefer, C. (2006), Investition, Schwachstellen des Investitionsbereichs und der Investitionsrechnung, 9., überarb. u. akt. Aufl., München 2006.

Bosch, K. (2006), Finanzmathematik, 6., vollst. überarb. Aufl., München, Wien 2006.

Boulding, K. E. (1936), Time and Investment, in: Economica, 3. Jg., 1936, H. 10, S. 196-220.

Brealey, R. A., Myers, S. C. (2006), Principles of Corporate Finance, 8. Aufl., Boston u. a. 2006.

Bühlmann, H., Loeffel, H., Nievergelt, E. (1969), Einführung in die Theorie und Praxis der Entscheidung bei Unsicherheit, 2. Aufl., Berlin u. a. 1969.

Busse v. Colbe, W., Laßmann, G. (1990), Betriebswirtschaftstheorie, Band 3, Investitionstheorie, 3., durchges. Aufl., Berlin u. a. 1990.

Copeland, T., Koller, T., Murrin, J. (2002), Unternehmenswert: Methoden und Strategien für eine wertorientierte Unternehmensführung, 3., völlig überarb. u. erw. Aufl., Frankfurt a. M., New York 2002.

Däumler, K.-D. (2003), Grundlagen der Investitions- und Wirtschaftlichkeitsrechnung, 11., neuberarb. Aufl., Herne 2003.

Dean, J. (1969), Capital Budgeting, 8. Aufl., New York, London 1969.

Degener, T. (1986), Die Leasingentscheidung bei beweglichen Anlagegütern: ein Vorteilhaftigkeitsvergleich zwischen Leasing und Kreditkauf aus der Sicht gewerblicher Investoren, Bd. 31 der Schriftenreihe des Instituts für Kreditwesen der Westfälischen Wilhelms-Universität Münster, Hrsg.: H. Schierenbeck, Frankfurt a. M. 1986.

Dewanto, B. L. (2006), Anwendungsentwicklung mit Model Driven Architecture – dargestellt anhand vollständiger Finanzpläne, Diss., Univ. Münster 2006.

Eisenführ, F., Weber, M. (2003), Rationales Entscheiden, 4., neubearb. Aufl., Berlin u. a. 2003.

Ellsberg D. (1961), Risk, Ambiguity, and the Savage Axioms, in: The Quarterly Journal of Economics, 75. Jg., 1961, H. 1, S. 643-669.

Erner, C. (2005), CAPM – Grundlagen und Anwendungen, Freestyle Learning Unit, Münster 2005.

Everding, D. (1994), Zinsänderungswirkungen in Modellen der Investitionsrechnung, Wiesbaden 1994.

Fachkommission für Ausbildungsfragen der Schmalenbach-Gesellschaft (1988), Deutsche Gesellschaft für Betriebswirtschaft e. V. für den Bereich des Studiums der Allgemeinen Betriebswirtschaftslehre, in: Zeitschrift für betriebswirtschaftliche Forschung, 40. Jg., 1988, H. 11, S. 1037-1043.

Gans, B., Looss, W., Zickler, D. (1977), Investitions- und Finanzierungstheorie, 3. Aufl., München 1977.

Götze, U. (2006), Investitionsrechnung, Modelle und Analysen zur Beurteilung von Investitionsvorhaben, 5., überarb. Aufl., Berlin u. a. 2006.

Grob, H. L. (1975), Computergestützte Preispolitik, Preisstrategische Entscheidungen für Marketing-Informationssysteme, Bd. 14 der Schriften zur theoretischen und angewandten Betriebswirtschaftslehre, Hrsg.: L. Pack und H. Wagner, Wiesbaden 1975.

Grob, H. L. (1982), Periodenspezifische Mischzinsfüße als theoretisch richtige Kalkulationszinsfüße, in: Zeitschrift für Betriebswirtschaft, 52. Jg., 1982, H. 4, S. 381-395.

Grob, H. L. (1984), Investitionsrechnung auf der Grundlage vollständiger Finanzpläne – Vorteilhaftigkeitsanalyse für ein einzelnes Investitionsobjekt, in: Das Wirtschaftsstudium, 13. Jg., 1984, H. 1, S. 16-23.

Grob, H. L. (1989), Investitionsrechnung mit vollständigen Finanzplänen, München 1989.

Grob, H. L. (1990 a), Einführung in die Investitionsrechnung, Eine Fallstudiengeschichte, Hamburg u. a. 1990.

Grob, H. L. (1990 b), Das System der VOFI-Rentabilitätskennzahlen bei Investitionsentscheidungen, in: Zeitschrift für Betriebswirtschaft, 60. Jg., 1990, H. 2, S. 179-192.

Grob, H. L. (1994), Computer Assisted Learning (CAL) durch Berechnungsexperimente, in: Zeitschrift für Betriebswirtschaft, 64. Jg., 1994, Ergänzungsheft Nr. 2, S. 79-90.

Grob, H. L. (1995), Statische Investitionsrechnung, in: Lexikon der Betriebswirtschaftslehre, 3., überarb. u. erw. Aufl., Hrsg.: H. Corsten, München, Wien 1995, S. 892-895.

Grob, H. L. (1996), Der Methodenbruch im Controlling beim Übergang von der Planung zur Kontrolle, in: Münsteraner Fallstudien zum Rechnungswesen und Controlling, Hrsg.: J. Becker, H. L. Grob, W. von Zwehl, München, Wien 1996, S. 309-341.

Grob, H. L. (1999), Investition und Finanzierung, in: Betriebswirtschaftslehre, Hrsg.: H. Corsten, M. Reiß, 3., vollst. überarb. u. wes. erw. Aufl., München, Wien 1999, S. 891-984.

Grob, H. L. (2002), Durchführung der Präsentationsveranstaltung, in: Präsentieren und Visualisieren – mit und ohne Multimedia (mit Beiträgen von R. Ganslandt, A. Güttler u. K. Linneweh), München 2002, S. 198-232.

Grob, H. L. (2004), Modellierung von Preisparametern in investitionstheoretischen Methoden, Arbeitsbericht Nr. 11 der Reihe „Computergestütztes Controlling", Hrsg.: H. L. Grob, Münster 2004.

Grob, H. L., Austrup, S. (2003), Semi-formale Darstellung des Prozessmodells von VOFI, in: Das Wirtschaftsstudium, 32. Jg., 2003, H. 11, S. 1400-1407.

Grob, H. L., Bensberg, F. (2005), Kosten- und Leistungsrechnung, – Theorie und SAP-Praxis –, München 2005.

Grob, H. L., Bensberg, F., Dewanto, B. L. (2005), Model Driven Architecture (MDA) – Integration and Model Reuse for Open Source eLearning Platforms, in: e-learning & education (eleed), Februar 2005, im WWW unter: http://eleed.campussource.de/archiv/59/.

Grob, H. L., Bieletzke, S. (1998), Aufbruch in die Informationsgesellschaft, 2., vollst. überarb. u. erw. Aufl., Münster 1998.

Grob, H. L., Everding, D. (1992), Finanzmathematik mit dem PC, Wiesbaden 1992.

Grob, H. L., Hermans, J. (2006 a), Risiko-Chancen-Analyse mit VOFI, Arbeitsbericht Nr. 27 der Reihe „Computergestütztes Controlling", Hrsg.: H. L. Grob, Münster 2006.

Grob, H. L., Hermans, J. (2006 b), Lineare Programmierung mit What's Best, Arbeitsbericht Nr. 28 der Reihe „Computergestütztes Controlling", Hrsg.: H. L. Grob, Münster 2006.

Grob, H. L., Hermans, J. (2006 c), Lineare Programmierung mit VOFI, Arbeitsbericht Nr. 29 der Reihe „Computergestütztes Controlling", Hrsg.: H. L. Grob, Münster 2006.

Grob, H. L., Langenkämper, C., Wieding, A. (1999), Unternehmensbewertung mit VOFI, in: Zeitschrift für betriebswirtschaftliche Forschung, 51. Jg., 1999, H. 5, S. 454-479.

Grob, H. L., Mrzyk, A. P. (1998), Risiko-Chancen-Analyse in der Investitionsrechnung – Integration von VOFI und Crystal Ball, in: Controlling, 10. Jg., 1998, H. 2, S. 120-129.

Grob, H. L., Reepmeyer, J.-A., Bensberg, F. (2004), Einführung in die Wirtschaftsinformatik, 5., vollst. überarb. u. erw. Aufl., München 2004.

Grob, H. L., Schultz, M. B. (2001), Computergestützte Analyse von Entscheidungsbäumen, in: Wirtschaftswissenschaftliches Studium, 30. Jg., 2001, H. 3, S. 135-142.

Grob, H. L., Weigel, L. (1996), Flexible Investitionsplanung mit VOFI – Integration von VOFI und DPL, Arbeitsbericht Nr. 2 der Reihe „Computergestütztes Controlling", Hrsg.: H. L. Grob, Münster 1996.

Grob, H. L., vom Brocke, J. (2004), Controlling des Designs von Logistikprozessen – Konzeption und Nutzung von Referenzmodellen, in: Logistik-Management, Springer Experten System, Hrsg.: H. Baumgarten, J. Becker, H.-P. Wiendahl, J. Zentes, Berlin 2004, 5/03/07, S. 1-26.

Günther, T. (1997), Unternehmenswertorientiertes Controlling, München 1997.

Haberstock, L. (1971), Einige kritische Bemerkungen zur Kapitalwert-Methode, Stellungnahme zu dem gleichnamigen Aufsatz von E. Hosterbach, in: Zeitschrift für Betriebswirtschaft, 41. Jg., 1971, H. 4, S. 285-288.

Haberstock, L. (1972), Kapitalwert oder Interner Zinsfuß? Stellungnahme zu dem Aufsatz von E. Hosterbach, in: Zeitschrift für Betriebswirtschaft, 42. Jg., 1972, H. 3, S. 216-218.

Haberstock, L., Dellmann, K. (1971), Kapitalwert und interner Zinsfuß als Kriterium zur Beurteilung der Vorteilhaftigkeit von Investitionsprojekten, in: Kostenrechnungspraxis, o. Jg., 1971, H. 5, S. 195-206.

Hax, H. (1993), Investitionstheorie, 5., bearb. Aufl., Wien, Würzburg 1985, Nachdruck 1993.

Hax, H., Laux, H. (1972), Flexible Planung – Verfahrensregeln und Entscheidungsmodelle für die Planung bei Ungewißheit, in: Zeitschrift für betriebswirtschaftliche Forschung, 24. Jg., 1972, o. H., S. 318-340.

Heister, M. (1962), Rentabilitätsanalyse von Investitionen, Ein Beitrag zur Wirtschaftlichkeitsrechnung (mit einem Vorwort von E. Gutenberg), Bd. 17 der Beiträge zur betriebswirtschaftlichen Forschung, Hrsg.: E. Gutenberg, W. Haseneck, H. Hax, E. Schäfer, Köln, Opladen 1962.

Henke, M. (1973), Vermögensrentabilität – Ein einfaches dynamisches Investitionskalkül, in: Zeitschrift für Betriebswirtschaft, 43. Jg., 1973, H. 3, S. 177-198.

Herter, R. N. (1994), Unternehmenswertorientiertes Management: Strategische Erfolgsbeurteilung von dezentralen Organisationseinheiten auf der Basis der Wertsteigerungsanalyse, München 1994.

Hertz, D. B. (1964), Risk Analysis in Capital Investment, in: Harvard Business Review, 42. Jg., 1964, H. 1, S. 95-106.

Hillier, F. S. (1963), The Derivation of Probalistic Information for the Evaluation of Risky Investments, in: Management Science, 9, 1963, S. 443-457, dtsch. Übers. in: Investitionstheorie, Hrsg.: H. Albach, Köln 1975, S. 229-247.

Hoberg, P. (1984), Investitionskriterien unter Berücksichtigung von Kapitalrestriktionen, in: Der Betrieb, 37. Jg., 1984, H. 25, S. 1309-1314.

Holten, R. (2003), Integration von Informationssystemen. Theorie und Anwendung im Supply Chain Management, Habilitationsschrift, Univ. Münster 2003.

Holten, R., Schultz, M. B. (2001), Finanzplanorientiertes Supply-Chain-Controlling, in: Information Age Economy, 5. Internationale Tagung Wirtschaftsinformatik 2001, Hrsg.: H. U. Buhl, A. Huther, B. Reitwiesner, Heidelberg 2001, S. 207-220.

Horváth, P. (2006), Controlling, 10., vollst. überarb. Aufl., München 2006.

Hosterbach, E. (1970), Einige kritische Bemerkungen zur Kapitalwert-Methode, in: Zeitschrift für Betriebswirtschaft, 40. Jg., 1970, H. 9, S. 613-620.

Hosterbach, E. (1972 a), Kapitalwert oder Interner Zinsfuß? Gleichzeitig eine Entgegnung an Dr. L. Haberstock, in: Zeitschrift für Betriebswirtschaft, 42. Jg., 1972, H. 3, S. 201-216.

Hosterbach, E. (1972 b), Noch einmal: „Kapitalwert oder Interner Zinsfuß?“ Ein Schlusswort, in: Zeitschrift für Betriebswirtschaft, 42. Jg., 1972, H. 5, S. 376 f.

Jenßen, A. (1999), Unscharfe Zahlen in der Finanzwirtschaft, Fuzzy Sets zur Erfassung von Unsicherheit, Göttingen 1999.

Jochum, H. (1969), Flexible Planung als Grundlage unternehmerischer Investitionsentscheidungen, Saarbrücken 1969.

Johansson, S. E. (1961), Skatt – investering – värdering, – zitiert nach D. Schneider, Investition und Finanzierung, 5., neu bearb. Aufl., Wiesbaden 1980, Stockholm 1961.

Johansson, S. E. (1969), Income Taxes and Investment Decissions, in: Swedish Journal of Economics, 71. Jg., 1969, H. 2, S. 103-110.

Jonas, M. (1995), Zur Anwendung der Discounted-Cash-flow-Methode in Deutschland, in: Betriebswirtschaftliche Forschung und Praxis, 47. Jg., 1995, H, 1, S. 83-98.

Jungerman, H., Pfister, H.-R., Fischer, K. (2005), Die Psychologie der Entscheidung – eine Einführung, 2. Aufl., Heidelberg 2005.

Kahneman, D., Tversky, A. (1979), Prospect Theory: An Analysis of Decision under Risk, in: Econometrica, 47. Jg., 1979, H. 2, S. 263-291.

Kern, W. (1974), Investitionsrechnung, Stuttgart 1974.

Keun, F., Wiese, O. (1977), Finanzierung und Investition, Herne, Berlin 1977.

Knight, F. H. (1921), Risk, Uncertainty, and Profit, Boston, New York 1921.

Kobelt, H., Schulte, P. (1999), Finanzmathematik, Methoden, betriebswirtschaftliche Anwendungen und Aufgaben mit Lösungen, 7., wes. überarb. Aufl., Herne, Berlin 1999.

Koch, H. (1970), Grundlagen der Wirtschaftlichkeitsrechnung, Probleme der betriebswirtschaftlichen Entscheidungslehre, Wiesbaden 1970.

Kraft, M. (2006), Kostentransparenz in Versicherungsunternehmen durch Deckungsbeitragsrechnungen – Controlling als informatorische Basis der Steuerung von Komposit-Versicherungsunternehmen, Diss., Univ. Münster 2006.

Krüger, W. (1972), Grundlagen, Probleme und Instrumente der Konfliktbehandlung in der Unternehmung, Berlin 1972.

Kruschwitz, L. (2004), Finanzierung und Investition, 4., überarb. und erw. Aufl., München 2004.

Kruschwitz, L. (2005), Investitionsrechnung, 10., überarb. und erw. Aufl., München, Wien 2005.

Kühberger, A. (1994), Risiko und Unsicherheit: Zum Nutzen des Subjective Expected Utility-Modells, in: Psychologische Rundschau, 45. Jg., 1994, H. 1, S. 3-23.

Lahme, N. (2004), Information Retrieval im Wissensmanagement, Ein am Vorwissen orientierter Ansatz zur Komposition von Informationsressourcen, Berlin 2004.

Landsmann, C. (1999), Finanzplanorientiertes Konzerncontrolling, Wiesbaden 1999.

Langenkämper, C. (2000), Unternehmensbewertung – DCF-Methoden und simulativer VOFI-Ansatz, Wiesbaden 2000.

Laux, H. (1971), Flexible Investitionsplanung – Einführung in die Theorie der sequentiellen Entscheidungen bei Unsicherheit, Opladen 1971.

Laux, H. (2005), Entscheidungstheorie, 6., durchges. Aufl., Berlin u. a. 2005.

Lücke, W. (1955), Investitionsrechnungen auf der Grundlage von Ausgaben oder Kosten?, in: Zeitschrift für betriebswirtschaftliche Forschung, 7. Jg., 1955, o. H., S. 310-324.

Lücke, W. (1991), Investitionslexikon, Stichwort: Wahlproblem, 2., völlig neubearb. u. erw. Aufl., München 1991.

Mandl, G., Rabel, K. (1997), Unternehmensbewertung: eine praxisorientierte Einführung, Wien 1997.

Manthey, V. (2006), Controlling Integrierter Kampagnen – Ein systemgestaltender Ansatz, Diss., Univ. Münster 2006.

Maslow, A. H. (1970), Motivation and Personality, 2. Aufl., New York 1970.

Meffert, H. (2000), Marketing: Grundlagen marktorientierter Unternehmensführung, Konzepte – Instrumente – Praxisbeispiele, 9., überarb. u. erw. Aufl., Wiesbaden 2000.

Mertens, P. (1989), Expertisesysteme als Variante der Expertensysteme zu Führungsinformationen, in: Zeitschrift für betriebswirtschaftliche Forschung, 41. Jg., 1989, H. 10, S. 835 ff.

Mrzyk, A. P. (1999), Ertragswertorientierte Kreditwürdigkeitsprüfung bei Existenzgründungen, Wiesbaden 1999.

Müller-Merbach, H. (1988), Operations Research, 3. Aufl., München 1973, 9. Nachdruck 1988.

Ossadnik, W. (1999), Planung und Entscheidung, in: Betriebswirtschaftslehre, Hrsg.: H. Corsten, M. Reiß, 3., vollst. überarb. u. wes. erw. Aufl., München, Wien 1999, S. 127-207.

Perridon, L., Steiner, M. (2004), Finanzwirtschaft der Unternehmung, 13., überarb. u. erw. Aufl., München 2004.

Preinreich, G. A. D. (1953), Replacement in the Theory of the Firm, in: Metroeconomica, 5. Jg., 1953, H. 2, S. 68 ff.

Priewasser, E. (1972), Betriebliche Investitionsentscheidungen, Berlin 1972.

Raffée, H. (1961), Kurzfristige Preisuntergrenzen als betriebswirtschaftliches Problem, Köln und Opladen 1961.

Raffée, H. (1974), Preisuntergrenzen, in: Wirtschaftswissenschaftliches Studium, 3. Jg., 1974, H. 4, S. 145-151.

Rappaport, A. (1979), Strategic Analysis for more profitable Acquisitions, in: Harvard Business Review, 57. Jg., 1979, H. 4, S. 99-110.

Röder, K. (2000), Manuskript zur Dokumentation des F-Teils der Vorlesung Investition und Finanzierung, Münster 2000.

Rolfes, B. (2003), Moderne Investitionsrechnung, 3., unwes. veränd. Aufl., München, Wien 2003.

Rose, G. (1973), Die Steuerbelastung der Unternehmung, Besteuerung der Unternehmung, Hrsg.: G. Rose, Bd. 1, Wiesbaden 1973.

Ross, St. A., Westerfield, R. W., Jaffe, J. F. (2005), Corporate Finance, 7. Aufl., Boston u. a. 2005.

Schierenbeck, H. (1984), Effektivzinskalküle, in: Die Betriebswirtschaft, 44. Jg., 1984, H. 1, S. 99-108.

Schierenbeck, H. (2000), Grundzüge der Betriebswirtschaftslehre, 15., überarb. u. erw. Aufl., München, Wien 2000.

Schmidt, R. H., Terberger, E. (1999), Grundzüge der Investitions- und Finanzierungstheorie, 4., akt. Aufl., Wiesbaden 1997, Nachdruck 1999.

Schneeweiß, C. (1991), Planung, Band 1: Systemanalytische und entscheidungstheoretische Grundlagen, Berlin u. a. 1991.

Schneider, D. (1972), „Flexible Planung als Lösung der Entscheidungsprobleme unter Ungewissheit?“ in der Diskussion, in: Zeitschrift für betriebswirtschaftliche Forschung, 24. Jg., 1972, o. H., S. 456-476.

Schneider, D. (1975), Investition und Finanzierung, Lehrbuch der Investitions-, Finanzierungs- und Ungewissheitstheorie, 4., verb. Aufl., Opladen 1975.

Schneider, D. (1992), Investition, Finanzierung und Besteuerung, Lehrbuch der Investitions-, Finanzierungs- und Ungewissheitstheorie, 7., vollst. überarb. u. erw. Aufl., Wiesbaden 1992.

Schneider, D. (1998), Marktwertorientierte Unternehmensrechnung: Pegasus mit Klumpfuß, in: Der Betrieb, 51. Jg., 1998, Sp. 1473-1479.

Schneider, E. (1973), Wirtschaftlichkeitsrechnung, Theorie der Investition, 7. Aufl., Tübingen 1973.

Schulte, K.-W. (1986), Wirtschaftlichkeitsrechnung, 4. Aufl., Heidelberg, Wien 1986.

Schultz, M. B. (2005), Anreizorientiertes Investitionscontrolling mit vollständigen Finanzplänen, Ein Referenzmodell für Investment Center, Berlin 2005.

Schwinn, R. (1996), Betriebswirtschaftslehre, 2., unwes. veränd. Aufl., München, Wien 1996.

Seewöster, T. (2006), Controlling von Life Cycle Cost-Verträgen produzierender Dienstleister, Berlin 2006.

Starmer, C. (2000), Developments in Non-Expected Utility Theory: The Hunt for a Descriptive Theory of Choice under Risk, in: Jounral of Economic Literature, 38. Jg., 2000, H. 2, S. 332-382.

Steiner, J. (1980), Gewinnsteuern in Partialmodellen für Investitionsentscheidungen, Barwert und Endwert als Instrument zur Steuerwirkungsanalyse, Berlin 1980.

Stelter, D. (1999), Wissensorientierte Anreizsysteme für Führungskräfte und Mitarbeiter, in: Unternehmenssteuerung und Anreizsysteme, Kongressdokumentation, 52. Deutscher Betriebswirtschafter-Tag 1998, Hrsg.: W. Bühler, T. Siegert, Stuttgart 1999, S. 207-241.

Suntum van, U. (2006), Masterplan Deutschland – Mit dem Prinzip Einfachheit zurück zum Erfolg, München 2006.

vom Brocke, J. (2003), Referenzmodellierung, Gestaltung und Verteilung von Konstruktionsprozessen, Berlin 2003.

vom Brocke, J. (2005), Hybridität, Entwicklung eines Konstruktionsprinzips für die Internetökonomie, Arbeitsbericht Nr. 17 des Kompetenzzentrums für Internetökonomie und Hybridität, Münster 2005.

Weber, J., Schäffer, U. (1999), Sicherstellung der Rationalität von Führung als Aufgabe des Controlling?, in: Die Betriebswirtschaft, 59. Jg., 1999, H. 6, S. 731-747.

Weinrich, H. (2005), Knappe Zeit, Kunst und Ökonomie des befristeten Lebens, 3., überarb. Aufl., München 2005.

Wöhe, G. (2005), Einführung in die Allgemeine Betriebswirtschaftslehre, 22., neubearb. Aufl., München 2005.

Wright, C. A. (1936), A Note on „Time and Investment", in: Economica, New Series, 3. Jg., 1936, H. 12, S. 436-439.

Sachwortverzeichnis